U0137846

林则徐年谱长编

来新夏编著

启功先生题写书名

林则徐像（一）

林则徐像（二）

林则徐读书处（福州西湖桂斋）

虎门销烟池旧址（今东莞市虎门镇镇口村西南海滩）

林则徐谪戍伊犁，勘垦边地经历之所（新疆慧远城钟鼓楼）

用法乃不能不嚴於立法法之輕重以斃之輕
重為衡故曰刑罰世輕世重蓋因時制宜非得
已也當鴉片未盛行之時吸食者不過害及其
身故杖徒已足蔽辜迨流毒於天下則為害甚
鉅法當從嚴若猶泄泄視之是使數十年後中
原幾無可以禦敵之兵且無可以充餉之銀興
思及此能無股慄夫財者億兆養命之原自當
為億兆惜之果皆散在內地何妨損上益下為
富於民無如漏向外洋豈宜籍寇資盜不亦為

林则徐著作

(《林文忠公政书》《云左山房诗钞》)

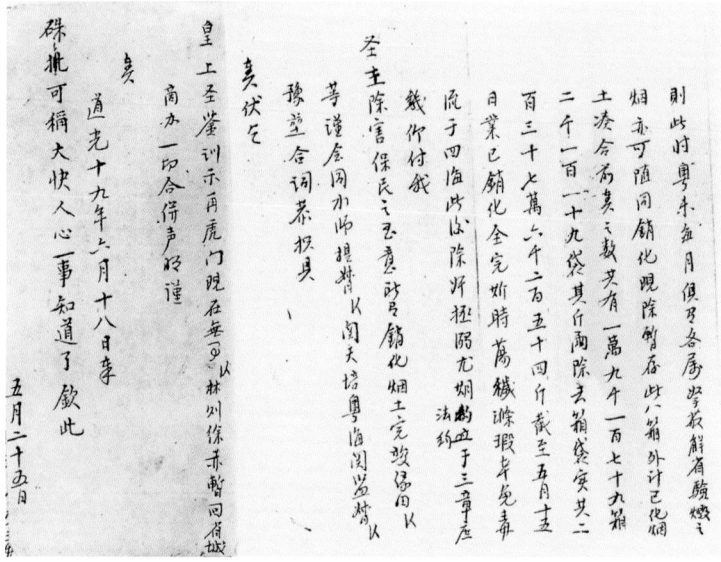

林则徐奏折

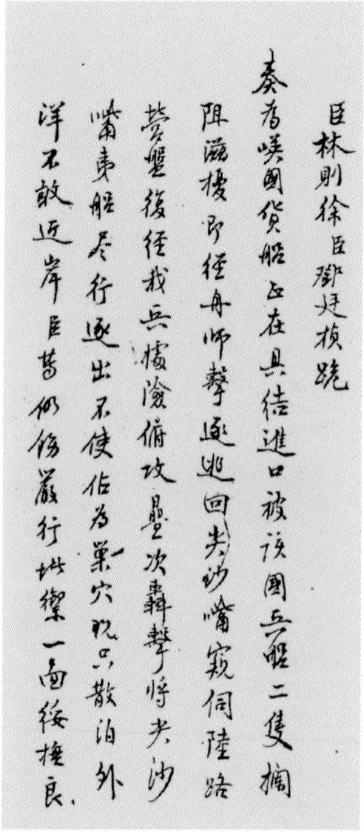

奏為臣抱病遵旨請醫調攝後遂覺心神恍惚

自知萬難就痊伏枕叩謝

天恩仰祈

聖鑒事竊臣奉

命馳赴粵西勘辦軍務於十月初二日由福建本籍

就道晝夜兼程十三日馳至廣東潮州府城忽

患重病吐瀉交作時以軍務孔亟力疾力不

敢稍休而連日採開賊匪滋擾情形心加憤急

又於途次按准督臣徐廣縉來咨因思就近

詞牒兵勇正擬親帶勸辦一面嚴服藥仍力

疾馳至普寧縣城迨十八日病益加增勢難起

站當將請督醫調緣由恭摺由驛奏

聞在案尚冀或能謝愈仍當趕赴軍營誰知拜摺後

旧癥愈深奇暈難起元氣大損痰喘不休據醫

者云積久虛勞心脈已散百藥罔效自料萬無

生機伏枕堂

悧碾頭悲號欲絕伏念臣筮仕四十年歷官十四

三朝知遇受

恩深重報稱無惟此盡心竭力之愚誠永矢弗諼

一息僅存自問不敢稍懈前者屢蒙

宣宗成皇帝恩隆優情終始成全此次更蒙

皇上持諸視師誧關重任既感深而思奮尤能澌以

者仰荷

心殷方將赴征營掃除就而復

命豈料半途遽廢難延犬馬之餘生未卜一矢之勞

實切九原之憾上負

聖恩委任祗圖報效於來生自知痾疾膏肓愈覺哀

鳴於垂盡惟念兩粵進兵各處日未及躬往督

勤則剿將士一心戰守並用能堅壁而清野終

掃穴而擒搜自必能

宸謨上紓

宵旰別臣難死之日稱生之年矣陰將

欽差大臣關防敬謹封交地方官賫送兩廣督臣恭

繳外所有懇奏差遣次子生員林聰彝隨行謹口接令

不能書帶臣次子生員林聰彝隨行謹口接令

其繕寫恭摺由督臣附便具

奏叩謝

天恩伏乞

皇上聖鑒臣不勝鳴咽迫切之至謹

奏

道光三十年十月 十九 日

林则徐遗折

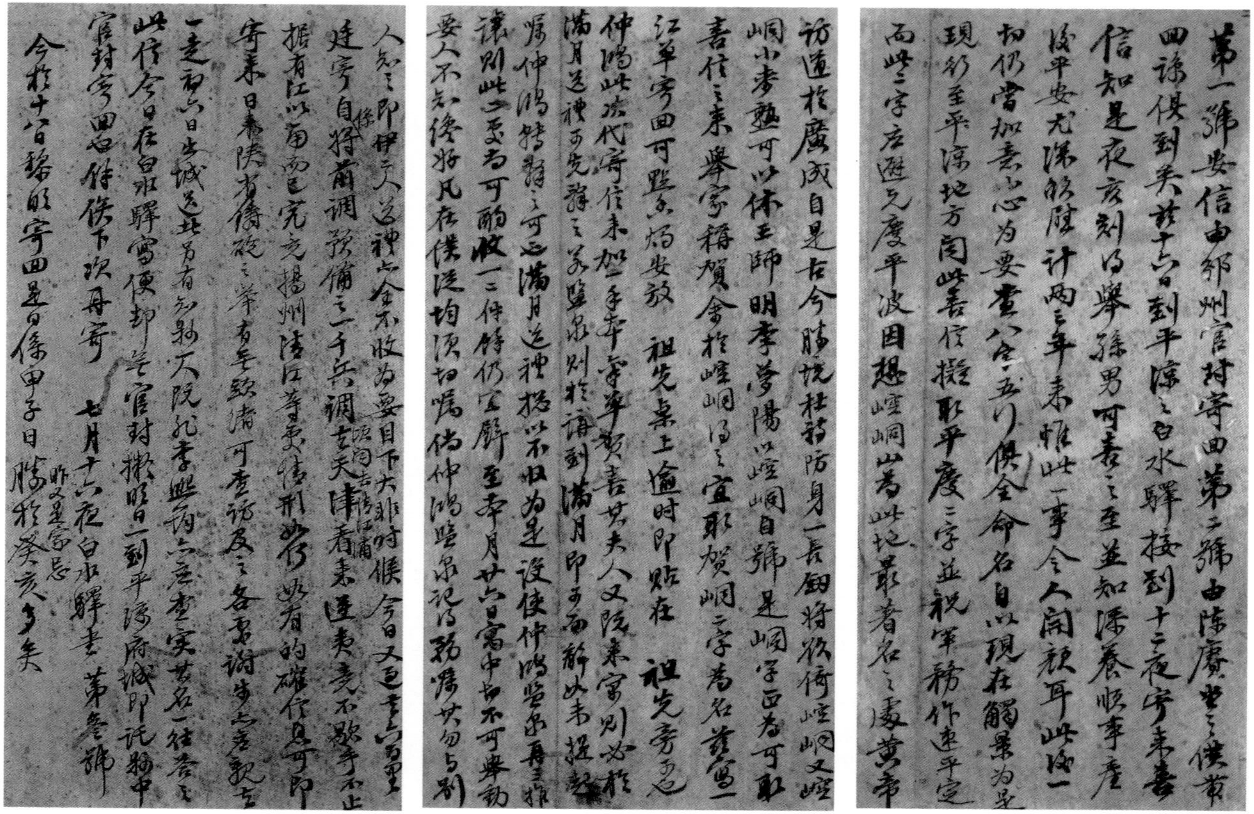

林则徐家书

日前驰教尚未大謦盹怀悚
执事理前当已旋玉邗上矣运司之
信此间须俟摺四帖罢罄耗间维揚兩
有無总之不遇六七日如可先得准信亦
昌示知為荷再須頃接　雲翁素位同在
河南郑州途次得
阅六事之责注之缄慘悼保县甚焦集

初九村发
昂经奏明由汴梁抄四南以直达金陵
计三十日当可拨者弟现在准備交卸如
释重负也草、布
阅顺修
升祉不具
石甫三兄先生　市曾岁　书
宫保涤秉摺稿另奥公懷抄り又友

林则徐信札

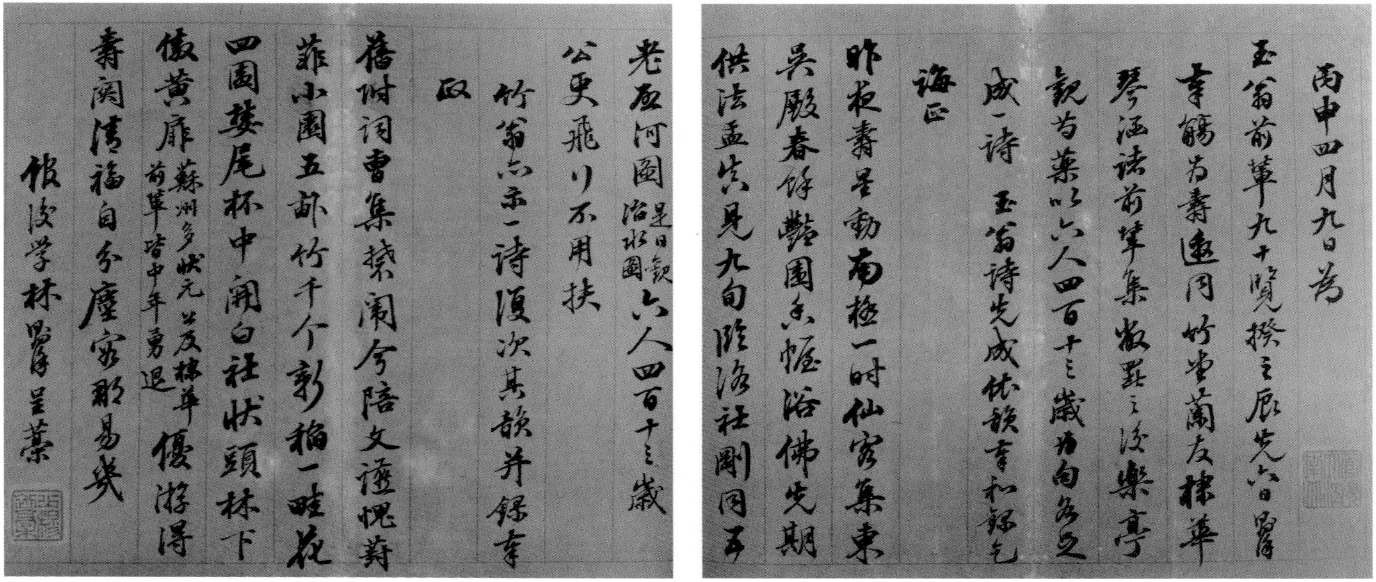

林则徐诗笺

林则徐书法对联（一）

林则徐书法对联（二）

林则徐书法对联（三）

林则徐用印（二）

上海市「十一五」重点图书

本书由上海文化发展基金会图书出版专项基金资助出版

【晚清人物年谱长编系列】

林则徐年谱长编

来新夏 ◎ 编著

上卷

上海交通大学出版社
SHANGHAI JIAO TONG UNIVERSITY PRESS

内 容 提 要

本书是"晚清人物年谱长编系列"之一。

本书是国内首部完整辑录晚清政坛领袖人物之一林则徐生平资料的年谱长编。文献征集包括奏折、文录、诗词、信札、日记、译编、旧谱等大量第一手资料。有些文献是第一次公开发表。书中对谱主有关资料、事迹多有考证,并引述学界最新成果。本书是研究林则徐完整的编年资料。

图书在版编目(CIP)数据

林则徐年谱长编:全 2 册/来新夏编著. —上海:上海交
通大学出版社,2011
(晚清人物年谱长编系列)
ISBN 978 - 7 - 313 - 07651 - 9

Ⅰ.①林… Ⅱ.①来… Ⅲ.①林则徐(1785~1850)-
年谱 Ⅳ.①K827=52

中国版本图书馆 CIP 数据核字(2011)第 153723 号

林则徐年谱长编

(上下卷)

来新夏 编著

上海交通大学 出版社出版发行

(上海市番禺路 951 号 邮政编码 200030)
电话:64071208 出版人:韩建民
浙江新华数码印务有限公司印刷 全国新华书店经销
开本:787mm×960mm 1/16 总印张:55.5 插页:12 总字数:861 千字
2011 年 9 月第 1 版 2011 年 9 月第 1 次印刷
印数:1~1500
ISBN 978 - 7 - 313 - 07651 - 9/K 定价(上下卷):260.00 元

告读者:如发现本书有质量问题请与印刷厂质量科联系
联系电话:0571 - 85155604

序

1934 年,我十二岁,就读于南京新菜市小学。校方决定在 6 月 3 日举办"林则徐与禁烟运动"演讲比赛,我被班级推举为代表。级任老师张引才先生不仅为我提供普及性的参考读物,还指导我准备讲稿,结果获得全校第二名。这是我与林则徐禁烟问题的最早接触,当时虽所知甚少,但我非常仰慕林则徐的果敢行动,使我的长期屈辱心灵得到冲刷。

1951 年,我任职南开大学历史系,授"中国近代史"课,开宗明义即为"林则徐与禁烟运动"。乃出箧中所藏魏应麒著《林文忠公年谱》,置于案头,以便参考,并随时将所遇有关林则徐行事之文献先后札写于魏著《年谱》书之天地头者,积有二册。第二册于"文革"抄家时被焚毁,第一册幸贮之藤箧,为后来编谱提供第一块础石。

1960 年前后,社会推崇林公丰功日盛,中华书局乃取中山大学及明清档案馆存稿,编《林则徐集》(包括奏稿、公牍、日记)。我应邀审读全稿,如入宝山,目不暇给。其时我方接受审查,厄于"内控",幽居苦读,心性忧郁,时读时写时辍。惟读林公诸文,知其以建伟业,无辜放诸四裔,犹能不甘蜷伏,修水利,清荒地,遣闷舒愤。自我解脱,更显贤者大度。林公如此,小子不敏,何得终日戚戚?于是奋力潜研,于 1965 年成《林则徐年谱》定稿,藏之名山,以待时机。"文革"时,此定稿痛毁于火,幸草稿被埋于抄家后室中之杂物堆中,为后来再次成书留一基础,呜呼! 此上天之佑我也。

20 世纪 70 年代,我由牛棚下放津郊翟庄子,插队落户,从事农业劳动。

耕余重整旧业。每晚在暗淡灯光下，取出所藏《林则徐年谱》草稿，逐字逐事，订正增补。历时两年，内容大致完成，犹待核正。1974 年，奉命召回。幸有机遇得在有关藏书处所查阅资料，全书又得校核一遍，拾遗补阙，所获良多。1980 年 6 月，终成定稿，经挚友汤纲教授多方奔走，排除干扰，历经坎坷的《林则徐年谱》终于在 1981 年 10 月由上海人民出版社出版问世，使中国近代史上这一重要人物的丰功伟绩彰显于世。回忆成书之不易，得不涕泗从之！

《林则徐年谱》问世后，不断得到学术界和社会上友好的鼓励和教正，特别是作为 1982 年冬在福州召开的"鸦片战争与林则徐学术讨论会"上的赠书，使我得到激励和更多的教益与启示。我清醒地认识到，这部书不仅有新内容尚待增补，也还有若干失误处需要订正纠谬。特别是会议又决定将这部书列入将在 1985 年召开的"林则徐诞辰二百周年学术讨论会"的出版规划，实非我意料之中。上海人民出版社的领导和编辑具有的卓识促成该书的增订。他们对这本出版方经年仅印过一次 7 000 册的著作，毅然决定作为一部新作接受，重新按新作排印。这对我确是一种极大的推动。我受命之后，夜以继日，各方搜求资料，历时年余，终于在 1983 年冬完成增订本的写作并付印，成为 1985 年学术会议的赠书。这次增订主要是增补新资料、扩大征引范围、纠正失误和增写检读查索内容的《大事索引年表》。此增订本计参阅书刊达 229 种，较原谱增益 60 种；成文 45 万余字，较原谱增加近 10 万字。书成之日，自觉有所进益。迨头脑清醒，细读全书，仍觉有不尽如人意处，是学之无止境，而我心则尚存更新之远图也。

十年一瞬，有关资料频有闻见，方家研究成果亦复迭出。我则壮心未已，每有所见，辄采登于册。不意数年之间，竟有数万字之积累，私心窃喜。时值香港回归前夕，群谋出版海内外均能服膺之历史人物传记，有以林公应者，我亦为之心动。1995 年秋，在福州参加"林则徐诞辰 210 周年纪念会"。以文会友，于《新编》亦多有交流商榷，使我对改编《林则徐年谱新编》一事渐具轮廓。

林公贤裔凌青大使、子东女士，多方支持。"林则徐基金会"复慨赠出版资助。《林则徐年谱新编》于 1996 年成书，拾遗补阙，对前此二谱纠谬正误，得近 70 万字，于 1997 年 6 月香港回归祖国之日正式出版。林公鸦战遗恨，从此渐雪，我则摩挲《新编》以祭林公，林公地下有知，当掀髯而笑。

2008 年春，上海交通大学出版社冯勤先生来函邀稿。该社所编"晚清人物年谱长编"正在进行，已出版者有盛宣怀、张之洞、郑观应等人长编，拟邀我承担《林则徐年谱长编》之任，建议以《新编》为底本，充实史料，以史料为主，按年编次而较少长篇大论。应邀后，即着手搜集信息，核对资料，统一出处，增补不足，按年审定内容。历经两年，至 2010 年春大致编成一草稿，又经复核校订，成第一清样。复详加校订，正误增补若干处，妻子焦静宜编审又为逐字逐句通校一遍，最后由我通读全稿后交稿。时为 2011 年春。

其修订增补者，约为三点：

（一）《新编》编写时，《林则徐全集》尚未出版问世，故征引资料出处来自多种有关书籍。现《全集》已问世多年，而《新编》又易为《长编》，读者将时加使用，故将资料来源统一为《林则徐全集》的册、卷、页，以便查核。

（二）《新编》为应香港回归所需，成书较急，容有引证不当、编次颠倒、资料重复、叙事欠当或论断不恰之失，今次改写《长编》力求纠缪订补。

（三）《新编》征引原始资料，特别是文告、章程，多以文长不录，仅概述其事而已，与《长编》体例不合。现增补原件若干。

虽然尽力运作，但年近望九，老病侵寻，独力进行，未能尽善，苟有疏漏不当，尚请读者鉴谅。

书名原为启功老师于 20 世纪 90 年代初为《新编》亲笔题署，是他用毛笔题写书名最后几个中的一个，以后多用硬笔题写。为纪念启功师的恩情，仍用原题签，其中"长"字由启功师其他书件中换补，谨此说明。

《长编》之作，耗时三年。公私冗沓，事非得已。除自著辛劳外，颇得周轩、茅林立诸友倾力协助——提供资料，正误补缺，获益匪浅。林公贤裔林子东、凌青姐弟，频加关注，于此并致谢意。其间，凌青大使复于2010年9月去世。深以未能早日成书，俾凌青同志一览为憾。老年成书，精力容有不及，疏漏讹误，当仍存在，尚望林学研究者与广大读者有以教正为幸！

是为之序。

2011年夏写于南开大学邃谷

目　　录

林则徐传论

一

林则徐字元抚,一字少穆、石麟,晚号竢村老人、竢村退叟等。清乾隆五十年(1785 年)七月二十六日(8 月 30 日),出生于福建侯官(今福州市)一个比较贫苦的封建知识分子家庭里。他的祖父林万选是一个"有稻谷三十挑,住屋数间,另有书田十担"资财和县学生身份的地主阶级知识分子。但死前已下降为"无一尺之地,半亩之田",而需靠舌耕笔耘维生的破落家庭了①。父亲林宾日虽然力学奋发,仍是一个岁贡生,一面从事教读、讲学以维生,一面则倾全部精力培植儿子。母亲陈帙也是一个靠笔耕舌耘的知识分子的女儿,善于经理家庭生计,并用手工劳动来分担家境的困窘。她经常以"显亲扬名"的封建伦理道德鼓励儿子上进,对林则徐日后的处世、理事有着一定的影响。

林则徐在父亲的精心培植下,较早地读了一般士人需读的儒家经传。嘉庆三年(1798 年),他十四岁中秀才后就到福建著名的鳌峰书院读书,受教于具有实学的郑光策和陈寿祺②。开始研读《天下郡国利病书》和《读史方舆纪要》等经世致用的著作,为日后的政治实践准备了一部分思想资料。嘉庆九年(1804 年),他二十岁时成举人,具备了迈入"仕途"的重要条件。

此后,他一度应厦门海防同知房永清之聘任书记③。当时的厦门是一个"通洋正口",社会风气异常败坏,娼妓、赌徒、盗贼、闯棍、讼师充斥其间,鸦片烟毒尤为严重④。这些奇异的社会现象,对于具有初步经世致用学识的林则

---

① 林宾日:道光六年立《析产阄书》钞件(原件藏福州市文管会)。
② 沈瑜庆等:《福建通志》总卷四〇、三八。
③ 林聪彝:《文忠公年谱草稿》(钞本)。
④ 周凯等:《厦门志》卷十五。

徐来说,不能不引起他的注意、观察和研究。这些目击的第一手材料对林则徐日后在处理涉外事务、地方施政和严禁鸦片等问题上,无疑都有重要的影响。不久,林则徐又受到新任闽抚张师诚的赏识而被延请入幕。他在张幕中陆续获知了不少清朝的掌故和兵、刑、礼、乐等知识以及官场经验①,为日后的"入仕"准备了某些必要的条件。

嘉庆十六年(1811年),林则徐在二十七岁时成进士,选庶吉士,实现了父和祖毕生向往而未获实现的愿望。从这年起到嘉庆二十四年(1819年)止,林则徐历任编修和江西、云南的正副考官。嘉庆二十四年底他曾在北京参加过一些士大夫"雅歌投壶"的文艺团体"宣南诗社",有过一些诗文酬唱活动②。这时,林则徐还没有表现"政治才干"的机会,只在去云南任主考途间写了一些表达个人思想的诗作。如在一首《病马行》的诗中,借驿马的用非其才,发出了"恨不突阵冲锋裹血创"等要求出路的呼声。在《裕州水发村民异舆以济感而作歌》一诗中,则呼吁官吏对百姓"毋施箠楚加桁杨"③。这些诗篇反映了林则徐早期思想中要求改革和注重民生的因素。

二

嘉庆二十五年(1820年)二月,林则徐任江南道监察御史。当时,由琦善主持的河南仪封南岸水利工程迟迟未能完工。林则徐细察其故在于奸商囤积居奇,于是建议命令地方官吏查封物料,平价收买以济工需。这个建议被采纳而收到实效。这是林则徐与琦善的第一次交锋④。七月间,他到杭嘉湖道任所后,就积极甄拔人才⑤,建议兴修海塘水利⑥,颇有作为。不久,他感到

① 金安清:《林文忠公传》,见《续碑传集》卷二四。
② 过去有些著作对"宣南诗社"曾给以较高的不合事实的评价。说它是一种政治性结社,甚至认为它"是当时封建统治阶级中较为进步的知识分子的结合,目的在反对帝国主义";并以林则徐是诗社的领导人作评价宣南诗社的依据。这些说法都已基本上被否定。目前比较一致地认为"宣南诗社"只是嘉道年间北京一些士大夫进行文酒酬唱活动的一个结社。林则徐参加诗社的时间较晚,而且也不长,活动也不多,根本不是什么领导人。
③ 林则徐:《云左山房诗钞》卷一。
④ 《林则徐传》,见《清史列传》卷三八;《琦善传》,见《清史稿》卷三七。
⑤ 施鸿保:《闽杂记》卷四《文忠遗事》。
⑥ 林聪彝:《文忠公年谱草稿》(钞本)。

宦途中的各种阻力难以应付,而向友人程恩泽吐露出"支左还诎右","三叹作吏难"的苦闷①。终于在次年七月借口父病卸职回籍。道光二年(1822年)复出,到浙江受任江南淮海道,在未履任前曾署浙江盐运使,整顿浙江盐政,取得了"浙盐至今守其法"的成效②。

　　道光三年(1823年)正月,他就淮海道任仅仅十多天便被擢任苏臬。在苏臬任上,他整顿吏治,调查访问,清理十分之九积案,平反了一些冤狱,并把鸦片毒害视作社会弊端的病根所在,把"开设烟馆"者列为"游手好闲之民"而加以严拿③。这是林则徐最早的一次禁烟活动。这一年春夏之间,江苏由于长江中下游严重水灾的威胁,加以清廷和地主阶级的逼粮催租,某些地区发生了"聚众告灾,汹汹将变"的危机④。林则徐一面反对地方大吏以武力镇压,一面又采取了劝平粜、禁囤积、养耕牛等救灾措施来缓和形势。这使处在灾情严重、吏治腐败痛苦下的人民,能暂时有条活路可走,还是有一定意义的。年底,林则徐在入觐归来的时候,奉命署江宁布政使。道光四年(1824年)秋,林则徐先后遭父母丧,在籍守制,直至十年(1830年)正月方再度出仕。

　　从道光十年(1830年)六月起到次年七月,林则徐先后任湖北、河南、江宁布政使。他在三省做了一些稳定封建政权的工作,如在赴江苏任途中,目睹高、宝、扬州一带"民田庐舍在巨浸之中","灾民于沿堤搭棚栖止"⑤的惨状,就向江督陶澍提出了解决灾民问题的十二项建议,都得到了实行⑥。这些措施在客观上减轻了人民的一些痛苦,所以也博取了一定的声誉。他的"政绩"被歌谣传播到"荒村野市"⑦。十月,林则徐升任河东河道总督。

　　河工素为弊端所在,历任河督也多因循敷衍,唯求肥己。林则徐则认为这是关系河道民生的重大问题,"必须明晓工程,胸有把握,始能厘工剔弊,化

①　林则徐:《答程春海同年(恩泽)赠行》,见《林则徐全集》第六册,诗词页一八至一九。
②　金安清:《林文忠公传》,见《续碑传集》卷二四。
③　林则徐:《致杨国翰》,见《林则徐全集》第七册,信札页二九。
④　金安清:《林文忠公传》,见《续碑传集》卷二四。
⑤　林则徐:《接任江宁藩司日期并陈沿途灾情片》,见《林则徐全集》第一册,奏折页一六。
⑥　李元度:《林文忠公事略》,见《国朝先正事略》卷二五。
⑦　金安清:《林文忠公传》,见《续碑传集》卷二四。

险为平"①。他决心"力振因循","破除情面",以求"弊除冗节,工固澜安"②。他对河工中的秸料弊窦,亲加抽验丈量,进行了一次清理③。

道光十二年(1832年)二月,林则徐调任苏抚。六月初到苏州接任时,由于他过去在苏做些有利民生的事,所以"列肆香烟相属,男妇观者填衢,咸欣欣然喜色相告曰:'林公来矣'"④。从这年起到十六年间,他在苏抚任上对农业、漕务、水利、救灾、吏治⑤各方面都不惮烦劳地作出了成绩,尤其注重提倡新的农耕技术,推广新农具,广泛征询改进农业技术的意见⑥。他从这些实践活动中认识到人力、土地、水利和农业间的相互关系。他说:"地力必资人力,而土功皆属农功。水道多一分之疏通,即田畴多一分之利赖。"⑦这是林则徐进行实际考察所体验到的收获。林则徐的这种农耕思想,不同于历代有些封建政治家为维护封建主义基础的农本思想;他是从改良农业经营,提高生产效率以发展经济,改善民生着眼的一种民本思想,这是林则徐经济思想中的重要组成部分。

林则徐在江苏的若干措施,对当时辗转流离的人民能够暂时得到喘息来说,有其一定的进步意义。然而,道光帝却斥责林则徐等报荒是"不肯为国任怨,不以国计为亟。……只知博取声誉"。江督陶澍吓得不敢再谈灾情,而林则徐毅然愿"自当独任其咎"⑧,继续以个人名义写了《江苏阴雨连绵田稻歉收情形片》。片中详尽地胪陈了严重灾情,并为中小地主阶级大声呼吁缓征漕赋,提出"多宽一分追呼,即多培一分元气"⑨的要求,这在客观上对发展生产、苏息民困起了有利的作用。这个奏片据说曾盛传一时,争相传抄,"远迩为之纸贵"。但与此同时,林则徐对所谓因灾"抢掠滋闹"者"分投弹压","严拿提

---

① 林则徐:《补授何督谢恩并陈不谙河务下忱折》,见《林则徐全集》第一册,奏折页一七。
② 林则徐:《接任东河督篆日期折》,见《林则徐全集》第一册,奏折页二二。
③ 林则徐:《查验豫东黄河各厅埽完竣折》,见《林则徐全集》第一册,奏折页四四至四六。
④ 冯桂芬:《林少穆督部师小像题辞》,见《显志堂稿》卷一二。
⑤ 林则徐推行各种措施的具体内容均见《林则徐全集》第一册奏折页一○一至四六九、第二册奏折页一至三四二有关折内。
⑥ 齐彦槐:《龙尾车歌》,见《清诗铎》卷五。
⑦ 林则徐:《刘河节省银两拨挑七浦等河折》,见《林则徐全集》第二册,奏折页一一九。
⑧ 《致陶澍》,见《林则徐全集》第七册,信札页八九。
⑨ 《林则徐全集》第一册,奏折页二八五。

审"和"照例惩办,以儆刁风"①,执行了封建官僚镇压反抗的另一职能。

林则徐在此时还提出了对币制问题的主张和建议。他在一篇《会奏银昂钱贱除弊便民事宜》的复奏中提出了禁私铸、收小钱和定洋钱之价等主张。他承认银昂钱贱、商民交困的现实;但却反对骤平洋钱之价和骤禁洋钱在市面流通。他第一次提出了一套自铸银币,建立本国银本位货币制度的主张。他建议一面发展正常对外贸易,增加海关洋银收入;一面逐渐抑制洋钱流通,最后将洋钱全行禁止②。这是从健全财政、金融和海关制度等方面着眼来保护和发展民族经济,以抑制西方资本主义的经济侵扰。这是一种具有反对外国侵略意义的进步主张。

这时,林则徐对烟害的认识比前有所进展。在道光十二年初的"胡夏米事件"(即英船阿美士德号在中国沿海进行侦探活动的事件)中,沿海督抚只有他和陶澍密切注视到鸦片的走私问题,并制定了严密的对策③。道光十三年(1833年),他在一个奏折中更指出:"鸦片以土易银。直可谓之谋财害命。……自鸦片盛行之后,外洋并不以洋钱易纹银,而直以此物为奇货,其为厉于国计民生,尤堪发指。"④这些都表明林则徐的"严禁论"思想在逐步形成。

三

道光十七年(1837年)正月,林则徐任湖广总督,正面临着如何对待鸦片烟害的态度问题。烟害自嘉、道以来日益显著,鸦片问题渐渐成为政治性争论问题之一。道光十六年(1836年)许乃济提出的"弛禁论",目的在使鸦片走私合法化,完全投合了鸦片贩子和侵略者的口味,是与民族利益相悖的谬论。它引起了反对和响应两种态度的争论。十八年(1838年),黄爵滋提出的"严禁论"把这场争论推向高潮。各地疆吏应命发表意见,在二十九件复奏中,反对严禁者二十一人,赞成的只有八人⑤。林则徐是"严禁论"的积极主张者和实践者。他在所上的《筹议严禁鸦片章程折》中,正式宣布自己的严禁主张,

① 《林则徐全集》第一册,奏折页二八二。
② 《林则徐全集》第一册,奏折页二六七至二七〇。
③ 《道光朝外洋通商案》(《史料旬刊》)。
④ 《林则徐全集》第一册,奏折页二六九。
⑤ 《道光朝筹办夷务始末》卷二至五。

提出了六项禁烟方案,公开了四种戒烟药方以推动各省的禁烟。同时他和两湖地方大吏共同商定了"查拿总不可稍懈,收缴亦不可稍迟"的方针,积极开展禁烟活动①。他又奏上《钱票无甚关碍宜重禁吃烟以杜弊源片》。这是禁烟运动中一件极重要的文献,折中具体分析了鸦片对社会经济破坏的严重性,指责了过去禁烟的不彻底,进一步提出了禁烟方案,而最后的警句——"若犹泄泄视之,是使数十年后,中原几无可以御敌之兵,且无可以充饷之银",使道光帝在经济漏卮日益严重、鸦片流毒日益猖獗的现实面前感到"银荒兵弱"、"借寇资盗"的威胁,被迫接受了严禁主张,决定禁烟,从而使原处于力量薄弱的严禁派一举掌握了领导禁烟运动的权力②。十月中旬,林则徐奉召入觐,十一月初十日抵京。他不顾琦善在途中相晤时所加"无启边衅"的危言威胁③,在连续八次的召见中,都阐述了反对鸦片和外国侵略的主张。他在第五次觐见时获得了钦差大臣赴粤查办禁烟事宜的任命。这一任命引起了投降派的嫉视和朝野的惊讶,各种阻力纷至沓来④。但是,他不计较个人利害,慨然出都,肩负着禁烟重任赴粤。

道光十九年(1839年)正月,林则徐抵粤,目睹烟毒的严重危害和人民群众的强烈要求,他力排各种阻力展开禁烟运动。他立足于禁绝来源,进行了一系列的有效准备,制定了合乎实际的对策,终于迫使以英国侵略者为主的鸦片贩子缴出了鸦片,取得了前所未有的禁烟成绩,并于四月二十二日(1839年6月3日)将收缴到的鸦片在中外人士围观赞叹和欢呼声中在虎门海滩销毁净尽。这一震惊中外的正义行动,标志着禁烟运动的伟大胜利。

这次禁烟运动对于资本主义世界的影响与震动也是很大的。当禁烟消息传到英伦时,市场受到"扰乱",甚至"兰顿(伦敦)天色昏暗愁惨"⑤。茶丝"尽皆起价"⑥,银行利息增长⑦,纽约市场的银根也出现了"从来未闻过有如

---

① 《林则徐全集》第三册,奏折页三四至四三。
② 《林则徐全集》第三册,奏折页七六至七九。
③ 雷瑨:《蓉城闲话》,见《鸦片战争》Ⅰ,中国近代史资料丛刊,页三三六。
④ 雷瑨:《蓉城闲话》,见《鸦片战争》Ⅰ,中国近代史资料丛刊,页三三六。
⑤ 《澳门新闻纸》,见《鸦片战争》Ⅱ,中国近代史资料丛刊,页四二四。
⑥ 《澳门新闻纸》,见《鸦片战争》Ⅱ,中国近代史资料丛刊,页四二五。
⑦ 《澳门新闻纸》,见《鸦片战争》Ⅱ,中国近代史资料丛刊,页四一八。

此之紧的现象"①,这些证明了禁烟运动影响之大。

与此同时,林则徐还在一定程度上动员群众,依靠民力,组织官兵,修整武备,不断击退侵略者的挑衅,坚决维护民族尊严和国家主权,作出了伟大的历史贡献,为自己写下了爱国者的光荣史传,赢得了"我国民主革命……从林则徐算起"②的光辉历史地位。可惜由于清朝统治集团怵于英军北侵的恫吓,妥协投降势力的抬头,林则徐不幸遭到了革职处分。这标志着抵抗派在政治上的失败和禁烟运动的被破坏。消息传出后,"连日铺户居民来攀辕者,填于衢巷"③,还有许多人"闻其去任,或至恸哭"④。林则徐从群众中得到了当时一般官吏所不能得到的荣誉。

这一时期,值得注意的是,林则徐做了一件在当时极为新颖繁重、对后世极有意义有贡献的工作,就是网罗各种翻译人才,开展对西书西报的翻译。开始,他命人从英商主办的《广州周报》上翻译有关资料,即《澳门新闻纸》,又类辑为《澳门月报》⑤。除供自己参考外,还把某些部分附奏进呈道光帝。接着,他又命人从西方报刊上摘译资料辑成《华事夷言》⑥;从瑞士人滑达尔所著的《国际法·运用在行为和民族主权事物的自然法则的原则》中摘录成《各国律例》⑦;摘译了英国僧侣地尔洼的《对华鸦片贸易罪过论》,将英人慕瑞的《世界地理大全》译为《四洲志》⑧。这些翻译活动,当时虽然主要为对付英国侵略者,供制定对策、办理交涉的参考,但是,林则徐却从所译资料中发现沙俄对中国的威胁。当时外刊曾报导沙俄进攻南亚和向外扩张的野心,林则徐就根据这些报导译文,亲自复按地图,并在译文后附按指出沙俄向南扩张将会对我国西南边陲的西藏带来威胁⑨。这些国际知识有效地促成了林则徐抗英防

---

① 《澳门新闻纸》,见《鸦片战争》Ⅱ,中国近代史资料丛刊,页四五○。

② 《毛泽东选集》第五卷,页四九○。

③ 《林则徐全集》第九册,日记页四二七。

④ 《道光二十年十二月辛未万启心奏》,见《道光朝筹办夷务始末》卷一八。

⑤ 陈原:《林则徐译书》,见1961年5月4日《人民日报》。

⑥ 《鸦片战争书目解题》,见《鸦片战争》Ⅲ,中国近代史资料丛刊,页五○六;又陈原:《林则徐译书》一文认为《华事夷言》摘译自德庇时的《中国人》。《华事夷言》译本载《海国图志》卷八三。

⑦ 译文两份见《海国图志》卷八三。

⑧ 《四洲志》中俄国部分后专辑为《俄罗斯国纪要》,光绪十年五湖草庐将此书与姚莹纂辑的《俄罗斯方域》及《记英俄二夷构兵》(林则徐所译西报资料)合刊流传,是近代讲俄国问题的专著。

⑨ 《鸦片战争》Ⅱ,中国近代史资料丛刊,页四九四。

俄的国防思想,成为近代"防塞论"的先驱,并且推动了从 18 世纪开始兴起的研究西北史地的学术风气。林则徐以尊贵的"钦差大臣"身份组织翻译西方书刊的活动,努力探求新知,甚至亲自接待"夷人",征询意见,这在自我闭塞的清朝中叶,确实是违反封建体制的勇敢行为。林则徐对当时内外形势的认识水平已远远超出了他的同时代人物。这些不仅对当时制定对外策略发挥了重要作用,而且对近代思想界有启蒙作用,许多封建知识分子纷纷起来探求新知。魏源据《四洲志》而撰的《海国图志》、徐继畬的《瀛寰志略》、汪文泰的《红毛番英吉利考略》和梁廷枏的《海国四说》等著述活动,都是以林则徐的止足点作为自己的起步处,继承了林则徐探求新知的思想传统。19 世纪末的戊戌变法领导人康有为也推崇林则徐的探求新知"为讲求外国情形之始"①。从这些作用和影响看,范文澜先生说林则徐是"清朝开眼看世界的第一人"②确是恰当的历史评价。

林则徐革职后,幻想挽回败局,写了他在禁烟运动中的最后一个重要文件《密陈禁烟不能歇手并请戴罪赴浙随营效力片》,沥陈自六月份以来粤海防范情形,坚决要求继续推行严禁政策,指出了侵略者"夷性无厌"的本性。他不顾个人得失,表示了"一身之获咎犹小,而国体之攸关甚大"的爱国胸襟。一面要求去浙东"图功报效"③,一面在广东仍向奕山等提出《答奕山防御粤省六条》的有益建议,雇勇训练,做好备战工作④。

道光二十一年(1841 年)四五月间,林则徐在浙东做了许多有益的工作,但仍然没有逃脱革职遣戍的命运。他在赴戍途经镇江时,晤见好友魏源,二人同宿一室,对榻倾谈。魏源接受了林则徐的委托,决定利用《四洲志》的全部资料纂集《海国图志》。魏源还写了《江口晤林少穆制府》诗二首以纪事。诗中"方术三年艾,河山两戒图"的"两戒"就是指西北和东南两处边界而言⑤。这反映了两个具有爱国思想的士大夫,在抗英防俄问题上的共同担忧。正在这时,由于在东河主持河工的协办大学士王鼎的推荐,林则徐暂到东河效力

---

① 《戊戌变法》Ⅳ,中国近代史资料丛刊,页四〇八。
② 范文澜:《中国近代史》。
③ 《林则徐全集》第三册,奏折页四七六至四七九。
④ 《林则徐全集》第五册,文录页三二〇至三二三。
⑤ 《魏源集》页七八一,中华书局版。

赎罪。一般来说,工竣是可能得到宽赦的。但是,道光帝为了冲淡琦善等的误国罪行,断绝抵抗派再起的希望,所以工竣时仍将林则徐遣戍新疆。

林则徐已经是一个政治上的失败者,但他在戍途中所写的诗文,依然洋溢着未能遗忘国事的爱国热情。他在临登戍途时写下了"苟利国家生死以,岂因祸福避趋之"的充满了爱国情怀的名句①。行抵兰州时,他在致友人函中又表达了不忘国事的心情:"逆焰已若燎原,身虽放逐,安得委诸不闻不见?"②及出玉门,他又在复寄早在戍所的邓廷桢的诗中说:"中原果得销金革,两叟何妨老戍边!"③林则徐的这种胸臆,使他在鸦片战争期间成为卓立于清朝统治集团中的优秀人物。

十一月初九日,林则徐抵达伊犁。从此,他开始了在新疆的遣戍生活。

四

林则徐在戍所受到伊犁将军布彦泰的重视。布彦泰经常向林则徐咨询一些事务,并派他掌握粮饷处事④。这种优遇给林则徐在新疆有所建树提供了方便。

道光二十三年(1843年)闰七月,邓廷桢被召用。林则徐在送邓东归的诗中写道:"白头到此同休戚,青史凭谁定是非?"⑤林则徐坚信自己推行的禁烟事业是正确的。他把事情的功过付之于历史的论断。

道光二十四年(1844年),伊犁将军布彦泰奏请派林则徐承办新疆开垦事宜,得到了清廷的允准。这可能是将重被召用的一种先兆。于是,林则徐自备旅费,亲历库车、阿克苏、乌什、和田、喀什噶尔、叶尔羌、伊拉里克和塔尔纳沁等处,兴修水利,开荒屯田,改易兵制,等等。经过一年的苦心经营,成效大著。他"周历天山南北二万里,东西十八城,浚水源,辟沟渠,教民农作",计辟各路屯田三万七千余顷,出现了"大漠广野,悉成沃衍,烟户相望,耕作皆满"

---

① 林则徐:《赴戍登程口占示家人》,见《林则徐全集》第六册,诗词页二〇九。
② 林则徐:《致姚椿王柏心》,见《林则徐全集》第七册,信札页三〇六。
③ 林则徐:《将出玉关,得嶰筠前辈自伊犁来书,赋此即寄》,见《林则徐全集》第六册,诗词页二一六。
④ 《林则徐全集》第九册,日记页四九八至四九九;刘长华:《鸦片战争史料》,见《鸦片战争》Ⅲ,中国近代史资料丛刊,页一七三。
⑤ 林则徐:《送嶰筠赐环东归》,见《林则徐全集》第六册,诗词页二二四。

的景象,取得了"合兵农而一之,岁省国家转输无算"①的效果。这样不仅为清廷节省一大笔支出,更重要的是进一步巩固了清朝对新疆地区的管理权,加强了西北的边防。与此同时,林则徐还在所历各地积极推广和介绍有利于农业、手工业发展的生产工具和技术,如改进"坎儿井",使吐鲁番这个"亘古无雨泽"的火州赤地变成了"沃壤"②;教民制纺车,学织布,促进了新疆棉纺织业的发展。后来,人们为了纪念他的业绩,称为"林公井"和"林公车"③。林则徐为了便于履勘荒地,整顿垦务,搜求了清代管理经营新疆的资料,而以屯田情况为主,并从见到的《京报》中摘录了东南沿海的情况和部分官员异动的消息,辑成了《衙斋杂录》④,此书的辑录说明林则徐对新疆的建设和政局的变化相当关心。

林则徐在遣戍期间,通过实地考求,敏锐地觉察到来自西北方面的侵略势力的隐患。道光二十三年七月,他在写给喀什噶尔领队大臣开明阿的诗中,就提醒人们不要为"三载无边烽,华夷悉安堵"的假象所迷惑,而要积极加强边防,迅速补救过去的不足以应付突然变故;也只有加强边防,同心协力,才能使敌人慑服,不敢轻举妄动。他在诗中表露自己的这种防塞思想说:

嗟哉时事艰,　　志士力须努。

厝薪火难测,　　亡羊牢必补。

从来户牖谋,　　彻桑迨未雨。

矧当冰檗秋,　　敢恃干羽舞。

蜂虿果慑威,　　犬羊庶堪抚。

将士坚一心,　　讵不扬我武。⑤

这种大声疾呼,表明林则徐看到了西北边防已面临非引起重视不可的严重地步了。而当时只有像林则徐这样具有政治敏感和卓识远见的人才能看到这一点!

---

① 金安清:《林文忠公传》,见《续碑传集》卷二四。

② 《河海昆仑录》卷四;《新疆图志》卷二。

③ 《新疆图志》卷二九。

④ 《衙斋杂录》无传刻本,原件旧藏福州林承如先生家,后归林则徐纪念馆。

⑤ 林则徐:《送伊犁领军开子捷(开明阿)》,见《林则徐全集》第六册,诗词页九一。

五

道光二十五年(1845 年)十一月,林则徐得到了以四、五品京堂回京候补的赦令。于是,他一面结束查勘地亩的工作,准备启程,一面又兴奋地写下了"纪恩述怀"诗四章。他的得赦在士大夫中引起了一定的反响,邓廷桢、姚莹、宗稷辰、方士淦等都写诗赠贺。姚莹诗中的"五年中外同翘首,一夕乌孙报赐还;明诏应收父老泪,花砖仍冠上卿班"①,表达了他们共同的欢愉心情。林则徐也写了一些答诗,诗中有感恩、有喜悦,但也感叹自己的垂老驽末。这时他的中心思想是"重来辇毂恋红尘"②、"还向春明寻旧侣"③。他希望回京觐见道光,会晤旧友,倾诉离情;但是,他未能如愿!

林则徐赦还入关时,曾有人以英国侵略无所底止一事相询。林则徐对此加以分析说:

> 英夷何足深虑,其志不过以鸦片及奇巧之物劫取中国钱帛已耳。予观俄国势日强大,所规画布置,志实不小。英夷由海道犯中国实难,但善守海口,则无如我何!俄夷则西北包我边境,南可由滇入,陆路相通,防不胜防,将来必为大患,是则重可忧也。④

林则徐的防俄思想已经颇为明确了。

途中,他奉命署理陕甘总督,道光二十六年(1846 年)七月,接任陕西巡抚。当时,陕西连年灾歉,民生困苦,社会动荡,以致反抗时起,力量很大,"不独兵役避其凶锋,即州县营员亦不免望而却步",林则徐难以认识其缘由,而把它归之于官吏的"畏累之心",以致"讳饰因循,渐至养痈贻患"⑤。不过,他对灾荒的现实状况仍然采取了一些具体措施,如实行平粜,收养灾民,劝令"有力之户量出钱米,各济各村"⑥,并且采取"官为收牛,偿其值,劝富民质牛予以息"⑦以保护耕牛,保证来年的农业生产。这些措施对解决由灾荒造成的

---

① 姚莹:《后湘诗续集》卷四;又见《康輶纪行》卷一五《林制军内召》条。
② 林则徐:《纪恩述怀》,见《林则徐全集》第六册,诗词页二四七。
③ 林则徐:《次韵蟜筠喜余入关见寄》,见《林则徐全集》第六册,诗词页二四八。
④ 欧阳昱:《见闻琐录后集》卷九《耆英》。
⑤ 林则徐:《请鼓励渭南县知县余炳焘片》,见《林则徐全集》第四册,奏折页三八至三九。
⑥ 林则徐:《酌筹平粜劝济极贫片》,见《林则徐全集》第四册,奏折页一〇二至一〇三。
⑦ 李元度:《林文忠公事略》,见《国朝先正事略》卷二五。

燃眉之急还是有一定作用的。

道光二十七年(1847年)三月,林则徐任滇督。他采取了不同的手段和对策,镇压了少数民族的反抗活动。同时也很注意开发矿藏,提出了自己的见解和主张。他在道光二十九年(1849年)二月间,议复有关云南开矿问题的奏折中,叙述和分析了云南过去开矿的情形,并提出了对勘采、管理等方面的见解。他主张对矿藏资源要仔细认真地勘查;他反对那些认为开矿会聚乱民的看法,鼓励私人开采,提倡商办为宜,等等①。这些都反映了他的经济思想包含着一种萌芽中的资本主义思想。这对当时推动社会生产力的发展是有利的。

道光二十九年(1849年)六月,林则徐由于某些事情遇到掣肘和棘手,更重要的是自从召还以后,虽然不断升迁,但一直不允准他的入觐要求,而且职任愈调愈远,竟使这个久经宦海风波的"良臣"也在诗句中流露出"除书频奏姓名标,自入关来未入朝"②的苦闷。他感到不能再在仕途上恋栈下去了,于是便以体弱多病为借口,告归回籍,结束了一生中的政治生涯。

六

道光三十年(1850年)三月,林则徐返抵福州,恰恰道光的讣讯也到闽。他出于对道光的忠诚与感恩,追怀了三十年过程中的知遇、特达、信任、遣戍、召还和起用,不禁"恸哭攀髯"③。他感到自己的政治生活将随着道光帝的死而完全结束,准备在家乡度过恬静的晚年生活。但是,英国侵略者违背约言,强居福州城内乌石山的神光、积翠二寺的恶行,引起了他的莫大反感和憎恨。他在《致苏廷玉》函中表述了这种心情。他鄙视那些无所作为的疆吏是不足与谋的,想再度出山与侵略者抗衡,但又感到无能为力而想逃避,他心中交织着种种矛盾④。最后,他在当地人民反抗侵略者的激情影响下,毅然联合爱国士绅共谋驱英,终于迫使英人退居城外。他又担心英人利用炮舰从海上干扰

---

① 林则徐:《查勘滇省矿厂情形试行开采折》,见《林则徐全集》第四册,奏折页四九三至五〇〇。
② 林则徐:《袁午桥礼部(甲三)闻余乞疾寄赠,依韵答之》,见《林则徐全集》第六册,诗词页二五七至二五八。
③ 金安清:《林文忠公传》,见《续碑传集》卷二四。
④ 林则徐:《致苏廷玉》,见《林则徐全集》第八册,信札页四五一至四五二。

和威胁,便亲历海口,认真设防。这些爱国行动触怒了力主对外妥协的福建地方督抚,这些人准备弹劾林则徐破坏"抚局"。适逢其会,正遇到咸丰帝即位"登极求贤"的时机,林则徐已在潘世恩、杜受田等重要大臣推荐下准备召用,因而避免了遭受迫害。

林则徐居乡时一直关心时事。当时人们大多集中目光于西方列强从海上来的侵略,而林则徐根据自己多年来在新疆的实地考察,结合当时沙俄胁迫清廷开放伊犁、塔城的现实,独抒己见,指出了沙俄威胁的严重性:

> 时方以西洋为忧,后进咸就公请方略。公曰:此易与耳! 终为中国患者,其俄罗斯乎! 吾老矣! 君等当见之。然是时俄人未交中国数十年。闻者惑焉。①

这一卓见反映了林则徐防海、防塞并举而著重防塞的反侵略思想已基本形成。他在人们尚处于"惑焉"的情况下能有此目光,确是难能可贵的。林则徐之所以能如此,一方面由于从鸦片战争以来,他能超脱一般封建士大夫的局限,不闭目塞听,吸收了新的国际知识;另一方面也因在新疆的实践活动而有了坚实的依据,所以他才能做出肯定的判断。此后中国近代史上,沙俄对西北地区的侵略扩张,更证明林则徐这一预见的可贵。

这年九月,广西爆发了由洪秀全领导的拜上帝会和其他会党的反抗,清廷惊慌失措,急速起用林则徐,任命他以"钦差大臣"的名义赴桂。林则徐则由于时代和阶级的局限,无从认识这次反抗斗争所造成的遍地烽火的伟大气势。他竭诚维护封建地主阶级利益,奉命的次日,立即抱病登程。

道光三十年十月十九日,林则徐在赴桂途中,卒于潮州普宁行馆。这位反抗外国侵略者,为中华民族建立业绩的历史人物,却在赶赴镇压国内反抗势力的路途中,结束了自己的一生。

十月二十四日,清廷以林则徐继任广西巡抚;同时发布了贬斥穆彰阿和耆英等的上谕来抚慰林则徐。孰知这位堪供驱使的"良臣",已在五天前离开了人世。

林则徐的死,引起了地主阶级极大的震悼和惋惜。清朝统治者给他以悼恤、赐谥、赐联、赐祭和赐碑等"哀荣",地主阶级中的代表人物也都纷纷以诗

---

① 李元度:《林文忠公事略》,见《国朝先正事略》卷二五。

文抒发他们的哀思,清人的诗文集和笔记杂著中,广泛地记载着林则徐的遗闻轶事。滇、陕、苏各省先后为他立祠。所有这些,都是他尽瘁于封建地主阶级所得到的"荣誉",但他真正值得纪念的,却是他在反鸦片斗争中的历史贡献和对中国近代维新思想的启蒙作用。

林氏三代简表

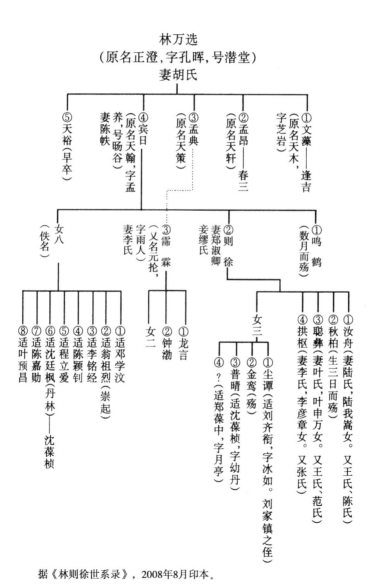

据《林则徐世系录》，2008年8月印本。

年谱长编

乾隆五十年　乙巳　1785 年　一岁

七月二十六日(8 月 30 日)子时,林则徐生于福建侯官左营司巷林氏北院后租屋。

则徐以乙巳生。

(《先考行状》,见《林则徐全集》第五册,文录页四四五)

侯官林文忠公生于乾隆乙巳七月二十六日。造乙巳、甲申、癸酉、壬子。

(郭柏苍:《竹间十日话》卷六)

余教读营生。……典得左营司小屋一座,以为遮头之所,外作蒙馆舌耕。

(林宾日:《析产阄书》)

　[按]　左营司巷位于今福州市中山路与赛月亭巷之间。租屋谓典租之屋。

其父为他起名"则徐",字"元抚",后又字"少穆"、"石麟",晚号"竢村老人"、"竢村退叟"、"七十二峰退叟"、"瓶泉居士"及"栎社散人"等。

　[按]　林则徐名字的用意参见施鸿保:《闽杂记》卷四《林文忠公取名》条,据说林则徐生时,新任命的福建巡抚徐嗣曾正鸣驺过门,故名则徐、字元抚。金安清:《林文忠公传》说:"公生时,闽抚徐士林鸣驺过其门,故公父名之曰则徐。"此说有误,因徐士林未曾任过闽抚(按:张馨保《林则徐与鸦片战争》一书仍沿旧误)。又程恩泽在《题林旸谷年丈饲鹤图遗照》一诗中曾说林宾日因林则徐出生时,"梦中亲见凤凰飞"(自注:"中丞名号与孝穆有关系")(见《程侍郎遗集》卷三),从而想起林则徐是"天上石麒麟"的徐陵(孝穆)的后身(徐陵事见《陈书·徐陵传》),所以取名则徐,字少穆,又字石麟。这是过去凡一个人成名以后,常会流传的一种封建迷信的附会之说。又陈康祺的《燕下乡胜录》卷十二曾记林则徐由于生于徐氏,养于林氏,所以名则徐。此说并无任何根

据,陈书已斥其伪。这些说法中,当以施说为近理,因为徐嗣曾是当时"喜士如嗜欲"的人,任闽藩时,"即招知名士,从容讽议;既建节,秋闱取报罢卷精校,得数百人,牒州县敦促来省肄业,慎选鳌峰都讲,给诸生廪饩。于是多士云集,人人自奋,甚得士心。"(《福建通志·徐嗣曾传》)这样爱士的大吏,自然容易博得一般士人,特别像林宾日这样的失意知识分子所崇拜,因而把这种感情移寄到为儿子命名上来,也是可以理解的。

　　〔又按〕　林则徐的别号多为人知,唯瓶泉居士知者较少。此据吴月霄《天奇阁诗文·革部》诗题《呈瓶泉居士林少穆先生则徐》。此诗为颂林之作:"北斗士星明,中流一柱擎,勉为民社望,霖雨慰苍生。"又林则徐道光二十年中秋在凉州写答陈德培诗末原件署"栎社散人林则徐漫草"。

　　父亲林宾日,原名天翰,字孟养,号旸谷。乾隆十四年六月十三日生,道光七年九月二十七日卒(1749—1827),享年七十九岁。乾隆四十三年成秀才,嘉庆二年选岁贡生。一生以教读讲学为业,曾和友人立敦社、诚交社、绵统山堂等,共同讲学谭艺,并主讲将乐正学书院。晚年与里中老人组真率会,讨论文字,探求经世之学。生林则徐时年三十七岁。所著有《小鸣集》,诗八卷,古文、时文等各二卷,辑录四部中两字相连可以反复互用者为《倒颠集》。(林则徐:《先考行状》、《陈松轩墓志》,均见《云左山房文钞》卷二。陈寿祺:《皇清岁贡士林旸谷先生墓志铭》,见《左海文集》卷一。《闽侯县志》卷七八《儒行传·林宾日传》)

　　母亲陈氏(1759—1824),闽县岁贡生陈时庵的第五女,名帙,这年二十七岁。由于家庭经济状况较差,陈氏还需要借制作手工艺品来换取一些收入以补助家用。

　　　　先妣姓陈氏,闽县故岁贡士陈时庵先生之第五女,乾隆己亥举人武平县教谕讳文华、今孝廉方正名兰泰之胞妹也。……先妣工针黹,又善翦采为草木之花,大者成树,其小至于一茎一叶,皆濯濯有生意,岁可易钱数十缗,遂资其直以佐家计。

　　　　　　　(《先妣事略》,《林则徐全集》第五册,文录页四四〇至四四一)

　　兄鸣鹤,生数月即殇。

　　是年出生的有关人物有:

　　(1)郭尚先(1785—1833)字元开,号兰石。福建莆田人。嘉庆十四年进士。官至大理寺卿。书法家。郭与林则徐交谊甚笃。郭的《增默庵文集》中有《林旸谷太翁七十寿序》等文。郭死后,林则徐撰《大理寺卿兰石郭先生墓志铭》。

(2)程恩泽(1785—1837)字雪芬,号春海。安徽歙县人。官至户部右侍郎。嘉庆十六年与林则徐同榜成进士。官户部侍郎。《云左山房诗钞》卷一有《答程春海同年恩泽赠行》诗。有《程侍郎遗集》。

(3)潘德舆(1785—1839)字四农。江苏山阳人。著有《养一斋诗文集》。林则徐曾致函和他讨论募勇抗英事。

(4)贺长龄(1785—1848)字耦耕。湖南善化人。官至云贵总督。辑有《皇朝经世文编》。

(5)姚莹(1785—1852)字石甫。号展和、明叔。安徽桐城人。嘉庆十三年进士。官至广西按察使。著有《中复堂全集》。鸦片战争时在台湾抗英获罪。林则徐释归时,姚有诗志钦敬心情。

(6)钱宝琛(1785—1859)字伯瑜。江苏太仓人。嘉庆二十四年进士。官至湖南、江西巡抚。著有《存素堂文集》。林则徐任湖督时,钱任湘抚,共筹镇压苗疆办法。

(7)张祥河(1785—1862)字诗舲。江苏娄县人。嘉庆二十五年进士。官至工部尚书。卒谥"温和"。著有《小重山房初稿》及《诗舲诗录》。宣南诗社成员。

(8)桂良(1785—1862)字燕山。满洲正红旗人。官正白旗汉军都统。

(9)孙玉麒(1785—?)字其章,号陵石。福建浦城人。道光十五年进士。曾任陕西汉中府宁羌州知州。

乾隆五十一年　丙午　1786年　二岁

十一月二十九日,台湾天地会首领林爽文等起事,攻占彰化。清廷派兵镇压。(魏源:《圣武记》卷八)

是年,江南大灾,学者汪辉祖曾记灾情惨状如次:

> 时江南水祲……抵无锡见官设粥厂,询市米价一石四千三百钱,丹阳二千文一石,豆价与米价等,豆腐一斤钱十六文,面一斤钱七十六文,尸横道路……土人谓二麦大佳,然两岸田多未种,盖人皆逃亡,或死屋上。所盖苇秆,亦皆毁去。又行三十里为亨济闸,见八九岁女子,多有父母引至客船觅主,愿收养者听,覆之则涕泣而去。夫妇二人,年俱二十许,沿河呼号,夫欲卖妇自活,苏州卫前帮舵工,以四千钱受之。一老人挈女子一,年十七;男孩一,年五岁。女子得钱二千,男孩无人顾问也……舟次皂河登岸,有妇数人,掘野草一种,状如辣蓼长寸许,叶有微毛,土名蒜梨子,可屑粉为面;一种叶为菊,土名灰菜,可炒食;一种如葱,中空而丛生,土名宝葱,亦可煮食,妇曰此间食野草者,数月食之,面发肿胀,不旬日而死者,所在多有。死无棺埋于土,辄被人刨发,刮肉而啖,余不信,一妇引至河岸,有土穴四处俱剖开,骨肉狼藉,并有剥下尸遗破衣在地,为之惨然。……抵滕县界河,食新大麦面,大麦尚未甚熟,人已不及待也。东河旧县道中见小车携老挈幼,由北而来,几三四千辆,问之皆景州、德州人,赴济宁拾麦资生。

(汪辉祖:《病榻梦痕录》卷上,页五一至五四)

是年出生的有关人物有:

(1) 陈銮(1786—1839)字芝楣。湖北江夏人。官至江苏巡抚。《林则徐全集》第六册诗词有《寿陈芝楣方伯》(页一七一)、《沧浪亭画册》(页一七二)及《题陈芝楣都转(銮)沧浪话别图》(页二七一)等诗。

(2) 王锡朋(1786—1841)字樵慵。直隶宁河人。官至寿春镇总兵。道光二十一年在定海抗英战死。谥"刚节"。

（3）蒋立镛（1786—1847）字笙陔，又字序东，号芝山。湖北天门人。嘉庆十六年状元。官至内阁学士。著有《香案集》。

（4）汪喜孙（1786—1847）字孟慈。江苏甘泉人。曾任河南怀庆府知府。

（5）吴清皋（1786—1849）字鸣九，号小谷。浙江钱塘人。官南昌知府。宣南诗社成员。著有《壶庵诗集》。

（6）王兆琛（1786—1853）字献甫，号西坡。山东福山人。嘉庆二十二年进士。曾任山西巡抚。

（7）曹懋坚（1786—1853）字树藩，号艮甫。江苏吴县人。道光十二年进士。曾任刑部郎中。

（8）周涛（1786—?）字忠舫，号听松。贵州贵筑人，嘉庆二十五年进士。曾为江南候补道。

（9）吴清鹏（1786—?）字程九，号西谷，晚号笏庵，浙江钱塘人。嘉庆二十二年一甲三名进士。官至顺天府丞。宣南诗社成员。著有《笏庵诗钞》。

乾隆五十二年 丁未 1787年 三岁

正月,林爽文攻台湾府城不克;三月,攻鹿仔港,也不克。六月,清廷派福康安赴台镇压。(《东华续录》乾隆一〇五)

是年出生的有关人物有:

(1) 黄德濂(1787—1849)字邰溪,号悝溪。湖南安化人。嘉庆二十二年进士。曾任云南顺宁府知府。

(2) 杜受田(1787—1852)字芝农。山东滨州人。官至协办大学士。卒谥"文正"。咸丰初立,曾推荐林则徐再起。

(3) 杨以增(1787—1856)字益之,号至堂。山东聊城人。道光二年进士。曾任甘肃按察使、江南河道总督。

(4) 杨炳堃(1787—1858,生于乾隆五十一年十一月十四日为公元1787年1月3日)字蕉雨。浙江归安人。官至湖南盐法道,曾遣戍新疆。道光十八年在武汉晤林则徐,并代为整理禁烟意见。

(5) 郑瑞麒(1787—?)字其昌,号莹甫。福建闽县人,嘉庆二十四年进士,官道员。林则徐幼女适郑子葆中。

(6) 程德润(1787—?)字伯霖,号玉樵。湖北天门人。嘉庆十九年进士。曾署陕西盐道。

乾隆五十三年　戊申　1788年 四岁

正月,林爽文兵败被俘;三月,林爽文在北京被残杀。(《东华续录》乾隆一〇七)

二月,清廷对台湾的反抗势力实行残酷镇压政策,规定台湾获盗,无论首从,都按律正法,五年后再照旧例。(《东华续录》乾隆一〇七)

是年,林宾日参加乡试,因"病目不能终试事"落选,就馆于罗氏,携林则徐入塾读书。"自之无以至章句,皆口授之"。林则徐从此以后到二十岁中举以前,主要就在父亲的教读和熏陶下,完成了青年时代的学业阶段。(《先考行状》,见《林则徐全集》第五册,文录页四四五)

　[按]　罗氏家塾是林家的左邻。后由连城罗姓集资筹建为"罗氏试馆",为连城县赴省城士子所设家族试馆之一。

这一学业阶段,由于林宾日教育得法,使林则徐受益不少。后来,林则徐非常怀念其父的施教,他在《先考行状》中说:

> 府君之教,谆谆然、循循然,不激不厉,而使人自乐于向学……讲授书史,必示以身体力行,近理著己之道,罕譬曲喻,务使领悟而后已,然未尝加之笞挞,即呵斥亦绝少。

(《林则徐全集》第五册,文录页四四六)

当时,林家生活比较清苦,一家人在寒夜蜷居一室,劳作攻读,过着一种贫寒知识分子的生活。

> 每际天寒夜永,破屋三椽,朔风怒号,一灯在壁,长幼以次列坐,诵读于斯,女红于斯,肤粟手皲,恒至漏尽。

(《先考行状》,见《林则徐全集》第五册,文录页四四六)

是年出生的有关人物有:

(1) 裕泰(1788—1851)姓他塔氏,字东岩,号余山。满洲镶红旗人。官至巡抚、总督。卒谥"庄毅"。对鸦片问题主张严禁。

（2）朱骏声（1788—1858）字丰芑，号允倩，晚号石隐山人。江苏吴县人。举人。文字学家。曾任安徽黟县训导。咸丰元年以进所著《说文通训定声》赏加国子监博士衔。道光十七年林则徐曾推荐他任江阴暨阳书院讲席。

（3）惟勤（1788—1863）字鉴堂。满洲镶蓝旗人。嘉庆十四年进士。曾任乌鲁木齐都统。

（4）宗稷辰（1788—1867）字迪甫，号涤楼。浙江会稽人。官御史。著有《躬耻斋文钞》。林则徐西戍时，宗有赠行诗。《林则徐全集》第六册诗词有《次韵答宗涤楼稷辰赠行》（页二一二）、《次韵宗涤楼见寄》（页二四九）等诗。

（5）王清亮（1788—?）字慕筠。江苏青浦人。纳资为南阳府经历。曾辑有关鸦片战争史事的文献为《溃痈流毒》一书。

乾隆五十四年　己酉　1789年 五岁

三月十七日,妻郑氏生。郑氏为原河南永城县令郑大谟的长女。名淑卿,晚年自号绛红楼老人,善诗书。

[按] 《闽侯县志》卷九四《列女传》中有《郑淑卿传》记其生平。

[又按] 《云左山房诗钞》卷五有《辛丑三月十七日室人生日有感》诗,其中有句称:"偕老刚符百十龄,相期白首影随形。"辛丑系道光二十一年,这年林则徐五十七岁,其妻应为五十三岁,方符"百十龄"。据此推定郑氏应当生于本年。

[又按] 郑大谟字青墅,乾隆五十五年进士。著有《青墅诗钞》十卷、《读史杂感》十卷。(《闽侯县志》循吏传)陈寿祺:《绛跗草堂诗集》卷五有《赠郑青墅县尹大谟诗二首》。

是年,父亲林宾日参加乡试,又以"病目不能终试事"。(《林则徐:《先考行状》,见《林则徐全集》第五册,文录页四四五)

是年出生的有关人物有:

(1) 朱绶(1789—1840)字酉生。江苏元和人。举人。有《知止堂诗录》。曾写《林少穆中丞治苏新政诗以纪之》等诗,称赞林则徐在江苏的"治绩"。

(2) 葛云飞(1789—1841)字鹏起。浙江山阴人。官至定海总兵。道光二十一年在定海抗英战死,谥"壮节"。

(3) 程楙采(1789—1843)字憩棠。江西新建人。鸦片战争时任安徽巡抚。

(4) 刘家镇(1789—1845,刘卒于道光二十四年十二月初五日应为公元1845年1月13日)字奂为。福建侯官人。曾任福建南安县学训导。精训诂音韵之学,著有《五朝切韵萃编》等。其侄刘齐衔为林则徐长婿。林则徐曾为撰《刘家镇墓志铭》,1976年于福州出土,现植于福州于山碑廊。

(5) 富呢扬阿(1789—1845)字海帆。盛京长白人。官至陕甘总督。林则徐西戍过兰州时曾盘桓多日。《云左山房诗钞》卷六有《题富海帆督部富呢扬阿韬光蜡屐图》、《题海帆松阴补读记》及《留别海帆》等诗。

（6）郭熊飞（1789—1847）字次虎，号兰垞。山东潍县人。道光二年进士。曾任直隶布政使。

（7）李昭美（1789—1862）字在中，号东竹。江西德化人。嘉庆二十四年进士，曾任苏州知府、福建汀漳龙道。

乾隆五十五年　庚戌　1790年 *六岁*

是年,乾隆帝八十岁,普免全国钱粮。重刻石鼓置于北京国子监及热河文庙。

是年出生的有关人物有:

(1) 徐宝善(1790—1838)原名三宝,字廉峰。安徽歙县人,后迁居昆山。嘉庆二十五年进士。官至御史。著有《壶园诗钞》。宣南诗社成员。

(2) 严良训(1790—1852)字叔彝,号迪甫、楚桥。江苏吴县人。道光十二年进士。曾任甘肃巩泰阶道。

(3) 琦善(1790—1854)字静庵,姓博尔济吉特氏。满洲正黄旗人。道光十六年任直隶总督,反对禁烟。鸦片战争时期曾被任为钦差大臣赴粤,旋任两广总督,诬陷林则徐,力主议和。道光二十一年以私割香港革职。二十三年重被起用,官至驻藏大臣、四川总督。

(4) 武棠(1790—1855)字憩亭,号次南。山西阳高人。道光六年进士。

(5) 伊念曾(1790—1860)字少沂。福建宁化人,官严州同知。所著有《守研斋诗钞》。

(6) 吴嘉淦(1790—1865)字清如。江苏吴县人。官户部员外郎。著有《仪宋堂诗集》。曾写《莍言呈林少穆抚部》,颂扬林则徐在江苏的"治绩"。

(7) 张应昌(1790—1874)字仲甫,号寄庵。浙江归安人。嘉庆十五年举人,曾官内阁中书。张师诚子,与林则徐关系密切。著有《春秋属辞辨例编》及《寿彝轩诗集》。

(8) 奕山(1790—1878)字静轩。宗室,满洲镶蓝旗人。道光二十一年以正白旗领侍卫内大臣、御前大臣出任"靖逆将军"赴粤,后战败革职。道光二十五年重任伊犁将军和闽办事大臣。旋任黑龙江将军。

(9) 徐青照(1790—?)字式金,号雅兰。直隶大兴人。道光二年进士。曾任江苏江宁府知府。

（10）姚熊飞（1790—?）字梦东，号扬亭。奉天盖平人。道光二年进士。曾任江苏常镇通海道。

乾隆五十六年　辛亥　1791年　七岁

是年，林则徐开始学作文章。当时有人认为太早，父亲林宾日则认为："非欲速也，此儿性灵，时有发现处，不引之则其机反室，此教术之因材而施者耳。"（《先考行状》，见《林则徐全集》第五册，文录页四四五）

是年出生的有关人物有：

（1）麟庆（1791—1846）字见亭。满洲人。官至河东河道总督。著有《黄运河口古今图说》、《凝香室集》。道光十年林则徐授河南布政使，未到任前由当时任按察使的麟庆署理。

（2）奕经（1791—1853）字润峰，宗室，满洲镶红旗人。道光时历任黑龙江将军、盛京将军、吏部尚书。二十一年由协办大学士出任扬威将军赴浙，战败革职。二十三年重任叶尔羌参赞大臣。林则徐赴南疆履勘时曾和他有来往。

（3）怡良（1791—1857）字悦亭。姓瓜尔佳氏。满洲正红旗人，监生。官至两广、闽浙总督。林则徐任苏抚时，怡良任江苏布政使、按察使。禁烟运动时，任广东巡抚，与林则徐合作共事，配合较好。

（4）季芝昌（1791—1861）字云书，号仙九。江苏江阴人。道光十二年探花。曾任吏部左侍郎。

（5）翁心存（1791—1862）字二铭，号邃庵。江苏常熟人。道光二年进士。官至体仁阁大学士。卒谥"文端"。所著《知止斋诗集》十六卷，中有记鸦片战争史事的诗作多首。

乾隆五十七年　壬子　1792 年　八岁

　　十月，清廷同意英国以补祝乾隆八十寿辰为名，而派马戛尔尼（George Lord Macartney）使华的要求，并命沿海督抚注意接待。英王有致乾隆的表文。（《掌故丛编·英使马戛尔尼来华案》）

　　是年出生的有关人物有：

　　(1) 龚自珍（1792—1841）字璱人，号定盦。浙江仁和人。道光九年进士。官至礼部主事。思想家。对鸦片问题主张严禁。龚与林则徐曾有书札往还，讨论局势。所著有《龚自珍全集》。

　　(2) 张日晸（1792—1850）字晓瞻。贵州贵阳人。嘉庆二十二年进士。曾任云南巡抚。

　　(3) 王植（1792—1852）字叔培，号晓林。直隶清苑人。嘉庆二十二年进士。曾任安徽巡抚。

　　(4) 潘曾沂（1792—1853）字功甫。江苏吴县人。官内阁中书。著有《功甫小集》。宣南诗社成员。《林则徐全集》第六册诗词有《题潘功甫舍人曾沂〈宣南诗社图卷〉》（页三八）、《区田歌为潘功甫舍人作》（页四〇）、《次韵答潘功甫》、《潘功甫舍人冒暑游洞庭，舟过鄂州，留之不可，枉三绝句，次韵答之》（页一九二）、《次韵潘功甫舍人见赠三首》（页二〇六）及《又次韵五言一首》（二〇七）等诗。

　　(5) 陆建瀛（1792—1853）字仲白，号立夫。湖北沔阳人。道光二年进士。曾任云南巡抚，改授江苏巡抚。

　　(6) 吴文镕（1792—1854）字甄甫，号云巢。江苏仪征人。官至巡抚、总督。咸丰四年在黄州被太平军击毙。谥"文节"。

　　(7) 彭蕴章（1792—1862）字琮达，号咏莪。江苏长洲人。官至大学士、军机大臣。著有《松风阁诗钞》。

　　(8) 明谊（1792—1868）字古渔，号兰士。满洲正黄旗人。嘉庆二十四年进士。曾任甘肃安顺道。

　　(9)吴振棫(1792—1870)字宜甫,号仲云。浙江钱塘人。嘉庆十九年进士。官至贵州按察使、云贵总督。著有《花宜馆诗钞》。

乾隆五十八年　癸丑　**1793 年** 九岁

　　七月,英国使节马戛尔尼来华,准备提出开埠、占地、减税、驻使等项要求。八月底,马戛尔尼到热河行宫觐见乾隆帝,除得到一些赏赐外,全部要求被拒绝。清廷发给"敕书",表明"天朝物产丰盈,无所不有,原不藉外夷货物以通有无"的态度,逐项批驳了英方的要求,指出"天朝尺土,俱归版籍,疆址森然,即岛屿沙洲亦必划界分疆,各有专属"。(《掌故丛编·英使马戛尔尼来华案》)

　　是年出生的有关人物有:

　　(1) 金应麟(1793—1852)字亚伯。浙江钱塘人。官大理寺少卿。著有《豸华堂诗文集》。有论及漕政、赈务弊端的奏疏多篇,林则徐对这些奏疏都发表了见解。

　　(2) 邹鸣鹤(1793—1853)字钟泉,号松友。江苏无锡人。道光二年进士。官河南河道。《云左山房诗钞》卷六有《题邹钟泉观察鸣鹤开封守城纪略后》。

　　(3) 黄爵滋(1793—1853)字德成,号树斋。江西宜黄人。道光三年进士。官至刑部左侍郎。"严禁论"的倡导者。鸦片战争时曾奉命到闽浙一带调查海防。所著有《黄少司寇奏议》及《仙屏书屋集》。1959 年,中华书局曾把他和许乃济的奏议合刊为一书。《云左山房诗钞》卷三有《题黄树斋(爵滋)思树芳兰图》诗。

　　(4) 罗绕典(1793—1854)字苏溪,号兰陔。湖南安化人。道光九年进士。曾任贵州布政使。

　　(5) 唐树义(1793—1854)字子方,号方山。贵州遵义人。曾任湖北布政使。《林则徐全集》第六册诗词有《题唐子方观察(树义)梦砚图》(页八七)诗。

　　(6) 潘楷(1793—1861)字小斐。广东顺德人。道光九年进士。

　　(7) 祁寯藻(1793—1866)字实甫,号春圃。山西寿阳人。嘉庆十九年进士,官至大学士、军机大臣。卒谥"文端"。著有《馒馛亭集》四十四卷。鸦片战争时曾与黄爵滋同赴闽浙。

（8）骆秉章（1793—1867）字吁门，号儒斋。广东花县人。官至四川总督、协办大学士。卒谥"文忠"。道光二十年曾提出整饬洋务章程五条，林则徐奉命发表意见。

（9）朱德燧（1793—?）字玉庭，号绥堂。广西博白人。嘉庆十九年进士。曾任署贵阳府知府、护安东道。

（10）傅绳勋（1793—?）字接武，号和轩。山东聊城人。嘉庆十九年进士。曾任江宁布政使。

乾隆五十九年　甲寅　1794年　十岁

秋,清廷在四川、湖北、陕西等地逮捕白莲教成员谢添绣、王占魁、陈金玉、宋之清及教首刘松,并继续追捕安徽白莲教首刘之协。这是白莲教大起义的先声。

是年出生的有关人物有:

(1) 李彦章(1794—1836)字兰卿,号榕园。福建侯官人。嘉庆十六年与林则徐同榜成进士。署江苏按察使。著有《榕园文钞》。宣南诗社成员。道光十三年至十六年间在江苏协助林则徐救灾与兴修水利。《云左山房诗钞》卷四有《题南武奉祠图应李兰卿同年(彦章)属》(页五五)、《题李兰卿(湖西秋禊图)》(页五六)诗。其女嫁林则徐子拱枢。

(2) 乔用迁(1794—1851)字敦安,号见斋。湖北孝感人。嘉庆十九年进士。曾任贵州巡抚。

(3) 瑞元(1794—1853)字容堂。满洲正黄旗人。曾任乌什办事大臣。

(4) 魏源(1794—1857)字默深。湖南邵阳人。道光二十四年进士。官至江苏高邮知州。思想家。著有《古微堂集》、《圣武记》。魏曾至宁波军营及裕谦幕,参与鸦片战争抵抗活动。后据林则徐所译《四洲志》等增编为《海国图志》。

(5) 王发越(1794—1858)字英斋,号兰溪。山西黎城人。道光六年进士。曾任云南迤西道。

(6) 周祖培((1794—1867)字叔滋,号芝台。河南商城人。嘉庆二十四年进士。曾任刑部左侍郎。

乾隆六十年　乙卯　1795 年　十一岁

正月,贵州松桃苗民在石柳邓领导下起义,湖南永绥苗民在石三保领导下起义响应。二月,清廷派云贵总督福康安、四川总督和琳与湖广督抚合兵镇压苗民起义。(魏源:《圣武记》卷七)

三月,台湾陈周全等起事,旋遭地主武装的破坏而失败。(《东华续录》乾隆一二〇)

六月,福建通省仓库钱粮亏空案及督抚等各级官吏大贪污案被揭发。十月,总督伍拉纳、巡抚浦霖被处斩,全省司道府县官获罪者甚多。(《东华续录》乾隆一二〇)

九月初三日,乾隆帝立第十五子颙琰为皇太子,并定明年元旦为嗣皇帝嘉庆元年。

十二月,英国商船来粤,带交英王的表文和土产。清廷回赠锦缎,并发给"敕书"。(《东华续录》乾隆一二〇)

是年出生的有关人物有:

(1) 陈庆镛(1795—1858)字颂南。福建晋江人。曾官御史。著有《籀经堂类稿》。陈以弹劾琦善等而有名于时,疏中对林则徐推崇备至。

(2) 刘源灏(1795—1864)字鉴泉。直隶永清人。道光三年进士。曾任陕西按察使。

(3) 徐继畬(1795—1873)字健男,号松龛。山西五台人。道光六年进士。官至福建巡抚。著有《松龛先生全集》。徐对外国侵略采取妥协态度,曾经打算参奏林则徐在原籍的反英活动,但因清廷有意重新起用林则徐而没有参奏。他所著的《瀛寰志略》,是鸦片战争后探求新知的重要著作之一。

是年钱澧(1740—1795)死。

嘉庆元年　丙辰　1796年　十二岁

正月,乾隆帝自称太上皇帝,子颙琰即位称帝,改年号为嘉庆。

正月,聂杰人、刘盛鸣、张正谟等领导白莲教军在湖北枝江、宜都一带起义,各地纷纷响应,三楚震动。二月,聂杰人被俘。(魏源:《圣武记》卷九)

六月,苗民起义领袖石三保被俘。七月,在北京被杀害。

秋,林则徐弟林霈霖(又名元抡,字雨人)生,后出嗣于他的三伯父林孟典。(《云左山房文钞》卷二)

十二月,石柳邓等领导的苗民起义失败。苗民起义领袖石柳邓父子及吴廷义等战败牺牲。(《魏源:《圣武记》卷七)

是年,林则徐充佾生。(林聪彝:《文忠公年谱草稿》)

[按]　佾生即佾舞生、乐舞生,是孔庙中的歌生、舞生。各府州县都有定额,由学政在本籍院试后,从因额满见遗的俊秀童生中凭文章好坏,择优录取充任。

是年,输入鸦片一千零七箱,吸食鸦片者日多,嘉庆帝诏裁税额,禁止鸦片入口。走私情况日趋严重。

嘉庆元年,因嗜者日众,始禁其入口。

(《夷艘入寇记》上,见《鸦片战争》Ⅵ,中国近代史资料丛刊)

嘉庆初,奉诏申立严禁,裁其税额。自此入口之鸦片,率暗中偷售,而其价益增。

(夏燮:《中西纪事》卷四)

自乾隆末年以来,整个社会呈现出一种阢陧不安的动乱形势。龚自珍曾加以概括说:

自乾隆末年以来,官吏士民,狼艰狈蹶。不士、不农、不工、不商之人,十将五六;又或饣殄烟草,习邪教,取诛戮或冻馁以死,终不肯治一寸之丝,一粒之饭以益人。承乾隆六十载太平之盛,人心惯于泰侈,风俗习于游荡,京师其尤甚者。自京师始,概乎四方,大抵富户变贫户,贫户变饿者。四民之首,奔走下贱,各省大局,岌岌乎皆不可以支月日,奚暇问年岁?

(《西域置行省议》,见《龚自珍全集》上)

另一位学者包世臣也察觉到这种危机说:

见百为废弛,贿赂公行,吏治污而民气郁,殆将有变。……又见民生日蹙,一被水旱,则道殣相望。

(《再与杨季子书》,见《艺舟双楫》《论文》一)

是年出生的有关人物有:

(1)臧纡青(1796—1854)字牧庵。江苏宿迁人。举人。鸦片战争时在浙江奕经幕中,曾建议奏召林则徐来浙襄办防务。

(2)戴绚孙(1796—1856)字袭孟,号云帆。云南昆明人。道光九年进士,官至给事中、浙江道御史。戴系林则徐嘉庆二十四年典试云南时考取的举人。

(3)文庆(1796—1856)字笃生,号孔修。满洲镶红旗人。道光二年进士。曾任兵部尚书军机大臣上行走。

(4)程庭鹭(1796—1859)字序伯,号蘅卿。诗人、画家。鸦片战争时在浙江文蔚参赞行营幕中。

(5)梁廷枏(1796—1861)字章冉,广东顺德人。副贡生,官澄海县训导,后主越华书院讲席。他是一个通达时务的爱国士人。林则徐推行禁烟运动时曾亲往访问,征询意见。著有《粤海关志》、《夷氛闻记》等多种。

(6)黄宅中(1796—1863)字治宇,号惺斋、远村。山西河曲人。道光二年进士,曾任福建侯官县知县,贵州大定知府。林则徐曾与其讨论地方志体例问题。

(7)李菡(1796—1863)字丰垣,号滋园。直隶宝坻人。道光二年进士。曾官左副都御史。

(8)蔡赓飏(1796—?)字金和,号云士。浙江德清人。道光二年进士。曾官户部主事。

嘉庆二年　丁巳　1797年　十三岁

是年,林则徐应府试获第一。父林宾日选岁贡生。(《先考行状》,见《林则徐全集》第五册,文录页四四六)

[**按**]　林聪彝:《文忠公年谱草稿》于嘉庆元年条下系称:"应郡试,钱赞夫先生学彬面试激赏,连擢第一,遂冠其军。"《先考行状》则称:"丁巳,府君贡成均。时不孝则徐年十三,应府试第一。"此系林则徐亲记,干支与年龄也符合,当从此说。又《闽侯县志》卷七八《林宾日传》也作"丁巳以邑廪生贡成均"。

是年,白莲教襄阳起义军在王廷诏、李全、姚之富、齐王氏等率领下进攻河南。不久,入陕转川,开始大规模的流动战。(魏源:《圣武记》卷九)

是年,英属印度政府给予东印度公司以制造鸦片的特权。

[**按**]　英属印度政府早于1773年(乾隆三十八年)已给予东印度公司鸦片专卖权。

是年出生的有关人物有:

(1) 李星沅(1797—1851)字子湘,号石梧。湖南湘阴人。官至陕西巡抚、云贵总督。卒谥"文恭"。林则徐西戍时,家属寄居西安,李多加关照并为转递家书,事见林则徐《乙巳冬月六日伊吾旅次被命回京,纪恩抒怀》诗自注。(《林则徐全集》第六册,诗词页二四六至二四七)

(2) 陈光亨(1797—1851)字衡书,号秋门。湖北阳新人。官至给事中。道光十九年曾对清政府颁布的《钦定严禁鸦片烟条例》三十九条提出异议。著有《养和堂文集》。

(3) 赵光(1797—1865)字退庵,号蓉舫。云南昆明人。官至尚书。卒谥"文恪"。道光十三年典试江南时曾与林则徐共游南京名胜钟山、雨花台等处。

(4) 徐广缙(1797—1870,卒于同治八年十二月十七日应为公元1870年1月18日)字仲升。河南鹿邑人。嘉庆二十五年进士。官至两广总督、湖广总督。鸦片战争后在粤主持涉外事务。

（5）李熙龄（1797—1875）字来泰，号芸渠。河南南城人。道光九年进士。曾任陕直榆棣知府。

（6）刘建韶（1797—?）字克和，号闻石。福建长乐人。道光十五年进士。曾官陕西兴安府知府。

嘉庆三年　戊午　1798年　十四岁

三月,白莲教起义军首领齐王氏、姚之富在湖北郧西战死。(魏源:《圣武记》卷九)

是年,林则徐考中秀才。

[按]　林聪彝:《文忠公年谱草稿》嘉庆二年条系称:"科试入邑庠。"但《先妣事略》说:"嘉庆二年,家君贡成均。次年,不孝入学。"林则徐考中秀才当在嘉庆三年十四岁。《草稿》于府试第一及入学事均误早一年。

林则徐在参加县试时的时文《仁亲以为宝》中,借晋献公父子关系事实,反复阐述了君臣、父子的封建伦常关系,但也透露了一点"自古原无独私之国"的想法。其中如"表里河山,天下有失而复得之国;墓门拱木,自古无死而复生之亲"和"君臣之本人为,自古原无独私之国;父子之情本天性,天下更无可代之心"等语都被时人誉为名句。梁章钜的《制义丛话》卷十七收录了这篇八股文的起中四比,并作了赞赏的评论说:

> 余友林少穆则徐督部,天怀敦笃,文笔敏瞻。忆其童年与县试,《仁亲以为宝》题文缠绵恳挚,一往情深。其起中四比,至今犹能背诵云。……纯是至性至情语,流溢于楮墨间。厥后以夷务谪成西域,坦然就道,犹眷眷于天恩之高厚也。移孝作忠,所谓坐言起行者矣。

林则徐从考中秀才到二十岁考中举人前,除有时就馆教读谋生外,主要在鳌峰书院(旧址在今福州市鳌峰坊)读书求学。

[按]　鳌峰书院是康熙四十八年由张伯行所创建。蔡世远、林枝春、张甄陶、孟超然、郑光策、陈寿祺等人先后任主讲,培育人才较多。陈寿祺《左海文集》卷三有《示鳌峰书院诸生》,卷八有《重修鳌峰书院并建考棚记》等文记书院沿革、规制。

当时任山长的郑光策是一位讲究气节,注重经世有用之学的学者。乾隆四十九年,郑在杭州被巡幸来此的乾隆帝召试,因不能屈事和珅而归里。郑特别喜欢研读经世有用的书,如《通鉴》、《通考》及陆贽、李纲、顾炎武等人的著作。郑在主讲鳌峰书院时,讲求"明礼达用之学","勤于启迪,严而有法",而使"人才奋发"。郑指导学生的宗旨是"以立志为主,谓志定而后教有所施"。(沈瑜庆、陈衍:《福建通志》总卷四十《儒行传》卷五)教学内容是"一课制举艺,一课古文论志,考辨诸体,期学者力经史之学"。(《鳌峰书院志》卷五)林则徐不仅受到了郑的严格教导,博览了儒法道佛的群籍,吸取了经世致用之学的文化养料,并据读书所得撰写了《云左山房杂录》。(手稿本,沈澹源旧藏。今藏福建师范大学图书馆)其札记中的某些警句可以看出林则徐少年时的志趣所在,如:

> 博闻为馈贫之粮,贯一为拯乱之药;
>
> 世尽思居奇之居,人竞为染指之望,徇私吹索,借端凌践;
>
> 矫饰虚声,潜纳贿赂,陋习相沿,谓之名实兼收;
>
> 竭小民衣食之资,供官司奴隶之困。

林则徐还在书院中结识了同学梁章钜、廖鸿荃等人,获得了互相切磋之益。这些都给林则徐日后的政治实践活动以一定的影响。

同时,林则徐还通过父亲林宾日认识了著名学者陈寿祺。陈是一个对汉学、宋学都有相当造诣的学者,而且还对当时具有某些维新趋向的今文遗说有所研究。陈和林则徐交往密切,不仅研讨学术,而且还交流政治见解,两人的唱和诗充分地反映了这一点。(参阅沈瑜庆、陈衍:《福建通志》总卷三八,《儒行传》卷五;梁启超:《清代学术概论》)

是年,林则徐与郑淑卿订婚。

> 缸许红缠,领山谷题诗之意;衿邀青染,赏兰成射策之年。(林则徐:《郑岳母齐太恭人七秩寿序》,见《林则徐全集》第五册,文录页三六九)

是年出生的有关人物有:

(1) 池生春(1798—1836)字剑芝,又字籲庭。云南楚雄人。道光三年进士。官至国子监司业。著有《入秦日记》一卷、《诗文剩稿》四卷。

(2) 王庆云(1798—1862)字家镔,号雁汀。福建闽县人。官至工部尚书。卒谥"文勤"。道咸间经济家。所著《石渠余记》于钞法、盐务、河工、漕务、饷需、捐输等问题均有涉及。

(3) 黄琮(1798—1863)字象坤,号矩卿。云南昆明人。道光六年进士。

曾官兵部右侍郎。

（4）慧成（1798—1864）字秋谷。满洲镶黄旗人。道光十六年进士。曾任东河河道总督。

（5）王茂荫（1798—1865）字子怀。安徽歙县人。官至户部右侍郎。经济思想家。所著《王侍郎奏议》有关于道咸间改革币制的奏议多篇。

（6）贾桢（1798—1874）字筠堂。山东黄县人。道光六年榜眼，曾任礼部尚书。

（7）叶朝采（1798—?）字方泉，号小辀。浙江钱塘人。道光十五年进士，曾任四川宜宾知县。

（8）蔡宗茂（1798—?）字禧伯，号小石。江苏上元人。道光十三年进士。曾任国子监司业。

嘉庆四年　己未　1799年　十五岁

　　正月初三日,乾隆帝死。初八日,嘉庆帝下和珅于狱。十一日,嘉庆帝以上谕宣布和珅罪状,要求地方督抚议罪,并继续揭发。十五日又宣布和珅具体罪款二十条,其中搜刮资财一项有"家内银两及衣服等件,数逾千万","有夹墙藏金二万六千余两,私库藏金六千余两,地窖内并有埋藏银两百余万"。"通州、苏州地方均有当铺钱店,查计资本又不下十余万"。十八日,嘉庆帝赐和珅自尽死。

　　[按]　和珅资财,私家传抄清单见于清人笔记的远不止此。欧阳昱的《见闻琐录》前集卷二《查抄和珅家》条及邓文滨的《醒睡录初集》卷三世运类都收有同一内容的和珅资财估价单:"计上赤金八十万两,值银一千二百八十万两;中赤金三十五万两,值银一百二十五万两;一切金器熔化,值银一百七十九万两;人参一百六十斤,值银七十八万二千两;大珠一颗,值银一千五百万两;珍珠二百二十串,值银二千六百五十万两;散小珠值银二百四十万两;纹银二十四库,计二千四百万两;宝石顶六十八个,值银六十八万两;大块宝石四十二方,值银一百六十八万两;珊瑚、玛瑙值银八十五万两;猫儿眼、密脂、绿松石,值银一百二十四万两;古玩器物值银三百七十二万两;五彩各色宝玉值银八百四十万两;皮绵夹单纱衣二万六千余件,值银七十二万三千两;大小貂皮五千九百余张,值银六万三千两;粗细装修陈设等件值银一百六十万两。"陈其元的《庸闲斋笔记》卷九记"银号十处,本银六十万两;当铺七处,本银八十万两。……"薛福成的《庸盦笔记》卷三也有《查抄和珅住宅花园清单》。各书所记,多有歧异。近人杨乃济有《庸盦笔记所录查抄和珅住宅花园清单辨讹》一文据档案材料有所订正,如笔记所列房产总数是:房二百七十五间,楼台、更楼共一百一十八座;而内务府官房租库所列之出租房(热河及涿州不计),和珅家及和珅花园的房屋已注明间数的就有二千三百四十三间之多。又如当铺数字笔记载七十五座,而档案载为十二座。每座资本为数万两

而非数十万两。均可资参证。(见《历史档案》1981 年第 2 期)

是年,蔡牵在福建沿海起事,攻占台南。

是年,清廷据两广总督吉庆奏请对鸦片"不许贩卖,犯者拟罪,递加至徒流环首"。(《道光朝筹办夷务始末》卷一,页六)

[**按**] 英人格林堡评论这次禁烟说:"切实的禁烟是在 1799 年的上谕中申明的,这项上谕曾提到在广东、福建等沿海省份以外各地,'这种伤风败俗的事情'的蔓延。"([英]格林堡著,康成译:《鸦片战争前中英通商史》页一○○)

自上年至本年,白莲教各地起义军普遍展开流动性作战。起义军势力所到之处有甘肃的阶州、秦州、渭源、徽县、两当等地;四川的川东、川北地区;湖北的巴东、房县、竹山、竹溪等地和陕西的安康、紫阳、商川、雒南、蓝田、镇安、山阳等地。

是年出生的有关人物有:

(1) 张际亮(1799—1843)字亨甫。福建建宁人。诗人。有《张亨甫全集》行世。曾客林则徐任所。张写诗多首颂扬林的"政绩"。林也很推重他。有《哭张亨甫》诗。(《林则徐全集》第六册,诗词页二三○)

(2) 吴钟骏(1799—1853)字崧甫,号姓舫。江苏吴县人。道光十二年状元。曾任礼部右侍郎。

(3) 王柏心(1799—1873)字子寿,一作冬寿。湖北监利人。道光二十四年进士,官刑部主事。曾入林则徐幕。著有《枢言》及《百柱堂全集》。王与林有诗函往还。有《次韵答王子寿柏心》诗。(《林则徐全集》第六册,诗词页二一二)

(4) 胡兴仁(1799—1873)字恕堂。湖南保靖人。曾任四川川北道。

(5) 乔晋升(1799—?)字春皋,号心农。山西闻喜人。道光十五年探花,曾任刑部郎中、军机章京。

嘉庆五年　庚申　1800年 十六岁

五月,蔡牵等继续在闽、浙海面活动,清廷命李长庚追击镇压。

是年,重申烟禁,公行与东印度公司停止了在广州的公开交易。

公行和东印度公司这两个垄断组织遵照 1800 年所颁发的谕旨停止了在广州的鸦片贸易。

(马士:《中华帝国对外关系史》第一卷,页二〇一)

是年起至九年,白莲教起义军虽连遭清军镇压残杀,首领不断牺牲,但各部继续在川、楚、陕各地与清军苦战,给予清军以沉重的打击。(魏源:《圣武记》卷一〇)

是年出生的有关人物有:

(1) 徐有壬(1800—1860)字钧卿,号君青。浙江乌程人。道光九年进士。曾任四川成绵龙茂道,署按察使。

(2) 朱兰(1800—1873)字久香,晚号耐庵、文治子。浙江余姚人。道光九年进士。历官编修、内阁学士。所著有《补读室诗稿》等。曾写有挽林诗。

(3) 张集馨(1800—1878)字椒云,别号时晴斋主人。江苏仪征人。道光九年进士,官编修。道光十六年外任山西朔平知府。此后三十年间,在山西、福建、陕西、四川、甘肃、河南、直隶、江西等省任知府、道员、按察使、布政使、署抚等官。道光二十五年在陕督粮,因岁旱请缓征,为林则徐所赏识,曾"密疏具保"。自著年谱,经整理后题《道咸宦海见闻录》。

(4) 春熙(1800—?)字敬臣,号介轩。满洲镶蓝旗人。道光十五年进士。曾任甘肃甘凉道。

(5) 李希曾(1800—?)字肩吾,号笨村。汉军正白旗人。道光二年进士。曾任陕西西安知府。

嘉庆六年　辛酉　1801年 十七岁

六月,永定河泛滥,又大雨数昼夜,北京地区遭受严重水灾,"宫门水深数尺","京城西南隅,几成泽国,村落荡然"。(《东华续录》嘉庆十一)

是年,邓廷桢考中进士。(邓邦康:《邓尚书年谱》)

是年出生的有关人物有:

(1)汤鹏(1801—1844)字海秋,湖南益阳人。道光三年进士。官至御史,以直谏被黜。著有《浮邱子》九十篇;后人辑有《海秋诗集》。曾为林则徐《饲鹤图》题诗。

(2)戴熙(1801—1860)字醇士,号鹿牀。浙江钱塘人。道光十二年进士,官广东学政。画家。著有《赐砚斋题画录》。《林则徐全集》第六册诗词页一九六有《戴醇士学士熙画松题句》诗。

(3)全庆(1801—1882)字小汀。满洲正白旗人。道光九年进士。曾任喀什沙尔办事大臣、大学士。

(4)黄恩彤(1801—1883)字石琴。山东宁阳人。道光六年进士,官至广东巡抚。著有《知止堂集》。鸦片战争时承担对英交涉工作,后参与《江宁条约》的订约活动。

嘉庆七年　壬戌　1802年　十八岁

　　春,英兵船六艘来泊广州洋面,淹留数月。两广总督吉庆命洋商转令英船回国。六月,英船始离去。(肖令裕:《英吉利记》)

　　五月初一日,蔡牵夜入大担门,获大小铁炮六座而去。(《厦门志》卷十六旧事志)沿海渔民、船户、农民纷起响应。

　　八月,广东天地会众起事,有众数万人。两广总督吉庆张皇失措。十一月,清廷派那彦成赴粤镇压。十二月,吉庆自杀死。(《东华续录》嘉庆十四)

　　十二月,清廷对镇压白莲教军的有关官员大行封赏。(《东华续录》嘉庆十四)

　　是年或次年,林宾日与里中同辈组成真率会。(据林则徐《先考行状》推定)真率会是林宾日与里中耆旧赵在田、谢曦、陈烺、林芳春、林雨化等人,仿白居易组洛社的故事而组成的小团体。它的活动是"月必数集,集必竟日。讨论文字,上下今古"。(《先考行状》,见《林则徐全集》第五册,文录页四四八)它反对守旧,反对虚伪,是比较开明的一种结社。(叶沧候:《林则徐的父母》,见福州林则徐纪念馆编:《林则徐资料研究》第1辑)

　　[**按**]　杨国桢《林则徐传》增订本页十三在记及林雨化生平时曾写道:"林雨化尝与林宾日和里中耆宿赵在田、谢曦、陈烺、林芳春等人结'真率会'"。无明确年代。

　　林宾日居乡日与老友吟咏为乐。友人陈东村曾赠诗赞其子贤寿永。

　　　　陈东村先生生平精律理,而于诗恒不苟作……晚年无事,日以吟咏为乐,修香山洛社故事,过从老友如郭静庵、赵性海、陈秋坪、林旸谷、黄卓人诸先生,皆一时耆宿,觞酢无虚日。尝集唐人句赠林旸谷先生曰:"有子才如不羁马,知君身是后雕松。"

　　　　　　　　　　　　　　　　　　　(丁钰:《因话录》页六八)

是年出生者有:

(1)陈孚恩(1802—1866)字子鹤,号小默。江西新城人。以拔贡入仕。

曾任兵部左侍郎,在军机大臣上行走。

(2) 吴存义(1802—1868)字和甫。江苏泰兴人。道光十八年进士。曾任翰林院编修。

(3) 汪士铎(1802—1889)字梅村。江苏江宁人。有《乙丙日记》行世。林则徐死后,他曾写有挽诗。

嘉庆八年　癸亥　1803年 十九岁

闰二月,广东天地会起事被镇压失败。

五月,清廷禁止直隶等处民人携眷出关至东北。七月,禁止民人携眷偷渡山东海口。(以上见《东华续录》嘉庆十五至十六)

是年出生的有关人物有:

(1)鄂恒(1803—1858)字松亭。满洲正黄旗人。道光六年进士。官至工部员外郎。

(2)朱琦(1803—1864)字伯韩。广西桂林人。官至道员。诗人。著有《怡志堂诗集》,有纪鸦片战争史事诗多首,为时所重。

(3)吴嘉宾(1803—1861)字子序。江西南丰人。道光十八年进士。官至编修。著有《求自得室文钞》。

(4)林昌彝(1803—?)字惠常,号芗谿。福建侯官人。道光十九年举人。林的同乡后辈,爱国诗人。著有《射鹰楼诗话》。

(5)彭崧龄(1803—?)字于蕃,号雅宜。湖北江夏人。道光十五年进士。曾任云南永昌府腾越厅同知。

嘉庆九年　甲子　1804 年　二十岁

三月,父亲林宾日馆于文笔书院。

　　吾父呼苍兄弟环立曰:嘉庆甲子三月,旸谷师馆于文笔书院。吾父少随乾隆己亥科孝廉郑云卿师超,年十九又从学于侯官贡生林封翁旸谷,前后凡十年。封翁讳宾日,文忠公父。

(郭柏苍:《季弟柏芗登科记》(咸丰辛亥),见《葭村草堂集》卷中,收《郭氏丛刻》)

[按] 杨国桢:《林则徐传》增订本页十二注㉛据上引登科记文中夹注所言"年十九又从学于侯官贡生林封翁旸谷",并据郭柏苍:《我私录》定郭父介平十九岁时为嘉庆元年,并以"嘉庆元年,始受业于林师孟养",遂判定林宾日馆文笔书院始于嘉庆元年,而以拙编《年谱》列于嘉庆九年为误。《年谱》所据登科记之文为郭介平语诸子,有年有月,语气十分肯定,夹注容有出入。且《我私录》所言为郭介平嘉庆元年始受业于林宾日,而不能肯定当时即林宾日开始馆于文笔书院之年。谱、传各有所据,不能鲁莽判断,姑两存待考。

六月,蔡牵进攻台湾鹿耳门,并在温州洋面大败清水师。七月,清廷命李长庚总统水师追击。《东华续录》嘉庆十七、十八)

秋,林则徐参加乡试,中第二十九名举人。(《云左山房文钞》卷二;林聪彝:《文忠公年谱草稿》)座师是主考官茅元铭(畔亭)、副考官周系英(字孟才,号石芳),房师是长乐知县王福增(鹤潭)。

林则徐中举后,就在揭晓那天和郑淑卿结婚,时郑氏年十六岁。

　　犹记秋风一第,露夕双清。阮修酿娶妇之钱,李易读登科之记。

(林则徐:《郑岳母齐太恭人七秩寿序》,见《林则徐全集》第五册,文录页三六九)

　　宴鹿鸣日,郑夫人来归。

(林聪彝:《文忠公年谱草稿》)

林则徐中举后,他的才能已受到乡前辈的重视和推重。乡前辈林芳春曾不止一次地加以赞扬说:

陈恭甫、梁茝林乃福州之宝贝,继此其元抚乎?

甲子榜一个林则徐竟是福州一活宝。

林元抚诸般都会,真是活宝,定为出色翰林。

同乡若陈恭甫、梁芷邻、林石麟俱可望。

(林芳春:《介石堂文钞》卷六《语录下》)

[按]　陈恭甫即陈寿祺,梁芷邻即梁章钜。

十二月,林则徐偕妻由闽赴京会试,在浦城度岁。(林聪彝:《文忠公年谱草稿》)

是年冬,"宣南诗社"的前身"消寒诗社"初次举办。成员有陶澍(云汀)、朱珔(玉存、兰坡)、吴椿(荫华、退旃)、顾莼(南雅)、夏修恕(森圃)、洪占铨(介亭)等人,共集会四次。诗题以饮酒赏花为内容。一年以后暂时中止。

忆昔创此会,其年维甲子;赏菊更忆梅,名以消寒纪(嘉庆九年初举此会,朱兰坡斋中以赏菊为题,吴退旃斋中以忆梅为题)。与者夏顾洪,聚散一期耳(顾南雅、夏森圃、洪介亭皆入会。明年秋,余以艰归,诸君亦多风流云散矣)。

(陶澍:《潘功甫以宣南诗社图属题抚今追昔有作》,见《陶文毅公全集》卷五四)

[按]　此时也有宣南诗社之称。叶廷琯的《为查焦坨(光)题红豆楼诗集》七绝之五"灯火宣南话昔游,诗坛高会尽风流,佳名已占查秋树,又为梅花管之浮"的第三句下自注中说:"甲子,(查光)赴试京兆,入宣南诗社以秋树诗得名,同社人呼为查秋树。"(《楙林庵诗》卷下)但黄丽镛氏的《宣南诗社管见》一文说查遍朱珔、陶澍诗文集,并未发现查光参加宣南诗社的任何记载,故对查光是否入社表示怀疑。

是年刘源溎(1804—?)生,字禹卿,号晓川。直隶永清人。道光十五年进士。曾任湖北武昌府知府。

是年郑光策(1755—1804)卒。

嘉庆十年　乙丑　　1805 年　二十一岁

二月,英国商船带来礼物表文,随同前来的尚有兵船四艘。(《东华续录》嘉庆十九)这是一种试探性的侵略活动。

三月,林则徐在北京第一次参加会试,落选。客居于曾任福建学政的恩普家。(林聪彝:《文忠公年谱草稿》)

　[按]　恩普字雨堂。满洲镶蓝旗人。乾隆五十五年进士。官至副都御史。《八旗通志》有传。

四月,嘉庆帝命管理西洋堂务大臣稽察西洋人私刻书籍及与内地人往来交结等情事,并处分私刻书籍和传教的西洋人,以及为教士传递信息和信教的民人。五月,订立稽察西洋堂章程。(《东华续录》嘉庆十九)

五月,白莲教大起义结束。这次大起义从嘉庆元年(1796)至十年(1805)经历了九年半的战斗历程。起义势力遍布于湖北、四川、陕西、甘肃、河南五省,所经厅、州、县、卫、所达二百余个。清廷为镇压这次大起义,调动了十六个省的兵力,耗饷二万万两,损伤极重。

六月,林则徐离开北京,由潞河南返。十一月,抵家。(林聪彝:《文忠公年谱草稿》)"以谋食故驰四方",(《林希五先生文集后序》)相传曾在福州北库巷"补梅书屋"教读。书屋中有联语:"屋小朋侪容膝久,家贫著作等身多。"可以想见林则徐青年时期的生活情状与旨趣。

十一月,蔡牵自称镇海王。二十三日,攻入台湾凤山。台湾嘉义地方洪四老等兴兵响应。(《东华续录》嘉庆二一)

是年,美国开始由土耳其运鸦片来华。(泰勒·丹涅特:《美国人在东亚》第六章)

是年,林宾日赴将乐,主正学书院,春往冬归者十年。携子霈霖随读。

　　乙丑以后,不孝则徐以家食难给,不得已假馆于外,府君亦赴将乐,主正学书院讲席者十年。

　　(《先考行状》,见《林则徐全集》第五册,文录页四四六)

是年,林宾日自绘《饲鹤图》,以表达个人志趣。道光十年,林则徐随身携带此图,遍求名人题咏。林则徐于道光十六年前后又添绘第二、三图。三图题咏者,自道光十年至三十年间达六十五人,此三图由三子聪彝传家,直至其玄孙林维和时,方由福建人民出版社影印发行,成为研究林则徐生平的重要参考资料。

是年冬至次年春,消寒诗社曾集会九次,参与者除朱珔、洪占铨、顾莼外,新加入的有朱士彦(1771—1848,字休承、修承,号咏斋,江苏宝应人)、李宗昉(1779—1846,字静远,号艺龄,江苏山阳人)、卓秉恬(1782—1855,字海帆,四川华阳人)、孙世昌(少兰,安徽桐城人)、张本枝(立亭,贵州大定府人)、黄茂(艺圃,山西夏县人)、谢学崇(字仲兰,号椒石、蕉石,江西南康人)。活动情况可参见朱珔《小万卷斋诗稿》、李宗昉《闻妙香室诗》。(黄丽镛:《宣南诗社管见》,见《上海师范大学学报》1980年第1期)

是年生者有:

(1) 黄燮清(1805—1864)字韵甫。浙江海盐人。曾官湖北知县。诗人、剧作家。所著《倚晴楼诗集》中有不少记鸦片战争史事的爱国诗篇。

(2) 刘存仁(1805—1880)字炯甫,又字念莪,晚号遯园。福建闽县人。道光二十九年举人。有《屺云楼文集》十二卷《诗集》二十四卷,《诗余》一卷。

(3) 林鸿年(1805—1886)字勿村。福建侯官人。道光十六年状元。任翰林院修撰。

是年,纪昀(1724—1805)卒。

嘉庆十一年　丙寅　1806 年　二十二岁

三月,蔡牵在台湾遭到清军围攻失败,乘船突围到浙闽洋面活动,清水师提督李长庚在海面上对蔡牵追逐剿杀,蔡虽受到重大损失,但仍坚持抗争。(《东华续录》嘉庆二一、二二)

五月,百龄任汀漳龙道,曾见到林则徐所办公牍,大加赞赏,即目为"大器",并"广为延誉"。(金安清:《林文忠公传》,见《续碑传集》卷二四)

[按]　林则徐很受百龄的赏识,嘉庆十七年,百龄任两江总督,林则徐由原籍北上过南京时,在百龄署中度岁。林则徐结识百龄可能就在本年。

七月,林则徐撰《林希五先生文集后序》。序中除对林希五的正直品格表示仰慕,对林希五的悲惨遭遇表示同情外,还发抒了自己的愤慨心情:

> ……先生梗直独操,出于天性,而道高毁来,身处冷官,触怒权贵,至于文致周内,下狱投荒,垂白在堂,孤身万里。士君子固有遇人不淑,守正被害如先生者乎?此固见者之所怒目,而闻者之所扼腕也。观集中《辨惑》一首,指陈道义,炳若日星,读圣贤书,所学何事?古今人不平则鸣,大率类此。
>
> 徐幼时即闻先生事,逮先生以恩宥旋籍,徐年方冠,心敬慕之,欲修一见,然犹恐先生严严独立,绝不与后生小子以可炙之路。及以父执礼进谒,乃知先生处己若虚,诲人不倦如是也。即先生之文,间有自发悲愤,然皆平心言事,绝未尝以进奸雄、退处士、崇势利、羞贫贱者为过激之论。其余传记之作,亦皆恬淡有法,不蹈畸异,文之和平,又如此也。……徐闻先生患难时,手不释卷,并于狱中著《大学中庸要义》等书,遭遣后行集若干卷,其帙尚未获见,要皆粹然儒者之言,婉乎风人之旨,可知丈夫不得志于时,则以其事传之来学。

(林则徐:《林希五先生文集》后序,见《林希五文集》卷首)

林则徐之写这一篇富有感情的后序正表明他受林希五思想、品格、行动的影响较深。这种影响对林则徐日后虽成为官僚统治集团中的一员,但又能与一般封建官员有所不同,是有一定作用的。

[**按**]　林希五,名雨化。闽县人。以举人大挑补宁德教谕。他和林宾日时有交往,性情伉直,曾被人诬控。又因抨击当时福建贪官按察使钱士椿的罪行,终被罗织罪名下狱。在狱中,他拒绝逼诱。于是在拘系七个月以后被遣戍新疆,沿途遭到残虐的迫害——“锁诸木笼,不得屈伸;下船闭置舱底,几不能续气;备尝毒手,屡号仅而不死”。释回时年已六十,仍以读书作文为事,意气不少衰。所著有《林希五文集》。(沈瑜庆、陈衍:《福建通志》总卷四十《儒行传》卷五有传)

秋,林则徐为解决家庭生计,就厦门海防同知房永清之聘担任书记。(林聪彝:《文忠公年谱草稿》)

今秋又将为鹭门之役矣。

(林则徐:《林希五先生诗文集》后序,见《林希五文集》卷首)

[**按**]　厦门一名鹭门。(《厦门志》卷二)

[**又按**]　厦门海防同知,康熙二十五年由泉州移驻,职权是:“管理海口商贩、洋船出入收税,台运米粮,监放兵饷,听断地方词讼。”房永清于嘉庆十年至十二年间任此职,(《厦门志》卷一〇《职官表》)故系于此年。

当时,有几点值得注意:

其一,厦门当时已是内外贸易比较繁盛的港口,并且已实行管理对外贸易的洋行制度。

商船自厦门贩货往来内洋及南北通商者有横洋船、贩艚船。

(《厦门志》卷五《船政》)

厦门贩洋船只始于雍正五年,盛于乾隆初年。时有各省洋船载货入口,倚行贸易征税,并准吕宋等夷船入口交易,故货物聚集,关课充盈。至嘉庆元年尚有洋行八家,大小商行三十余家。洋船、商船千余号,以厦门为通洋正口也。

(《厦门志》卷五《船政》)

服贾者以贩海为利薮,视汪洋巨浸如衽席。北至宁波、上海、天津、锦州,南至粤东,对渡台湾,一岁往来数次。外至吕宋、苏禄、实力、噶喇巴,冬去夏回,一年一次。初则获利数倍至数十倍不等。故有倾产造船者,然骤富骤贫,容易起落。舵水人等借此为活者以万计。

(《厦门志》卷一五《风俗记》)

洋船丛集,商贾殷阗,仙山楼阁,甲于南天。

(梁章钜:《退庵自订年谱》)

其二,厦门的社会风尚败坏,娼妓、赌博、盗窃、词讼之风甚盛。

女间随在有之。厦门五方杂处,此风尤盛。

赌博盛行,奸民开设宝场,诱人猜压,胜负以千百计。

赌不一色,厦门三尺孩提即解赌,惟花会贻毒更深。

盗贼穿窬肢箧其小耳。

闽棍者,无赖恶少也,纠结伙党,鹰视狼行,周游衢巷,寻事生风。

讼师、闽棍、衙役三者合而为一,择肥而噬,名曰合虎药。

(《厦门志》卷一五《风俗记》)

其三,厦门的鸦片走私和烟毒泛滥情况,从嘉、道以来的严重现象可以推知:

闽广一带与西南洋各国通商最早,明时已设有市舶司,故鸦片之输入,亦为最先。清嘉、道间,内地人民吸食鸦片者尚少,而闽、广沿海居民,已皆有嗜鸦片之癖。(雷瑨:《蓉城闲话》,《鸦片战争》I,中国近代史资料丛刊,页三〇)

鸦片烟来自外夷,枯铄精髓,有性命之虞。新令尤严:买食者杖一百,枷号两个月,不将贩卖之人指出者满杖,职官及在官人役买食者俱加一等,兴贩、种卖、煎熬者充军,开设烟馆者绞监候,地保邻佑俱满徒,而愚民不醒,性命以之。其流弊有九,曰:丧威仪、失行检、掷光阴、废事业、耗精血、荡家资、亏国课、犯王章、毒子孙。入其中者,亦能自知其弊,无如蔽锢已深,终不得脱,甚有身被逮系,求缓须臾,再一啜吸者,愚滋甚矣。……近闻闽中一士子自悔诗八首,颇曲尽形容。

(《厦门志》卷一五《风俗记》)

[按] 自悔诗的第八首尽意刻画鸦片毒害之甚。诗中说:"别开利薮恣狼贪,令甲空劳禁再三,谁解诘奸从左右,可怜流毒遍东南;纸窗痴立蝇俱醉,粉壁潜窥鼠亦酣,牵得丝成身自缚,半床僵卧冷春蚕。"(《厦门志》卷一五《风俗记》)

这些情况很可能引起林则徐的注意而加以观察研究。这对林则徐日后处理涉外事务、地方上的施政和对鸦片的严禁态度无疑地都有着重要的影响。

十月,张师诚由江西巡抚调任福建巡抚。十二月,抵闽到任。(张师诚:《一西自记年谱》)

是年,林则徐与学友发起修葺宋李纲墓地,以示景仰。(林聪彝:《文忠公年谱草稿》)

是年袁甲三(1806—1863)生。字午桥,河南项城人。道光十五年进士。官至漕督。曾在安徽督办军务,镇压捻军。《云左山房诗钞》卷八有《袁午桥礼部甲三闻余乞疾寄赠依韵答之》诗。

嘉庆十二年　丁卯　1807年　二十三岁

正月,四川绥定、陕西西乡营新兵激变,遭到镇压而失败。(《东华续录》嘉庆二三)

二月,蔡牵败走广东洋面,清廷命广东拦堵。

春,林则徐入闽抚张师诚幕,司笔札。林则徐在张幕四年,得到张的赏识和帮助,并陆续获知了不少历史掌故和有关兵、刑、礼、乐等方面的知识。金安清的《林文忠公传》中说:

> 张兰渚中丞抚闽,招入幕府。张为乾隆枢直旧臣,精吏治。公相从四、五年,尽识先朝掌故及兵、刑诸大政,益以经世自励。

(《续碑传集》卷二四)

林则徐成为张师诚的幕宾是他一生中的重要经历,为日后林则徐成为统治集团中一名出色的成员准备了条件。因而在口碑和记载中多谈及林入张幕的因缘,如林氏家族就相沿传说:新任闽抚张师诚曾从属下的新年贺禀中发现某县一文案人员颇有文采学识,便在除夕夜急调来署,经过反复考核,便聘入幕,着意培养,此人即林则徐。李元度的《林文忠公事略》中记此事说:

> 二十举于乡,就某邑令记室。闽抚张公师诚见所削牍,奇之,延入幕。

(《国朝先正事略》卷二五)

林则徐的外孙沈瑜庆的《涛园集》中也有同样的记载:

> 文忠公乡榜为嘉庆九年甲子,时年二十,就旁邑记室,以所削牍见赏于闽抚张公师诚,遂延入幕,是为知名之始。

口碑与记载基本一致,可见林、张的遇合可能就是如此。但是所谓"旁邑"和"某邑令"究何所指? 当时在福建有理学家之名的林芳春在所撰《介石堂文钞》中曾说:

元抚就署闽县房公书禀之席，亦不得已也。其天资高，度可不妨本业。

（卷六《语录下》）

据此，张师诚可能就是从"署闽县房公"处发现了林则徐的才能。但是，据林则徐自撰的《林希五先生文集后序》和林聪彝所撰《文忠公年谱草稿》中证明林则徐是嘉庆十一年秋应厦门海防同知房永清之聘为记室的，则所谓"署闽县房公"可能就是房永清，只是两者官衔有异。从这些记载中看来，我认为房永清是由署闽县调厦门海防同知任，在往就新任时曾在闽县聘定林则徐，后来林则徐才去就聘，所以就有"某邑令"、"署闽县房公"种种说法。林则徐对于张师诚从素昧平生的众人中识拔自己，并给予礼遇和培植，当然有无限的知遇之感。道光元年，林则徐为张师诚六十寿辰所写的《张兰渚中丞六十寿序》一文中充分表达了这种深厚的感情，其中"而乃下车伊始，侧席为招"句即指这种非同一般的遇合而言。正因为有这种感情，所以林则徐对张师诚一直是以师礼相事的。

六月，蔡牵由东大洋回击，闽浙总督阿立保到福宁督战。双方不断交战。十二月二十五日总统水师的浙江提督李长庚在黑水洋战死。（林聪彝：《文忠公年谱草稿》；《东华续录》嘉庆二四、二五）

十二月，清廷严禁鸦片烟私行销贩。

又鸦片烟一项，亟应严禁。现在闽、粤等省私行销贩者甚多，近并有携至京师售卖者，最为风俗之害。该督等现已通行饬禁，惟当严密稽查杜绝，毋任透漏。

（嘉庆十二年十二月甲戌谕军机大臣，见《仁宗实录》卷一八九）

是年，林则徐还为张师诚手书金刚、弥陀、心经三经，大悲、往生二咒。其卷面题曰《净土资粮》，共贮一函，匣面题《行舆日课》，其经本只四寸多长、三寸多宽。其字恭楷，一笔不苟，其经每面六行，每行十二字。（释印光：《林文忠公行舆日课发隐》，见《林文忠公手书经典》）

右先文忠公书金刚、弥陀、心经三经，大悲、往生二咒。庋藏百年，略有残缺，末叶字多模糊，仅辨有嘉庆丁卯四字。公时年甫逾冠，客张兰渚中丞幕府。

（1933年6月林灏深跋）

是年张亮基（1807—1871）生，字采臣，号石卿。江苏铜山人。官至云贵总督，曾参与镇压回民起义。林则徐任滇督时曾推荐张亮基。

嘉庆十三年 戊辰 1808年 二十四岁

林则徐在张师诚幕。

七月,英印总督借口保护贸易,维持海面安宁,派舰队泊香山县洋面,并进入澳门,占据炮台。清廷一再抗议,并停止贸易、调兵防堵。十一月,英舰方撤退。两广总督吴熊光因办理软弱错谬,受到革职发交南河效力的处分。(《东华续录》嘉庆二六)后又发配伊犁。

十月底,林则徐离闽北上,赴北京第二次参加会试。十二月底,抵京,寄寓陈隽卿家。(林聪彝:《文忠公年谱草稿》)

是年出生的有关人物有:

(1) 林敬夫(1808—1851)字树梅,以字行,号瘦云。福建金门人。处士。曾入台湾凤山令曹瑾幕。鸦片战争爆发后,在厦门从军,训练乡勇,勘测地形,挖掘水井,并上书当道,论守战之策。道光二十九年,林则徐居乡,与之论防海之策。所著有《啸云诗钞》与《啸云文钞》等。

(2) 蒋敦复(1808—1867)字剑人。江苏宝山人。善诗词。其《啸古堂集》有《上抚部林公书》。

(3) 潘曾莹(1808—1878)字申甫,号星斋。江苏吴县人。道光二十一年进士。官至吏部侍郎。《林则徐全集》第六册诗词有《奉酬潘星斋(曾莹)雨窗口占之作》(页一六一)诗,附卷中有《题潘星斋画梅团扇》(页二八七)等词。

嘉庆十四年　己巳　1809 年　二十五岁

四月十三日,林则徐会试落选,离京南返。六月,抵闽,仍入张师诚幕。(林聪彝:《文忠公年谱草稿》)

五月,两广总督百龄奏定《民夷防范章程》。主要内容是外国护货兵船不能驶入内港,外商应依限回国;对澳门中外居民分别稽查;对外船引水人员由澳门同知发给牌照;地方官慎选买办等项。(梁廷枏:《粤海关志》卷二八)

七月,闽浙总督阿立保入都,由闽抚张师诚署督,移驻厦门,主持镇压蔡牵的活动。(林聪彝:《文忠公年谱草稿》)林则徐随往,凡张师诚的"筹海文移"均出林手。(梁章钜:《送少穆携眷入都》自注,见《退庵诗存》)

九月,蔡牵在黑水洋战死。(林聪彝:《文忠公年谱草稿》)

是年,公行开始为承保的外船出具不带鸦片的甘结,但实际效果不大。

> 从一八〇九年开始,公行必须具结保证他们所承保的每艘船在到达黄埔时,船上没有装载鸦片;甘结尽管是经常出具,但是它们却同当时的谕旨和法规一样的不老实和缺乏效力,并不更好一点,来船仍照旧携带鸦片。
>
> (马士:《中华帝国对外关系史》第一卷,页二〇一)

是年出生的有关人物有:

(1) 陈乔枞(1809—1869)字朴园。福建侯官人。陈寿祺之子。经学家。陈与林则徐有世谊。《云左山房诗钞》卷八有《陈朴园大令乔枞属题其尊人恭甫前辈鳌峰载笔图》诗。

(2) 冯桂芬(1809—1874)字林一。江苏吴县人。思想家。林则徐的弟子,被称为"以学问文章受知于文忠最深"者。(《显志堂稿》吴序)所著《校邠庐抗议》是冯发挥其维新思想的专著。其《显志堂稿》中有与林往返的函件和其他有关文字。

(3) 余治(1809—1874)字翼廷,号莲村。一号晦斋,又号寄云山人,自署木铎老人,卒后门人私谥曰"孝惠"。江苏无锡人。咸丰间以附生保举训导,加光禄寺署正衔。曾刻印林则徐的《担粥说》。嗜皮簧,能编剧,曾组戏班到各地演出劝善剧,所著有《庶几堂今乐》二十八种。

是年洪亮吉(1746—1809)卒。

嘉庆十五年　庚午　1810年　二十六岁

正月,林则徐仍在张师诚幕。当时曾清理李纲墓址。(林聪彝:《文忠公年谱草稿》)

[**按**]　李纲墓在"福州怀安县桐口乡大家山(大嘉山)之原",今福州西郊中房乡湖里村。

三月,清廷因在北京广宁门查获携带鸦片进城的杨姓烟贩,重申对鸦片的禁令:

> 此项烟斤,近闻购食者颇多。奸商牟利,贩卖接踵而来。崇文门专理税务,仅于所属口岸地方稽察,恐尚未能周到。仍著步军统领五城御史于各门禁严密访查,一有缉获,即当按律惩治,并将其烟物毁弃。至闽粤出产之地,并著该督抚、关差查禁,断其来源,毋得视为具文,任其偷漏。

> (《东华续录》嘉庆二九)

八月,增设广东水师提督,驻虎门。(《东华续录》嘉庆三〇)

十月,福建巡抚张师诚入觐,林则徐同行,准备第三次参加会试。(林聪彝:《文忠公年谱草稿》)

十一月,清廷因关外吉林、长春等地流民增多,申令禁止流民出关。(《东华续录》嘉庆三〇)

十二月二十七日,林则徐抵京。(林聪彝:《文忠公年谱草稿》)

是年,钱仪吉等同年友(戊辰,嘉庆十三年)八人有"消寒诗会"的活动。

> 庚午岁与同年刘芙初、董琴涵、朱勋楣、屠琴坞、谢向亭、贺藕耕、周稚圭诸先生为消寒诗会。

> (苏源生:《书先师钱星湖先生书》,见《碑传集补》卷一〇)

> 己巳、庚午间,同谱八人为消寒之会。今勋楣、琴涵、向亭俱下世久矣。君姊适虞氏者前年依其女夫沈鼎甫副宪于京师,予令子妇往谒,为

言君没前一日偻指平生至友数人,犹以贱子为念也。

（钱仪吉:《过阳湖感怀芙初同年》自注壬辰十一月,
见《衍石斋纪事稿》·《旅逸小稿》卷一）

屠琴坞旧寓米市胡同双藤老屋,诸同志时时觞咏其间,距今三载矣。嘉庆壬申春杪,琴坞真州书来,重话畴囊,因赋此阕。尔时同集者:刘芙初、董琴涵、朱勋楣、谢向亭、钱衍石、贺耦耕、琴坞及余为八人,皆戊辰同年友也。

（周之琦:《金梁梦月词》·《瑞鹤仙》序）

是年出生的有关人物有:

(1) 汪本铨(1810—1854)字衡甫。江苏阳湖人。道光九年进士。曾任顺天府尹。

(2) 邵懿辰(1810—1861)字位西,号半岩。浙江仁和人。经学家。道光举人官内阁中书,刑部员外郎。著有《半岩庐遗文》、《遗诗》。林则徐和邵有书信往来。

(3) 伍崇曜(1810—1863)字紫垣。广东南海人。十三洋行买办之一。曾出资延谭莹校刻《粤雅堂丛书》等多种。

(4) 贝青乔(1810—1863)字子木,号无咎。江苏吴县人。鸦片战争时,在奕山幕府。著有《咄咄吟》二卷。

(5) 翁同书(1810—1865)字祖庚,号药房。江苏常熟人。道光二十年进士。时任贵州学政。

(6) 陈澧(1810—1882)字兰甫,号东塾。广东番禺人。著有《东塾读书记》等。

嘉庆十六年　辛未　1811年　二十七岁

二月,林则徐第三次参加会试。四月二十七日以殿试二甲第四名,朝考第五名成进士,改庶吉士,习清书。旋请假归省。(《清史列传》卷三八《林则徐传》,《清史稿》卷一六《仁宗本纪》)

[按]　这年和林则徐同榜成进士的有:一甲为蒋立镛、吴毓英、徐廷珍;二甲、三甲有程矞采、程恩泽、周凯、李象鹍、周天爵二百三十七人等。(《清朝历科题名碑录》)

[又按]　此次会试的座师是文华殿大学士董诰(雅伦)、户部尚书曹振镛(俪笙)、阁学文干(远举)、兵部右侍郎胡长龄(西庚)。房师是翰林院编修沈维𫔎(字鼎甫,号小湖)。朝考读卷老师是宋镕(悦研)。

林则徐馆选后,对习清书感到苦恼,又担忧前途,所以写信给张师诚,表达他内心的苦闷说:

> 则徐虽远隔绛帷,然无日不以老夫子大人所厚期者三复铭心,以求无负。……辰下滥厕清华,弱鸟高巢,恐非终据。……兹事(新夏按:指学清文事)另起炉灶,工既什佰,费更浩繁,习此者无不畏难,而则徐尤多棘手。……以钝根人学新样枝,其势定难见功,将来散馆一关,深堪惴惴!……则徐滞迹都中,诚有不能奋飞之感。

(林则徐:《致张师诚》,见《林则徐全集》第七册,信札页一)

林则徐念念不忘于在张幕中之受器重,而他也确实从张师诚丰富的从政经验中得到教益,如:

> 先理淹禁滥押之囚,兼除弄法害民之蠹。盗匪恶棍,当思勾捕之条,毋许快役纵漏;农田水利,当思清理之法,不使豪强兼并;重师儒以劝学,勤抚字于催科。

(张师诚:《一西自订年谱》)

五月,百龄任两江总督。

五月,两广总督松筠通告外商,详述鸦片之危害,要求他们报告其本国政府,"严禁贩此毒货"。(松筠:《奏报澳门夷情札》,见《清代外交史料》嘉庆朝三)

九月初九日重阳节后,林则徐请假南还,返乡省亲。

是年生者有:

(1) 董平章(1811—1870)字琴虞,号眉轩。福建闽县人。曾任甘肃皋兰知县。

(2) 曾国藩(1811—1872)字伯涵,号涤生。湖南湘乡人。官至两江、直隶总督,大学士。曾组织地主武装——湘军,镇压太平天国革命。

嘉庆十七年 壬申 1812 年 二十八岁

正月至十月,林则徐在福州家居。

林则徐在这段家居休假期间,生活悠闲安适,除与妻子郑淑卿切磋诗文、观摩书法外,还与好友交游酬唱,如与曾共居北京、日后成为儿女亲家的同乡、同年李彦章时有书信往来和诗文唱和。亦常参加当地一些聚会游宴。这是林则徐科场得意后尚未正式迈入仕途前的一段值得怀恋的生活。

八月十六日,福州公祭李纲墓,由游光绎主祭,林则徐"与醵钱而未往"。(陈庚焕:《祭李忠定公墓》文,见《惕园初稿》卷一六)

秋,梁章钜回乡,在夹道坊南建紫藤吟馆,"集里中诸名流觞咏其中"。(梁章钜:《退庵自订年谱》壬癸条)林则徐曾参与其活动,感到很欢悦,所以时隔多年,道光七年,他对此事犹在记忆而有所怀念,并写下《题梁芷林方伯〈藤花书屋图〉》诗以志其盛,诗中有句说:

> 与君旧住屏山麓，　　对宇三椽打头屋。
>
> 夹道坊南君徙居，　　寒藤夭娇学草书。用放翁句
>
> 压冠半坠紫缨络，　　点笔遥架青珊瑚。
>
> 花时君正联吟社，
>
> 篆额曾邀老司马。陈司马秋坪丈为君篆藤花吟馆额
>
> 绛蚨堂与白华楼,谓陈恭甫前辈、萨檀河大令
>
> 斗韵传笺俱健者。……

(《林则徐全集》第六册,诗词页三七)

十月二十五日,林则徐携眷由福州洪山桥登舟北上。少年时至友杨庆琛写《送林少穆庶常(则徐)入都》诗赠行,表达对林则徐前途的祝愿,并感谢林推荐他入张师诚幕。诗中写道:

> 宵旰伫英豪，　　星霜敢惮劳。
>
> 皋夔期位业，　　枚马继风骚。

仙露金盘近，	卿云玉署高。
蓬壶簪笔处，	知荷圣恩褒。
愧我非杨炯，	劳君说项斯。**君在抚署掌书记，濒行荐余自代**
阶前容膝地，	灯下展眉时。
励志承先泽，	盟心报故知。
燕关翘首处，	梅讯一枝驰。

(《绛雪山房诗钞》卷四)

同学梁章钜也赋诗四首，寄予期望，有句云："当代清华选，通才易冠场。……挥鞭增意气，为尔一轩昂。"(《送林少穆庶常（则徐）携眷入都》，见《藤花吟馆诗钞》)

甚至乡先辈游光绎也赠以送行诗，有句云："……骥跃天衢上，梅开驿路初。长途乏诗思，唱和得同车（少穆妇亦能诗）。……昔贤俱自重，名士岂空豪，我老无遐想，临歧首重搔。"(《送林少穆庶常入都》，见民国《霞浦县志》卷二五，艺文下)

所有这些都表达了当地知识层人士对林则徐今后事业的发展寄予很大的希望。

十一月二十三日，过仙霞岭入浙江。十二月初四日抵杭州，与张师诚之子张应昌同游西湖。初八日离杭由水路继续北行。在船上，郑夫人为舟妪女治病痊愈。母女感激之余，以唐褚遂良法书《圣教序》及《慈恩塔》精拓本一册相赠。嘉庆二十四年冬林则徐同年友程恩泽曾入其故事于诗。

仙官醉倚螭头舫，	万叠柔绵划双桨。
夫人罢绣理琴书，	绮幔珠枨趁晴爽。
神仙夫妇总能文，	况复能书白练裙。
粉格金栏亲界画，	鹄头龙爪细区分。
柳家新样欧家法，	更有河南婉而惬。
尊前兰语共评论，	屏后吴侬听稠叠。
吴侬生小采香泾，	吹彻樵风朝暮清。
自诩赵娟操楫去，	不随鄂哲检犀行。
关心却到林君复，	并载梅妻清似玉。
早知听讲近纱帷，	悔不篝灯十年读。

侬家愁病镇相仍，	赤箭黄环两不胜。
颜怯医前低诉语，	肩羞母畔瘦凌兢。
侧闻妙术夫人解，	能察奇胲緐冲海。
春风吹起病桃花，	两颊芙蓉发靐彩。
摩敫心慰驾娘欢，	都道天人白鹄丹。
无力明珠酬叩叩，	有心好月指团团。
高柔爱玩无余癖，	罗纺踟蹰未遑惜。
侬有慈恩中令书，	人称席上韩宣璧。
三熏三□□夫人，	持谢慈恩一片真。
七级浮屠甘顶礼，	八分古楷绝风神。
□金不是同州版，	锥印锋圆佛甲软。
来从书画米家舡，	送入和鸣赵家馆。
谁怜碧玉自妍姝，	铜斗敲残唱晚渔。
不及数行萦钎字，	清芬常伴女相如。

君真吾党题名手，唐人雁塔题名，必择同榜中最善书者
合句双扉施垩帚。

塔边鸿雁总双栖，	□□鸳鸯重回首。
鸳鸯飞去护春寒，	不管沙头一鹭单。
记取文窗临写处，	墨池先有媚虬蟠。

少穆太史同年偕配嫂夫人自闽买舟北上，道出吴越间，舟妪携及笄女，女因多病，夫人药而愈之，因持此帖奉赠见意。泽心钦贤夫妇之渊雅多能，与此帖之得所归也，遂赋诗识其本末。嘉庆己卯冬月。

(程恩泽：《题褚河南圣教序慈恩塔拓本》，林氏家藏原件)

十二月二十三日，在丹阳小新丰改陆行。二十四日，林则徐抵南京。次日，林则徐往见两江总督百龄，未晤面。又赴钟山书院拜见了八十三岁高龄的古文家姚鼐。同日，又往见经学家孙星衍和其他友好，均未晤面。二十六日，林则徐应百龄邀请入居督署度岁，百龄热情招待，连日观剧饮宴。（《林则徐全集》第九册，日记页六）在百龄署中，结识陈銮，交往较密，成为日后宦途中的好友。梁章钜曾记他们的初识情况说：

吴中相传，林少穆、陈芝楣二公，同在金陵百文敏公节幕度岁，署中

宾朋颇盛，元旦清晨，齐至林少穆房中贺岁，见壁间贴"元旦开笔，领袖蓬山"一红笺。次至陈芝楣房中，见所贴红笺正同此八字，不谋而合，二公亦相视而笑。是年少穆即登馆选；逾数科，芝楣亦以鼎甲入翰林，遂为一时佳话。

（梁章钜：《浪迹续谈》，《元旦开笔》条）

[按]　林则徐于上年成进士，入庶常馆。梁文中称："是年少穆即登馆选"，有误。

是年出生的有关人物有：

（1）胡林翼（1812—1861）字贶生，号润芝。湖南益阳人。道光十六年进士。官至湖北巡抚。卒谥"文忠"。林则徐曾写信鼓励他成就事业。

（2）左宗棠（1812—1885）字季高。湖南湘阴人。官至大学士。卒谥"文襄"。林则徐很赏识他的"才干"。左对林则徐也很钦敬。

嘉庆十八年　癸酉　**1813 年**　二十九岁

　　正月初一至初五,林则徐在百龄督署,为百龄代撰折稿、书扇,并为百龄的《平海集》题七古一首(《云左山房诗钞》未收)。初六日,林则徐离南京,登舟北上。初八日,至扬州,留住十数日,与吴锡麒、洪梧、秦恩复等文人学者相晤。十九日,启行。二十一日,舟过宝应时,晤漕运总督阮元,并将陈恭甫托寄给阮元的信二件交付。二十二日至淮安,盘桓廿余日。二月十八日,林则徐改搭粮船北上,舟行二月余。林则徐在日记中逐日记了所经河闸名称和日行里数甚详。五月初一日,林则徐抵天津。初四日,在南仓舍舟登陆。初六日,抵达北京,寄寓莆阳会馆。(《林则徐全集》第九册,日记页八至十七)

　　五月初九日,林则徐至庶常馆。此后,林则徐即致力于研习清文,曾翻译司马光《谏院题名记》和韩愈《师说》等课业。(《林则徐全集》第九册,日记页一八、二三、二九)

　　林则徐在庶常馆除向教习成格(果亭)、陈希曾(钟溪)、吴烜(健庵)等认真学习满文外,还向通晓清书的乡先辈、编修林春溥学习。

　　(林春溥)以国书虽粗习音义,终未得其要领,复从赵编修在田,悉心研究,尽得其秘。乙丑散馆,钦取翻译第一名,授编修。自是名擅京师。同馆后辈如郭尚先、林则徐皆来问字。

(沈瑜庆等:《福建通志》·《文苑传》卷八)

　　林则徐在庶常馆时,与同乡郭尚先交最莫逆,"相与研究舆地、象纬及经世有用之学",有时还共应当时在军机大臣上行走的卢荫溥之招,"集一小窗",共谈掌故,"谈至移晷"。(《兰石公年谱》,见《增默庵文集》)

　　林则徐还与邻居、内阁学士白镕有所交往,虽年龄、资历都有距离,但从后来(道光十八年十一月)林则徐的《寿白小山廷尉(镕)》一诗看来,他们是比较契合的,他钦佩白镕的学识和为人:

　　博涉究典册,　　精思通杳冥。

> 倒屣接后进，　　奖借尤殷殷。
>
> 馀事及墨妙，　　片纸逾瑶琼。

林则徐回忆了当年与白在京比邻而居的情景说：

> 昔我宦京国，　　赁屋相比邻。
>
> 夜雪九门静，　　晓霞双阙晴。
>
> 墨缘契金石，　　谈宴交纵横。
>
> ……
>
> 我昔初举子，　　绣褓犹稚婴。
>
> 公见呼英物，　　谓当飞且鸣。
>
> 及兹忝金马，　　幸步青云尘。
>
> 公乃笑抚掌，　　前言欣有征。

（《林则徐全集》第六册，诗词页七五至七六）

[**按**]　林则徐长子汝舟，道光十八年成进士，诗中"及兹忝金马"句即指此而言。是年十一月初十，林则徐奉命入觐到京，二十三日离京赴粤，而诗中另有句云："今冬又述职，光霁重相亲"，可证此诗乃写于道光十八年十一月。

林则徐在京交往甚广，有辛未会试座师董诰、曹振镛、文幹，房师沈维鐈，朝考读卷老师宋镕，丁巳福建乡试座师周系英；有在京同年程恩泽、李彦章、李象鹍、王赠芳、许邦光、杨希铨、程矞采等；有同乡郭尚先、叶申万、王道行、梁章钜、廖金城、达麟等。（杨国桢：《林则徐传》增订本，页三三）

林则徐当时的薪俸是"老米八石八斗五升，梭碎米一石九斗"。（《林则徐全集》第九册，日记页三一）

六月，清廷命议定吸食和贩卖鸦片罪名。七月议定：侍卫官员买食鸦片烟者，革职，杖一百，加枷号两个月；军民人等杖一百，枷号一个月。太监违禁故犯者，立行查拿，枷号两个月，发往黑龙江给该处官员为奴。并令沿海各关查禁。（《仁宗实录》卷二七一）

[**按**]　这一上谕中还说："至鸦片烟一项，由外洋流入内地，蛊惑人心，戕害生命，其祸与鸩毒无异。奸商嗜利贩运，陷溺多人，皆由各处海关私纵偷越。前经降旨各省海关监督等严行查禁，乃数年来迄未遏止，并闻各海关竟有私征鸦片烟税银者，是竟导奸民以贩鬻之路，无怪乎流毒愈炽也。"这反映

了当时鸦片烟偷漏走私、变相纳贿和流毒严重的情况。又《治罪则例》载《大清会典事例》卷八二八。

九月,林则徐代张师诚勘定《御制全史诗疏》,并作进书折稿及后跋。(林聪彝:《文忠公年谱草稿》)

九月十三日,邸钞载直隶长垣、河南滑县、山东曹县等处"有警"(即天理教起义)。清廷派直隶总督温承惠为钦差大臣带兵镇压,并发粮饷五万石。(《林则徐全集》第九册,日记页二九)

九月十五日,天理教起义群众攻入紫禁城。皇次子旻宁持枪击毙二人,群众溃散。清廷将北京内外城门全部掩闭,进行搜捕。十八日,清廷于京郊宋家庄逮捕天理教首领林清。十九日,清廷大肆搜捕天理教会众,并自二十日开始连日在菜市口杀害天理教起义群众。(《林则徐全集》第九册,日记页二九至三〇)

[按] 林清于九月二十三日在北京被杀害。

九月十七日,嘉庆帝下"罪己诏",认为"突遭此变,实不可解"。并诿过于各级官吏。(《东华续录》嘉庆三六)

九月十七日,清廷命那彦成为钦差大臣,督兵进剿。十月初八日,那彦成抵卫辉。初十日,接任。(《东华续录》嘉庆三六)

十一月初二日,邸钞载,清军在河南攻占道口,大戮起义群众,并进围起义中心滑县城垣。二十六日,河南军报到京,天理教首领李文成战死。十二月初十日,直隶省奏报到京,直隶天理教首领冯克善被俘。十二日,河南军报到京,清军攻占滑县。(《林则徐全集》第九册,日记页三三至三五)天理教起义失败。林则徐抄录了邸钞,寄回福建家中,可见这一事件对社会的震动。

[按] 攻占道口为十一月初一日。李文成系十一月二十五日在辉县战死。冯克善系十二月初九日在献县被俘。攻占滑县是十二月初十日。

[又按] 林则徐对这次起义持敌对立场。他在这年的日记中称林清、李文成、冯克善等为"首逆"、"盗首",同情强克捷之死。三十年后,林则徐还应强子之请,为撰《书强忠烈公遗墨后》,表示其一贯立场。

十二月十七日,林则徐等同门在北京廖钰夫家公请周系英。周系英(1765—1824)字孟才,号石芳。嘉庆九年,周派充福建乡试副考官,林即在此科中举。这是一次同门聚会。(《林则徐全集》第九册,日记页三五)

是年生者有：

（1）沈衍庆（1813—1853）字子符，号槐卿。安徽石埭人。道光十六年进士。曾官江西鄱阳县知县。所著有《槐卿遗稿》。林则徐的门人。道光二十二年，沈曾写《上大府请罢英夷和议书》，反对对英妥协投降。道光三十年沈曾将此函稿送呈经南昌回籍的林则徐，林复函嘉勉。

（2）郑琼诏（1813—1862）字九丹，号莘野。福建闽县人。道光二十年进士。任翰林院编修。

（3）曹毓瑛（1813—1866）字子瑜，号琢如。江苏江阴人。曾任兵部主事、军机章京、军机大臣。

嘉庆十九年　甲戌　1814年 三十岁

正月初四日,林则徐长子汝舟(1814—约1861)生。

正月二十五日,清廷命蒋攸铦查明白银出洋的实情,并令议定严禁章程。(《东华续录》嘉庆三七)

四月,庶吉士散馆,林则徐以编修用。(《清史列传》卷三八《林则徐传》)

七月,林则徐被派充国史馆协修。(林聪彝:《文忠公年谱草稿》)

八月初五日,林则徐致函敬舆,说明到国史馆任职,并对京官的无聊生活表示不满说:

> 徐近移寓于虎坊之东,与浙绍乡祠对宇,鼛鼛戏鼓,终日扑门,而不免有冲途之累。新兼国史馆,尚未办过书传,劳劳者只此无谓之应酬,不了之笔墨耳! 现就一教书馆地,拟到馆后清厘积纸,便当辞绝无益之事。

(《致刘敬舆函》手札,故宫博物院藏件;《林则徐全集》第七册,信札页四)

[按]　林则徐每逢三、八日为书馆出时文、试帖课题一次,每次均费一二日批阅课文,日记中详载其事。林则徐是年日记,今残存十至十二共三个月,所记大都是在京与友朋间喜庆寿诞等酬酢活动和书馆课题,可见其京官生活之无聊。(《林则徐全集》第九册,日记页三八至四四)

八、九月间,英国兵船违反规定,闯入虎门,经两广总督蒋攸铦"示以兵威,派员诘责","始递禀谢罪"而去。(《东华续录》嘉庆三八)

九月三日,林则徐为原闽县知县赵睿荣《悔木山房诗稿》题赠诗四首,(《林则徐全集》第六册,诗词页一一三至一一四)对赵睿荣提携奖掖的私恩表示感谢。

敬题悔木老夫子大人集后,即送还里,恭求诲正

嘉庆十九年九月初三日

鸿迹天涯百感侵,　　倚楼诗思杂仙心。

楚骚汉乐兼才笔,　　海日江潮入醉吟。

娄尾画图三管艳,　　折腰官味十年深。

香山司马今华发，　　手写新词庋二林。

甘棠阴护七闽天，　　判牍余间记擘笺。
官阁炉香闻击钵，　　射堂灯影落吟鞭。
九原月旦伤知己，
一瞥风花淡世缘。李露桐中丞抚闽中，师以政绩、文章最为赏识。中丞去职
后,师六赋归兴矣

松菊未荒归咏好，　　头衔原不诩莺迁。

秾华时节转蹉跎，　　再踏红尘起浩歌。
台忆黄金情感旧，　　家传白璧手重摩。
萧闲琴鹤原清吏，　　得失虫鸡付梦婆。
燕市酒酣频击筑，　　西风猎猎助长哦。

微名弱冠忝终军，　　多荷怜才被濯殷。
榕峤枢衣曾问字，　　蓟门挥尘更论文。
晓风残月词谁续，　　潭水桃花影又分。
记取十联屏上句，　　金华遥盼出山云。

　　　　　　　　甲戌九月三日受业林则徐呈稿

郭佑唐所撰《东阳私刻本幸存书琐谈》一文中曾记其事说：

作者赵睿雍（一作睿荣、瑞荣），东阳人。平生独具慧眼。他在闽任知县时，对聪颖过人、志趣不凡的童生林则徐，奖掖有加，关怀备至。林家境贫苦，赵接养署内，延师与自己儿子同读，待之如子。林则徐得以成为对国家民族极有贡献的历史伟大人物，和赵睿雍在他少年时代加意培养也是分不开的。林对赵终生感恩不忘，曾为赵睿雍宗房厅送去"滋恭堂"亲笔题字，并题称赵睿雍为恩师。

《悔木山房诗文稿》有林则徐的亲笔写刻序文，提出一些自己的见解，辞意恭敬恳切。标题是"林则徐呈稿"。书法挺秀可喜。

此书系家刻本原版，刻工精美。扉页有赵睿雍族孙某的题记，嘱勉其子孙要宝守此书，勿使损佚。

（《浙江师范大学学报》1982 年第 1 期）

[按] 郭文所称《悔木山房诗文稿》刊本我未获见。浙江大学图书馆冯春生曾函告：他曾在东阳市文物办见所藏《悔木山房诗稿》，系按诗作年月排次分四册八卷，署名为东阳赵睿荣莛畦，封面镌"道光辛巳年"（即道光元年）、"悔木山房诗稿"及"见大堂存板"等字样，卷首有序文五篇，林则徐赠诗四首写刻于第五序后，与郭文所述在书名、作者名、序诗、题记、标题等显然不同，郭文所述《悔木山房诗文集》与冯所见《悔木山房诗稿》似非一本。

十月初十日，嘉庆帝由圆明园回宫，林则徐在日记中特记住园制度说：

> 是日，上由园入宫（每岁冬令，圆明园太寒，上入宫住，名日大搬家，至来年正月又赴园）。

> （《林则徐全集》第九册，日记页三八）

十月十四日，林则徐座师曹振镛六十岁生辰，林往祝寿。（《林则徐全集》第九册，日记页三九）

十一月十二日，林则徐在日记中记翰林院人员保送御史的程序说：

> 是日，翰林院保送御史十二人引见，自第一至第八皆记名，郭兰石第九、廖仪卿第十，皆未得记（系按食俸月数，分别次第，凡散馆后食过三年俸者皆可保送，惟俸浅则名次在后，难于记名。及俸深又望开坊，不复需次）。

> （《林则徐全集》第九册，日记补编页四一）

十一月十四日，为人题《课梅味雪图》。（《林则徐全集》第九册，日记页四二）

冬，"宣南诗社"前身"消寒诗社"在停止集会多年后，又在翰林院编修董国华的倡导下，再次举办。东南沿海各省的京官和一些知识分子陆续参加。成员之一的陶澍曾有诗追记这次复举的情况称：

> 先甲逮后甲，　　董子复继起。甲戌冬，董琴涵复举此会
>
> 一为登高呼，　　应者从风靡。
>
> 朱胡及钱谢，　　右鞭而左弭。
>
> 益之陈周黄，
>
> 重以兰芙莒。朱兰坡、胡墨庄、钱衎石、谢芗亭、陈石士、周肖濂、黄霁青、吴兰雪、李兰卿、刘芙初、梁莒林皆先后与会

（陶澍：《潘功甫以宣南诗社图属题抚今追昔有作》，见《陶文毅公全集》卷五四）

[按] 陶诗所题诸人乃后来追记，合陶澍总计社员当为十三人，但诗注说："皆先后与会"，可见不是当时已有这些成员，如梁章钜就自称于嘉庆二十

一年始参加诗社活动。

[又按]　吴嵩梁《题霁青太守城南吟社图即送赴任高州》亦云："社中十三人,宦途半分辙,持此素心同,不以荣悴易。陶侃(云汀中丞)督八州,其才可经国。继者胡(墨庄廉使)周(肖濂观察)梁(茝邻观察),门皆列金戟。台谏陈昌言(董琴南侍御),度支参硕画(钱衎石农部)。吾乡陈(石士司业)与谢(向亭学士),衡文操玉尺。李翱年最少(兰卿侍读),枢廷乃先入。人事各拘牵,嘉会颇寥阔。朱子后居忧(兰友庶子),刘郎已前殁(芙初编修)。聚散恰鸥群,光阴送驹隙。"(《香苏山馆古体诗钞》卷一二)此记也是十三人。其中董国华、朱珔、陶澍、胡承珙、吴嵩梁、谢阶树、陈用光和钱仪吉八人系重开诗社时赴会的原有成员外,其他刘嗣绾、黄安涛、李彦章、周蔼联及梁章钜等五人均为此后相继入社者。

"消寒诗社"的集会大约每十日一次。集会的内容比初举时略为前进,除了饮酒赋诗外,也还谈论一些古今上下的事情。但从总的方面说,仍然还是一种"文酒唱酬之会"。成员之一的胡承珙曾经较详细地记述了集会的情况说:

> 嘉庆十有九年之冬,董琴南编修始邀同人为消寒诗社。间旬日一集,集必有诗。嗣是岁率举行……不独消寒也。尊酒流连,谈剧间作,时复商榷古今上下。其议论足以启神智而扩见闻,并不独诗也。然而必曰消寒诗社者,不忘所自始也。……夫吾人系官于朝,又多文学侍从之职,非有簿书相会,率无少暇,而得以其余从事于文酒唱酬之会,斯足乐矣。

> (胡承珙:《宣南吟社序》)

是年冬至次年春,诗社共集会八次,分别在董国华花西寓圃、谢阶树未信斋、胡承珙瘦藤书屋、朱珔小万卷斋、陈用光太乙舟、陶澍印心书屋、钱仪吉衎石斋、吴嵩梁寓斋等处举办。(黄丽镛:《宣南诗社管见》,见《上海师范大学学报》1980年第1期)

十二月,清廷批准两广总督蒋攸铦奏请与英人申定互市章程。

> 嗣后所有各国护货兵船仍遵旧制,不许驶近内洋。货船出口亦不许逗留。如敢阑入禁地即严加驱逐,傥敢抗拒,即行施放枪炮,慑以兵威,使知畏惧。所有该督等请严禁民人私为夷人服役及洋行不得搭盖夷式房屋;铺户不得用夷字店号及清查商欠,不得滥保身家浅薄之人承充洋

商;并不准内地民人私住夷馆之处,均照所议行。

(《东华续录》嘉庆三八)

是年出生的有关人物有:

(1) 龙启瑞(1814—1858)字翰臣。广西临桂人。状元。著有《经德堂诗文集》。曾写有悼林则徐诗。

(2) 罗惇衍(1814—1874)字兆蕃,号椒生。广东顺德人。官至户部尚书。道光三十年曾奏请起用林则徐镇压广西的反抗势力。

(3) 方俊(1814—1877)字伯雄,别号枕善巢老人。江苏上元人。道光十六年进士。曾任职翰林院。

(4) 孙衣言(1814—1894)字琴西,号逊斋。官至太仆寺卿。所著《逊学斋诗钞》中有记鸦片战争史事的史诗多首,如《哀虎门》、《哀厦门》等。

嘉庆二十年　乙亥　1815年　三十一岁

正月十八日,林则徐次子秋柏生,三日而殇。

正月,林则徐会见朝鲜贡使尹正铢,互用笔谈。二月,承办一统志人物名宦部分。三月,派充撰文官。(林聪彝:《文忠公年谱草稿》)

三月,清廷根据两广总督蒋攸铦所奏"查禁鸦片烟章程",规定外船至澳门时,"按船查验,杜绝来源"。并确定了官吏和军民人等查禁鸦片烟的奖惩办法。(《东华续录》嘉庆三九)

三月初十日,有《致杨庆琛》函,言京中生活状况云:

> 弟从上冬寓中大小俱病,今春养儿不成,内人又患险症,人事鞿琐,如此心境,能无烦劣耶!……顷天气稍暖,旧年笔墨积债累架盈床,日日相催,苦难摆脱,如何,如何!

　　　　　　　　　　　　　　　(《林则徐全集》第七册,信札页五)

[按]　杨庆琛,字廷元,号雪荠,福建侯官人。嘉庆二十五年进士,林则徐的同学,官至山东布政使。

三月二十八日,有《致刘敬舆》函,言在京之困状云:

> 则徐今岁有生徒四人,而馆谷仍如其旧。每月需改时文廿四篇,试帖廿四首,即已不胜其繁。此外零碎笔墨之役,依旧山积。国史馆派办《一统志》草创讨论之事,均不略给。(《林则徐全集》第七册,信札页六)

九月,林则徐派在翻书房行走。(林聪彝:《文忠公年谱草稿》)

是年生者有:

(1) 王拯(1815—1876)字定甫。广西马平人。古文家。所著《龙壁山房文集》中有关鸦片战争史事的文章多篇。

(2) 宝兴(1815—?)字东生。满洲镶黄旗人。道光二十一年进士。曾官兵部侍郎。

（3）刘楚英（1815—？）字香郇，号湘芸。四川中江人。时为闽浙总督杨国桢家西席。

是年姚鼐（1731—1815）、祁韵士（1751—1815）、伊秉绶（1754—1815）卒。

嘉庆二十一年　丙子　1816年 三十二岁

正月初八日,林则徐在京寓为长子汝舟开蒙。

二月初五,林则徐长女生,取名尘谭。

二月二十二日,弟林霈霖成秀才。居家时,家中一切婚丧喜庆诸事统由霈霖打理。《林宾日日记》》

二月三十日,有《致杨庆琛》函,言在京等待考差之无奈云:

> 弟宦情原不甚浓,时时欲谋归养,然际此考差年分,决然舍去,自揣则可矣,而恐非老人属望之意,故勉强留此。其实迁延时日,官未必进,而才则日退,人则日俗,反不及从前依人时,心绪尚为归一,益叹家计累心之不可为也。

（《林则徐全集》第七册,信札页七）

二月至七月,林则徐曾多次参与辛未同岁生雅集,即同科进士的"文酒公宴"活动。作八股文(文课)和试帖诗(诗课)为活动内容之一。在其丙子日记中有比较详细的纪事。《林则徐全集》第九册,日记页四八至七〇)

[按]　杨国桢《林则徐传》增订本曾据日记做过统计,在闰六月出京前,林则徐参加集会二十一次,所作诗课有八十七题。

林则徐亲自选定诗课,结集为第一部诗稿,即《试帖诗稿》。《试帖诗稿》今存林则徐亲笔原稿残本二十二页,前八页为七十六首目录,后十四页为十九首诗,加上眉批,合计约二千四百余字。原为浙江宁海县人民银行退休工人洪品高所藏,现藏慈溪市文物管理委员会。《云左山房诗钞》及郑丽生校笺《林则徐诗集》所收仅二十四首。

六月,英国再次派阿美士德使华,在粤海探听情况后北上。闰六月初四日,英船违例驶抵天津海口拦江沙外停泊。十六日,英使等登岸至天津城内。七月初七日,英使到北京,因礼仪问题有争议,未觐见。次日,清廷颁《谕英王书》,指明"嗣后毋庸遣使远来";并指定英使"由直隶、山东、江南、安徽、江西、

广东水陆程途递送,至澳门登舟回国"。英国这次使华的试探性侵略活动仍遭失败。(参见《清代外交史料》嘉庆朝五)

[**按**] 阿美士德这次使华也是准备向清朝提出要求的。这些要求是经英王御前会议决定的,主要是保障东印度公司的权益,取得长川贸易的保证,有权雇用他们合意的中国商人和仆人,在北京驻使等。(《中国近代对外贸易史料》第一册,页一五七至一六〇)

闰六月初十日,林则徐派充江西乡试副考官,吴其彦(美存)充正考官。十六日离京。(《林则徐全集》第九册,日记页六四)

八月初一日,林则徐等抵达江西南昌。乡试工作从八月初至九月初历时月余,取中了欧阳炳章等九十四人,副榜十八人。林则徐对这次试差态度认真,凡"已荐之卷,逐篇分评,未荐之卷,亦必逐卷涉笔"。选才亦很严格,如从各房荐卷三十余本中亲加批阅,仅取二本。对落卷又重加点阅,从中发现真才。在定榜时核对身份,有所更换,力求达到完善。所以当初九发榜后,林则徐与吴其彦"出门拜客,访询舆论,均谓此次所录,清贫绩学者甚多,谓之'清榜'"。(《林则徐全集》第九册,日记页七一至七四)

后来(道光十二年)林则徐还回忆其在江西考差以来的评阅考卷态度说:

> 历在闱中,刊刻批语板片,刷成批纸,分别首艺、次艺、三艺及诗。凡头场四篇,逐篇皆有批语。被黜之卷,必将如何疵颣之处分篇批出,自录底本,不使有一篇批语相同者。
>
> (《请定乡试校阅章程折》,见《林则徐全集》第一册,奏折页九十)

林则徐在这次考差中不满于官场中的迎送应酬,对未能抵制表示愧意。

> 自进省时,地方即备八座肩舆,力辞之,改为四人。是日亦已预辞,而临时仍备八座,仓卒不及改,心甚愧之。(八月初六日)
>
> 自入闱以来,监临、提调、监试连日轮送酒席。是日因近中秋,送席尤多,心甚愧之,且觉物力可惜。(八月十四日)
>
> (《丙子日记》,见《林则徐全集》第九册,日记页七一至七二)

林则徐的这种认真态度,和他父亲的屡困场屋及谆谆叮嘱颇有关联。

> (丙子秋)则徐典试江西,府君自以踬于场屋,倍知科名之难,屡谕:"衡文当慎之又慎。已荐之卷,首场三艺当通阅到底,逐篇分评;未荐之

卷,亦必逐卷有朱笔批点。"不孝谨如命行之。

(《林则徐全集》第五册,文录页四四七)

这段话可能是林则徐借思亲之词来表达自己的态度,但在当时能以这种态度来对待科试,还是难能可贵的。

林则徐在南昌与时任江西学政的王鼎订交。

九月十四日,林宾日遗存《旸谷日记》自本日起至嘉庆二十四年十二月二十四日止,中缺嘉庆二十三年全年。手稿由江苏古籍出版社影印出版,易名《林宾日日记》。

九月十六日,林则徐离南昌北归,十月二十一日,抵京复命。

九月二十一日,有《致沈维鐈》函陈述在江西学差评阅试卷之状况甚详云:

则徐抵豫章后,闻闱卷一万有奇,私心益自惴惴,惟校阅不周是惧。幸美存前辈心同意合,相勖以矢勤矢公,始终勿懈,闱卷皆互相赏析,悉破分房各中之习。又虑各房之有疏略也,谆谆嘱以多荐,是以荐及千卷。逐卷墨笔圆点到底,分篇详批,其后场或不及批,而三书一诗则无一篇无评语,多者或至数百言,必抉明其所以黜陟之故,又附论作法及应读何文,以期其人之领悟,不敢以笼统数字遽行抹煞,故夜以继日,于八月晦日,荐卷甫经校毕,九月朔后,又穷六昼夜之力,遍搜落卷九千余本,逐卷加点,最少者亦点一比。就中拔出周仲墀一卷,三场俱瑰伟宏丽……

(《林则徐全集》第七册,信札页九)

十月二十二日,林则徐被召见于养心殿,嘉庆帝询问赴赣情况。

卯刻蒙召见于养心殿,垂询科分甲第,并论及江西文风士习,兼问沿途雨雪、年岁情形甚悉。以次奏对毕,辰刻回寓。

(《林则徐全集》第九册,日记页七九)

十月二十三日,林则徐派在翰林院清秘堂办事。十一月十一日,到任。
(《林则徐全集》第九册,日记页七九至八〇)清秘堂是翰林院人员撰拟诏旨的地方,林则徐在作文字工作的同时,有机会接触了内阁秘藏的有关典册,丰富了对政事、典制等方面的知识,并进行了一定的研究。有名的《畿辅水利议》的资料搜集工作可能就开始于此时。

冬,至友杨庆琛由闽到京,寓林则徐宅,杨写诗表达自己的愿望是:不仅只求得到林则徐的关切与照顾,而更需要的是林则徐能指点和传授谋求仕进的窍要。诗中写道：

> 四载光阴一指弹，　　深谈契阔到更阑，
>
> 高踪我敢希徐稚，　　清况君仍似范丹。
>
> 轻暖转教共狐腋，　　饔飧何止累猪肝，
>
> 微才愿乞金针度，　　莫但鸳鸯绣与看。

（《绛雪山房诗钞》卷五）

冬，梁章钜入"宣南诗社"。胡承珙、潘曾沂各为之记。（梁章钜：《退庵自订年谱》）

是年，金安清（1816—1878）生，字眉生，别号销英居士。浙江嘉善人。官湖北督粮道。曾发起捐镪为林则徐赎罪。

是年，百龄（1748—1816）卒。

〔按〕　此卒年依《国朝耆献类征初编》三五。《清史列传》卷三二本传作嘉庆二十年（1815 年）。

嘉庆二十二年　丁丑　1817年 三十三岁

正月初四至二十八日,林则徐筹办经筵宣讲事宜。这是一项重要的封建礼制,旨在表示皇帝关心文化,提倡儒术以标榜"文治"。林则徐以认真负责的态度对待,并在日记中作较详细的记录,从而可借知经筵礼的具体情况。

初四日,五鼓诣乾清门为翰林院具奏经筵题目。钦点《四书》题《我亦欲正人心》,《易经》题《理财正辞,禁民为非曰义》。上亲制御论,午刻发下,即敬录知会直讲官果益亭少农、秀楚翘少寇、戴可亭宗伯、汪瑟庵少宗伯。

十七日,缮经筵御论讲章。

二十日,赴翰林院署换写经筵讲章。

二十三日,改书经筵御论。

二十七日,黎明,赴文华殿演经筵礼。

二十八日。五鼓诣文华殿陈设御案、讲案,上御论讲章。是日黎明,上御亮轿至文华殿,经筵讲官及听讲之六部、九卿俱在两阶旁跪迎。上升御座,各官在丹墀上行礼毕,分左右入殿内听讲。满直讲官先就讲案用清语宣讲四书讲章,汉讲官继用汉语宣读毕。上用清语宣讲四书御论,诸臣跪听。听毕,满大学士跪赞"诸臣起立"。满直讲官乃就讲案用清语宣读《易经》讲章,汉讲官继用汉语宣读毕。上用汉语宣讲《易经》御论,诸臣跪听。听毕,汉大学士跪赞"鸿胪寺奏经筵礼成"。诸臣出殿外行礼,毕。上入御文渊阁,直阁事及校理、检阅等官俱在月池旁侍班;上赐讲官及听讲诸臣茶,皆跪饮,毕。上还宫,诸臣赴文华殿东庑与宴,奏乐八章,毕。恭缴御论,讲章于奏事处。

（《丁丑日记》,见《林则徐全集》第九册,日记页八五至八六）

三月二十六日,林则徐邀至友杨庆琛至枣花寺看牡丹。杨写诗纪事,并借吟咏牡丹来颂赞林则徐的风姿。

櫻笋厨开昼渐长，　　相携词客访花王，

日烘玛瑙新香瓣，　　春老维摩旧道场。

一品神仙真富贵，　　九华宫阙丽文章，

不矜婀娜矜庄重，　　声价端应冠群芳。

　

烟暖风柔烂漫辰，　　玉盘妆对玉堂人，

海棠如醉还输艳，　　芍药虽娇敢效颦。

金粉紫檀香世界，　　仙杯棕栗露精神，

天姿岂是胭脂画，　　吾辈须看面目真。

（《绛雪山房诗钞》卷五）

春，林则徐撰《潘云浦封翁(奕隽)八十寿诗》、《题新安曹相国师花洲饯别图和苏斋先生韵》。（《林则徐全集》第六册，诗词页一一四、一一六）

［**按**］　苏斋为翁方纲号。

四月，杨庆琛科场失意后，与沈廷槐一同离京，临行前留诗告别，感谢林则徐不忘故交的情谊。

冰厅清俸累君多，　　百廿日如一刹那，

北道主人空盼望，　　种花无蕊奈春何！

同来好伴又同还，　　相对尊前别酒殷，

自是君敦车笠谊，　　龙门千仞许人攀。

（《同荫士出都留别少穆》，见《绛雪山房诗钞》）

［**按**］　荫士名沈廷槐。

杨庆琛很钦敬林则徐的才识，约在此时，他曾在《怀人三十首》中赞扬林则徐道：

少穆先生我敢望？　　词源韵字并难量，

此间不少怜才帅，　　欲把来书去换羊。

（《林少穆编修则徐》，见《绛雪山房诗钞》）

五月，林则徐被保送御史引见记名。（林聪彝：《文忠公年谱草稿》）

五月，一艘美国船非法运载鸦片在广东海面兜售，渔民疍户自发地起来打死美国烟贩五人。清廷竟诬为首的李奉广等为匪犯并处死，并请美国人"环视行刑"。（《清代外交史料》嘉庆朝六）

八月二十六日,林则徐次女金鸾生。(《林则徐世系录》)

［**按**］《涛园集》等均以普晴道光元年生,为次女。可能以金鸾如秋柏的早殇而不叙次。

嘉庆二十三年　戊寅　1818年 三十四岁

二月初九日，有旨于十三日大考翰詹。十三日卯刻，在乾清宫考试，由皇帝命题《澄海楼赋》，以"故观于海者难为水"为韵；"以义制事，以礼制心论"；"赋得铲烟添柳重"，得"烟"字，五言八韵。十四日午后，发表考试等第名单，林则徐列三等第二十九名。十九日，赴圆明园引见，候述旨。(《戊寅日记》，见《林则徐全集》第九册，日记页八七)

三、四月间，林则徐连殇二女，一为上年八月所生之金鸾，另一为流产。林则徐在六月二十五日《致郭阶三》函中曾言其事云：

> 三、四月间，连殇二女，妇病连绵，医药为累。

(《林则徐全集》第七册，信札页一〇)

四月，林则徐旧友杨庆琛又至京，并与在京的叶申万、梁章钜和杨簪等友人诗酒相会。杨有诗纪事，虽在表述自己的偃蹇，但也可证明感念林则徐等人不忘故旧的感情。杨诗写道：

> 一年一度到春明，　销尽轮蹄铁亦惊。
>
> 半世虚名惭画饼，　诸公雅意感班荆。
>
> 瓣香心为南丰续，　春草人思顾况评。
>
> 不是鸡坛坚旧约，　敢将名纸谒公卿。

(《绛雪山房诗钞》)

六月下旬，林则徐写信给张师诚，祝贺他任编修。林在信中表达了自己的忠君思想说：

> 顷闻恩给编修，不胜忭喜。伏思吾师甫将服阕，圣明即为筹计，特沛恩纶，则两年以来，眷注之殷，真有不假言传而无一日释者。伏读恩谕，孝之一字，天语定评，实属莫大之荣，非常之眷，从来去官复官，未有如是之全美无憾者。恭诵之下，踊跃三百，非独为门墙私庆，乃幸天下后世之为子者，可以坚其孝心，而我朝求忠臣于孝子之门，圣度真如尧

舜也。

（张师诚：《一西自订年谱》嘉庆二十三年条下张子按语所附）

[**按**]　张师诚于嘉庆二十一年四月在苏抚任上,因父病危,擅离职位而被革职。本年六月始赏给编修。

九月十一日,林则徐集同年刘眉生斯嵋斋中会课,夜得雪,遂写《秋雪》诗,并注称:"时重阳后二日,集刘眉生同年斯嵋斋中,入夜得雪,同人拈此题分体得七律"以为诗课。(《林则全集》第六册,诗词页一一七)

是年出生者有:

(1) 林建禧(1818—1856)字范亭。福建侯官人。道光十三年进士。曾任户部主事。

(2) 金和(1818—1885)字弓叔。江苏上元人。诗人。所著《来云阁诗钞》中有关于鸦片战争史事的诗作,如《围城纪事六咏》。

是年翁方纲(1733—1818)、董诰(1740—1818)、孙星衍(1753—1818)卒。

嘉庆二十四年　已卯　1819年 三十五岁

二月，林则徐为宗人林梅甫继母撰《林母刘太夫人五十寿序》一文。(《林则徐全集》第五册，文录页三五八)

三月，林则徐充会试同考官。举人李纶元(鹄臣)被黜，献诗请业。五月十二日林则徐在赴云南典试途经河北望都时，写《李鹄臣孝廉(纶元)春闱卷为余所黜，榜发后执贽请业而媵以诗，次韵答之》：

当时真自笑冬烘，　只少金錍为刮曚！
上界疑登华藏海，　中流忽作引回风。
反唇幸未腾群议，　拙目奚堪诩至公。
翻使侯芭讯奇学，　不才先愧草元雄。
拟报来书慕退之，　李生足下勖修词。
能融卷轴醰醰味，　要运心机乙乙思。
蕲至立言陈务去，　浩然行气盛斯宜。
不明未必皆如我，　会见知音遇有司。

《林则徐全集》第六册，诗词页一二〇

[按] 林则徐作为这次考官，在诗中首先向李生落榜表示歉意，承认自己才能有限，同时申明是秉公无私的。希望他继续努力，在修辞、韵味上再下功夫。作文要陈言务去，作人要有浩然正气。林则徐既做事认真，又为人坦诚，于此诗中可见一斑。

林则徐在此时曾请嘉庆甲戌科(1814年)状元龙汝言画白菜并题诗："恰与状头商画稿，也期梦得一苗来"，及发榜，是科状元陈沆适出林门下，林喜而告诉寄居家中的友人杨庆琛，拟画《梦苗诗谶图》以资纪念。

今春君分校礼闱，嘱龙子嘉修撰(汝言)画白菜，题诗曰："恰与状头商画稿，也期梦得一苗来"。及胪唱，状元陈秋舫沆果出门下。君喜语余,欲绘《梦苗诗谶图》。

(杨庆琛:《送林少穆编修典试滇南》诗自注,见《绛雪山房诗钞》卷六)

春,消寒诗社成员黄安涛请画家朱鹤年绘成《消寒诗社图》。许多成员围绕此图写了一些诗文,反映诗社的活跃局面。成员之一的胡承珙所写《消寒诗社图序》(梁章钜收此文入《师友集》时,改题《宣南吟社序》)中记述了这时的主要成员。

是会也,始于甲戌之冬。图成于己卯春。自琴南、霁青及余外,先后与会者有周肖濂观察、陈硕士、刘芙初、谢向亭三编修、朱兰友侍讲、陶云汀给事、梁茝林礼部、钱衎石农部、吴兰雪、李兰卿两舍人也。

(《求是堂诗文集》;又见梁章钜:《师友集》卷六胡承珙条附)

[按]　黄安涛字霁青,消寒诗社成员。所绘吟诗图与王学诰所绘为二幅,王图今藏国家博物馆,朱图未见。

诗社成员由于职务时有变动,所以流动性也比较大。对离京外任成员的送行也就成为诗社活动的一项内容,如嘉庆二十四年陶澍出任川东兵备道时,诗社成员就在万柳堂饯行并赋诗。陶澍曾有诗追记其事说:

我行叱驭西,　　诸公亦频徙。

尚记万柳堂,　　离筵共杯酤。己卯夏,余备兵川东,诸君祖于万柳堂,有诗

(陶澍:《潘功甫以宣南诗社图属题抚今追昔有作》,

见《陶文毅公全集》卷五四)

春间,林则徐写《题陶云汀给谏(澍)〈祷冰图〉》诗。(《林则徐全集》第六册,诗词页四至五)这首诗宣传迷信和封建统治者的威权,反映了林则徐思想的落后面。

蓝田祝冰合,　　事著唐阙史。

济南酹冰开,　　载征酉阳纪。

彼虽应如响,　　所系区区耳。

岂如江淮间,　　转粟万亿秭。

欻然泽坚腹,　　奀翅行折趾。

伟哉陶使君,　　诚意达真宰。

往在乙亥冬,　　襜帷驻河涘。

空艘趣南下,　　新粮计日始。

其时朔风厉，　　彻夕冻云委。
朝来水生骨，　　一白亘千里。
大舟滞中流，　　小者依岸舣。
篙师眠缩颈，　　榜人冻裂指。
公曰是予责，　　焉能束手俟！
上仗天子威，　　百神可役使。
侧闻露筋女，　　万劫灵不毁。
生为蚊蚋嘬，　　甘以贞烈死。
此节坚于冰，　　能使冰为水。
有祠大堤侧，　　再拜前致祀。
祷云某官某，　　衔命漕事视。
冰开漕艘行，　　冰合漕艘止。
行止民食关，　　转移神力恃。
词终若有见，　　须臾巽风起。
金珰光陆离，　　翠葆垂旖旎。
盘空飞神鸦，　　摧坚出江沘。
划然明镜破，　　清彻寒漪底。
不献凌人羔，　　骤跃孝子鲤。
连樯十万舳，　　钲鼓喧以喜。
昨同守株待，　　今获扬帆驶。
金言至诚感，　　颂公公让美。
谓兹膺神贶，　　实乃荷帝祉。
在德神所凭，　　还以报天子。
会当疆吏请，　　有诏神号拟。
匾曰贞应祠，　　重楹焕雕绮。
神昭效顺休，　　公亦渥恩被。
乃知荩臣悃，　　能作众流砥。
涉川赖忠信，　　感召本至理。
公名记御屏，　　左右股肱倚。
行将出监郡，　　绣衣叨冠豸。

永怀条冰清，　　兼惕薄冰履。

岂惟筹漕然，　　治民尽如此。

（《林则徐全集》第六册，诗词页四至五）

[**按**]　《祷冰图》系陶澍于嘉庆二十一年六月间以给事中巡视江南漕务事竣后所作。林的题诗中有"行将出监郡，绣衣叨冠豸"句，乃指陶将由给事中外任川东道一事，而陶澍题宣南诗社图的诗注中说："己卯夏，余备兵川东。"所以，系林诗于此。

闰四月二十七日，林则徐派充云南乡试正考官。吴慈鹤（巢松）为副考官。（《林则徐集》第九册，日记页八）

五月初二日，林则徐书《唐太宗与许敬宗对语》横幅：

唐太宗问许敬宗曰："朕观群臣之中，惟卿最贤，人有言其卿之非者，何也？"敬宗对曰："春雨如膏，农夫喜其润泽，行者恶其泥淋。秋月如镜，佳人喜其玩赏，盗贼恶其光辉。天地之大，人犹憾焉，何况臣乎？臣无美酒肥羊以调其众口。是非且不可听，听之不可说。君听臣遭诛，父听子遭戮，夫妇听之离，朋友听之别，亲戚听之疏，乡邻听之绝。人生七尺躯，谨防三寸舌。舌上有龙泉，杀人不见血。"太宗曰："卿言甚善，朕当识之。"

己卯长至后一日　　　林则徐

[**按**]　己卯为嘉庆二十四年，长至后一日为五月初二日，是时，林则徐正受命将赴云南任乡试考官。此段文字曾制为四川绵竹年画卷流传。

[**又按**]　此段对语，我曾翻检《贞观政要》、《隋唐嘉话》及新旧《唐书》等，均未见此对话。

五月初八日，林则徐起程出都。友人杨庆琛写《送林少穆编修典试滇南》诗送别。接着，杨又写《将赴兖州寄少穆太史滇南》及《沧州舟次再寄少穆六十韵》等诗。其中《沧州舟次再寄少穆六十韵》一诗叙二人交谊及林则徐为人行事甚详，情真意挚，可以见林则徐在时人心目中的地位。（诸诗均见杨庆琛《绛雪山房诗钞》卷六）

五月初六日，有《致沈维鐈》函对沈的分俸相助表示感谢，亦以见林则徐在京时的生活困难。

蒙老夫子大人体恤入微，特分清俸，则徐欲辞不敢，受复不安，谨百

· 81 ·

叩祗领,无任感愧。

(《林则徐全集》第七册,信札页一三至一四)

五月十二日,林则徐行抵河北望都,十八日至邯郸,二十一日至河南汤阴,二十三日至荥泽,二十八日至叶县。

五月,林则徐在旅途中答总角友林靖光赠诗,写《寄赠梅甫二兄大人赠行之作》,回忆年十二共应童试旧情,并赞梅甫诗作,怀念故人情殷之极。(《林则徐全集》第六册,诗词页一一八至一一九)

六月二十一日,林则徐过辰州,为县令张鸿箴(时庵)书楹联一副:"一县好山留客住,五溪秋水为君清"。(《林则徐全集》第九册,日记页九七)

八月初一日,林则徐抵达昆明。记昆明情状:

> 入丽正门,城甚宏壮,城中举袂成云,视黔省数倍。过五华山麓,五华书院在焉,鄂西林相国所建也。使馆在五华山右九龙池之上,俗名"莱海",古称柳营,乃沐氏别业。馆有两院,与巢松前辈分住。

(《林则徐全集》第九册,日记页一〇二)

林则徐在旅途中访问风土人情、名胜古迹和有关张骞、曹操、诸葛亮等著名历史人物的遗迹,逐日记载了见闻和行程,写成《滇轺纪程》一卷,有光绪三年刻本,是《己卯年日记》所据的底本。又《小方壶斋舆地丛钞》本所记日期有误差。

林则徐在旅途中还写了许多诗篇,见《林则徐全集》第六册诗词。《滇轺纪程》也多记诗篇的命意所在,可以参阅。这些诗篇,按其内容,大致可分四类:

一类是写景。这是一些描写沿途艰险和所见景物的诗篇,如《镇远道中》(七月初二日)、《飞云岩》(七月初四日)、《鱼梁江》(七月初六日)和《牟珠洞》(七月初八日)等。(《林则徐全集》第六册,诗词页一二至一三、页一二三)

一类是怀古。这一类诗往往借表达对历史人物的钦慕心情来发抒自己对历史的评论和见解,如《汤阴谒岳忠武祠》(五月二十一日)一诗,一方面向岳飞表示钦敬,一方面又对南宋的偏安和抗金事业未能成功极表遗憾。诗中说:

> 不为君王忌两宫, 权臣敢挠将臣功。
> 黄龙未饮心徒赤, 白马难遮血已红。

尺土临安高枕计，　　大军河朔撼山空。

灵旗故土归来后，　　祠庙犹严草木风。

（《林则徐全集》第六册，诗词页一二一）

　　一类是唱酬赠答。这主要是在途中和副考官吴慈鹤的唱酬和赠人的诗作，如《次韵答吴巢松前辈慈鹤》（五月十二日）及《与巢松前辈为归田之约，诗以坚之》（或七月二十四日）等。另有《李鹄臣孝廉（纶元）春闱卷为余所黜，榜发后执贽请业，而膝以诗，次韵答之》（五月十二日）和《沅两君歌》（六月二十七日）等为赠人之作。（《林则徐全集》第六册，诗词页一一九至一二〇）

　　一类是抒怀。这是一类富有思想内容的优秀诗篇。它往往借咏物、写景来发抒作者的政治思想。这一类诗作可供探索林则徐思想发展过程的参考。如《驿马行》说：

有马有马官所司，　　绊之欲动不忍骑。

骨立皮干死灰色，　　那得控纵施鞭棰。

生初岂乏飒爽姿，　　可怜邮传长奔驰。

昨日甫从异县至，　　至今不得辞缰辔。

曾被朝廷豢养恩，　　筋力虽惫奚敢言！

所嗟饥肠辘轳转，　　只有血泪相和吞。

侧闻驾曹重考牧，　　帑给刍钱廪供菽。

可怜虚耗大官粮，　　尽饱闲人围人腹。

况复马草民所输，　　征草不已草价俱。

厩间槽空食有几？　　徒以微畜勤县符。

吁嗟乎！

官道天寒啮霜雪，　　昔日兰筋今日裂。

临风也拟一悲嘶，　　生命不齐向谁说？

君不见，

太行神骥盐车驱，　　立仗无声三品刍。

（《林则徐全集》第六册，诗词页一一一）

　　林则徐在这首诗中刻画了驿马重役奔驰的遭遇，揭露了"围人"等贪污马粮的罪行，含有民生困苦仍遭盘剥的寓意；但是，他提出"曾被朝廷豢养恩，筋力虽惫奚敢言"，要忍受痛苦，而归因于"生命不济"，表现了林则徐思想的局限性。又如《病马行》一诗说：

生驹不合烙官印，　　　　服皂乘黄气先尽。

千金一骨死乃知，　　　　生前谁解怜神骏？

不令鏖战临沙场，　　　　长年驿路疲风霜。

早知局促颠连有一死，　　恨不突阵冲锋裹血刨。

夜寒厩空月色黑，　　　　强起哀鸣苦无力。

昔饥求刍恐不得，　　　　今纵得刍那能食！

圉人怒睨目犹侧，　　　　欲卖死皮偿酒直。

马今垂死告圉人，　　　　尔之今日吾前身！

（《林则徐全集》第六册，诗词页一二）

　　林则徐的这首诗比前一首在思想上略有深化。它虽然仍是描述病马的悲惨遭遇，却反映了用非其才的苦闷。它虽然仍是不能不把遭遇归之于任人宰割；但使病马在垂死时敢于发出让圉人来生变为畜生的诅咒，显示了一点微弱的反抗精神。

　　又如《裕州水发，村民舁舆以济，感而作歌》一诗，是林则徐在五月二十八日行至裕州地区遇到连下大雨，河水暴涨，过河发生困难，处在"舆人缩足僮仆恇，我亦四顾心旁皇"的狼狈境地时，突然意外地得到村民冒险助渡，触动了感情，于是在诗篇中写下了这段情景说：

　　……

村夫欻来灿成行，　　　　踊跃为我褰衣裳。

舁我篮舆水中央，　　　　如凫雁泛相颉顽。

水没肩背身尽藏，　　　　但见群首波间昂。

我恐委弃难周防，　　　　幸以众擎成堵墙。

我舆但如箕簸扬，　　　　已夺坎险登平康。

　　林则徐被村夫的这种行动所感动，他呼吁临民官员不要残害百姓，并深有感慨地继续写道：

噫嘻斯民真天良，　　　　解钱沽酒不足偿。

我心深感怀转伤，　　　　为语司牧慎勿忘：

孜孜与民敷肺肠，　　　　毋施棰楚加桁杨。

此似脱一句　　　　　　　教以礼让勤耕桑。

天下舆情皆此乡，　　世尧舜世无怀襄。

《林则徐全集》第六册，诗词页八

又如五月二十三日在荥泽渡河遇到困难时，林则徐依然意气风发地前进。他在《荥泽渡河二十四韵》一诗中写道：

况荷主恩饬乘传，　　纵有地险无天穷。

七十二渊九折坂，　　此际裹足非人雄。

有谋能绝河伯妇，　　有书能达龙王宫。

刑牲投璧亦徒尔，　　涉川所恃信与忠。

《林则徐全集》第六册，诗词页六

林则徐在这两首诗中所希望的所谓尧舜盛世和勇气都出于封建的忠君思想。他在这段行程中还有一些诗则反映了封建地主阶级的立场。如六月初九日所写的《江陵两烈伎行》一诗，辱骂农民起义的领袖是"滔天狂寇"，歌颂谋杀张献忠的两个妓女是"烈伎"，说她们的行动是"誓为朝廷尽此妖"。
（《林则徐全集》第六册，诗词页九）

除了上面举例说明的各类诗作外，他在途中还写了《宿邯郸》（五月十八日）、《七夕》（七月初七日）、《安平》（七月十一日）、《下坡》（七月十七日）等诗。
（《林则徐全集》第六册，诗词页一二三至一二四）

林则徐在途中还随时考察民生风土，如：

（一）五月十三日至定州即对沿途旱情表示关心，记称：

自定兴至此皆苦旱，黍苗出土不及寸，望雨甚切。

《林则徐全集》第九册，日记页八九

（二）五月十九日至磁州即记称：

自杜村至城，双渠夹道，其清如镜，芰荷出水，芦苇弥岸，翛然可赏。阅蒋砺堂尚书《黔轺纪行集》，知此渠乃国朝州牧蒋擢疏滏阳河成之，至今稻田，资其霑溉。噫！何地不可兴利，顾司牧奚如耳！

《林则徐全集》第九册，日记页九〇

（三）六月二十一日在辰州记称：

是晚雷雨大作，滂沱达旦。此地已旱四十余日，得此喜雨，交相庆也。

《林则徐全集》第九册，日记页九六

这些记事证明林则徐初登仕途之际，就已在注意民生利病，并以兴利除弊视作官吏职任所在。

林则徐在这次主持云南乡试的工作中仍然抱着一种认真的态度。他和吴慈鹤一起,对全部试卷"逐加评点",取正榜五十四名,副榜十名,并从中式的试卷中,"择其文艺诗策尤雅者十四篇"送给皇帝看,表示自己的公正无私。又亲自撰写《己卯科云南乡试录序》,提出了"俶诡浮薄之词,概斥勿录","大抵皆有志于学,求副实用,不以小成自甘,而浸淫风雅"的取才标准。(《云左山房文钞》卷一)

林则徐在考闱中还写了《酬叶小庚司马(申芗)》诗,送给同在闱中的同乡姻亲叶申芗。(《林则徐全集》第六册,诗词页一二五)

十二月十七日,林则徐返京复命。(林聪彝:《文忠公年谱草稿》)

十二月下旬至次年四月中旬,林则徐曾参加"宣南诗社"的活动。陶澍在《潘功甫以宣南诗社图属题抚今追昔有作》一诗中说:"林程本后来"。自注说:"林少穆、程云芬二君自余出京后始入会,不久亦出使。"可见林则徐开始参加诗社活动当在这段时间内。

[按] 陶澍于嘉庆二十四年夏出任川东兵备道,当时林则徐已去云南主试并未在京。十二月间林始归京,与陶未能相遇,所以陶诗自注说:"自余出京后始入会"。第二年四月下旬,林则徐又奉命出任杭嘉湖道,所以陶诗自注说:"不久亦出使"。据此可证林则徐是在嘉庆二十四年十二月下旬到次年四月中旬间参加过诗社活动的。

林则徐参加诗社活动的时间虽不长,但却留下深刻的欢忻回忆。七年以后的道光七年三月二十四日,他在《题潘功甫舍人(曾沂)〈宣南诗社图卷〉》中曾写过一些怀念的诗句。

是年,龚自珍至京师,与宣南诗社成员梁章钜、程恩泽等人多有唱酬交往。但龚并没有正式参加过诗社的活动。(梁章钜:《师友集》卷六)

是年,嘉庆帝六十"万寿",林则徐父母得覃恩诰封为"奉直大夫翰林院编修加三级"和"宜人"。(《先考行状》,见《林则徐全集》第五册,文录页四四七)

是年吴锡麒(1746—1819)、严烺(1764—1819)卒。

嘉庆二十五年　庚辰　1820 年 三十六岁

二月初八日,林则徐任江南道监察御史。(林聪彝:《文忠公年谱草稿》)当时,河南南岸水利工程进度缓慢,洪水为灾。林则徐经过调查后发现,这是由于料贩囤积居奇工程用料所致,于是提出命地方官吏"严密查封,平价收买,以济工需"的建议。这一建议由于嘉庆帝的允行而得到实施。建议中所指出的各种弊端,实际上是针对当时负责督修河工而失败褫职的河南巡抚琦善而言。这是林则徐和琦善的第一次交锋。(《清史列传》卷三八)

二月二十七日,林则徐上《副将张保不宜驻守澎湖并应限制投诚人员品位折》,指出官场中"滥保市恩,渐成风气"的弊病。(《林则徐全集》第一册,奏折页一)

二月,林则徐撰《旌表节孝林母徐太孺人征诗启》。(《林则徐全集》第五册,文录页四九六)

四月,林则徐京察一等,复带领引见,记名以道府用。二十三日,林则徐被授任浙江杭嘉湖道。五月十六日出都,由潞河赴浙。七月十九日到杭州接任。(林聪彝:《文忠公年谱草稿》)

从此,林则徐结束了京官生涯。他在道光十三年六月二十三日《致郭柏荫》函中曾追述过这段生活的概况,并向郭提出个人历官经验与如何自处的劝告。

愚初作翰林时,即有家眷在京,一年俭用,约以五百金为度。编修俸银、俸米及馆上月费,合计将及二百,寻常笔墨中亦有所得,能觅一馆地贴补,则又觉从容矣。明年必有考差,得一外省主考,纵未必佳,毕竟稍稍松动。此两年间必有大考,能超擢自为上着,即或平等过去,而后年亦必有恩科。经过两次考差,其俸总在三年以上,纵使开坊难耐,亦可就御史一途,再以三载为期,一麾出守,殆可操胜券。……至都中本无官事,翰林尤可终年不赴衙门,若不读书,岂不虚度日力?然群萃州处,酬应纷如,京官中实在好学者，百不得一，亦风会使然也。要其学力深醇，断无不出人头地之理，与其驰逐而无补，何如力学而潜修。且京中之引人入邪，较之外间尤甚，愈聪明愈易被诱，愈爱脸愈多花钱。故交游以少为妙也……又历代文献，我朝掌故，史臣所必当通晓者，不可不孜孜留意，不特通于政事，即遇大考、考差，命题偶涉，不为聋聩，不触忌讳，亦极有关系也。

（《林则徐全集》第七册，信札页八三至八四）

事实上，林则徐在任京官期间，没有过多地沉溺于官场交往，而是利用京师藏书条件，"益究心经世学，虽居清秘，于六曹事例因革，用人行政之得失，综核无遗"。（李元度：《国朝先正事略》卷二五）这次任外官，使他能把关注国计民生的思想付诸实践。

五月，林则徐离京赴任，师友多有赠行诗。六月，林则徐有答诗，如《次韵和曹俪笙相国师赠行，时之官浙右》。（《林则徐全集》第六册，诗词页一二九）

七月，林则徐到任之初，就发出《杭嘉湖三郡观风告示》（《林则徐全集》第五册，文录页四一）举行观风试，借以识拔人才。所谓"原效孙阳，相神驹于冀野；窃希雷焕，辨宝锷于丰城。以簿领之余闲，进群伦而授简"，正是他举行观风试的目的。

林则徐又对敷文、崇文、紫阳三书院不能随课升降发给津贴的不合理制度进行了改革。

肄业诸生于二月甄别取定，嗣后虽课有升降而膏火则一依甄别名次给发。前者怠于文，后者旷于课。公定为随课升降，士习遂变，至今犹遵其法。

（施鸿保：《闽杂记》卷四《文忠遗事》条）

林则徐对成绩优秀的士子还亲赠楹帖以示鼓励。

嘉庆庚辰四月，公课紫阳书院，予时以童生与试……蒙公拔置第一，例奖外加赠手书红蜡碎金笺八言楹帖，句云："是故君子，诚之为贵；夫惟大雅，卓尔不群"。伯兄蔚林悬诸厅事，今不知尚存否？

（施鸿保：《闽杂记》卷四《文忠遗事》条）

[**按**]　林则徐四月二十三日始授任杭嘉湖道，七月十九日始到杭接任。《闽杂记》言庚辰四月课紫阳书院事，显然有误。

林则徐到任后，派人回籍迎养父母。父惮远行，愿在乡与老友为真率会，不赴。续又派人回里请父母于次年灯节后就道。后仅母到任所就养。

> 府君惮于水陆之艰，不欲成行。……府君手谕之曰：汝勿强余，余行
> 不能至，恐汝转以忧去职也。

（《先考行状》，见《林则徐全集》第五册，文录页四四七）

> 藩伯之分巡浙西也，专使迎奉二亲。公与乡党诸耆耋为真率之会，
> 乐其乐，不欲行，而令陈夫人就养焉。

（陈寿祺：《林旸谷先生墓志铭》，见《左海文集》卷一〇）

林则徐更于政事余暇，"修孤山林和靖墓，补种梅树三百六十株，并购二鹤豢于墓前"。（施鸿保：《闽杂记》卷四《文忠遗事》条）林则徐为绘《孤山补梅图》，请人题咏。又秋冬间偕友人陈嵩庆同游孤山，并为此写诗抒发追慕林逋（和靖）梅妻鹤子、飘逸孤高的风怀：

> 我从尘海感升沉，　　何日林泉遂此心。
>
> 墓表大书前处士，时修和靖先生祠墓，同人嘱余题额
>
> 家风遥愧古长林。
>
> 湖山管领谁无负，　　梅鹤因缘已渐深。
>
> 便似携锄种明月，　　结庐堤上伴灵襟。

（《林则徐全集》第六册，诗词页一三〇）

林则徐还重修了林逋祠，并为题柱联云："我忆家风负梅鹤，天教处士领湖山。"又葺梅亭，并为题亭柱一联云："世无遗草真能隐，山有名花转不孤"。

（《楹联续话》卷二；又见《林则徐全集》第六册，诗词页三四四）林昌彝《海天琴思续录》卷一也引梅亭联，并称之为"诚杰作云"。

约七月间，林则徐访求到林逋手札真迹一卷。道光三年陈延恩曾为之题跋云：

> 孤山处士书，世不多见。此二手札笔意疏朗淡远，殆如其人，与文氏停云馆所刻果出一手。今得归少穆先生，虽禹稷颜子后先异揆，而食旧德之名氏，与舍家鸡而爱野鹜者，非可同日而语也。

[按]　此手卷为福州郑贞文先生所藏。

七月，嘉庆帝死。八月，皇次子旻宁嗣位，改明年为道光元年。

秋，林则徐主持云南乡试时的门人戴绹孙写信给林则徐，祝贺他出任杭嘉湖道。（戴绹孙：《味雪斋诗文钞》卷二）

秋,诗人彭兆荪(甘亭)经吴慈鹤推荐,由林则徐邀请来客任所。(缪朝荃:《彭兆荪年谱》)

秋冬间,林则徐为乡先辈陈若霖题郑少谷先生诗册,《云左山房诗钞》未收此诗。(《林则徐全集》第六册,诗词页一九)

郑少谷先生诗册为陈望坡中丞题
嘉庆二十五年秋冬

法王微狩忘朝昏,	八党柄国崇夷髡。
豨龙毒甚衔花鹿,	天宝正德难殊论。
先生忧时抒孤愤,	抗疏拜杖披天阍。
迟清归来见初志,	行吟兰茝搴荃荪。
草堂瓣香有真髓,	黄河冰色非知言。
细律靡以硬语掩,	岂直感事声为吞。
兹册署年毅皇末,	江湖每饭犹思存。
书如杜评亦瘦硬,	豪端跳卧棱可扪。
我从觿辰识公笔,	冰清本是公诗孙。
南湖一卧风雨夕,	蜾扁瞻肃桑苎园。
中丞真鉴复□此,	秘以箧衍同玙璠。
晋安风雅定有继,	敢云无佛聊称尊。

望坡中丞大人命题,即求诲定,林则徐呈稿。

(《林则徐全集》第六册,诗词页一九至二〇)

[按] 郑少谷名善夫,明弘治时人,以德操名于时,系林则徐岳家先人。原诗无题,现有《郑少谷先生诗册为陈望坡中丞题》诗题系《林则徐诗集》编者郑丽生所拟。

十月初八、九日,林则徐在浙江巡抚陈若霖支持下,亲自勘察所属海塘水利,发现旧塘于十八层中,每有薄脆者"挽杂,即令新塘采石必择坚厚"。完工后,"新塘较旧塘增高二尺许",并在"旧制五纵五横之外添椿石"。(林聪彝:《文忠公年谱草稿》)

十月底,林则徐到任四个月,杭嘉湖道的湖州府属发生抗粮拒捕的事件。(林聪彝:《文忠公年谱草稿》)

林则徐对当时杭州吏胥横行不法,花赌盛行害民等等社会弊端采取严厉的手段,不免引起同官的嫉视。他似曾为此写了《答程春海同年(恩泽)赠行》诗二首。第一首表示对程赠行的谢意,第二首描述了自己任官的艰劳和所遇到的阻力,透露了自己不会忘掉作"好官"的初衷而去随波逐流。这首诗可供了解林则徐后来仓促借病离任的参证。第二首诗中写道:

知交期我深,　　自待敢不厚。

同调二三子,　　素心话杯酒。

读书希致身,　　黾勉勤职守。

首祈吏民安,　　余泽逮亲友。

酌水矢冰蘖,　　罗才喜薪樲。

暇乘总宜船,　　一玩苏堤柳。

明灯照离筵,　　昔语犹在口。

讵谓当官来,　　前意失八九。

笋舆织长衢,　　尘牍塞虚牖。

才拙奈务丛,　　支左还绌右。

谗诃恐不免,　　报称复何有?

绝想禽鱼嬉,　　瘁形牛马走。

云霄有故人,　　下视真埃垢。

旧侣联骖騑,　　今途判箕斗。

三叹作吏难,　　因风报琼玖。

《林则徐全集》第六册,诗词页一八

十一月二十四日,林则徐在《致刘敬舆》函中言及在浙为官的艰难状况说:

弟甫膺台职,即蒙畀任监司,实为梦想之所不到,然外官难做,真觉履之而后知。属郡簿牒之繁,濒海堤防之险,每提一端,皆难安寝。省垣孔道,冠盖如云,自辰迄酉,无非对客。事上接下而外,即为送往迎来,一切公牍管札,转待灯下理之,而精力固已惫矣。夙累本重,又添出都动耗,数将及万,而鄙性迂拘,不敢别图生发,即常例所有,亦减之又减,斟酌再三。初非好为矫廉,诚以宸听聪昭,人情叵测,不敢不慎,然安得人人而告之哉!家乡接壤,戚邮梦来,大率觖望而去,怨讟诚知不免,然竟无可如何矣。

《林则徐全集》第七册,信札页一八

是年，林则徐为乡前辈林春溥写《题家鉴塘前辈（春溥）爱日图》诗，对林春溥能够"早脱宫袍著彩衣"，归里养亲和著述自娱表示歆美；而对自己的"我为简书惭负米，白云回望正依依"这种羁于一官而不能回籍侍亲的处境感到十分遗憾。（《林则徐全集》第六册，诗词页一三一）

是年，包世臣写《庚辰杂著》二，文中指出鸦片之害人，"不异鸩毒"，并以苏州为例，估算耗银之巨说：

> 即以苏州一城计之，吃鸦片者不下十数万人。鸦片之价较银四倍。牵算每人每日至少需银一钱，则苏城每日即费银万余两，每岁即费银三四百万两，统各省各城大镇，每年所费，不下万万。

这些耗银"皆归外夷"，其数字"且倍差于正赋"，而"近来银价日高，市银日少，究厥漏卮，实由于此"。

包世臣针对这一重大社会经济问题，又在文中提出了"绝夷舶"、"撤海关"的对策说：

> 绝夷舶，即自拔本塞源。一切洋货，皆非内地所必须，不过裁撤各海关，少收税银二百余万两而已。国课虽岁减二百万，而民财则岁增万万，藏富于民之政，莫大于是。

（包世臣：《安吴四种》卷二七）

[**按**] 包世臣以断绝一切贸易来禁绝鸦片的主张是封建主义闭关自守观点的反映。后来的实践证明，这种观点是不切实际，而在客观上助长了走私。鸦片战争时期曾望颜的封关禁海议和包世臣的主张是一脉相承的。林则徐等对此议曾加驳斥。

是年，杨炳南笔受谢清高所述《海录》一书，"在粤刊刻"，林则徐曾读此书，认为"所载外国事，颇多精审"。（《林则徐全集》第四册，奏折页一九〇）

是年出生者有：

（1）沈葆桢（1820—1879）字翰宇，号幼丹。福建侯官人。道光二十七年进士。官至江西巡抚、船政大臣。卒谥"文肃"。有《沈文肃公政书》传世。林则徐的外甥、次婿。

（2）谢应辰（1820—？）字维诚，号星楼。云南昆明人。道光三十年进士。曾任监察御史。

道光元年　辛巳　1821 年　三十七岁

二月,林则徐母陈氏由原籍到杭州就养。(《云左山房文钞》卷二)

二月,山西太谷、介休等地发现富商大贾私贩鸦片,清廷以为鸦片败坏风俗而严令查拿。

> 御史郭泰成奏请严禁晋省私贩鸦片一折。鸦片烟一项,败坏民风,久经饬禁。兹该御史奏称:"山西太谷、介休等处,竟有富商大贾贩此牟利者。"著成格饬属严查,将贩卖之人拿获,按律惩治。勿令渐染成风,有害民俗。
>
> (《宣宗实录》卷一三页三九)

三月,林则徐为林宗文作《义塾记》。(林聪彝:《文忠公年谱草稿》)

春,有《致李象鹍》函,言外任之苦况云:

> 弟外任已阅半年,略尝况味,倍凛处世之难为,一切交际,动如棼丝,固知才力不逮也。
>
> (《林则徐全集》第七册,信札页二〇)

春暮,林则徐与许乃谷、张应昌共游西湖名胜,写《春暮偕许玉年(乃谷)、张仲甫(应昌)诸君游理安寺、烟霞洞、虎跑泉、六和塔诸胜,每处各系一诗》。(《林则徐全集》第六册,诗词页一三一)诗中除写胜景外,还忆念诗人彭兆荪说:

> 惆怅彭宣地下灵。甘亭欲以今夏居此未果,思之慨然

六月,林则徐为朱晓亭作《启贤录序》。(林聪彝:《文忠公年谱草稿》、序载《林则徐全集》第五册,文录页三六三)

七月二十四日,林则徐得知父亲在原籍患病的信息,当日就以本人有病为理由辞官,奉母登程回籍。(林聪彝:《文忠公年谱草稿》)

[按]　当时有人因林则徐匆促借词去官,传言系受同列排挤。林则徐在道光二年的《致蒋攸铦》信中曾对此有所解释。

八月十五日,林则徐次女普晴生于旅途舟次。后嫁沈葆桢为妻。(《沈敬裕

公年谱》同治十二年条,见《涛园集》)

[按] 林则徐有三女,长女为尘谭,记载均一致,而次女为谁则尚有异说,《福建通志·列女传》《闽侯县志》等均记沈葆桢妻林普晴为林则徐次女,尤以沈葆桢亲撰《室人林夫人事略》更为有力记载,《事略》说:"室人林氏,舅父文忠公仲女也。道光辛巳,文忠公任杭嘉湖道,闻外祖旸谷公病,驰归。郑夫人以八月十五日亥时诞室人于建州大蒙洲舟次。是夜月明如昼,旸谷公名之曰普晴。……己亥来归"(写刻本藏福建省图书馆,原件藏沈觐寿先生家)。则普晴之为次女已言之凿凿,而世传林聪彝撰《文忠公年谱草稿》则于嘉庆二十二年条记"八月二十六生女金鸾",依次金鸾当为次女。但仅此一见,且林氏后裔林家溱曾对《文忠公年谱草稿》表示怀疑,以为非真品。杨秉伦从福建省图书馆所藏《文忠公年谱草稿》的笺记、笔迹考察也认为有疑点。近见林氏后裔林子东等编《林则徐世系录》,定尘谭后普晴前确有一女名金鸾,或因其天殇,故不列入雁序。世遂以普晴为次女。

八月底,林则徐回到原籍,父病已愈。(林聪彝:《文忠公年谱草稿》)

十一月,清廷根据两广总督阮元的奏请,对包庇鸦片走私的洋商伍敦元,给予摘去顶戴的处分。

阮元奏请将徇隐夹带鸦片之洋商摘去顶带一折。鸦片流传内地,最为人心风俗之害。洋船私贩偷销,例有明禁。该洋商伍敦元并不随时禀办,与众商通同徇隐,情弊显然。著将伍敦元所得议叙三品顶带即行摘去,以示惩儆。仍责令率同众洋商实力稽查,如果经理得宜,鸦片逐次杜绝,再行奏请赏还顶带,倘仍前疲玩或通同舞弊,即分别从重治罪。

(《清宣宗实录》卷二六)

是年,林则徐撰《张兰渚中丞六十寿序》,表述了与张师诚的亲近关系和对张师诚的知己之感。

……盛德大业,犹众人所与习闻;而知己感恩,惟身被为能缕述。我夫子爱才如性命,染人如丹青,扶寒畯如济舟航,引后进如培子弟。某以蓬衡蓏品,莲脆陋资,远公卿干谒之嫌,少乡曲谀闻之誉。而乃下车伊始,侧席为招。月旦评文,谬许雕虫之技,露章封事,惭非倚马之才。每忆卧阁挑灯,担毫削牍,郑亚改义山之序,昌黎定皇甫之词。经匠石之磨砻,斧如修月,奉篇家之衣钵,斤亦成风。况义浆仁粟之施,皆让水廉泉之溉。虽猪肝勿累下士,前而致辞;而牛炙先尝上客,无兹加礼。十年军府,优容长揖之人;九陌康衢,携挈后尘之步。……

(《林则徐全集》第五册,文录页三六六)

是年,潘曾沂到北京,应邀参加宣南诗社(会)。这时,经常到会的有九人,集会地点也一般固定在宣武坊南潘的住所。"宣南诗社"的名称取代了"消寒诗社"。每月集会数次。潘曾沂的自订年谱中曾记此事说:

> 同人招入宣南诗会,月辄数举,以九人为率。东乡吴兰雪舍人(嵩梁)、新城陈硕士学士(用光)、泾县朱兰友官赞(琦)、长乐梁芷邻观察(章钜)、宜黄谢向亭学士(阶树)、嘉兴钱衎石侍御(仪吉)、同县董琴南侍御(国华)、歙县程春海侍讲(恩泽)及余也。

(《小浮山人手订年谱》道光元年条)

潘曾沂留京期间,一直参加诗社活动,对诗社的成员也十分尊重。他认为:"同会宣南诸公,风流蕴藉,出言有章,以示其标格。"而对于其他交往的人则认为:"醇驳不一,亦时与周旋燕婉,退而私校以别其趋尚。"(《小浮山人手订年谱》道光三年条)道光四年潘曾沂为纪念"诗会"的盛况,曾请画家王学浩绘《宣南诗会图卷》,并自题诗称:

> 独携冰雪趁幽寻,　难得苍茫共此岑。
> 车马往来无熟路,　国家间暇可清吟。
> 衣冠衮衮私荣遇,　文字区区见苦心。
> 瑟缩久留奴仆怪,　为多里耳罢张琴。

(潘曾沂:《功甫小集》卷八)

这首诗表达了潘曾沂对诗社的感情。他十分流连和珍惜能和一些知心朋友共清吟的雅趣,甚至为了能多听到一些好诗而不愿返回故乡。后来,潘曾沂由京回江苏原籍时,就把此图带回,又请当地文人朱绶为此图写了一篇《宣南诗会图记》,较详细地记载了诗社的情况:

> 宣南,宣武坊南也。诗会图者,述交也。吴县潘君功甫官中书舍人傲居其地,而一时贤士大夫偕之宴游,于是乎识之也。会以九人为率,记人则东乡吴舍人嵩梁、新城陈学士用光、泾县朱官赞琦、长乐梁观察章钜、宜黄谢学士阶树、嘉兴钱侍御仪吉、吴县董太守国华、歙县程侍讲恩泽也。壬午,长乐梁观察守楚中。癸未,歙县侍讲典黔试,泾县官赞乞养

归,益以华亭张舍人祥河、临川汤舍人储璠、侯官李侍读彦章,仍九人也。先是,与斯会者有安化陶中丞澍、泾县胡廉访承珙、祥符周观察之琦、嘉善黄太守安涛、侯官林廉访则徐,而功甫以辛巳入都,中丞诸公皆官于外,不列九人之数也。缓惟京师首善之区,天下人才所辐辏,国家承平日久,士大夫褒衣博带,雅歌投壶,相与扬翊休明,发皇藻翰,不独艺林之佳话,抑亦熙化之盛轨也。而诸君又皆能以风雅之才,求康济之学。今之官于外者莫不沈毅阔达,卓卓然有所表见,则足信斯会之不凡而功甫之取友为不可及已。缓穷巷下士,目未睹皇都之壮丽,未尝与并世贤豪长者通缟纻,得与功甫游,稍稍闻诸君之概。方今海宇宴安,人民静谧,而事之待理者渐多,坐言而起行之,兴利除害,为国万年有道之福,则不仅以区区文字夸交际,而一时聚散之故,无足憾也。是为记。

(潘曾沂:《功甫小集》卷八自题诗后附)

稍后于潘参加诗会的成员张祥河也曾记述了诗会的活动和成员负担活动经费的情况说:

> 宣南诗社,京朝士夫朋从之乐,无以逾此。或消寒,或春秋佳日,或为欧苏二公寿。始则陶云汀制军(澍)、周稚圭中丞(之琦)、钱衍石给谏(仪吉)、董琴南观察(国华)诸公。继则鲍双湖侍郎(桂星)、朱椒堂漕帅(为弼)、李兰卿都转(彦章)、潘功甫舍人(曾沂)诸公。后则徐廉峰太史(宝善)、汪大竹比部(全泰)、吴小谷太守(清皋)、西谷府丞(清鹏)诸公。其间人事不齐,旋举旋辍。而余与吴兰雪舍人(嵩梁),每举必预。陶制府官江南时,岁寄宴费。余监司山左,亦仿此例。至是辄忆野寺看花,凉堂读画,为不可多得之胜事矣。

(张祥河:《关陇舆中偶忆编》)

[**按**] 张祥河之子张茂辰所撰《张温和公年谱》道光十四年条记张祥河任山东督粮道时"岁寄宴费"给诗社一事,即引录《偶忆编》而略易数字。可知宣南诗社到道光十四年仍有活动。

从一些有关记载看,宣南诗社的情况大致可概括为以下几点:

(一)诗社用宣南命名,大约从道光元年正式开始。由于经常在潘曾沂的宣武坊南寓所集会(诗社的成员也有不少侨居宣南),便有了"宣南诗社"的名称,代替了"消寒诗社"的原有名称。从嘉庆十九年重开至此年,据统计曾集会四十二次(嘉庆十九年八次,嘉庆二十年冬至二十一年春七次,二十一年冬至二十二年春八次,二十二年冬至二十三年春六次,二十三年冬五次,二十四年冬至二十五年春四次,道光元年冬四次)。(黄丽镛:《宣南诗社管见》,见《上海师范大学学报》1980 年第 1 期)

(二) 诗会通常是九人,但也不限于九人。如潘曾沂《功甫小集》卷七就有《郑康成生日集陶然亭会者四十二人》诗题。可能定期例会是九人,有时规模较大的集会,则人数较多,而这些临时被邀参加者也不一定都是诗社成员。

(三) 诗社的主要活动是一群中下层官僚和封建知识分子在公余之暇,"褒衣博带,雅歌投壶"。它只是一个装点"太平盛世"排遣时间的文艺团体,没有表达出什么明显的政治理想和信念,似乎够不上政治性的结社。他们在诗会上吟咏的题材,仅从《功甫小集》的诗题看,绝大部分是一些闲情逸致的诗作。这些诗作大体上可以分为如下几类:①成员间送行钱别;②为古人苏东坡、欧阳修等作生日的;③成员间的互相标榜;④赏花饮酒之作;⑤相互唱和之作。以上诗作均见《功甫小集》卷六、卷八等。这类诗中间或有对时事、民生抒发感慨的,如潘曾沂的《秋夜作示董国华》中有句说:"江南米价随潮长,天上诗愁落叶多。且晚若为根本计,小儒议论即谣歌。"(《功甫小集》卷六)董国华的《和作》中有句说:"连雨浪浪唤奈何,漏痕无计可牵萝。……眼前突兀成虚想,破屋徒为老杜歌。"这是一种微弱的呼声。它仅仅只是这些人在仕途上尚未飞黄腾达时的一种抑郁心情的反映罢了。

(四) "宣南诗社"(包括"消寒诗社"时期)的成员在有关记载中都写得比较明确。据所知先后成为诗社成员的约有四十一人。附成员名录如次:

陶澍(云汀)、朱玮(兰坡)、吴椿(退旃)、顾莼(南雅)、夏修恕(森圃)、洪占铨(介亭)、周蔼联(肖濂)、董国华(琴涵)、胡承珙(墨庄)、钱仪吉(衎石)、谢阶树(芗亭、向亭)、陈用光(硕士、石士)、周之琦(稚圭)、黄安涛(霁青)、吴嵩梁(兰雪)、李彦章(兰卿)、刘嗣琯(芙初)、梁章钜(茝林、芷邻)、潘曾沂(功甫)、程恩泽(春海、云芬)、张祥河(诗舲)、汤储璠(茗孙)、林则徐(少穆)、鲍桂星(双湖)、朱为弼(椒堂)、徐宝善(廉峰)、汪全泰(大竹)、吴清皋(小谷)、吴清鹏(西谷)、查光(蕉垞)、贺长龄(耦耕)、朱勋楣、屠倬(琴坞)、翁元圻(凤西)、朱士彦(咏斋)、李宗昉(芝龄)、卓秉恬(海帆)、孙世昌(少兰)、张本枝(立亭)、黄茂(艺圃)、谢学崇(蕉石)。

(五)林则徐只是宣南诗社的一般成员,并不是倡始者,也不是领导者。他参加诗会的时间不长,活动也不多。有些中国近代史的著作把林则徐提到诗社的领导地位,夸大了诗社的政治性质等等,显然是缺乏足够有力的证据的。

是年,清廷根据两广总督阮元"申明鸦片事例"的奏请而重申禁令,凡洋船至粤先令行商出具无鸦片甘结方准开舱验货,如有夹带即将行商照例治罪。(《清代外交史料》道光朝一,页一○)同年,又有"开馆者议绞,贩卖者充军,吸食者杖徒"的规定。(李圭:《鸦片事略》卷上,页四)看来,烟禁是较前严了。但是,这种杜绝来源的办法实际上是使公开贩运改为暗中偷运,陆地来往改为水上买卖而已。因此,从本年以后,鸦片即在零丁洋进行偷贩。零丁洋是在广东海洋蛟门之外老万山之内的洋面,"其地水路四达,凡福建、江浙、天津之泛外海者",都能"就地交兑",因之,鸦片"销数之畅如故也"。(夏燮:《中西纪事》卷四,页一)并且在零丁洋还形成了一整套偷运组织:有终岁停泊收贮外船运来之鸦片的"趸船";有"勾通土棍,以开设钱店为名,其实暗中包售烟土"的"大窑口";有"包揽走漏之船",名曰"快蟹"、又称"扒龙";有"包庇走私"的"巡船";有负责在内地行销的"小窑口"。因之,零丁洋已完全成为"藏垢纳污之所"。(道光十一年五月冯赞勋奏折,《清代外交史料》道光朝四,页五○至五一;道光十六年四月许乃济奏,见《道光朝筹办夷务始末》卷一,页二至三)

[按] 零丁洋偷贩鸦片一事,当时已是中外共知的事实,许多中外记载都确认了这一事实。除上引资料外,如道光十八年护湖北巡抚张岳崧奏(《道光朝筹办夷务始末》卷三,页一至四),河南巡抚桂良奏(同前,页一六至二○),魏源的《道光洋艘征抚记》(《英国蓝皮书》,《鸦片战争资料丛刊》),《澳门新闻纸》(同前)。丹涅特的《美国对华的鸦片贸易》(同前),马士的《中华帝国对外关系史》(第一卷)和格林堡的《鸦片战争前中英通商史》等等著述中都记及此事。

是年,走私运入中国的鸦片烟有五千九百五十九箱,实际消费量为五千零十一箱,共值八百八十二万二千元。(马士:《中华帝国对外关系史》第一卷,页二三九)

是年出生的有关人物有:

(1)李元度(1821—1887)字次青。湖南平江人。所著《国朝先正事略》中有《林文忠公事略》一文。

（2）俞樾（1821—1906）字荫甫，号曲园。浙江德清人。官至河南学政。经学家。著有《春在堂全集》。

是年彭兆荪（1769—1821）卒。

道光二年　壬午　1822年 三十八岁

正月至三月间,林则徐在籍家居。正月间,有《致郭阤三》函透露将重新出仕之意愿云:

> 弟里居碌碌,幸严慈尚称健适,足慰停怀。惟家食大难为计,恐早晚仍不免奔波。前路茫如,更觉不能自决。

（《林则徐全集》第七册,信札页二二）

约在此时,林则徐写有《陶舫诗二十韵为冯笏軿孝廉缙赋》诗。（《林则徐全集》第六册,诗词页三一）

林则徐在籍家居,时与师友陈寿祺、赵在田、萨玉衡、冯笏軿、杨庆琛等诗酒聚会。杨庆琛曾写诗纪其事,题为《陈恭甫编修招同林少穆观察、赵毂士编修(在田)、萨檀河大令(玉衡)、冯笏軿孝廉集小嫏嬛馆》。（《绛雪山房诗钞》卷七）

二月,贵州道监察御史黄中模以"洋商与外夷勾通贩卖鸦片烟,海关利其重税,遂为隐忍不发,以致鸦片烟流传甚广,耗财伤生,莫此为甚"的理由,奏请"令广东督抚密访海关监督有无收受黑烟重税"之事。（《清代外交史料》道光朝一,页一四）清廷据此即令广东督抚密访"海关监督有无收受黑烟重税,据实奏闻,并通饬各省关隘一体严密查拿"。（《东华续录》道光五）当时,兼署两广总督的广东巡抚嵩孚的奏复是:"海关监督收受黑烟重税,臣密加访察,实无其事。"（《清代外交史料》道光朝一,页二二）不久,新任海关监督达三也矢口否认说:"实无丝毫征收鸦片重税之事。"（《清代外交史料》道光朝一,页三三）这类答复显然是用"查无实据"的手法来搪塞敷衍。

三月,林父宾日告谕林则徐应复出云:

> 余与汝母精神尚健,汝年未四十,荷蒙国恩,任以监司,正当力图报效,不宜早退。且家无儋石储,安能长此闲居以增我忧也。

（《先考事略》,见《林则徐全集》第五册,文录页四四八）

三月初二日,林则徐由原籍启程北上,赴京补官。临行前,曾为陈寿祺写

《题陈恭甫前辈遂初楼》诗四首,其前三首主要写陈寿祺的学识造诣,表示钦敬的心情,最后一首陈述了自己为养亲而不得不再度出仕的苦衷:

> 惆怅衡门心事违,　　饥驱犹未答春晖。
>
> 买山无计仍从仕,　　负米难言愧暂归。
>
> 每侍高堂恋明镜,　　苦将慈线劝征衣。
>
> 登楼倍触临歧泪,　　惭对诗人束广微。<small>时予将北行</small>

(《林则徐全集》第六册,诗词页一三四)

陈寿祺为答此诗,并送林北上,写《赠行诗》三首。第一首盛赞林在浙的“治绩”——“越人诵使君,士美禾善养”(此句林则徐日记所附作“多士勤作养”,当为赠林初稿句,后收入《左海诗钞》又加改定如此);表达了亲友间劝林出仕的期望:“四牡戒怀归,于义宜勇往,慈母缝征衣,亲朋劝行鞅。”第二首是赠行诗的主要部分。陈寿祺对林日后任官提出了热切而诚挚的希望,也抒发了陈寿祺对当时吏治的憎恶心情,诗中写道:

> 贪泉见夷齐,　　敝屣视韩魏。
>
> 人爵安足荣,　　仁义乃富贵。
>
> 君子行道心,　　诵古思仿佛。
>
> 九戢歌鲜<small>新夏按:《林则徐全集》第九册日记页一〇七录诗作鳟鲂</small>,
>
> 甘棠爱蔽芾。
>
> 由来社稷臣,　　一诚通万汇。
>
> 民俗雕敝余,　　若旱需灌溉。
>
> 奸宄阴蘖芽,　　若农艾秽薉。
>
> 吏道患因循,　　人情多忌畏。
>
> 苍生系安危,　　所尚在宏毅。
>
> 吾乡两襄惠,<small>明惠安张净峰总督岳,连江吴子彬尚书文华,皆谥襄惠</small>
>
> 文武有经济。<small>新夏按:《林则徐全集》第九册日记页一〇七作纬</small>
>
> 安溪本通儒,　　拥旄功泽暨。
>
> 落落逾百年,　　后贤每歔欷。
>
> 如君复几人,　　渊岳纳肠胃。
>
> 公卿交口荐,　　雅故洽兰味。
>
> 我独勖千秋,　　匪争时誉诽。

至尊资股肱，　　上殿吐奇气。

许身稷卨伦，　　志士何所讳。

（陈寿祺：《左海诗钞》卷一）

《赠行诗》的第三首叙两家的世谊和推重林父宾日。

[按] 陈诗于收入《左海诗钞》时，文字有所改易，并去掉了跋尾。林则徐《壬午年日记》三月三十日条后附入陈诗，当为初稿。诗末有原跋，述写诗意旨甚详。跋称："少穆兵备前岁仕越中，太夫人已就养。严尊资政公，达者也，与乡郡老友为真率会，有以乐其乐，未往也。适小疾，兵备闻之，遽请急归，然在途而公已霍然起，盖诚孝之感耳。兵备才望蔚为时栋，值明圣求贤，公卿多推毂者，荏官廑一岁而归，东山虽高，如苍生何！亲戚友朋，咸劝捧檄。居数月，乃诣阙。寿祺与兵备，世有荀陈之交，比数过从。通悃愫，讨文字，欢甚。濒行，兵备命赠言。兵备方得时以达其道，功业日新。祺山中人也，其言恶足裨百一！姑以畴昔所谈，述诗三章，且答兵备题余遂初楼末篇之旨。至于游宴之乐，离别之感，则未暇以陈也。"（《林则徐全集》第九册，日记页一〇七至一〇八）林则徐是三月十九日在浦城途中收到陈的诗、札。

林则徐对陈寿祺的《赠行诗》，又写了《答陈恭甫前辈寿祺》五言长诗三首。第一首表示对陈一向崇敬之情——"束发读公文，珍如觌鸿宝"，并记述在林下和陈的亲密交往——"去年栖衡门，晨夕倾怀抱，游目窥墨林，敷衽榷前藻，迹如云龙随，谈亦糠秕垲"。第三首推重陈的学术造诣，并期望有名山之作。其中第二首是有关林则徐早期政治思想的重要文献。诗中写道：

昨枉双鲤鱼，　　发缄得赠言。

奖借逮末学，　　誉扬及家尊。

更慨吏道媮，　　期以古处敦。

树立尚宏毅，　　一语诚探原。

呜呼利禄徒，　　学诐何少恩。

所习乃脂韦，　　所志在饱温。

色厉实内荏，　　骄昼而乞昏。

岂其鲜才智，　　适以资攀援。

模棱计滋巧，　　刀笔文滋繁。

峻或过申商，　　滑乃逾衍髡。

102

牧羊既使虎，　　吓鼠徒惊鸲。

有欲刚则无，　　此际伏病根。

于传戒焚象，　　于诗励悬狟。

要在持守固，　　庶几恻隐存。

知人仰圣哲，　　弊吏扶元元。

举错惬舆论，　　激浊澄其源。

侧闻官方叙，　　驯致民物蕃。

不才乏报称，　　循省惭素餐。

但当保涓洁，　　弗逐流波奔。

三复吉人词，　　清夜心自扪。

（《林则徐全集》第六册，诗词页二三至二四）

这一首诗是林则徐对当时腐败政治的指斥和淋漓尽致的刻画。他鄙弃和谴责那些一味阿谀取容、阘冗颠顸、暮夜乞怜、寡廉鲜耻的利禄之徒，只不过是一伙羊群之虎，尖刻刁滑的害民贼而已。他也意识到这是封建社会危机的病根，但是，他却寄希望于最高统治者的圣哲，能够知人善任，整顿吏治来正本清源，医治病根，这是他封建主义思想的局限。不过，他仍自勉要作一个出淤泥而不染，不随波逐流，不尸位素餐的"好官"。这首诗反映了林则徐的政治见解和抱负，也在一定程度上反映了他要求革新政治的意愿。

［按］　光绪丙戌福州林氏刻行的《云左山房诗钞》卷二编次《答陈恭甫前辈寿祺》在前，《题陈恭甫前辈遂初楼》在后。考二诗内容和陈诗跋尾，这一编次是错误的，应该把二诗次序颠倒过来。

林则徐还为陈寿祺写了《钱舜举伏生授经图为陈恭甫太史题》诗，推崇陈的学术造诣。（《林则徐全集》第六册，诗词页二〇）

三月二十九日，林则徐抵达杭州。一路上，林则徐受到地方官员及朋友的迎送。

闰三月初七日，林则徐独自离杭继续北上，浙抚张师诚等官员亲来送行。妻郑氏因患病，暂留杭城。

闰三月二十三、二十四日，林则徐赴京途经宿迁、邳州，见农田雹灾旱情。

二十三日……未刻至堰头宿（仍宿迁县辖）。数日经过之地，所种二

103

麦,多被冰雹击损,居民拔其茎以供爨,而重耕其地,补种杂粮,殊可悯也。

二十四日……自邳州以北,二麦虽未被雹,而二月至今不雨,半就枯槁,惟小米仍吐穗耳。

（《林则徐全集》第九册,日记页一一一）

闰三月二十八日,林则徐行至山东汶上县,遇苏松道龚丽正(闻斋),遂结伴同行进京。

四月初五日,林则徐到献县,新简两淮鹾使曾燠(宾谷)过此未晤,林则徐于此记事后,特注称:"本朝盐政用汉人者绝少,惟乾隆间方制军维甸及此耳。宾谷先生曾任两淮运使十年之久,后于贵州巡抚任内请终养,今事毕复出。"
（《林则徐全集》第九册,日记页一一三）

四月初九日,林则徐抵北京。十三日,赴吏部验到,二十四日引见,奉命"仍发原省以道员用"。向例病痊起复人员应坐补原缺,而这次他却是回浙省不论什么道缺都可补授,扩大了补官的机会。林则徐对于这一破格的"恩遇"是"感刻难名"的。二十六日,道光帝召见林则徐时又嘉奖他:"汝在浙省虽为日未久,而官声颇好,办事都没有毛病,朕早有所闻,所以叫汝再去浙江,遇有道缺都给汝补,汝补缺后,好好察吏安民罢!"并命他以后"照从前那样做就好了"。自福州启程到在京召见诸行事均据《壬午日记》。（《林则徐全集》第九册,日记页一一五)

道光帝的这一番抚慰和鼓励,使林则徐益发感到无比的"恩宠"和"殊荣",退而写成《壬午四月,起疾入都引见,得旨仍发浙省补用,纪恩述怀,成诗六首》一诗,抒发自己的感激之情。诗中写道:

起痾常格比停年,　　　况是轻庸合弃捐。病痊起用,例宜坐补原缺

不谓烟霞频放后,　　　转沾雨露宠恩偏。

便分符竹仍初地,　　　大好湖山有夙缘。

最是惊闻天语奖,　　　虚声曾忝越中传。召对时奖及官声,不胜愧悚

栖迟虽爱旧衡茅,　　　毕竟杭州未忍抛。

鱼鸟有情浑识面,　　　士民于我若投胶。

骈童再见纷成队,

燕子重来豫定巢。此次北上过杭,士人相顾欢甚,且以湖庄为余眷属居停之所

还欠西湖诗一卷，　　　等闲吟付小胥抄。

（《林则徐全集》第六册,诗词页一三五）

四月底,林则徐有《致蒋攸铦》信,向蒋攸铦解释去年仓卒离任并非由于同官排挤,因是父病"惟求速归",但按例"乞病乃可离任",而"惟离任乃可驰归",所以才告病为理由,待获准后,"辰交篆而午登舟",这本是一次"大不得已之举"。不料,这次在京却听到了"不合于人以去"的传言,而蒋攸铦也很关心林则徐的处境。因此,林则徐写信说明去年匆匆去官的情况:

……近晤都下友人,见某往来如故,颇有传其不合于人以去。而其所指,又不在上司而在同官,尤不可解。微论浙中舟谊,均见优容,毫无阂隔,即使意向枘凿,亦非利害切身,曾何锋之可避,而必弃官为耶?且尔时老母同归,扶舆越岭,日驰百有余里,而妇孕已逾十月,分娩之期,旦晚莫定,亦复兼程相随,竟在途次生育,一时情形,实为狼狈。某即偏衷忤世,一愤挂冠,亦何至昧良冒险如是之不近人情乎?……

（《林则徐全集》第七册,信札页二六）

[**按**]　林则徐的解释并不完全符合实际,而"不合于人以去"的传说也并非无因。杭嘉湖道是当时重要而有发展前途的优缺,林则徐得此官才算真正迈入了官场,林则徐不会轻易仅仅因为父病而放弃这个职任的。林则徐是一个想要有所作为的人,所以他就任后的作为可能与当时吏治阘茸的官场积习不能相容,使一些因循依违的官僚啧有烦言,成为他有献有为的阻力。他在答程恩泽诗中所说的"才拙奈务丛,支左还绌右"和"三叹作吏难"等句实际上已透露了他的困窘。但林则徐毕竟是有识见的,他要待机而动,而告病回籍侍父疾以尽孝道正是绝好的的借词,不仅可借此暂时脱身于纷扰,而"尽孝"又是再起时的有利条件。这应该是林则徐仓促告病辞官比较接近真实情况的一种解释。

五月初一日,林则徐离京南下。初九日,行至山东东阿旧县,阻雨留住二日,写有《东阿旅次赠龚闇斋观察(丽正)》诗二首。

分符曾忝郑公乡,君杭州人　　　邻照还瞻召伯棠。任江南上海道

东阁谁知迟捧袪，　　　　　　北辕才喜共停装。壬午四月入都,晤君于山东逆旅

班荆野店三更月，　　　　　　待漏爻间五夜香。引见、召对皆同日

最羡承恩频顾问，　　　　　　一门华萼总联芳。君召对时,蒙垂询贤昆季甚悉

· 105 ·

有约归程共首涂，　　蓟门回首赋印须。

一从目极停云久，　　几夕心悬堕月孤。_{同日出都，忽又相失}

桑下佛缘经信宿，　　芦中人影认模糊。

相逢笑指东阿道，　　仍许周行示我无。_{予以阻雨留东阿，而君始至}

（《林则徐全集》第六册，诗词页一三六）

[按]　此诗《云左山房诗钞》失载，见林则徐手定本《使滇小草》。（原稿藏福州市林则徐纪念馆及《己卯以后诗稿》）此诗可证林则徐与龚丽正、龚自珍父子间的交往关系。

六月初七日，林则徐抵杭州。

六月十五日，浙江巡抚帅承瀛檄委林则徐为本科监试。时距开考约有月余，林则徐认真负责地做好各项准备工作。如"检科场案卷"（六月十七日）、"自赴武林门外查看桃花港蓄水，拟为运送贡院之用"（八月初一）、"赴学署商科场坐号事"（八月初四日）、"赴贡院考誊录"（八月初五日）、"催经历司进士子卷册，统计一万五百五十二人"（八月初六日）、"点对读号军及各项执事人役"（八月初七日），等等。（《林则徐全集》第九册，日记页一二二至一二七）

自八月初八日至十六日考试期间，林则徐对参加考试的士子备加关注：

（八月初九日）天明题纸已散毕，遂督视供给所分给干、稀两饭及火腿、鲞鱼；午后缺水，亟催水夫挑送，并饬外墙辘轳接运。因热甚，消耗甚速，至三鼓，水方运足。

（《林则徐全集》第九册，日记页一二七）

林则徐还注意到考题的质量问题，他除指出浙江诗题"清露被兰皋"为"清露被皋兰"之误外，还指出福建所出试题的首题"子张问明"一章在乾隆丁卯年江西出过，次题"君臣也"五句在康熙己卯云南、乙酉山西俱出过，而三题"非礼之礼"三句则在康熙丁酉陕西出过。（《林则徐全集》第九册，日记页一二八至一二九）这可见林则徐之精细和博识。

六月间，林则徐在杭倡议集资整修坐落西湖三台山麓的明于谦祠墓。秋，工竣。林则徐为撰《重修于忠肃公祠墓记》。文中指出于谦与岳飞、文天祥是"尚友信国，进而尚友岳忠武"的相承关系，并以岳、文、于自励。文中还说修治这种祠墓是扶树纲常，有关"言治"的大事。（《林则徐全集》第五册，文录页四三七）

八月二十四日,林则徐乡试监临出闱,写《题李海帆宗传海上钓鳌图》及《吴菘圃协揆涵恩归棹图》二诗。《诗钞》均未收,见《使滇小草》。(《林则徐全集》第六册,诗词页一三七)

八月二十九日,林则徐获知简放江苏(南)淮海道讯。但直到十二月二十四日始往就任。在这一段时间内,林则徐曾奉派署浙江盐运使,协助浙抚帅承瀛整顿浙省盐政,取得了成绩。

[按]　林则徐署浙江盐运使一事,各家记载由于文字简略以致发生异说,如:

(一)《清史列传》卷三八《林则徐传》说:"(道光)二年,授江苏淮海道,未赴任,署浙江盐运使。"考林则徐在授河督谢恩折中说就淮海道"在任不及一月",而《先考行状》中也说"莅任一月",是"未赴任"之说有误,而应作"未即赴任"为是。

(二)金安清《林文忠公传》中说:"授浙江杭嘉道,下车后,于所属海塘水利,悉心求之。一摄运司,从帅仙舟中丞厘革夙弊,浙盐至今守其法。"考金传所记,似署运使在嘉庆二十五年初任杭嘉湖道时。林则徐在杭嘉湖道任一年,诸务待举,已感左支右绌,而盐运使一官同样又是繁剧职任,不可能兼摄,同时,也无其他佐证,金说似亦未足信。

(三)魏应骐《林文忠公年谱》道光二年条说:"六月至浙,未两月,简授江南淮海道,旋命署浙江盐运使",并以《清史列传》及金说为误。考魏说似署运使在任淮海道时,不确。因淮海道为南河总督属官,不受浙抚节制,且林在淮海道任未及一月,势难兼摄。魏说以行文过简致误。设于"简授江南淮海道"下增入"未即赴任,留署浙江盐运使",则合乎事实。

(四)《先考行状》和李元度《林文忠公事略》中均未记署运使事,或以此署任在林一生中不是重要经历,所以从略。

如上所考,林署浙江盐运使当以八月底奉淮海道任命后至十二月就淮海道任前的四个月间为恰。所以有此署任,是因道光初年御史陈鸿疏请整顿浙盐,要求裁盐政,而归巡抚兼理。(《陈鸿传》,见《清史稿》)道光帝允行后交浙抚帅承瀛办理。帅承瀛器重林则徐的才干,可能在通知他新任命的同时,挽留他暂摄运司,协助自己来整顿盐政,这正是林则徐为什么迟到四个月后方就新任的原因所在。经过四个月的积极整顿,已具眉目,于是即赴新任;而所创规制,"浙盐至今守其法"。林则徐在短短的四个月中为浙江的盐政贡献了自己的力量。

十一月十二日前后,陈寿祺收到林则徐来信。林则徐在信中谈到裁汰陋规、整顿士风等问题。陈在复信中引述了林的主张并表示同意其所论说。

> 承示裁汰陋规,洗手奉职,贤者所为,非流俗可与语。盖养廉在节用,节用在省人,此服官持己之要,敬服何已!来教言吾乡近日科名中多幸获之士,则相奉而行险;衣冠中多不检之流,则相奉而合污。所论最切中时弊。

(陈寿祺:《与林少穆兵备书》,见《左海文集》卷五)

[按] 杨国桢《林则徐书简》增订本作写于道光二年十二月。

十一月,陈寿祺主福州鳌峰书院讲席,有《拟定鳌峰书院事宜》之作。(《左海文集》卷一〇)至道光五年,陈仍主鳌峰书院,有《鳌峰崇正讲堂规约八则》之作。(《左海文集》卷一〇)

十二月二十四日,林则徐至清江就江南淮海道任。在任不到半个月又调任江苏按察使,显示着林则徐的宦途通达。

> 道光二年奉旨补授江南淮海道,虽有兼河之责,但自是年十二月二十四日到任至次年正月初七日即已蒙恩升授江苏臬司,计在任不及一月。

(《补授河督谢恩并陈不谙河务下忱折》,见《林则徐全集》第一册,奏折页一八)

十二月初八日,清廷命海口各关津严拿夹带鸦片烟者。(《东华续录》道光六)

冬,林则徐作《杭嘉义塾添设孝廉田记》。对孝廉田这一义举作了如下诠释说:

> 嘉兴周生士涟,余向固尝称为义士者也。其于杭嘉两郡募建平林、宗文等五义塾,各见余前所作《宗文义塾记》中。道光二年壬午,塾中生有举于乡者,始有孝廉田之议。凡举于乡者,贷田若干亩而入其息,有同举者均之,后举者代之,别议词林田若干亩以待。

(《林则徐全集》第五册,文录页四三八)

是年,英国鸦片贩子维廉·查顿来中国,参加当时最大的鸦片走私公司——麦尼克公司。查顿狡诈妄为,被称为"铁头老鼠"。(齐思和:《鸦片战争时

期英国烟贩们是英国侵略中国的主谋》,见《鸦片战争史论文专集》)

　　是年,萧溪兰(1822—1873)生。字仪泉,号芗泉。江西高安人。道光二十年进士。曾任云南布政使。

道光三年　癸未　1823年　三十九岁

　　正月初七日，林则徐升任江苏按察使。二月十三日到任。(《林则徐全集》第一册，奏折页五)

　　林则徐到任后，拟迎养父母，但父亲林宾日因乡里间有友朋之乐，未往就养。并函告说：

　　　　汝叠被圣明恩遇，益宜矢诚竭力以图报称。余与汝母俱无恙，不必顾虑。余在里中有友朋之乐，不欲舍以他适，汝勿固请迎养以顺余心也。

　　　　　　　　　　　《先考行状》，见《林则徐全集》第五册，文录页四四八）

　　[按]　林宾日所称友朋之乐即指真率会的活动。林则徐《先考行状》中说："府君与里中之耆年硕德者为真率会，如香山洛社故事，月必数集，集必竟日，讨论文字，上下今古，有以乐其乐，垂二十年于兹矣。"

　　五月至七月，江苏大雨成灾，沿江濒湖诸郡，田汩于水，松江一带有饥民起事。

　　　　癸未，江苏大水，田禾荡然，松江饥民聚众生事。

　　　　　　　　　　　《先考行状》，见《林则徐全集》第五册，文录页四四八）

　　　　道光癸未，夏秋之间，江南大水，平地高数尺。滨江居民田庐悉被淹没，溺死者无算，棺柩乘流而下，救生局绅士在靖安厂捞埋一千有奇。

　　　　　　　　　　　　　　　　　　　（甘熙：《白下琐言》卷三）

　　林则徐面对这种阢陧不安的局势而深感愁虑地说：

　　　　岁薄收，则谷日少。谷日少，则廪闭籴。廪闭籴，则市涌价。市涌价，则民重困。穷而转沟壑，猾而流攘窃，迫而陷罟阱，郁而蒸疫疠，皆官斯土者之惧也。

　　（朱绶：《少穆先生四十初度序》钞件；转引自杨国桢：《林则徐传》增订本，页七三）

　　这时，林父宾日来信提供救灾的对策说：

　　　　今之救荒第一策，在招致客米，米多则价自平，不可强抑也；次则劝平粜,禁囤积;次则清查贫户,按图贴榜,使不得隐匿更改;次则官赈之外,分劝各图,赈其邻里;次则漂流尸棺,暴露饿殍,速宜瘗埋;次则收畜牛只,以备来岁春耕;次则捐设医局,以防灾后大疫。又曰:饥民生事,非平时之比,固不可废法,尤不可穷治。

（《先考行状》,见《林则徐全集》第五册,文录页四四八）

同时,林则徐还向办理救灾有经验的人士征求意见。嘉庆十九年曾在金匮县办理赈务有成绩的齐彦槐曾致函林则徐论赈务问题。齐彦槐认为"今岁水灾为江苏数十年来所未有,民间之苦,较甲戌之旱为尤甚",但是,他对一般所采取的三种救灾办法,"一曰饬市平价,二曰谕民平粜,三曰禁米出境",都不同意,并且提出了反对的理由。他认为最好的办法"惟有劝民买米一策",提出了较为详细的具体办法:

夫利之所在,趋者必多。凶年饥岁,百货不行,惟米粮贸迁,其利可操券而得,而富民所以不敢远出者,盖畏关津迟留需索之苦,城邑乡镇堵截抢夺之虞耳。今使采买三千石以上者,中丞予以执照;一千石以上者,监司予以执照。愿往者十有三四矣。典商一岁之息,多不过一分四厘。今使采买一次,除资本运费之外,予以典商半岁之息,愿往者十有七八矣。或一人而请一照,或数人共请一照,随请随给,不使稍有时日之需,照内注明某县采办平粜米商某某,约买米若干石,以免弊漏。采买已毕,饬取所在州县回照,载明米石、米价实数,以杜浮欺。米一到县,即将两照呈缴,报明脚费,官为核算无异,加息七厘,视与市廛时价相去几何而斟酌增减,即传集米牙,分散城乡各铺户,铺户兑价而后受米。其销卖也,予息三厘,或同时所到之米,买地不同,价有参差,以适中者为率;或同地所买之米,买时不同,价有贵贱,则后至者量加。官为随时出示定价。外来之米,卖与铺户者,照铺户入价,不得以其异商而减少;本地之米,卖与散户者,照铺户出价,不得以其豪右而增多。惟请照采买之米,立簿一核,不得运贩他方;外来之米,去留听其自便。如此则市价平而人心亦平矣。一人采买获利,继起采买者必多,而采买之家,挟资重往,源源不绝,一石之银可收数石之米,则地方之粮食自充。商贩之事,兼得惠济之名,则富户之捐赈亦乐。……

（齐彦槐:《复林少穆廉访书》,见齐学裘:《见闻续笔》卷三）

[按] 齐彦槐，字梅麓，安徽婺源人，嘉道时西算家。收藏书画字帖甚富，颇注意农业生产技术的改进，与林则徐有诗函往还。这次林则徐采取了他的建议（后来林在《上程梓庭中丞书》中曾记及此事）。

五月，林则徐为江苏大雨成灾祈晴，先后撰《都城隍庙祈晴疏》及《纠察司庙祈晴疏》二文，虽事涉迷信，但文中反映了当时的严重灾情：

> 今城乡之间，庳隘浅陋之舍，积水泥潦，屋宇污浊，墙壁圮败，薪泾烟漫，坐使耕织废业，贸易不便。

（《都城隍庙祈晴疏》，见《林则徐全集》第五册，文录页四九七）

> 今郡城之中，道路泥潦，房屋倾败，居民怨咨，贩负辍业，则乡农之荷笠而叹者，宜何如矣！

（《纠察司庙祈晴疏》，见《林则徐全集》第五册，文录页四九八）

七月，林则徐撰《山西徐沟县知县象峰郑君诔》。（《林则徐全集》第五册，文录页四六六）

七月十五日，松江娄县发生民变。在松江府署滋事。

> 约会乡民于十五日各携饭箩，到府求食。……是日适届中元。俗例乡民咸赴府署邻近之城隍庙烧香还愿，顺道进署观看。地窄人多，语言嘈杂莫辨，逾久逾形拥塞，致将大堂暖阁外半截栏杆挤倒。经站堂皂隶大声喝禁。严海观辄拾取栏杆木丢及该府脚边。吴松观亦将手执饭箩乱抛，众人一齐站起，该府被挤退堂。严海观又同吴松观打毁暖阁窗棂，偕众喧嚷，拥入内署，随手毁折门窗桌椅，该府喝令拿人。……严海观辄用手殴该府肩一下，并未有伤，吴松观亦乘挤闹，将该府纱褂撕破。……

（韩文绮：《审办藉灾肆闹乡民疏》，见《恭寿堂奏议》卷五，页四至六）

事发后，除由提督"带兵督压"外，即委"候补知府梁兰滋立即驰往，先行查报"，并令"候补道钱俊会同按察使林则徐亲诣该处督拿究办，务使目无法纪之徒，不致一名漏网"。（韩文绮：《乡民滋闹府署获犯究审疏》，见《恭寿堂奏议》卷三，页七一至七二）

但是，林则徐则主张"抚慰"，并积极救灾。

> 癸未大水，松江民有聚众告灾，汹汹将变。巡抚已调兵。公力陈不可，扁舟往解，民皆悦服。

（金安清：《林文忠公传》，见《续碑传集》卷二四）

林则徐对闹事的适度措施,博得时人的赞誉。

　　道光三年……时值大水,郡民诣府署报灾,知府某不善遣民,大扰。事定,系累数十人,狱久不决,株引益多。则徐按郡亲鞫,得为首者置之法,余皆开释,民颂之曰:"林青天"。

(光绪《松江府续志》卷二一《名宦志》)

林则徐为了保证明年的农业生产,特设"当牛局",收养灾民耕牛,时人曾以诗纪其事。

卖剑使买牛,	卖刀使买犊。
汉朝循吏传,	渤海良司牧。
江南田不耕,	耕牛势难畜。
大吏救其灾,	特设当牛局。
局前聚牛头,	局内刻牛角。
取赎俟春耕,	某某标名目。
牛一若无知,	局促而觳觫。
牛又若有知,	摇尾而果腹。
所惜牛善病,	治牢如治狱。
无使牛畏寒,	诛茅盖其屋。
但得延残喘,	生死关绝续。
此恩重邱山,	万牛回首伏。
昔闻龚少卿,	今见林少穆。

(张郁文:《木渎小志》卷六《艺文》)

　　六月中,林则徐有《致杨氏昆仲》函,与常熟杨景仁弟兄讨论救灾办法,提出了"在官不可不尽心,而在民不可不尽力"的救灾总方针和围田抢种、补种的办法,并强调反对"只顾钱漕,玩视民瘼",反映了他的民本思想。信中曾说:

　　……有一处涸出,即须补莳一处,本地无秧,则或购诸他邑,一田之种,则或分诸数畦。即低田至今不涸者,亦勉力救出。譬如十亩洼地,势难尽复,或犹可于一二亩内围筑圩埝,将水戽出,以八九亩为壑,不犹愈于全没者乎?向见江心露有洲影,居民则相率而争围之,是水中足施人力之一证也。……若县令只顾钱漕,玩视民瘼,定当揭参一二示儆。……

（《林则徐全集》第七册，信札页三一）

同月，林则徐在《致杨国翰》函中，陈述他在江苏整顿吏治民风、清理积案的工作。信中说：

> ……吴中有不治之症二：在官日疲，在民日奢。即如游手好闲之民，本业不恒，日用无节，包揽伎船，开设烟馆，要结胥役，把持地方，渐渍既非一朝，翦除势难净尽，惟有将积蠹有名之棍，密访严拿，期于闾阎稍靖。而此辈窥伺甚工，趋避甚巧，一人耳目断不能周，要在州县官实力奉行，以安良除莠为务，乃有实际耳！……两江案牍繁多，视浙省不啻数倍。仆受事之初，京控多至三十余起。省中承审各员，以提人为宕延之计，而各属延不解审，委员四出，音耗杳然。因而详定章程，严立限制，省中所提人证，均请由司核定，始准札提。无甚关要者，取供录送，并令该州县各自批解，委员全行撤回。其紧要被证，逾限不到，即予特参。并严督在省委员，排日提讯，可结即结。自通饬以后，批解尚能如期，数月以来，结者已什之九。……现在一切谳牍，皆出亲裁，不肯稍有假手。所有各属积案，通饬清厘。……

（《林则徐全集》第七册，信札页二九）

林则徐在这封信中表明他经过几个月的实际观察已发现江苏省吏治民风败坏的"病根"所在，同时已开始认识鸦片毒害，把"开设烟馆"者列为"游手好闲之民"，而要"密访严拿""积蠹有名之棍"。这是他最早进行禁烟活动的文字记载。

八月初二日，清廷命令在拟定的《失察鸦片烟条例》中增订地方官对"洋船夹带鸦片烟进口"、"奸民私种罂粟、煎熬烟膏、开设烟馆"等事，"如能自行拿获究办，免其议处"，如"得规故纵者，仍照旧例革职"，如止系失察则按鸦片烟多寡给予处分，不论文武官，"一百斤以上者，该管大员罚俸一年；一千斤以上者降一级留任；五千斤以上者降一级调用"。如"拿获烟斤议叙"，"照旧例行"。同时命令云南"不准私种罂粟"。（《东华续录》道光八）

九月，宣南诗社社友潘曾沂与韩䓕招林则徐会饮于寓斋。潘对林在江苏的政绩表示钦敬，并有赠诗。

> 九月，同韩桂舲尚书䓕招侯官林少穆廉访则徐会饮于小寒碧斋。吾

114

乡五六月间田禾被水成灾,廉访因平米价得美名。故余赠诗有云:"吾民易感激,他日始艰难"。既美其前,又祷其善于后矣。

(潘曾沂:《小浮山人自订年谱》)

潘曾沂的赠诗有六首,对林则徐在苏政绩作了很高的评价,并希望林则徐能贯彻始终。诗中也反映了一些地方风情。这六首成于席间,席后写赠给林则徐,并寄给朱绶。这六首诗是:

大贤为大吏,　　时论以才名,
乔木多远势,　　哀鸿无近声。
公非丞经济,　　众乃荷生成,
杰立汤文正陈文恭后,　　他年争重轻。

近来吾俗俭,　　想见里闾贫,
歉岁欲无策,　　勤官尚有人。
寥寥旧猗顿,　　粲粲各朱陈,
独抱流亡愧,　　能周此郡民? 吾俗不肯俭,近至不能繁华,则贫可知矣

吾民易感激,　　他日始艰难,
诸政莫轻举,　　六期当可观。
孙樵驿壁记,　　元结道州官,
田父夸新尹,　　村村步履寒。

师儒责更重,　　守令政无闻,
雅颂今为率,　　循良古所云。
常时惜赋敛,　　次弟访耕耘,
谷本春苏息,　　公来若望云。

三载数迁擢,　　九重新政初,
岁荒无忌讳,　　民瘝傥吹嘘。
苦雨杜陵作,　　营田单锷书,
口传天语下,　　日望水灾除。

115

幕下得高适，　　前年吾蹇修，

琴尊客自好，　　风月语相投。

桂树蝉初定，　　松门鹿更出，

新诗到君眼，　　落手已扁舟。时余将南归

（潘曾沂：《功甫小集》卷七）

［按］　自订年谱系招饮赠诗事于九月，疑有误。如潘在京寓招饮，则林于十一月初始抵京，九月并未在京，如招饮在苏寓则潘诗自注说"时余将南归"，显然并未在苏。此九月疑为十一月之误。自订年谱多为谱主晚年追记之笔，月日记误，往往有之。

夏至初冬，江苏大水，林则徐力主挖刘河故道泄水，取得成绩。

林则徐……道光三年任江苏按察使。其夏大水，至初冬，四乡犹巨浸，农不得耕。州绅士议挖刘河故道以泄上游诸水。大吏或难之，则徐力主其议。未半月，水尽泄，高下皆得树麦。

（钱宝琛：《壬癸志稿》卷一《名宦》）

十月初一日，林则徐离苏州北上入觐。中旬经桃、清、邳、宿各境，"因本年早晚收成俱臻丰稔，民气恬和，此时所种宿麦，亦苗出新苗，为数年来未有之景象也"。十一月初，抵达北京。初八、九日，道光帝曾两次召见，询问江南灾情和刑名事务，对林则徐的工作备加赞赏，并希望他"好好谨守立品，勉为良臣"。（《林则徐全集》第九册，日记页一三一至一三五）

十一月十三日，林则徐离京返苏。沿途与地方官员及友好相晤。十二月十五日，返抵苏州。当日，奉命署江苏布政使。（《林则徐全集》第九册，日记页一四一）

林则徐在回苏途中，曾"携淮北麦种归，散播各乡"，以发展和恢复江苏的农业。（林聪彝：《文忠公年谱草稿》）

是年，林则徐撰《郑岳母齐太恭人七秩寿序》及《韩三桥抚部六十寿序》二篇骈体文。（《林则徐全集》第五册，文录页三六八至三六九）

［按］　韩三桥，名文绮，时任江苏巡抚。

是年，林则徐作《三吴同官录序》。序中根据其多年仕途经历，提出"官于是者，苟其政无苛暴，事事体民情而出之，则民之爱长吏也如父兄"的经验，总结了"知民情所以向背之自而顺以导之于所安"的"治术"。这是以后林则徐

的"民心可用"思想的萌芽。(《林则徐全集》第五册,文录页三七二)

是年,严禁论者黄爵滋成进士。(《清史列传》卷四一《黄爵滋传》)

三、四年间,厦门洋面有鸦片走私船游弋。

    道光三、四年间,有甲板船寄碇外洋,贩卖违禁之鸦片土,则为害无穷,以中土有用之银钱,而易外洋蠢恶之毒物。

(周凯:《厦门志》卷五《船政》)

是年生者有:

(1) 李鸿章(1823—1901)字少荃。安徽合肥人。官至大学士。淮系军阀首脑。

(2) 钟龄(1823—?)字子鹤,号松圃。汉军镶黄旗人。大学士宝兴子。曾署陕西潼关厅同知。

是年吴其彦(1779—1823)卒。

道光四年　甲申　1824 年　四十岁

正月,林则徐以江苏按察使署布政使任。

当时,江苏正值大灾之后,林则徐曾连续发布各种布告,提出各项措施,谋求解决善后问题。其主要布告有:

(一)《劝谕捐赈告示》:希望业户能捐输赈灾,不要"拥一己之厚资,而听万人之饿殍"。并命各业户"已捐者速交,未捐者速捐"。(《林则徐全集》第五册,文录页四三)

[按]　此告示中称:"现距麦秋尚远",可知当在二、三月间所发。

这一措施,取得了一定成效。林则徐在《致泉南函》中曾说:

奉檄筹办省中义仓,官捐谷二万石,劝谕绅士捐输,冀可得三万石,有此积贮,以后闾阎黄口可免鸿嗷,所有一切章程,俱系弟酌议,呈诸部中阅定施行。

(《林则徐书简》增订本,页六)

[按]　此函《林则徐全集》未收。

(二)《禁止贫民借荒滋扰告示》:当时江苏灾情严重,饥民"结队成群,沿门索讨,或名为坐饭,或号曰并家"。林则徐认为这种行动将危及清朝统治下的社会秩序的稳定,所以在告示中要求饥民不要"犯法"、"滋事",要"各宜安静守分,以待春熟,不可骚扰大户,吵闹店铺,不可随从流匪,轻去本乡"。否则,"见有成群结队匪徒,立将为首勾结之犯,先插耳箭,游示通衢,再行按律惩办,余人分别枷责驱逐。其情形凶横者,加重究治,以靖地方"。(《林则徐全集》第五册,文录页四五)

[按]　此告示中有"青苗在地,天气晴和,春花已卜丰成,转眼便将收割"之句,当在四、五月间所发布。

(三)《谆劝殷富平粜并严禁牙行铺户囤米抬价告示》:希望囤米行户,"即时粜卖,以平市价","其殷绅富户存积米石,亦须乘时出粜,不容观望迁延"。

《林则徐全集》第五册,文录页四五)

同时,林则徐为整顿吏治,曾向部属发出饬札多通。其主要的有:

(一)《通饬交代札》:要求官吏卸职必须将公款问题交代清楚,后任不得包庇。"嗣后凡值交代,前任如有亏款,即于限内据实揭参。如无亏款,迅速依限盘收结报,不得混请担任,私议流摊。"(《林则徐全集》第五册,文录页四七)

(二)《通饬各属命盗各案赶紧审解札》:林则徐积极清理积案,要求对各项案件要及时结案,不能拖延,告诫部属:"要知早结一日,少拖一人,皆可省愆寡过。"(《林则徐全集》第五册,文录页四八)

(三)《通饬州县解案章程札》:揭示派人提审案证时的各种弊端,要求认真对待公文提审,"一经奉文,立即选差干役,酌给盘费,上紧查提,依限起解"。(《林则徐全集》第五册,文录页四九)

(四)《通饬各属选练仵作札》:要求慎选仵作,勤加考察,州县官处理命案应亲自检验。(《林则徐全集》第五册,文录页五一)

正月,林则徐写《加尚书衔晋赠太子太保江南河道总督黎襄勤公(世序)挽》,悼念江南河道总督黎世序。这不是一般的应酬文字,而是一篇有内容的纪事诗和抒情诗。诗的前半叙述了历代治河方针的得失,推崇黎世序的治河成效。诗的后半抒写了他和黎世序的亲近关系,其中有句说:

徐也蓬藋儒,　　《水经》匪谙习。

昨年隶麾骈,　　讲画领亲切。

......

追随日虽暂,　　眄睐荷荣特。

(《林则徐全集》第六册,诗词页二七至二九)

二月,林则徐写《周石芳师六十寿诗》,祝周系英六十寿辰。(《林则徐全集》第六册,诗词页一三八)

约七月间,林则徐等为解决水灾问题,向地方督抚提出暂垫官款,疏浚三江水道的意见,并即向清廷上《为筹浚三江水道需费动用银款请具奏事》折。林等的具体建议是:

窃照三江水道淤塞,上年雨水成灾,积水未消,皆由各河淤塞使然,必须设法疏浚,俾资宣泄,旱涝有备。......东南为财赋所出,若不设法筹办,蓄泄无资,旱涝皆足为害。如上年被水成灾,蠲缓赈贷,不但无入,而又上耗国用,下损民财,贻患匪浅。请将江宁、江苏两藩库现存捐监银共一十五万三百五十两,先行提归封贮款内,以应本年挑浚工需。此后本省捐监银两,并请免其解部,尽数提归封贮之款,即于该款内陆续拨给挑浚经费。仍俟工竣,按照得沾水利之各州厅县分别摊征还款。如此则工程可以分年而办,库款可以按数而归。

（《林则徐全集》第五册,文录页五二）

［按］ 此件由江苏布政使诚端领衔。林则徐与苏松太道龚丽正会衔。

江浙大吏孙玉庭等根据林则徐的建议,商议兴修两省水利,并以林则徐"器识远大,处事精详",熟悉地方情况,一直关心水利等理由,奏请任命林则徐综办江浙水利。（《东华续录》道光十）

［按］ 此议创自道光三年。魏源（代）《江南水利全书叙》中说:"道光三年,江、浙大潦,朝廷蠲赈数百万。是时,先相国总督两江,与江苏巡抚韩公、浙江巡抚帅公,会筹酾沈淡灾之策,议大兴水利,奏举江苏按察使林公总司其事。"

七月初,林则徐写《报闰图》并系诗以祝友人梁章钜五十寿辰。此诗《诗钞》未收。（《林则徐全集》第六册,诗词页一四三）

约七月前后,陈寿祺有《答林少穆按察书》,信中赞美林则徐在江苏的各种行事说:

三吴积痃,顷赖廓清。济猛济宽,苍生阴受其福。又闻平粜赈荒,动中机括,仁声四播,泽与江流,名贤措施,岂务刀笔筐箧者之所知耶?

（《左海文集》卷五）

陈寿祺在同函中痛陈福州社会弊端说:

吾乡近日之患,莫甚于贿狱,贿狱起于令长之贪,而不肖教官为之羽翼,奸胥、蠹役为之爪牙,因而莠民、讼棍蜾或其间,殆无狱不贿不止,故令长诚廉明,则胥役无所售其奸,莠匪无所滋其毒,民可不劳而治矣。教官诚廉正,则良士无所被鱼肉,劣衿无所肆把持,士可不教而劝矣。令长之攖噬其民,与教官之龁龊其士,其恶相等,其势亦常相因,令长教官以是为固然,而不知政教为何物,欲求闾阎康乐,庠序清明,安可得乎?然今之论者,犹莫不宽长吏而峻士民也。盖泉漳间,荐绅逢掖之祸急矣,栋国者为之奈何!

（《左海文集》卷五）

　　［按］　陈在信中曾说："比闻阁下去冬入觐,赋政旬宣,温纶叠荷",则此信写于四年无疑。又陈里居,林家事情自当了然,林母卒于闰七月十七日,陈信必在林则徐丁忧以前,推测总在七月前后。

　　［又按］　林则徐致陈信未见,据陈答信看,林可能是向陈述说在江苏的施政情况。

　　七月,林则徐四十寿辰,故旧多撰寿诗以颂扬他的政绩。如张师诚之子张应昌即赠诗四首,其第二首说:

> 一疏无惭谏议臣, 　　绣衣来荫五湖滨,
> 波恬河海舟能济, 　　草鞠圜扉牍不尘。
> 平籴顿苏鸿集野, 　　深耕仍听犊呼春,
> 恩威沧浃江南北, 　　妇孺欢胪寿者仁。

（《少穆廉访四十初度》四首之二,钞件;转引自杨国桢:《林则徐传》增订本,页七七）

　　闰七月十一日,张师诚调任江苏巡抚。《东华续录》道光十;张师诚:《一西自订年谱》

　　闰七月十七日,林则徐母陈氏在籍逝世,年六十五岁。

　　八月初以前,林则徐在苏藩署任,曾写有《题查九峰观察延华海上受降纪事后》、《题延淇园尚衣延隆柳阴放棹图》、《和延尚衣〈浒关舟行遇雨〉用王箬山观察赓言韵》及《题粤海榷使达诚斋达三诗集即以赠行》等诗。（《林则徐全集》第六册,诗词页一四○）

　　八月初二日,清廷根据孙玉庭等奏请命江苏按察使林则徐筹浚江浙水道。道光帝批称:"即朕特派,非伊而谁? 所请甚是。"（《东华续录》道光十,页三）由此可见,林则徐的才干已经深深地被最高统治者所赏识。

　　八月初二日,林则徐离按察使任准备履勘水利工地时,获知母卒的讣讯,即照例丁忧奔丧。

　　八月初九日,林则徐次子聪彝生于旅途。

　　［按］　林聪彝,字听孙。与弟拱枢同侍父遣戍新疆,曾随林则徐勘查垦地,写《西行日记》,于垦务多所发明。林则徐卒后以庠生赏举人,授内阁中书,官至浙江署按察使。光绪四年五月初六日（1878年）卒,年五十五岁。（据林纪寿父遗墨所载）

　　八月十九日,林则徐抵里守制。撰《先妣事略》,（《林则徐全集》第五册,文录

页四四〇至四四一)并代撰《公祭陈太母林太恭人文》。(《林则徐全集》第五册,文录页五二九至五三〇)

林则徐办理丧事后,得疟疾,在原籍守制养病。

九月,梁章钜由江南淮海道调署江苏按察使,驻沧浪亭行馆。梁于公暇,"命俦啸侣,劈笺征咏,图以纪之",成《沧浪亭图诗册》。十一月,梁章钜回淮海道本任。

[按] 道光五年五月林则徐为《诗册》写序。(见《林则徐全集》第五册,文录页三七四至三七五)

九月,江浙两省兴修水利因无人综理,又"各归各省,分任责成。其分界处委员会勘,于分办之中仍寓合同之法"。(张师诚:《一西自订年谱》)

秋,沈维鐈在所写《黄杏帘还里诗以送之》诗的结句中说:"话到济川舟楫在,孤山那许隐通翁(谓少穆廉访)。"表示对林则徐遵制里居的垂念和希望他日后有所作为。(沈维鐈:《补读书斋遗稿》卷二)

十一月初五、六日,江南高家堰决口,溢水四流,造成极大灾害。

> 高家堰十三堡、山盱六堡被大风掣坍万余丈,洪泽湖水外注,山阴、宝应、高邮、甘泉、江都五州县及下游之泰州、兴化、东台、盐城、阜宁等处,均被水淹。
>
> (张师诚:《一西自记年谱》道光四年)

随着高家堰决口,淮河水位下降,造成漕运极大困难,清廷为之震动,特派大学士汪廷珍等查办,处理了有关官员:南河河道总督张文浩遣戍新疆,两江总督孙玉庭褫职休致、留浚运河。

是年,林则徐写《曹俪笙相国师七十寿诗》,祝曹振镛寿。(《林则徐全集》第六册,诗词页一四三至一四五)

是年,林则徐撰《慕中丞疏稿序》。序中盛赞康熙时慕天颜在吴的"治绩",感慨"安得如公才者而施之今日",表示自己要遵行成法。(《林则徐全集》第五册,文录页三七三至三七四)

是年,画家王学浩(1754—1832)为宣南诗社画《宣南诗会图卷》。画面为桐荫下几间老屋,九位诗人或坐或立,唱酬联吟,适符诗会九人之数。陶澍曾有诗描写画中九人的神态说:

> 一人坐檐楹,   一人立阶所。

二人前据梧，　　三人后隐几。

复有空庭下，　　二人同徙倚。

（《陶文毅公全集》卷五四）

画尾题署"甲申仲冬中浣呵冻为功甫词兄画于山南老屋之易画轩"。卷前有潘奕隽写的引首，画下列有朱绶所写的题记。后附潘曾沂、陈用光、吴嵩梁、朱琦、董国华、程恩泽、陶澍、梁章钜、石韫玉、韩崶、尤兴诗、钮树玉、李宗瀚、杨文荪、屠倬、万承记、陈文述、陈銮、齐彦槐等十九人题咏。

[**按**]　**此图为谢国桢先生得自书肆，后归国家博物馆。谢为此图写《记宣南诗会图卷》一文。**（载香港《艺林丛录》第 10 辑）

是年至六年，魏源主编《皇朝经世文编》，集中了嘉道时期的经国政见，成为中国近代经世思潮的重要代表作。

是年章煦（1745—1824）、铁保（1752—1824）、黎世序（1773—1824）卒。

道光五年　乙酉　1825 年　四十一岁

正月，林则徐在籍守制养病。

正月，林则徐撰《闽县义塾记》，发挥其推广义塾，实行封建教育以维护封建统治的见解。记中说：

> 治莫重于教，教莫先于养蒙。古者庠序而外，家必有塾，时术之义备焉。晚近难言之矣，小民困于饥寒，不能赡身家，奚暇课子弟。于是总卝之徒，目不识诗书礼乐之文，口不道孝悌忠信之言。里党征逐，习于匪僻，比长而不知悔。岂无颖悟之质，而终于不可教诲者，非一朝一夕之故也。……夫童蒙不养，何以逮于成人？家塾已废，何由登之庠序？贫民既不暇言学，牧令又不暇言教，其流必胥里党之子弟尽习为匪，僻而不可挽，岂非人心风俗之大惧也哉！……

（《林则徐全集》第五册，文录页四四二）

二月，两江总督因去冬"高堰十三堡决口，洪湖水尽涸，无以济运，急修石山蓄水"，特推荐林则徐督修堤工，清廷遂命林则徐赴南河督工。二十四日，林则徐由原籍启程。四月初一日，林则徐以素服到高堰工地督工。

林则徐对这次奉命办理河工的经过，曾在《致梁章钜》函中向同学梁章钜作过较详尽的叙述。

> 侍以局外之人，又值居忧之际，此次奏派督催，真如半天霹雳，不解其所以然。二月望日，遂楼制府（按：指闽浙总督赵慎畛）示以谕旨。次日，平叔中丞（按：福建巡抚孙尔准）发交南河来檄。当诣两府委婉恳辞。二公以为辞则本省必须出奏，而万无可措之辞，如系放缺补官，则以礼制自持，原可确乎不拔，今以要工吃紧，令往督催，并非授以官职，且明言工竣回籍守制，是前后路俱已截断，实难代陈等语。遂翁又云："君亲一也。譬如丁母忧，而父命其应试出仕，自不能废礼以曲从，若只使奔走服劳，而执拗不行，直是违命。"其言之激切如是。侍原知此工不独目前难办，

· 124 ·

抑且后患无穷。如谓愿厕其间,谅亦愚不至此! 顾反复思之,具呈恳免,非奏不行,而本省督抚一关,先打不过。至因恳辞而遭谴黜,固无所怼于衷;但恐事后之深文而苛论者,以为事异夺情,心同规避,则并无所解于公议矣! 日者在家禀命,老父之意,亦决然必令前往,且训以大义,不许推诿。不得已向大府禀明,以到工后持素服,不用顶戴,庶可于心稍安。邃楼、平叔两先生,俱以为然。谅爱轩、小农两先生皆大君子,亦无不曲体下情,允其所请。万一竟不得体,则俟于到浦后,极力求去,以为有辞矣。

(《林则徐全集》第七册,信札页三四至三五)

二月,清廷以漕运多事,拟筹改海运。

又闻江北粮艘难行,有廷寄会江、浙督抚筹办海运。

(《林则徐全集》第九册,日记页一四六)

四月十九日,清廷议改漕运为海运,林则徐颇加关注。

河口日来水势较长,昨日渡粮艘六十余只,稍见顺利,连前共计已渡二千四百只,刚及全漕之半。海运前已奏停,兹闻英协揆仍以为请,并谓明年当停漕以治河、湖云云,有旨饬议。

(《林则徐全集》第九册,日记页一四九至一五〇)

四月二十三日,林则徐奉命与邹鸣鹤、陈云分段督催堤工。林则徐认真从事,"工长万丈,盛暑烈日中,日必一周,与僚佐孜孜讲画无倦容,雨后徒步泥泞中"。(林聪彝:《文忠公年谱草稿》)

五月初一日,梁章钜调署江苏按察使。初五日,林则徐为梁章钜题《沧浪亭图册》。(《林则徐全集》第九册,日记页一五〇)

[按]《林则徐全集》第五册文录页三七四题作《梁芷邻观察〈沧浪亭图诗册〉序》,与题图册疑为二事。又《全集》编者注称:"民国《沧浪亭新志》题作《沧浪亭图题咏序》文字略有不同。"末署"同里馆侍林则徐书于袁江旅次",又注称:"此稿题下,林则徐自题'道光乙酉五月'。"

五月初六日至十三日间,林则徐多次与江督魏元煜商谈明年试行海运事,魏接受了林对海运的意见,并由林代拟折稿。(《林则徐全集》第九册,日记页一五一至一五二)

五月十二日,林则徐"夜梦家园红杏盛开,持笔作《杏花红雨图》"。(《林则

125

徐全集》第九册,日记页一五二)可见林尚擅绘事。

[**按**]《云左山房诗钞》有《梁芷邻观察五十初度写〈报闰图〉寄祝并系以诗》;杨庆琛《绛雪山房诗钞》卷六也曾记林则徐告杨"欲绘《梦苗诗谶图》",均可证林则徐尚善画。

[**又按**] 林则徐精通书法,熟悉画理,曾提出"书中有画,画中有书"的论点。

> 古书家多善画,盖书不独有笔法,且有墨法。笔法尚有口讲指画,墨法则非画理精熟不能识此妙也。海岳、鸥波书中皆有画,云林、石田画中皆有书,即文、董亦然。此非多观墨迹,难与推阐三昧耳。

(《林则徐全集》第五册,文录页四三〇)

五月十八日,清廷调张师诚为安徽巡抚,陶澍为江苏巡抚。

五月下旬,陕抚伊里布、鲁抚琦善先后到高家堰察看工程。林则徐奉命陪同。(《林则徐全集》第九册,日记页一五三)

[**按**] 杨国桢《林则徐传》增订本页八一称:"这次例行公事的相会,是林则徐和十余年后在禁烟抗英问题上的主要对手的第一次直接交往。"实际上,林则徐早在嘉庆二十五年任江南道监察御史时曾对河工之料贩囤积居奇,工程用料弊端有所指摘。这一指摘便是针对当时负责督修河工失败被褫职的河南巡抚琦善而言,虽然没有见面,但应是林则徐与琦善的第一次交锋。

秋,户部奏行海运。江苏大吏琦善(江督)、陶澍(苏抚)荐林则徐"细密精详,堪任其事"。道光帝也认为"所见不差"。林则徐参与了一些海运筹办工作后即以在堤工"构劳成疟"请辞。(金安清:《林文忠公传》,见《续碑传集》卷二四)

七月二十九日,林则徐函邹锡淳(公眉),告知身体状况及辞却职务之意。

> 贱体自二十左右,呕逆全止,饮食渐进,现虽间日仍发一疟,而势甚轻微,惟面目手足尚属虚浮,畏风如虎,房门之外不敢举步,夜间亦多不成寐,此阴亏故耳。日服补药一剂,精神总不见振作,或者未甚得法。窃拟数日后如可出门,竟于苏、扬一带访良医诊视,加意培补。盖南段十三分均已完工,中段亦蒙改委仓莲因催办,弟可无事也。如上洋之议已定,自不厌弟随同画诺。倘待熟筹,则羸躯瘦骷难支,惟乞格外恕之耳。

(《林则徐全集》第七册,信札页三六)

[**按**] 据此,林则徐病情尚不严重,故请假回籍调理,或以病作借口,而

别有工作困难之隐情。

八月,林则徐回籍调理。

八月,林则徐弟林霈霖中举。嗣选光泽县训导。

是年,林则徐撰《陈修园医书叙》。(《林则徐全集》第五册,文录页三七五至三七六)

是年郝懿行(1757—1825)卒。

道光六年　丙戌　1826年 四十二岁

正月，林则徐在籍守制养病。

四月十九日，清廷命林则徐以三品卿衔署理两淮盐政，整顿两淮的"盐纲涣散"。五月初十日，林则徐奉到命令，即以持服未满、患病体弱的理由，辞未赴任。但是，林则徐对此深感"皇恩"，后在道光二十五年，他以四五品京堂召归时所写《纪恩述怀诗》中的"清秩频惭附月卿"句下犹自注此事说：

> 道光六年，在籍，蒙恩以三品卿视篨两淮，辞未赴。

（《林则徐全集》第六册，诗词页二四七）

四月间，林则徐写《和陶云汀抚部海运初发赴吴淞江口致告海神登炮台原韵》诗，赞扬陶澍在漕运问题上的这一改革。（《林则徐全集》第六册，诗词页一四五）

［**按**］ 陶诗题《二月一日海运初发偕同事诸君赴吴淞口致告海神登炮台诗》。林和诗中有句说："愧未瀛堧橐笔从，养疴曾荷主恩容（乙酉夏，至南河督催堰工告竣，复奉大府檄令往上洋筹办海运，适疴疾大作，回籍调治）。遥闻令肃防中饱，更悯民劳缓正供。"可见林是在籍获见陶诗的。陶诗由江苏把文字传到福建需要一段时间。林则徐对漕粮海运问题是比较关心的，所以也会较快地写出和诗，推测至迟不会晚于四月，故系于此。

五月，林则徐函至友杨庆琛，申明不就两淮盐政的原因说：

> 近日（五月初十日）忽奉朝旨，权理淮篨，此则与前事不同，服制未除，理不宜赴。益以病躯委顿，实亦难以就程，是以沥情呈恳平叔制府代奏，另请简放，庶以行其心之所安。

（《林则徐全集》第七册，信札页三九）

六月，为福州越山华林寺写《重建华林寺碑记》，述该寺沿革、规模及主持人甚详。（《林则徐全集》第五册，文录页四四三）

十一月，林则徐服阕。

十二月二十一日,林则徐三子拱枢生。

[**按**]　拱枢,字心北,林则徐卒后以县学生赏举人,补内阁中书。

十二月,林则徐居家,曾参与岳家郑氏修复祭田之事。

是年,林则徐在籍守制期间,曾为人题诗多篇,参见《林则徐全集》第六册诗词。

是年,两广总督李鸿宾设立巡船,名为缉私,实则"巡船每月受规银三万六千两,放私入口"。鸦片成为公开的走私品。(魏源:《圣武记》卷十)

是年,思想家包世臣在《答萧枚生书》中,预言烟毒的泛滥,"十年之后,患必中于江浙,恐前明倭祸,复见今日"。(《安吴四种》卷三五)这一预测基本上为后来的事实所证实。

是年,林宾日立《析产阄书》,其中记称乾隆二十三年,林则徐的曾祖母郑氏将祖产匀分给五子,第五子万选,即林则徐的祖父分得"稻谷三十挑,住屋数间,另有书田十担",林万选还需靠教读补贴生活,中间因连年家庭变故,借了高利贷,家道日益中落,到林宾日时已是"家无一尺之地,半亩之田"的状况了。

[**按**]　《析产阄书》原件为林家凑旧藏,现藏福州市文管会。

[**又按**]　林宾日晚年执教于将乐正学书院,略有盈余,林则徐又时有家用寄来,家境稍丰,遂添置一些田宅。林宾日乃先抽出一部分给林则徐的姐妹,以补偿往年因家境清寒而缺乏陪送的嫁赀。然后为诸子析产,立此阄书。林则徐分得文藻山寓宅等。

是年吴慈鹤(1778—1826)卒。

道光七年　丁亥　1827年 四十三岁

二月十九日,林则徐离闽北上。

二月二十五日至三月十五日,林则徐由闽至杭州途中,曾在日记中逐日记其所晤人员及农业状况,如三月初九日记浙江江山一带农作物生长情况:

> 田中大麦结穗,长于燕尾。小麦轻花始扬,色含浅绿。菜花则浓如金屑,叠花被陇,其芳袭人。

(《丁亥日记》,见《林则徐全集》第九册,日记页一五七)

三月二十四日,林则徐北上途中路过苏州,与友人潘曾沂相晤。潘出示宣南诗社图卷,林则徐颇有感触,二十四日,为写《题潘功甫舍人(曾沂)〈宣南诗社图卷〉》七古长诗一首:

宦游我忆长安乐,	听雨铜街梦如昨。
朝参初罢散鹓鸾,	胜侣相携狎猿鹤。
清时易得休沐暇,	诗人例有琴尊约。
金貂换取玉壶春,	斗韵分曹劈云膜。
招寻已喜蒩岑同,	怀抱岂辞豪素托。
陌上东风报花事,	万柳毵毵桃灼灼。
鼠姑开尽殿春开,	琳宇瑶台趁行脚。
消夏冰调太液凉,	延秋云卷西山削。
炉围三九寒裘拥,	酣买十千画又拓。
四序流连付游屐,	百端悲喜归吟橐。
岂无叹息居不易,	臣朔朝饥米难索。
室如蜗角车鸡栖,	衣似西华履东郭。
秀句要教出寒饿,	高歌那管填沟壑。
千秋人海几升沉,	如此朋簪良不恶。

连璧潘郎最少年，　　毫端光焰腾千膜。

前跻沈宋后钱郎，　　日下题襟履綦错。

顾余缩瑟吟寒蛩，　　如万牛毛一萤爝。

偶喜追陪饮文字，　　敢擅风骚附述作。

况自分符辞帝京，　　萍梗随流无住著。

两度朝天未久留，　　舻棱回首瞻金爵。

五字长城枉君赠，　　曲高难和中心怍。癸未由吴中入觐,君见赠五古三章,奖借过情。未及奉和,至今愧之

比年忧患更辍吟，　　俗网纷纭苦缠缚。

揭来重踏东华尘，　　扁舟先向横塘泊。

君正逍遥茂苑春，　　能补白华咏朱萼。

矧闻乐善歌采菽，　　岂弟诗人美泂酌。

国肥何必一家肥，　　百顷全捐田负郭。

尚书惠心庇桑梓，　　舍人养志肯播获。时尊甫尚书公捐田二千五百亩,为吴中义产,此举古之创见,君实赞成之

采诗直媲太古风，　　徇路奚假道人铎。

乃知温柔敦厚教，　　贵取精华弃糟粕。

徒将风月借嘲弄，　　或以珠玑佐酬酢。

二南虽读仍面墙，　　古义何由式浮薄。

如君真乃深于诗，　　训秉趋庭济施博。

新词应上御屏风，　　讵止翻阶咏红药。

鸣珂何日还春明，　　九天咳唾霏霏落。

南皮高会西园集，　　重树风声振台阁。

藤花吟榭古槐街，　　诗老余芳未寂寞。

承平方待缉雅颂，　　印绶原非丛枲若。

愿君翔凤鸣朝阳，　　毋为独鹤翔寥廓。

道光七年三月，徐由闽入都，舟过吴门，功甫仁兄出此图属题，为赋七古一章。纵笔所之，不成诗律，惟大雅匡正之。更望早赴春明，续此诗坛韵事也。少穆弟林则徐识于望亭舟中，时谷雨前二日。

（《林则徐全集》第六册，诗词页三八）

[按] 标题为林则徐编《己卯以后诗稿》时手定。

林则徐在这首诗中追念了在京时虽然生活比较清苦,却有宣南诗会友朋唱和之乐的情景,感慨自己多年来浮沈宦海而"辍吟"的苦恼,推重潘曾沂的诗才和对农业生产方法的改进,希望他在政治上有所作为,"毋为独鹤翔寥廓"。林则徐还为题诗写了跋纪其事:

> 道光七年三月,徐由闽入都,舟过吴门,功甫仁兄出此图属题,为赋七古一章。纵笔所之,不成诗律,惟大雅匡正之。更望早赴春明,续此诗坛韵事也。少穆弟林则徐识于望亭舟中,时谷雨前二日。

(《林则徐全集》第六册,诗词页四○)

[按] 潘曾沂藏《宣南诗社图卷》未见林则徐诗。诗跋未经行世,今刊本题诗后无跋,仅见于题诗真迹。真迹藏林纪焘家。

[又按] 道光七年谷雨为三月二十六日,则谷雨前二日当为三月二十四日。

三月下旬,林则徐为赞扬潘曾沂推行的"区田法",还写了《区田歌为潘功甫舍人作》一诗:

> 田父尔勿喧,听我区田歌:
>
> 区田所种少为贵,收获乃倍常田多。
>
> 问渠何能尔?只是下不尽地力,上不违天和,及时勤事无蹉跎。
>
> 尔农贪种麦,麦割方莳禾。
>
> 欲两得之几两失,东作候岂同南讹!
>
> 我今语尔农,慎勿错放青春过。
>
> 腊雪浸谷种,春雨披田襄。
>
> 翻泥欲深耙欲细,牛背一犁非漫拖。
>
> 尔昔拔秧移之他,禾命损矣将奈何?
>
> 何如苗根直使深入土,不用尔手三摩挲。
>
> 一区尺五寸,撒种但宜疏罗罗,及其渐挺出,茎叶畅茂皆分科。
>
> 六度壅泥固其本,重重厚护如深窝。
>
> 疾风不偃旱不槁,那有禾头生耳谷化螺。
>
> 此术尔不信,但看丰豫庄中稻熟千牛驮。
>
> 本书三十二说精不磨,我心题之好匪阿。

噫嘻！田父毋婘婴，莫负潘郎一片之心慈如婆！

（《林则徐全集》第六册,诗词页四〇至四一）

这首诗反映出林则徐对于农业生产并不生疏,他对耕耙犁栽、培根固本等等操作方法的描述可以证明他是经过实地考察的。他娓娓动听地宣传要抓紧农时、推广经过改进而有实效的农耕方法,这种重视农业生产和人民生计的态度,使他同那些尸位素餐、碌碌保位的官僚有着明显的区别。当然,更有别于那些贪蠹胺削、残民以逞的虎狼官吏。

三月中旬,林则徐在苏州为旧友梁章钜《藤花书屋图》题诗,回忆过去友情及与诸友相聚之愉悦,推崇梁之成就。(《林则徐全集》第六册,诗词页三七)

四月初二日,林则徐北上路经清江时,有《致黄宅中(心斋)》函,对漕运困难有所担忧。

此时河工正极棘手,重运粮艘倒塘灌放,即使头二进可以抢过,而江广各帮恐亦无法可施也。

同时又附告鸦片中毒解方:

查得服鸦片膏被毒暴死者,用活鲫鱼一尾、清水一碗,捣如泥烂,灌入口中,即能直入脏腑收毒,约有一日夜之久便可复生。曾有人气绝三日,用此法救苏,系经验极妙之方。

（《林则徐全集》第七册,信札页四一）

［按］ 林则徐对鸦片烟毒注意较早,收集验方可能对后来提禁烟方有参考意义;并可见林则徐不仅着眼于根绝来源的禁,还注意到挽救生命的戒。禁戒并重构成林则徐的禁毒思想。

四月二十五日,林则徐抵北京。

五月初一日,清廷任命林则徐为陕西按察使,署布政使事。初七日,林则徐离京赴任。道光帝谕曰:"朕知汝于江浙熟悉,但此时西方有事,且先去。"(《先考行状》,见《林则徐全集》第五册,文录页四四九)在途经陕西沔县(今勉县)时,到定军山谒诸葛亮祠、墓,并赋诗以示景仰。

大星虽陨大名留,　　一线皇纲翊汉刘,

抱膝几人知管乐,　　鞠躬终古匹伊周,

波寒沔水居民泪,　　月黑祁山故垒秋,

133

归骨定军军莫定， 墓门深锁阵云愁。

（《定军山谒武侯墓》，见《云左山房诗钞》卷三）

[按] 此谒墓诗，《林则徐全集》第六册诗词未收。

不废微时梁父吟， 千秋鱼水答知音。

三分筹策成亏理， 一片官商淡泊心。

挥手鸿飞斜谷渺， 移情龙卧汉江深。

魂消异代文山操， 同感君恩泪满襟。文信国有琴，自题云："松风一榻雨潇潇，万里封疆不寂寥。独坐瑶琴遗世虑，君恩犹恐壮怀消。"

（《武侯庙观琴》，见《林则徐全集》第六册，诗词页一五二）

闰五月初三日，到任。不久，又擢江宁布政使。林则徐在等待继任者，并派人迎父到新任所。

闰五月初四日，林则徐上《赴陕途经地方所见农田情形片》报告直隶、山西、陕西等省农业情况：

臣经过直隶、山西地方，雨泽频沾，入土均已深透。其直隶之正定及山西之平阳、蒲州等府属，二麦正在登场，收成约有七八分不等；其未经收获者，得雨之后，颗粒亦皆饱绽。入陕西境内，麦已收完，沿途村庄咸在晒碾。询之农民，金称：今岁麦收较数年中尤为上稔。近又屡得透雨，秋禾杂粮悉经播种，并有出土尺余。民情欢忭，气象恬熙。

（《林则徐全集》第一册，奏折页八）

七月二十六日，林则徐在陕等待交卸的时候，仍赴略阳勘灾，安辑水灾居民，加给一月口粮，并勘查移建县城事。旋亲往附近留坝县庙台子紫柏山谒张良墓，并写《过紫柏山留侯庙》诗，（《云左山房诗钞》卷三）以示景仰。

[按] 《林则徐全集》本未收。

八月，过兴平县唐杨贵妃死难的马嵬坡时，曾写诗品评，写成《题杨太真墓》七绝八首，并自书立碑于此。

六军何事驻征骖， 妾为君王死亦甘。

抛得蛾眉安将士， 人间从此重生男。

费尽金钱贾祸胎， 猪龙谁遣入宫来。

重泉尚听渔阳鼓， 可有胡儿哭母哀。

才过生日咒长生，　　谁料生天促此行。

六月佛堂凉似水，　　梵王挥手竟无情。六月朔为太真生日，马嵬之变，

即是月也

龙脑汤泉也自温，　　华清宫殿锁千门。

红尘荔子来何晚，　　一嗅余香不返魂。妃才绝，而南方进荔枝至，命力

士祭之。见《外传》

翻幸长门一斛珠，　　不随车骑委泥涂。

报他寿邸群妃道，　　好是罗敷自有夫。

在地犹为连理枝，　　却因摇落正花时。

秋风若待歌团扇，　　那得君恩辗转思。

金粟堆前独鸟呼，　　棠梨树下月轮孤。

三郎不遣招同穴，　　空望香魂入梦苏。

籍甚才名长恨篇，　　先皇惭德老臣宣。

诗家解识君亲义，　　杜老而还只郑畋。

（兴平县碑刻墨拓本，福州市林则徐纪念馆藏；

又见《林则徐全集》第六册，诗词页一五四至一五五）

〔按〕　原题《咏马嵬坡》，《云左山房诗钞》卷四仅收第一、三、四、八共四首。《使滇小草》及碑刻均作八首。碑刻后款署"道光丁亥八月，福州林则徐过此因题"。（《林则徐诗集》页二一〇至二一一）

八月十五日，林则徐在凤县度过中秋节，与县令方六琴饮酒赋诗：

良宵难得晴如昼，　　清吏偏饶酒似泉。

话到桑麻情倍永，　　劳心端赖使君贤。

（《中秋夜宿凤县署斋，与方六琴明府饮，得诗二首，

用六琴原韵》，见《林则徐全集》第六册，诗词页一五五）

〔按〕　此诗《云左山房诗钞》未收。

途中,又写《秋怀》诗,遥念守边将士的艰辛:

> 遥怜绝塞阵云寒,　　万户宵砧泪暗弹。
>
> 秋到天山早飞雪,　　征人何处望长安。

并且又感慨自己的力不从心:

> 官如酒户力难任,　　身比秋林瘦不禁。
>
> 漫拟沙场拼热血,　　忽窥明镜减雄心。

(《林则徐全集》第六册,诗词页一五六)

八月二十八日,林父宾日由福州挈带眷属启程,子霈霖随行。九月二十七日,林宾日行至衢州府城,卒,年七十九岁。

八月,林则徐为岳家修复祭田事竣,特为撰《南湖郑祠祭田记》,叙述郑氏十世孙炳文恢复祭田的经过,反复论述祭田对维护族权的重要,设立祭田的结果可以保证宗祠祀典的不衰,从而"使昭穆少长有序,远迩亲疏有辨,冠婚丧葬有助,鳏寡孤独有养"。(《林则徐全集》第五册,文录页四四三至四四四)

　[按]　福州文管会在福州所建的于山碑廊中有林则徐撰并书的《南湖郑氏祭田记》碑。

十月初二日,林则徐在西安藩署写《跋沈毅斋墨迹》。跋中发表了对书法的意见——主张初学应从唐帖入手。

> 或谓学唐书者,专从事于间架分布之间,魏晋风流去之弥远,能真而不能草,宜碑板而不宜翰札,此言诚然。然初学临摹,辄舍唐人矩范而躐等于钟、张、羲、献,是犹未能立而使之疾行。僵卧必矣。

(《林则徐全集》第五册,文录页三七六)

　[按]　道光十一年四月上旬,林则徐曾代徐锟再写《跋沈毅斋墨迹》,(《林则徐全集》第五册,文录页五三七)对唐代书法仍加推重。

林则徐对书画具有一定造诣,并独具见解。他曾与善书友人刘大懿、程恩泽、郭尚先等观摩书法,交流心得,在《云左山房文钞》中有多篇题跋表达个人对书法的见解。林则徐特别推崇米芾的书法,他有写赠友人的一轴行书论书条幅中曾引董其昌语评论米芾与赵孟頫的高下说:

> 大都米家书与赵吴兴各分门庭,吴兴临米辄不能似也。然赵书易学,米书难学,书品于此辨矣。

(青雨:《林则徐的书迹》,见香港《书谱》1976 年 10 月第 12 期)

林则徐受董其昌影响至深。今所见条幅大都书于在京任官时,内容多录前人笔记。此件为林录董语,见《画禅室随笔》卷一。原文是:"是日海上顾氏以米襄阳真迹见视,余为临此。大都米家书与赵吴兴各有门庭。吴兴临米辄不能似有以也。吴兴书易学,米书不易学,二公书品,于此辨矣。"此为董临米书后跋。林则徐书法受董、米影响至深,论书法不出此二家。

在此以前,林则徐还为友人诗册、图画题诗多篇分别收入《云左山房诗钞》卷二、三及《使滇小草》,现均见《林则徐全集》第六册诗词。

十月十九日,林则徐闻父九月二十六日卒讣讯,南归奔丧。十二月初八日,抵衢州,奉灵车返籍。

是年,撰《先考行状》。(《林则徐全集》第五册,文录页四四五至四五三)

是年,林则徐手定《使滇小草》,卷前有林则徐手书"自己卯(1891 年)至丁亥(1827 年)之作"。其中《题陶云汀给谏祷冰图》、《题潘功甫舍人宣南诗社图卷》等作均见《林则徐全集》第六册,诗词。

［按］　《使滇小草》原件藏福州市林则徐纪念馆。

是年,著名的英国鸦片贩子维廉·查顿(William Jardine 1784—1843)继续参与了从 18 世纪末叶就常在广州、澳门活动的老鸦片贩子荷林瓦斯·莫克尼亚克(Hollingwocth Magniae)所开设的鸦片走私公司——麦尼克公司。同时,另一著名鸦片贩子詹姆斯·马地臣(James Matheson 1796—1878)在澳门创办了《广州记录报》(Canton Register),这是侵略者在中国国土上创办的第一家报纸,不断地公开鼓吹侵略。(《近代史资料》1958 年第 4 期)

道光八年　戊子　1828年 四十四岁

正月,林则徐抵家,在籍守制。

秋,张祥河来闽典试,把沿途所写诗作集为《使闽纪程诗草》,请林则徐写序,林为写《使闽纪程诗草序》,推崇张祥河的诗才,分类概括了诗草的主要内容。(《林则徐全集》第五册,文录页三七七)

十月,林则徐为王孝廉所撰《周易象理指掌》写序,推崇此书"言象言理,无畸重畸轻之蔽,其义博而约,其言明且清,故以指掌名编"。(《林则徐全集》第五册,文录页三七六至三七七)

十一月,林则徐为改善福州水利情况,与官绅协力重浚小西湖,并代闽浙总督孙尔准、福建巡抚韩克钧撰《清厘福州小西湖界址告示》和《重浚福州小西湖禁把持侵扣告示》。(《林则徐全集》第五册,文录页五三二至五三四)告示中指出湖身由于历年圈填而缩小,准备重行划定湖界,利用冬令水涸兴工开浚,并按土方发给工价每方二百四十文钱,严禁吏胥夫头克扣。估计土工有九万二千二百十六方。(林聪彝:《文忠公年谱草稿》)

> 道光八年,金匮孙文靖公修筑兴化木兰坡,绅耆协力,百世利之。又浚西北湖。侯官林文忠公亲其役,大吏与退宦成之也。
>
> (郭柏苍:《福州历代浚湖事略跋》光绪甲申,见《郭氏丛刻·葭跗草堂集》卷中)

但是,这一行动影响到沿湖豪右,于是大肆攻击诽谤,甚至贿通知县张腾,妄指此举"为无关水利农田"之事,以致惊动钦派人员来闽审办,结果"所计毫无实据,履勘小西湖实系有利农田水利应修之工"。于是"坐讦奸者如律,小西湖工程接续修浚"。(《孙平叔年谱》道光九年条)

是年,撰《重修积翠寺记》。该寺建于康熙二十二年,位乌石山之南,为祀死于耿藩之乱之闽督范承谟。年久多有圮坏,乃筹资重修而请林则徐为之记,立石于寺,以示后人。(《林则徐全集》第五册,文录页四五三至四五四)

是年,闽省设局重修《福建通志》,林则徐始荐李兆洛主其事未果,继又推陈寿祺为总纂。陈曾将部分志稿送审。林则徐曾亲自钞录《儒林》、《文苑》传稿留存。(《致陈寿祺》,道光八、九年,见《林则徐全集》第七册,信札页四四)

　　[按]　据郑丽生校笺:"道光八年(1828)闽省重修《福建通志》,设局于福州吉庇巷之刘氏祠。"(《林则徐诗集》页二三四)据此系事于此年。

　　是年,包世臣在《致广东按察姚中丞书》中说,烟毒泛滥,银价高涨,人民反对,"凡此朕兆,大为可虑"。(《安吴四种》卷三五)

　　是年,鸦片贩子马地臣继查顿之后也加入了麦尼克公司,和查顿同为这个公司的重要股东。查顿和马地臣的直接结伙,为不久以后开办怡和洋行准备条件。(《近代史资料》1958 年第 4 期)

　　是年容闳(1828—1912)生。字莼甫。广东人。中国早期留美学生,维新思想家。著有《西学东渐记》。

　　是年杨景仁(1768—1828)卒。

道光九年 己丑 1829年 四十五岁

正月，林则徐在籍守制。

正月二十四日，福建道监察御史章沅奏请禁止以洋银易外货，并指出鸦片的毒害是：

> 一经嗜烟，刻不可离，中人之家，往往破产。……其始食此，仅系幕友、长随，今则官民士绅，皆所不免。其始仅在海滨近地，今则渐染十数省之广。

（《道光朝外洋通商案》，见《鸦片战争》Ⅰ，中国近代史资料丛刊）

清政府命两广总督李鸿宾等妥议复奏。

二月，重浚小西湖工程，"自上年十一月兴工起至本年二月底止，先将北湖头至四炮台下土堤暨海柳桥之方塘、三角塘工段，挑除七尺至二尺不等，计出土一万五千余方，砌石岸七百八十余丈"。（林聪彝：《文忠公年谱草稿》）

五月，重浚小西湖工程，"又于西湖闸口及开化寺左近挑挖，并湖岸四周砌滩，出土二千五百六十五方"。因农忙和大雨暂时停工。（林聪彝：《文忠公年谱草稿》）

五月，林则徐兴修"褒忠祠"，祀范承谟等。八月，竣工。（林聪彝：《文忠公年谱草稿》）

六月初一日，两广总督李鸿宾等议复章沅原奏而奏上《查禁官银出洋及私货入口章程》七条。其第七条即有关查拿鸦片的问题。（《清代外交史料》道光三）

八月初六日，重浚小西湖工程，除开化寺、褒忠祠两处尚未砌石外，其湖边四围石堤全部砌筑完竣，长一千二百三十六丈五尺。（林聪彝：《文忠公年谱草稿》）

重浚小西湖工竣后，林则徐又代孙尔准、韩克钧撰《湖堤砌石种树禁止掘毁告示》，禁止攀折刨掘树株及拆动堤岸、官道石块。（《林则徐全集》第五册，

· 140 ·

文录页五三五）

这时,林则徐有《和冯云伯登府〈志局即事〉原韵》诗二首,其后一首描写湖光水色,自道家居乐趣:

> 风物蛮乡也足夸,　　枫亭丹荔幔亭茶。
>
> 新潮拍岸添瓜蔓,端午前后积雨经旬,又值大潮,敝居门前河水漫溢
>
> 小艇穿桥宿藕花。近于西湖作大小二舟,小者可入城桥
>
> 愧比逋仙亭畔鹤,陆某臧诗以逋仙比余,心甚愧之　　枉谈庄叟井中蛙。
>
> 琴尊待践湖西约,　　一棹临流刺浅沙。

（《林则徐全集》第六册,诗词页一五八）

[**按**]　林则徐为二舟命名为"仔月"、"绿筠"。

林则徐并亲为画船题楹联云:"新涨拍桥摇橹过,杂花生树倚窗看。"此联至光绪初犹存。(陈衍:《石遗室诗话》卷二一;又见《林则徐全集》第六册,诗词页三四四)

林则徐对于小西湖景色十分依恋。第二年四月上旬,他过苏州为梁章钜题倪云林湖山书屋画卷诗中二首的后一首即描绘小西湖景色,并抒发自己的依恋感情说:

> 小西湖上采菱船,　　十里芙蓉浅水边。
>
> 觉忆白鸥与偕隐,　　苍烟古木也依然。去岁在小西湖作仔月、绿筠两舫,今春荷亭遍种红藕,惜花时不获与诸君同游也

（《林则徐全集》第六册,诗词页一六〇）

十月,英船自七月至十月初六日止共到澳门达二十二只之多。(《李鸿宾片》,见《史料旬刊·道光朝外洋通商案》)

十月十八日,林则徐兴工重修宋李纲祠,由原址越王山麓移建至荷亭。(林聪彝:《文忠公年谱草稿》)

福州西湖李忠定公祠,道光九年林文忠公所重修也。

(郭柏苍:《重修福州西湖宋丞相李忠定公祠堂记》同治丙寅,见《郭氏丛刻·葭跗草堂集》卷中)

[**按**]　林则徐移李纲祠于西湖荷亭,即在新祠旁建屋三楹,屋前植桂树两株,补以李纲旧宅桂斋的旧额,并题"进退一身关庙社,英灵千古镇湖山"的楹联,(萨嘉榘:《林则徐联句类辑》卷一;又见《林则徐全集》第六册,诗词页三四五)并立

由程含章撰、林则徐书的《新建李忠定公祠堂记》碑。近年已重葺桂斋。

十月二十八日,两广总督李鸿宾等密奏英船私带鸦片入口,请禁其贸易,凡"驯顺则准令往还,狡黠则严行驱逐";"待其叩关虔请,而后许以通商,庶足以折桀骜之气,而溃贪诈之谋,亦于整肃国威,绥来遐服之义,两得其宜"。(《李鸿宾片》,见《清代外交史料》道光朝三)

十二月初二日、十六日,清廷连续命令李鸿宾等严禁鸦片,并会议查禁章程。

是年,林则徐撰《孙平叔宫保六十寿序》(闽浙总督孙尔准)《林则徐全集》第五册,文录页三八四)、《王实田封翁寿序》(闽县令王仲山之父,陕西蒲城人)《林则徐全集》第五册,文录页三八〇)、《曾母陈太宜人九十寿序》(林则徐姨母)《林则徐全集》第五册,文录页三七八)、《诰封中宪大夫浙江道御史松轩陈先生墓志铭》(福州人陈梁,林则徐的父辈,真率会成员)等文《林则徐全集》第五册,文录页四六七),都是应酬性的颂谀文字。

是年,林则徐写《王仲山大令(益谦)以纸索书旋赠佳茗且媵以选韵四绝依韵答之》(页一五八)、《仲山复选前韵再和四首》(页一五九)、《题韩芸舫抚部克均龙湫宴坐图》(页四四)、《题文信国手札后》(页四五)等诗。(均载《林则徐全集》第六册,诗词)

是年,龚自珍写《重摹宋刻洛神赋九行跋尾》一文(《龚自珍全集》页三〇〇)。文中提到林则徐、魏源、何绍基等人曾同见此摹本。文末署"道光九年,岁在己丑",故系于本年。实则道光九年林在福州守制,不可能与龚、魏等同在京师。或为误记,或指曾先后同观之人。

道光十年　庚寅　1830年 四十六岁

正月,林则徐父丧服阕。

二月十六日,林则徐为名医陈念祖(修园)所著《金匮要略浅注》一书写叙言。叙中记陈氏曾与林父宾日结真率会,并简介《浅注》(《陈修园医书四十八种》)。此序《文钞》未收,特录全文如次:

《金匮要略浅注》叙

余奉讳里居,每婴痁疾,偶检方书,茫无涯涘,因叹前贤如坡公、沈存中辈皆明于医理,用以济世利物,其不学者,特格物未至耳。吴航陈修园先生精歧黄术,由名孝廉宰畿辅,晚归里中,与先大夫结真率会。余尝撰杖侍坐,聆其谈医,洞然有见,垣一方之眼。窃谓近世业医者无能出其右也。今先生捐馆数年矣,令嗣灵石传其业,世咸推重焉。先生生前所刊医书若干种已传海内,今复读其《金匮要略浅注》一十卷,明显通达如视诸掌,虽王叔和之阐《内经》,不是过也。灵石又遵庭训,为《金匮歌括》六卷,取韵语之便于记诵,附以行世,犹先生志也。昔范文正公有言,不为良相则为良医。先生在官在乡,用其术活人,岁以千百计,况著书以阐前人之旨,为业医者之钜攘,其功岂浅鲜哉! 灵石以序见委,余固不知医,然窃愿为医者讲明其理,庶有以济世利物而勿误人于生死之交也。是为序。道光十年岁次庚寅仲春望后愚侄林则徐拜撰。

(《陈修园医书四十八种》,见《林则徐全集》第五册,文录页三七五)

二月,林则徐写《陈恭甫先生六十寿诗》,对陈寿祺的学行及其学术地位作了充分的推崇与肯定,如称陈对"近代诸作者,俯视同鱼唸。南抗朱与顾,北陵太原阎"。(《林则徐全集》第六册,诗词页四六至四八)

[**按**] 朱与顾指朱彝尊与顾炎武,太原阎指阎若璩,皆为明清之际的经学大师。

四月七日,林则徐北上赴京途中过苏州,晤潘曾沂,潘写诗相赠,鼓励林

则徐出仕,诗中说:

> 净极梅花性, 孤山一树前,
>
> 涓涓波浅处, 矫矫岁寒年。
>
> 霖雨在车下, 微云指汉边,
>
> 天衢正开豁, 独鹤在青田。

(潘曾沂:《功甫小集》卷九)

林则徐在苏州还和友人梁章钜相晤话旧,梁以倪云林湖山书屋画卷索题,林为写《舟过吴门,与芷林话旧出倪云林湖山书屋画卷索题即和卷中云林原韵(附录云林诗跋)》。(《云左山房诗钞》卷三)

四月初九,林则徐在江苏武进舟次又为梁章钜写《为梁芷邻方伯跋庚午雅集图后》一文。(《林则徐全集》第五册,文录页三八二)

四月,林则徐在北上途中曾有《寄内》诗,怀念离别后的妻子。

> 古驿寒宵梦不成, 一灯如豆逐人行。
>
> 泥翻车毂随肠转, 风送驼声贴耳鸣。
>
> 好月易增圆缺感, 断云难绾别离情。
>
> 遥知银烛金闺夜, 数到燕南第几程。

(《林则徐全集》第六册,诗词页一六〇)

[**按**] 《林则徐诗集》页二六九称:"此诗约道光十年(1830 年)秋,林公自闽赴京补官时所作",疑误。因林公于七月已受任出都,何能于秋日尚自闽赴京补官,此诗据末句"数到燕南第几程"似在北上途中所作。

闰四月初七日,林则徐在京觐见,并候缺。

> 弟于闰月七日在都面圣,渥被逾格温纶,惟现无藩缺,只得侨居静俟耳。

(《致刘建韶》,见《林则徐全集》第七册,信札页四七)

[**按**] 刘建韶,字闻石,福建长乐人。道光十五年进士,道光二十一年任陕西孝义厅同知,曾应林则徐邀聘,教读诸儿。后至陕西兴安府知府。

闰四月二十二日,林则徐与辛未同年三十四人在北京宣武坊南龙树院举行雅集,由周凯绘雅集图,由林则徐撰《龙树院雅集记》记事:

> ……今岁孟夏,余由闽释服复诣阙。先一月,周芸皋观察已自杭至。……闰四月二十二日,乃遍征同岁生集宣武坊南之龙树院,会者三

十有四人。……酒数巡，余揖诸君而言曰：自吾侪释褐，至今二十寒暑矣。向之第进士者二百四十七人，中外分职，已区其半。自时厥后，人事错迕，揭裳联袂之侣，有日减，无日增，今十干再周，而觞咏于斯者犹三十四人，虽视前数科为盛，然追维畴曩，抑亦感慨系之矣！所恃志合道同，不为势交，且偕出大贤之门，师承有自。平居以文字相切劘，德性相观摩，树立猷守相期许。……是日会者（按：三十四人的官衔和人名从略）……

（《林则徐全集》第五册，文录页四五四至四五五）

　　[**按**]　陈友琴《略谈林则徐的诗及其文学活动的影响》（《光明日报》1960年3月20日）一文说："什么叫'宣南'，它是指北京宣武坊南面的龙树院而言。《云左山房文钞》卷一有林则徐所撰《龙树院雅集记》一篇（《诗钞》中又有赵兰友（廷熙）以《龙树院雅集图副本属题》等作品）记当时社中三十四人文酒聚会的情况，他是领导者。"此说不确。"宣南诗社"的命名在朱绶《宣南诗社图记》中讲得很明白，主要是由潘曾沂宣南寓斋所得名。不能把宣南任何一个地方的集会都称之为宣南诗社的得名由来。这次雅集的性质，林记中也讲得很明白，是一次辛巳同年的聚会。其中除林则徐、周凯、徐宝森几个人曾见于有关宣南诗社的记载中外，其他三十余人都和宣南诗社毫无关系。我们只能根据林记所说，定这次集会仅是一次同学会性质的聚会。当然，一次普通的集会更谈不到谁是领导者。

　　六月，林则徐在北京与张维屏、潘曾莹、黄爵滋、彭蕴章、周作楫等人有交往活动。张维屏诗集中有两首诗序曾记述过这类诗酒集会。

　　庚寅六月初二日，龚定盦礼部（自珍）招同周芸皋观察（凯）、家诗舫农部（祥河）、魏默深舍人（源）、吴红生舍人（葆晋）集龙树寺，置酒蒹葭簃。

　　庚寅六月十三日，潘星斋待诏（曾莹）招同卓海帆（秉恬）、朱椒堂（为弼）两京兆、林少穆方伯（则徐）、周芸皋观察（凯）、黄树斋（爵滋）、周梦岩（作楫）两太史、彭咏莪舍人（蕴章）、查梅史大令（揆）、顾杏楼工部（元恺）集寓斋即事有作。

（张维屏：《张南山全集》第十九册《松心杂诗·松心宴诗集》）

　　[**按**]　魏应麒《林文忠公年谱》道光十年条称："是时公更与龚自珍、潘曾莹、曾沂、黄爵滋、彭蕴章、魏源、张维屏、周作楫等结宣南诗社，互相唱酬。"可

能据此。此后,有关著作多袭此说。《宣南诗社与林则徐》一文作者考订,魏说不确。张维屏诗序中所提到的人除了林则徐、周凯与潘曾莹数人外,其他人都与宣南诗社无关。这些集会只是朋友间的诗酒往还,并非宣南诗社的活动。

这时,林则徐还为黄爵滋写了《题黄树斋(爵滋)思树芳兰图》诗,借芳兰的"此品羞为众草伍,芳菲菲兮袭予,情脉脉兮系汝"的品格来互相勉励:"同心兮有言,仙之人兮手,阳春不采不自献,心清乃许香先闻",表示要争做"清官"。又为张维屏写《题张南山郡丞(维屏)黄梅拯溺图》诗,表示对江南地区水灾的关心。(《己卯以后诗稿》,见《林则徐全集》第六册,诗词页五二、一六二)

[按] 《云左山房诗钞》卷三仅录题张图诗第二首,《林则徐诗集》页二六四至二六五收录全诗。

六月二十五日夜,林则徐写《奉酬潘星斋(曾莹)雨窗口占之作》。

蓟门一夜雨,	残暑散如烟。
旅梦出尘外,	秋怀生陌边。
懒吟同避债,	倦客学参禅。
梅鹤图堪借,	凭君缔墨缘。来诗谓近得南田翁画《孤山梅鹤图》,当许

我一观也

(《林则徐全集》第六册,诗词页一六一)

[按] 郑丽生《林则徐诗集》页二五六校笺言"此诗为道光十年六月下旬,林公自闽赴京补官,途次苏州所作"。据书札手迹明定为六月二十五日夜。又据林则徐闰四月初七日致刘建韶函说:"弟于闰月七日在都面圣",而六月二十三日,潘曾莹还在北京与林则徐及在京友人酬作,可见为潘题诗系在京所为而非"途次苏州所作"。又《全集》本诗后有原注称:"星斋二兄以雨窗口占之作见贻,灯下走笔,奉酬即改。六月二十五夜,弟林则徐。"

林则徐在京期间可能写了《题王竹屿都转黄河归棹图》诗。在这首诗中,林则徐颂扬王竹屿治河时,由于"闻君立河堰,暗洒忧时泪,督役稽刍茭,废食不假寐"的辛勤经理,因而获得吏民"苦留"的荣誉,借以表明自己为官的旨趣。同时又在诗中热诚地建议王竹屿应取"上策探本原,补救特其次"的治水方针。这正是林则徐后来所写《畿辅水利议》中治水本原论最早的正式表露。(《林则徐全集》第六册,诗词页四九至五一)

　　林则徐在京期间可能还写了《题张雪樵郡丞(宝荣)洗月轩图》和《读曹新安相国师随扈巡幸盛京诗敬叠集中第一首韵》等诗,都是一般题咏之作。(《林则徐全集》第六册,诗词页五二、一六一)

　　六月二十九日,林则徐受任湖北布政使。(《致刘建韶》,见《林则徐全集》第七册,信札页四九)

　　夏,写《贺新郎·题潘星斋画梅团扇,顾南雅学士所作也》。(《林则徐全集》第六册,诗词页二八八)

　　七月初一日,作《龙树院雅集记》跋,述题跋之缘由云:

　　　　此记余已亲书一通,留之京师,以为后会之证。嗣诸同年又属芸皋别绘一图以自藏弄,并索余重录此记。余适拜楚藩之命,忽忽首涂,未暇作楷,因觅友人代书。同人以为此卷传之后来,恐有疑为赝本者,须余一跋定之。是秋七月一日,复饯余龙树院,遂为莱山大兄书此。倚装之际,又添一段墨缘矣。

　　　　　　　　　　　　　　　　(《林则徐全集》第五册,文录页三八三)

　　七月初一日,曹振镛为《饲鹤图》题诗,有句云:"方伯沐渥恩,鞠谋勤抚字,承家矫矫姿,报国蒸蒸治";潘世恩题咏中也有"方伯禀庭诰,德被吴越秦"之句,皆为赞扬林则徐治绩。同时题咏者尚有多人,寓意大体相类,均辑于《题咏集》中。(《林公则徐家传饲鹤图暨题咏集》页一)

　　七月十四日夜,林则徐于涿州致函刘建韶,言湖北地区概况说:

　　　　楚省政疲俗悍,连年水患频仍,刻下便须办赈,棘手之处,不一而足。

　　　　　　　　　　　　　　　　(《林则徐全集》第七册,信札页四九)

　　七月,林则徐出都。友人祁寯藻为题《饲鹤图》一诗赠行。诗中以鹤来喻林则徐的操守和名声,并希望他到湖北不忘家教,爱惜名誉。诗中写道:

　　岂无香稻啄红鹦,　　鸡鹜纷纷但解争,

　　爱此羽毛偏洁白,　　向来进退总分明。

　　坡公老去谁知己,　　逋客当时早避名,

　　遥想茶烟吟榻畔,　　双扶筇杖侍先生。

　　朱弦三叠有遗章,　　宦迹年来伴一琴,

　　能免嗷嗷鸿在泽,　　更思蔼蔼凤为林。

　　鸣皋共羡莩声远,　　警露谁知示诫深,

此去携图过江汉，　　白云黄鹤几沈吟。

（祁寯藻：《𩆜𧰼亭集》卷一六，庚寅）

七月，林则徐在由京去鄂的赴任途中有《晓发》、《夜济》等诗记旅途情景。

晓　　发

蓝舆冲破晓堤烟，　　宿鹭惊飞水满田。

行久不知红日上，　　两行官柳翠迷天。

夜　　济

苦热不成寐，　　残灯还渡河。

棹移孤月破，　　灯闪一星过。

吠犬知村近，　　鸣蛙隔水多。

行行有幽意，　　莫问夜如何。

（《林则徐全集》第六册，诗词页一六三）

八月二十日，林则徐抵任。林则徐在进入湖北时，即由襄阳发出《由襄阳赴省传牌》，宣布沿途一切自理，不接受属员的任何招待。（《林则徐全集》第五册，文录页五五）到任后，又发出整顿积弊的告示和饬札多通。如：

（一）《关防告示》：严禁各种招摇撞骗情弊，并公布七条规定。

一、本司于所属官员升调署补差委等事，应挨次者，循照旧章。应酌拣者，秉公亲决，一面详请宪示，一面挂牌示知，断不听昏夜之营求，任吏胥之高下。倘有诡称与本司亲朋故旧，可代关说，以及丁胥人等向外招摇，混称打点照应者，无论事体大小，犯必立惩。有能指首到官者，所首得实，定加重赏。

一、本司接收呈词，俱由内署批示。即各属详禀，事关要件，亦不由房拟批。如有包讼之徒，串通吏胥商买批语者，旁人查得实据，许其首告到司，立即究办，决不庇护。至上控案件，除府州县批语堂断应准抄粘外，其有抄录属详者，该民人何由得见？显系奸胥卖给，本司必根究其人，照招摇撞骗例惩办。各属衙门务皆一体严究，不可徇纵。

一、各属解司银两，先将起解款目、银数、日期由马递具禀。其司颁连批，随银投缴。除收库之后，将连批送院验截，同照票库收一并印发外，一面先将兑收缘由，札行该属知照。倘有狡猾银匠，串通奸胥舞弊，无难觉察惩办，切勿以身试法。

148

一、捐监具呈上兑，均由内署按卯按名，层层稽核。除印发实收仍照例另换部照外，先于收卯之后填榜示知。如有假捏情弊，无难水落石出，切勿受人愚弄。

一、本司署内丁胥差役，概不滥予差遣。倘有伪称奉差密访，恐吓所在官司，并滥借驿马需索饭食者，各属有所见闻，立即拿究，不可容隐干咎。若吓诈平民，借端滋扰，一经首告，或被访闻，尤必尽法严办，决不姑贷。

一、汉口为贸易码头，流寓人多，易滋诈伪。本司于盐商醵馆，断不荐人，更无代人托销货物、劝帮银钱之事。兹已垂诸令申，岂肯自食其言。如有伪投名帖书函者，该商立即送究。倘敢将用印官封改移影射，尤必照例严办，以示惩儆。

一、本司署中食用，一切俱照时价发买，不使丝毫短欠。如有影射扰累者，许该铺户指名禀究。

(二)《定期放告颁发状式告示》：简化诉讼手续，定期接纳诉状。

古者金矢听辞，原许下情上达。近因讼师播弄，动辄捏架大题，告一人而罗织多人，告一事而牵连数事。非夹行密字，即累纸粘单。或加人恶名，或诋人闺闱，或避审而瞒情越诉，或畏罪而妇女出头。田土未明，动称纠党抢割；山场互控，混指毁坟灭尸。甚至已驳之词，匿批重控；审结之案，翻旧为新。种种诪张，难以枚举。在讼棍奸唆牟利，只图觊准一时，而代书兜揽得钱，遂亦混行加戳。卒之审虚反坐，拖累无辜，而唆讼之人转得逍遥事外，实堪痛恨！

本司悯愚民之被骗，期尘牍之就清，欲端风俗而正人心，先禁习唆以全善类。经云："易则易知，简则易从。"本司所颁状式，只许据事直书，每状不得过一百数十字，凡愚民略知文义，即能照式书写。其中纵有委琐情节，尽可于投审时当堂供明，何得以一面之辞哓哓置喙耶？如此删繁就简，即有狡猾讼师，亦无所施其伎俩，于民既便，官又不烦，于澄清讼源之道良有裨益。倘违式妄具白呈，不加代书戳记，于不放告日期，以并非迫不及待之情，拦舆混渎，除不准外，定发首领官责戒。若代书于违式之呈，混加戳记，尤必从重责革不贷。

(三)《密访汉口一带匪徒饬汉阳县照单严拿札》：查拿聚赌局犯。(以上见

《林则徐全集》第五册,文录页五六至五八)

八月二十日,林则徐致函张祥河(诗龡),怀念在京诗酒集会,并告知八月二十日到湖北后的施政措施。信中说:

> 昨来京邸,重结墨缘,文宴招邀,古欢吟赏,佳章名笔,不蕲渎求。别后每一驰思,犹于梦境中遇之。……弟驱车宛洛,买棹襄樊,于中秋后五日到鄂受事。辰下簿书丛委,触手茫如,正似新妇入厨,蒙童就塾,非日能之,学焉而已。各属被水之处,已散给抚恤,舆情均甚安恬,惟当估计堤工,早期兴筑,庶使农田涸复,可事耕锄。……

(《林则徐全集》第七册,信札页四九)

约同时,林则徐与同年友袁铣(由翰林改御史,后辞官主讲江汉书院)切磋教育问题,并发表其对制艺的看法。不久在《致刘建韶》函中谈及袁铣对制艺的看法,表示赞同。

> 制艺非小道,必于圣贤之言实能身体力行,而后宣诸口者无肤词浅语。

(《致刘闻石书》,见《林则徐传》增订本,页一〇一)

[按] 《全集》信札未收此函。

八月二十二日,林则徐向清廷报告到楚藩任后的地方情况。

> 臣到任后,即移行道府,督同各该州县,将被水未消之处,再行详细履勘。应修复堤岸者,即先堵筑断流,应疏浚下游者,速令设法消导。总期农田涸复,即可翻犁。……至未被水之州县,臣沿途经过,正值刈获之时,秋禾杂粮均有七、八分收成不等,间阎绥辑。气象恬熙……

(《湖北被水州县现在筹办情形片》,见《林则徐全集》第一册,奏折页一〇至一一)

九月二十日,有《致杨庆琛》函,告知到楚藩任后情况。

> 弟八月二十到楚受篆,合属被水之处,散给抚恤,复分别呈请蠲缓,民心已安。此时丞须修复溃防,而间阎力不能支,不得不筹饷借给,日来正为此事滋用皇皇耳。

(《林则徐全集》第七册,信札页五〇)

十一月十八日,林则徐之妻及子女到武昌。

十一月二十四日,林则徐于武昌有《致刘建韶》函,告知在楚三月所遇到的困难。

到楚三月,始而抚恤灾黎,继而勘办蠲缓,近乃修筑堤防,自朝至子,殆无片刻之暇,然未敢必其有效,愈以见尽职之难也。

(《林则徐全集》第七册,信札页五二)

林则徐还亲手为公安、监利等县制订了《修筑堤工章程》十条(经费宜归实用也,工次大小委员宜分别捐给薪水也,经费宜按工程陆续发给也,帮修之佐杂委员宜明定功过以凭惩劝也,取土须在远处以免堤脚空虚也,铺土行硪须逐层试验以防偷减也,分段处所尤须留心察看也,领工须防浮滥也,丈尺宜核明也,善后宜豫筹也。)作为修堤必遵的守则。在章程中特别注重堤防的工程质量,并为防侵吞勒索、偷工减料以致影响工程质量,还制定有具体办法。
(民国《湖北通志》卷四二,建置志一八,堤防四;又收《林则徐全集》第五册,文录页五九至六一)

十一月二十九日,清廷任命林则徐为河南布政使。(《东华续录》道光二二)未到任前由臬司麟庆署任。十二月初十日始奉到旨文。

庚寅十二月初十日奉旨,河南布政使著林则徐补授,其未到任以前著麟庆署理。

(麟庆:《藩署酬香图记》,见《鸿雪因缘图记》第二集上册)

十一月,作《曹太傅师制义序》,论明清制艺,并推崇曹振镛之制义文。

明三百年,独推王文恪,而李文正、邱文庄、王文成诸公辅之。迨其季世,社稿盛行,文柄移之于下,则气运系之耳。我朝二百年来,最推李文贞,而张文贞、韩文懿、方侍郎诸公辅之。今读其制义,莫不约六经之旨以成文,洋洋乎盛世之音也,迨治日隆,制作大备。吾师歙县太傅曹公,历相两朝,以经术为治术,都俞咨命,雍容揄扬,既与文贞诸公相先后。其文以理为主,而气辅焉。选言宏富之路,若不取材于六经,而约经旨以成文,直与先正如合一辙。盖其闳览博识,于全经背诵尤不遗一字,故为文援笔立就,群书奔赴腕下,用语恒若己出,人巧备而天工错,有出乎诸大家之右者。……

(《林则徐全集》第五册,文录页三八三至三八四)

[按]　此文原题"谨拟制义叙言",林则徐亲笔改今题。石印本作《曹文正公制义序》。

是年,鸦片烟毒的危害已经引起东南沿海疆吏和有些言官的重视,纷纷

· 151 ·

提出意见。正月,两广总督李鸿宾要求:"严禁分销,使其辗转偷卖之地,在在堵御","以禁分销为截来路之策也"。五月,李鸿宾等奏进所议定的《查禁纹银偷漏及鸦片分销章程》六条。六月,清廷批准章程,命粤督"认真查察,务当严饬所属实力奉行,有犯必惩,无得视为文告故事,日久又致有名无实"。同月,江南道监察御史邵正笏根据浙江种烟的严重情况,要求严禁种、卖鸦片烟。清廷即"著各督抚严饬所属确切查明,倘有奸民种卖,责成地方官立即究明惩办,并将应如何严禁之处妥议章程具奏"。十月,闽浙总督孙尔准报告了确查种卖鸦片的情况,并妥议了严禁章程的意见。不久,刑、吏、兵等部又会议制定了严禁种卖鸦片的章程。(此段参阅《清代外交史料》道光朝三至四)

是年,英国四十七名大鸦片贩子,由马地臣起草一份向英国下议院提出的请愿书,要求"英国政府能采取一项和国家地位相称的决定,取得邻近中国沿海的一处岛屿"。([英]格林堡著、康成译:《鸦片战争前中英通商史》页一六三至一六四)

是年,作《孙平叔宫保六十寿序》,力陈孙尔准事功业绩,文字较长,概括亦较全面。

是年出生的有关人物有:

(1)谭献(1830—1901)字仲修。浙江仁和人。官教谕。同光时诗人。曾有诗悼念林则徐。有《复堂诗》行世。

(2)翁同龢(1830—1904)字叔平。江苏常熟人。官至大学士。曾参与戊戌变法的某些活动。

是年曾燠(1759—1830)、张师诚(1762—1830)、蒋攸铦(1766—1830)卒。

道光十一年　辛卯　1831年 四十七岁

二月初九日,林则徐交卸楚藩职任。二十九日至河南省城就任布政使。
(《林则徐全集》第一册,奏折页一二)

林则徐到任之初就受命确收河南各州县的悬款,解决当时财政上多年未决的问题。林则徐表示要"核实归补,以清旧项,严催提解,以杜新亏"。(《林则徐全集》第一册,奏折页一三)

林则徐下车伊始就到大梁书院观风,并要求以河南仪封人张伯行(福建巡抚)在福州办鳌峰书院的精神培养人才。同时,在为河南巡抚杨国桢刊成之《十一经音训》一书作序时,又颂扬鳌峰精神说:

> 昔仪封张清恪公建鳌峰书院,手授诸生课程,并镂刻经传诸书,以资肄业,故鳌峰藏书称最富。而吾闽人才,百年来多所成就,咸颂其德不衰。

(《林则徐全集》第五册,文录页三八七至三八八)

四月上旬,林则徐代徐锟再写《跋沈毅斋墨迹》。

跋沈毅斋墨迹
道光十一年四月

> 关中石墨所萃,余以公暇访碑,坐卧其下,几于手指欲痒,盖临池之兴,每以有触而动耳。然山谷不云乎:右军帖百,不若大令迹一。唐人之迹,今不见现。善学唐人者,以其迹与唐碑相触发,亦庶乎安弦之于操缦也。毅斋先生书深得唐法,今手迹亦不多见。文生杜生少尹既以石刻见赠,并出手书一册属题。赏玩累旬,恍悟唐人蹊径。昔余尝从先生从孙师游,虽豪翰未工,而渊源可溯,窃向往之。想其橐笔词垣,心正笔正,固未易操觚求似。要以得窥前辈风流,且因以仿佛唐人轨范,谓非余生之至幸也耶?道光辛卯清和上浣,襄平后学徐锟谨跋。

(《林则徐全集》第五册,文录页五三七)

五月,湖广道监察御史冯赞勋上奏揭发鸦片烟走私组织和走私状况。这

153

是一篇记载鸦片走私颇为详备的重要中文文献。冯奏中说：

溯查夷船私带烟土来粤，从前潜聚于香山县之澳门地方。近缘奉禁綦严，易于盘诘。该夷敢于附近虎门之大鱼山洋面另设夷船，囤积烟土，称为"鸦片趸"，并有夷目兵船名曰"护货"，同泊一处，为之捍卫。然其货远在洋面，奸商不敢出洋贩买，夷人亦不敢私带入关，于是勾通土棍，以开设钱店为名，其实暗中包售烟土，呼为"大窑口"，如省城之十三行、联兴街多有此店。奸商到店与夷人议价立券，以凭到趸交货，谓之"写书"。然其货仍在洋面，难以私带也，则有包揽走漏之船，名曰"快蟹"——船之大可容数百石，帆张三桅，两旁尽设铁网，以御炮火，左右快桨凡五六十，来往如飞，呼为"插翼"。星夜遄行，所过关津，明知其带私，巡丁呼之，则抗不泊岸，追之则去已无及，竟敢施放枪炮，势同对敌，瞬息脱逃，关吏无如之何，惧干重咎，匿不报官。是以白昼公行，肆无忌惮。闻此种快蟹共有一二百只之多，凡由趸送货至窑口者，皆系此船包揽。查关津口岸，皆有巡船，所在如织，不难缉捕，无如各巡船通同作弊，按股分赃。是快蟹为出名带私之首，而巡船包庇行私，又罪之魁也。其销售各路除福建之厦门，直隶之天津，广东之雷、琼二府，将货过船，不须快蟹包带，然必由窑口立券方能到趸交货。其余各省私贩，则必由快蟹包送入口，包送出境，如南海县属之仙管汛、阑石汛、紫洞口、落松海口，香山县属之黄圃，三水县属之西南汛、芦包埠，皆出境必由之口。其由"大窑口"分销内地，则有奸民串同各衙头役，开设私局，是为"小窑口"，散布各城乡市镇，指不胜屈，所在皆有。……

（《清代外交史料》道光朝四）

三月一日，上《严催河南悬款片》，表示将严催十三州县积欠悬款。

豫省悬款银两，经抚臣设立章程，勒限提补，已觉渐有成效，自必须按限确收，实存藩库。不使稍事延宕，方为有裨。

（《林则徐全集》第一册，奏折页一三）

六月，清廷颁布严定买食鸦片烟罪名条款：

嗣后军民人等，买食鸦片烟者，杖一百，枷号两个月，仍令指出贩卖之人，查拿治罪。如不将贩卖之人指出，即将食烟之人，照贩卖为从例，杖一百，徒三年。职官及在官人役买食者，俱加一等治罪，仍令各该督抚及地方道府州县等官,出具署内并无买食鸦片烟各甘结,于年终汇奏一次。

(《清宣宗实录》卷一九一)

六月,江苏督抚陶澍、程祖洛因沿江一带水灾严重,民食不敷,灾民流亡,咨籴河南米麦。林则徐对此认真办理,即委员赴商邱、刘家口、陈州、光州采办,分由河、淮运赴江省。(《清史列传》卷三八《林则徐传》)

七月上旬,林则徐为采购米麦救灾事写了《致程祖洛》函,给江苏巡抚程祖洛提出建议。林则徐主张采购商米时,不事先宣布,而是"先委干员亲赴马头,查明时价,立即会同地方官传齐行户,付以定银,便将粮食分贮,以俟部下委员到时验明收买,如此庶不至多糜经费"。这一主张起到了制止米商操纵米价、囤积居奇的效果。对于救灾办赈,林则徐主张由州县动员"各图有谷之家,即在本图平粜","至抚恤赈贷,总以确查户口为第一义",而最重要的是"先自捐出杂费,然后一一可以认真也"。这一点击中了当时一般官僚办赈救灾的弊端所在。

林则徐不仅在河南代为积极采购米麦,还向程建议在江苏鼓励商人自行采购来解决粮荒,他在信中说:

> 查三吴之繁庶,甲于直省。若但官为采买,仍恐不足济荒。向来洞庭山一带米商最多,每有殷实之户以此为业,若能借给帑银,令其联具保领,辐辏转运,事竣缴还,免其关税,并严禁吏胥索费,伊等无不乐从。……然苏省客米,亦不尽恃川、湖,如六安、庐州一带米船,向皆来苏售卖。忆从前曾给彩绸红布,以示招徕,且不抑其售价,俾源源踵至,其价自平。似枫桥、平望、长安镇等处米行,皆可传其头人,假以词色,责成招贩。

(《林则徐全集》第七册,信札页五六至五七)

这一主张说明,林则徐在经济问题上已对商品经济发展的规律有些认识,知道如何发挥商人的作用。

林则徐在河南布政使任时,友人福建诗人张际亮从北京寄诗来颂扬他在河南的勤于政事,表达了自己的仰慕。诗中写道:

> 昨宵匹马渡黄河, 相思深于万顷波。
> 未敢杯盘贪醉舞, 喜闻里巷足讴歌。

155

群工中外纷谋国，

边事西南未止戈。时将军方在回疆而广督方在琼讨黎匪

年少飘零一书剑，　　望公霖雨遍滂沱。

黄鹤楼头秋月清，　　春风吹度汴梁城。

屏藩吴楚周南服，　　管领关河汉两京。

小吏皆知畏黄霸，　　先皇久欲用端明。

夜瞻北斗遥回首，　　想见驰驱报国情。

（《张亨甫全集》卷一四）

七月初八日，根据江督陶澍的建议，林则徐调任江宁布政使。

七月十五日，林则徐由河南启程，赴任江苏。八月初三日，在扬州接江宁藩司任，报告沿途灾情并采购粮米赈灾情况称：

遵于七月十五日由豫省起身，当即将取道淮、扬查勘灾区缘由，奏蒙圣鉴在案。嗣经过商丘县之刘家口，督同委员采买小麦三万石，装运西河牛。船只陆续开行，臣即督带头起麦船由黄河顺流而下，于七月二十六日至清江浦换舟前进，所经之桃源、宝应、高邮、甘泉、江都，皆系被水较重之区。臣沿途查勘，民田庐舍尚在巨浸之中，浅者淹及半扉，深者仅露檐脊。其下河之泰州、兴化、东台、盐城、阜宁等处，均非驿路所经，未及遍行履勘。饬据各该州县将被水村庄绘图开折呈送，臣逐加查核，皆因地处运河下游，经马棚湾等处漫水汇注，冲决圩围，被淹情形与高、宝相埒。其马棚湾、十四堡溃口之处，臣亦身经其地，目睹溜势。十四堡已觉平缓，易于堵合。马棚湾一处，访之舆论，多称先堵西岸，则回空漕船可不必走湖，而东岸溜亦渐弱，较易集事。臣因高、宝、扬州一带，多有灾民于沿堤搭棚栖止，亦有乘坐小舟逃荒外出者，总缘本籍村庄田庐荡然，未能概令遣回，姑先就地安顿。前经督抚臣奏蒙恩赏抚恤，正在分投散放，经臣随处抽查，并晓谕灾民，以此番抚恤之后，即当勘明灾分，确查户口，恭候恩旨分别给赈，各宜安静守候；如有棍徒率领多人借灾滋闹，定拿为首之人按律严办。该灾民等尚知感畏，安谧如常。

臣先恐途次有应办文牍，曾援在途接印成案，禀请督抚臣裁示。兹八月初三日准调任藩司陆言委、试用知县朱荣桂，恭赍江宁藩司印信送

至扬州。臣即于是日恭设香案,望阙叩头,祗领任事。将扬州一带安抚就绪,随又溯江而上,于经由之仪征、六合、上元、江宁等县沿江处所,顺道勘查,比量盛涨时水痕,现才消落尺许。沙洲圩岸仍系一望弥漫,与江无别,房屋出水之处只及半腰。查询抚恤口粮,多已散竣,民情尤为安贴。所有采买豫省麦石,亦即分拨被灾州县,各按地方情形分别平粜、煮赈,以资接济。

(《林则徐全集》,第一册,奏折页一五至一六)

诗人张际亮为此写《少穆先生移藩江宁复用前韵奉寄》一诗,表达期望:

闻道东南水复波,　　重劳走马渡淮河。

定看一路哀鸿息,　　转怨诸州怪鳄多。

海内贤才须倚任,　　台端筹策欲谁何。

流离父老灾伤地,　　屡报朝廷使者过。

(《张亭甫全集》卷一五)

八月,林则徐为解决救灾问题,提出倡捐、煮赈、资送、留养、收孩、瘗棺、捐衣、劝粜、养佃、典牛、借籽种、禁烧锅等十二则建议。经两江总督陶澍采纳后,奏请施行。(《国朝先正事略》卷二五)

[按]　八月间,陶澍即据此上《奏陈江苏办灾情形并酌拟章程率属筹办折》说:"臣等体察情形,于例赈之外,酌拟章程十二条率属筹办。一倡率劝捐以周贫乏,一资送流民以免羁留,一收养老病以免流徙,一劝收幼孩以免遗弃,一劝谕业户以养佃农,一瘗瘗尸棺以免暴露,一多设粜厂以平市价,一变通煮粥以资熟食,一捐给絮袄以御冬寒,一劝施籽种以备种植,一禁止烧锅以裕谷食,一收牧牛只以备春耕。"九月二十二日经道光帝朱批允准办理。(王焕镳:《陶文毅公年谱》)

林则徐自去年以来,历经楚、豫、苏三省,在兴修水利、救灾办赈、整顿吏治等方面都做了较多的工作,取得了积极的成效。这些措施在客观上也在某些方面减轻了人民的一些负担和痛苦,从而博取了一定的声誉。金安清所撰的《林文忠公传》中曾评论说:

一岁之中,周历三省,所至贪墨吏望风解绶。疆臣重其才,皆折节倾心下之,多所兴革。凡民生疾苦,吏事废坠,人才贤否,无纤悉不知,知无不行。上亦眷倚特甚,一时贤名满天下。至儿童走卒,妇人女子,皆以公所莅为荣,辄曰:"林公来,我生矣!"至以公所行政,播诸歌谣,荒村野市,传之以为乐。本朝自陈恪勤、陈文恭后,长吏声誉之盛,无与公并者。

(《续碑传集》卷二四)

［按］ 恪勤是陈鹏年(1663—1723)的谥号,文恭是陈宏谋(1669—1771)的谥号,二人是康雍乾时的"名臣"。

八月初,有《致郑瑞麒》函,告知离豫赴苏,旅途购麦救灾行事。

弟于中元日自豫起身,路过商邱,购得麦三万石,先自携带由黄河船而下,至此却甚得用,然哀鸿遍野,究竟何术拊循?现与大府设法筹维。但矢此心之无不尽已耳,爱我者何以策之?昨于初三日在扬州接印。兹初六日抵金陵,万绪千门,不及多述,大抵到任折内粗具情形,阅之自可悉也。

(《林则徐全集》第七册,信札页五九)

［按］ 林则徐于中元日(七月十五日)卸豫藩任。八月初三日在扬州接江宁藩司印。初六日到金陵(南京)。此信约写于此时。

［又按］ 前承林子东女士相告,从林公四女夫家郑氏后裔处得《石印漱香精舍旧藏林文忠公手牍》复印本,并惠借一读,始悉此本所收各函均系林则徐致亲家郑瑞麒者,殆百余通,曾粘存数巨册,归郑氏曾孙郑礼桐。民国十六年(1927)郑氏外曾孙陈宝琛曾读手札,并题诗卷后。郑礼桐连年居无定所,藏牍散失颇多。民国二十六年(1937)郑氏客居上海,复遭兵燹,藏牍丧失殆尽,仅余十数通,乃亟以石印传世。

［附］ 郑礼桐:《石印漱香精舍旧藏林文忠公手牍序言》

漱香精舍者,余曾王父莹圃公官京师时,筑宅旁隙地为退食游息之所。旧藏嘉道间京外钜公及同乡诸先正函札,类皆积叠巾箱,而外曾祖林文忠公手书尤夥。盖曾王父与文忠幼同学塾,晚缔鸳盟,于未蒙简放之先,暴直枢垣,为时最久,文忠历任外省大吏,笺牍往来每岁不下百余件,迭经粘存数巨册。其间公事私情或琐琐谈屑,文辞书法,并极可观,往岁沈涛园姑丈及中表陈庵先生尝喜借读,间因纸尾年月,追考文忠宦辙所经,各举所闻,为书中言事印证。光绪戊戌后,余比岁公车,及就幕吴楚,服官江右,恒以之自随,而道路间关,人事错迕,稍多散失。辛亥政革以还,羁栖一无宁所。丁丑八月,上海沦陷,居迩沪壖,退舍之军,滕裳载道,焚巢之旅,篋衍成灰。此册出诸烬余,仅等吉光片羽,良足唏已! 兹因霖、璧两儿检请重畀装池,余念墨迹流传,分存匪易,不如付令石印, 期影本之多留,庶几永保瑶笺,垂手泽于勿替。谨书数言。用识缘起。

己卯六月鹤诧老人郑礼桐,时年六十有八。

［按］ 己卯为民国二十八年(1939年)。

九月初六日,有《致郑瑞麒》函,言政务之烦杂。

刻下闱务与灾务一时并集,星使南来,又添许多发审之案,终日皆在 荆棘中,身心交瘁,尚不知诸事能否就妥。

(《林则徐全集》第七册,信札页六〇)

十月,林则徐与同年友程恩泽在南京分别,程写《寄别林方伯少穆》长诗 表示惜别。诗中以大半篇幅推重林则徐救灾恤民的才能和学术。写道:

方伯救荒富奇策,　　至今吴下称仁贤。

嘉声隆隆彻天听,　　凡有艰巨君其先。

斗维四郡水涌溃,江宁、镇江、扬州、淮安　　百余年来无此愆。

帝咨宝臣汝速往,

君乃猛驾金河船。君自河南方伯调江宁方伯乘黄河船驾麦豆并瀛眷同下

连樯麦豆载俱下,　　秋汛方彀强弓弦。

彦道倘伴咏米艞,　　梅妻慷慨轻涛渊。

云鸿有信万民喜,　　穷鸟待哺千吭延。

入境遑遑不暖席,　　料民审户筹金钱。

手书疏草达当宁,　　丝言奖诩胪句传。

江南粗定抚江北,江北谓扬淮两郡　　直跻东海寻桑田。

一夫失所圣怀歉,　　千里如见臣心遄。

诗书愈饱才愈壮,　　千辟万灌成龙泉。

莅官行法用刚断,　　徇知恤旧仍缠绵。

每当案牍堆笋束,　　辄展书画罗青毡。

谓以古香散壅滞,　　神明濯后亭亭莲。

况复腕藏右军鬼,　　定招判乞张公颠。

我渴忆君君忆我,　　十年不见殊欣然。

镜中须鬓各苍艾,　　酒畔谈忆犹清园。

十年隔面会不计，　　我其慢懒君胝胼。

即从京口赴米口，　　备闻竹马迎旬宣。

君来弭节慰穷饿，

全活奚止恒沙千。我别君后,君不日亦赴扬淮一带办灾

盛名迁地定一辙，　　好为入手求万全。

我材瓠落不适用，　　三食奇字何能仙。

况会乍失慈母教，　　瞿瞿以后茫茫前。

生逢尧舜不敢退，　　欲以孤介行其颠。

箴砭吾过赖良友，　　自愿不见伊可怜。

赠行已贷监河粟，　　结意复授明珠篇。

山水清远难为别，　　且未畅开文酒筵。

它时神马傥相值，　　一笑先拍洪崖肩。

记取石城两桨去，　　小春疏雨芙蓉天。

（程恩泽:《程侍郎遗集》卷三）

[按]　程诗自注说:"我别君后,君不日亦赴扬淮一带办灾";又程诗结尾有句说:"记取石城两桨去,小春疏雨芙蓉天。"按林于十月奉旨总司江北赈抚事宜,不久即离藩司任,周历淮阳一带查勘督办,而小春指十月,此诗当为十月所写无疑。

十月,林则徐由于钦差工部尚书朱士彦的推荐,奉命总司江北赈抚事宜,即在省城附近各县往来稽查,旋离藩司任到淮阳一带查勘督办。

臣先经督臣陶澍传奉谕旨,总司江北赈抚事宜,敕往灾区,周历履勘。臣遵即先赴附近省城各县,往来稽查。……兹江宁藩司一缺,已蒙简放有人,臣无署中兼顾之事,更可专心赈务,借以勉竭驽骀。现仍钦遵前奉谕旨,周历淮扬一带,查勘督办,断不敢稍图暇逸,自外生成。

（《补授河督谢恩并陈不谙河务下忱折》,见《林则徐全集》第一册,奏折页一七）

十月,蒋敦复上书林则徐,论社会弊病所在,并寄希望于林。信中说:

窃不自量,以理与势,深观默计,国家承平二百年矣,今上下相蒙,无法不敝,宴安鸩毒,情伪日滋,祸患之来,气机已召,不出十年,天下多事,遗大投艰之任,公适当之,勋业正不在魏公下。……

（蒋敦复:《上抚部侯官公书》,见《啸古堂文集》卷三）

［按］　此信题《上抚部侯官公书》疑为后来所加。此信后有附注说："上书后，公移节南河，督师两广……"则此信当写于任河督前，南河或为东河之误，故系蒋函于此。蒋敦复是道咸时的名士，曾译西书，介绍新知，与王韬、李善兰等并著名于时。蒋敦复对林的期待代表了当时一部分有维新思想的失意知识分子的愿望。

十月初七日，林则徐由于历年"宣力勤劳"所博取的政声和道光帝希望他"务除河工积习，统归诚实"，而被擢任河东河道总督。(《东华续录》道光二四)十九日，林则徐获知后就以河工责任重大，自己不谙河务为理由请辞。实际上，他是因"河工尤以杜弊为亟，先周知其弊，乃可严立其防"而有所顾虑，希望通过请辞而获取更大的支持。(《林则徐全集》第一册，奏折页一八)

十二月初七日，林则徐以清廷不允所请，即于山东邹县接河督任，当时抵达济宁总督河道运署，并向清廷表示决心：要"力振因循"，"破除情面"，"自持刻苦，不避怨嫌，以防意者防川，以纠心者纠吏"，努力整顿河工积弊，以达到"弊除帑节，工固澜安"的目的。(《林则徐全集》第一册，奏折页二二)

林则徐接任之后，立即催办运河挑挖工程，并亲往查验。上《运河冬挑抑锨日期，并催办情形折》。(《林则徐全集》第一册，奏折页二三至二四)同时，有《致郑瑞麒》函，告知接任后状态及个人决心。

> 弟自渡河之后，连遇大雪，殊滞行程。兹于嘉平七日到沛接篆。甫解征鞍，一切茫无头绪。河务既全不谙习，而仰窥圣明委任之意，专在挽回积习，厘剔弊端。恭绎前奉温谕及此次一折一片朱批，断不敢不逐件认真，力除情面，而尤不可不先自刻苦，全革陋规。此后无一日不在针毡之中，正不特防险担心而已。

(《林则徐全集》第七册，信札页六五)

［按］　嘉平为十二月。林则徐在十二月初七日到山东邹县接任河东河道总督。

十二月二十九日，上《加兵部侍郎衔谢恩折》，接受兵部侍郎衔，表示"甫奉河堧之职荣，乍涉夫升阶；旋兼卿贰之班命，重申夫巽绖"的感恩之情。(《林则徐全集》第一册，奏折页二二)

是年，拟《江苏查赈章程》十条：免官员吏役赔累，裁革衙门陋规，书役地保严加约束，委员互相稽查，区别应赈不应赈之人，严禁灾头以戢刁风，棚栖灾民附庄给赈,闻赈归来宜明立限制以防重冒,领银易钱择价善之区购运,赏票名目严行革除。(《林则徐全集》第五册,文录页六一至六五)

是年冬,友人福建诗人张际亮因生活困窘,致函林则徐,引述名公达宦资助寒士的故事,提出拟代林撰《东河方略》一书来换取林从经济上给他以帮助。信中说:

> 窃有请焉,未知肯援手否? 盖今之游履多趋河上。河上诸公共酿千金以从助人者,非一日一事矣,亮亦不敢出此念。昔靳文襄著治河方略,皆详南河而略东河,今若仿而为之,于东河前后治河之迹勒为一书,使得操笔墨以从事于诸公之勤劳,亦有以垂久远也。虽执事执节之始,必先整饬旧俗,树之风矩,然诚博采前人之论列,审于今日之情形,核修守,综工料,于春汛后举之,其书正有益,即成,其入奏无不可也,似不至滋物议,耗经费,此在执事之一言耳! 其著书之体,惟执事裁定,成书之速,亮可自信也。倘赐采纳,则所谓分一勺而生涸鳞者也。虽他日之遭遇飞腾不可知,而从此可以毕力著述,无复忧患。在执事为广其仁,在亮则遂其性矣。

(张际亮:《与林少穆河帅书》,见《张亨甫文集》卷三)

[**按**] 张际亮的建议未被采纳,主要是林则徐感到推行新的改革河道的方案会遇到阻力,而不愿冒昧上奏,道光十三年正月在致陈寿祺函中就透露出这种想法说:"则徐久欲将此意上陈,而非常之论,正不独为黎民所惧。近日都中物议,以则徐为以议论炫长者,且此议必为风水之说所阻,明知不行,不敢饶舌。"(《林则徐全集》第七册,信札页七八)再则林则徐不久即调任苏抚,故此建议自然地被搁置了。

是年,破获皇宫首领太监以下多人吸食甚至贩运鸦片,其中有一人供认"吸食鸦片烟已阅三十余年,且曾私往天津运买烟土"。(《内务府奏审拟张进幅鸦片烟案折》,见《史料旬刊》第五期)

是年,清廷在全国许多省份调查鸦片销种情况。根据各地疆吏奏报:未种有销的省份有山西、陕西、山东、贵州等省;只栽而未卖的省份有甘肃省;种卖均无的省份有热河、广西等省;既种且销的省份有四川、湖南、云南、广东等省;另一种如河南省,一方面说"均无种卖",又说"奸民私种罂粟等花渔利,事所必有",实际仍应属于种卖省份。总之,这些报告都有不实不尽之处。

（《宣宗实录》道光十一年有关奏折）

是年，两广总督李鸿宾等拟定约束外商章程八条。（梁廷枏：《粤海关志》卷二九》清廷允准施行。

是年冬至次年春，宣南诗社集会达六次，参加者有朱为弼、卓秉恬、徐宝善、汪全泰、吴清皋、吴清鹏。（参见朱为弼：《蕉声馆诗集》及《张祥河年谱》）

是年陈宝箴（1831—1900）生。字右铭。江西义宁人。官至湖南巡抚。曾参与戊戌变法维新运动。

道光十二年　壬辰　1832 年 四十八岁

　　正月初七日,林则徐亲自周历沿河工次,南至滕汛之十字河一带,北至汶上等汛,挨次履勘运河挑土工程。经过十多天的验视,对已完工程,虽"将所挑宽深尺寸逐段丈量,验其灰印志椿均相符合,尚无偷减情弊"。但仍提出两点不足之处:其一:"沿堤出土之路渐被泥浆抛撒,逐条冻积,名曰'泥龙',往往工段挑完而泥龙尚未除净"。这种"泥龙","日积日多,挑运更为费事,且一经春雨,更恐冲入河心"。所以,他主张"凡挑完一段即起净一段泥龙"(此处有朱批:"好")。其二:"钜嘉汛主簿督挑工内,有稍偏于东岸之处,虽量明丈尺无差,并非弊窦,但不居中挑挖,侧注一边,则靠西浅处,诚恐日久积淤,河身遂窄,不可不防其渐"。所以,他主张"责令督夫加挑,展宽丈尺,务使一律均匀"。(见《林则徐全集》第一册,奏折页三四至三五)

　　正月十五日(公元 2 月 16 日),英国东印度公司船只 Lord Amherst 号由澳门开行,到广州以外的沿海口岸进行试探性的侦查活动。船上除船长礼士(Capt. Rees)外,主要负责人是东印度公司代表胡夏米(H. Hamilton Lindsey)和翻译兼医生的郭士立(Charles Gutzlaff)。三月初二日(4 月 2 日),到厦门。二十一日,到福州,要求销售其带来之纱布、棉花及奢侈品,并采购闽茶。四月十八日,离福州北上。二十五日,到舟山。五月二十日,抵宁波。二十二日,驶入江苏洋面到达吴淞口,在上海停留了十八天,对上海港口各种情况进行了窥察。六月十一日,离沪继续北上。二十一日,抵达山东威海。次日即赴朝鲜。后经琉球于八月十一日(9 月 5 日)返抵澳门。这次英船在我国沿海口岸进行的试探性侦察活动在中文记载中称为"胡夏米事件"。英船除了进行一些掩护性的贸易外,主要是在各口岸调查沿海驻军人数和装备,测量河道港湾,绘制航海图,并且还散发一种名为《英吉利国人品国事略说》(A Brief-Account of the English Character)的宣传品,为日后发动鸦片战争进行了舆论准备。

[按]　(英)格林堡著：《鸦片战争前中英通商史》中说："1832年，威廉·查顿派了两艘满装鸦片和一些足头货的双桅帆船，湖东海岸上驶。这次尝试只有不太大的成功，但是，查顿决定派一艘大船沿海岸再向北驶。因此他租赁了新造的飞剪船'气仙号'出航上海和天津，并劝请传教士查理·郭士立(Charles Gutzlaff)同行，充任翻译。"(中译本，页一二六)查顿的这次罪恶活动，是否与"胡夏米事件"有关，没有找到直接的史料证明。郭士立参加查顿的活动推测可能是在阿美士德号回航后应邀的，即在这年九月以后。

正月二十二日，林则徐向清廷报告拟在山东境内运河修整闸座三处——迦河厅峰汛张庄闸、捕河厅阳谷汛荆门上闸和上河厅博汛上桥闸。(《林则徐全集》第一册，奏折页三六至三七)

正月二十二日，林则徐亲赴黄河沿岸查勘料垛情况，揭露出当时河工的若干弊端，如：

(一)对"秸科"弊端的揭露："秫秸每垛长至六丈，宽至一丈五尺，占地已多，故堤顶未能尽堆。惟头一层在堤上者谓之'门垛'，其余则为'滩垛'，为'底厂'。大抵'门垛'近在目前，多属完整。'滩垛'、'底厂'即为掩藏之数，最易蒙混。其显然架井虚空朽黑霉烂者，固无难一望而知。更有理旧翻新名曰'并垛'，以新盖旧名曰'戴帽'，中填碎料杂草以衬高宽，旁插短节秸根以掩空洞，若非抽拔拆视，殊难悉其底里。"(《查验豫东黄河各厅垛完竣折》，见《林则徐全集》第一册，奏折页四四至四五)

[按]　此折对料垛弊端，查验甚详，道光"朱批"认为"向来河工查验料垛，从未有如此认真者"。(《林则徐全集》第一册，奏折页四六)陈康祺的《燕下乡脞录》卷一三中也记此事说："河工为国家漏卮二百年矣！道光十一年，林文忠公擢东河总督，奏言秸料乃河工第一弊端。其门垛、滩垛、并垛诸名目，非抽拔拆视，难知底里，遂将南北十五厅各垛逐查，有弊端者察治。所属懔然，岁省度支无算，得旨向来河臣从未有如此精核者。"

(二)对一件料垛被烧事件的调查分析："访闻黄河两岸迤东一带，分隶河南归德、山东曹州，匪类出没，向有放火烧垛恶习。……其放火之故，或因偷料被拿，或因他事挟嫌，并有在厂之人监守自盗焚烧灭迹者。"(《查勘商虞厅料垛被烧分别办理折》，见《林则徐全集》第一册，奏折页四七)

林则徐在河督任上，为了较好地推进治河工作，曾在屋壁上绘制了黄河的全部形势图,作为指挥施工的依据,摆脱了仅在文字上打圈圈的传统习惯,使用了比较科学的图表指示办法,这也是林则徐革新思想的一种表现:

> 绘全河形势于壁,孰险孰夷,一览而得。群吏公牍,不能以虚词进。风气为之一变。

(《续碑传集》卷二四)

林则徐在查验河工时,曾绘有《河壖雪辔图》以记事,三十余年后,弟子冯桂芬曾加题跋:

> 金枚生都转以先师林文忠公河壖雪辔图小像示余,余于道光壬辰以制举文受公知,尝招入署校北直水利书,有国士之誉,有饮食教诲之德。丁酉,送公赴金陵,遂不复见,荏苒三十余年矣。今观公像,眉宇崝嵘,如亲謦咳,默计清德堂池上,侪流无在者,即海内公所延纳之士,余与都转外殆无几人。自念匠门废材,长此已矣!即以都转之才,亦胥疏江湖,落落无所向,可慨也。都转随会九原之感,有以哉!有以哉!

(冯桂芬:《显志堂稿》卷一二)

林则徐在河督任上,很注重使用人才,对僚属情况了解很具体,他的部属张畇后来曾回忆其事,并写入所著《琐事闲录续编》卷上。(见本书《谱余》)

二月初五日,清廷命广东、直隶、闽浙等省各督抚严饬海口各地方官严禁鸦片走私入口。(《宣宗实录》卷二〇五)

二月十八日,林则徐调任江苏巡抚,因等待新任河督,未即赴新任。(《林则徐全集》第一册,奏折页二三至二四)

二月二十四日,林则徐致函刘闻石,表达了他离河督任苏抚的矛盾心情。他感到河工难办,以离去为佳,但吴中又号称难治,不易措置。

> 弟出山两载,计已五处量移。前者谬领宣防,曾以疏辞,未邀俞允。近奉抚吴之命,知荷圣慈体恤,俾得离去河干,然三吴事会之难,甲于直省,才轻任巨,尤觉兢凛难胜。

(《林则徐全集》第七册,信札页六六)

三月六日,陈寿祺获知林则徐出任苏抚讯后,写《与林少穆巡抚书》表达钦敬之忱,并陈述整饬吏治的意见,希望予民苏息。信中写道:

> 阁下曩再莅吴,有德于吴人甚巨,吴人父兄而尸祝之,日望节钺之重来,今而后喜可知也。然此海内苍生之庆,岂独吴人哉!江南财赋半天

166

下，顾比年水患荐仍，民气雕敝，箕敛浮溢，厨传繁奢，虚耗之弊，在官多于在民，纾之则养痈，蹙之则瓦裂，此诚军国之忧也。窃以为治去其太甚，患防于未然，除害马以息劳羚，一二可徼什伯矣。阁下得无笑其言之愚且妄乎？至于正本之道，非屏供亿而绝苞苴不足以执贪惏之口，而养痃痍之肤，此阁下所优为而亦中外所为阁下共信者也。

陈寿祺还在同函中向林则徐陈述闽地社会衰颓现象说：

闽中年不顺成，每忧饥馁，凋敝日增，斗杀日炽，脂膏日剥，刑狱日繁，贫无以养，富无以安，夫妇愁苦，靡所控告，此诚水深火热之秋也。

（陈寿祺：《左海文集》卷五）

三月十一日，上《东省运河挑工普律完竣折》，报告山东运河挑工已于三月初十日完竣。（《林则徐全集》第一册，奏折页五〇）

三月二十六日，上《复奏访察碎石工程情形折》，论碎石工程之利弊不在物料之可省不可省，而主要在于承办人员的是否认真督查。他更听取了老民的意见，结合实际效果，总结了用碎石抢河险的经验，提出了省料对策。

自到任以来，将碎石档册逐一检查，从前豫、东黄河本无抛护成案，因道光元年前两江督臣孙玉庭、南河河臣黎世序会奏，以"碎石工程实资巩固，并无流弊，东河从前未抛碎石，是以漫决频仍，请饬一体照办；即创始之初多费数十万金，而日后工固澜安，不惟节费，实可利民"等语。旋奉谕旨，敕令仿照兼办。二年春间，前河臣严烺复奏请于北岸黄沁厅马营挑坝酌量试抛，继因河势不定，仅抛两段而止。迨五年间，调任河臣张井以南岸兰仪厅柴坝工程险要，议办碎石，两次奏准抛护一万四千八百余方，该处险工因成平稳。迨后北岸之下北、祥河、曹考，南岸之中河、下南等厅，先后仿照请办，经严烺节次奏准各在案。

查此项动用钱粮，除马营坝试抛两段不计外，自道光五年至十一年已抛碎石，共用银六十五万余两，上冬估办之上南等三厅方价七万四千余两，尚不在此数之内。核之历年采办岁料及请拨防险银两，均未减少。诚如圣谕："碎石工程如果有益，何以岁料并不见节省？"随于两次上堤，周历查访，并询之年老兵民，咸谓"未办碎石以前，诚不知其有济与否，既办之后，每遇险工紧急，溃埽塌堤，力加抛护，即不至于溃塌，功效甚著"等语。臣于伏秋抢险虽未经历，而人言凿凿，异口同声，因就埽前有石之处细加测量,悉心揣度。缘埽工势成陡立,溜行迅急,每易淘深,是以埽前之水辄至数丈,而碎石斜分入水,铺作坦坡,既以偎护埽根,并可纡回溜势。《考工记》所谓"善防者水淫之",似即此意也。豫、东河堤多系沙土,不能专恃为固。堤单而护之以埽,埽陡而护之以石,总在迎溜最险之处始行估抛。盖东河采运碎石比南河远近悬殊,方价倍蓰,难以多办,而其化险为平,频岁安澜之效,未尝不资于此。是碎石之于河工有益,实可断为必然,而非敢随声附和者也。

惟何以未能省料之故,诘询员弁兵夫,或谓"抛石本在埽前,只能保埽段之不外游,而不能禁旧埽之不下蛰。故虽有石之埽,仍不免择要加厢,惟较诸未经抛石之埽,需料自然大减。但统计两岸堤工,长至二十余万丈,而堤前之有埽者不过六千八百余丈,埽前之有石者甫及二百七十余丈。豫、东河面宽阔,溜势时有变迁,此工闭而彼工生,购料防险诸费即难概省"等语。臣核其所言,似亦近理。

然思用料之节省与否,天事居其半,人事亦居其半。譬如极险之土忽然淤闭,平缓之处忽又生工,每非恒情所能测度,工生则料费,工闭则料省,此存乎天事也。亦有出于人为者,如顺堤厢埽,费料实多,惟溜到堤根,即不能不资以抢护,而工非自闭,亦不能不逐岁加厢。若工员果悉机宜,善揣溜势,则于工之将生未生,预筑挑坝,使之溜向外趋,埽即可省。盖挡溜者埽,而引溜者亦埽,观于埽前水深,其故可想。一坝得力,可护数段之工,则不须顺堤厢埽,而所省无算矣。然若审势未确,挑护失宜,坝守不住,仍复退厢顺堤埽,则劳费更不啻十倍。此又人事之难言者也。总之,有治人无治法,在工人员果皆讲明利弊,自无枉费之工,果皆激发天良,自无妄开之费。

(《林则徐全集》第一册,奏折页五六至五七)

四月间,林则徐与叶小庚相晤于山东济宁,叶出示《庚午雅集图》摹本,林应请题《道光壬辰四月,小庚年老前辈大人过任城,出〈庚午雅集图〉重摹本见示,并属题句,灯下草草应命,不值一粲》诗。

廿年鸿雪此重摹, 省识高阳旧酒徒。

休对清樽悲白发, 应怜宿草感黄垆。

倦游倍忆乡园乐, 真面犹堪主客呼。

何日四公同握手,图中存者莲渚、芷林、砚樵、小庚四君子

更听春鸟唤提壶。

有客披图自倡酬,　　如携旧侣共扁舟。

豪情激宕惊□□,　　妙句推敲合拍浮。

过我重携□□酒,　　酹君应上谪仙楼。

□□□□□山味,　　何碍头衔署醉侯。

(《林则徐全集》第六册,诗词页一六四)

[按]　《云左山房诗钞》未收此诗。《诗选》据林家溱先生从林公手书真迹传录。第二首字有漫漶。

四月十五日至二十日,林则徐以河标四营弓力软者居多,特为较准定式,使习硬弓,并将陕甘总督杨遇春所制阵法,绘图贴说,发各标学习。(《林则徐全集》第一册,奏折页七四至七五)

四月二十八日,林则徐致书会试房师沈维鐈(鼎甫),再一次述说自己离河督就苏抚,而又担心日后事务纷杂棘手的矛盾心情。信中说:

则徐宣防未习,本不宜久侧河堧,圣慈曲体下情,默俞前请,俾得脱离河职,感极涕零。惟甫领封圻,即居繁要。且三吴积习涸瘵,难以拊循,漕弊日积日深,竟无转旋之术。特交要案又复络绎而来。诚恐陨越之虞,民监同于水监耳!

(《林则徐全集》第七册,信札页七○)

五月二十五日,交卸河东、河道总督篆务。

五月二十五日,有《致郑瑞麒》函,告知赴苏抚任所遇到的困惑。

弟昨接霁峰先生书,知二十日渡黄,定于廿五日在途接印。现值粮艘盛行之际,弟本应赴沿河一带督催,是以由沛登舟,带印迎至前途。兹于廿五日在台儿庄交卸。此次恭报卸事日期,另为一折。其奏事二折,一系湖水月报;一系粮船过境帮数,系卸事前二日所发,自应先递,再隔一日乃递卸事之折。霁翁接印折亦即同日递进也。卸事之后,弟即由水路南下,如途中一无阻滞,拟于六月初八日接苏抚事,倘有耽搁则改于初十外耳!

芷邻先生竟自奏请开缺,何以迫不及待若此,真不可解。此时吴中政务,五花八门,芷翁再作此举,大是散局,不胜焦急怅惘之至。继芷翁

者更不知何人,如生手或另有癖气,则大累也。

弟到苏后,离京较远,大约每月发折一次(如事多亦不能不添),尊处将近事随时条记,不须联贯,发信便可装入,不须临时逐件记忆,较为省事,尊意以为何如?

(《林则徐全集》第七册,信札页七一)

[按] 此两段在原函中上下连接一气,可能写于五月廿五日至六月初之间。

[又按] 霁峰为新任河督吴邦庆之字。芷邻为梁章钜之字,芷翁为林则徐对梁章钜之尊称。当时梁章钜以苏藩护苏抚印。估计梁章钜原认为自己会由护抚被任命为苏抚,不意派林则徐来任苏抚。他因与林则徐同乡、同学、官历不相上下,且科分比林则徐几早十年,如交印后退居藩司。即为林则徐下属,情难以堪,所以先自奏开缺。

六月初八日,林则徐在苏州接任江苏巡抚。(《接任江苏巡抚日期折》,见《林则徐全集》第一册,奏折页八一)由于他过去在江苏任官时办了一些有利于民生的事,所以接任这一天,"列肆香烟相属,男妇观者填衢,咸欣欣然喜色相告曰:林公来矣!"(冯桂芬:《林少穆督部师小象题辞》,见《显志堂稿》卷一二)当时任两江总督的陶澍对林则徐颇加器重。(梅英杰:《胡文忠公年谱》卷一)他们两人正在结成一种"志同道合,相得无间"的共事关系。(魏源:《文毅陶公行状》)

诗人汤建中曾有送行诗,颂扬林则徐在江苏的民望,诗中写道:

事业文章两不利,　　置身如在五云端。
禁中名早知元稹,　　江左人争望谢安。
才大定然经世易,　　眷深转觉报恩难。
苍生休戚凭谁倚,　　久作河流底柱看。

双旌颁自日边来,　　移镇三吴德泽恢。
元献声华清献节,　　潞公威望魏公才。
泛舟输粟传新政,　　苾舍甘棠忆旧裁。
往昔去思碑尚在,　　何期合浦竟珠回。

(汤建中:《筼绿山房诗草》卷二)

林则徐莅任之初,在报告接任的奏疏中论及钱漕之弊和整顿的方针说:

（江苏）一省设两藩司，钱谷最为繁重，而漕务已成痼疾，辗转生奸……则不独州县之浮勒，旗丁之刁难，胥吏之侵渔，莠民之挟制，均为法所不宥。即凡漕船经由处所，与一切干涉漕政衙门，在在皆有把持，几于无一可恕。……正恐漕额愈大之州县，仓库愈不完善。其致弊之故，人人能言；而救弊之方，人人束手。因循则伊于胡底，惩创则立见误公。……惟有持清勤以端其本，慎张弛以善其施。整顿钱漕，先惩己甚；清厘仓库，尤贵截流。当执法者不敢以姑息启玩心；当设法者不敢以拘牵碍全局。……

（《林则徐全集》第一册，奏折页八一至八二）

林则徐自起复后，连年升擢，又一再得到道光帝的嘉奖，故他在《和潘四梅大令〈焕龙〉见题拙诗并贺移抚三吴原韵》诗中，曾一再表述了这类"感恩图报"的思想。

惯教乌帽抗黄尘，　　宦辙年来五度新。庚寅秋任楚藩，辛卯春调中州，其秋调金陵，冬月擢督河东，今移苏抚

行水敢云劳楯橹，　　得人何以答丝纶。近叠奉批章，有"如此勤劳"及"得人尤难"之谕，不胜感悚

知交谬许文章伯，　　时事方思将帅臣。指湘西事

小技壮夫奚足论，　　鸿泥惭说去来因。

（《林则徐全集》第六册，诗词页一六四至一六五）

［按］　诗中所说湘西事是指这年湖南江华瑶民赵金龙的反抗，当时桂阳、常德和广东等地瑶民纷起响应，声势很大。清廷特派尚书禧恩、将军瑚松额视师，并由湖督卢坤调集湖北提督罗思举、贵州提督余步云、云南副将曾胜所部及湖南镇筸苗疆兵等四省兵力才镇压下去。

林则徐还为潘焕龙写了《四梅属题〈官阁联吟集〉》（《林则徐全集》第六册，诗词页一六五）。又为离任的友人原苏藩梁章钜写《题梁芷林方伯〈目送归鸿图〉》等诗。（《林则徐全集》第六册，诗词页五四）

林则徐为陶澍写《题陶云汀宫保登云台山画卷即次原韵》诗。（《云左山房诗钞》卷四）

［按］　王焕镳《陶文毅公年谱》记道光十二年四月二十六日，陶澍有《登东海云台山诗》，当时属和者数百人。画成图卷当在稍后，林则徐是到任后见

到此画卷时方题诗。又此诗《全集》未收。

六月十一日,林则徐在苏州考课书院,识拔了近代维新思想家冯桂芬。

余之受知侯官林文忠公也,以道光壬辰。时(徐)白舫先生客公署,见余所为制举文,有百年以来仅见之誉。公命余谒之,会北未果。

(冯桂芬:《关帝觉世真经阐化编序》,见《显志堂稿》卷一)

(林则徐至吴)越三日,课书院,荷公首擢,有一时无两之誉,谆勖甚至。

(冯桂芬:《林少穆督部师小像题辞》,见《显志堂稿》卷一二)

冯桂芬应林则徐招入抚署为林校任京职时所撰《北直水利书》稿。

道光壬辰以制举文受公知,尝招入署,校北直水利书。

(冯桂芬:《跋林文忠公河壖雪辔图》,见《显志堂稿》卷一二)

林文忠公辑西北水利说,备采宋元明以来何承矩等数十家言,蒙尝与编校之役。

(冯桂芬:《兴水利议》,见《显志堂稿》卷一一)

[按] 西北水利说实即北直水利议,冯桂芬因与东南运漕相对而偶误。

[又按] 谢章铤曾见《直隶水田简要事宜》钞本,疑即此书。谢氏于所著《课馀续录》卷四著录《直隶水田简要事宜》一卷,并记称:"侯官林文忠公著,予得钞本于雪沧。雪沧弁其首云:'《直隶水田事宜》一书,相传为吾乡林文忠公所辑。岁戊辰(同治七年),余与公文孙访西明经同寓都门,携以相示。并述公此书甫成,颇为时忌。获谴归来,讳弗称道,故家中无副墨,后得于某友宅,公四公子心北比部巫钞藏之。比部与余数谈此书,深足为法,因借录以备救时之一助云。'按钞本颇潦草。现此书已刻行,未知与此本有异同否?当校之。"(谢章铤:《赌棋山庄集》)

冯桂芬还为林则徐代撰《太上感应篇图说序》。(冯桂芬:《显志堂稿》卷一)

五、六月间,英船阿美士德号在东南沿海一带进行间谍侦察活动。各有关督抚魏元烺、富呢扬阿、陶澍、林则徐、讷尔经额均有奏报。当江苏沿海发现英船时,陶、林即命苏松镇总兵关天培"亲自督押",驱逐英船南行至浙洋,

(《英船窜入羊山洋面业已押令出境折》,见《林则徐全集》第一册,奏折页八三至八四)而当六月间英船重见于山东沿海时,陶、林即估计可能英船内"尚有夹带违禁之鸦片烟土等物,在于海口勾串奸商,哄诱居民,私相授受"。因此决定采取严厉

的对策,并共上《英船如夹带鸦片即饬令全数起除当众焚烧片》称:

现被东省驱逐之后,折回南行(自南行至下文即当之侧有朱批:"日者不当视为易易,含混入奏,而今亦不必如此张皇,妄逞材能")。若再入江境内洋,停泊海口,即当密派文武大员,前至该夷船严行搜查,如有鸦片烟土等物,饬令尽数起除,传同夷众当面焚烧,毋许稍有留剩。一面密访船内汉奸,指名查拿,令其自行交出,以便讯明,从重奏办。倘夷人胆敢抗违,即行多派水师弁兵,排列巡船,申明禁令,示以声威,靖其桀骜之气,庶外夷咸知儆惧,而洋政愈以肃清。

(《道光朝外洋通商案》,见《史料旬刊》第十五期;

又见《林则徐全集》第一册,奏折页一二○至一二一)

[按]　此片由两江总督陶澍领衔。片尾有朱批云:

道光十二年八月初五日奉朱批:"此事总以不准停泊销货为正办,再要明白交替不可两省推卸。若因此别生枝节,致启衅端,则责有攸归矣。凛之。另有旨。"钦此。

这是林则徐最早提出搜查、焚烧鸦片的主张。它表明了林则徐对鸦片问题的密切注视和严正的民族主义爱国立场;但是,庸懦的清廷却在八月初对这一主张给予了不要"别生枝节,致启衅端"的朱批,加以指责。

六月二十五日,陶澍、林则徐专折请补姚莹为江苏长洲知县。(《林则徐全集》第一册,奏折页八五)

六月二十五日,上《请定乡试校阅章程折》,提出整顿乡试风气的见解。

窃查江南为人文渊薮,入闱士子多至一万四五千人,额设同考官十八房,每房约须校阅八百余卷,稍有草率,即恐遗滥交讥。臣闻近科房官每有争先荐卷之弊,以为荐早则获隽者多,荐迟则中额已满,难于入彀。故于头场分卷到手,辄将首艺中幅略观大概,谓之望气,其合意者汇为一束,以备加圈呈荐;稍不称意,即置落卷之列,不为下笔。原其初心,仍欲俟佳卷荐完,再将落卷复加细看,以决去取。乃头场荐卷未毕,而二、三场试卷已陆续送入内帘,因又赶觅已荐之字号,连经文、策问一并加圈,亟随头场呈荐。盖恐别房之荐卷三场均已齐全,而该房仅有头场,不能早供考官比较,则所中即不及别房之多。是以相率效尤,总以赶早荐完为分房之捷诀。直至三场荐卷俱已毕事,然后将先前略观大意之落卷,批点塞责。彼时中卷已定,意兴阑珊,纵或见为佳文,亦诿诸其人之命。于是误分段落者有之,误读破句者有之,并有文非荒疏,仅点首艺开讲数句而即摈弃者。其批驳之词,不曰欠精警,即曰少出色。此等批语,竟可预先书就,不论何等文字,皆得以此贬之。似此校阅情形,定弃取于俄顷之间,判升沉于恍惚之际,诚如圣谕:"回思未第之先,与多士何异?乃于落卷漠不关情,设身处地,于心何忍?"

至士子敦品自爱者固多,而希图幸获者亦复不少,科场搜检自当从严,惟人数至一万数千之多,难保全无遗漏。且往往因搜检而愈形拥挤,因拥挤而不免稽迟。查嘉庆癸酉科江南乡试,因首场封门太迟,奏请议处。是于认真搜检之中,又须不误日时,方为得体。臣查夹带之弊,约有三端:一则专带文中典故,以及经解策料,虽有所取资,而尚须运用。一则坊刻小本成文之类,明知不可抄袭,只图采掇成篇。一则分倩多人,将四书题文全行制就,携带入场,见题即抄,不费思索,闻近科以此幸获者,颇不乏人。是以平时言馆地者,教读之外,别有作文席面,每撰一篇,自二三百文至洋钱一圆不等。文名愈著之士,揽作愈多。且众人争托其名以售,文艺大半脱胎录旧,并非独出心裁,而一篇或售卖两家,一稿又传抄数手,如斯之类,必犯雷同。但帘官眼力不齐,雷同者未必均在一房,故有通篇一样之文,此中而彼黜者。

(《林则徐全集》第一册,奏折页八九至九一)

八月二十一日,桃源县(今泗阳)监生陈端等盗决桃南厅于家湾龙寓汛十三堡黄河堤岸。数日间,堤岸崩塌,黄水溢流,淮扬一带,尽成泽国。

八月二十七日,林则徐上《江苏省道光十一年地丁钱粮比较上三年完欠分数折》,报告征收地丁钱粮情况,所附清单详列所属府厅州县征收数字,可供参证。(《林则徐全集》第一册,奏折页一六〇)

八月二十七日,清廷命各地严禁弁兵吸食鸦片。

近来粤、闽等省,兵丁吸食鸦片烟者甚多,即将弁中食鸦片烟者,亦复不少,相率效尤,恬不为怪,筋力疲软,营务废弛。……粤闽既有此习,其余各省,恐亦不免,著各直省督抚、提镇通饬陆路、水师各营将弁,务须正己率属,不得仍蹈故习。

(《清宣宗实录》卷二一八)

八月，壬辰科江南乡试。林则徐奉命入闱监临，事先于六月二十五日曾上《请定乡试校阅章程》，针对当时科场中的弊端，如考官为争先荐卷而不能认真批阅全部考卷；考生为侥幸登进而夹带录旧；以及点名入场纷乱拥挤等，提出了相应的改革办法。（《林则徐全集》第一册，奏折页八八至九一）

　　［按］　林则徐改革考场制度事，清人笔记如《燕下乡脺录》、《金壶七墨》、《白下琐言》、《潜庵漫笔》等书中多有记及，详见本书附录《谱余》。

八月，林则徐与两江总督陶澍会奏，裁撤江宁、镇江二府照磨，扬州府检校，华亭县主簿，金坛县湖溪司巡检。又与南河总督张井会奏，裁撤丹徒、如皋二县县丞，仪征、清江闸闸官。均允行。（《清史列传》卷三八《林则徐传》）

九月初二日，林则徐有《致友人》函谈到兴修淮扬水利之事，他在信中说："近日正望湖涨消落，堵闭各坝，俾下河得以种麦。"急切希望能恢复生产。信中还谈到陈端破坏官堤的案件。他权衡轻重，心急如焚，打算离开乡试监临的职任，要求去察看水势，信中说："然以此时形势揣之，全黄入湖，滔滔下注，湖东各州县更不止如前此之被淹，弟又何能安坐金陵，不往勘办？是以权其轻重，将文闱余事交赵方伯代办，奏明白往淮扬察看水势。"（《林则徐全集》第七册，信札页七三）

　　［按］　此信原件由林氏五世孙林桢墉收藏，福建省博物馆所藏为复印件。邓华祥所撰《介绍一封林则徐在淮扬治水的信札》一文载《福建文博》1980年第1期。函中所云赵方伯指江宁布政使赵盛奎。又《全集》脚注称："此友人当时在京，据五日之内寄二信、求寄闱墨、落款称'心'几点推测，受信人似为郑瑞麒。"

九月初二日，上《赴清江查办挖堤重案并沿途查勘水势折》，报告八月二十一日河堤被挖案情，并陈述淮、扬一带水势云：

　　今岁夏秋以来，洪湖盛涨，上下各坝全开，坝水所经之处，田禾被淹，收成已属歉薄，除较重之桃源县吴城、陆城两乡先请抚恤外，其余被灾轻重情形，正在委员分投确勘，归于秋灾案内分别办理。

（《林则徐全集》第一册，奏折页一五一至一五二）

九月初九日，林则徐到扬州，查勘水势。十六日，到清江浦，视察决口处及调查洪泽湖水出路问题，并讯办决堤犯。月底，清廷派陶澍、穆彰阿来清江浦专为处理决堤一案。（《淮扬水势已见平缓及督拿挖堤重犯折》、《遵旨将挖堤案犯解

交陶澍等审办折》,见《林则徐全集》第一册,奏折页一五七至一五八、一六八至一七〇)

九月,卢坤任两广总督。裁撤包庇走私的巡船,并责成水师实力缉私,但因水师积习难除,未见成效。(《清史列传》卷三五《卢坤传》)

闰九月初一日,清廷命林则徐等严拿河南决堤首犯陈端等归案审办。(《华东续录》道光二六)

闰九月初三日,林则徐返苏州,以逾限未获决堤首犯陈端,受降五级留任处分。林则徐返回任所后,即着手处理钱漕事务。

闰九月二十七日,林则徐上《江苏道光十二年九月份雨水粮价折》,附有清单,详列各属粮价,并有与上月比较数,为物价参考资料。自五月至十一月份均有同样内容报告,惟十月原折残缺,已无清单。(《林则徐全集》第一册,奏折页九二、一〇一、一二七、一六〇、一八一、二一六、二四七)

闰九月,林则徐写《和石琢堂廉访(韫玉)〈七十七岁自寿〉原韵》和《和韩桂舲司寇(對)〈重游泮宫〉原韵》等诗。(《林则徐全集》第六册,诗词页一六六至一六七)

秋,林则徐亲赴练湖运河一带履勘,曾议"择要筑坝以利节宣"。(《林则徐全集》第二册,奏折页一七七)

秋,写《题〈南武奉祠图〉,应李兰卿同年(彦章)属》诗,盛赞李彦章宦绩及其子之文采。林则徐在该诗中所提出的"征无加羡之公无滞,即此民心呼吸应"的施政标准,正是他作宦多年争取民心的经验总结。(《林则徐全集》第六册,诗词页五五)。又撰《玉环同知杨君丹山墓表》,表彰其政绩与孝行。(《林则徐全集》第五册,文录页四六八至四六九)

十月二十三日,林则徐上《资送流民回籍片》,议招淮、扬一带逃灾在外的流民回籍从事农业生产。(《林则徐全集》第一册,奏折页一九五)

十月二十五日,林则徐在《致郑瑞麒》函中,述说目见江苏漕政之腐败而无可奈何的窘状。

> 弟回苏浃月,无日不向所属索债,如米价存库及新钱粮漕项,皆不能不加紧严催,而积重难返之情形,实非语言所可殚述。现将交代各案,勉强复奏,其万难之状,尚不敢径遂直陈也。……此间多做一日,总多一日愆尤。

(《林则徐全集》第七册,信札页七四)

十月二十六日,向清廷报告,他从"杜亏"入手,严催紧逼各州县官吏在限期内清理钱粮交代,并弹劾了挪侵钱粮的官员。(《江苏未结交代已逐案清厘并查提存库银数折》,见《林则徐全集》第一册,奏折页二〇二至二〇三)

十月,林则徐撰《〈筹济篇〉序》。《筹济篇》是常熟杨景仁于道光三年所编(序中说是书"感癸未之灾而作"),乃"取古今荒政之可行者,类次排纂,条分件系之,疏通证明之"。是一本预筹救灾办法的参考资料,可以使"为民牧者,事理洞达于平时,偶值偏灾,措之有本"。序中又呼吁"牧民之官"要经常注意"乐利吾民"、"通民疾苦"。(《林则徐全集》第五册,文录页三八九至三九〇)

[按]　《筹济编》有单刻本,其序中文字与《云左山房文钞》所收序略有不同。序中说:"迎膺简命,来抚此邦",指林则徐于道光十二年二月调任苏抚事,则序当写于十二年。单刻本序后有"道光壬辰冬十月年家子林则徐拜撰"句,壬辰为道光十二年可知此序撰于十二年十月。《全集》本订为道光十三年十月,不知何据。

约十月、十一月间,友人张际亮在吴晤林则徐后,写诗颂林则徐在吴的治绩:

去年适京师,　遇公在梁园。

今年返故里,　见公复吴门。

舟行不舍棹,　东发不留辕。

此情何太促,　蓄意未敢言。

黄鹄览四海,　饥鸣决云根。

仰羡鸳鸾飞,　耻逐鸡鹜喧。

十月太湖波,　暗风吹鼍鼋。

轻帆挂飘摇,　雨气横天昏。

吴民苦多难,　朽骨连江村。

夜宿菰芦中,　鬼语如烦冤。

剪灯起太息,　怅望忧乾坤。

迩来东南困,　十室八九存?

田庐浸巨浪,　疾疠驱残魂。

生者委道路,　死者怨子孙。

幸逢持节钺,　磨使还温饱。

177

万命偿再活，	一夫岂足沦。
终宵愧俯仰，	倦旅穷驰奔。
天运苟有待，	人事亦已屯。
回首阖闾墓，	不见金虎蹲。
霸业幸已消，	忧乐功谁尊。

（张际亮：《张亨甫全集》卷一八）

十一月二十日，在苏州有《致郑瑞麒》函，告知苏省政情之难云：

陈端逃往东省属实，而仍无获。昨准钟云亭来咨，并云仍回盱眙一带，只得分投再拿，但恐自经沟渎而莫之知耳。目下所最忙者兵差，两起过境，布置大难。江苏自丙寅年办台湾兵差以来，直至道光三年清查，始将亏款和盘托出。今又添一大漏卮，奈何！而虎视耽耽者尚不知几许也。夷船幸已开行，明岁南风，来者闻有数十，此时不敢张皇，但当密为之备耳。

闽中当事来信，商量由苏运米接济。弟亦备闻台湾平定尚易而内地乏食（秋收大坏，台米绝无），大为可忧。如有恩旨将苏省搭运之漕米拨闽，发价以充军需，则是吾乡如天之福。此间由上海配运，弟当经理其事；但此议断非弟所敢上陈，恐招取巧之谤耳！

（《林则徐全集》第七册，信札页七五）

[按] 夷船当指道光十二年正月至八月英船阿美士德号在我国沿海所进行的侦查性活动。

十一月二十八日，林则徐《致郑瑞麒》函，述说整顿漕务的徒劳无功：

弟到苏以来，力与各属屏除浮费，事事俭之又俭，冀以补苴，今则变本而加厉矣，能不令人焦急。

（《林则徐全集》第七册，信札页七六）

十一月，林则徐命各属逐一清厘未结交代之案，并查提十一月分各属存库银数，于是全省钱谷案牍无滞留蒙蔽之事。（《清史列传》卷三八《林则徐传》）

秋冬之际，写《题李兰卿〈湖西秋禊图〉》，见图抒念友情。（《林则徐全集》第六册，诗词页五六）

十二月十五日至年末，青浦名医何书田为郑夫人诊病，林则徐向其垂询东南利害,何所对甚当林意。何逗留旬日后,在归途船上尽四昼夜之力向林则徐提交了《东南利害策》十三道,得到林则徐的重视,为此写赠楹联。何特记其事入年谱。

> (道光十二年)十二月望后,中丞又招往复诊。逗留旬日,把酒畅叙,承垂询东南利害,山人尽意以对,中丞极当意,遂定交焉。岁梢返棹,四昼夜制《东南利害策》十三道,密以献。后中丞举而行诸九,并蒙手书楹联,句云:读史有怀经世略,捡方常著活人书,及书籍笔墨为赠。
>
> (《何书田年谱》,见杨国桢:《林则徐传》增订本,页一三三)

十二月二十九日,林则徐友人、书法家、大理寺卿郭尚先卒。(郭嗣蕃:《兰石公年谱》)林则徐为撰《大理寺卿兰石郭先生墓志铭》。(《林则徐全集》第五册,文录页四八七至四八九)据郭尚先后人云:“文化大革命”期间,郭墓曾被炸开,墓志铭作为建筑材料,铺设某一桥梁道上。郭书手迹,今多流传,人争购藏。

十二月,年终官吏考绩,林则徐上《密陈司道府考语折》时,曾陈述整顿吏治,当从“自察”开始的主张。这种反求诸己的求实精神,在当时一般封建官僚中还是少见的。(《林则徐全集》第一册,奏折页二五九)

是年,冯桂芬曾请求林则徐推荐他任江阴书院讲席。(冯桂芬:《显志堂稿》卷一二)

是年,林则徐会同陶澍创议整修疏浚刘河、白茆河等河道。

> 十二年,陶公总督两江,巡抚林公复与督府会奏,浚刘河、白茆河,旋又通七浦、徐六泾之口,修昆山之至和塘,浚太湖之茆淀,而告成于三江口之宝带桥。三载经营,百废备举,先后糜金钱若干万,而刘河则以元和知县黄冕奉檄总其役,宝带桥又元和所辖也。
>
> (《魏源集》页三九六至三九七)

是年,鸦片走私输入的箱数由十一年的一万六千余箱增加到二万一千余箱。(马士:《中华帝国对外关系史》第一卷,页二三八)

是年,英国大鸦片贩子马地臣和查顿合伙开了怡和洋行,(Jandine Matheson & Co.)这是广州最大的贩毒组织。这个公司拥有许多武装的鸦片走私快船(“飞剪船”)。其活动范围从东南沿海一直伸展到天津与东北。这个公司后来对中国进行了百有余年的侵略活动。(严中平:《英国鸦片贩子策划鸦

片战争的幕后活动》,见《近代史资料》1958 年第 4 期)

是年孙尔准(1770—1832)、胡承珙(1776—1832)、郭尚先(1785—1833,卒于道光十二年十二月二十九日应为公元 1833 年 2 月 18 日)卒。

道光十三年　癸巳　1833年 四十九岁

正月,林则徐在苏抚任。

正月二十二日,上《修筑六合被冲决堤埝折》,为民请命,要求政府拨补不足款云:

> 该县应修圩埝为保卫田畴要工,既经地方官勘明被水冲决,自宜及时修筑,期获有秋。惟此项工程本应民间集资修办,灾歉之后,民情困苦,所有共估需银五千余两,除业民已捐银二千余两,其不敷银三千三百两,无力凑办,系属实在情形:合无仰恳皇上天恩,俯准在于司库银款照数借拨,俾得乘此春初水涸农隙之际,上紧修办,以资捍卫。所借银两,即自道光十四年为始,在于粮田项下分作三年,按亩摊征还款,〈俾〉库项不致久悬,民生借资乐业,感沐皇仁,实靡有既。

> > (《林则徐全集》第一册,奏折页二六〇)

正月二十八日,上《查明江苏现无种卖鸦片,各署也无买食之人折》,将江苏种买鸦片的情况上报清廷。(《林则徐全集》第一册,奏折页二六二至二六三)

正月,林则徐于苏州作《致陈寿祺》函,对当时社会情况,连年灾情和兴修水利等方面均有所论及。首先,他向陈氏倾吐近年调动频繁,处境困难的状况说:

> 则徐庚寅之秋,自都至楚,明年春移汴梁,其秋再移江淮,办灾未毕,谬领宣防,辞不获已。去春载奉抚吴之命,以得离河上为幸。然吴中凋敝之余,谈者鲜不以为畏途,以芝林之敏练,犹复知难而退,况贱子乎?受事甫半月,即以监临文闱,移驻白下。今河事孔亟,淮、扬告灾,未待撤帘,驰往抚视。是冬始返吴下。未几而兵差矣。仆仆从事,迄今未能少休。突既不黔,炊又无米,劳累之余,精力日以消沮,心绪日以恶劳。

接着,林则徐又指出江苏难治的要害,并陈述理漕治河的主张说:

> 则徐见近年以来,吏之与民愈不能以恩义相结,人心日以不靖。如

陈连、黄番婆等之事,固在意中,而仅见诸海外之隅,犹为不幸中之幸耳!台变明知不能持久,事起之际,鄙意总以内地之米为忧。致当事书,谓除截留江浙漕米海运赴闽之外,别无他策,而江苏有搭漕二十万石,乃于正漕之外补还旧岁年额者,尤可挹注。昨奉谕旨,因此间距闽较远,故仅浙漕十万,而苏漕不准截留。此外江西及浙中购买之米,未知果能如议否?

江苏之病,更比吾闽为难治者,以"局面太大,积重难返"二语尽之。自道光三年至今,总未得一大好年岁。而钱漕之重,势不能如汤文正之请减赋,故一年累似一年。江北连岁水灾,更不可问。如洪泽湖蓄淮济运,即以敌黄,在前人可谓夺造化之巧。自河底淤高,而御坝永不能启,洪湖之水涓滴不入于黄,则惟导之归江,而港汊纤回,运河吃重,高邮四坝,无岁不开,下河七州县,无岁而不鱼鳖。黠者告荒包赈,健者逃荒横索,皆虎狼也。惟老病之人则以沟壑为归己计耳。官斯土者,岂无人心,但可为民食计,亦未尝不竭其思力。其如处处如是,岁岁如是。赈恤之请于朝者,无可更加,捐输之劝于乡者,亦已屡次。智勇俱困,为之奈何!

则徐窃不自量,谓欲救江、淮之困,必须改黄河于山东入海,而以今之黄河于淮涧出洪泽湖以为帝藉。江浙之漕米可以稍轻,而运费遂有所从出。于张秋划南北岸,分造南北运船,隔岸转艘,漕既无误,河亦可治,江淮之间民困可苏矣。尝谓古之善治河者如神禹。禹之治河,固非后人所可思议。若汉之王景,非不可学者。何以王景治河由千(乘)入海之后,史册中不闻河患者千六百年。大抵南行非河之性,故屡治而屡为患耳!则徐久欲将此意上陈,而非常之论,正不独为黎民所惧。近日都中物议以则徐为以议论炫长者,且此议必为风水之说所阻,明知不行,不敢饶舌。……

《林则徐全集》第七册,信札页七七至七八

正月,林则徐的友人潘曾沂推行"区田法"以改进农业。潘在《述梦二绝句寄陆(我嵩)、杨(文荪)并简林(则徐)》(《功甫小集》卷十)诗中说陆想得到潘的《区田书》来推行"区田法"。潘把此诗寄林是希望得到支持。林则徐的另一友人李彦章在和潘诗的诗中有句说:"望岁希元心更切(谓中丞)",揭出了潘的心意。不久,潘曾沂又在《齐(彦槐)新制龙尾车,甚宜于区田,且合二水入田之梦喜赋此诗并简林(则徐)、陈(銮)》一诗的注中说:"近年丰豫庄农书(指区田书)渐行于他省而浙之宁绍两郡人信者独众,林中丞在河南时教种有验。"可见,林则徐对区田法这种比较先进的农耕技术,不仅支持,而且还曾作过试行。

[**按**]　潘曾沂在道光七年于本乡设丰豫义庄,次年在义庄试行区种法有成效,著《区田书》,并写有关区田的诗若干首。这些诗均寄林,这一方面表示潘林的友谊和希望得到林的支持,另一方面也反映了林重视改进农耕技术。

林则徐对于新农具也很重视,当时人齐彦槐仿制西法水车龙尾车。林得悉后,不仅亲到现场看试用,而且想到推行于农用和治水等方面。齐彦槐曾有《龙尾车歌》记其事:

神龙卷水非独神,	实有利器藏其身。
利器在鬣不在鳞,	鬣附于尾旋转匀。
九天云垂尾一伸,	水随鬣转转入云。
泰西儒者生海滨,	所居殆与蜻蜓邻。
无事静观龙取水,	制为水车像龙尾。
八绳附桌螺丝旋,	缭绕往复成回川。
两头空洞桶底脱,	半腰约束环中圆。
飞流直下三千丈,	水不自知其己上。
激浪奔腾似决渠,	神机活泼如翻掌。
灌园丈人笑桔槔,	讵知翻车亦徒劳。
翻车一架五人踏,	水漏不得全归槽。
老鸦衔尾首蜕骨,	自汉至今唯此物。
入愁障水出帆风,	那得沟塍流汩汩。
江南农家斟盖藏,	踏车十日忧无粮。
泥沙抛弃吁可惜,	源断泽竭终成荒。
盍观此龙尾掉河,	尺水可以兴洪波。
内无退转外无漏,	崇朝百亩如滂沱。
一车当五人当十,	用力甚少成功多。
八家同井办一具,	旱涝不患田无禾。
利熊二士来西海,	法入中华三百载。
布衣能述不能行,	霖雨还须有人在。

> 侯官中丞今大贤，　　讲求水利筹农田。
> 闻余述作亟欲睹，　　二龙跃上荆溪船。
> 草桥试车日卓午，　　倾城士女观如堵。
> 云蒸雾涌喷薄来，　　欢呼动地声如雷。
> 塘宽十亩深二尺，　　车乾七寸才三刻。
> 中丞大笑与我言，　　此利不止关田园。
> 迩来洪湖拍天际，　　怀襄往往为民厉。
> 千车倒挽刷黄流，　　两坝三河可长闭。
> 浏河淤塞久欲疏，　　车水迟迟恐糜费。
> 伐轮百部寘河漘，　　畚锸兴工日可计。
> 我知车有可行机，　　元日吾曾端策筮。
> 见龙在田德施普，　　利见大人当用世。今年元旦筮得乾之同人，是月
> 始制龙尾车，林少穆中丞一见大喜，欲奏而广行之，利见大人之占，于是乎验

（齐彦槐：《梅麓诗钞·补遗集下》）

林则徐重视农耕技术的改进和新农具的推行，反映了他重视农田水利和善于博采众议的精神。

三月初三日，林则徐因江苏久雨，撰《祈晴祝文》求晴。文中反映了当时江苏地区"自冬历春，恒雨百有余日"的灾情，指出灾情对农业和手工业上所造成的危害。对农业的损害是：

> 下地之二麦已失望矣，若犹未已，是并上地而无遗种也。……在田之麦，贷种而播，根荄久濡，茎叶旋萎。嗟乎！农力竭矣！今日之无麦即他日之无禾也。

对手工业的危害是：

> 吴之士女业纺织者什九。去秋飓风三日，吉贝飘然，又以岁俭之故，人情先食后衣，尺布不能易勺米，生计之蹙，未有甚于今日也。

（《林则徐全集》第五册，文录页四九九）

四月初六日，林则徐会同两江总督陶澍对给事中孙兰枝所奏江浙两省银昂钱贱、商民交困的各项意见写了《会奏银昂钱贱除币便民事宜折》复奏。林则徐起草的这篇复奏不是一般的例行公文，它反映了林则徐的经济思想，提出了经济主张，是一篇有关中国近代经济思想史的重要文献。孙兰枝从

184

地丁、漕粮、盐课、关税及民间买卖各方面论证由于钱贱银昂所造成的商民交困情况，从而提出了禁私铸、收小钱、定洋钱之价等等对策。林则徐承认银昂钱贱商民交困的现实，但是，他反对骤平洋钱之价和骤禁洋钱在市面流通的办法。林则徐第一个提出了一套自铸银币、建立本国银本位货币制度的主张。他建议一面发展正常对外贸易，增加海关洋银收入；一面逐渐抑制洋钱流通，最后将洋钱全行禁止。这是从健全财政、金融和海关制度方面着眼来保护和发展民族经济，以抑制西方资本主义的经济侵扰。它是一种具有反对外国经济侵略意义在内的进步主张。在这以后几年里，林则徐还不断就有关问题阐述自己的主张。这份奏疏中包含如下一些主要内容：

（一）林则徐分析了自发的货币流通情况，观察了市面流通中广泛出现的洋钱价浮于白银的事实，认为不宜骤然抑平，因为有一部分"佣趁工人积至累月经年，始将工资易得洋钱数枚，存贮待用，一旦价值亏折，贫民见小，尤恐情有难堪"。他经过向"年老商民"调查后，提出了对市面流通洋钱的浮价应照纹银为准的主张。

（二）林则徐深知改变钱法就是改变"祖宗成法"，不是"臣下所敢轻议"的大事，所以只能委婉曲折地假托老商民之说，提出自铸银币的具体意见。这一主张实质上是在中国实行近代本位币自由铸造制度，是中国最早提出铸造银币的主张，如能实现，对资本主义经济的发展将提供一个必要的工具。

（三）林则徐根据鸦片大量输入、白银大量外流所造成的危害是"直可谓之谋财害命"，而烟毒"为厉于国计民生，尤堪发指"。于是提出了严禁鸦片、查拿烟贩和制定处分白银外流的章程等主张。这是林则徐正式提出严禁鸦片的第一道奏折。

（四）林则徐认为私铸小钱破坏钱法最甚，地保、胥役能从中取利，应收缴杜绝，但宜把过去论斤收缴改为大小钱折合法，方可逐渐净尽。（《林则徐全集》第一册，奏折页二六七至二七〇）

清廷根据林奏，就由刑部议定治罪专条，并纂入则例。其规定是：

纹银出洋：一百两以上照偷运米石一百石以上例发近边充军；一百两以下杖一百、徒三年；不及十两者杖一百、枷号一个月；为从、知情不首之船户各减一等问拟。

（《东华续录》道光二七）

四月十二日，有《致潘曾沂》函，论民间拮据事。

弟查本年民间拮据情形，由于连年积歉，生意不通，布帛滞销，织袵停歇，兼以一春阴雨，佣趁无从。是以弟于二月初间即通饬苏、松、太三属劝办图赈，并以事宜六条颁行遵照。据外州县陆续禀报，或散钱米，或设粥厂，或辘轳买运，减价平粜，至今俱未歇手。独苏城未见大办者，一以居民太稠，动手即恐不继，欲向大户劝捐，而意趣不同，难使尽行推解；又因粮艘未出，州县百孔千疮，亦力难兼顾。且见进关客米源源而来，但算季春一月，已有二十七万石，四月朔至今，又已十万有零。天色晴明，二麦尚有六分余之望。故但于栖流所等处收养老疾贫丐，并由官分设粥担、面担，挑赴沿街沿巷，遇有饥馁者，酌给一两碗，取其可行可止，劳费轻而事易举，以俟麦收之后，察看情形，再行筹办耳。至好善之家，谅必不乏，但能损己济人，皆有所益。弟于见士临民，无不以此相告，欲其交劝于善。惟自檄行之后，不复示谕通衢者，亦恐莠民借此为题，沿门坐饭，启刁顽而滋索扰。盖作官治民之苦心，与行善于乡之义举，有不能专看一面者。所谓禹、颜易地，正未便径情而行也。

贵庄捐田备荒，正为青黄不接之时而设。刻下务祈倾囷以出，多设一二处厂所，或减粜（次贫），或折给（极贫），如古人丁籴戊济之法，救济必多。至于出示劝捐，弟意此时有难办处，容再面述一一也。所不可解者，近日天晴已久，客米来多而米麦价值日昂，小民食贵，恐是奸商把持之弊。现已慎密访查，然又不敢过抑，以阻其来路。或云粮艘去尽，米价自平。

（《林则徐全集》第七册，信札页八一至八二）

六月二十三日，在苏州有《致郭柏荫》函，言翰林散馆之事，并忆及当年在翰林院时生活情况颇详。（《林则徐全集》第七册，信札页八三至八四）

七月初九日（8月23日）英国废止东印度公司独占权。

直到1834年为止，"关于向中华帝国疆域输入或输出商品的业务，其贸易和经营的独占权"，就英国臣民来说，在法律上是属于公司的。

〔英〕格林堡著，康成译：《鸦片战争前中英通商史》页一六由于这一独占权的停止,任何英商都可以自由到中国贸易。这是英国资产阶级进一步开拓海外市场的重要措施,也是英国对华政策的转折,改变了在中国控制下由公行和东印度公司居间的贸易关系为由英国驻华商务监督直接与清朝政府接触。这是英国发动侵华战争的一个重要步骤。

[**按**] 1833 年 8 月 23 日英国国会通过《东印度公司改革法案》,取消了东印度公司对华贸易的独占权。12 月 9 日,英枢密院明令废止这种特权,把东印度公司改组为统治印度的行政机关。

七月二十一日,黄爵滋上《纹银洋钱应并禁出洋疏》,对刑部所定禁银出洋章程提出异议。他主张洋钱应与纹银同样禁止出境,并加重偷运出洋的罪名;同时,也主张禁止内地用纹银仿制洋钱。(《黄爵滋奏疏许乃济奏议合刊》)

七月,林则徐上《驿站余剩银两展限提解片》,建议清理江苏钱漕的积欠,提出了"专严于提新,而渐责其补旧"的办法;同时,他指明"驿站余剩一款,名虽余剩,实即捐赔"的虚伪情况。(《林则徐全集》第一册,奏折页二七一)

[**按**] 《全集》注称"此片出奏似在春季"。

七、八月间,江苏上元、江宁等六县粮食产区水灾严重。林则徐的疏中说:

(一)上元县:"该县北乡沿江各圩,潮水冲溃,田禾先已被淹。其东南乡沿河一带圩田,前被河水灌注,情形尚轻,复值江潮加涨,淹没殆尽,民情困苦。"

(二)江宁县:"西乡圩田均系贴近大江,前已被淹。七月中旬以后,连遭大雨,江水盛涨,附近江圩之处,一片汪洋。又东乡贴近秦淮河之凤东等区,因河水通江,江水加涨,拥入河内,水不能下流,倒漾散漫,田禾均遭淹没。"

(三)句容县:"北乡地处低洼,自六月以来,潮水泛滥,浸及低田。八月初三、四等日,风雨连乡,江潮汹涌,前此未破之圩,水浸日久,堤脚已松,更值风潮荡激,遂致溃决。或因圩身塌矬过水,人力难施,田禾漂没,间有庐舍倒坍,栖止失所,尤堪悯恻。"

(四)江浦县:"低田圩岸,先被江潮冲缺,禾苗俱在水中,房屋多有坍塌,洲地芦苇被水漫淹,梗叶腐烂,迨七月二十五、六等日,潮水加长,地势略高之腹内各圩,亦被漫破。"

(五)仪征县:"东乡沿江一带外圩田亩,前因风潮陡发,于六月十三等日先后被淹。八月初一、二日来源涌急，水势更大，兼值初三日大汛之期，风雨昼夜不息，江水泛溢，复将西乡接壤六合之内圩田亩及南乡未淹里圩，俱经淹浸。"

（六）丹徒县："七月初一、二、三等日大汛期内，东风大作。初四、五等日，风雨交加，山水下注，以致江湖陡长，沿江低洼田庐同时均有淹漫。七月二十八、九及八月初一、二、三等日霪雨，东风连宵达旦，兼之江北各路水势骤注，潮汐更大，圩岸冲残，各灾民篷栖露宿，口食维艰。"

林则徐根据各受灾县"田庐淹没，栖食无资，情形较重……民间积淹日久，困苦倍形……"的严重灾情，认为"若俟勘定灾分再请接济，实属缓不济急，自应先行抚恤，俾免流离失所"，于是一面先行发放银两，一面又请求清廷"准将上元、江宁、句容、江浦、仪征、丹徒六县沿江被淹各乡，先行抚恤一月折色口粮，以资接济"。（《林则徐全集》第一册，奏折页二七五至二七六）

八月，林则徐整理江苏沿江沙洲产权。这些沙洲曾经前任巡抚陶澍奏准召佃收租充水利经费，但其中有已成书院及善堂公产，并有民户承买有案之业，其中尚有一些赖此度活的穷民。因此，林则徐奏请：凡在道光八年新例以前已属公产民业并报部有案者，一律准买执业，使"各项善举，经费有资，不致坐废，更免小民流离失业"；其他未经报部及例后所报者，发还原价，概行归公。（《林则徐全集》第一册，奏折页二七三至二七四）

九月初四日，有《致沈维鐈》函，论江淮收成、生活与漕粮诸事云：

江淮六月以前本有全丰之望，乃以上游盛涨，兼遭半月淫霖，江宁破圩最多，扬州、镇江次之。其极贫之户已请给抚恤口粮，幸高田皆属有秋，把彼注兹，米价尚不至大贵。洪泽湖中秋前异涨，不亚去年，上游河坝全开，下游亦启放三坝。所差喜者，下河之早禾、中稻皆已登场，晚稻多在高区，尚可力加保护，民情借以安帖，不至流亡。近者节届霜清，水势日形消落，被灾分数或□不致加多，苏、松等属禾稻约有七八分，惟棉花则屡被雨风，仍多损失。

此间漕粮之累，愈积愈深，今春已力尽筋疲，而终不免有决裂之处。漕船到坝，比往年迟至月余，并闻挑剔甚严，旗丁应赔米石以数万计。丁既焦烂，则州县受其殃；州县重困，则良民受其殃；至良民亦不甘心而效尤于莠民，则漕事之误必矣。今冬督办，比之前届更难。但先求天气老晴,自此以迄收成,绝无风雨,米质或可不坏。然此间收割太晚,畚谷尤迟,立冬后尚在举镰,冬至前犹闻掼稻,安得有许久晴天以从民欲乎?

(《林则徐全集》第七册,信札页八五至八七)

九、十月间,太仓、镇洋、嘉定、宝山等州县,连遭风雨成灾。其"已刈在田之稻,无从晒晾,霉烂生芽。木棉先结花铃,多已脱落,即晚结之铃,亦经腐烂,收成失望"。(《林则徐全集》第一册,奏折页二八〇)

十月二十九日(12月10日),英王任命律劳卑(William John Lord Napier)为对华贸易总监督、部楼东(Plowden,William Henry Chichely)为第二监督、德庇时(John Francis Davis)为第三监督。由于部楼东在任命前已离华,德庇时改任第二监督,而由罗治臣(Sir George Best Robin son)任第三监督(马士:《中华帝国外交关系史》第一卷,页一三七),东印度公司对华贸易的专利权被取消。

[按]　律劳卑启程前,英国外相巴麦尊(H. J. T. Palmerston)曾给他三项指示:(1)设法推广英国的商业势力到广州以外的其他地方;(2)在中国沿海觅取一些地方,以便一旦发生敌对行动时,英国海军可以安全活动;(3)不要干涉和阻扰鸦片走私。这就说明,律劳卑等来华的主要目的就是:开辟商埠,推销鸦片,获得海军据点,以便在适当时机进行武装侵略。(丁名楠:《帝国主义侵华史》第一卷,页一七)

十月,林则徐撰《〈绘水集〉序》。《绘水集》是震泽人王砚农对道光三年江苏水灾"绘图征咏"的集子。林则徐在序中除记成书缘起外,概述了道光三年以来灾患对农业、手工业的损害说:

自癸未已来,民气未复。辛卯、壬辰又值霪潦为患。今岁一春苦雨,麦仅半稔。迨四五月,方以雨旸应时,为农民幸,孰意秋来风雨如晦,有亘寒之占,黍稷方华,而地气不上腾,虽犹是芃芃然也,而秀而不实者比比矣。吴中士女业纺绩者什九,吉贝之植多于艺禾。频岁木棉又不登,价数倍于昔,而布缕之值反贱。盖人情先食后衣,岁俭苦饥,衣虽敝而惮于改,为其势耳!然而贸布者为之裹足矣!业绩者为之辍机矣,小民生计之蹙,未有甚于今日者也。

(《林则徐全集》第五册,文录页三九〇至三九一)

[按]　《绘水集》作者王砚农,名之佐,江苏震泽人。道光元年举人。所

著尚有《来春草堂稿》。王之佐在得到林则徐为《绘水集》所写序的鼓励后，十分感激，曾请当时著名篆刻家杨澥(1781—1850，原名海，字竹塘，号龙石。江苏吴江人)治印二方相赠。

(一)"林则徐印"，白文篆体刻回文，边款隶体刻："气侣(似)春兰，操若寒柏，八闽毓秀，三吴被泽，情系孤寒，志矢贞白，大名不朽，勒此寿石。王之佐敬颂，吴江杨澥勒。"

(二)"河东节帅江左中丞"，朱文小篆。边款隶体刻："道光十有三年，岁在癸巳正月，晋谒少穆中丞大人，蒙赐书籍，并勖以立品敼(敦)行，培植情殷，愧难报称，爰属杨山人勒石奉献，即以志感，震泽王之佐。"

此二章均用福州寿山老岭石，色灰白，每方高7.3厘米，边宽2.8×2.8厘米。原件藏福建省博物馆。该馆黄政、邓华祥曾撰《介绍林则徐的一对印》一文(油印本)。

十月，林则徐友人福建诗人张际亮客于抚署，有《清德堂小饮奉林少穆则徐中丞诗》。诗中颂扬林则徐的关心民生说：

节署瞻宸翰，清德堂额圣祖御书赐巡抚宋荦　　非徒礼遇隆。

十年贤使泽，　　一代圣人风，圣祖南巡，尝称荦巡抚而不名。又尝云：宋荦在江苏十余年，只是安静，到今便思他好处。皆见《西陂年谱》

此日承平后，　　生民积潦中。

灾伤关国计，　　饥溺彻天聪。

宣德才原裕，　　持清道不穷。

政能除害马，　　鸣自息哀鸿。

宽大钦皇祖，　　飘零话寓公。宋中丞时邵长蘅尝居此

碧荷怜直干，　　黄桂惜幽丛。

岂数衔杯乐，　　真愁听雨同。连日阴雨，中丞忧形于色

先忧愧文正，　　绳武望离宫。

(张际亮：《张亨甫全集》卷一六)

张际亮还为筹画入资作官，由林则徐介绍到广东去见卢坤，希望能筹得资金。结果"计其归装，犹不满入资所需之钱"。

[按]　张际亮于次年有《上林少穆中丞书》，说明此事经过，并向林表示谢意。(《张亨甫全集》卷三)

十一月初,林则徐上《太仓等州县卫帮续被阴雨歉收,请缓新赋折》,以太仓等地灾情严重,不顾报秋灾不出九月的定例,上奏请缓新赋:

> 今太仓、镇洋、嘉定、宝山四州县,地处海滨,收成本属最迟。……自九月以后,至十月下旬,复又阴雨连绵,晚花尽行腐落,即晚稻之已经刈割者,多置田间,不能晒晾,稻根霉烂,谷粒生芽,收成实为歉薄。坐落该州县之卫地情形,亦属相同。相应恭恳圣恩,俯准将太仓、镇洋、嘉定、宝山四州县及坐落之太仓、镇海、金山三卫帮续被歉收田地应征道光十三年地漕各款银米,一体缓至十四年秋成后分作二年带征。其该州县卫帮应征甲午年新赋,并请缓至该年秋后启征。所有带征各年旧欠钱粮,如系坐落歉区者,亦请一并递缓,以纾民力。

(《林则徐全集》第一册,奏折页二八〇)

林则徐勇于任事,力纾民困的精神,在当时是得到好评的。道光十七年文学家梅曾亮(伯言)在写给林则徐的赠序中犹以此举为中心内容说:

> 中丞林公之巡抚江苏也。时则九、十月交,宝稼将荐,报灾过期,而下鸿自天,漂我中田,浑浑泡泡,谷沉穗漂,田更悼心,官吏灰气,公乃破成例告灾,请减漕数,其书深婉震动。盖陆忠宣、苏文忠之论事,再见于唐宋之后,此岂务尽下为名高哉!下不可病民,上不可病官,宁权济于一时,而不敢耗国家丰豫之气,大臣之用心,固宜如此也。故能上动天鉴,下苏民生,官清吏安,家老甘寝。连年以来,嘉生顺成,风鱼不灾,货商流赆,疢厉寝伏。人知公抚吴之勤,休声美实,洋溢羡衍,而岂知劳身焦思,独运于众人所不见者哉!

(《赠林侍郎序》,见梅曾亮:《柏枧山房文集》卷三)

十一月初六日,林则徐命江苏布政使晓谕常、昭二县绅富捐输款项,供挑浚昭文县境内白茆河河道,一面可以去淤以备旱涝,一面还可借此以工代赈,解决本年救灾问题。(《札苏藩司晓谕绅富捐输挑浚白茆河道工费》,见《林则徐全集》第五册,文录页六六)

十一月十三日,林则徐不顾报灾限期成例和朝旨诘责,单衔密奏,历陈江苏连年灾歉之重、钱漕之累、社会之不稳定,反复数千言,为中小地主阶级请命,坚请缓征被灾地区的漕赋。这篇题为《江苏阴雨连绵田稻歉收情形片》的著名奏疏的主要内容有:

（一）报告苏松地区的灾情：

在田未刈之稻，难免被淹，即已刈者，欲晒无从，亦多发芽霉烂。乡民以熏笼烘焙，勉强试舂，而米粒已酥，上舂即碎。是以业田之户至今未得收租。……今年早花已被风摇，而晚棉结铃尚旺，如得暄晴天气，犹可收之桑榆，乃以雨雾风霜，青苞腐脱，计收成仅只一二分。小民纺织无资，率皆停机坐食。

（二）报告对闹事灾民的镇压：

连阴苦雨，人心难免惶惶，外县城乡不无抢掠滋闹之事。臣饬委文武大员分投弹压，现已安静。

（三）申辩自己并非避怨沽名：

伏念臣渥蒙恩遇，任重封圻，且居此财赋最繁之地，乃不能修明政事，感召和甘，致地方屡有偏灾，极知经费有常而不得不为赈恤蠲缓之请，抚衷循省，已无时不汗背靦颜。乃蒙皇上不加严谴，训敕周详，但有人心，皆当如何感愧？况臣受恩深重，何敢自昧天良？若避怨沽名，不以国计为亟，则无以仰对君父，即为覆载之所不容。

（四）为中小地主阶级利益阐述"民惟邦本"的思想：

窃维尽职之道，原以国计为最先，而国计与民生实相维系，朝廷之度支积贮无一不出于民，故下恤民生正所以上筹国计，所谓民惟邦本也。

至京仓储蓄情形，臣本未能深悉，倘通盘筹画，有可暂纾民力之处，总求恩出自上，多宽一分追呼，即多培一分元气。

（五）请求缓征漕赋：

民间积歉已久，盖藏本极空虚，当此秋成之余，粮价日昂，实从来所未见，来岁青黄不接，不知更当何如？小民口食无资，而欲强其完纳，即追呼敲扑，法令亦有时而穷。前此漕船临开，间有缺米，州县尚能买补。近且累中加累，告贷无门。今冬情形，不但无垫米之银，更恐无可买之米。

（六）陈述灾歉对社会的影响：

近年以来，不独江苏屡歉，即邻近各省亦连被偏灾，布匹丝绸销售稀少，权子母者即无可牟之利，任筋力者遂无可趁之工。

（《林则徐全集》第一册，奏折页二八一至二八五）

[**按**]　此折剀切陈词,反映了当时社会上一部分真实情况,但主要是为"业田之户"呼吁缓征漕赋,所以颇得苏松地区大量靠收租交赋维生的中小地主阶级的欢迎和传颂,而使此奏得到广泛流传。金安清的《林文忠公传》中也称述说:"疏稿自相传钞,远迩为之纸贵,小民闻之,皆嗟叹聚泣,庆更生。"又《林文忠公四种》中的《政书搜遗》(光绪己卯孟春长沙黄氏梓刻)所收该片后称:此疏作于道光十三年十一月十三日任江苏巡抚时。《两般秋雨盦随笔》卷七《林抚军奏》节所收此奏也标道光十三年十一月十三。《清史列传》本传系此事于道光十四年有误。又《政书搜遗》本似为传钞稿,与《奏稿》文字上略有不同。

[**又按**]　林则徐此折非一般官样文章,而是关心民瘼的激情之作,其中如"昼见阴霾之象,自省愆尤;宵闻风雨之声,难安寝席"等名句,足以证其真诚,固无怪后世之传诵不绝。

时人尚有以诗歌来颂赞林则徐这一报灾折的。如齐彦槐有《读林少穆中丞续报冬灾折稿》二首,录一首如次:

稽事三时一雨休,　连江烟霭使人愁,
青天转粟船空返,　秋稼如云庚未收。
郑重牛羊牧刍任,　艰难鸿雁稻粱谋,
由来国计需民力,　还愿司农借箸筹。
十载江南乐岁无,　苍生残喘几时苏,
挥来忧国千行泪,　写出流民一幅图。
敢缺正供忘转漕,　为培元气乞蠲租,
九重方切痌瘝抱,　伫看恩膏遍海隅。

(齐彦槐:《梅麓诗钞》补遗集下)

严寅也有《书林中丞报荒续稿后》诗一首说:

沥血磨残墨一丸,　雪封官阁晓钟寒,
分明心北穷黎苦,　不似寻常请圣安。

(严寅:《介翁诗集》卷八)

十一月,林则徐就给事中金应麟十月底所上奏疏中揭示的赈务诸弊,即上《复奏查办灾赈情形折》,发表了他对灾区赈务的见解。金应麟的奏疏中胪列了办赈工作的弊端十三项,即:

（1）有搀和糠秕，短缺升斗，私饱己橐者；

（2）有派累商人，抑勒铺户，令其帮助者；

（3）有将乡绅家丁、佃户混入丁册，希图冒领者；

（4）有将本署贴写皂班，列名影射者；

（5）有将已故流民乞丐，入册分肥者；

（6）有将纸张、饭食、车马派累保正，作为摊捐者；

（7）有将经纪贸易人等，捏作饥民，代为支领者；

（8）甚至将已经报荒之地，水退不准耕种，以待州县履勘，名曰指荒地亩；

（9）百姓渐至逃亡，而奸狡之徒，以灾荒为得计，赈粮到手，犹复随众攀号；

（10）本境已完，旋即改居他邑；

（11）米船过境，设卡截留；

（12）典铺未开，邀人爬抢；

（13）生监把持，妇女喧嚷。

林则徐将金奏中所举诸弊，加以归纳分析，并作进一步的揭露。林则徐将诸弊归纳为有在土棍者，有在生监者，有在吏胥者，有在州县者四大类并分别加以论述。

土棍之弊在于悍泼，如该给事中所称扳号喧嚷，截米爬抢等情，皆系实有之事，然犹其浅者耳。其凶恶情形，则在强索赈票，不许委员挨查户口，如不遂欲，则抛砖掷石，泼水溅泥，翻船毁桥，甚至将委员拥置空屋，扃鐍其户，以为要求必得之计。并主使村庄妇女，百般凌辱，尤为莫可理喻。其于殷富之户，则恃众闯闹，名曰坐饭，又曰并家，而统谓之吃大户。公然传单纠约，助势分赃，不独设立灾头，并有管账、包厨等名目。如十一年奏办之陆长树、王玉淋等案，即皆土棍之尤。屡经严拿痛惩，近虽稍知敛戢，而恶习总未尽除。当兹灾歉频仍，惟有宽猛兼施，随时惩处。若指此为办灾之弊，则弊在民而不在官。缘此种凶徒，不但州县嫉之如仇，吏胥尤畏之如虎，似无敢与串同之理也。

生监之弊在于包揽，平居无事，惯写灾呈；一遇晴雨欠调，即约多人赴官呈报。若经有司驳斥，辄架民瘼大题，联名上控。及闻查赈，则各捏写户口总数，勒索赈票，自称力能弹压。只要遂伊所欲，便可无事；否则挟制官吏，讦告不休，京控之案，往往若辈为之。

吏胥之弊在于捏册，当报荒之始，即造具灾形图册，详载区图斗斛，谓之注荒。迨给赈则有口册、赈票、饭食、纸张，在在需费。吏胥即借灾费为名，于查荒时索钱卖单，查赈时捏名入册，先借口于赔垫而暗遂其侵欺。此等或愚弄本官，或买嘱委员，或勾结生监，尚皆事所时有，曾经惩办有案。若谓其举同土棍，则彼此判若两途.拒之惟恐不严，避之惟恐不远，未必引而近之，以自取累也。

凡此三种舞弊之人，欺诈万端，不胜枚举，尚不止如该给事中所陈。然扼要总在州县，州县廉则人不敢咙以利，州县严则人不敢蹈于法，州县勤而且明，则人不得售其奸。所虑灾赈之区难得许多良吏，诚如圣谕："岂今之州县胜于前人?"此臣所以深思原本而必以察吏为最亟也。幸赖我皇上澄叙官方，首以清廉为重，近来江苏州县虽其才干未必果胜前人，而办灾一事实系清赈，不能更有侵冒之事。亦非必其人之皆清，而实有不得不清之势也。

林则徐还在奏疏中提出了"放赈总以稽核户口为第一要义"和一仍道光十一年灾赈章程办赈的主张。并且向所属官吏强调办赈与办理命盗案件的同等意义，指出：

如有故勘致死，即干抵偿，然犹不过一人一事，若办赈有所侵蚀，是直向千万垂毙之民，夺一食而速其死，即使幸逃法网，天理必不能容。

同时，林则徐还从时、势各方面为各级官吏的舞弊可能性进行辩解。最后表示自己将"矢此一片血诚"，"不敢市惠以沽名，亦不敢因噎而废食"，以达到在办赈工作中去积弊、培元气、固根本的目的。（《林则徐全集》第一册，奏折页二八八至二九〇）

[按]　《全集》本脚注释："折内提到的道光十三年十月二十九日之上谕，递至江苏，当在十一月中旬。由此推算，则册折的复奏日期，最早也应在道光十三年，很可能是十四年初。"但林则徐比较勤政，如此重要的赈灾复奏，何敢急慢，当即开始复奏。《全集》所注或指发折时间之推算，故仍置十三年十一月下。

十一月，林则徐与江督陶澍、浙抚富呢扬阿筹议堵截淮私章程以保护浙盐的销行。（王焕镳:《陶文毅公年谱》）

十一月,林则徐因拿获盗决官堤首犯陈端等,会同陶澍奏陈出力人员。
(《清史列传》卷三八)

十一月,林则徐因江苏连年遭灾,特制定缓征漕粮的权宜办法,即仿行明朝周忱酌剂公私田加耗减耗之法:

> 凡百亩中,有二三十亩近乎沮洳者,为之请缓。推之千亩、万亩皆然。统核其田亩之数,约七八成,余则报歉,米数则就其上则者计之,俗名曰暗减,赋且缓征,例于次年带收,惟递缓则已。民间得此惠,喘息为之稍苏。

(《续碑传集》卷二四)

十二月二十五日,林则徐作《致陶澍》函,陈述江苏的灾情,并对违例请求缓征一事,表示愿独任其咎。

> 缘今岁苏、松等属灾歉情形,与历届不同,常郡与苏、松又复不同。盖历届灾分虽成于秋间,灾象先见于夏令,其或旱或潦,早有大概情形。旱则在高田,而低田不与焉,潦则在低田,而高田不与焉,其界限本属井然。故通县有全熟之田,有全荒之田,有荒熟参半之田。例应剔荒征熟,合通境额田而计,居十分中之几分几厘,此历办之成法也。当其报荒之际,禾稻仍熟于田,故委员先后履勘,得以区别轻重,定为分数。然地方既广,书吏往往因缘为奸,总因有熟有荒,有轻有重,则希图高下其手,潜向业户索费,卖给荒单,谓之注荒使费。故办一处之灾,先须防一处之弊。但情形本有轻重,理宜逐一区分,固不能因噎而废食也。若今岁之歉象,见于秋而甚于冬。当夏令时,雨旸非不周匀,禾棉非不畅茂,孰意入秋以后,风雨阴寒,稻正扬花,秀而不实;棉苓方结,遽被飘摇,加以重雾严霜,雨雪交集,收获之际,损坏愈多。揆其被歉之由,非旱非潦,大抵高低一律,本不相悬。当勘办苏、松之时,即闻舆论纷纷,谓其普律酌缓,缘与向例颇相阒隔,且彼时田禾已刈者少,未刈者多,尚可于履勘之时酌其轻重,以定分数。至常州府属在秋灾案内,原止勘办沿江被水之田,其腹地虽已减收,究比苏、松为胜,是以未准勘办。迨十月以后,阴雨连绵,至十一月初间,又五昼夜大雨不绝。已收之稻,带湿堆贮,蒸变发芽;其未收者,漂落雨淖之中,率多腐烂。据该府县迭次禀报,侍饬司委勘,情形属实。复于因公过常,亲加察看,洵系一律成歉。虽彼县与此县略有

轻重之分,而一县之中,实系情形如一。若必强为区别,则禾之已刈者什九,而未刈者尚不及什一。不能以腐落在田者为歉,而成堆霉烂者为非歉,转失情事之平。且具呈报歉之民,庄庄埜集,亦必不能此准彼驳,畸重畸轻,转与舆情不顺。且通县普律酌缓,正以杜胥吏高下之弊。譬如准缓一分,则每户额征一斗者,今冬先征九升,以此推之,户户皆然,村村一律,吏胥即欲轩轾,而无可握之权,给费者不能增一分,不减费者亦不致减一分,则其无从索费也必矣。在胥吏希图借灾敛费,正乐于办理参差,而不乐于普缓;且乐于饬于〔造〕图册,而不乐于免造。然灾情实系一律,岂可偏枯?

(《林则徐全集》第七册,信札页八八至八九)

十二月二十九日,林则徐又作《致陶澍》函,进一步阐述因灾请求缓征的详情。

查向来办灾成法,奏案内惟将成灾之区应行蠲免者,叙明成灾几分字样;其勘不成灾只系缓征者,历届奏内并不叙及应缓分数,俟饬属查明,方于题本内声叙。其区图斗,则又于题后造送,尚有四十五日限期。此次因常郡歉收,最后准办,而彼处兑漕,较苏、松为早,若不将分数即定,如何收漕?且彼时州县之心,尚在希图多缓,如苏、松、太三属分数,皆经几次加增,遂至三分以上。侍见常属各县亦极观望,与其未奏而叠禀请增,不如奏定而无可更改。彼时命意如是,致奏内转欠空洞。又欲杜绝书吏使费,故准办普缓并准免造图册。凡此皆吃力不讨好,钝滞之人所为也。吏胥之于办灾,未有不愿高低而愿画一者,有册斯有费,故乐于造册而不乐于免造。侍以今年冬办秋灾,原系破例之举,若绳之以例,则处处可挑,不独一处,故冀得以邀恩耳。至此县与彼县之分数所以未能画一者,非特旱涝之年,有地势高低之异,即今岁雨雪风雷霜雾,一县之内大致相同,而隔县则此阴彼晴,此晴彼雨,及同一雨雪,而分寸不等,皆事所常有,所谓百里不同天也。且刈获之迟早,但隔一两日,即不相同。譬如此县甲日刈禾,天尚未雨,彼县乙日始刈,雨已滂沱,则此县之分数即轻于彼县,然参差亦甚有限,故所异者在厘而不在分。且各县各报情形,彼此本不宜约会,该府亦不便意为增减,使归画一,非若一县之内,出于一令所报,自有酌剂之道。况以杜弊言之,通县一律,即吏胥无

· 197 ·

可轩轾,若别县则各不相涉矣。侍仰窥饬查之旨,未尝指此,似可毋庸声说,仍乞钧裁。

(《林则徐全集》第七册,信札页九〇至九一)

十二月,写《刘闻石制义序》论刘之制艺水平云:

　　奄有众妙,大致以魄力胜,以兴会胜,以上下古今崇论闳议胜,而亦有朴实谈理,冲淡取韵者。云霞卷舒,水流花开,又极文境之变焉。昔之选帖括者,或分大小题,或分典制、理致诸类,明作者之不能兼长也。君于理法、才气、风格、神情,无美弗备。任拈一题,皆能如量以称之,意有余者,一日迭成数艺,各运机杼,不拾牙慧,其援一经义,遣一史事,莫不纬以精思,下语如铸,洵能合有明、国朝诸作者而镕冶之。

(《林则徐全集》第五册,文录页三九一至三九二)

冬,林则徐为赈济灾民,于设立粥厂外,又实行"担粥法"和其他各种救灾措施。其于翌年春奏折中称:

　　苏州省城于上冬分设粥厂之外,犹恐远近贫民跋涉拥挤,强悍者虑其滋事,老弱者难免向隅,当又率属捐廉挑施担粥。每一担约可给百人以上,分劝绅庶之家,有力者日施数担,即力微者,亦可合数人以成一担,各就本图邻近地段,同时挑担分施。凡老幼孤寡残废之人力难赴厂领粥者,皆得就近给食,众擎易举,所济较多。各属官绅咸相效法,城市之内多者至百余担,少者亦数十担。其各乡零星担数,虽多寡不齐,合而计之,亦与城市相埒。行之数月,差少饿毙之人。其余有买米平粜者,有采办杂粮辘轳粜施者,有收养幼童弃孩及流亡病丐者,有捐修各项工程以代赈济者。

(《江苏各属捐赈情形片》,见《林则徐全集》第一册,奏折页三〇九)

林则徐实行的这种"担粥法",是从前人成法中择善采取的。

　　前明嘉善陈氏有挑粥就人,随处给食之法,最为简易。在富者出赀有限,而贫者续命已多。荒政诸书,每详载之。而官行担粥自林少穆制军前抚江苏始,行之日久,获全甚众。……愿捐之家,仿照林制军成法,预制有盖粥桶,以木尺量之,高一尺五寸,径圆亦如之。每桶盛粥五十余碗,两桶为一担,每担煮米一斗,再入栖粉二升,便极稠浓,令人分担附近一隅之内,随带铁杓一把,其桶盖半边不动,半边可开,粥多气聚,经时不

198

冷。遇老弱瘦病者各给一杓,约计一担之粥总可给百人以上,柴米挑工,每日所费止在五百文之内,即行之百日,亦止五十千文。无设厂之繁而有活人之实。惟担数以多为贵,多者各分地而得食者均,且必出以同时,方不至有重复偏枯之弊。有力之家如果踊跃从事,不独城乡皆可周遍,即床席之病人,穷居之妇女,亦可就近送给,更能早晚两次,则全活者尤多。虽有荒年,可无饿莩。德莫大焉,事莫便焉。

(杨炳坤:《杨中议公自订年谱》道光二十八年)

担粥法,始于明季嘉善陈龙正,简而易举。道光癸巳林文忠公抚吴,冬荐饥,仿行此法,雇人挑赴各城以济老弱贫病,活人无算。

(陆可滟:《冷庐杂识》卷四《担粥》)

林则徐在救灾办赈工作上,不像一般尸位素餐的官僚那样,把救灾办赈看作例行公事,漠不关心,而是比较认真地采取一些具体措施,更值得肯定的是他还从前人的救荒成法中去吸取一些行之有效的办法来加以实行。"担粥法"在当时是取得了一定实效的,因而也博取了人们的赞誉。

是年除夕,次年元旦,林则徐放赈,屏弃吏胥,拣用诸生查核户口办理赈务,以求减少弊端。

吴中连岁荒歉,秋复荐饥,民不聊生,道殣相望。林少穆中丞则徐奏请缓征,劝捐赈济,并虑查核贫户,假手吏胥,多有不实。十二月,集诸生于学,亲为拣派,每图一人,查明户口人数,先付执照以凭领赈,各造所查户口清册呈阅。盖以诸生近在里闬,耳目易周,事归核实,诚善政也。

(韩尌:《韩桂舲手订年谱》道光十三年)

这种认真态度博得人们的赞颂,当时有人写《放赈歌》以纪实。歌中说:

中丞筹画通权变,	放赈恰趁诸生便,
岁暮人人假馆时,	一百八图详勘遍,
向时设赈徒务名,	此时设赈民欢忻,
贫民夜寒常不眠,	终宵辗转泪如霰,
忽得中丞放赈钱,	归家各各买秫荐,
贫民乏食行不前,	榆糜杂进难充咽,
忽得中丞放赈钱,	破灶生烟办宵膳,

贫民贫无骨肉缘，　　那顾伦常及姻眷，

忽得中丞放赈钱，　　夫妻父子欢迎面，

吁嗟嗷嗷数万人，　　感恩早被仁风扇，

况乃由城渐及多，　　善政行看遍州县。林中丞首创义赈,为作此歌

（严寅：《介翁诗集》卷八）

这位诗人还搜集了民谚而成诗五章：

大宪台，善救灾，　　荒年谷，去复来。

去复来，派秀才，　　亲见人家无絮胎。

秀才过，三日饿，　　秀才不来那能坐。

中丞心，小民腹，　　小民腹饥中丞哭。

中丞哭，为民福，　　擎天之柱需此木。

（严寅：《介翁诗集》卷八）

诗人严寅还特为林则徐除夕、元旦的放赈活动写下了专篇：

雨雪罢农功，　　无端岁又终。

愁闻三老语，　　难送万家穷。

发赈凭开府，　　需才及泮宫。林大中丞首倡义赈,先命各学诸生一百八
人,按图查勘详报后,悉于大除夕给发第一赈

闾阎知节俭，　　掩户撤灯红。

（《癸巳除夕》，见严寅：《介翁诗集》卷八）

晓起盼晴空，　　人人祝岁丰。

雪窗纱映白,除夕大雪　　赈户字留红。林大中丞命于大除夕放赈

敝俗知更始，　　维皇识苦衷。

旧符从黯淡，　　也得到春风。

（《甲午元旦》，见严寅：《介翁诗集》卷八）

林则徐以诸生任放赈，使"胥吏不得至乡村，实惠及民，一无扰累"的做法，受到许多人的颂扬，如友人吴嘉淦（清如）写赠诗志其在江苏之善政云：

设官各有职，　　荩臣独贤劳。

往者值祲岁，　　居民惨鸿嗷。

公时握刑篆，　　恕焉心忧忉。

略仿郑公法，　　善政穷秋毫。

振恤务实惠，　　井井罗科条。

迄今碑众口，　　名若华衮襃。

又一首则颂其放赈措施之良云：

公去民重忧，　　公来民色喜。

孰是父母心，　　而不慈厥子。

比户食为天，　　频闻呼庚癸。

市肆半居奇，　　谷值增不已。

动言来无方，　　实藉牟利耳。

公心定恻然，　　轻重揆事理。

劝谕量平减，　　升斗恤闾里。

勿令市侩流，　　私智逞谲诡。

（《十朝诗乘》卷一五）

又陆嵩（方山）有《呈少穆中丞诗》一首，既颂林则徐善政，又勖放赈诸生当领会林则徐用心之苦。诗云：

一疏传闻达九阍，　　流民难绘郑监门。

未偿饥溺平生愿，　　敢负忧劳圣主恩。

官阁持筹宵正急，　　穷檐挟纩户知温。

诸生应识公深意，　　肯使呼号尚满村？

（《十朝诗乘》卷一五）

[按]　吴、陆二诗，为时人传诵，故郭则沄入其诗于所纂《十朝诗乘》。

林则徐在办赈救灾问题上还和有关人士信札往来，商讨筹议，如清末黄彭年就见到过林则徐与潘曾沂筹议赈饥的专函九件，黄为此写了跋语：

右林文忠公与潘功甫先生九札，皆抚吴时筹议赈饥事。词翰精妙，固不待言。尤喜其见事之真，虑事之密，论事之细。往时读文忠抚吴诸疏，但言集绅劝输，煮粥送赈。及观此札，然后知精察力行之详且尽如此。贾子云：古之为天下者至纤至悉也。纤悉之未周而谓吾能其大且远者，固不然矣。功甫生长名门，秉蹈高节，为世推重，而宅心施惠，己饥己溺之意，具见札中。士之独善者，原未尝忘兼善也，然则名贤之求志与名臣之达道，岂有殊哉！

（黄彭年：《陶楼文钞》卷一一）

是年,曾经参与修订林则徐水利著述的友人桂超万对林则徐在江苏兴修水利、安集饥民的施政措施,写诗纪事称:

（一）《娄水春》谓林少穆中丞兴娄江水利也:"娄江泥,昔齐堤。娄江水,今成溪。昔愁霖,良亩沈,今有尾闾沧溟深。昔苦旱,嘉禾暵,今有臣泽水田满。洞开泻雨,洞闭屯云。河伯顺轨,潮神回轮。鸠工代赈,鹄面转温。成功者天,时旸三旬。谁实得天,公真天人。"

（二）《江鸿集》谓林少穆中丞安集饥民也:"前岁江圩开,米一颗,珠一枚,汴舟泛淮,合浦珠来（公自豫藩南调,时南饥北熟,请帑籴麦,载以南来）。昨岁屏翳酷,米十斛,玉十觳,蜀舰蔽江,漫天雨玉（癸巳苏大饥,为招蜀米东下）。珠玉树和根,昔汉水,今江湄,珠粒玉粒满田种,从此江鸿长不饥（购楚早稻种给民,一岁两获）。"

（桂超万:《养浩斋诗稿》卷五）

是年,林则徐为友人梁章钜妻郑氏撰《梁芷林方伯室郑夫人墓表》。（梁章钜:《退庵自订年谱》）

是年,友人邹鸣鹤致书林则徐,赞扬他在江苏的勤于政事和所取得的成绩。

惟闻抚循一载以来,寝不能寐,饭仅一盂,明知种福无穷,彼苍必为默佑,而事烦食少,窃为天下苍生添虑之。

执事之莅苏也,承梓庭先生后,易海忠介严峻,而继之周文襄干略,持之以汤文正公平。查囤积则市价减,劝捐输则民力继,恤流亡则积困拯,禁游冶则正用充。其余造士,恤刑、缉匪诸善政,体务乎其大,而条理必贯;功既乎其实,而流弊先弭。

（邹鸣鹤:《上江苏林中丞书》,见《邹壮节公书牍》）

[按] 梓庭即程祖洛,前任苏抚。海忠介即明海瑞,周文襄即明周忱。

是年,林则徐为友人题图画诗册,写词多首,如《念奴娇·题潘星斋〈藤花馆填词图〉》、《买陂塘·题潘绂庭〈午年午月午时生诗册〉》及《壶中天·题伊小沂〈江阁展书图〉》等。（《林则徐全集》第六册,诗词页二八七至二八九）

是年,普鲁士传教士查理·郭士立在鸦片贩子查顿指使下,又乘船北上,销售了价值五万三千英镑的鸦片。（齐思和:《鸦片战争时期英国烟贩们是英国侵略中国的主谋》,见《鸦片战争史论文专集》）

　　[**按**]　据郭士立所记载,这次航行了六个月零九天,于 1833 年 4 月 29 日返回伶仃。那么,这就是从去年 9 月以后郭士立应查顿之请参加贩毒活动的一次航行。

　　是年吴熊光(1750—1833)、郭尚先(1785—1833)卒。

道光十四年　甲午　1834 年　五十岁

正月,林则徐仍在苏抚任,致力于疏浚河道、兴修水利、改善农业生产条件的工作。首先着手筹议刘河、白茆河的挑浚,并根据司道各官调查筹议的意见,上《筹挑刘河白茆河以工代赈折》,指出:"年来河道愈形淤塞,农田连遭积歉,更宜亟修地利,以期补助天时",而兴挑经费则"刘河借项兴挑,分年摊征归款;白茆河归于官民捐办"。至于挑浚办法不采取"工费既大,而能否经久,转不可知"的挑通海口办法,而采取"工省利长,于农田实有裨益"的挑通清水河办法,并建闸筑坝来阻挡泥沙和宣泄水量。(《林则徐全集》第一册,奏折页三〇一至三〇三)

[**按**] 《全集》脚注称:"据折内'并以上年秋禾被歉,现在青黄不接之时',则当为道光十四年;又兴修水利当在冬季农闲之时,且白茆河挑浚工程在三月初一日开工兴办,故推断此折出奏约在正月。"

正月十六日,林则徐作《刘闻石时文序》。(《林则徐全集》第九册,日记页一六〇)

[**按**] 林聪彝《文忠公年谱草稿》将此文系于十三年十二月,题作《刘闻石制义序》。当以《日记》为准。

正月二十五日,林则徐出题甄别紫阳、正谊两书院诸生。分别出题而以《再熟稻赋》为通场考题。次日,魏源等应邀来阅卷。二月初四、初六又进行补、复试。(《林则徐全集》第九册,日记页一六一至一六二)

[**按**] 林则徐很注重教育,曾不定期考察两书院。这两年日记中都有所记述。

正月二十五日,韩封死。韩任福建臬司时曾监临甲子科闽闱,林则徐于是科中举。韩家居逝世,林适任苏抚,为韩代递遗折,并撰挽联称:

西曹法律,南纪封圻,溯潮中外勋猷,范、富、欧阳同著望;

闽峤襜帷,吴趋杖履,忆册载因缘香火,李、张、皇甫愧知名。

（原注：公尝提刑吾闽，则徐为诸生时即以国士相待。又，则徐官吴门，值公里居，尤欣亲炙云。）

（《林则徐全集》第六册，诗词页三二一）

二月初一日，林则徐向常、昭二县绅富继续劝捐疏浚白茆河工费。二县绅士原来集议捐输标准是：

常邑千亩以上之户，每亩拟捐钱一百文，又另捐抚恤钱二十文；百亩以上之户，每亩拟捐钱五十文，又另捐抚恤钱一十文。昭邑千亩以上之户，每亩拟捐钱一百文，又另捐抚恤钱八十文；百亩以上之户，每亩拟捐钱五十文，又另捐抚恤钱四十文。

根据这一捐输标准，"约可捐河工钱五万余千，抚恤钱二万余千"，而林则徐对白茆河工程的估算，"总须十万千文，方可勉敷工用"。捐款中"可济工用者只有五万余千，尚缺一半之数"。因此又要求二县典当、场户、铺户"量力捐输"，如再差一、二万千，则由林则徐"设法筹给"。（《林则徐全集》第五册，文录页六七）

二月初一日，林则徐为李彦章所撰《江南催耕课稻编》写叙，反驳各种不宜种早稻的说法，力申种早稻之利。其中如间种及"田不必再耕"、"早稻之根即以粪其田，而土愈肥"等说都颇有见地。此序甚长，内容丰富，《文钞》未收，特录全文如次：

《江南催耕课稻编》叙

居今日而欲民无饥，则任举一术焉，可以广施生、资补助者，皆不惮讲求而尝试之，冀以收百一之效，而况其信而有征者乎？吴之民困矣，齿繁而岁屡俭，赋且甲天下，当官不能舒民困，诚予之辜矣！抑亦知二鬴之不供，由吾民四体之不勤乎？古者于耜举趾，必以春时，今岂宜有异，而江南之稻，辄以夏至始艺之，其获乃不于秋而于冬。是时严霜苦雾，虋风虐雪之厉，岁所恒有，故有垂成而不得下咽者。古谓收获如寇盗之至，今需滞若是，悔奚及乎！近者，潘功甫舍人劝行区田法，曰：深耕、早种、稀种、多收，此诚不刊之论，而从之者盖寡，非不知区田之利远且大也，惮目前之多费，以改图为弗便，所谓难与虑始耳。夫农民习其事而不明其理，惟以循常蹈故为安。吾侪读书稽古，明其理矣，而于事未习，弗躬弗亲，庶民弗信，有难以口舌争者。余因就官廨前后赁民田数亩，具櫌锄被襫，

· 205 ·

举所闻树艺之法与谷种之可致者，咸与老农谋所以试之，以示率作兴事之义。于是得早稻数种，自四十日籼至六十日籼，皆于惊蛰后浸种，春分后入土，俟秋苗而分莳之。此数种者，固吾闽所传占城之稻，自宋时流布中国，至今两粤、荆湖、江右、浙东皆艺之。所获与晚稻等，岁得两熟。吾闽早稻艺于谷雨之前，小暑而获，大暑而毕，芒种时早稻犹未刈而晚稻之秧已苗，即植于早稻之隙，若寄生然而不相害，及早稻刈则晚稻随而长，田不必再耕，且早稻之根即以粪其田，而土愈肥，可谓极人事之巧矣。余尝按二十四气而绎其义，窃谓谷雨者，艺早稻时也；芒种者，艺晚稻时也，是皆顾名而可思者。天之于农，固予以再熟之时，而诞降其嘉种矣。《吴都赋》云："国税再熟之稻。"是早晚两禾皆吴中所宜也。吴民纵不欲行区田法，而于两熟之利岂独无动于中乎？然春耕之废久矣！诘其故，则宿麦在地，不可以播谷也。盖吴俗以麦予佃农而稻归于业田之家，故佃农乐种麦，不乐早稻，而种艺之法亦以失传。乃者，自去秋以逮今春，雨雪多而田水积，二麦既不能播矣，盍改图乎？江南故泽国，其土宜稻，本非如西北土性之宜麦，况下地已无麦，则艺稻尤亟矣。或曰闽粤地暖，故早种早刈，江南春寒，未必宜此；然江右荆湘地亦非尽暖也。且如江北之下河诸邑，无岁不恃早稻为活，立秋前则皆登矣。其不能两熟者，以秋汛启坝，洪泽之水下注故耳。闻三十年前则两种而两刈也。江南地虽不暖，岂尚寒于江北乎？又或曰：早稻籼也，晚稻粳也。江南输粮以粳不以籼，虽种之，不足供赋。奈何？曰：余固为民食计也，以晚易早，民或不乐；早晚兼之，又何不宜？或又曰：地力不可尽，两熟之利未必胜于一熟，此说固正，然以余所见，闽中早晚二禾，亩可逾十石，其地多山田，不能腴于江南也。且江南一麦一稻，岂非再熟乎？以所不宜之麦易而为所宜之稻，非尽地力也？夫地力亦患其遗耳，耘耙不勤，粪种不施，虽再易三易，而未必有获也，反是而尽力焉，安见地力之惫乎？且即两熟不能赢于一熟，而早晚皆有秋，民先资以果腹，则号饥之时少矣。况岁功难齐，或早丰晚歉，或早歉晚丰；不得于此，或得于彼。抑亦劝农者所不废乎？所冀业田之家贷佃农以籽种，及其获也，仍以种麦例之，则愿从者众矣。至晚稻当种之时，或如闽中法，或如江右、荆湘法，相时而动可也。余既试其事，复述其理以质同人。适兰卿同年权三吴廉访，为余言其官粤西时，尝以是课农,著有成效,因博征广采,厘为十条,以证余说,题曰《催耕课稻编》。首纪列圣纶诰以著朝廷之重本,而时地品类以及种艺之法以次递详。且所列江南早稻诸种,皆今之苏州、松江、太仓府州志及长洲、吴县、昆山、常熟,上海诸县志所详载者,则诚物土之宜而此邦父老之所传习,视他书所记尤信而有征,而非当官者之诳吾民也。先畴畎亩之思,其亦可以勃然兴矣。道光甲午春二月日躔降娄之次,抚吴使者侯官林则徐叙。

(李彦章:《江南催耕课稻编》卷首,姑苏甘朝士铺刊本;
又见《林则徐全集》第五册,文录页三九二至三九四)

《福建通志·李彦章传》亦概述其事云:

> 癸巳十一月,(李彦章)权江苏按察使事。值苏、松诸郡,恒雨为灾,议蠲议赈外,乃为江南劝种早稻说,又为江南劝种再熟稻说,旁征博引,厘为十条:曰国朝劝早稻之令,曰春耕以顺天时,曰早种以因地利,曰早稻原始,曰早稻之时,曰早稻之法,曰各省早稻之种,曰江南早稻之种,曰各省再熟之种,曰江南再熟之稻。题曰《江南催耕课稻编》,颁发各郡县。又自于湖上买田,购湖南北早稻试栽,果有成效。各郡县亦俱奉行其法,无后时者。

(《福建通志》卷三七《列传》卷三八,清七《李彦章传》)

[**按**]　李彦章《榕园文钞》卷三有《江南催耕课稻编序》,称此编之作是应林则徐"日谋所以早种早收之法"的要求,而自己"尝在思恩府劝民广垦水田,试栽早稻,是岁两种两熟,民始以为可行",于是"既举向之所知,及在粤东劝早稻之法以对,因又辑取古今早稻品类、时地及一熟早熟之种,汇为此编",供林参考。此序即载《江南催耕课稻编》本书前,末署道光十四年二月中和节即初一日。

二月二十日,林则徐在镇江送别赵盛奎。《送赵菊言少司寇(盛奎)还朝次王竹屿都转韵》一诗当作于此时。诗中呼吁地方官吏在救灾问题上要同心协力,并希望赵盛奎在朝廷上能反映目睹的地方灾情。诗中写道:

江淮米贵抵兼金,	振廪行糜费酌斟。
欲辑流亡无善策,	苦求刍牧赖同心。
嗷鸿集泽皆亲见,	鸣凤朝阳愿矢音。
暂醉莫辞京口酒,	雨丝帆影绿杨阴。时于京江雨中话别

(《林则徐全集》第六册,诗词页一六七)

[按] 《日记》记是日林在镇江督运,有细雨,并记"送菊言行",与诗中自注也正相合。

二月十四日,林则徐与同年赵廷熙(兰友)相晤于镇江。十七日,又晤于丹徒。二十四日,复晤于丹阳。(《林则徐全集》第九册,日记页一六二至一六三)

二月十五日,有《致郭柏荫》函,论及书法。

> 然笔力尚须求其秀挺,墨气尚须求其鲜润,此亦惟于腕下作工夫,无他谬巧也。盖笔提得起有操纵,向背有起伏顿挫,则体直而无不挺,神现而无不秀。秀则不滞,挺则不俗,而墨气之鲜润即随之矣。凡一横一竖,除敧侧以取势外,无不贵乎注笔者,转处钩处亦然。先注后转则力足而不剽。

> (《林则徐全集》第七册,信札页九三)

二月二十四日,江都县修筑河堤江埂开工,四月二十日完竣。(《林则徐全集》第一册,奏折页三五七)

三月初一日,白茆河挑浚工程兴工。三十日,白茆河完工。又接浚附近徐六泾及东西护塘河河道。五月十九日,全部挑工完成。七月间,又兴建海口闸坝。十月二十三日,竣工。这些工程所用民夫系以工代赈,使壮者可自食其力,而老弱残废之人不能工作,则于办工经费内节省接济。"统计土方夫工,以及闸座工料,戽水筑坝,并就近接济老弱饥民,一切经费,共用银一十一万五千二百七十八两零"。(《林则徐全集》第一册,奏折页三三七至三三九)

[按] 林则徐于道光十四年十一月初十日上《验收白茆等河工程并出力人员请奖折》历述具工过程。此引述内容皆据该折。

三月初八日,刘河挑浚工程开工。四月底完工。"计通土工方,连修筑闸坝、挖废民田给价等项,共银十三万四百二十二两零"。(《林则徐全集》第一册,奏折页三二一)

林则徐在挑浚刘河的工程中亲自坐小船往来视察。

> 开浚刘河之役,则徐每坐小舟,数往来河上,察勤惰,测深浅,与役人相劳苦,不烦供亿。

> (钱宝琛:《壬癸志稿》卷一《名宦》)

挑浚刘河、白茆河工程的顺利完工,符合了当时人们的愿望。包世臣甚至"默祷神明"以求天时晴霁而便于施工。

癸巳秋冬，又复苦雨。客岁濒海木棉受伤十八九。抚部林公力持以工代赈之议，于今春并举刘河、白茆塘两工。予以从前办理吴淞、孟渎皆受天时之累，默祷神明，求一月晴霁。开工以后，两月不雨，竟得克期蒇事。……

（包世臣：《安吴四种》卷七《中衢一勺》）

三月十一日，林则徐从家书中获知陈寿祺逝世。（《林则徐全集》第九册，日记页一六五）

三月十四日（4月22日），英国《东印度公司改革法案》开始实行，对华贸易完全转入私人企业手中。

三月二十日至二十五日间，林则徐亲往"刘河查工"，"看海口拦坝"，二次到白茆河工次，又赴海口"视潮势，议筑坝"和"看工"。（《林则徐全集》第九册，日记页一六六）

三月，因上年给事中金应麟曾奏陈粮船水手种种"不法情弊"，清廷命林则徐等查复。林则徐即根据上年十二月至本年三月间的访查情况在所上《各属拿获凶盗要犯分别审办情形片》中复奏漕运情况云：

……此次江、浙两省漕船经由内河北上，因催趱紧急，昼夜遄行，水手人等并未泊船上岸，尚无横截河中需索买渡钱、排帮钱，及用粮米倾入商船讹诈分肥各情弊。惟查粮船自上冬归次以逮本年开行，为期数月之久。此等群聚水次，乘间恃众，靡恶不为，是以抢劫之案出于粮船水手者尤多，惟有随时严拿惩办。……此外尚有盘踞船舱，抢拉头纤，硬送水手，勒加辛工，种种不法，非但扰害商民，即帮丁亦深受其累。凡被人告发及得自访闻之犯，皆即拿获严讯，分别究办，始觉稍为敛戢。现在各帮重船计已过淮，陆续渡黄北上。

（《林则徐全集》第一册，奏折页三一〇至三一一）

[按]　上年金应麟揭露粮船水手不法情弊反映了当时漕运弊端的严重情况，颇资参考。金疏中说："江浙内河一带，长亘七百余里，每年漕船归次之后，凡商民船只经过，小则讹诈钱文，大则肆行抢夺。其讹诈之法：或将漕船横截河中，往来船只非给钱不能放行，名曰'买渡钱'。或择河道浅窄之处，两船直长并泊，使南北船只俱不能行，必积至千百号之多，阻滞至三四日之久。然后有沿河地棍名曰'河快'者，向各船科敛钱文给付漕船，令其抽单分泊，以

便各船行走,名曰'排帮钱'。迨至受兑开行,又另以'捉船拨米'为名,如遇重载商船,该水手等即用米一石倾入舱内,非给费不能行,否则加以抢粮名目,人船并锁,借称送官究治,即可得钱。设遇无货船只即留为分载私货之用,送至清江浦交卸,始得放回。其讹诈之处最著者,如:嘉兴府东门外之宣公桥,苏州府胥门外之虎衕、浒墅关之市河,丹徒县之月河闸、猪婆滩、都天庙、大闸口等。其所讹诈钱文,每帮都有'总头'收掌,除汇总分派各船之外,领运员弁之家丁、差役人等均有分肥。"(《东华续录》道光二八)

四月初九日至十七日,林则徐至刘河一带验收挑河工程。(《林则徐全集》第九册,日记页一六八至一六九)

四月二十七日,陶澍至林则徐抚署阅官兵步射。林留席,在座的尚有豫坤、陈銮、怡良等人。诸人至抚署后园观稼,即在园内竹亭展玩书画。陈銮为竹亭题名"后乐",陶澍即为书额悬挂;林则徐自集苏句制楹联:"宦游到处身如寄,农事何时手自亲?"陶澍又为书联。(《林则徐全集》第九册,日记页一七〇)

友人齐彦槐为作《后乐亭图》,并题称:"后乐亭图为少穆中丞作。中丞于署后隙地垦田种稻,一岁两熟,盖以教吴民也。缚茆为亭,陈芝楣方伯题曰后乐亭。"又系之以诗说:

欲谱豳风七月篇,	衙斋休暇看耕田,
乐期稷契经纶后,	忧在尧汤水旱先,
菊圃吟香占晚节,	茆亭赏雨记丰年,
吴中物候谁云晏,	红稻收时始噪蝉。

(齐彦槐:《梅麓诗钞·新安往还集》)

友人杨庆琛也写有《后乐亭图为少穆中丞题》诗说:

我公忧乐关天下,	岂独亭名继范公,
依竹编茅瞻稻熟,	到春劝稼祝年丰,
虑周绿野耕锄外,	心在苍生福命中,
试看纳采兼陨籜,	此图真不愧豳风。

(杨庆琛:《绛雪山房诗钞》卷一二)

四月,林则徐会同陶澍定议修筑练湖蓄水、减水诸坝及修复古涵,改建济运闸来改善镇江一带运河河道的通航,使之不影响农田的问题,并劝谕民间捐修。至冬,工竣。(《筹办通漕要道折》,见《林则徐全集》第二册,奏折页一七七)

三、四月间,两淮盐运使王凤生卒。魏源为撰《两淮都转盐运使婺源王君墓表》,有"近日海内谈实用之学,必首推君"之语。林则徐也赏识王凤生筹划改革盐法的才能,特为其手书墓志铭。(《魏源集》上,页三二一)

五月初七日,林则徐为钱澧《守株图》遗照写《题钱南园先生(澧)〈守株图〉遗照即追和自题原韵》诗。对钱澧的操守表示仰慕。

直节生遐陬,　　微时抱义处。

致身为君国,　　自许衮职补。

朝阳翔桐凤,　　履蹈惕冰虎。

守身喻此图,　　艮止止其所。

昔我游五华,　　星邮里逾万。

式闾景名德,　　仰山适吾愿。

睇观遗墨新,　　想象风规远。

笔正征臣心,

公忠泯恩怨。嘉庆己卯典试滇南,及门钱信庵以先生遗迹属跋

及兹拜图象,　　清澈天人姿。

霜根耸枯干,　　兀坐忘朝饥。

密叶有解脱,　　贞柯无支离。

志士植名节,　　对此情为移。

我非守雌黑,　　闻义向心地。

顺生以为常,先生句　　斯语吾请事。

去来两无恋,　　静躁各有制。

莫认达生言,　　天地蘧庐寄。

（《林则徐全集》第六册,诗词页五七）

五月初十日,林则徐考校科甲出身的知县十人。(《林则徐全集》第九册,日记页一七二)

五月,清廷命令广东督抚查拿惩办老万山一带鸦片等货的走私活动。(《东华续录》道光二九)

五、六月间,林则徐在日记中多次记写有关在署园试种早晚稻事,如:

(五月)初二日……(陆)莱臧名吾园为"丰圃",从之。

二十二日……是日"丰圃"中种晚稻一区。

二十四日……所种早稻,秀者十之三四矣。

(六月)初二日……"丰圃"中所种早稻已秀齐。

十五日……署前所种早稻,俱已升浆。其中湖北之种,穗长而粒多,比下河早稻为美。

(《林则徐全集》第九册,日记页一七一至一七六)

这些日记说明林则徐十分重视在署园中所进行的"催耕课稻",推广早稻的试验工作,并已初步接触到精选良种以改进农业生产的科学方法。

六月初五日,林则徐为陈廷恩写《题陈登之别驾(廷恩)〈督运北行画卷〉》诗二首,这首诗表达了林则徐对江苏地区民生困苦的关怀。第一首诗说:

君恩已许减征输,　　民气东南尚未苏。

雀鼠太仓无宿饱,　　雁鸿中泽有新逋。

飞凫早盼移官舸,　　扫叶徒惭下县符。

抚字催科俱政拙,　　莫夸粳稻转三吴。

(《林则徐全集》第六册,诗词页一六七)

同日,写《跋陈登云〈排次至方师遗迹〉卷后》。(《林则徐全集》第五册,文录页三九四至三九五)

六月初六日,林则徐任用当地生员复查赈务以杜绝胥吏的舞弊。

苏城义赈捐项已将收齐。城厢已发四赈,各乡三赈,尚有余资。因目前城厢民力视各乡较窘,故又加赈一月,仍令诸生复查。上午俱来见,各付赈票去。

(《林则徐全集》第九册,日记页一七五)

六月初九日,英海军大佐律劳卑(W. J. Napier)到澳门,组成第一个驻华商务监督处。东印度公司前驻广州大班德庇时(J. F. Davis)、罗宾臣(G. B. Robinson)为副。律劳卑叫嚷对付清政府"必须以武力为后盾","否则,交涉不过徒耗时光而已"。十九日,律劳卑无视中国法令闯入广州。

六月二十一日,召集紫阳、正谊、平江、锦峰四书院诸生三百六十余人,与豫堃、陈銮、怡良等"同为决科之试"。(《林则徐全集》第九册,日记页一七七)

六月二十五日至七月初二日间,林则徐亲往太仓地区视察水利工程,听取意见。其中如:

(六月)二十七日……至海口石坝,观坝外所浚引河。申刻开坝中涵洞,试放清水,以涤海淤,颇有建瓴之势。

二十八日……昨夕各牧令佥议,以石坝灰浆尚未干老,拟试放之后仍堵闭数月,以候大水启放。余然之。

(七月)初一日……委青浦令蔡维新、前上元县黄冕同赴泖湖等处勘视河道。

(《林则徐全集》第九册,日记页一七八至一七九)

六月二十八日,为金端表写《题〈刘河镇纪略〉》云:

道光甲午之夏,余浚刘河工竣,屡至其地,为善后计。有老民金端表者,以其所辑《刘河镇纪略》十四卷质于余。阅其记载,虽真赝杂出,而用心亦可谓勤矣。载笔之或就而取证,礼求诸野,亶其然乎!

(《林则徐全集》第五册,文录页三九七)

[按] 《全集》编者于脚注中称:"标题为编者所拟。金端表记其事曰:道光十四年春,蒙抚军林公开浚刘河。后四月间,又来议筑石坝,以阻浑潮。五月间复至,修理天后行宫。六月二十八日,扁舟查看土、石二坝,入庙拈香。余以此面呈,蒙公优待。各官送行后,离闸半里许,复停舟请会。余坐轿往谒,因岸阔河深,病足难行,传谕即在舟中稍坐,不必劳动。唤两孙上船,面嘱云:'尔祖一生心血,集成此书,万不可遗失。'即取诗笺批示回答。见两孙憨态,令亲随人持书与诗笺到轿前,传谕:'大人有公务,不及细观,俟暇日着人来取,今且收藏之。'因笔此数言,亦以见敬老民之厚意云。"

由此纪事观之,林则徐与一般民众之情意。又于当日日记中记其事云:"有八旬老民金端表者,出其所辑《刘河镇记略》十四卷,求为订正,虽所载多不雅醇,然用心亦勤矣。因书数字于卷以归之。"亦以见林则徐之亲民。(《林则徐全集》第九册,日记页一七八)

六月,林则徐作《昭代丛书》骈文序。序中叙丛书源流及《昭代丛书》编纂缘由,颇有可取。《文钞》未收,特录全文如次:

《昭代丛书》序

今将捃残竹以稽元凭,翻宝书以溯帝魁。龙威探禹穴之函,鸡次负

· 213 ·

楚官之典。绿纯黄玉,搜册府于庸成;笙典珠坟,览书岩于唐述。羽陵蠹
眉,劚缉丛残,汲冢虫文,卢牟臮朽;则皋牢百民,荟萃九流,猎采文林,骋
奇说苑。岂不琳编戢香,究琅环福地之藏;竹牒锵洋,胪蓬岛仙宫之秘。
然而标新者,无庸袭旧;润古者,并贵雕今。丛书之刊,宋元肇始。篇名
《学海》,左古邺创厥规抚;文演《说郛》,陶南村恢其体制。固洪河之星
海,亦大辂之椎轮。嗣是《汉魏丛书》、《古今逸史》、《宝颜秘笈》、《稽古日
钞》诸集踵出,觚编叙事,斗筲钩沉;要皆綡缕陈编,纂搜前代,鲭合五侯
而味错,琴胶百衲而纹糅。若夫抉隐名山,拾华近载,证旧闻于《日下》,
广逸典于《酉阳》,登多宝船,群惊觊费;入众香国,尽挹氤氲,则惟《昭代
丛书》之刻至富焉。今夫《道德》五千言,传于关喜;小说九百种,本自虞
初。征献并取乎征文,识大不遗夫识小。惟是稗官剿说,嗤马角之荒唐;
迂士陈诠,诮麟皮之傅会。九奸五蠹,术恶刑名;脂盎香奁,词填侧艳。
《搜神记》既伤于诞,《无鬼论》亦病其支。使非品别金沙,鉴澄珠砾,涤烦
去滥,搴芳撷腴。蘸棘丽范,徒取讥于芜缛,秕扬瓦积,究何当乎雅驯?
是书镂裹群言,钒摵新语,邮能考异,契亦参同。或颂绍金天,或典稽玉
海,或衍绪言于鹿洞,或宗朴学于鸿都,或金虎开图,分记域中之风土,或
红羊历劫,旧传阃外之春秋。他如香乘茶经、砚笺墨薮,瓠史五行之志,
粟园千树之名,靡不记事悬珠,考古操镜,论凭公是,词异子虚,分之为一
家言,合之成五杂俎。张氏山来、杨氏慧楼先后采葺,厘为八编。吴江沈
翠岭参军汇而梓之,问序于余。余惟圣朝治洽同文,士多汲古。公羊墨
守,折衷必据经神;子骏才多,掞藻各为物祖。引谟觞而斟酌,群涌言泉;
游文薮以回翔,旁开辨囿。咫闻罗络,虽小道而可观;寸帙流传,恐单行
之易轶。参军乃碎金广购,屑玉骈罗,嗜故饕新,都归掌录,连篇累牍,悉
付手民。板戒麻沙,细校乌焉之讹字;璧除瑕类,不登鲫溜之俚谈。集腋
有借于千狐,阚斑获收夫全豹。十干分部,命名殊《丁卯遗诗》;八集藏
功,核实同《癸辛杂识》。伫看尾仍貂续,踳赖鸡多。赛积卷于蓼塘,甲乙
终十门之数;附类书于芸阁,丙丁排四库之签。

　　道光十有四年岁旅阏逢敦牂且月,抚吴使者侯官林则徐序。

(《昭代丛书》清道光刊本;又见《林则徐全集》第五册,文录页三九五至三九六)

夏,林则徐上《江苏各属捐赈情形片》,报告在江苏办理灾赈情况。(《林则

徐全集》第一册,奏折页三〇八至三〇九)

[**按**] 《全集》据片中"延至此时天气较为暄暖",定出奏日期为春季。但忽视片中有"自上冬以迄今年春夏"一语,故以定"夏"为宜。

夏秋间,林则徐在致家人函中论及读书作文之道,实则系向其子汝舟传授科举制艺进修之途径,也反映林则徐对制艺的看法。

> 读书作文之道,其先当因类以求之。如理学则当〈于〉先儒所论天人性命之旨及今古名家之深邃刻挚而明晰者讲求之。政事则当于先儒所记兵农礼乐之要及古今名家之昌明高华,开拓而精切者讲求之。始能读,次能记,次能用。常读始能记,常记始能用,故口诵目览手抄,则下笔汩汩然来,自有汁浆也。用翻,用跌,用衬,或拓开,或推深,或旁敲,或反逗,皆文字妙法。然此数者,无经籍之菁华、儒先之妙绪、大家之讲求、古文之气息以出之,又何以有精彩、有意味、有波澜、有曲折乎?吾家藏书最多,一意在于是,三年当可观也。时文纯璧者少,一篇数股,每股数句,记诵尚易,就此求之。目今风气,用意用笔,忌与人雷同,寻常意习见语□勿用。总之多读多作,则取有所择,而用可精也。功令试诗亦宜切究,好诗亦当熟背数百首,则音律调而风味旨,且取材富,不以鄙野嗤矣。

（《林则徐全集》第七册,信札页一〇三）

[**按**] 此件无年月日。《全集》定为道光十五前于江苏所写家书,无确指,余以函中首云:"去秋知尔游于庠",显指汝舟而言。函中云:"今只有年余便是试期",当指道光十五年九月秋试。又函末向闽中索书多种而称:"我前年在苏印刷甚多",道光十二年,林则徐正在苏抚任,亦合。故订此函当写于道光十四年夏秋之际。林汝舟果于道光十五年秋试成举人,此函必为林则徐为教导儿子应举前所当做的准备工作。

七月初一日,林则徐舟过昆山,曾视察震川(明归有光)书院,在日记中详记其建筑设置。(《林则徐全集》第九册,日记页一七九)

友人魏源对水灾情况亦有所记述云:

> 道光十四年,蛟水陡涨,潦将入城,林公急檄太仓州决刘河、白茆大坝,不二日水退数尺,岁仍大稔。

（《魏源集》页三九四）

刘河、白茆河自昔以通海口为要,今抚部林公与督府会筹,以为三江并行，必淤其一二，今正溜专趋吴淞，则不宜多杀其势，而刘、茆二海口，内外高下平等，旧苦咸潮倒灌，介虫逆上害田稼，尤不宜引寇入户，于是坝其海口，使不通潮，而专蓄清水。十四年太湖发蛟，江水骤涨丈余，急决海口大坝，不三日水骤退，吴田大熟。而海啸风潮时作，亦不致倒侵内地，太仓、常熟、昭文沾溉数万顷。

（《魏源集》页三九七）

七月中旬，有《致潘曾沂》函，叙茹素尽孝、署中种稻试验等事。

弟素不持斋，惟于家忌日及自己生日则茹素，盖谓此日之苦，人子所不敢忘者，故于食息间少变常度，永此慕思，从未敢稍有觞豆之举。

弟于署中及附近种早稻，皆旬日前刘获，每亩可得实米一石七八。崧畴所种于南园者较逊，其参稴晚稻未能有成，弟所种参稴则皆可活，或工力有所不同耳。就中以楚北早谷种子为最美，计一亩可得米三石。惜本年得之较迟，今拟筹款赴楚买种，明年及早种植，六月即可收刈，且所得为多，即刘后再种晚稻，亦未逾候也。弟所种区田，现亦甚为茂美。日后统较各种收成，核其工本之轻重，择善而从，可以现身说法。

（《林则徐全集》第七册，信札页九六）

七月二十八日，林则徐在丹阳一带视察修建练湖闸坝工程。（《林则徐全集》第九册，日记页一八三）

七月二十九日（9月2日），粤督卢坤下令封舱。八月初三日（9月5日），律劳卑令巡洋舰两艘（伊莫金号和安德罗马奇号）强行闯入珠江，进行武力威胁。

秋，为协办浙江在江苏采办海塘条石，请先由苏州藩库垫支银五万两。

核计工料、运费，除浙省拨银五万两外，不敷尚多，应请在于苏州藩库正项道光十四年秋拨款内，先拨银五万两，以资支用。

（《林则徐全集》第一册，奏折页三二四）

八月初五日（9月7日）正午，英舰向各炮台炮击挑衅，遭到回击抵抗。八月初七日（9月9日）、初八日（10日）继续沿省河进攻，八月初九日（11日）抵达黄埔。

从八月初五日正式开战以来"外人外船一律禁止进省"，商业几乎完全停顿。

八月十三日,粤督卢坤会同提督曾胜、巡抚祁𡎴及海关监督中祥向清廷报告英舰驶入内河并请求处分。九月初,道光帝在这份奏折上朱批说:

> 看来各炮台俱系虚设,两只夷船,不能击退,可笑可恨。武备废弛,一至如是,无怪外类轻视也。

(《鸦片战争》Ⅰ,中国近代史资料丛刊,页一二五)

同时又在下发上谕中处分有关人员:将粤督卢坤褫去太子少保衔,拔去双眼花翎,革职留任。广东水师提督李增阶革职。水师提标中军参将高宜勇革职枷号海口。最后以包围商馆、切断馆舰联系迫使英舰退出。

八月十九日,律劳卑及兵船二只退出虎门海口,开复了卢坤的处分,“加恩赏还太子少保衔,并给还双眼花翎”。(参见《鸦片战争》Ⅰ,中国近代史资料丛刊,页三六二至三六七)

[**按**]　卢坤在另一份奏折中说:“于(八月)十九日(9 月 21 日)将律唠啤押逐出口,仍饬恭候谕旨遵行。该夷兵船二只亦于是日开行,一路磨浅。二十二日押出虎门海口。”(《鸦片战争》Ⅰ,中国近代史资料丛刊,页一三一)而英人报告则称:八月二十四日(9 月 26 日)巡洋舰才驶出虎门,而律劳卑则于二十六日(9 月 28 日)抵澳门。(《鸦片战争史料选译》页二六)

八月二十日午后,撰拟采办海塘条石章程七条,咨询浙省。(《林则徐全集》第九册,日记页一八六)

八月二十一日(9 月 23 日)恢复英国以外各国贸易,二十五日(9 月 27 日)恢复对英贸易。

八月二十五日,上《砀山县利民、永定两河借项兴挑折》,要求借项兴挑,分年摊还。

> 永定河自苏家楼东北角起至利民河止,应挑工二段,计长九百丈。内沙土三千六百方,每方银八分,估银二百八十八两;淤土六千七百三十二方,每方银一钱三分六厘,估银九百十五两五钱五分二厘。又,利民河自东关奶奶庙旧涵洞起至减水河止,共十段,计长九千一百六十丈,逐段淤垫,间有河形。惟内有三段自东关起至闾家寨止,计长二千七百丈,东接护城堤,旧有涵洞以通城中积水,因历年淤塞,外高内低,全无河形,并有垫高处所。此三段必须挑浚深通,工费较多。以上共计沙土十万二千八百三十六方,每方银八分,估银八千二百二十六两八钱八分;淤土九万

五千七百三十二方，每方银一钱三分六厘，估银一万三千一十九两五钱五分二厘，统计共需银二万二千四百四十九两九钱八分四厘。据府道递加复核，并无浮冒，移司借款挑办，分年摊征还款等情。

　　该二河与减水河均系泄水要区，减水河业已两次兴挑，该两河若不接续挑办，实无以资利导而保田畴。既据委员会同该县勘明，年久淤垫，亟应疏浚，洵属刻不可缓之工。所估土方夫工银两，仰恳圣恩，俯准援照前案借款办理，于司库节年地丁正项银内照数给发，乘此农功事毕，赶紧兴挑，俾资宣泄而苏民困。所借银两，从道光十五年起，分作六年，按田摊征还款，以纾民力。

　　　　　　　（《林则徐全集》第一册，奏折页三一六至三一七）

　　八、九月间，林则徐在江宁监临秋试，应试者万余人，日记记考题、考场、阅卷诸情况甚详，可供了解、研究乡试具体内容之参考。（《林则徐全集》第九册，日记页一八五至一九〇）

　　八、九月间，江苏大雨成灾，刘河、白茆河发挥了调节雨量的成效。

　　此次工竣之后，适七月二十三、四、五等日，苏、松一带大雨倾盆，太湖附近诸山陡发蛟水，处处盛涨，拍岸盈堤。当即飞饬太仓、镇洋二州县，将该坝涵洞全行启放。据禀："滔滔东注，两日之内消水二尺有余，而秋汛大潮仍不倒灌。是刘河之容纳与涵洞之宣泄，实已著有成效。

　　（《验收刘河挑工并出力人员请奖折》，见《林则徐全集》第一册，奏折页三二〇）

　　即如本年七月间，太湖陡发蛟水，幸赖新河通畅，宣泄极灵。惟形如釜底之田，未能即时消涸，其余连岁被淹处所，皆幸得免沉灾。成效已臻，舆情允洽。

　　（《验收白茆等河工程并出力人员请奖折》，《林则徐全集》第一册，奏折页三三九）

　　九月初四日，关天培任广东水师提督。十月初二日，林则徐与关天培晤面。

　　九月初九日（10月11日），律劳卑死，德庇时继任。

　　九月十一日至十三日，江宁秋试填榜、出榜，共录取一百十七名，副榜二十二名。（《林则徐全集》第九册，日记页一八九至一九〇）

　　九月十七日，林则徐和来江苏主持乡试的友人龚守正（季思）、赵光（蓉舫）畅游鸡鸣山、清凉山、小桃园、随园等处名胜。

[**按**]　赵光《赵文恪公自订年谱》道光十三年九月记赵光至南京主持江苏乡试，与林则徐、龚守正游钟山、雨花台、清凉山、鸡坞埭、随园等十余处名胜之事。赵谱与林记相差一年。道光十四年甲午，循例为乡试年份，且林为当时日记，赵则晚年追记，容有记忆之误，应以日记为准。

九月十八日，为陶澍父书墓志铭。(《林则徐全集》第九册，日记页一九〇)

九月二十四日，广东学政许乃济(青士)回京过苏，林则徐邀宴。(《林则徐全集》第九册，日记页一九一)

九月二十六日，林则徐在苏州，其亲戚陆我嵩辞别返闽。(《林则徐全集》第九册，日记页一九一)

九月至十二月，皆有粮价清单，极详细可据。(《林则徐全集》第一册，页三三〇至三三二、三四五至三四八、三七九至三八二、三九八至四〇二)

十月初二日，晤新任广东水师提督关天培于酒宴间。(《林则徐全集》第九册，日记页一九二)

十月初三日，两广总督卢坤等提出弛禁鸦片的主张说：

> 臣等受恩深重，固不敢畏难苟安，养痈致患；亦不致徒饰伪言，不顾全局。悉心筹画，与其铤而走险，各处蔓延，不若暂为羁縻，严加约束。外则迎以舟师，内则谨防海口，使其不致行销无忌，亦不致越驶他省，再行徐图禁绝。

(《道光朝外洋通商案》卢坤片，见《史料旬刊》)

十月，林则徐为会试座师曹振镛八十寿辰写寿诗、寿文。诗未见。文即《新安曹太傅八十寿序》。(《林则徐全集》第五册，文录页三九七至三九九)

[**按**]　曹振镛生日为十月十四日。

十月二十三日，林则徐写《题袁介庵太守(谓钟)〈海塘筹御图〉，时介庵下世三年矣》。是时袁氏已故三年，诗中有句云："宦海抟沙那忍论，麟洲珊树早移根"，其注称："海塘议成而君去浙。"以示怀念。(《林则徐全集》第六册，诗词页一六八)

[**按**]　《云左山房诗钞》卷四收此诗一首，据《林则徐诗集》校笺者称："据知其原诗别有一首，今佚。"《全集》本亦只一首。

十一月初九日(12月9日)，六十四名鸦片贩子上书英国国王，建议"授权给一位有适当官阶、思虑周到和富于外交经验的全权公使，偕同一支适度的，

但有充分规模的武装力量,便可以轻而易举地封闭中国全部沿海贸易"。(马士:《中华帝国对外关系史》第一卷,页一六九)

十一月初九日夜分,乘小舟赴宝带桥一带河道巡查,至五鼓始返。(《林则徐全集》第九册,日记页一九六)

十一月十二日至十二月二十四日,林则徐亲赴运河一带,督催漕运,并在日记中详记每次过船数字。(《林则徐全集》第九册,日记页一九六)

十一月二十五日,林则徐上《弹压水手情形片》,报告预防和弹压粮船水手的情况。漕运是关系清廷财政收入的要政之一。粮船水手聚集人数众多,经常在漕船回空时,因抢先进口而使各帮间发生纠纷,以致影响次年的漕运。为此,清廷曾一再注视并谋求解决办法。林则徐在对待这个问题上,采取了弹压与预防相结合的办法。他在向清廷所写的奏折中说:"……水手恃众逞凶,已非一日,而近年为尤甚。……今冬河干水浅,虽经设法灌蓄,亦仅容一苇之杭。若湖、镇两帮狭路相逢,定必滋事。与其惩办于事后,莫如防范于未形。"对于容易发生纠纷的船帮,就饬令"量为调换,毋使泊在一处"。渡黄之后,又令各帮"先后挽渡,务使分档隔运,以杜其图斗之心",并派员"稽查催趱,一到水深之处,即令昼夜行驶,不任一刻停留",遇水浅处,不仅增雇挽夫,还要"严密防范"。(《林则徐全集》第一册,奏折页三五五至三五六)

十二月二十一日(1835 年 1 月 19 日),罗宾臣接替德庇时出任商务第一监督。

十二月二十三日,林则徐另在《回空漕船全进横闸弹压安静折》中,对"横闸内外及金山鮎鱼套一带,节节停船"的处所,除由"镇江、京口水、陆两营将备,率带弁兵,支架帐房,常川弹压"外,又"就近酌饬驻防满兵,一体弹压,以壮声势"。对于弃船逃走的水手,一面换雇水手,"一面严查在逃各水手姓名、籍贯及曾犯何案,随时饬拿务获,有犯必惩"。林则徐整顿漕船的总方针是:"总期猛以济宽,令行禁止。"(《林则徐全集》第一册,奏折页三七六至三七八)

十二月二十四日,有《致沈维鐈》函,言江浙漕船回空进口之难。

> 江浙回空进口之难,为各年所未有,则徐亲驻横闸四十日,始扫数提挽南下。现将运河集夫兴挑。廿三日由镇起身回署。
>
> (《林则徐全集》第七册,信札页一〇二)

十二月,林则徐在《颁发挑挖徒阳运河新定章程十八条》中,对有关工夫、

分工地段、土方、工程要求等问题均作明确规定。(《林则徐全集》第五册，文录页六八至七三)

颁发挑挖徒阳运河新定章程十八条
道光十四年十二月

为明定章程事：

照得徒阳运河系江浙通漕要道，若不认真挑挖，不独虚縻帑项，必致贻误漕行。今届大挑之年，尤须核实办工，严除积弊。兹本部院新定章程十八条，刊印颁发。所有在事官员，以及胥役泥夫人等，各宜懔遵办理，毋得玩违干咎。合将一切条款开列于后。

计开：

一、徒阳运河小挑之年，向派镇属四县分办，大挑之年，添派外属十一州县分办，此旧章也。但外县承挑，多属有名无实，盖工居隔境，既虞呼应不灵，而官难分身，莫禁丁胥滋弊，以致工多偷减，费倍虚縻。本届大挑，原应分调坛、溧及外属州县到工承办。兹本部院特加体恤，概免调工，惟将徒境运河归丹徒县承挑，阳境运河归丹阳县承挑。该地方官办理本境工程，较之外属自当得力，又以镇江府为总理，常镇道为督催，均令就近稽查，往来趱办，自可除积弊而速要工。惟该工例价不敷，赔累甚巨。徒、阳两邑力有难支，所有免调到工之员，应出承挑工费，由藩司核明，分别定数，令其随同年额协贴捐款，一并解司，转发工员领办。则承挑者免累，出费者免劳，酌剂均平，实为两便。惟工需紧要，解款断不容迟，务各激发天良，于开工后速即全解司库，以凭转发。倘各属以为既经免调，漠不相关，转将应出之资拖延不解，则是大负一番体恤之心，即应立予撤任，以为玩公者儆。

一、本年系办大挑，所有徒、阳二境全河俱应估办，惟现在丹徒闸以下回空尚未过竣，已奏明将丹徒闸上至江口止，先行兴挑。今估工长三千七百余丈，口宽四丈五尺，底宽三丈，挑深五尺。段内有水若干，即扣除若干，总以挑深五尺，配平河底为主。其两口以上腮土，均除水面，按照一五收分加算。遇湾曲高垫之处，不拘南岸北岸，俱顺形势估挑。历来所估切滩，既已算在腮土之中，无庸另估，以归核实。惟江口大坝外滩三十丈，河十五丈，向估捞浚，今趁小汛期内克日抢挑，另行展估口底，以纳江潮。又南门桥北河身太湾,亦经展估,另造清册,庶全河倍收其效矣。

一、本年估挑土方,务得实在尺寸,向来所雇柴米人夫,折扣虚糜,实为弊薮。今将陋规积习全行革除,以出土之难易,定方价之高低,核实程功,俾昭公允。如出土在一百丈外者,每方给价三百六十文;九十丈外者,每方三百四十文;八十丈外者,每方三百二十文;七十丈外者,每方三百文;六十丈外者,每方二百九十文;五十丈外者,每方二百八十文;四十丈外者,每方二百七十文;三十丈外者,每方二百六十文。其愿将全段工程远近牵算截长补短者,每方概以二百九十文酌中定价,自皆不致偏枯。至便益桥工长八十丈,野狗墩一百十丈,猪婆滩、大小奶共工长七十丈,向系著名累工,应另行剔出,作为抢挑之工,最后挑办,准将工价再行酌展,每方总不得过四百文,以示限制。

一、现在先办之三千七百余丈,应酌分为五段,每段专委二员监督。每员应给薪水油伙暨公寓轿价等项经费。每日支洋三元。并准各带家丁三名,以两名站段,一名跟随,每日各给饭钱一百四十文,自足以敷食用。如敢抽扣夫钱,串通偷减,除将该丁重办外,该委员并干参处。

一、每段由县派拨缮书一名,日给饭钱一百四十文,又刑皂二名、夜役四名、段差八名,各日给饭钱一百文,俱分交委员差遣管束。如有旷误索扰等弊,听委员分别枷责革究。倘该委员徇庇失察,一并参处。

一、现在钱粮总局设于南门都天庙,总理之镇江府及总办之丹徒县,均应常川到局,商同办事,并专委一妥于精细之员,驻局坐办。所有工需经费银两,先在府库存贮,随时易换钱洋,分批解局。该局员出具收管,逐日按章支发,登载簿扇。惟局中公事殷繁,应准自带家丁四名,仍由府县选拨经书各二名、听差各五名,交该局员办公遣用。所有薪水饭食,与各段员役一体照数核支,均以开工之日为始,每五日给发一次,工竣仍即停止。

一、工价固系包方,而夫数之是否足额,与夫工之有无惰延,仍应责成段员认真查点,随时惩劝,则诸弊无自而生。今于开工之时,先饬夫头将某段工长若干丈,安夫若干名,据实开具报单,交段员呈府汇折转报,以凭查核。每日天明,段差分头鸣锣,催夫下塘,委员亲历工次,按丈点夫,如不足数,即将夫头当场重责,勒令立刻补足,再有短少,枷号重办。

晚间亦须亲历工次，约计所出土方。如不敷丈尺过多，立即责究；其挑有赢余者，随时请赏；如能限前早完，尤当分别加赏。完工愈早，赏项愈多，先于挑工过半之时，由各段委员悬立赏格，出示晓谕，俾各踊跃争先，庶工程倍臻迅速。

一、挑夫揽工之后，应先酌付工资，为该夫安家及买赎器具之用。今议每夫先给钱五百文应用，锹锄、筐担、扁挑、绳索、锅碗等物，均照向例自行随带，不得短少自误。至兴工之后，每夫于方价内逐日付钱八十文，以资饭食，余俟工完，按方核明清付。如天晴工速，得钱自多；若遇雨雪较大，实难下塘做工，每日酌赏饭钱四十文，以免枵腹。倘只半日雨雪，仍可施工，即不得借口惰延，希图坐食，违者先将夫头枷责。

一、每夫一百名，用小夫头一名带领管束，每五百名又用大夫头一名统管。其每日散夫应支饭钱，应令大、小夫头同携手折向段员面领，按棚眼同散给。如有遗漏舛错，惟各夫头是问。所有大小夫头，各开花名清折，呈送段员查点。除夫额短少，责成雇补外，如散夫有打架争吵违犯等事，亦惟各夫头是问。今议大夫头每日赏饭钱一百四十文，小夫头每日赏饭钱一百文，工完之日，另赏各夫头辛工钱文。查明该夫头名下所管各夫出土若干，核数给赏。如所管之夫能挑完一万方土者，另赏该大、小夫头辛工五十千文；不及数者，照方扣算。此项赏钱格外从优，该夫头自形宽裕，如工程早完一日，更可多剩钱文，务要选择壮夫，不得以老弱充数，尤须紧催工作，不可稍任惰延。如敢克扣夫钱，偷减作弊，甚至纵夫逃避，亏帑误工，轻者枷示河干，重者收监治罪，断不宽贷。

一、开工之初，先于河心挑子沟一道，深二尺，宽三尺，直至工完之时，仍须留有此项子沟，以容渗水而平河底。现在所估工段，每二十丈钉有口面两桩，各段岸上又皆立有暗记，其老岸空高，亦经逐一核准，并制有收工河样，上用竹架，下用滚木，验工时在河中拉走，凡口底宽深尺寸，莫不一望而知，不能稍任偷减。如有挑不如式及垫崖、贴坡、肥腮、鼓肚等弊，除罚令赔挑外，定将原挑各夫重责示儆。倘敢私挪桩木封墩，串通舞弊，更必从重治罪，决不宽贷。

一、出土处所，原有官买田地，立石为界，应责令各段委员照估，划明界址。每工长十丈，立一标竿，用大字写明出土在若干丈外，凡挑夫倒土,总令越过标竿。如有贪近乱倒,及任意堆人门口,阻碍行路,并沿途抛成土龙,及堆匿棚内者,均责令站段丁差禀请委员,分别枷责。如该丁差禁阻不力,一并重惩。

一、遇市镇人烟稠密之处,有须借径民房穿行土者,由县饬保谕明,工竣收拾清还,居民不得故违,夫役亦不得借扰。

一、水车向系按亩派雇,此次亦应照派,但工价若先全付,转致任意耽延。今定于开工戽水时,先给半价,务令无分昼夜赶紧车戽,总俟底水全涸,始将后半找清,至迟不得过四日。如敢故延,将该车户及里运一并重处。至兴挑之后,每段仍酌雇大小水车数部,以备随时车戽渗水,按日给价,工竣撤还。先由府县出示明白晓谕,如有差保借端影射诈扰,许其赴局控究。

一、江口大坝及工尾拦坝,均为通工关键,最属紧要,即各处山沟田港,分筑小坝,亦必须宽厚结实,方免被水冲坍,以致要工贻误。此次江口大坝及工尾拦坝,俱责成府县各派妥实丁差一名,随同第一段、第五段委员驻坝防守。其沿河沟港,即将应筑各子坝,由县查照旧章,著令田头里保层层填筑坚固,不许坝身单薄,并严饬差保小心防守。又分工小坝,责成各段委员就近监筑,亦即著落段差地保看守。所有大小各坝,如被人偷决,私行放水人河,或疏于防守,被水冲坍,即将丁差地保分别枷责惩办,该段委员与不能防禁之丹徒县,均即先摘顶戴,仍责令该县雇车赔戽,刻日车干,如迟参办。

一、大五段中,仍照估划分各小段。第一小段,竖一木牌,大书此段工长若干,口底宽深若干,估土若干方,出土若干丈,方价共若干文,夫若干名,并大小夫头姓名,逐一开列,务使众目共睹,以杜克扣而绝虚浮。

一、向例每十夫为一棚,共给芦蓆十片、竹竿十条、稻草三十斤,现已议给价值,由夫头揽办。至向来各县厂房存留挑捞器具,查明造册,分交段员备用,不准遗失。有应酌量添置者,由道饬局核实备办,不准滥支虚糜。其总局需用纸张、油烛、茶水等费,由局员撙节动用,核实报销。

一、此次挑工,只准雇用州夫乡夫,断不准复用淮夫,致蹈从前恶习。倘历年积惯包办之淮夫夫头,仍图钻营包揽,该府县立即访查驱逐,毋许在境逗遛。倘因不得包工,辄敢在外阻挠把持,串通书差,煽惑夫役,即先按名锁拿,收禁县监,从重究办。查例载:"河工紧要工程,如有浮议动众,以致众力懈弛者,将倡造之人拟斩。"等语,如敢故犯,即须按例寘诸重典。至于各项漏规使费,俱著一概革除。如有指称院司道府各衙门名色,仍向该县及总局需索一钱,毋论何项人役,俱即先枷后究,毋稍轻纵。

一、大小委员,果能认真出力,剔除积弊,工归实用,项不虚糜,事竣由府禀明司道核详,量加奖励。

（《林则徐全集》第五册,文录页六八至七三）

冬,朱为弼有《致陶澍制军林中丞书》,建议严惩滋事水手。（朱为弼:《茮声馆文集》卷四）

是年,林则徐会同陶澍推荐时任元和县令的姚莹。

是年有诏中外大臣明保人才。江督陶公、苏抚林公以府君名上,未引见。旋提升高邮州知州,未赴任。

（姚濬昌:《先府君(姚莹)年谱》道光十四年条）

林则徐为姚莹出具了切实、具体的考语:

学问优长。所至于山川形势,民情利弊,无不悉心讲求,故能洞悉物情,遇事确有把握。前在闽省,闻其历著政声。自到江南,历试河工、漕务,词讼听断,皆能办理裕如。武进士民,至今畏而爱之。

（姚莹:《十幸斋记》,见《东溟文后集》卷九）

这段考语绝非官场中的泛泛滥词,而是经过认真了解、考察后所写的评论。它使姚莹深受感动,以此作为平生十大幸事之一。姚莹日后的才识并未辜负林则徐的"知人之明",而这段考语也反映了林则徐的精细负责精神。

是年,林则徐门人戴绢孙写信给他,陈述自己不得意的处境,希望能加以帮助。（戴绢孙:《上林少穆师启》,见《味雪斋文钞》乙集卷二）戴尚写有《林少穆师五十寿序》(卷四),叙林之仕历、政绩。

是年,为同乡学友梁章钜夫人写墓表——《梁芷邻方伯室郑夫人墓表》,叙其归德甚备。（《林则徐全集》第五册,文录页四七〇至四七一）

是年,为学者钱泳写《题钱梅溪(泳)〈梅花溪上图〉》,抒发对林下悠闲生活之羡慕。

梁溪客住琴川曲,　手种香田结茆屋。

一锄明月夹溪花,　溪水到门清似玉。

朱邸归来白发新，　巡檐索笑笑闲身。

山前煮石汲丹井，　瞥见南枝森古春。

秦碑汉碣临摹遍，　手掬香泉涤红砚。

忽从疏影悟横斜，　槎枒骨干开生面。

占断烟波渺一涯，　众香供养胜丹砂。

何时我亦移芳棹，　认取孤山处士家。

(《林则徐全集》第六册,诗词页五八)

是年,清廷又严禁鸦片走私。(《东华续录》道光二九)但是,仍有人在京城以二百四十金购买从粤中携来的鸦片百两。(雷瑨:《蓉城闲话》)

是年,英国输入鸦片竟达 21 885 箱。(马士:《中华帝国对外关系史》第一卷,页二三九)这正如马克思在《鸦片贸易史》一文中所指出:

> 1834 年,也像 1800 年、1816 年和 1824 年一样,在鸦片贸易史上,标志着一个时代。

(《马克思恩格斯选集》第二卷,页二七)

这些数量,"可制成 33 200 000 两备供吸食的合剂,堪以满足 12 500 000 吸烟者的需要"。(〔英〕杰克·比钦:《中国鸦片战争》第三章[Jack Beeching, *The Chinese opium war*],中译文见《鸦片战争及林则徐研究外文资料选译》页二〇)

是年孙玉庭(1752—1834)、朱彬(1753—1834)、韩对(1758—1834)、吴嵩梁(1766—1834)、陈寿祺(1771—1834)卒。

道光十五年　乙未　1835 年　五十一岁

正月,为张师诚妻七十寿辰撰《张师母徐夫人七秩寿序》(《林则徐全集》第五册,文录页三九九至四〇一)

正月初三日,林则徐会试座师曹振镛卒。林则徐于二十二日始获悉,二月写《挽曹文正公师》长诗一首,记曹生平及荣哀,并志自己感恩的哀思。(《林则徐全集》第六册,诗词页一六八至一七一)

[**按**]　据《日记》,林则徐于二月初三始知曹特谥"文正",则《挽曹文正公师》一诗当写于二月。

正月初十日,林则徐在抚署后整修"丰备仓",储粮救灾。二月二十九日建成,即日进粮。

> 节署之最后一进,旧为楼屋,年久失修,濒于倾圮。余商之同人,葺为义仓。自正月初十日兴工,至今成大小廒座十间,编其名曰:重、农、崇、本、富、积、谷、庆、丰、绥,每廒各取一字。于昨二十八日进谷三百石,今日进一千五百石。其谷买自无锡许庆丰行中,系周介堂(岱龄)承购,议定一石可作米五斗五升,由无锡运送至苏,船停盘门外吴县仓前。每石谷价并运脚洋钱一元四角,挑送进仓脚力每石二十四文。

(《林则徐全集》第九册,日记页二一〇至二一一)

[**按**]　此议创于道光十三年,历时三年至今始建成。

毛应观为王鎏《钱币刍言续刻》写序时亦论及此事:

> 又如癸巳岁,少穆制军议各县建丰备仓,苏省积谷至数万石,各州县奉饬有行有不行,时观宰娄邑,不避嫌怨,独力奉行,敦劝三载,建仓廒二十有四,积谷几及万石,然去任之后,则其收贮散放之宜,经理出入之要,有不可知者矣,一邑如此,况天下乎?

(王鎏:《钱币刍言续刻》毛应观序)

春,林则徐在江苏究心于改革漕务,已历时三年,未获实效。

江南漕务,患于银米日加,而实由于帮丁之勒索。当漕兑未开,帮费动以十数万计,脱有一误,州县参革随之,无已,则多取百姓而民生困,挪移库项而国计绌,此漕务所由坏也。当林少穆制军抚江苏时,洞悉其弊,力欲除之,立之章程,公其收兑,刊刻条规,名其书曰《力挽颓风》。自甲午冬至乙未春,无日不究心于此。当是时,在官以为漕船可速开矣,在民以为赋未可渐减矣,孰知旗丁诡谲,迁延至三月而不行,恐渡淮期误以干重咎,不得已仍由旧章而始兑始开,岂非积习之难返,众势之难回乎? 然而制军为国为民兴利除弊之实心则苏省之官民所共见也,天下之官民所共谅也。事虽不行,亦何伤于大臣之道哉!

(王鎏:《钱币刍言续刻》毛应观序)

春,苏州定慧寺重建苏公祠落成。林则徐、陈用光、李彦章等相聚于祠中啸轩,由画家黄均(谷原)作雅集图,别后陈用光写词请和,林当时未和,不久陈用光卒。直至道光十七年,其子陈淮生来索,林为补题。(《林则徐全集》第六册,诗词页二八九)

三月,两广总督卢坤等奏定防范贸易洋人酌增章程八条:

一外洋护货兵船不准驶入内洋,一洋人偷运枪炮及私带番妇至省责成行商一体稽查,一洋船引水买办由澳门同知给发牌照不准私雇,一夷馆雇用民人应明定限制严防勾串作奸等弊,一洋人在内河应用无篷小船禁止闲游,一洋人具禀事件一律由洋商转禀以肃政体,一洋商承保洋人商船应认派兼用以杜私弊,一洋船私卖税货责成水师责拿严禁偷漏。

(《东华续录》道光三一)

四月初六日,林则徐在瓜州晤漕运总督朱为弼。(《林则徐全集》第九册,日记页二一五)次日别后,林写诗赠朱,朱有答诗。(朱为弼:《茗声馆诗集》补遗四)

当时,朱为弼提出闸坝官为经理的建议,林则徐复函表示赞同说:

来教谓旗丁欠夫头之钱,此诚有之。上年江西帮内,即有欠至数千金无从追究者。以弟观之,皆由丁夫自相授受,未尝官为经理,故有此病。且其所谓欠者,或以南北货物空重所带,准折未谐;或头伍、尖丁欺隐侵占;或年前夫头 先赴水次让支,被诱嫖赌,仍复空回,而临时转无所得。此等弊病,罄竹难尽,弟正为此惧,故力请官为经理,以杜绝众魔。

幸赖明镜照心,允同饬办,速漕利运之方,似已思过半矣。

(《少穆中丞复书》,见朱为弼:《茮声馆文集》卷四;

又《林则徐全集》第七册,信札页一一〇)

[**按**]　朱为弼当时曾与林则徐有多次书信往还,朱函均收《茮声馆文集》卷四。

四月十一日,为杨子坚题《生公石上论诗图》。(《林则徐全集》第九册,日记页二一六;诗见《林则徐全集》第六册,诗词页五八)

四月十五日,林则徐履勘水利工程至张官渡。次日,亲自勘察张官渡移闸工程和练湖挑淤工程。并向民间调查练湖蓄泄成效,"其土人云:已可灌田十万亩矣"。(《林则徐全集》第七册,日记页二一七)

四月二十八日,陈銮五十寿辰,林则徐为他写《寿陈芝楣方伯》诗二首,赞扬陈銮在江苏地区的"德政",实际上也是林则徐借此陈述自己在江苏的施政情况。前一首诗写道:

频年水毁又金饥,　　凭仗仁怀与护持。

清溉廉泉官贷粟,　　寒冲虐雪路行糜。

流亡渐息穷途泪,

腒字全收隘巷儿。叠举捐赈、平籴、施粥及收养流民、育婴、瘗埋诸政

天意能回民命续,　　累君新鬓已成丝。

(《林则徐全集》第六册,诗词页一七一)

五月七日,格拉斯哥印度协会在《致外交大臣巴麦尊函》中,提出要"恢复从前我们享有的对厦门和其他北部口岸通商的权利"。(严中平:《英国资产阶级纺织利益集团与两次鸦片战争史料》,见列岛:《鸦片战争史论文专集》)

五月二十五日,林则徐亲往验收扩建的苏州育婴堂房屋,共有屋二百零一间,收养乳婴、断乳婴和残废留堂习艺大婴等二百四十余口,乳妇、干乳一百二十余人。这是当时较罕见的社会福利事业。(《林则徐全集》第九册,日记页二二二)

五月,林则徐曾用小楷丹书《般若波罗蜜多心经》,全文共二百五十八字。据一九八〇年三月二十七日《河南日报》报道:河南光山罗陈公社王代湾发现刻有此经的石碑,碑高0.61米,宽0.35米,厚0.13米,通篇小楷工整秀丽,有"道光乙未夏五月林则徐敬书"的落款。

夏,江苏大旱。(林则徐:《娄水文征序》,见《林则徐全集》第五册,文录页四〇五)

六月间,湖南新宁瑶族兰正樽起事,活动于新宁、武冈等地。次年二月遭到镇压而失败。(《林则徐全集》第二册,奏折页四二〇至四二七)

　　〔按〕　林则徐于道光十七年八月十九日上《蓝正樽余党审明定拟折》与《核审新宁蓝正樽已被殴毙情形折》,详述蓝正樽一案经过。(《林则徐全集》第二册,奏折页四二〇至四二七)

六月初十日,林则徐作《祷雨祝文》求雨。林则徐深自引咎,祈求能在"农望切于须臾,民命系于呼吸,时急势迫"的时候,"降百谷资生之泽"以解除旱象。(《林则徐全集》第五册,文录页五〇〇)

六月十四日夜,江苏宝山、上海、崇明一带风潮成灾:"在洋各船多被冲击,炮台营房均多坍损,土塘亦被击通。……太、镇一带潮势亦大,刘河石坝内塘亦有泼损处。"(《林则徐全集》第九册,日记页二二七)二十二日,林则徐即命宝山县速即修复。(《林则徐全集》第五册,文录页七三)

六月二十三日,梁章钜奉命入都,寄林则徐诗,林为写《喜闻芷林前辈奉召入都,将过吴门,适枉来诗,次韵奉答》。(《林则徐全集》第六册,诗词页一七二)

六月二十五日,林则徐应陈銮之邀与来苏旧友梁章钜同游沧浪亭,由黄谷源(均)绘图赠梁,林则徐为写《沧浪亭画册》诗。同时,还写《和茝林留别原韵》诗,鼓励重出赴京补官的梁章钜"东山卧起讵容迟"。(《林则徐全集》第六册,诗词页一七二至一七三)是日,林则徐与梁章钜、朱琦、吴廷琛集小沧浪馆,同观梁章钜上年所得南唐李煜手迹册页,林则徐为其题跋。

　　　　道光乙未六月茝林方伯奉召北行,携此册过吴门,与朱琦、吴廷琛、
　　　　林则徐集小沧浪馆同观。时则徐为主人,遂援笔识之。

　　　　　　　　　　　　　　　　　　　　　　　　　(林则徐墨迹抄件)

　　〔按〕　福建茅林立君,自收藏者家中手抄原件,并注称"有'少穆曾观'印。题跋的有陶澍、李彦章,但不在一时一地,知此为梁章钜北行沿路请友人所题"。

六月二十七日,林则徐与梁章钜、赵廷熙等共在署晚饭,当时赵廷熙(兰友)可能出示《龙树雅集图》副本请题。林则徐在诗中颇致感慨于人事沧桑说:

　　一瞥风花又五年,　　南皮高会散如烟,

黄垆易触中年感,图中莱山、春门、顺伯、陆园俱下世

朱毂犹多外秩迁。柳溪、莲舫、小云、芸皋、美田、访岩及君皆于会后外迁

当日画图谁主客，　　　回看觞咏似人天，

与君同对江南月，　　　还缔慈恩旧墨缘。

（《林则徐全集》第六册，诗词页一七三至一七四）

[**按**]　林则徐于道光十年闰四月与辛未同年三十四人在北京宣武坊南龙树院集会，周凯绘《龙树雅集图》、林则徐撰《龙树院雅集记》以纪其盛。其后与会者之一的赵廷熙复制了雅集图副本，请林题诗。诗中首句是"一瞥风花又五年"，所以系此诗于本年。《乙未日记》记林则徐于二月、六月均曾与赵兰友相晤。此诗当写于此时。

[**又按**]　《林则徐诗集》页二九五据《甲午日记》，道光十四年二月间与赵兰友多次相晤，疑题诗在道光十四年并云"有待确考"以存疑。惟考题诗内容及道光十五年六月二十七日赵兰友等在署共餐之事。时间充裕，不似十四年二月之匆促相晤，故以定十五年六月二十七日题诗为洽。

六月二十九日，林则徐上《苏省并无洋银出洋毋庸另立章程禁止折》，分析江苏行用洋银情况。原来在道光十三年黄爵滋曾上《纹银洋银应并禁出洋折》，刑部又明定治罪科条。清廷曾将黄折中禁止洋银出洋问题发交沿海督抚讨论。林则徐根据江苏实际情况，从商人牟利的本性进行了具体分析，认为江苏毋庸立禁止洋银出洋的科条。林奏针对黄奏提出了两点主要意见：

（一）要把禁止出洋和允许国内流通两种情况区分开来，林则徐主张在不会出洋的区域就不要禁止流通，如江苏的贸易范围，"止北至山东、奉天，南至浙江、闽、粤，并无有与外夷互市之事"，而且北路由于"南货贩北，可以取盈，若带洋银，全不适用"，所以"不待禁止，而人自不肯为"。南路则"江浙洋银价值向比闽、粤等省为昂"，商贾是不会"甘心折耗"的，"即使有人带往，亦只于浙江、闽、粤，互为流通，而非遽资外夷之利"，因此，对这种"洋银行用，只在内地，不往外洋"的地区，如果创立不得携带洋银的例禁，"是欲截其去路而先断其来路，于商民买卖、海关税务，未免皆有窒碍"。

（二）不必顾虑利用仿铸洋银形式而使白银外流。因为仿铸洋银的成色欠佳，往往为客商"剔出不用"，那么"在本地已不能通用，更何能行及外洋？"而且刑部还定有专条，所以对仿铸洋银也毋庸另立科条。（《林则徐全集》第三册，奏折页一六至一七）

[按] 林则徐对于仿铸洋银问题只是反对杂质银元,而主张铸足色银饼以便流通,并在实际上他也进行过铸造,终因效果不佳而废。清人著述曾有多处论及此事如:

(一)冯桂芬《校邠庐抗议》中说:"侯官林文忠公造银饼,初亦便用,未几即质杂,市中折之为零银,银饼遂废。"

(二)周腾虎《铸银钱说》中说:"林文忠公铸造银饼,其制渺小,全无法度,后又无法以行之,宜其不行也。"

(三)佚名《平贼纪略》中说:"林文忠公因洋钱价贵,以足银铸饼,其形如棋,面刊足银七钱三分,市廛用而未行。"

(四)郑观应《盛世危言·铸银》中说:"道光中,言官陈洋银之害,廷旨饬筹平准之法。时侯官林文忠公巡抚江苏,见民间洋钱日增,遂铸七钱三分银饼以代之,初亦便用,未几而伪者低者日出,遂使良法美意废而不行,可为太息。"

这些记载对林则徐铸银元的结果或致微词,或惋惜失败。但是,林则徐终究是铸造银元的最早创议者和实行者,而且从这些记载中,大体上了解到这种银元的规制。

六月二十九日(7月24日),曾于道光十二年在浙江沿海被逐的英国侵略分子胡夏米致书英外交大臣巴麦尊,侮蔑中国的"规章和法律"是与"人道原则与理性都是不相容的",并提议组织包括十二只各型船只和近二千名士兵的武装进攻中国。(严中平:《英国资产阶级纺织利益集团与两次鸦片战争史料》,见列岛:《鸦片战争史论文专集》)

[按] 胡夏米所指的"规章和法律",即当时中国政府所规定的对外关系的有关政策和章程。这是一个主权国家拥有的权力,决不容受到任何指摘。

闰六月初四日,林则徐写《郑苏年师〈抱膝图〉遗照》诗,怀念在鳌峰书院时的老师郑光策。其诗前有小序,记郑氏生平云:

师讳光策,乾隆庚子进士,归里待铨,有心用世,故为此图见志。继婴足疾不出,主讲鳌峰书院。甲子捐馆,年甫及艾,以明体达用之学,未遂厥施,士林惜之。今两孤早世,孙未毁齿。芷林以师门高足,兼冰玉亲,曾编遗集行世。兹示以图,薰香瞻拜,不禁泪涔涔下也。

遗影追寻立雪前, 春风书带正翩翩。

谁知稷下闻琴泪，	巳兆隆中抱膝年。<small>师绘此图，未几即得足疾</small>
座有心香余泽在，	集题脚气几人传。
韩门李汉编文后，	忆否桐枝瘦可怜。

（《林则徐全集》第六册,诗词页一七四）

闰六月十三日,林则徐作《二次祷雨祝文》求雨。祝文中概述了当时亢旱的严重状况,并提出了因旱灾而造成的八项严重后果——"八可哀"。这篇祝文表现了林则徐对民生的关切,尤其是对勤劳农民受灾的重视。他发出了"官不足悯而民可悯,民即不尽可悯而农民可悯,而农民之勤者尤可悯"的呼吁,这一点林则徐和当时那些无视民生的封建官僚有所不同。祝文中的"八可哀"是:

夫百谷长于夏而成于秋,今立秋已届,禾之未植者无论矣,其已植者,谁忍听其枯槁。然腹地不可得水,则必截潢浚港,以水车数十具辘轳传送,乃风日炎燥,不半晌而涸如故,农民穷矣,禾亦槁焉。呜呼,其可哀一也！傍水之田,百不一二,虽目前犹可引溉,而官河日消水数寸,不数日亦立涸,何恃不恐？呜呼,其可哀二也！高地已不能植禾,但得滋液渗漉,凡助谷之属,犹可补艺。今土皆龟坼若石田然,未辍于原则罄悬于室。呜呼,其可哀三也！昔者甲戌之旱,在禾苗遍植之后,民之用力犹轻也。今夏至即旱,植禾者半,不植者亦半,其不植者犹可责之曰惰农耳,而高阜之田亦或胼胝树艺,劳费倍蓰,而卒以蕴隆为灾,弃前功而待毙,是力农者之惨甚于惰农也。呜呼,其可哀四也！天下漕赋四百万,吴居其半,京师官糈军饷皆取给焉。若久旱苗槁,岂独吴民道殣相望,天庾正供计将安出？呜呼,其可哀五也！且吴中之灾屡矣。自癸未后,若辛卯,若癸巳,皆灾之甚者,其他亦多歉岁,无论蠲贷赈恤,国帑之耗难以为常,即助赈劝捐,前此有力之家,今疲惫者什九矣。嗷嗷者谁其治之,但有转沟壑耳。呜呼,其可哀六也！淮扬下河之地,每有灾民流徙四出,杂于常镇苏松之间,来则育之,去则资之,亦云屡矣。今其地多旱,又将相率至此,而此地不暇自谋,何以推解？恐强悍之众贻患未有穷也。呜呼,其可哀七也！自四五月来,江北之以蝗告者众矣,近且渡江而南,镇郡之属邑类多有之。若又旱暵,则螟螣之害尤必蔓延无已,民何以堪？呜呼,其可哀八也！

（《林则徐全集》第五册,文录页五〇一至五〇二）

七月初二日，江苏"昼夜大雨如注，将及一尺。四鼓后，东北暴风大起，屋宇林木无不震撼，知木棉必为所损矣"。初三日，"西风猛厉，终日不已，雨亦断续淋漓，河水骤长一尺数寸，闻城内外房屋吹倒者甚多"。（《林则徐全集》第九册，日记页二三一）

八月初三日，黄爵滋任鸿胪寺卿。

八月二十日，林则徐有《致郑瑞麒》函，告以江苏秋收光景：

> 此间秋收光景，江、扬、常三郡似可无虑。苏、松先前气象亦望全丰。自七月中，风雨连朝，太湖忽发蛟水，低田不乏泡浸，棉花亦被摧残，即使此后畅晴，恐亦不无减色矣。

（《林则徐全集》第七册，信札页一一二）

八月，江南乡试，林则徐监临闱务。参加考试者万四千余人。卓秉恬、单地山、陶澍、林则徐、龚守正、沈维鐈共相聚会。陶澍作《乙未入帘图》志盛。

> 乙未八月，卓海帆阁学、单地山编修奉命典试江南。时云汀宫保方为总制，少穆中丞监临闱务。季思及余皆在白下。同年四人，而余于少穆、地山复忝一日之长。宫保作《乙未入帘图》以志良会。

（沈维鐈：《补读书斋遗稿》卷二诗注）

沈维鐈为《入帘图》赋诗，有句赞扬林则徐在苏改进考试办法和政绩说：

> 秋清镚院连番肃（中丞三科监临），地有棠阴万口同（宫保先抚吴，中丞曾布政江宁）。

（沈维鐈：《赋入帘图诗》，见《补读书斋遗稿》卷二）

龚守正也在赋《入帘图》诗中赞扬林则徐改革江南考场办法的成绩说：

> 辟门三俊选（少穆四次监临分三处点名试士较多而完场转速），广厦万间连（本年士子万四千一百有奇）。

（沈维鐈：《补读书斋遗稿》卷二附）

八月间，英船又出现于江南洋面，经林则徐派人驱押离境，并于九月初一日写《英船复又驶抵江南现已驱押出境折》，向清廷报告经过。（《林则徐全集》第二册，奏折页七九至八○）

九月，邓廷桢擢任两广总督。

九月初三日，作《和卓海帆阁学〈秉恬〉〈江南文闱即事〉原韵》诗。

> 桂露霏帘漏欲沉，　　盈床束笋灿如林。

斗间剑识中宵气，　　爨下琴收太古音。搜落卷勤甚

锁院茶香文拄腹，用坡公语

山楼月照鉴当心。《江面山楼月照时》，闱中诗题也

更期撤棘携吟屐，

梅社诗盟取次寻。君昔寓吴门，与问梅诗社诸君辄倡和

（《林则徐全集》第六册，诗词页一七四至一七五）

九月初九日，鸿胪寺卿黄爵滋上《敬陈六事疏》，其第六事"严剿御以肃夷禁"条中即已论及严禁鸦片的主张。这是黄爵滋严禁论观点的最早表露。他与前此主张禁烟者从有害民情风俗着眼的论点有所不同。他已从危及封建政权财政经济方面立论，加以发展、充实形成了道光十八年所上有名的《请严塞漏卮以培国本疏》，树立起严禁的大旗。黄爵滋在这次奏疏中说：

> 臣查粤海关之税，所入者不过百万，而鸦片烟之银，漏出外洋者不下二三千万。以无用有害之物，毒中国之人而又竭中国之财，夷计之狡，莫甚于此；而屡禁不绝者，则皆汉奸为之也。臣闻近来广东抢劫大案，大半以搜查鸦片为由。各关亦以搜查鸦片为名，实则需索客商。江西等处河西一带游民，亦以搜查鸦片为名，实则抢劫财物。是有禁不如无禁。臣愚谓欲截其流，但塞其源。应请皇上饬谕两广总督，责成水师提督，严查大屿山之屯船及转运之快蟹、交易之窑口，悉籍其党，立置重典。一面檄知该夷国王：嗣后夷船不准装载此物，如违即照汉奸治罪。若不如此严禁，臣恐此患竟无底止矣。

（《黄爵滋奏疏许乃济奏议合刊》页四八至四九）

黄爵滋在此奏的附片中又揭露出当时广州鸦片走私组织的情况说：

> 鸦片烟一节，臣闻从前夷人俱在澳门开庄，有承卖总头叶四者，颇有势力，只许夷人兑换货物，不许售卖银两。后叶四以罪办去，夷人颇以为喜。有英吉利夷人铁头老鼠者，遂与洋行伍元和串通，移在大屿山屯船开装，自后俱用现银交易。其转运之"窑口"，俱在番禺县河岸一带，约共三十余家，俱系洋行司事，名曰"马砖"，并臬司差、广州府差、南海、番禺县差及洋货铺之在十三行者，通同开设。"快蟹"即快艇，系督抚藩臬书差所办，约百余只，而南海、番禺及永宁通判之巡船，亦伙同装载。由大屿山载至"窑口"，其所经炮台及水师巡船，均有规费。其"窑口"门面，或

钱铺,或洋货铺。买烟者但言明时价,先兑现银,夜间即将烟送交于客所居之处。其烟实不在"窑口"本铺,而另藏于他屋地窖,房屋最深,妇女亦多,以故地方官搜查不能到也。应请饬下两广总督及水师提督,先行密访。凡开设"窑口",办理"快蟹",盘踞之首从各犯,务按名拿究,重法惩办,毋令一人有漏,方可净绝根株也。

(《黄爵滋奏疏许乃济奏议合刊》页四九至五〇)

九月十五日,林则徐根据太仓州地方官吏对宝山海塘被灾损坏情况逐一履勘后所作的估计,向清廷上《勘估宝山海塘工程折》,提出加筑新塘的方案。"合计江西、江东应估砌筑土方,约共三十五万六千四百余方,石塘添办青条石一百九十余丈,通工桩木约需六万一百余根,碎石二万一千三百余方。统计银数需得二十万两有零,方能料足工坚,永资巩固。"(《林则徐全集》第二册,奏折页八九至九〇)

九月十六日,批发苏、松、常、镇、太五府州《查办积欠章程七条》。

第一条,议请设局,委员查办,以期迅速,并谓上届即系如此办理。本部院行辖现无案卷,不知上届嘉庆二十三年果否设局查办。即使设局属实,而上届迟之七个月之久始行复奏,则设局之不能迅速,亦已明矣。且查报由于州县,而盘核则在府州,若省中设立总局,则各属均存推诿之心,既可卸责于前,更不免借口于后。而局员、局书势必纷纷多派,备添薪水、纸张之费,司库本无闲款,各属又捐解不前,筹垫透支,终贻后累。而多设一日之局,即多增一日之费,更难保局中胥吏不以驳剔为耽延。是开局易而撤局难,欲速反迟,适以遂假公济私之计。又其甚者,明调州县经书,暗带空白印册,必使到局趱造,讲定册费,方免挑驳。开弊窦而滋物议,恐将来悔不胜追矣。所请设局一节,应毋庸议。

第二条,以民欠确数,勒限各属于半月内开具简明清折通送,以免书吏从中舞弊。自应如此办理。前据司详,业已通饬遵照。惟所议半月之限,若不明定日期,仍恐相率耽延。应酌限于十月初十日以前,一律查开印折,通送察核,不得再有迟逾。如违,撤任参处。

第三条,以积年欠款,应饬开造花户细册,连串根一并呈送。此议似欲求其真实,而究竟不著痛痒。盖一县之花户不知凡几,而一户之化名者更不知凡几。即使编造成册,谁能逐户挨查?纸墨虚糜,时日坐耗,迫至奏期紧迫，催促不来，又安能守株以待！所谓劳而无益者此也。至详送串根，尤觉无谓。查版串系三连骑印，其已经完粮截给者，只留根底一串，故曰串根。若必吊核及此，是查已完而非查未完者矣，殊所未解。且即查核未完之串，而钱漕银米奇零细碎之数，已不啻茧丝牛毛，只能责令解送府州，听候盘核。若恐仍难尽信，亦惟有令其封贮府库，责成巡道抽查，或由司委员分投稽核，尽足以臻周密。如必悉令解省，不特脚费甚巨，且恐无收藏之地，更无寓目之人。应无庸议。

第四条，吊查交代三印册折及历任征收红簿。此议洵为得要，然其中亦须分别。大凡州县仓库钱粮，惟交代时可使须眉毕现。盖后任承查前任，最为切己之事，而监盘出结会议，乃是居间之人，故三印册折最为可靠。至吊串、吊簿，非不足以资考证，然印在本官之手，若果忍心作弊，即簿、串亦难为铁凭。大抵查存串不如查红簿，而查红簿又不如查三印册。今酌令曾经交代者，将三印册折送司，并议单亦令附送，尽可查悉底蕴，不必再吊簿串。其交后由本任接征，未经转交下任者，则将实征红簿，由该管府州核定钤印，加结送司。如核有不符，再行委员盘串。似此层层稽核，事简而法亦周矣。

第五条，请以官垫民欠造册专案请豁。所禀确系实情。查上届查办蠲免，经前督、抚院奏请，将官垫民欠分限十年摊赔。嗣又恭逢嘉庆二十五年八月二十七日恩诏，始得造册准豁。此系非常旷典，难以比例。然必先有摊赔之奏，而后符于豁免之条。若更躐等乞恩，断难邀准。该府州等沥陈垫完之非得已，与追赔之无实济，本部院非不一一深知。然究竟可奏与否，尚须与督部堂暨该司道等反复熟商，不敢豫为臆断。所请另行造册之处，姑俟查造到日再行察夺。

第六条，请以差保缴回离根串票一并入册，尤不可行。查江苏钱漕，积弊莫甚于豫先截串，方禁绝之不暇，若再准令缴回，更复何所忌惮！且差保人等与本图花户素本熟识，或花户恳托代完，或差保豫向兜收。往往仅给收条，先不给串，即花户钱漕早已清完，而串票仍在差保之手者，亦复所在多有。况串已离根，则已完与未完无可区别，安知该差保等不将已给花户之串重向收回作为民欠？此端一开，其弊不可胜究，所谓教猱升木，断难准行。即使所截之串实有民欠在内，亦不准其查办，以为滥行截串者戒。

第七条，请以辗转挪垫详晰奏明一节，亦觉似是而非。查各州县以条银挪办漕米，以道项挪解司项，以新赋挪补旧赋，虽皆实有其事，若官垫民欠一款，不能邀准查办，则辗转递挪之处，无所用其豫陈；如其准查，则凡所抵垫之银，无非存库之项，该府等所谓递挪之新款，自然在其个中。此时总不能率行豫陈，致涉巧混。

（《林则徐全集》第五册，文录页八〇至八二）

九月十九日，林则徐题卓海帆《沧浪话别图》。（《林则徐全集》第九册，日记页二四一）

[按] 此诗未见《全集》，或仅题识而无诗。

九月十九日，林则徐获悉长子林汝舟于九月初五日在福州以第五名中举之讯。（《林则徐全集》第九册，日记页二四一）

九月二十一日，宝山县海塘工程开工。在兴工前后，林则徐对于工料采备极为认真，派定专人负责，议定必要章程、筹捐用费等。（有关各札见《林则徐全集》第五册，文录页七四至九八）

九月二十三日，作《潘芝轩相国（世恩）〈花瑞图〉属赋》诗一首。（《林则徐全集》第六册，诗词页一七五）

九月二十四日，李彦章带画工万岚，在舟中为林则徐写照。（《林则徐全集》第九册，日记页二四二）

秋，林则徐在艺芸书舍见到元人影宋精镌足本程子《易传义》二十四卷，并为之题跋云：

宋程子《易传义》廿四卷，昌明理学，直接三代道统，朱子皆其所自出也。此为元人影宋精镌足本，较明刻远甚，曾于艺芸书舍见此祖本，因志。道光乙未秋日，八闽林则徐。

（《林则徐全集》第五册，文录页四〇一）

[按] 此跋语系林则徐亲笔楷书，末钤阴文"林则徐印"及阳文"江左中丞"。乙未为道光十五年。

[又按] 程子即宋理学家程颐。《易传义》见《四库全书总目》卷二，作十二卷，似非足本。艺芸书舍为清汪士钟藏书处。汪氏广搜宋元刻本，著有《艺芸书舍宋元本书目》，著录宋元刻本五百余种。台北"中央"图书馆所藏《周易

传义大全》(二十四卷,明初建阳刻本,装二十八册)所收该书即有此跋。又《"中央"图书馆善本题跋真迹》第一册页一二也收入此跋,复旦大学吴格访美,在加州大学洛杉矶分校图书馆见之,特为复印见寄,至感盛情!

十月初六日(11 月 25 日)英国商务监督处从澳门迁往伶仃岛的单桅船"路易沙"号上办公,更便于鸦片走私。监督处的管辖权也奉命扩大到伶仃洋和澳门。

十月十六日,与总督陶澍会衔上《江苏各属秋禾被灾请缓征银米折》,详尽报告江苏各属被灾情况,请求缓征银米。(《林则徐全集》第二册,奏折页九九至一〇一)

十月十八日,林则徐邀齐彦槐(梅麓)、黄楚桥、徐石林、朱酉生来署吃饭。(《林则徐全集》第九册,日记页二四五)《题黄楚桥(学圮)〈史印〉》一诗即写于此时。(《林则徐全集》第六册,诗词页五九)

十月二十二日,林则徐请钱泳、蒋因培、张筠、李彦昭等人吃饭。(《林则徐全集》第九册,日记页二四六)《题钱梅溪(泳)〈梅花溪上图〉》及《题蒋伯生大令(因培)〈岱顶搜碑图册〉》诗或即写于此时。(《林则徐全集》第六册,诗词页五八、六〇)

十月三十日,林则徐亲赴宝山海塘工次,履勘定议,并于十一月初十日向清廷上《亲勘宝山、华亭两县海塘分别饬办片》,报告定议情况。(《林则徐全集》第二册,奏折页一二〇至一二一)

十一月初三日,太仓州七浦河等处挑淤五千六百余丈工程,在刘河工程节余款三万四千九百两中拨款二万一千六百九十两挑修完竣。

林则徐在几年来兴修水利工程的实践中逐渐认识到兴修水利的重要性和人力与地力、水利与农业之间的关系。他说:

赋出于田,田资于水,故水利为农田之本,不可失修。

总之,地力必资人力,而土功皆属农功,水道多一分之疏通,即田畴多一分之利赖。

(《林则徐全集》第二册,奏折页一一七至一一九)

十一月十一日,两江总督陶澍入觐,林则徐接署两江总督任。并于十五日上《接署两江总督日期折》云:

署理两江总督兼管两淮盐政,责任更为重大,公事尤极殷繁。臣自揣庸愚,倍深惕惧,惟有殚竭心力,益矢慎勤,于地方、营伍,及盐务、河漕、海防一切事宜,认真学习经理,断不敢因暂时署事,稍有因循,以期仰答高厚生成于万一。

(《林则徐全集》第二册,奏折页一三三)

十一月二十五日,林则徐会同署抚陈銮上《筹议约束漕船水手章程折》,指出粮船水手斗殴抢劫之风不能遏止的原因是在"查拿不力,畏难苟安",并进一步分析畏难苟安之故是"一则惮其人众,惟虞激事,一则恐误漕行,只图了事"。同时提出严加约束办法,主张"有犯必惩,有惩必重",以维护作为封建制度重要经济命脉的漕运事务。(《林则徐全集》第二册,奏折页一三五至一三八)在这时期,林则徐曾与任漕督的朱为弼有讨论漕务的信札往还。在朱为弼的《茮声馆文集》卷四有朱为弼致林则徐函三件,致陶澍、林则徐函一件,并附收林则徐的复函一件。这些信札反映了地方疆吏与漕运总督间的关系问题。

十一月二十九日,两淮盐运使俞德渊病,请假二月,由姚莹代理。(《林则徐全集》第九册,日记页二五二)

十一月,林则徐撰《太史晴澜先生传》,其文如次:

太史晴澜先生传

古人学邃行优,其素所抱具见诸施为者,皆有其实诣存焉。汉制,举博学,诏孝弟,策贤良,未尝不求实学实行之士,而应制者,名实不尽相符矣。后世礼为虚文,乐为虚器,诗书不过袭取,道德亦为虚名。

若吾乡晴澜太史[1],□乎远矣。幼聪颖特出,而又嗜学,初试时,兄弟三人,驹齿犹未落也,所试无不利。晴澜于诗文外,兼工书法,才擅三长。每出人头地,而诚静自若,初无嚣矜气,然而声名著甚,群矜其腹之富,才气之大,笔力之雄健,未知其如何读书。数载中何以兄弟同膺选拔,登贤书,联捷南宫,步瀛洲,同时发越,若此,几疑乃翁训课有异授。

迨询其渊源所自,乃翁立斋[2]孝廉公,素重实学,崇经术。其为文,每穿穴经义,不蹈恒蹊,并有体会《论语》圣经原文,不袭前人常解者。晴澜兄弟,习聆庭训,究心于注疏经义,博览于史传百家,佐以欧苏,探手濂洛,真积日久,根柢深厚,非若竞习时艺者,学植谫薄,文体卑弱。昔人谓昌黎韩子,文约六经之旨,功起八代之衰者,此也。夫学之原本经籍,文以阐之。非必游刃穴虚,挥斥八极高远,以稀智惊愚也。由是以学古有获者,体诸身而为行,亦非必有奇迹异躅,震耀一时也。

晴澜性端谨,温厚和平,初无奇崛异人处。而其庭闱中,奉侍祖父母、父母,得重闱欢,恭兄友弟,怡怡如也。宗族中,恂恂然循子弟职,无所表见,然而无所表异于人者,其真诚实行,正为人所不能及。他如笃亲友,则数千里外垫资枢,如同副车张某,肩任其事,如亲兄弟。然厚乡里,济荒歉,不惜重资运米平粜。其时米未运,而心已运之。诸如此类,皆济人济世之实心实事,未与他人道者。居恒自省功过,有《日省篇》,亦乃祖志轩[3]《向心篇》之旨,不求人知,盖其功愈密,而德益厚,品弥高,有言所不能罄者矣。

嘉庆十九年甲戌,晴澜入馆,派习国书。徐曾习之,谊兼枌榆,心契其人,朝夕晤处,久而相得益厚,获谙其学问品谊。不数年,乃兄霞城[4],弟鉴湖[5],相继入庶,常询悉其起居。道光十四年甲午京察,霞城以一等授镇江守,同事江左,又悉其里居懿行,益重其为人。而惜其不获永年,以展其经济也。爰叙其生平,述其梗略,见其实学实行之足为世范,而不愧于古人焉!

(江占元:《三龚遗事》附,见《福建光泽文史资料》第十辑,
1990 年;又见《林则徐全集》第五册,文录页四五六)

[**按**]　(1)龚文炳(1785—1826)字翘才,号晴澜。福建光泽人。嘉庆十九年进士,入庶常馆。道光六年病逝汉阳,年四十二岁。

(2)龚懋(1762—1848)字勉儒,号立斋。乾隆六年举人。龚文炳之父。

(3)龚周德(1742—1841)字怀仁,号志轩。国学生。龚文炳之祖。

(4)龚文焕(1784—1847)字广才,号霞城。嘉庆二十二年进士,道光十四年特授镇江知府,二十二辞官归里。龚文炳之兄。

(5)龚文辉(1787—1828)字异才,号鉴湖。嘉庆十八年与长次二兄同榜成举人。曾主讲江西鹅湖书院。龚文炳之弟。(参官桂铨《林则徐佚文三篇》)

十二月初四日,姚莹接护运使印。不久,有《上林制军言西商脚私书》,向林则徐申诉往江西运盐船户自带私盐(脚私)实与江西岸商无关。信中也揭示了一些盐政弊端。对林则徐协助陶澍改革盐政的贡献誉为"复运以精思,益求美备"。(姚莹:《东溟文后集》卷六)

[**按**]　姚莹在其上林则徐书中言"莹于本月四日接护运篆",姚受委任在十一月二十九日,则四日接任无疑,其函末云:"俞运使月来病势……殊觉支

难，实堪忧虑"，则其函当写于接任后、俞德渊卒前，而据林则徐日记，俞卒于十二月二十日，是姚上林书必在初四与二十日间，当为十二月中旬所上。《东溟文后集》卷六所署日期为"丙申三月"，即下年三月，显然有误，不足信。

十二月初四日，林则徐会见任泰。（《林则徐全集》第九册，日记页二五三）《任阶平太史（泰）〈寒夜写经图〉》诗或即写于此时。（《林则徐全集》第六册，诗词页六〇至六一）

十二月初七日，林则徐奉旨出具所属无买食鸦片甘结称："所有臣署内亲属、幕友以及长随、书役人等，均无前项情弊。即各关监督并兼管之盐务，专辖之营员各衙署，亦查无阳奉阴违之事"。（《林则徐全集》第二册，奏折页一四五至一四六）

十二月初七日，林则徐上《密陈司道府考语折》，对杨簧裕谦、俞德渊、唐鉴、李彦章等二十人出具切实考语。在所附《考语清单》中，对两淮盐运使俞德渊考称："心正品端，识周虑密，勤劳刻苦，一力筹公，实为不可多得之员。"（《林则徐全集》第二册，奏折页一四〇至一四二）

十二月初七日，林则徐以姚莹"才守兼优，盐务熟悉"，奏请代理两淮盐运司。（《林则徐全集》第二册，奏折页一四五）

十二月十一日，林则徐请桂超万（丹盟）校勘《北直水利书》。（《林则徐全集》第九册，日记页二五四）

［按］ 据桂超万上林则徐书云"超服阕北行，示以《畿辅水利》，并谕入觐匦遥，将面求经理此事"，又云："敬读赐示《畿辅水利丛书》并四案诸篇"。是林所谓《北直水利书》当即《畿辅水利》一稿。

桂超万对林的开发北方水利种稻一事有不同意见，提出"宜豫筹者"四项条件。

　　　以鄙见计之，似尚有豫筹者。沟洫井堰，工费浩繁，若待司农议款，恐格而不行，宜豫筹者一。圻郊如有旷土，无论在官在民，俱可随时开垦，若以民地营民田，每岁获麦之后，即种秋粮，其时不能稍缓，惟秋粮既收，二麦未种之时，稍有二、三旬之暇，将俟此营之，则垦田无几；将随时营之，则民食有妨，宜豫筹者二。农师必召南人，如以旷土开作官屯，即使为世佃亦可，否则作何安插？抑或募玉田，磁州等处种稻之农，风土略同，往来较便，宜豫筹者三。天下事非权不行，以天使督理营田，权不谓轻,而要莫重于封疆,内外协谐,措画自宜,万一各持意见,不免阻挠。雍正间营田至七千顷,至怡贤亲王身后,以朱文端贤相,而涣号不行于牧令,致弃前功。乾隆中再次营田,亦以督臣奏南北风气不能强同中止,前事有明证矣。窃谓必得首岳之任,宽以岁月,使州县各营其地,或劝民自营,或借帑为营,或募富户代营,无钦差供亿之烦,则事不扰;有黜陟劝威之责,则功必成,宜豫筹者四。……

《上林少穆制军论营田书》,见盛康:
《皇朝经世文续编》卷三九《户政》一一《屯垦》

[按]　此文后有桂氏附记,言在畿辅居官八载,深感在畿辅营田有自然条件的困难:"必其地有四时不涸之泉,而又有宣泄之处,斯可营稻田耳。"并称:"文忠初锐意以为己任,阅此禀深然之,因未奏请。"

十二月二十日,两淮盐运使俞德渊卒。(《林则徐全集》第九册,日记页二五五)年五十八岁。林则徐对俞历来颇加推重,二十二日闻讯"为之喟然"。

林公则徐于时人少所推许,独于德渊曰:体用兼赅,表里如一。

(姚莹:《识小录》卷八《俞都转》)

林则徐为俞题写遗照,作《题俞陶泉都转(德渊)〈水流云起遗照〉》诗。(《林则徐全集》第六册,诗词页六五)

[按]　《全集》于诗题下注为作于"道光十六年春"。但俞氏卒于"二十日酉时",日记已有确记,作"十六年春"为误。

十二月二十四日,林则徐拜会汤贻汾。《敬题汤雨生都尉(贻汾)节母杨太夫人〈断钗图〉》诗或即写于此时。(《林则徐全集》第六册,诗词页六一至六二)

十二月二十六日,邓廷桢就两广总督任。

是年,道光帝以其母六旬"万寿",拟豁免各省道光十年以前的"民欠钱粮"。林则徐会同陶澍等具报了江苏自嘉庆二十三年至道光十年间的"民欠钱粮"和"官垫民欠"数字,并请求统予豁免。从这些请求豁免的具体数字都可以看到当时漕赋负担的沉重。折中具报的具体数字是:

(1)民欠钱粮:其中应征实欠的"统共熟田未完银十五万三千一百二十六两零,米谷二千一百六十六石",因灾递缓的"银四百八十四万九千二百三十五两零,米豆麦谷一百三十九万五千三百九石零"。(《会奏江苏省道光十年以前积欠银米麦豆谷石请豁折》,见《林则徐全集》第二册,奏折页一八九至一九二)

(2) 官垫民欠："共银三十三万二千四百一十九两零,米三十九万七千九百五十九石零,照各属交代原抵之数,每石折价三两上下不等,共合银一百一十七万一千三百四十二两零。"(《会奏各州县垫完民欠粮米请豁折》,见《林则徐全集》第二册,奏折页一九二至一九四)

[按] 以上二折,原《林则徐集·奏稿四》上,折题作《江苏各属道光十年以前积欠银米等请豁折》(页二五九至二六一)及《江苏各属垫完欠赋请豁折》(页二六一至二六三)。均订在道光十五年发。新编《全集》,不仅改折题,而且在折题下均标"道光十六年二月至五月间",并有脚注推算。但前一奏折中已明言"十五年中,劝农重谷,减赋停征……"之语,又有"本年恭逢圣母皇太后六旬万寿"。考《清史稿·宣宗本纪》道光十五年,"八月甲子,以皇太后六旬万寿,普免各省逋赋"。是此二折当发于道光十五年,而订十六年二月至五月为误。

是年,林则徐为林修田撰《制义平秩集序》。《平秩集》是一本制义文的选集。序中以治田譬治文,讲明"功用有浅深,程途有远近"的"循序渐进"的道理。(《林则徐全集》第五册,文录页四〇二)

是年,林则徐撰《张孟平骈体文序》,发抒他对骈体文的意见。他认为:

> 文之有骈格,犹诗之有今体也,貌不同而源则一。……夫骈散者,文之外焉者耳。语其精微,则必本之以心灵,运之以真气,干之以风骨,而后修之以雅词,用能沉博绝丽,渊懿茂美,斥远凡近,与古文殊途同归,而区区抽黄媲白,悦时人耳目者,固未足多也。

(《林则徐全集》第五册,文录页三七一至三七二)

这种意见表明林则徐在文学上主张不能只求形式,而主要应注重内容。

[按] 张孟平,永嘉人,林则徐同年友。这篇序未标撰作年月。《全集》本文题下注"道光三年",不知何据。此依魏应麒《林文忠公年谱》系于本年。

是年,为亲家陆我嵩写《题陆母陈恭人传后,应莱臧亲家(我嵩)属》诗。(《林则徐全集》第六册,诗词页六二)

[按] 陆母与林母为姐妹行。陆我嵩字莱臧,江苏青浦人,道光二年进士,五年权任闽县知县,与林为亲家,其女为林汝舟妻。

是年,吴大澂(1835—1902)生,字止敬,又字清卿,号愙斋。江苏吴县人。

金石学家。官至湖南巡抚。所著有《愙斋集古录》等。

是年,松筠(1752—1835)、曹振镛(1755—1835)、王绍兰(1760—1835)、陈用光(1768—1835)、卢坤(1772—1835)、张井(1776—1835)、俞德渊(1777—1835)卒。

道光十六年　丙申　1836 年　五十二岁

正月,林则徐在两江总督署任。

正月十五日,林则徐邀约在宁同乡旧友沈荫士、杨翠岩及杨庆琛等遍览城北诸胜。(《绛雪山房诗集》)

同日,林则徐写《题杨雪茅(庆琛)〈金陵策蹇图〉》诗。(《林则徐全集》第六册,诗词页一七七)

> 斜日西风万柳条,　　栖鸦流水旧魂销。
> 即今仍踏长千路,　　官爱江南为六朝。
>
> 昨宵尊酒话枌榆,　　不改乡音改鬓须。
> 试指三山证离合,　　五君应共入新图。君与兰卿、竹圃、荫士共饮节

署,作家乡语。闽称三山,金陵亦谓三山。去年芷林作《三山离合图》,绘余及兰卿。

今此会五人,拟亦图之,以志良遇云

[按]　此诗自注:"去年芷林作《三山离合图》"。考《乙未年日记》道光十五年六月二十七日记梁章钜与林则徐在一起倩人作《三山离合图》,故此诗当作于十六年。

正月,林则徐继续致力于兴修水利工程,开始兴修运河张官渡地方的越闸和正闸,并挑浚练湖淤泥,培高湖的西、南两面,以利漕运。这些工程根据"按田出夫,业食佃力之章程",由官方委员"稽查督办"。(《林则徐全集》第五册,奏折页一七六至一八〇)

[按]　《林则徐集·奏稿四》上页三〇三至三〇七载此折,题名为《筹修练湖堤坝及运河闸工俾漕运长资利益折》,注明道光十五年发。《林则徐全集》第二册奏折页一七六至一八〇收此折,改题为《筹办通漕要道折》并注明道光十六年二月发,并脚注称:"折内称现照张官渡章程先行挑浚越河,赶修越闸,已于正月兴工,则此折出奏当在十六年正月以后。林氏与两江总督陶

氏会衔的折片在《林文忠公政书》中通常在标题前写明'会奏'字样,而本折则无,且折末有'据署苏州藩司裕谦……具详前来',大致应是林氏在署理两江总督任内所奏,而林氏交卸督篆回本任系在二月。据此,本折出奏时间推断为十六年二月。"今姑从《全集》之说。

二月初二日,上《苏松常等处兴办水利工程片》,报告对白莲泾等处河通,择要兴修等事务。(《林则徐全集》第二册,奏折页一七四至一七六)

二月,上《筹办通漕要道折》,要求将练湖堤坝劝谕民修,运河闸工由官捐办。(《林则徐全集》第二册,奏折页一七六至一八〇)

[按] 此折见收于《林文忠公政书》甲集卷六,折题作《筹修练湖堤坝及运河闸工俾漕运长资利益折》,并作道光十五年写。《全集》本编者改现折名,并注称出奏时间为十六年二月,今从之。

二月,林则徐回江苏巡抚本任。

春,有《致杨庆琛》函,论漕运及旱情。

> 弟辰下催兑漕粮,正极费力,文牍如雨,而县、帮如有牢不可破之见,真令人焦灼。望雨綦切,昨得甘泽三四寸,麦田普润,未知南北各省如何? 吾乡米价,一石又将五千。井泉皆浊泥,盼泽尤亟亟也。

(《林则徐全集》第七册,信札页一二四)

四月初三日,林则徐为祝吴云九十寿辰,招石韫玉等人在抚署后乐亭观芍药赋诗,《云左山房诗钞》卷五诗序中记此事说:

> 丙申四月九日为吴玉松前辈(云)九十寿辰。先六日,余招同石琢堂(韫玉)、朱兰坡(琦)、吴棣华(廷琛)、董琴涵(国华)诸前辈集后乐亭观芍药。琢堂年八十一,兰坡六十八,棣华六十四,琴涵五十八,余五十二,合之四百十有三岁。玉翁约共赋诗,各用六人四百十三岁之句。

林则徐的诗兴甚浓,一共写了四首和吴云、石韫玉倡和的诗。这些诗主要是颂扬和祝贺。

[按] 《全集》本诗题与《诗钞》本诗序文字略有出入,附下参考,并全录林氏四诗。

> 丙申四月九日为玉翁前辈九十览揆之辰,先六日,则徐奉觞为寿,邀同竹堂、兰友、棣华、琴涵诸前辈,集敝署之后乐亭观芍药,以"六人四百十三岁"为句,各足成一诗。

玉翁诗先成，依韵奉和，录乞诲正

道光十六年四月初三日

昨夜寿星动南极，　　一时仙客聚东吴。

殿春余艳围香幄，　　浴佛先期供法盂。

真见九旬临洛社，　　刚同五老启河图。是日观治水图

六人四百十三岁，　　公更飞行不用扶。

竹翁亦示一诗，复次其韵，并录奉政

道光十六年四月初三日

旧附词曹集禁闱，　　今陪文宴愧菲菲。

小园五亩竹千个，　　新稻一畦花四围。

婪尾杯中开白社，

状头林下傲黄扉。苏州多状元，公及棣华前辈皆中年勇退

优游得寿关清福，　　自分尘容那易几。

玉翁见和拙诗，复迭前韵答之

道光十六年四月上旬

西门遗爱犹留邺，公曾守彰德　梅福成仙合住吴。

留客尚簪花满鬓，　　抱孙曾贮水盈盂。用汉任棠事

书成老鹤丛谈录，惠函有剩语四则，皆见道语　身在真灵位业图。

况与故人酬季诺，　　孤鸾寡鹄赖公扶。谓存方铁船遗孀事

前诗意犹未尽，再迭前韵

道光十六年四月上旬

托生本自舍卫国，后佛诞一日　达识况比东门吴。

不醉山中酒千日，　　转吃屠黎麻一盂。寿日不称觞，避喧于虎丘山寺

家风远追绮里季，绮里姓吴　诗品方驾司空图。

请续江淮异人录，　　千秋大雅轮须扶。

（《林则徐全集》第六册，诗词页一七七至一七九）

四月初三日，又为吴云写《跋吴玉松书册后》，颂赞老人。

翁年九十，而神明强固，为后进中年之所不逮。灯下作蝇头书，累纸不辍，劲秀朗润，几莫知为老翁笔也。尺牍多古淡之趣，时复杂以谐谑，而皆可发人感悟。诗则长篇短句，无不援笔立就，清隽超越，寻味弥永。

慧业如是,老福如是,盖天授也。

(《林则徐全集》第五册,文录页四○三)

四月二十七日,太常寺少卿许乃济主张鸦片弛禁,上《鸦片例禁愈严流弊愈大亟请变通办理折》说:

> 准令夷商将鸦片照药材纳税。入关纳税(《始末》作"交行")后,只准以货易货,不得用银购买。……如有(《始末》无"有"字)官员士子兵丁私食者,应请立予斥革,免其罪名,宽之正所以严之也。……其民间贩卖吸食者,一概勿论。

(《黄爵滋奏疏许乃济奏议合刊》页二一六至二一八;
又见《道光朝筹办夷务始末》卷一,页三至四)

许乃济又附片奏请宽免内地栽种罂粟之禁,其理由是:

> 内地之种日多,夷人之利日减,迫至无利可牟,外洋之来者自不禁而绝。……但以臣所闻广东省情形言之,九月晚稻,刈获既毕,始种罂粟,南方气暖,二三月便已开花结实,收浆后乃种早稻,初无碍于地方(《始末》作"力"),而大有益于农民(《始末》作"夫")。

(《黄爵滋奏疏许乃济奏议合刊》页二一八至二一九;
又见《道光朝筹办夷务始末》卷一,页四至五)

许乃济的论点是鼓励烟毒泛滥、不顾人民健康、出卖民族利益的谬论。其直接后果将使鸦片走私变为合法贸易,完全投合了鸦片贩子和侵略者的口味。因此,它必然得到鸦片贩子们的赞誉,夸奖他的奏折是"立论既佳,文字也极清楚"。甚至把许乃济和赞同他论点的一批弛禁论者的主张都赞为"聪明办法"。(《鸦片战争》Ⅴ,中国近代史资料丛刊,页一一)

[按]　许乃济的弛禁论是根据嘉应人吴华(兰修)的《弭害篇》稍加润饰而奏上的。吴华在道光初年任宜训道兼监粤秀书院,而许乃济当时正任粤秀书院山长。吴华的《弭害篇》在其《桐华阁文钞》中,主要的论点是"嗣后请饬外夷照旧纳税,交付洋行,兑换茶叶。内地种者勿论"。吴华的《弭害篇》又是阐发道光十三年间许乃济和同年友顺德何太青在广州讨论鸦片问题时的论点。那时何太青曾力主弛禁说:"纹银易烟,出者不可胜计,必先罢例禁,听民间得自种罂粟。内产既盛,食者转利价廉,销路自广。夷至者无所得利,招亦不来,来则竟弛关禁,而厚征其税,责商必与易货,严银买罪名,不出二十年,

· 249 ·

将不禁自绝。实中国利病枢机,如无敢举以入告何!"(梁廷枏:《夷氛闻记》卷一)

[又按] 吴华的《弭害篇》曾受到当时粤督卢坤、粤抚祁𡎴的赞赏。吴更约请学海堂书院同事熊景星、仪克中等分别著论以相呼应,于是卢坤即以"粤士私议"的名义于道光十四年附片奏陈。当时,因"以例方严",仅约略其词,尚不敢明请弛禁,清廷亦仍令"沿旧禁加严"而已。(梁廷枏:《夷氛闻记》卷一)

清廷将许乃济的奏议发交粤督抚及粤关监督会同妥议具奏。(《道光朝筹办夷务始末》卷一,页五)

四月,英任义律为对华商务监督。

五月,宝山县海塘工程完成。此工程自去年九月二十一日开工起截至本年五月,"除石塘先经补砌完竣外,所有新筑土塘工,长五千二百余丈,均已告竣"。十九日,林则徐由苏州出发亲赴宝山验收质量合乎要求,得到附近群众赞扬,"绅士耆民,扶老携幼,香花载道,无不欢忻鼓舞,感颂皇仁"。视察后,即上《验收宝山县海塘工程折》,向清廷报告工程及经费等事。(《林则徐全集》第二册,奏折页一九六至一九八)

五、六月间,林则徐在江苏苏、松一带修建的各项水利工程大体竣工。林则徐在所上《验收苏松太等处水利工程折》称:计自道光十五年至今,曾在十五个厅州县内,共挑竣土方达一百六十六万七千四百余方,其所整修的河道总长达八万九千丈左右。规模不可谓不大。由于对"吴淞、刘河、白茆等处,挑浚宽深,蓄泄得力",所以历年"不致成灾"。使"遍地禾棉,皆已长发,弥望青葱,耰锄被裢之民,皞皞熙熙,共冀岁登大有"。(《林则徐全集》第二册,奏折页一九九至二〇〇)

六月初四日,英船一只,由浙江青龙港东南外洋驶至南韭山对开极东外洋游戈,定海镇巡洋船随即前赴堵截。七月八日,林则徐发《札苏藩为英船驶至浙江洋面,趱修宝山沿海炮台》文,要求沿海各营属内外巡洋舟师加意巡防。(《林则徐全集》第五册,文录页九七)

七月,林则徐再署两江总督。

八月二十五日,林则徐上《复奏稽查防范回空漕船折》,报告自订立约束粮船水手章程以来的执行情况,指出了全漕水手等势力之大:

> 如一船之中,在册水手以十名为率,合全漕而计,即不下四万人。此外游帮之短纤、短橛,在岸随行觅食者,更不啻倍蓰。所谓青皮、散风之

类,亦即杂处其间,难以数计。

他分析了未能根绝弊病的原因是:

> 水手之逞强在于恃众,而官员之畏葸实恐误漕。

因而主张:

> 今自严定章程以来,果皆有犯必惩,有惩必重,当未有不畏法纪者。

（《林则徐全集》第二册,奏折页二一四至二一七）

八月初九日,内阁学士朱嶟和给事中许球分别上疏,反对许乃济的弛禁论,主张严禁鸦片。过去近代史著作中未见全文原件。其原载二折的《京报》原件存伦敦大英图书馆,田汝康氏等据影印件加以校勘,发表在《复旦大学学报》1978年第1期上。因内容重要,流传较少,特将全文录入本书《谱余》。清廷就此谕令两广总督邓廷桢等悉心妥办,力塞弊源。

九月间,林则徐移驻袁浦。

> 九月间,移驻袁浦,一以督防秋汛,一以催趱回空,截至此时,军船已经全渡矣。惟尚有特交要案,仍须驻浦审办,约俟冬至前后,始得旋返金陵。

（《致刘建韶》函,十月二十八日夜,见《林则徐全集》第七册,信札页一二九）

九月初二日,粤督邓廷桢、粤抚祁㙔、粤关监督文祥等赞同许乃济弛禁论,认为许奏“如蒙俞允,弛禁通行,实于国计民生,均有裨益”。并拟上弛禁章程九条:

> 一、以货易货,应计全数抵算,不准影射也。

> 一、水师巡船及各关口员役,宜责令专在臨口稽查,不准出洋藉词滋扰也。

> 一、洋银应照旧章仍准带回三成,并先确查来银数目,以杜欺隐也。

> 一、鸦片应与别项洋货一例交易,不必设局专办也。

> 一、额税宜遵旧制,不必加增,并严禁需索例规也。

> 一、价值不必预定也。

> 一、内地各省海船运销鸦片应由粤海关印给执照也。

> 一、民间栽种罂粟,似可稍宽厉禁也。

> 一、官员士子兵丁,宜严行饬禁,不准吸食也。

（《道光朝筹办夷务始末》卷一,页七至一一）

[按] 梁廷枏《夷氛闻记》卷一记此事说,当时粤督邓廷桢、粤抚祁墡已拟复请弛禁,适遇邓的门人嘉善陈鸿墀(主讲于越华书院)等为邓祝寿,议论到复奏一事。陈鸿墀劝邓说:"事系天下风化,累在吾师声闻,百世后,青史特书某实首请弛禁,若之何?"邓省悟,即以"禁约正严,黾勉绸缪,安知无济,请从此力持三年,如至期果不效,始计更张未晚"奏复,但此与《始末》所载复奏相异,易稿之事显然不是事实。梁氏记事若非传闻误载,即是有意为邓讳解。仍当以《道光朝筹办夷务始末》所载复奏为据。

邓、祁的弛禁章程,不仅是许奏的响应,而是许奏的发展和具体化。它使鸦片入口、运销、种植完全合法化,影响十分恶劣,清廷留中密奏中,有一佚名附片即对此大加抨击说:

> 臣窃闻道光十六年,有人奏请鸦片开禁纳税,皇上饬交两广总督邓廷桢议奏,该督议有十条可行,外间纷纷传布,贩食之人,无不欣欣鼓舞,明目张胆。幸皇上明见万里,不为该督所蒙,其事竟能中止。但好愚窥伺之意,犹谓朝廷主见,不过明禁暗弛。近见谕旨煌煌,自当敛戢。然非疆吏实心实力,事何有济?臣闻邓廷桢等总以暗弛鸦片之禁为主,而故言禁银,以耸皇上之听,以杜天下之口。若果如此,欺罔实甚!

《史料旬刊》第38期页四○一页;又见《鸦片战争》Ⅲ,
中国近代史资料丛刊,页五一七至五一八)

英人宾汉的《英军在华作战记》中也说:"邓也赞成许乃济的主张,并且提议了九条规章。"并且把邓廷桢、祁墡和粤关监督文祥共列为"一丘之貉",指出"他们都是多多少少与鸦片走私有关的"。(《鸦片战争》Ⅴ,中国近代史资料丛刊,页一一至一二)所以邓等的易稿另奏纯为谎言,梁廷枏很可能受了蒙骗。

九月,林则徐撰《湖滨崇善堂记》。崇善堂是一些士绅在太湖边的乌程乔溇地方举办的救济团体,是对在太湖中遇难者从事救生打捞和掩埋亡者的工作。林写此记在于提倡湖滨各地能"闻风兴起",并鼓励坚持下去,所谓"匪始之难,终之实难"。(《林则徐全集》第五册,文录页四五七至四五八)

十月初四日,江南道御史袁玉麟上奏,反对弛禁,他的主要论点是:

> 为弛禁之议者,特因纹银出洋,不能厉行禁绝,遂倡此议以图自便耳,而复巧为纳税之说,以为禁之有害,反不若弛禁之利。……窃以为弛禁之议戾于是非者三,暗于利害者六。

袁玉麟更进而要求道光帝：

> 察其是非，究其利害，立斥弛禁之议。仍请敕下在廷诸臣悉心妥议，于银入烟出有可永远禁绝之方各陈所见。

> 　　　　　　　　　　（《道光朝筹办夷务始末》卷一，页一二至一七）

十月上中旬，林则徐在盐城访查，对农田水利、收成年景、官风民情等情况，加以详尽调查和了解。如初九日记小押店情况是：

> 城内外无典铺，只有小押数间，亦照三年满限，头月加一起息，以后仍仅二分。小押多无真本，人来典物，先交小票与之，俟一二日后，或三五日，或七八日，将票来支现钱，盖押店须将原典之物转典于邻邑大当，始得有以借为挹注也。

> 　　　　　　　　　　　（《林则徐全集》第九册，日记页二五七）

又十二日记米价及钱粮状况是：

> 米价如何？（此地斗大，每石有一百八十斤）答云顶上者亦须二十八文一升，粗者二十三四。问此处征收如何收法？答云钱粮每两完钱一千八百文（每两银换足钱一千三百七十文），漕米完加一五（或云加二），每石贴费四百零四文，太爷交漕贴费每石四十文零四毫。问太爷钱漕出息可以敷衍动用否？答云谅亦不至亏短，其如何动用，我们不知。问此外尚有要钱否？答云丝毫不要。问衙内师爷、官亲、内司有要钱否？答云官清衙内自清。问书差有要钱否？答云亦无十分乱要。问太爷多不理事，究竟如何？答云大事亦理，至寻常小事则不免延搁耳。问其皮岔河要挑，是否农民情愿？答云实系农民要挑，盖此河有四十五里长，若挑则两岸田亩均受其益，不挑则旱时无水灌田，潦时又被淹没，两受其害。问其挑将此土放在何处？答云即以堆培两岸。诘其堆在两岸不患大水冲散否？答云此河淤泥堆在岸上，可期结实，不比沙土质松，易于冲散。诘其既不冲散，则河中所淤之土从何而来？答云此由积渐使然，此河失挑距今将近百年，以百年之久，城垣都会破坏，何况土岸。以现在论，挑后之土堆在岸上，且离河亦有远近不同，远者有二三丈，何患经雨遽至冲散成淤。问其方价实系若干？答云百余文，或云百七八光景。问共须用若干银？答云须四万余银，现已详请尚未领回。问领回即开工否？答云若即领回，十一月即可动工。问此项尽数发交董事办理？抑系太爷自办？

答云此尚未知的实。问衙内有克扣否？答云此却不知。问其董事共有几人？答云约有七人，分段督理。又往他处茶馆问讯，大略相同。看城厢内外，人民尚无菜色，亦无乞丐，市廛亦旺盛，人亦颇近循良，衙门前亦尚清静，未见有枷号之犯。据所见所闻，颇有政简民淳之象。

早饭后潮上，便即开船，乘潮西上。南门至北门河港甚阔，靠岸船只亦多，西门外尤其热闹，市多米行，船来亦多买米者。有自涧门来买米者，询其本地田收若何？据云因天落水蝗虫，稍形歉薄，只有五六分收。问二路有抢劫否？云今年各处多丰收，匪类较少，未有抢劫。又言今年本邑完漕有一万四千石，余皆折色。据土人言，折色每石折钱六千计，县中钱漕出息不下三万余两，算来亦足敷动用，不至赔累，或不善经理，则未可知耳。午后北风，船由西路直上，不由天妃闸、皮大河行走矣。十里至九里窰，又十里至涧门。（村庄甚大，此处虽亦有淤，而河底却深）皮大河口至天妃闸，共长七千余尺〔丈〕，为四十五里。昨船行通经阅过，上半段淤滩多而港面狭，下半段淤滩少而港面宽，按段办工，自有分别，按估册亦新旧开除。所问方价，有百五六文，百七八文之不同，若以百八文为准，照册中所开每方需银一钱九分（细按估册方价，连戽水在内；所问乡民之方价，只就挑土而言，所以不同）。合以本邑现在时价，每两曹纹换足串钱（每千只扣四文）一千三百七十文折算，计每方应长钱八十文；积而至于万方，则应长钱八百千文；以二十五万方计之，应长二万千文，再加以土坝桩坝各工，再加以库平盈余，尚不止此数。图中所开汊港，船户多不知识，惟知有封子河而已。皮大河受西南北五六州县八八六十四万荡下注之水，十一年马棚湾漫口，水没至盐城县城根二尺，诸农田均被淹浸，皆由此河淤塞不能畅流归海之故。补记乡民语。

由涧门二十里至新河庙泊船，已有定更时候。此处由西直上，即为西盐河、船应由北折入东塘河归来时原路。是晚问船家，该邑城乡间有地棍地霸为害于一乡者否？答云先前原有，近来却无，地方极为安静。

（《林则徐全集》第九册，日记页二六一至二六三）

访问既如此细致，记录又如此详尽，可以看到林则徐确是随时留意于社会、经济、民生和吏治。这些第一手资料对于他的政治思想与实践都有着重要的影响。

十月十五日(11月23日)，中国驱逐九个鸦片贩子出境。(马士：《中华帝国对外关系史》第一卷，页二一九)

十一月初七日(12月14日)，英国侵略分子义律就任英驻广州商务总督，(邓廷桢奏，见《道光朝筹办夷务始末》卷一、页一八)进行各种试探性的侵略活动。

十一月二十七日，格拉斯高印度协会在向伦敦印度中国协会提出的《第一次报告书》中，要求"给予英商在厦门、宁波及北部接近北京的另一口岸进行贸易的特权"。(严中平：《英国资产阶级纺织利益集团与两次鸦片战争史料》，见《经济研究》1955年第1、2期)

十一月初九日，上《消费禁给洋钱折》，林则徐鉴于"铺户利权子母、计析锱铢，往往于粮船受兑之前，先将洋价抬高以困州县，及至帮船开行之日，又将银价抬高以困旗丁，辗转低昂，阴为盘剥，以致县帮交累，漕务愈难"。建议"将漕务内一切费用，概禁折给洋钱，其向需洋钱一圆者，今悉以纹银七钱三分核实给发"。(《林则徐全集》第二册，奏折页二八八至二八九)

　[按]　据林此折中说，当时苏松一带，洋钱每圆概换至漕纹八钱一二分以上，比道光十三四年洋银一圆合纹银七钱一二分，每圆已高出一钱，即兑换制钱，亦比纹银多出一百文以外，如此一百万元洋钱即已潜耗纹银十万两之多。

　[又按]　次年，包世臣曾在致王鎏函中认为林则徐定洋钱一圆当银七钱三分的办法，其效果并不理想。

　　　国家以库纹一两当制钱一千，而现行市价且千五百。客冬林制军为州县谋，奏定洋钱一枚当银七钱三分，而市仍为八钱零如故，徒使银价骤增，反为州县之累，是岂可以人力争乎？

　　　　　　　　　　　　　　　　　　　　(王鎏：《钞币刍言续刻》附)

十一月，林则徐在瓜州舟次晤农具改革者齐彦槐(梅麓)，并为齐作《齐梅麓(彦槐)〈送古佛入焦山图卷〉》诗。(《林则徐全集》第六册，诗词页六五)

　[按]　齐学裘《见闻续笔》卷八录此诗，有林则徐识语说："道光丙申冬仲瓜州舟次呵冻题应梅麓前辈诗家属即正，馆侍少穆林则徐。"此当为原件所有。又《诗钞》与《续笔》所收文字略有异同，如《续笔》本"雨旸征应纪前志"句，《诗钞》本改为"官中旸雨历有验"并无识语。今《全集》本诗尾有识语。

十一月，林则徐奉召入觐。二十六日交卸两江督篆。林则徐自道光十一年二月调任苏抚至今,已达六年。

[按] 林则徐于道光十六年十一月二十六日上《交卸督篆入觐起程日期折》中称"在江苏巡抚本任五年之间",此云六年,后一年非本任乃署任。

在此期间,林则徐先后兴修水利,整顿漕运,救灾办赈,积极地为巩固封建政权而努力,并在客观上使民生得到一些苏息。这样,他博得了朝野上下的赞赏。这些赞赏具体反映在一些诗人的诗作中,如林则徐的友人福建诗人张际亮作《林旸谷封翁饲鹤图少穆中丞属题》诗二首,上一首题饲鹤图,下一首即颂扬林的政绩说:

雏凤清声欲满天,　　江淮鸡犬已皆仙,
家家饱却芝田粒,　　始信当时翼子贤。

(张际亮:《张亨甫文集》卷二二)

诗人汤贻汾也用同一诗题写诗,颂扬林则徐可与封建社会理想中的古代贤臣稷、契相比:

中丞今稷契,　　雅化流三吴。
再来权总制,　　三省宏远谟。
即真劳众望,　　去思盈一隅。
……

(汤贻汾:《琴隐园诗集》卷二二)

同年友程恩泽也写有《题林旸谷年丈饲鹤图遗照》诗。赞林则徐是"天下共知鸿鹄举"。(《程侍郎遗集》卷三)

十二月初一日,林则徐由任所启程赴京,旧历除夕抵河间,曾作《致京中友人书》。(《林则徐书札》)

十二月,清廷命邓廷桢等严查纹银出口。(《清宣宗实录》卷二九二,页二六至二七)

是年,林则徐又继续挑浚通州、盐城、丰县各地河道。

是年,林则徐作《娄水文征序》,序中历述其几年来在江苏兴办水利的情况和成效说:

往在癸未,余陈臬来苏,值水灾后,有并浚三江之议,上命总理江浙水利,会以艰归,未亲其事。后十年重莅吴,则吴淞已浚,而刘河之塞如故,岁且屡歉。余乃诣州履勘,奏借公帑浚之,得旨报可。……岁甲午工成,州人大悦。乃并疏诸支河以畅其脉。乙未浚七浦河,丙申浚杨林河,皆支流之大者。比又遍浚钱泾、瑶塘……诸河,亘三万余丈,而太仓之水道无不贯输以达于尾闾矣。如甲午秋之大雨,乙未夏之亢旱,皆几几为害,赖水利既治,以时蓄泄,岁仍报稔。数年前田价亩二三缗,至是乃倍蓰。……

(《林则徐全集》第五册,文录页四〇五至四〇六)

[**按**]　《娄水文征》系太仓人王宝仁汇集其州人之文,自宋迄今,辑为八十卷。

是年,林则徐还写了《重刻〈庆芝堂诗集〉序》、(《林则徐全集》第五册,文录页四〇六至四〇七)《两淮都转陶泉俞公墓志铭》、《沈母杨太君传赞》(《林则徐全集》第五册,文录页四七二至四七五)及《帅仙舟中丞七十寿序》(《林则徐全集》第五册,文录页四〇三)等文。(林聪彝:《文忠公年谱草稿》)

是年,林则徐写《题蒋丹林先生(祥墀)〈童子钓游图〉即次自题原韵》诗。(《林则徐全集》第六册,诗词页一七九至一八〇)

[**按**]　林诗注蒋祥墀"今岁七十有五",据蒋生年推定,林诗当写于本年。

是年李彦章(1794—1836)、池生春(1798—1836)卒。

道光十七年　丁酉　1837年　五十三岁

正月初一日，林则徐行抵任邱；初七日，抵达北京城内，居停于虎坊桥连升店。在等候召见的日子里，林则徐将随身携带的自绘的饲鹤第二图（由汤贻汾补景），请阮元题头，请英和、邓廷桢、穆彰阿、何凌汉等题诗。（《林公则徐家传饲鹤图暨题咏集》页一五至二九）

道光帝曾多次召见林则徐，咨询政务；但内容为外界所不详。其事颇为时人所羡慕，如祁寯藻曾有句誉其事说："前席咨诹越旬日，谋献密勿人莫覩"，（《林少穆前辈（则徐）以苏抚述职来都旋拜湖督之命赋诗奉笺》，见《䜺䜴亭集》卷二二）可见道光帝对林则徐的重视。

正月二十二日，林则徐被任命为湖广总督。（《东华续录》道光三五）

正月二十六日，吴荣光（荷屋）为林则徐绘林宾日饲鹤第三图，并题五律二首。后由程恩泽题头并题诗。（《林公则徐家传饲鹤图暨题咏集》手迹页二九至三〇）

正月，林则徐命门人戴䌹孙代撰《黄月轩封翁七十寿序》。（戴䌹孙：《味雪斋文钞》乙集卷四）

正月，林则徐向江阴令萧荫恩推荐文字学家朱骏声担任暨阳书院讲席。（朱骏声：《石隐山人自订年谱》）

二月初一日，林则徐赴西城向穆彰阿、王鼎辞行。预祝初三日王鼎的七十大寿，并献《蒲城王定九协揆（鼎）七十寿诗》四首，其第三首歌颂王鼎仕履政绩：

度支管领一星周，　更总云司典爽鸠。
赞画戎机心翼翼，　平章钧轴度休休。
师干摄职兼三辅，　节使巡行半九州。
四十年来中外望，　济时真作巨川舟。

（《林则徐全集》第六册，诗词页一八一）

行前,三吴人士纷纷晋晤,对林则徐在江苏的业绩表示敬意。著名文学家梅曾亮特写《赠林侍郎序》,赞颂林在苏政绩,并表达送赴新任之意说:

> 道光十七年春,公朝于京,礼成将归,三吴之士大夫,莫不进谒于门,某以部民后进,得望见颜色,辄宣盛德,以为觐归之献。

(梅曾亮:《柏枧山房文集》卷三)

二月初五日,林则徐离京赴任。行李分载大车四辆,小车三辆。

二月初七日,林则徐行至高碑店,直隶总督琦善遣弁来迎。

二月初八日,途经保定,直督琦善以下各官都出城迎接。林则徐和琦善作了互访,两次都作长谈,可惜所谈内容不详。(《林则徐全集》第九册,日记页二六七)

二月初九日,离保定继续前行,沿途观赏古迹,与地方官会面。

二月十二日,有《致郑瑞麒》函,述沿途行程及接篆事。

> 弟出都按站而行,幸叨平顺。约计至楚省总须三月初间,而接篆之期,惟初八日最为上吉。兹十二日住柏乡县,值楚北复有折差进京过此。询知讷制军已于二月三日赴永州一带阅兵,未知渠接到此信果否回至武昌,只得俟到楚后再行定期受篆耳!

(《林则徐全集》第七册,信札页一三九)

[按]　讷制军即原任湖广总督讷儿经额。

二月十九日,清廷命林则徐到湖北任所整理盐务。(《设法疏消淮盐片》,见《林则徐全集》第二册,奏折页三四五)

二月二十五日,林则徐行至河南信阳明港驿,了解到当地丰收而粮价较低。

> 此两日途中所见麦苗甚旺,面价每斤仅十二三文,较之河北每斤四十文,相去悬绝;白米每大斗重九十二斤,价仅八百余文,知去岁秋成大稔,为十余年来所无也。

(《林则徐全集》第九册,日记页二七二)

三月初五日,林则徐抵湖广总督任。到任之初,即发出《关防告示》,胪列条款,杜绝各种诈伪情弊;并列单严拿汉口一带开局窝赌搭台讹诈的匪徒。(《云左山房文钞》卷四)

[按]　《全集》文录卷未收此告示。

诗人汤贻汾在得知林则徐擢任湖督讯后，写《林少穆则徐中丞后乐亭图》长歌一首，颂扬林在江苏的"政绩"，借申思念之情，其中有一段详记林解救各种灾荒的对策道：

忧莫忧，蛟蜃怒，人民鱼，室庭渚。
籴邻粟，请天庾，我公恩，俾安堵。
忧莫忧，旱魃舞，举膏腴，成斥卤。
赋调蠲，赈赡举，我公恩，渥甘雨。
忧莫忧，庶民窭，饥馑臻，鬻男女。
招流亡，集商贾，我公恩，歌乐土。
公莅吴，十年许，活吾民，不胜数。
往复来，民恃怙，疾痛呼，公育煦。
遗公忧，剥肝腑。

（汤贻汾：《琴隐园诗集》卷二二）

［按］ 此诗自注写作时间为林则徐新迁湖广总督时，故系于此。

林则徐的幕友朱绶也写《寄林少穆督部》诗，追记林在江苏的政绩。（张应昌：《清诗铎》卷一八）

三月初六日，林则徐上《设法疏销淮引片》向清廷报告湖北私盐充斥的情况。道光十五年"楚省行销淮盐，共计销引七十三万有奇"。并根据实际调查材料分析形成的原因，主要是由于邻省私盐侵灌和运盐江船的夹带所造成。（《林则徐全集》第二册，奏折页三四五至三四六）

［按］ 《全集》本据《林文忠公政书》于"七十三万有奇"下有一段夹注云：

较之销数最畅之十四年份，尚多六千余引，且自辛卯纲每引加斤计算，已逾额销之数，实属大有起色。林则徐到任以后，自必稽核旧章，因势利导，仍当严饬各属设法疏销，不可因甫有起色，稍形疏懈。至楚省行销淮南盐引，本属一气相通，各该省大吏，经朕委任，必应熟筹情势，于划清界限之中仍有并行不悖之意，方称办理妥善。林则徐曾经署两江总督印务，于盐务素所熟悉，其楚省应销淮南盐引，早应成竹在胸。现当接任之初，尤宜尽心筹画，不分畛域，督饬文武员弁巡商，实力整顿，堵缉邻私，搜查夹带，庶官引日形疏畅，而国课益见充盈矣。将此谕令知之。

（《林则徐全集》第二册，奏折页三四五）

三月初八（4 月 12 日），义律到广州，拒绝执行清朝的禁烟法令。企图通过直接交涉，达到增辟口岸，扩大鸦片贸易的目的。终因不能实现，十一月间怏怏离去。（丁名楠：《帝国主义侵华史》第一卷，页二一）

三月至四月间，林则徐就任湖广总督后，大力整顿吏治，调动人员，连上多折，有《遵旨随时随事察看湖北藩、臬两司片》（页三四四）、《请将襄阳、施南两府知府对调折》（页三四七）、《副将穆腾额取巧呈请开缺请旨勒令休致折》（页三四九）、《特参递解重犯逃脱之文武员弁折》（页三五七）、《湖北提督罗思举俟察看后另行奏闻片》（页三六四）、《才不胜职及有疾之州县分别降革折》（页三七三）、《知县袁瓛不能及时缉获蒎伦案犯请革留折》（页三八七）、《部选督标副将人地不宜拣员对调折》（页三八九）、《夏祥培刘肇绅堪任繁缺道员折》（页四二八）、《请以饶拱辰调补天门知县折》（页四三〇）、《委钟振超署理随州知州片》（页四三一）、《请升补苗疆屯守备折》（页四三一）、《请简放游击并拣员调补水师守备折》（四四八）、《请以李兆元升署河阳知州折》（页四五一）、《前房县知县刘建勋请予开复折》（四五二）、《甄别湖南州县折》（页四八七）、《密陈两湖文武大员考语折》（页四七六）等折，足见其对职官考察之认真态度。（见《林则徐全集》第二册，奏折）

四月十九日，林则徐作《徐访岩同年（宝森）由粤西观察擢皖臬入觐过楚，出〈漓江话别图〉属题即送其行》诗一首。（《林则徐全集》第六册，诗词页一八二）

四月二十六日，林则徐调集督抚两标及武昌、汉阳城守共七营官员会操，亲加校阅。（《校阅湖北省标各营官兵情形折》，见《林则徐全集》第二册，奏折页三六二）

［按］　是日日记作了较详细记载说："赴校场看视本标及抚标、武昌、汉阳城守共七营官兵操演，首演八卦阵，次藤牌阵，又次五星联珠阵。……饭罢，又看鸟枪打准头。"（《林则徐全集》第九册，日记页二七九）

林则徐校阅营伍达十余日，日记中均作为重要中心活动记载，足见其对武备的重视。

（四月二十七日）赴箭道校阅督、抚标及武、汉两营副将以下至经制、外委四十九员马步弓箭。（页二七九）

（四月二十八日）早晨赴箭道校阅额外外委及候补备弁五十九员马步弓箭。（页二七九）

（四月二十九日）赴箭道考校七营马兵。（页二七九）

（五月初二日）赴箭道校射。（页二八〇）

（五月初三日）赴箭道校射。（页二八〇）

（五月初七日）早晨赴箭道考验武职马步射,并演试抬枪、抬炮、喷筒
等器具。（页二八〇）

（五月初九日）赴箭道阅射。（页二八一）

（均见《林则徐全集》第九册,日记）

五月初八日,俞正燮自黟县到林则徐幕府就馆。（《林则徐全集》第九册,日记
页二七九）

[按] 王立中《俞理初先生年谱》道光十七年条说,俞正燮到林幕系为林
参订先人旧稿,并校订《海国纪闻》。《海国纪闻》一书疑即《四洲志》。

五月十六日,襄河泛滥,冲溃汉川县白鱼垸月堤,淹及沔阳。

五月二十日,荆江水溃,淹及潜江、江陵两县。松滋、石首、汉阳、黄冈、黄
梅等县亦出现灾情。林则徐认为“堤防单薄,经费困难,防护缺工”,感到形势
严重,防汛已成为超越校阅营伍的中心工作。他采取若干应急措施,如在各
州县建立水位志桩,随时查明水势涨落尺寸,按所颁表式填报水情。他又制
订《防汛事宜》十条:

一、设窝铺。凡临流顶冲最险要处,必须多聚人夫料物,应择适中最
要处所,报明建盖窝铺。计所辖各段,正堤共需窝铺几座,每座所雇人夫
约以三名为度。合两三铺再派家丁一人往来稽查,仍按段竖立宽阔牌签
一枝,大书丁役人夫姓名,以凭点验。

一、制抬篷。窝铺不能多设,既设即难迁移,自应添制抬篷。篷以
木为之,上盖篾席,中有板铺,可睡二人,两头俱有木杠伸出,可以抬走。

一、积土牛。汛涨猝至,临时无土,每致束手。必须挑土积起,即以
所雇人役为之。每一土牛高约四尺,长二丈,顶宽二尺,底宽一丈,每日
一夫应挑土几担,几夫可积一土牛,按夫按日核定挑积,报候点验。其无
土之处,挑堆瓦矿亦属可用。

一、备物料。石块(方圆大小不拘,多多益善,下俱仿此)、砖块、木
桩、板片、木橛、草束、柴把、苇把、树枝、绳缆、草帘、油篓、麻袋(篓袋内均
贮沙贮土,或贮瓦矿,俱不拘)、破烂棉絮、破锅、破缸(以扣泉眼)、硬煤、
芦席、火把、油烛。

一、储器具。石硪、木夯、铁锄、铁锹、粪箕、木桶(成担)、扁桶、路灯、

灯架、手灯、雨伞、箬笠、蓑衣、草鞋、铜锣、木梆。

一、境内工段，最要几处，次要几处，某处派丁役几名，通堤统共若干，归于汛委何员管束，先即核定人数，造册详明候验。

一、防汛之人，每名每日饭食连油烛约一百文，挑土者视其难易远近，酌予加增，不得少发。

一、修工时监修之董事人等，大汛责令如所修工段，随同印汛委员住堤防护，该州县应即随时督率，务使认真。遇有险工，协力抢护，以期化险为平，不得听其推诿躲避。

一、此段有险，上下段及对岸夫役均须赶往帮抢，并携带料物协济。

一、各属所配军流徒犯及有案窃匪，如可收作夫役，使之挑积土牛，给予饭钱，以免逃脱复犯，较之充警，更为一举两得，似属可行。应饬各州县督率汛员，查明境内此种人犯共有几名，分别安插，以资役使，仍造册报候点验。

（民国《湖北通志》卷四二，《建置志》一八《堤防》四；

《林则徐全集》第五册，文录页九八至一〇〇）

林则徐还周密地安排了防汛工作。（《阅兵防汛拟酌分先后办理片》，见《林则徐全集》第二册，奏折页三六六至三六七）

五月初十日，林则徐为杜绝湖北私盐来源，上《铜船夹带私盐越卡折》，议处云、贵装运铜铅船只夹私越卡的责任者和湖北沿江缉私不力的官吏。（《林则徐全集》第二册，奏折页三五九）

五月初十日，上《缉获私盐变价按引提课片》，向清廷报告，在楚积极堵缉私盐，在月余之内即缉获私盐一万八千一百七十余斤。并改革获私奖赏办法，认为缉获私盐照例应变价分别给赏充公；但各地民食向有定数，多销一分变价之私盐，即少销一分额引之官盐，以致影响盐课收入，故主张在变价私盐中先提官课，而以其赢余给赏充公，庶使"变价可补官课之亏，即获私足抵官销之缺"。（《林则徐全集》第二册，奏折页三六一至三六二）

六月初十日，林则徐上《监利粮书抗土闸局案审明定拟折》及《稽察堤工总局申禁冒称书吏片》，向清廷报告处理去年七月间发生的监利县捣毁堤工总局的案件。堤工总局是道光十四年创立的一种非官方的修堤收费机构，推选一些称为"首士"的管事，实际上是被这些土棍把持的。他们随意增收堤费,滥设散局,增加首士,加大开支,甚至还用非刑锁拿欠费者,以致引起民愤,捣毁总局。林则徐对此分别情况处理了有关人员。他又提出设立堤工总局的原则:

> 局不许多设,人不许多充,用不许多开,费不许多派。首士必由公举,不许夤缘滥入,因年必令更换,不许流恋把持。至粮书现不许收费,而粮户的名册档仍须责令攒造……所有局务一切仍应饬县随时秉公查核,并责成该管道府,留心稽察,有弊即除,有犯即惩。

同时,林则徐还重申严禁土棍冒称书吏为非作恶的禁令。这些措施对于杜绝社会基层的弊害,保证维修堤工的顺利进行都起了一定的作用。(《林则徐全集》第二册,奏折页三七四至三八二)

六月二十二日,林则徐应陈石士之子陈兰第之请作《题陈石士侍郎(用光)〈韬光步竹图〉遗照》诗一首。(《林则徐全集》第六册,诗词页六八至六九)

六月二十五日,林则徐离省到襄河一带勘视堤工。对从汉阳到襄阳沿河一带水情堤工进行了详尽细致的考察,按照不同情况分为最险、次险、平稳三项,分别采取相应的措施。并指出襄河水患"溃在下游者轻,上游则重;溃在支堤者轻,正堤则重",因此决定对策是:"防守之道,尤须于上游加意。"(《林则徐全集》第二册,奏折页四一○至四一二)

六月二十五日起至十月十五日,林则徐离省视察水情,并周历湖广地区,考察吏治、武备、民情等事。如考察水情有:

> (六月二十六日)过谢家垸,登岸观民修堤工,皆是单薄。未至谢家垸以前,两岸皆无堤,谓之"厂畈",至此始见南岸之堤,北岸则仍"厂畈"也。

> (六月二十七日)至白鱼垸登岸履勘。五月间所溃之堤将及百丈,口门有水二三尺,催令董事集料抢修。

> (七月初四日)至钟祥十工之何家潭、刘公庵观新工,共七百二十八丈。此工挽筑最为坚固,堤外全抛碎石。刘公庵工头石坝挑溜尤得力。

> (《林则徐全集》第九册,日记页二八六、二八八)

七月初四日,两广总督邓廷桢发布驱逐鸦片趸船命令,要求各国寄泊趸船尽行回国,不许托故逗留。

七月十三日,林则徐上《筹防襄河堤工折》、《荆江水势异涨片》、《查明湖南省城营务尚无废弛折》、《考校襄阳附近协营各员片》、《襄阳一带缉私事宜折》及《襄阳一带缉捕情形片》等折片，报告水情、营伍及缉私等情况。（《林则徐全集》第二册，奏折页四〇〇至四一六）

当时，林则徐亲驻襄阳一带堵缉私盐，在《襄阳一带缉私事宜折》中，提出了杜绝河南私盐浸灌湖北的具体建议。并附呈河南州县与湖北连界三十里内盐店应行撤退各地名清单，在清单结尾处指明这些盐店在走私活动中的恶劣行为。其各地名清单如次：

计开

邓州

魏家集　距湖北襄阳县交界二里许

毛家集　距湖北襄阳县交界十里

田家庄　距湖北襄阳县交界十里

孟家楼　距湖北光化县交界五里

张家店　距湖北光化县交界六里

都司衙　距湖北光化县交界十五里

新野县

乌龙庙　距湖北襄阳县交界十二里

张家集　距湖北襄阳县交界一里

万钟寺　距湖北襄阳县交界一里

水　台　距湖北襄阳县交界一里

大石桥　距湖北襄阳县交界一里

吴家营　距湖北襄阳县交界一里

通滩铺　距湖北襄阳县交界二里

新店铺　距湖北襄阳县交界十五里

唐县

苍　苔　距湖北襄阳县交界十五里

湖阳镇　距湖北枣阳县交界十五里

张博士店　距湖北枣阳县交界四里

桐柏县

钟家冈　距湖北枣阳县交界半里

祝家冈　距湖北枣阳县交界一里

故县镇　距湖北随州交界五里

金家桥　距湖北随州交界六里

析川厅

荆柴关　距湖北郧县交界五里

李官桥　距湖北均州交界十五里

内乡县

三尖山　距湖北均州交界三里

信阳州

花蕊店　距湖北随州交界二十五里

王家冈　距湖北应山县交界二十里

赵庄铺　距湖北随州交界三十里

平靖关　距湖北应山县交界十里

罗山县

土门街（亦名新店）　距湖北黄安县交界十二里

光山县

土脊岭　距湖北黄安县交界十四里

梅花店　距湖北黄安县交界十五里

湾　店　距湖北黄安县交界十里

新　集（即沙窝）　距湖北麻城县交界二十里

范　店　距湖北麻城县交界二里

商城县

冯　店　距湖北麻城县交界二十八里

管家湾　距湖北麻城县交界五里

板　场　距湖北麻城县交界五里

洪家塝　距湖北麻城县交界十五里

白沙岭　距湖北罗田县交界五里

　　以上河南各地名，均系显著之处，在湖北州县三十里以内。其设盐店，固积贩私，多寡不等，有张挂招牌出卖者，有租赁住房囤积者，亦有于杂货粮食店内带销者，均应照例撤退。其有偏僻村镇一时未经访知者，查出一体办理。合并声明。

（《林则徐全集》第二册，奏折页四〇七至四〇九）

七月，林则徐为《龙树院雅集记》画题跋。此跋仅见于画幅，而成为林则徐的佚文。1995年7月，福建林则徐纪念馆官桂铨先生于泉州文物商店获见此画及题跋，爰录如次：

> 此记余已亲书一通，留之京师，以为后会之证。嗣诸同年又属芸皋别绘一图以自藏弆，并索余重录此记。余适拜楚藩之命，忽忽首涂，未暇作楷，因觅友人代书。同人以为此卷传之后来，恐有疑为赝本者，须余一跋定之。是秋七月一日，复饯余龙树院，遂为莱山大兄书此。倚装之际，又添一段墨缘矣。少穆弟林则徐手识。

（林则徐：《〈龙树院雅集记〉跋》）

[按]　福建林则徐纪念馆官桂铨钞录此跋后，复写识语，说明此图缘由及获见经过：

> 此段跋语见于清周凯画《龙树院雅集图》后。周凯，字仲礼，号芸皋，嘉庆十六年（1811）进士，知湖北襄阳府，有政绩，擢台湾道，卒于任上。画学董诰。工诗文，著有《内自讼斋诗文集》。许邦光，字汝韬，号莱山，福建晋江（今泉州市）人。嘉庆十六年进士，官至光禄寺卿。工书。著有《二思堂史论》、《使湘小草》等。跋语说"余适拜楚藩之命"，按林则徐于道光十七年（1837）任湖广总督，是跋作于这年七月。
>
> 1995年7月，我到泉州市文物商店看到该店收藏《龙树院雅集图》及林则徐等人题跋，又获见张章骤、陈健鹰合写《此意珍重盟金石——介绍林则徐、许邦光等"龙树院雅集"的有关墨宝》一文（刊1995年《泉州文博》创刊号），论述较详，惜为内部刊物，见者不多，特将跋语抄录，以广流传。

（官桂铨：《林则徐佚文三篇》，油印本）

[又按]　跋语中有"余适拜楚藩之命"及"是秋七月一日"等字样，则跋文与记文当在同年而不同月，跋文似应作于道光十年七月初正林"倚装之际"，但亲见跋文之官桂铨则定为"是跋作于这年七月"，姑从其说，而质疑焉。

七月下旬，林则徐在荆州舟次写给《致刘敬舆》函中历述了六月以来的活动说：

> 六月间，周历荆、襄等属，督防江汉堤工。顷又须折赴长沙，审办要

267

案,俟讯结后,再到苗疆各处阅视营伍,不识黄花时节能否旋至鄂垣。

(《林则徐全集》第七册,信札页一四二至一四三)

七月至九月,林则徐到两湖各地校阅营伍,于九月底上《校阅两湖营伍并苗寨情形片》,计"阅过湖北十五标营,湖南三十二标营及道标各屯员弁兵勇"。(《林则徐全集》第二册,奏折页四三九至四四二)

八月初二,林则徐舟行至长沙,登岸入城与湘抚讷尔经额及各级官员会晤,连日校阅营伍。初五日,离长沙南行。(《林则徐全集》第九册,日记页二九五至二九六)

八月十二日,林则徐入祁阳界,见"沿途极似闽浙交界之浦城、江山等处风景。秋禾尽刈,乡民云十余年来未见如此丰稔,且田内于刈禾后仍蓄水种芡实,亦是一良法也"。(《林则徐全集》第九册,日记页二九七)

八月十五日,诗人张际亮在江西写《寄少穆先生武昌(时擢总制两湖)》诗,希望能去湖北入林幕府。诗中写道:

黄鹤高楼月,	春风几度圆。
梦随清汉水,	夜绕大江天。
节钺新开府,	衡湘共映船。
讴歌迎此日,	父老感当年。
瑶俗今相杂,	骚才古已然。
采兰思国士,	辟草赴公田。
教养成劳远,	循良责政先。
亲民端课吏,	救世必登贤。
顾我尘埃困,	何嗟雨露偏。
苍茫四海望,	瞻就北辰虔。
偶滞官庭棹,	遥通北渚烟。
孙曹百战地,	词赋几人传。
或访东坡迹,	长吟太白篇。
胡床容侧坐,	兴寄玉盘悬。

(张际亮:《张亨甫全集》卷二二)

[按] 张集收此诗于丙申即道光十六年卷,但诗题也为《寄少穆先生武昌(时擢总制两湖)》。林任湖督在丁酉正月,抵武昌在丁酉三月初五日,则此

诗当作于丁酉年。张诗结句"兴寄玉盘悬",似指写诗时间在八月十五日。又林答诗中有句说"庐阜屏风叠"、"春明聆吉语",可知张在北京曾与林晤谈,而此诗则在江西所写。

林则徐写了《答张亨甫孝廉(际亮)见寄,即次原韵》诗,对张的颂扬表示谦谢,并推重张在当时的声誉。诗中写道:

> 庐阜屏风叠,　　官亭镜影圆。
>
> 高歌凌白雪,　　奇句落青天。
>
> 遍踏山中屐,　　聊停月下船。
>
> 林峦延丽瞩,　　湖海怅华年。
>
> 饥凤犹如此,　　漂鸾亦偶然。
>
> 干霄原有笔,　　负郭久无田。
>
> 击水鹏抟回,　　登台骏足先。
>
> 八闽开诀荡,　　三策伫英贤。
>
> 谬忝封圻重,　　深惭奖借偏。
>
> 蕙风香可挹,　　薇露浣尤虔。
>
> 梦远京华路,　　江含楚甸烟。
>
> 春明聆吉语,　　云瑞应胪传。
>
> 誉起连城价,　　名高宝剑篇。
>
> 斗间槎好系,　　遥傍绛河悬。

(《林则徐全集》第六册,诗词页一八三)

林则徐又为张际亮诗稿写《题亨甫匡庐游草》。(《林则徐全集》第六册,诗词页一八二)

[按]　《林则徐诗集》校笺定上二诗为道光十八年八月前后作,即隔一年后始写答诗。按林则徐题诗写信多不稽延,而次韵诗更宜即兴写作,何至相隔一年,故系于十七年。十八年说待考。

八月十八日,林则徐宿祁阳县文明铺之文明书院,见"此地市镇甚大,约数千家,为永、宝一带私盐丛集之所"。次日,过文明铺,见"市上阛阓颇密,约千余家,福建、江西客民尤多"。(《林则徐全集》第九册,日记页二五九)

八月十九日,林则徐发有关遵旨复查前湖南巡抚讷尔经额奏:"武冈州滋事首逆蓝正樽已被乡勇殴毙"一案的二折——《蓝正樽余党审明定拟案》及

《核审新宁蓝正樽已被殴毙情形折》。(《林则徐全集》第二册,奏折页四二〇至四二七)林则徐仍以"被殴毙身死"奏复,道光帝责备他"随同附和,迁就了事",交部议处,旋又加恩改降五级留任处分。

九月,两广总督邓廷桢奏请恢复广东洋商,如需增加仍由总散各商联名保结的旧例,不再自请充商,得到清廷的同意。(《东华续录》道光三六)同时,他又恢复了水师巡船,使鸦片大量走私,贪污手段较前更为恶劣。

水师副将韩肇庆,专以护私渔利,南洋船约每万箱许送数百箱与水师报功,甚或以师船代运进口。于是韩肇庆反以获烟功,保擢总兵,赏戴孔雀翎。水师兵人人充橐,而鸦片烟遂至四五万箱矣。

(魏源:《圣武记》卷一〇)

他(按:指邓廷桢等)竭力禁止,"扒龙船"及其他种本地快艇进行鸦片走私。但他自己有四只水师船,专为用来运输鸦片走私之用。一个诙谐的诗人作了一首讥讽诗道:"铁船争传节钺临,月钱三万六千金,江湖盗贼收王镇,锦绣妻奴羡蒋钦。自诩得名兼得利,须知能纵始能擒,至今翻复波澜处,孽海茫茫怨毒深。"用这种方法,邓廷桢垄断了大部鸦片贸易,有许多英国人所有的双桅轻艇和无棚小艇,都被他雇用转运鸦片。他们得到每箱一百元的运费,这都由中国购买者付出。

(〔英〕宾汉:《英军在华作战记》中译本,
见《鸦片战争》V,中国近代史资料丛刊,页一二)

十月五日(11月2日),巴麦尊决定派舰来华。

十一月二日巴麦尊子爵把他九月二日的一份备忘录送交海军大臣,建议把东印度防区舰队总司令、海军少将马他仑爵士调往中国,并尽可能常常派去一艘或数艘兵舰——第一,借以保护英国的利益,并于女王陛下的臣民或有正当理由对中国当局控诉时,加强女王陛下的监督在必要情况下所提出的一切抗议的力量;第二,帮助监督维持往来广东各海口的商船水手们的秩序。

(马士:《中华帝国对外关系史》第一卷,页一八〇)

十月十五日,林则徐返省,连日清理积压公务,亲审京控案件,考评两湖营员等。(《林则徐全集》第九册,日记页三一〇)

十月十八日至二十日间,学使朱兰离任归里。林则徐连日为之饯别送

行,并为写《题朱久香学使(兰)花间补读图》。(《林则徐全集》第六册,诗词页一八三)

十月二十日,林则徐因道光十五年冬署江督时对江南河库道李湘茝考核时,未经复查即加注考,造成库款"不实"的错误,得降四级留任处分。(《注考属员不实,降级留任谢恩折》,见《林则徐全集》第二册,奏折页四四七)

十月二十日,林则徐上《陈明前奏蓝正樽已毙系为存大体而靖人心折》(《林则徐全集》第二册,奏折页四四五至四四七),折中除接受处分外,还委婉地表达其处理此事的苦心,宛转地建议:"窃谓此案供证,讯非捏饰,若奏驳而听其海捕,在小丑虽无关轻重,而中外恐不免传疑。且苗徭杂处之区,保无以死灰复燃,乘机煽惑?"道光帝已领会此意,所以在此朱批云:"所见到此,尚属有识。"林则徐还担心所言尚欠透彻更另上密疏说:"民可使由,不可使知。蓝正樽一日不死,则一日人心不定。设有假托啸聚则祸将复起。乾隆末川楚之变即由严缉刘之协所致。"这一密疏暴露了林则徐思想上的另一面,他超过了一般官僚应付公事的习惯,而是向最高统治者提出用起事首领的死讯来杜绝反抗群众希望的建议,因此,无怪道光帝在憬然醒悟的情况下给予朱批说:"有胆有识,不愧古大臣之风。"(《福建通志》总卷三四列传卷三八,清七,《林则徐传》)

十月二十七日,长子林汝舟离武昌北上。

十一月十三日至十六日间,林则徐撰《宫保尚书云汀老前辈大人六十寿诗》三十首。(《林则徐全集》第九册,日记页三一三)全诗虽多有颂扬之词,但也有叙事内容,可借以见陶、林间的交谊甚挚。此诗《云左山房诗钞》未收。《全集》本收入(第六册,诗词页一八四),因过长录入本书《谱余》。

十一月十八日,郑夫人及眷属由霈霖陪同至武昌。

十一月十九日,林则徐有《致郑瑞麒》函,言及处理荆江水患灾情:

> 刻下荆属已溃之堤,业经请借帑项兴筑。其余各属堤段,亦皆如期赶修,以资捍卫灾黎。抚恤之后,继以蠲缓。又复以工代赈,稍可度日,仍资送流民,俾之回籍。

(《林则徐全集》第七册,信札页一四四)

十二月初四日,林则徐与鄂抚周之琦会衔上《清理屯田章程折》,对漕运运丁私典屯产进行回赎,提出具体回赎办法六条:

> 窃查案准前漕臣朱为弼咨会具奏筹议漕运事宜案内,条陈各卫屯

田,应从嘉庆八年起,查明续有私典屯产若干,无论现运之丁是否原典,现执之户是否原买,酌立年限章程,照依原价赎回,归船济运。钦奉谕旨:"著有漕各督抚妥议具奏。"等因。钦此。当经前督抚臣札饬司道转行各卫临屯清理去后。嗣据武昌等六卫守备具详,各卫军屯散坐本省四十余州县及湖南、江西、安徽等省,周历清查,道路辽远,刻难竣事。现在新漕届临,各有佥运事件,难免顾此失彼之虞,请援照嘉庆八年成案,于道光十七年编审丁产之际,一并查办,以归简便而免烦扰等情。随经咨准部复,行令奏明办理。

臣等伏查屯田为赡运公产,急应回赎归屯。惟典卖之丁无力回赎者居多,非该管卫备实力查催,终属有名无实。第回赎屯田,卫所官虽有逾限不赎处分,仅止罚俸,其失察典卖,并无例议,该备弁无所徵惧,遂敢视为具文。是清厘屯田,首在严定备弁处分,俾知顾考成,不致仍前玩忽,庶已卖者得早归屯于限内,未卖者亦免私售于将来,查办可臻实效。兹据藩司、粮道议定章程具详前来。臣等详加考核,筹议六条,谨为我皇上陈之:

一、清查屯田宜责令屯头户首开报,以免隐漏。查屯田原系赡运而设,其有私相典卖,屯头户首断无不知,若屯头户首匿不禀官,即使事后逐屯清查,难保不有欺隐情弊。应请即由该管卫备暨清军同知,会同屯坐州县,著落各军屯头户首逐一据实开报,并将坐落顷亩、典卖银数,并旗丁、买户姓名,造具清册,先行呈缴核办。倘有欺隐等弊,照例惩治。

一、典卖屯田宜分别加津回赎,以昭平允。查湖北武昌、武左、黄州、蕲州、襄阳、德安六卫屯田,于乾隆二十四年、三十八年、五十六年及嘉庆八年节届清查,业将查出例后典卖屯田,奏准照例加津在案。此次清查,其已加津之产,自毋庸续行查办。应请自嘉庆八年清屯以后为始,如运军有将屯田私行典卖者,无论承典承买,是军是民,概令本丁照价回赎。价在一百两以内者勒限一年,百两以上至三百两者勒限二年,三`百两以上者勒限三年,务须依限赎竣。如本丁无力,许同船共伍之丁备价赎取,归船济运,不得再议加津。倘有揹赎之户,照例治罪。

一、同军代赎,宜酌定归还原价,以免偏抑。查本丁典卖之田无力回赎,责令同船共伍之丁备价赎取,是欲其捐己资以赎公产,自应酌加体恤。应请酌定所赎之田每年应得租息若干,核计几年租息足敷原价,先尽赎田之丁将收得租息变价,偿还赎资,俟偿足后,再归本船济运,庶无偏抑。若赎田之丁敢于朦混多收,不归本船,查出倍追多收租息入官。

一、民人顶种屯田,或有出售,宜一并回赎,以符定例。查湖北各卫屯田,本军因无暇自种,往往顶与民人耕种认租,以济运费,此与佃户无异,尚属可行。如顶种之民有私行转售他人者,应即逐一清厘,照依典卖之例,一并回赎,庶免日久辗转售卖。并追该民人所得售价,给予赎主。

一、催赎屯田之备弁宜加严处分,以儆玩忽。查定例:"军丁回赎屯田,一年限内赎不及十分之二者,将卫所官弁罚俸二年;回赎二分以上者免议"等语。卫官查催不力,由于原定处分太轻,心存慢易。此次立限赎屯,必于限内一律赎竣,自应酌量加严。应请将一年内应赎屯田作为十分计算,如卫所官弁未赎不及一分者免议,一分以上至二分罚俸一年,三分罚俸二年,四分罚俸三年,五分降一级,六分降二级,七分降三级,八分以上革职,俱留任,再各予限一年,戴罪催赎,限内赎竣,准其开复。若限满仍未赎竣,即照原议处分,分别调用、革任。如能于限内十分全赎,或将未届限之田催令回赎者,照例给予议叙。仍以道光十八年为始,俟一年限满,查明已未赎分数,开列职名,送部分别议处议叙。如该官弁于年限内遇有事故离任,应照承督未完案件离任官例议结,接任官以到任之日起,照依年限催赎,赎不足数.亦照前例议处。

一、清屯以后,宜责成卫官严禁典卖,如有典卖,应予处分,以示惩创。查向来八旗地亩,清查以后私行典卖予民,失察之地方官例有处分。军丁私将屯田典卖,卫所官弁并无例议,即屯头户首亦 不加罪,遂致任其纷纷典卖。自应严立科条,以截其流。应请自此次清查以后,以道光十八年为始,如旗丁再有将运田私行典卖予民者,除业主售主均照盗卖官田律治罪外,其失察之卫所官弁,比照地方官失察八旗地亩典卖之例议处,如典卖不止一起,即按起参处。一起罚俸一年,二起罚俸二年,三起、四起罚俸三年,五起降一级,六起、七起降二级,八起、九起降三级,十起革职,俱留任,十起以上,即议以革职离任。屯头户首按照业主售主应得罪名减等问拟。定于每年封印前,由该管粮道查明揭报,如无典卖,亦即出具印结,分送院司,以备查核。

以上各条,臣等悉心计议,限回赎以重军产,严处分以专责成,务期旗丁赡运有资,漕务不致贻误。

(《林则徐全集》第二册,奏折页四七一至四七四)

十二月初十日,林则徐从失察李湘苪库款不实的事故中,更加重视亲自考校属吏,平日即密记耳目所及,规定了四项考校标准:"一考诸公牍之事理,一验诸接见之语言,一证诸采访之声名,一征诸管辖之成效。"(《密陈两湖文武大员考语折》,见《林则徐全集》第二册,奏折页四七六)并且认真地推荐和黜退了一些官员。

十二月十二日,林则徐的会试房师沈维鐈六十岁生日,林为写《沈鼎甫师六十寿序》。(《林则徐全集》第五册,文录页四〇八至四〇九)

十二月十八日,林则徐长女尘谭与刘齐衔(冰如)结婚。

十二月下旬,林则徐致函新任湘抚钱宝琛商量苗疆事宜。

闻苗疆事宜尚有应须斟酌者。如借谷每石扣饷八钱,在辰沅道以为克己,而兵勇等尚觉不甚情愿,盖以此时谷价每石尚不及五钱也。或云镇标以一万两移道买谷,不如直将此项银两随借随还,出入皆系以银,丰歉两无偏倚。应否商明核入前折,祈再裁之。又苗兵口粮,与其给谷而多一收放,何如亦照屯丁之例,径给予田土,俾其自行种食,丰歉俱不必过问。如此则约拨出二万余亩,道中更可省事,仍随时稽察,毋许私自典卖,或亦执简驭繁之一道,未知可采择否?

(《林则徐全集》第七册,信札页一四六)

是年,林则徐作《楚南同官录序》,同官录是官吏的职名录,林在序中假托藩司龚若士的议论,反复阐述"同"的含义。各级官吏虽然出身、职位、才识各有不同,但为封建政权"慎同心德"地效忠却完全相同。这反映了林则徐对所属官吏的原则要求。(《林则徐全集》第五册,文录页四一〇)

[按] 序中说:"丁酉春,余奉命督两湖,同省诸君子踵中州故事辑而刊之,以余糠粃在前,属为之序。"可见此序当在三月以后,但具体月日不能判定。(林聪彝《文忠公年谱草稿》系此序于十八年秋。《全集》本依此说)

是年,王鎏修改旧作《钞币刍言》更名为《钱币刍言》,反对严禁鸦片、开采银矿、改革漕运及裁减浮费等改革措施,鼓吹无限制地发行不兑现的纸钞。他写《上林制军少穆先生书》,希望林则徐采纳并上奏。他在信中说:

274

世有言开矿者。夫矿之有无不可必,而骚扰民间,取之有尽,不如行钞之安也。……又或谓裁减浮费,专务节省,然今州县办公竭蹶,节之而无可节,不如行钞之大也。又有谓行海运,可岁省漕费数百万,然粮艘之水手,沿途之短缏,无以为生计,且万一失事,使谁偿之,不如行钞之常也。又有谓严禁鸦片,可岁省出洋银累千万,然闽、广、滇省之人,嗜者十而六七,未易猝禁,但使行钞,则中国银皆易钞,外洋无所得银而自止,则禁以严刑,不如行钞之要也。

(《钱币刍言续刻》)

[按] 《钞币刍言》刊于道光十一年,是我国最早一部经济方面专著,内容有《钞币议》作为总论,次为考证、条目、答问。其主旨是为统治阶级及高利贷者便于搜刮财富的谋划。除林则徐外,魏源、许楣、王茂荫等也都反对其说。

林则徐为此写出《出纳官券议》(佚)反对王鎏的无限制行钞论,而主张有限制的行钞来作挽救漏银的一种辅助手段。

[按] 林则徐的《出纳官券议》,友人陈池养曾见过,陈在所撰《钞法考证》(见《慎余书屋文集》卷一)一文中,自注云"林少穆尚书见示《出纳官券议》"。时过十数年后的道光三十年,陈池养又在《上林少穆尚书论行钞书》中引林议大致内容,陈在信中说:

窃某久居乡里,欣见颜色,渥承训诲,示以《出纳官券议》,敬仰大臣为国深衷,而微诚有所欲贡,言不能尽,以笔陈之。

敬读议中,设立丝商行钞,以三十两起数。盖惧钞之不可行,而有此曲折也。某以为今日用钞,正以便民,非以厉民,不患其不可行也。钞之试行,始自福建,似无不可,所造之钞,银宜一两、钱宜一贯起数,非是无以救民之急也。某数岁来,随所至讲求,省城买卖,全凭一纸,若欲支银数百金,动需时日;厦门番镪多六钱以下,足重者少,银则更少;兴化莆田,银几断种,番镪不多,仙游更重。缘滨海之区,有海上生理往来,银及番镪,可从而觅。然其富人名二三十万者,皆合田园、店铺计算,其现银不及一二万。山县有钱无银,甚有觅番镪十圆不可得者。近日滨海街区,又用银至山县收买制钱,盖西夷始以鸦片易银,继易金,后易番镪,且易不足重之番镪而熔化之,今则减番镪之价以易制钱。刻下银尽金尽,番镪将尽,即乾隆以上之好钱,亦必至于尽。小民生计萧条,银价日昂,尤以输将为苦。州县催科既难，申解受累，即盐商之倒塌，关税之短少，亦皆由银之贵。今苟且亟行，富人皆贫，贫人愈瘛，无可为生，加上鸦片日盛，盗贼椎埋，所在蜂起，此民之穷也。州县官亏既多，私债猬集，每莅一邑，听胥役之言，颠倒是非；小民分类械斗，愈斗愈甚，法不能禁，亦已无可取盈，渐见狼狈，又官之穷也。诚行用宝钞，使小民以银、以钱或以谷皆可买钞，而专以之完粮，因以完粮之钞充饷，俾卖为后半年及次年完粮之用。一切盐课杂税，无不以银买钞，而以钞缴纳。民见官之用钞，钞之可用，因而积渐通行。买钞既多，则银钱储库谷储仓，既备国之用；钞行于市，生理渐见流通，复济民之穷。银价不昂，州县不大支绌，尤救官之穷。官不穷，或稍励清节，民亦不大受官之毒而愈底于穷。民不穷，则民不困，暴可得禁，而民渐见其安。若是，则行钞乃当今大便，况民间用票，不能流通，每患倒塌，用钞则能道而无患，无不可行者。惟民间银多之处，或不可行。查各省惟广东银番尚多，浙江宁、绍次之，余大概如福建，则亦无无不可行之钞也。既行钞则乾隆以上之制钱亦宜储库，外间好钱既少，好钱亦贵，夷人销售鸦片，无所得银钱，不特鸦片可断，夷货亦难销磨。盖我之需于彼者，皆可有可无之物，洋布不用，则内地之布得售；呢羽不用，则绸缎之属畅销。而彼之需于我者，如蚕丝、碗料、茶叶、药材之类，皆不可无之物，仍措置所钳制之法，行钞收银而与以货，储其银于库，使民间买卖，无不一出于钞，则鸦片不禁自除，以之制夷人有余矣。我皇上望治甚殷，求贤若渴，入见必有良谟，不揣蒙昧，谨献刍荛，以为山海之助。

《林则徐书简》增订本，页三六七至三六八

[按] 陈池养，字子龙，号春溟，福建莆田人。嘉庆十四年进士。为林则徐京师时期结识的友人。此函系陈氏于道光三十年时所写，因议及林则徐《出纳官券议》，故系于此，以便参考。

是年，英国输华鸦片三万四千三百七十三箱，实销二万八千三百零七箱。这是鸦片战争前有数字可据的实销最高额。（马士：《中华帝国对外关系史》第一卷，页二三九）这一年是走私猖獗的一年。英人格林堡在所著《鸦片战争前中英通商史》中把鸦片战争前的鸦片贩运分为三个时期，而把19世纪30年代以后定为"鸦片进口急遽扩张"时期，他分析这种急遽扩张的原因，"是由许多力量促成的——印度的扩张主义的生产政策,从印度驶出的快艇和沿中国海岸上驶的商船队构成了新的分配组织;因东印度公司特许状的取消,散商向广州的涌入,鸦片走私不再限于伶仃岛,而迅速地沿着东海岸和南海岸发展。在战争爆发的前三年(实际上是一个独立的时期)鸦片走私又像1821年以前那样在广州水道上出现,所不同的只是此时在数量上已超过以往六倍。"这一记载说明了这一年烟毒泛滥的情况。

是年张之洞(1837—1909)生,字孝达。直隶南皮人。官至总督、大学士。卒谥"文襄"。

是年石韫玉(1756—1837)、杨遇春(1761—1837)、周凯(1779—1837)、程恩泽(1785—1837)卒。

道光十八年　戊戌　**1838 年**　五十四岁

正月，林则徐仍在湖广总督任。

正月初十日，上《缉私员弁骫法非严惩办无以杜绝弊源片》，向清廷报告严惩了襄阳地区故纵私盐，贪污中饱的缉私员弁黄幗祥等人。他认为原来根据吏部处分条例规定的"杖一百，徒三年"是"情浮于法"。他主张："不肖员弁每视蓰务为利薮，骫法营私，靡所不至，非从严惩办，无以杜绝弊源"；而"断不任稍有迁就，以正官常而肃蓰政"，应从重判处"发往新疆，充当苦差"。（《林则徐全集》第二册，奏折页五〇九至五一〇）这对于积弊日久的盐务起到了一定的震慑作用。

正月十九日，林则徐会同湖南巡抚钱宝琛奏筹辰沅道属苗疆屯防办法八条：①清屯田；②清佃欠；③清支销；④清借款；⑤筹归补；⑥清催征；⑦申边禁；⑧移屯员。这些办法都有利于巩固清政府对苗民的统治。（《林则徐全集》第二册，奏折页五一一至五一七）

二月初六至初八日，林则徐同年友前贵州兴义知府谷善禾（美田）过武汉，多次相晤。林为写《谷美田比部（善禾）以其祖〈秋灯课读图〉属题》诗。（《林则徐全集》第六册，诗词页一九一）

二月初十日，林则徐甄别江汉书院肄业生六百六十二人。可能在这时前后晤原江汉书院主讲袁铣之子袁学瀛，应其请为袁铣遗作《四书题解》写序，对制艺文作了一定的评价。

　　君所为制艺，精思果力，每拈一题，必有确解名论，而于君国伦常之所系，尤必有奇警之作，使学者有以感发兴起，信乎其为有关世道之文也。而所以训诸生者，一以理法为主，校艺之余，辄抉题蕴，以示及门，久之积成一帙。君所得不尽此，而所以训诸生者亦不尽此，而此则教学之轨范也。孟子曰："大匠诲人，必以规矩。"《记》曰："目巧之室，必有奥阼。"此物此志也。……今书院生徒，率皆昔时从君请业者，诚能肆力于学，而以身体力行为文，则于君所以谆谆训迪之意，庶乎其不虚也已。

（民国《麻城县志》前编卷一四《艺文志》；

《林则徐全集》第五册，文录页四一〇至四一一）

二月，林则徐上《整顿楚省醝务折》。湖广地区是淮盐地界，过去江督主运、楚督主销，各从本位出发，往往议论不合。林则徐从全面考虑盐务，企图谋求解决办法。他从三方面分析湖广地区私盐充斥的起因：

（一）贫民谋求生计，挑运贩私：

民间生计维艰，故凡有盐利可图之处，贫民无不百计挑运，四出售私。

（二）淮盐官课比川、晋、粤各省都重，所以难以相争：

夫以重课之盐而与邻界之轻课争售，即彼此同一官盐，亦必彼盈此缩。况又加以无课之私贩纷纷浸灌，其势之不能相敌，更不待言。

（三）邻省销盐多经湖广地区，难免走私：

潞盐之行于陕西，有应从湖北郧阳府经过者。川盐之行于贵州，有应从湖南辰沅等府经过者。以淮纲地界，而为邻盐必由之路，虽欲禁其私卖，势必不能。

林则徐在对现实情况分析的基础上，提出了"恩威并用"的方针。一面"剀切示谕绅民，晓以利害大义"，并"责令绅衿大户以及乡团牌保，互禁食私，犯者公同送究"；一面又许挑卖私盐的"穷民"改贩官盐，"由各处官盐子店给票挑赴四乡，卖完缴价"。（《林则徐全集》第二册，奏折页五三四至五四〇）

［**按**］　陈康祺《郎潜纪闻》卷六曾记改贩官盐一事说："林文忠公督两湖日，整饬淮纲，许挑卖私盐之穷民改悔，投充肩贩，由各处官盐子店给票，挑赴四乡，卖完缴价。此化莠为良之第一法也。"

二月，清廷命绞死广东烟犯郭亚平，并命随时随地惩办"售卖鸦片，开窑囤贩"者。（《清宣宗实录》卷三〇六）

三月二十五日，上《湖南提督移驻辰州折》，以便就近镇压苗疆。（《林则徐全集》第二册，奏折页五五八）

三月，清廷处分东北地区贩烟吸烟罪犯。（《清宣宗实录》卷三〇七）

四月初九日《致梁章钜》中，告知近况：

此间冗碌如旧，奏交咨交之案，终日纠缠不清，一春雨水太多，二麦不无被损。顷将入夏，甫见开晴，上游江汉来源已形旺盛，薄堤似纸，不

279

知何以御过夏秋也。

（《林则徐全集》第七册,信札页一四九）

四月十八日,林则徐获知子汝舟会试中式第一百二十二名。(《林则徐全集》第九册,日记页三三〇)

闰四月初十日,鸿胪寺卿黄爵滋在道光十五年《敬陈六事疏》的基础上,进一步地发展和完善了自己对鸦片烟害的论点,奏上了《请严塞漏卮以培国本疏》。这是严禁论的主要代表文献,是禁烟运动的舆论先声。疏中首先指出了烟毒泛滥的严重情况说:

> 上自官府缙绅,下至工商优隶以及妇女、僧尼、道士,随在吸食。……故自道光三年至十一年,岁漏银一千七八百万两。自十一年至十四年,岁漏银二千余万两。自十四年至今,渐漏至三千万两之多。此外福建、江、浙、山东、天津各海口,合之亦数千万两。以中国有用之财,填海外无穷之壑。易此害人之物,渐成病国之忧。日复一日,年复一年,臣不知伊于胡底!

其次,他指出因鸦片的大量输入、白银外漏的现象日甚,以致对财政造成危机,说:

> 若再三数年间,银价愈贵,奏销如何能办? 税课如何能清? 设有不测之用,又如何能支?

再次,他以充足的论据对当时流行的四种杜塞漏卮的意见,即①严查海口;②禁止通商;③查拿兴贩;④开种罂粟之禁,都给以有力的驳斥,认为不能解决漏卮的问题。

黄爵滋虽然已认识到查拿兴贩不能杜绝烟害,但他还没有认识到鸦片的侵略性质,不能提出禁绝洋烟的对策。他仍是从国内着眼,主张重治吸食,以一年为戒烟限期。他说:

> 夫耗银之多,由于贩烟之盛;贩烟之盛,由于食烟之众。无吸食自无兴贩,则外夷之烟自不来矣。今欲加重罪名,必先重治吸食。

最后,他提出了几项具体的严禁措施。(以上均见《黄爵滋奏疏许乃济奏议合刊》卷八;又见《道光朝筹办夷务始末》卷二)

[按] 黄爵滋此奏的起草者,在一些笔记中曾有所记及,如谢章铤《稗贩杂录》卷三《夷事》条说:"初宜黄黄树斋爵滋请禁鸦片,则建宁张亨甫际亮为

之起草。"欧阳兆熊《水窗春呓·禁烟疏》中说："实子序、牧庵、龙门三人夜谈剪烛,遂成一稿。"雷瑨《蓉城闲话》中也说："黄爵滋上折奏请禁止鸦片烟,其属稿者为富顺倪印垣,书折者为庐江江开。"郭则沄《十朝诗乘》卷十五说："世盛传黄树斋鸿胪疏,相传为江龙门手笔。"魏秀仁《陔南山馆诗话》(钞本,此据《林则徐资料研究》)卷五也说："黄疏实出张亨甫(际亮)之手。"

这些说法虽不能确切肯定其有无,但所提到的各人无疑都是严禁论者,如张亨甫是一位和黄爵滋、张南山有密切交往,抱病陪同姚莹赴京就狱,对林则徐极表尊重的著名诗人,是一位积极拥护严禁和抵抗的爱国者。他在所写《故人》一诗中说："故人一疏直承明,门客当年独窃名",也透露出他拟稿之意。林则徐所写《哭张亨甫》挽诗的结句："修文定写平生志,犹诉苍苍塞漏卮",正说明张亨甫一生职志所在。因此由这些人来参与起草是完全有可能的。至少,黄爵滋是曾向他们征求过意见的,这篇奏疏当可视为严禁论这一派人物的代表作。

清廷把黄爵滋的奏疏发交盛京、吉林、黑龙江将军和各省督抚"各抒所见,妥议章程,迅速具奏"。当时表示意见的复奏有二十九件,其中反对严禁,并用各种理由与说法以否定严禁的占二十一件(满十三人,汉八人),赞成的只有八件(满二人,汉六人)。反对严禁的人中有盛京将军宝兴、吉林将军祥康、黑龙江将军哈丰阿、直隶总督琦善、云贵总督伊里布、江南河道总督麟庆等一大批贵族官僚。他们竭力攻击"吸食者论死"的主张是"专尚峻酷",是"兴率土普天之大狱",而万万"不可行"的。他们主张仍旧按照过去的定例去办,如哈丰阿说："国家定例不为不严",琦善说："定例……本系衡情定法"等等。他们不赞成重治吸食。他们认为因漏卮而造成的银价高涨是由于"生齿日繁,物价皆增"所致,根本不触及鸦片泛滥的恶因。他们只是重复了封建主义"闭关自守"的陈腐观点,主张"海口关隘严戒,不准通商,则鸦片无由而来"。(参阅《道光朝筹办夷务始末》卷二至五)

这些谰言谬论,实质上是准备继续包庇鸦片走私,保护鸦片贩子的利益,制造反对严禁主张的阻力。这是一种牺牲民族利益取悦外国侵略者——即"残民媚外"的投降主义论调。

闰四月十四日,林则徐获知长子林汝舟以二甲第六名成进士,并入庶常馆的消息。(《林则徐全集》第九册,日记页三三四)

闰四月十八日,上《筹款生息防守襄堤折》,议筹钱十万串,交汉岸盐商,按月八厘生息,每年可获息钱九千六百串,以四千串归还钱本,易银解存藩库,其余五千六百串,作为襄河正堤防险经费。(《林则徐全集》第三册,奏折页二二至二四)

闰四月十八日,林则徐因所保湖南抚标右营游击马辰"失察家人及弁兵舞弊事觉",得降四级留任处分。六月十六日,上《误保马辰奉旨改降调为降留谢恩折》。(《林则徐全集》第三册,奏折页五五)

闰四月二十五日,清廷在上谕中开始提到鸦片流毒对国计民生的危害。

> 自鸦片流毒中国,纹银出洋之数,逐年加增,以致银贵钱贱,地丁漕粮盐课因而交困。若不及早防维,力图筹复,将以中国有用之财,填海外无穷之壑,于国计民生大有关系。
>
> (《道光朝筹办夷务始末》卷二,页一一)

闰四月二十七日,林则徐收到京中十五日所发的廿六号家信和各处来信数十封。这是日记中前所未有的记录。一天之内收到如此大量信件,是值得注意的。当时,林则徐的儿子林汝舟正在京会试,并已取中,廿六号家信就是汝舟所发,无疑是报告初十日黄奏的主要内容和反响,其他数十封来信当然也与此事有关。这使林则徐在未奉到正式文件前就能周密地考虑意见。所以,当五月初二日收到饬议吸食鸦片烟罪名的旨意后,初四日即起草折稿,初七日即发出复奏,对黄奏较早地作出了积极的响应。(《林则徐全集》第九册,日记页三三六至三三七)

五月初七日,林则徐发出《筹议严禁鸦片章程折》,对黄爵滋的奏疏表示支持,陈述了具体的"禁烟六策",并附上戒烟药方。这些药方都是林则徐"十余年来目击鸦片烟流毒无穷,心焉如捣,久经采访"所得,并经配制施放过的。林则徐的"禁烟六策"是:①首先把烟具收缴净尽,以根绝吸毒工具;②出示劝告,将禁烟的一年期限划分四限,递加罪名,以免因循观望;③加重开馆兴贩以及制造烟具各罪名,并分别勒限缴具自首;④失察处分应先严于官员的左右亲近之人;⑤命地保、牌头、甲长查起烟土、烟膏、烟具;⑥审断烟犯应用"熬"法。(《林则徐全集》第三册,奏折页三四至四三;又见《道光朝筹办夷务始末》卷二,页二一至二六)

同时,林则徐还向清廷秘密建议,上《密陈重治吸食鸦片提高茶叶大黄等出口价格片》坚持贯彻黄爵滋的严禁主张。要求"必须中外臣工,并力一心,誓除此害",并建议提高茶叶、大黄等出口价格以补漏卮。(《林则徐全集》第三册,奏折页四三至四四)

五月初八日,有《致钱宝琛》函,告知水情,并上禁烟折事。

> 黔中施秉起蛟,致骤长七八丈之水,漂流房屋人畜无算,实堪骇恻。

> 饬议吸烟罪名一事,弟因奉有速奏之旨,不敢稽迟。谬以瞽见率成急就一章,于昨日发递(仍是专差)。

(《林则徐全集》第七册,信札页一五七)

五月十四日,张际亮由北京至汉口晤林则徐,次日移住督署。张是积极的严禁论者,又和黄爵滋、林则徐等过从甚密,友谊甚深。他在这时候匆匆由京来汉,有极大可能是向林传递黄奏的反响动态,并和林筹议如何进一步配合与推动的办法。不久,林则徐所上《钱票无甚关碍宜重禁吃烟以杜弊源》等有名折片,张际亮肯定是参与其事的。张际亮在留寓督署时曾写《少穆先生出示抚吴时吴丈玉松诗札属题呈二十韵》诗。八月,张际亮去安襄。(张际亮:《张亨甫全集》卷二四,诗序)林则徐曾为此致函鲁一同,告知张将返闽中,且为海外之游,鲁即写诗纪事。(鲁一同:《通甫诗存》卷二)

五月二十二日,英东印度舰队司令马他仑(F. Maitland)率兵舰"威里斯立"号(Wellesley)和"亚尔吉林"号(Algerine)到广州示威。并强行驶进广州,进行武装挑衅。但是,中国人民坚持正义,一面搜查鸦片,一面积极参加整顿海防的自卫活动,终于迫使马他仑率舰退走。(丁名楠等:《帝国主义侵华史》页二一)

六月初八日,林则徐的友人潘曾沂游衡岳过武昌时,与林则徐相晤于舟次。(潘曾沂:《小浮山人手订年谱》)赠林诗三首,林即次韵答之,抒写彼此对友情的依念。

潘功甫舍人冒暑游洞庭,舟过鄂州,
留之不可,枉三绝句,次韵答之

去年曾对君山碧,　　吴楚东南首重回。余去秋登岳阳楼
谁料杜门老居士,　　一帆六月剪江来。

闻道诸仙荫桂旗,　　云中招手客星移。

何如鄂渚高楼笛，

听到秋江月上时。留君小住，君答云："云中君相待于岳阳楼，不能留也。"

壮游触暑信堪传，　　万顷烟波正渺然。

却忆杜公留滞句，　　娟娟隔水美人船。

（《林则徐全集》第六册，诗词页一九二）

夏，林则徐作《题怡悦亭中丞（怡良）〈沧浪话别图卷〉》诗二首。

君昔衣绣来江东，　　朋簪许我苔芩同。

南国水榭驻冠盖，　　联车复有陈孟公。

君持蕃条莅江右，　　陈公惆怅携尊酒。

沧浪亭子延清秋，　　主客图成各挥手。

陈公节钺开豫章，　　同心又种双甘棠。

招携重来有诗谶，芝楣题此图句云："同心胜侣相招携"。又云："盼君旌幢重莅止。"

两贤先后还金闾。

天生两贤翊神圣，　　拜恩迭共弹冠庆。

君今开府五羊城，　　岭表风驰海如镜。

忆昨别君吴苑时，　　吴民犹未苏疮痏。

君还江南屡丰岁，　　政成君又移旌麾。

萍踪聚散亦何有，　　事业深期垂不朽。

荆湘我愧领连圻，　　蠡力安能巨山负。

东去长江日夜趋，　　江流到海即三吴。

离心遥寄南楼笛，　　拟续沧浪第二图。

梅雨潇潇楚天暗，　　闻君正过沧浪畔。

何当泛棹招陈公，　　载酒同游赤壁岸。

（《林则徐全集》第六册，诗词页七〇至七一）

[按]　林诗中有句说："君今开府五羊城，岭表风驰海如镜。"指怡良受粤抚命，事在道光十八年二月以后。又说："荆湘我愧领连圻，蠡力安能巨山负。"指自己在湖广总督任，谦称力不胜任，而林于十月后即调离湖督，所以此

284

诗约作于三月与九月间。诗又说："梅雨潇潇楚天暗,闻君正过沧浪畔。何当泛棹招陈公,载酒同游赤壁岸。"沧浪亭是苏州一处名胜,达官显宦驻足宴饮的地方,陈公指江苏巡抚陈銮。诗意是怡良赴任路过苏州时正是黄梅天,林希望怡良和陈銮能来湖北一游赤壁,事情固不可能,但表达了诗人的友谊,所以此诗可能写在"梅雨潇潇"的初夏,姑系于是年夏。也有可能是秋天或更晚时的追忆,但无疑是十八年以后之作。

七月初八日,林则徐在督署外焚毁江夏、汉阳二县所缴烟枪一千二百六十四杆及烟斗、杂具等。(《林则徐全集》第九册,日记页三四三)

七月十九日,清廷将在北京拿获的吸烟职官革职,贩卖人交刑部审讯,并命京城和各省对吸食鸦片和开馆设局者认真访拿,有犯必惩。(《东华续录》道光三八)

七月二十一日,令邓廷桢整饬广东弁兵,"将备兵丁内,必有吸食鸦片者,尤当随时惩治,万勿姑息"。(《清宣宗实录》卷三一二)

七月二十八日,道光帝在上谕中宣布有人揭发天津烟毒泛滥、烟犯猖獗的严重情况,并令直隶总督琦善严密查拿天津夹带烟土的洋船、铺户说:

> 两广、福建商民雇驾洋船,转贩杂货,夹带鸦片烟土,由海路运至天津,向有潮义、大有等店及岭南栈房代为包办关税。山、陕等处商贾,来津销货,即转贩烟土回籍。至洋船入口时,并无官役稽查。抵关后,委员欲入舱搜查,该船户水手势将抗拒。烟馆随处皆有,烟具陈列街前。该处府县家人书役等,向多得规包庇。

(《清宣宗实录》卷三一二)

身为直隶总督的大学士琦善,对这些现象竟然放任不管,不加闻问。那么,他和鸦片烟贩之间蛛丝马迹的暧昧关系,也就不言而喻了。至于上奏中所谓"府县家人书役等,向多得规包庇"一语,只是投鼠忌器的隐约之词。这就无怪琦善对禁烟与抗英要如此反对和破坏了!

八月初二日,林则徐自上禁烟议后,见各省复奏不能一时到齐,若等清廷做出最后决策,恐"民间以为久无消息,或且不必查办,此心稍放,即不可以复收"。于是在临湘县上谷港途次发与两湖巡抚钱宝琛、张岳崧会商之《楚省查拿烟贩收缴烟具情形折》,向道光帝报告湖广地区查禁鸦片的成效:

(一)收缴烟土烟膏一万二千余两,烟枪一千二百六十四杆。

(二)"耆民妇女在路旁叩头称谢,据云其夫男久患烟瘾,今幸服药断绝,身体渐强等语。是其父子家人平日所不能断者,皆恃国法有以断之。此时新例尚未颁行,而情形业已如是。总因死罪两字足以怵其心志,可见民情非不畏法,习俗大可转移,全赖功令之森严,始免众心之涣弛。"(《林则徐全集》第三册,奏折页七四至七六)

八月初二日,林则徐上《钱票无甚关碍宜重禁吃烟以杜弊原片》。这是禁烟运动中一件极重要的文献。它以有力的论据促使道光帝决定采取严禁措施,推动了禁烟运动,使原来处于力量脆弱的严禁派一举掌握了领导禁烟运动的权力,为揭开反鸦片战争作了舆论准备。林则徐在这一奏片中首先驳斥了当时所谓银价之昂由于商人所出钱票造成的谬论,明确地提出了"钱票无甚关碍"的论点。林则徐没有承袭嘉道以来许多官吏认为鸦片之害在于败坏风俗民心的陈旧观点,而是从社会经济的现状中进行实地考察后,一针见血地指出鸦片输入对社会经济的严重破坏作用,他在奏片中说:

臣历任所经,如苏州之南濠,湖北之汉口,皆阛阓聚集之地。叠向行商铺户暗访密查,佥谓近来各种货物销路皆疲,凡二三十年以前某货约有万金交易者,今只剩得半之数。问其一半售于何货?则一言以蔽之,曰鸦片烟而已矣。……吸鸦片者,每日除衣食外,至少亦需另费银一钱,是每人每年即另费银三十六两。以户部历年所奏,各直省民数计之,总不止于四万万人,若一百分之中仅有一分之人吸食鸦片,则一年之漏卮即不止于万万两,此可核数而见者。

(《林则徐全集》第三册,奏折页七八)

[按] 贝青乔《咄咄吟》卷下称:"吾苏南濠钱店兑发上海烟镴(烟银之偷漏者,俗谓之烟镴),每夜必二三万两。"可见情况的严重,也证实林则徐调查的可靠性。

林则徐又揭示历来不能彻底严禁的实情和症结所在,乃是由于吸毒者之中有大批鸦片走私的包庇者,因此,他提出了重治吸食的主张说:

(鸦片)以衙门中吸食最多,如幕友、官亲、长随、书办、差役,嗜鸦片者十之八九,皆力能包庇贩卖之人,若不从此严起,彼正欲卖烟者为之源源接济,安肯破获以断来路?是以开馆应拟绞罪,律例早有明条,而历年未闻绞过一人,办过一案,几使例同虚设,其为包庇可知。即此时众议之难齐,亦恐未必不由乎此也。吸食者果论死,则开馆与兴贩即加至斩决枭示,亦不为过。若徒重于彼而轻于此,仍无益耳。……故欲令行禁止,必以重治吸食为先。

(《林则徐全集》第三册,奏折页七八至七九)

林则徐这一重治吸食的主张,特别是把主要的打击锋芒指向那些与包庇走私、贪污行为有关的吸食者,在当时的具体情况下,是完全必要和正确的。他的这种坚决态度虽然还和黄爵滋等人同样地把烟毒泛滥的责任主要归罪于吸食者,而着眼于从国内来解决烟害问题,没有认识到侵略者利用鸦片的源源而来以实现侵略目的的真相。但是,这是客观现实所决定——林则徐只看到湖广禁烟的成效,没有目睹广东鸦片源源偷运的猖獗,因此我们不能苛求于林则徐。相反的,林则徐正是由于具有严禁烟害的坚决态度,所以一旦他在广州接触到鸦片所具有的侵略性质后,便很快地把着眼点转到"断其来源"上,勇敢地把打击锋芒指向了侵略者和鸦片贩子们。

林则徐在考查和研究了各种实际情况之后,向最高统治者从民族危亡和经济枯竭两方面提出了严重的警告说:

若犹泄泄视之,是使数十年后,中原几无可以御敌之兵,且无可以充饷之银。

(《林则徐全集》第三册,奏折页七九)

林则徐在这一奏片的结尾又从理论上指出了白银外流和白银散入民间的根本不同。他揭示白银外流具有削弱国力、增强敌人的性质,因而呼吁应积极设法挽救,他说:

夫财者,亿兆养命之原,自当为亿兆惜之。果皆散在内地,何妨损上益下,藏富于民。无如漏向外洋,岂宜借寇资盗,不亟为计?

(《林则徐全集》第三册,奏折页七六至七九)

林则徐的这一重要奏片提出了使清朝最高统治者感到威胁的"银荒兵弱"和"借寇资盗"的问题,因此,道光帝不得不在巩固统治阶级利益的前提下受严禁论的影响而决定采取严禁政策。从此,以满州贵族、官僚为主的反严禁派在言论上暂时缄默,对严禁政策采取了消极阻碍和破坏其实施的手法,并等待适当时机来打击严禁论。严禁与反严禁的争论集中表现在:①要不要变更原有的禁烟法令;②要不要先治吸食等两个问题上。双方代表人物是林则徐与琦善。

287

［按］《全集》本第三册,奏折页七六脚注称:《楚省查拿烟贩收缴烟具情形折》(页七四)的录副折面,誊录的军机章京写有"与钱片同随旨交"字样,故可推知此件为《楚省查拿烟贩收缴烟具情形折》附片,出奏当为同一天。

八月初二日,上《楚粤交界地方设卡巡缉折》,向清廷报告在湖南宜章与广东乐昌乳源两县接壤地带布防情况。(《林则徐全集》第三册,奏折页八〇至八二)

八月初三日,林则徐舟行至嘉鱼,因大风停泊,晤姚椿。姚送酒食,并赠诗。次日,林则徐写《仲秋四日阻风沙洋姚春木(椿)饷以酒肴且枉新诗依韵答谢》及《再答姚春木,即劝俶装》二诗答谢。二十四日,姚椿由嘉鱼来督署,邀姚入幕。(《林则徐全集》第九册,日记页三五一)

仲秋四日,阻风沙洋,姚春木(椿)饷以酒肴,且枉新诗,依韵答谢

荆襄历尽挂归帆, 沙羡无端阻斾幨。

多谢酒人分沥液, 独难诗律斗精严。

邮亭衔肉嗤乌鸟,来诗及此 官阁传杯约玉蟾。承许中秋来吾斋

千丈金堤果无恙, 敢因行役怨飞廉。

再答姚春木,即劝俶装

小雨才能湿半帆, 甘霖须及洗长幨。

云连粳稻期全润, 霜入蒹葭恐渐严。

愿共客星移画鹢, 莫教秋月落明蟾。

同舟仙侣齐翘首, 不独张凭一孝廉。来书讯及亨甫,故云

(《林则徐全集》第六册,诗词页一九二至一九三)

八月初三,自姚椿处获知友人何书田过世,即作《寄悼书田先生》。(《林则徐全集》第六册,诗词页七二至七三)

八月初八日清廷对林则徐在两湖地区的禁烟工作表示满意,认为:"所办甚属认真,可见地方公事果能振刷精神,实心查办,自可渐有成效。"(《东华续录》道光三八)

八月二十日,林则徐建议对被灾地区有所蠲缓时,应由各州县"将所造应蠲应缓递之村庄顷亩细册,另行缮榜,随令誊黄,遍贴晓谕",以便"灾歉贫民,一目了然,吏胥更无从滋弊弄法,而成熟村庄亦无可觊觎,混行争执矣"。(《嗣后办灾将蠲缓田亩细册随誊黄榜示片》,见《林则徐全集》第九册,奏折页九二至九三)

八月二十七日,林则徐的门人江西黄麟来见。林写《题及门黄杏帘(麟)

襄阳诗后,即次留别原韵》诗,劝慰黄麟的不得意处境。

　　当年银榜重题名,　　双井词华众更倾。

　　岂竟饥寒困东郭,　　况饶醇茂逼西京。

　　才宜晚遇休憎命,　　诗不矜奇善道情。

　　怅触芙蓉江上句,　　耐人寻味是和平。

(《林则徐全集》第六册,诗词页一九三)

　　九月初一日,对拿获烟土数量最多的湖北汉阳县知县郭觐宸(镜堂)赏加知州升衔,以示鼓励。(《东华续录》道光三八)

　　九月初六日,令大学士、军机大臣会同刑部研究各直省将军、督抚奏到的禁烟意见。

　　九月初八日,道光帝在林则徐等人的严禁论的警告和推动下,逐渐增强了禁烟的决心,命令各地对“贩、运、开馆等犯”,“从重惩办”,对“文武官员、军民人等吸食不知悛改者,亦应一体查拿”,并饬大学士等议定禁烟章程。(《道光朝筹办夷务始末》卷五,页八至九)同时,也在行动上表现了某些姿态,如对在尼僧庙内吸食鸦片的庄亲王奕窦和辅国公溥喜予以革爵处分,并各罚应得养赡钱粮二年。(《东华续录》道光三八)禁烟的时机在日益成熟。

　　九月初十日,林则徐率属查验和销毁烟枪一千七百五十四杆及烟斗、烟具等,烟土、烟膏共一万六千七百六十八两。(《林则徐全集》第九册,日记页三五二至三五三)

　　九月十一日,弛禁论者许乃济,以太常寺卿降为六品顶戴,即行休致。(《东华续录》道光三八)这是道光帝准备禁烟的又一行动姿态。

　　九月十五日,林则徐奏陈江汉数千里长堤无一处漫口,避免了泛涨之患,为数十年未有的现象,显示出兴办水利的成效。同时,林则徐又命地方官吏加固堤防为来年防汛作好准备。

　　　伏查今年水势盛涨之时,省城皇华馆志桩长水至三丈四尺一寸,上游万城堤杨林矶志桩亦长至二丈六尺二寸,是江流已极浩瀚。而襄河于七月初九至十一日,复陡长二丈有零,几于措手不及。幸本届岁修工段,尺寸俱属认真,硪工无不套打,而臣节次所奏改筑新堤、退挽月堤之处,或筹动息款,或鸠集捐资,以及设法预备防险经费,均经仰奉恩渝,训诲周详,俾得恪遵办理。今蒙圣慈庇福,处处修防稳固,化险为平。现已节过霜降,水落归槽,江、汉数千里长堤,安澜普庆,并支河、里堤,亦无一处漫口,实为数十年来未有之幸。臣钦感之下,兢懔弥深。仍当乘此水落之后,饬令该管道府巡历各堤,查照盛涨水痕,将应办岁修各工及早估办,务令工料愈加坚实,丈尺愈见高宽,俾来年汛涨,捍卫有资,庶几岁岁安澜,以仰副圣主保又民生至意。

(《江汉安澜堤防巩固折》,见《林则徐全集》第三册,奏折页一○○至一○二)

九月二十二日,直隶总督琦善报告:天津镇道在大沽一带金广兴洋船上拿获烟土八十二袋,计重十三万一千五百余两,并取获烟具、军械等。其烟土是在广东省城水西弄开万益号的广东人李四经手向洋船代买烟土八十三担,每担约一千五六百两。各犯均从严惩办。(《东华续录》道光三八)

九月二十三日,林则徐写《周艾衫编修(恩绶)见贻〈感遇述怀〉诗,次余题〈宣南诗社图〉韵,因叠前韵答之》诗,对周备加奖饰。(《林则徐全集》第六册,诗词页七三)

九月二十三日,清廷命林则徐入觐,总督由鄂抚伍长华兼署。(《林则徐全集》第九册,日记页三五五)十一日,启程北上。

十月初七日,林则徐奉到晋京陛见的命令,即进行有关禁烟问题资料的准备,命当时任汉阳府知府的杨炳坤将各省有关禁烟章奏,"逐件查核,凡可采者,均为录出,其别有见解,另为条议,以备拣择"。(杨炳坤:《杨中议公自订年谱》道光十八年条)

十月初八日,林则徐接晤由京假归的曾国藩等人。(《林则徐全集》第九册,日记页三五五)

十月十一日,林则徐离湖广总督任,启程晋京。友人张际亮自安襄归来,未及相晤,乃写诗感念,并似预见到林的入觐可能与解决鸦片问题的重任有关。张诗写道:

幕府重闻鼓角声, 九重高望不胜情,
重臣报国心原瘁, 圣主忧时事可争。
江汉朔风连夜永, 幽并寒月近天明,
衰梧细竹萧凉地, 亲见陶公运甓行。

(张际亮:《张亨甫全集》卷二四)

十月十七日,广州官弁在十三行查获走私鸦片,邓廷桢下令驱逐英国鸦片贩子因义士和有装运鸦片嫌疑的美船托马斯·珀金斯号（Thomas Perkins），并暂停贸易。

十月二十五日，林则徐于新乡致函刘建韶，说明在楚禁烟的成效。

> 弟在楚所获烟土、烟膏，已奏者一万二千余两，未奏者亦有此数。收枪已数千杆，尚在查缴。

并告知：

> 近日又有人配一方，既食之后，闻烟便臭，吸之便呕，似觉更灵。
>
> 　　　　　　　（《林则徐全集》第七册，信札页一六〇）

十月二十六日，是日中午广州官吏将此前所获三十一名贩烟团伙的首犯何老近在十三行广场处绞正法，居住商馆之外国商人、水手妄加阻挠，捣毁刑场，于是广州群众近万人自发包围商馆，推倒围墙，拆毁栏栅，击破窗户、大门。

十月二十八日，各国商人公所（外侨商会）提出抗议，被邓廷桢断然拒绝。

十一月初二日，义律命令英船驶出虎门。不久，邓廷桢宣布重开贸易。

（以上参考《林则徐传》增订本，页二〇四）

十一月初六日，林则徐行抵直隶安肃县，与由北京回保定的琦善相晤。

（《林则徐全集》第九册，日记页三六二）琦以"无启边衅"危言威胁林则徐放弃严禁主张，林"漫应之"。

> 道出直隶，遇直督琦善，嘱文忠无启边衅。盖文忠任江桌时，琦为总督，曾荐文忠。今忌文忠故言此。论似公而意则私也。文忠漫应之。
>
> 　　　（雷瑨：《蓉城闲话》，见《鸦片战争》I，中国近代史资料丛刊，页三一四）

十一月初九日，林则徐行抵长辛店。

十一月初十日，林则徐抵京。

十一月十一日，林则徐递折请觐见。从本日起到十八日止，连日召见共八次。道光帝在每次召见中都向林则徐多方市恩。

十一月十五日，第五次召见，奉旨："著颁给钦差大臣关防，驰驿前往广东，查办海口事件，该省水师兼归节制。"次日，上谢恩折。这是林则徐奉命禁烟的第一个文件。（《林则徐全集》第九册，日记页三六三至三六四）

这一任命，引起了投降派的嫉视和朝野的惊讶，各种不同的意见和阻力纷至沓来，预示着禁烟运动的不能顺利推进。

> 此国初以来未有之旷典，文忠破格得之，枢相亦为之动色。朝罢与

同僚论不合,中外交构。有识者已为文忠危。顾上意方殷,势不能已。

(雷瑨:《蓉城闲话》,见《鸦片战争》Ⅰ,中国近代史资料丛刊,页三三六)

[按] 所谓枢相指穆彰阿而言。

同时,这也引起友好的关切,如桂超万就为此而写《林少穆先生以两湖制府奉使粤海查办鸦片烟,怀念成诗》一首,诗中写道:

三湘方驻节,　　又度岭千寻,

誓扫蛮烟尽,　　应防海瘴深。

并生宣主德,　　莫毒戢夷心,

冒雪善珍摄,　　敷天望作霖。

(桂超万:《养浩斋诗稿》卷九)

十一月十六日,林则徐考虑工作需用,毅然起用道光十八年因失察家丁受贿被革职的原湖南抚标游击马辰,并由林自付马辰盘缠食用,"兼程先赴海口代访夷情"。(《遣用马辰及彭凤池片》,见《林则徐全集》第三册,奏折页二二二)

[按] 《全集》本定此折为十九年十月十六日,并脚注称"林氏家藏林则徐使粤两广奏稿"第167页。此件末有"道光十九年十月十六日附奏"字样。但据折中所言:"惟此次到粤,人地生疏,不得不先遣一两人密行查访。路过安徽时,知有在籍之已革湖南抚标游击马辰……当令兼程先赴海口,代访夷情。"则此事当在林则徐离湖广总督赴京后事。但此时林尚未受命赴粤禁烟,不可能上此遣用马辰等人赴粤折,十月十六日也有误。又折中称:"臣在未到省城之前,先饬地方官查拿,颇足警动顽愚,嗣复随赴各海口,常资指臂之始",则又明示已受命赴粤禁烟。林则徐受禁烟命在十一月十五日,故此折最早当上于十一月十六日,而十九年正月林则徐抵粤,十月间已与邓廷桢共同检阅炮台海防,与折内未到省城等语不合,故拟定此折上于"道光十八年十一月十六日",所言"道光十九年"字样疑为后人误加。

林则徐在这次入觐期间,曾面奏有关直隶水利事宜十二条。今存林则徐所著《畿辅水利议》十二篇,(光绪丙子三山林氏刻本,扉页题《畿辅水利经进稿》)未著成书年月,面陈者当即此内容。

[按] 《清史本传》说:"初则徐入觐也,尝胪陈直隶水利事宜十二条。及奉使广东,宣宗成皇帝密询以漕运利弊。则徐疏陈四条:一本原、一补救、一补救外之补救、一本原中之本原。其言本原中之本原,则开畿辅水利也。"循

此本传文意,林则徐当于道光十八年奉命入觐时面陈直隶水利事宜,而写成书面入奏,则据林则徐日记当在道光十九年十一月初九日。杨国桢《林则徐传》增订本页一七七至一七八定为道光十七年入觐时所上,但仅据一些记载推测分析,无直接史料论断,所以仍系于十八年入觐时。

《畿辅水利议》是林则徐任京官时所积累的资料,经在吴、楚等地兴修水利实践中加以丰富而总结出来的。全书初稿约成于道光十二年六月,冯桂芬曾参与编校。道光十五年十二月,林则徐又请桂超万校勘。十六年十一月入觐时准备上奏,但被"当国某尼之,召对亦未及"。(冯桂芬:《兴水利议》,见《显志堂稿》卷一一)直至十八年入觐时,方得陈述。去广州后,又在论漕务折中,把论水利疏稿列为折中第四部分。全书共论述有关农田水利的十二个重要问题。据其总叙说:

> 首胪水田利益国计民生,明当务之急也;次辨土宜,次考成绩,因利而利,示已成之事,著必效之券也;次专责成,次优劝奖,齐心力,励勤能也;次轻科则,以绝顾虑;次禁扰累,以杜流弊;次破浮议阻挠,以防中梗,由是令行禁止而经画可施;次以田制沟洫,而营种之事备焉;经画既施,美利务在均平,故摊拨次之;美利既昭,见小终贻远害,故禁占碍又次之;首善倡行有效,以次推行各省,普享乐利,而营田之能事毕矣。凡所钞辑,博稽约取,匪资考古,专尚宜今,冀于裕国便民至计或稍有裨补云。

(《林则徐全集》第五册,文录页四)

《畿辅水利议》是研究林则徐经济思想的重要参考资料。学术界对它有两种主要评价。

(一)中山大学历史系中国近代现代史教研组林则徐全集编辑小组对《畿辅水利议》一书的说明中说:

> 《畿辅水利议》和《复奏遵旨体察漕务情形通盘筹画折》同在道光十九年十一月完成而又密切相联系。后者的附录《漕务四条》,末一条即前者的总叙。林则徐认为要合理地解决南漕积弊问题,只有发展华北水利,提倡种稻,就地解决漕粮,无须漕运。这个主张在当时来说是大胆的。
>
> 《水利议》卷首有总叙,是水利的纲要。后面分十二目,引用大量有关华北农田水利文献,从政治和经济两方面论述华北开治水田的成效。在每一目引证文献之后,加以案语评述,发挥林则徐个人的意见。看过

这篇专著,可以证明"直隶土性宜稻,有水皆可成田"的见解是有根据的。因此,林氏的主张虽然大胆,但毫不空谈。表面上看来,南漕四百万之米,华北有二万顷水田即可扫清其积弊,江南民困得以稍纾;但北方农民从此加重漕粮的负担。可见华北水利实效不在民,而在官府与地主,这是由封建制度所决定的。

然而,林则徐总结了历史上北方个别地区的农民种植水稻的经验,"直隶土性宜稻,有水皆可成田"是很有价值的。一九五六年七月十日《人民日报》发表社论《北方能大量种水稻吗?》指出:"将来大量发展稻田的地区,将不是南方,而是北方。……"历史经验告诉我们,我国北方种水稻已有很长的历史。宋代、元代都有记载保留下来。白洋淀和涿州、良乡的稻田都是这时候开辟的。徐光启又在原有基础上把它推行到天津。林则徐《水利议》总结历史上北方农田水利的经验,加以系统化,证明北方是可以发展水田,种植高产作物,增加粮食生产,进一步改善人民生活。

(二)巫宝三在《略说林则徐的经济思想》一文中说:

关于畿辅水利问题,林则徐主张兴修京津一带洼地水利,增加稻米生产以代替糜费与弊端极大的漕运。从改革漕运弊端一点来说,他的主张还有进步的意义;但他没有从批判封建主义生产关系的观点来论述发展农业生产问题。所以他在这个问题上,只是沿袭前人的旧说,而没有反映农民的要求,可以说没有提出任何新的进步的见解。这是他的思想体系的一个组成部分,并不足怪。

(《中国近代经济思想与经济政策资料选辑》页七一)

上述二种评论,根据《水利议》的内容和林则徐具体思想情况来说,应该认为前一评述基本上是符合实际的,而后一评述要求林则徐能批判封建主义观点和反映农民要求,则显然与林则徐所处的历史条件和阶级地位有一定的距离。

《水利议》颇为当时和后来一些人所重视。如桂超万的《上林少穆制军论营田法》和王家璧的《请议行畿辅水利成法疏》(盛康:《皇朝经世文续编》卷三九、卷一一四)等文均有论及。冯桂芬在《兴水利议》一文中又言及他于道光十二年曾参与编校《水利议》,并说:"文忠又自为疏稿,大旨言西北可种稻即东南可减漕,当自直隶东境多水之区始。"同时,文中录入疏稿(此疏稿即林于道光十九年十一月初九所上论漕务折中第四部分全文)。但是,冯对林的"若待众水全治而后营田,则无成田之日"的论点却表示异议说:"即不能全治,亦当择要先治。盖未闻水不治而能成田者。怡贤亲王尝试行之有效矣,何以一废不复举,以水不治耳。水何以不治,源流之不别,脉络之不分,测量高下,得此遗彼,不能择要而治耳。水不治而为田,或田其高区而水不及,或田其下地而水大至,一不见功,因噎废食,文忠亦未之思也。"冯桂芬的驳论,我看是对《水利议》的误解。林则徐在《水利议》中并未主张"水不治而能成田",相反,他在《水利议》中介绍了历代开治水田成就,提出了"有水即可成田"的论点,要"有一水即当收一水之用,有一水即当享一水之利"等等,林则徐所谓不必"待众水全治而后营田"的主张正是他从政治实践中针对官场时弊而发的,因为如提出先治水后营田,势必会有一批钻营夤缘的官僚争谋禄位,所以林特别提出不要设专官专搞治水,可能就是预防这一点。林的随治水随营田的办法是可以奏实效的,比冯桂芬的空论切实得多。但是不管是引述或辩驳,都可以说明林则徐的这篇《水利议》在当时或以后的政论界中还是有一定影响的。
(参见《林则徐全集》第五册,文录页三至三八)

十一月十八日,林则徐第八次被召见,这是最后一次召见,林向道光帝陛辞。道光帝特下诏谕,命广东地方大吏邓廷桢、怡良等与林则徐和衷共济。
(《东华续录》道光三八;又见《林则徐全集》第九册,日记页三六四)

在这八次觐见中,林则徐和道光帝比较详细地讨论了如何处理当时所面临的局势问题,虽然未见直接材料的说明,但从若干奏稿和信札中钩沉一下,大致有如下几方面的谈话内容:

(一)林则徐对道光帝所加的任命,感到阻力甚大,曾再三推辞。因道光帝不允准,并对他寄托殷切期望,所以才承担重任。

> 待戊冬在京被命,原知此役乃蹈汤火,而固辞不获,只得贸然而来,早已置祸福荣辱于度外。惟时圣意亟除鸩毒,务令力杜来源。所谓来源者,固莫甚于噗咕唎也。待恐一经措手,而议者即以边衅阻之,尝将此情重叠面陈,奉谕断不遥制。

(道光二十年十一月二十九日《致叶申芗》函,
见《林则徐全集》第七册,信札页二六一)

则徐自戊冬被命而来，明知入于坎窖，但既辞不获免，惟有竭其愚悃，冀为中原除此巨患，拔本塞源。

（道光二十一年正月二十八日《致沈维鐈》函，

见《林则徐全集》第七册，信札页二六八）

徐自亥年赴粤，早知身蹈危机。所以不敢稍避者，当造膝时，训诲之切，委任之重，皆臣下所垂泣而承者，岂复有所观望？

（道光二十二年八月上旬《致姚椿王柏心》书，

见《林则徐全集》第七册，信札页三〇四）

（二）林则徐曾向道光帝请示向英王发出檄谕问题，道光表示须"经朕披览，再行檄发"。

上年在京陛见，面奏禁止鸦片一事，拟颁发檄谕，晓示外夷，容俟到粤，与督臣邓廷桢等酌商，奏请训示。

（道光十九年六月二十四日《拟谕英国王檄底稿折》，

见《林则徐全集》第三册，奏折页一七一至一七二）

林则徐前次面奏，请颁发檄谕，晓示外夷，着与邓廷桢酌商是否可行。倘必须颁发，著即妥拟底稿具奏，经朕披览，再行檄发。

（道光十九年正月初九上谕，见《道光朝筹办夷务始末》卷五，页二二）

林则徐面奏请颁发各国檄谕，著仍遵前旨与邓廷桢商酌，妥拟底稿具奏，经朕披览，再行颁发。

（道光十九年正月二十七上谕，见《道光朝筹办夷务始末》卷五，页二五）

（三）林则徐向道光建议应加强海防。

唉夷兵船之来，本在意中。徐在都时所面陈者，姑置勿论，即到粤后，奏请敕下沿海严防者，亦已五次。

（道光二十二年八月上旬《致姚椿王柏心》书，

见《林则徐全集》第七册，信札页三〇五）

道光十九年，家文忠公奉旨办理粤东夷务。陛见时即恳陈五海口要害，须得精兵严守，庶夷人不得窜入。甫出京，途次又连陈数折。

（林昌彝：《射鹰楼诗话》卷一）

（四）道光帝向林则徐交办数项有关鸦片问题的专折。

窃臣奉命来粤查办海口事件，仰蒙发下太仆寺少卿杨殿邦、给事中黄乐之、御史袁玉麟、周春祺条奏广东鸦片等事原折四件,饬带到粤分别查办。

（道光十九年十二月初四日《谭升等贩烟及得利纵放案审拟折》,见《林则徐全集》第三册,信札页二四五）

十一月十九日,晚,林则徐在王鼎处参加饯行宴。这是林则徐临行前所参加的唯一的一次,可证二人之交谊。（《林则徐全集》第九册,日记页三六四）

诗人梅曾亮曾写诗赠行。诗题是《林公少穆以钦差大臣使广东,作此呈送,时两广总督为邓公嶰筠》。诗中期望林、邓协作。

禁烟新断阿芙蓉,　　为遣肤臣急奏功,

锁钥全收坤外纪,　　威仪特进汉元公,

三朝细马丝纶重,　　万里锋车节制通,

南海尚书方励治,　　朝廷应喜协和衷。

（梅曾亮:《柏枧山房诗集》卷六）

十一月二十日前后,龚自珍写《送钦差大臣侯官林公序》赠林则徐。序中提出有关漏卮、禁烟与反抗侵略的一些建议,鼓励林则徐要力排各种阻力,不要让某些谬论动摇了禁烟决心。他建议林则徐“宜以重兵自随”,“多带巧匠以便整修军器”,做好反侵略战争的准备;希望林则徐抓住“千载之一时”的有利时机,能在不长的时间内,在全国取得“银价平、物力实、人心定”的成绩。龚自珍在信中也表示了自己对鸦片烟害的深恶痛绝态度,并要求能“南游”亲历其事。（《龚自珍全集》页一六九至一七一）

〔按〕　龚的赠序诸本皆于题下注“戊戌十一月”,想为原稿所注,但不知为何日。考龚序有林则徐“既陛”之事,序题又有“送”字,而林复函中又说是在都时收到龚“惠赠鸿文”,可证此序当作于林则徐陛辞以后出都之前,写以送行的。按林则徐《戊戌年日记》记林十八日陛辞,二十三日出都,可以推定龚序当写于十一月十九日至二十二日之间。

林则徐收到龚序后,没有及时作复。出都后在途间與中“绅绎”此序后。十二月初二于山东茌平作复。林对龚所提各点都作了解答,特别提出了前途可忧虑的不是地方上的阻力,而是朝廷中的阻力,即复信所谓“弟则虑多口之不在彼也”。这比龚自珍对形势的认识和估计深刻多了。复信中对龚的“南游之意”也婉言申述了已托人面告不得已苦衷。林的复信中写道:

……惠赠鸿文，不及报谢。出都后，于舆中紬绎大作，责难陈义之高，非谋识宏远者不能言，而非关注深切者不肯言也。窃谓旁义之第三，与答难义之第三，均可入决定义；若旁义之第二，弟早已陈请，惜未允行，不敢再渎；答难之第二义，则近日已略陈梗概矣；归墟一义，足坚我心，虽不才曷能不勉？执事所解诗人悄悄之义，谓彼中游说多，恐为多口所动，弟则虑多口之不在彼也。……至阁下有南游之意，弟非敢沮止旌旆之南，而事势有难言者，曾嘱敝本家岵瞻主政代述一切，想蒙清听。……

（《林则徐全集》第七册，信札页一六二；又见《龚自珍全集》，中华书局版，页一七一）

［按］　函中所称"岵瞻"为林扬祖号，福建莆田人，时为户部主事。

［又按］　林复函之末注"戊戌冬至后十日"，当为复信日期。查"戊戌冬至后十日"为十一月十六日，即林则徐受命为钦差大臣的次日，龚既未及写赠序，更不会有林的复函。林于二十三日出都，复信中明言"出都后于舆中紬绎大作"，十六日，林尚未出都，还没有读到龚序，当然无从谈到复函，所以"戊戌冬至后十日"的复信日期，显然有误。考林复函内容，复函确写于出都以后，即在十一月二十三日以后。复函结语是"专此布颂腊祺"，腊为十二月的代称，此信当写于十二月，查十二月初二日恰为"戊戌小寒后十日"。又考林则徐《戊戌年日记》对出都后白天行程，夜晚歇宿及酬酢等皆有详细记载，在十二月初二日以前每晚歇宿都有地方官来迎谒具膳，而十二月初二住宿山东茌平县，记事特注明该县县令裴森因主考复试未来，也未记有其他来访者，推测初二晚间是出都后第一个有暇作复函的时间，恰又是小寒后十日。林在旅途中很可能把冬至、小寒两个相连的节气偶然记误或笔误，所以"戊戌冬至后十日"或为"戊戌小寒后十日"之偶误。林的复函很可能是写在十二月初二。

龚自珍还在另一首诗中提到林则徐南下不仅禁烟，而且还能起到抵制外货的作用。龚诗说："昨日林尚书，衔命下海滨，方当杜海物，龥毳拒其珍。"（《龚自珍全集》页五○七）

十一月二十三日，林则徐离京赴粤，毅然肩负查禁鸦片的重责而赴任。当时有忌阻者，也有为担忧者。林则徐在临行向他座师沈维鐈（鼎甫）辞行时慨然表示只以国事为重，不计个人成败的坚决态度。（《林则徐全集》第九册，日记页三六五）

公夙以天下事为己任，感上殊遇，毅然成行，而中外柄臣，有忌阻之者。京朝官、故人子弟,亦以边衅为公虑。公谒座师沈鼎甫侍郎曰:"死生命也,成败天也,苟利社稷,不敢不竭股肱以为门墙辱",相顾涕下,遂出都。

（《续碑传集》卷二四）

林则徐在出发时,即发出"传牌",严禁沿途糜费供应和随身丁弁需索。(《林则徐全集》第五册,文录页一〇〇)

十一月中旬,林则徐在京曾写《寿白小山廷尉镕》诗。(《林则徐全集》第六册,诗词页七五至七六)

十二月初七日,林则徐受命查禁鸦片的消息到粤后,广州地方上包庇走私和贪受贿赂的官吏"都惊惶万状",而与鸦片贩子素有勾结的洋行商人等"也都惶惶不安"。(宾汉:《英军在华作战记》,见《鸦片战争》V,中国近代史资料丛刊,页二二)邓廷桢和怡良等就开始行动,如充实军备、查缉烟犯等等。(《道光朝筹办夷务始末》卷五,页一七至二一)邓廷桢还向林则徐表示了协力同心的态度。邓廷桢的这些转变引起了鸦片烟贩等的嫉视,他们制造了一些谣言,有的还写成文字到处张贴,如:

禹城虽广地却贫,　　邓公伐钺东海滨,

终日纵吏勤网捕,　　不分良莠皆成擒。

名为圣主除秕政,　　实行聚敛肥私门,

行看罂粟禁绝日,　　天网恢恢早及君。

(宾汉:《英军在华作战记》,见《鸦片战争》V,中国近代史资料丛刊,页一四)

十二月十二日,英国大鸦片贩子查顿逃离广州。

十二月十六日,林则徐行抵安徽舒城,邀约曾任香山令的田溥(小泉)晤谈缉烟问题。田小泉名溥,陕西临潼人,辛酉拔贡,官至六安州牧。他任香山令时,曾缉获鸦片万数千斤,所以林约他晤谈以吸取经验。(《林则徐全集》第九册,日记页三七一)

林则徐在赴粤途中写了一些诗篇,有的诗篇表露了他对禁烟运动的关心和信心。如《寄酬吴棣华前辈》诗,是为吴廷琛(棣华)的一份诗文合装卷所写,合装卷中包括林则徐在道光十五年所写的两篇祈雨祝文和其他一些题咏。诗序中记其事说:

棣华以余乙未吴门祈雨祝文二篇,与其所作喜雨诗并吴玉松前辈、顾杏楼水部诸君题咏合装成卷,邮寄鄂城。语意郑重,既弗克当,公私丛委,复无以答。兹使岭南途中,补作以寄。

(《林则徐全集》第六册,诗词页七六)

诗中前半阕记述了在江苏救灾中的一些措施,如缓征、行担粥令,设丰备仓等。后半阕抒发要"力挽颓波"的情怀和对三吴禁烟成效的关心。诗说:

揭来衔命驾锋车，　　　要与愚氓洗鸩毒。近以鸦片烟流毒日甚,命往广东海口查办

欲挽颓波力恐微，　　　试想燎原害诚酷。

三吴此事近如何，　　　问公能否回俗？

周行可示幸毋遗，　　　风便相期书举烛。

(《林则徐全集》第六册,诗词页七八)

[**按**] "问公能否回俗？"句《全集》注:"此句原文疑脱一字。"

十二月十八日,十三行商馆后门被堵塞。二十日,装有一百三十箱鸦片的阿特兰号(Attaran)在澳门西侧南澎岛附近"失踪"。二十五日,义律报告"鸦片贸易的停滞仍在延续,通货的冻结已引起巨大普遍的困窘"。(英国外交部档案 F.O.17/30 义律致巴麦斯尊,1839 年 2 月 8 日于广州)

是年,宋学家方东树向粤督邓廷桢上所著《匡民正俗对》,主张严禁鸦片,未获采纳。

先是十八年客粤时,大臣请厉禁洋烟,下督抚议。先生著《匡民正俗对》,陈所以禁之之道,劝制军邓公复奏,不从。英夷公司领事义律桀骜,不受约,居省城夷馆。先生劝制军陈兵斩之,制军虑启衅,谢不敏,然终反复生变者义律也。

(《方仪卫先生年谱》)

是年,鸦片输入达四万零二百箱。(马士:《中华帝国对外关系史》第一卷,页二三九)

是年长龄(1758—1838)、徐宝善(1790—1838)卒。

道光十九年　己亥　1839年　五十五岁

　　正月初二日,林则徐行抵南昌,晤地方官吏钱宝琛、吴其浚、徐广缙及包世臣等。因风雪交集,滞留数日。初六日,始启行。(《林则徐全集》第九册,日记页三七五)

　　林则徐写《酬吴瀹斋侍郎(其浚)》诗二首。吴其浚是吴其彦(美存)之弟,当时正在江西学使任。吴或有赠诗,林乃作酬诗。诗的后一首写吴任学使的因缘和对吴的希望;前一首则写自己力挽颓波,成算在胸的襟怀说:

　　　眼看时事息肩难,　　欲挽颓波酌猛宽。
　　　集议休教同筑室,　　领军何必竟登坛。余此行有讹传为出师者,故云
　　　苍生果自防枭毒,　　丹笔奚劳触豸冠。
　　　凭仗儒宗主风教,　　请纾筹策逮粗官。

　　　梅花缀玉雪堆盐,　　访旧章江别绪添。
　　　家世衡裁三度盛,先德少宰师为江西学使,丙子喆兄美存前辈典试,余忝为副。今君复视学于此
　　　使君慧福一身兼。
　　　劳薪暂憩惭羸驭,　　明镜高悬看老蟾。
　　　闻道龙门千尺峻,　　可能倾盖免防嫌。

　　　　　　　　　　　　　　　(《林则徐全集》第六册,诗词页一九四)

　　正月初九日,林则徐行至江西新淦县仁和塘,"广东督、抚各差一弁赍书来迎,司道以下亦带函来"。(《林则徐全集》第九册,日记页三七七)

　　邓廷桢可能在来书中向林提出了"所不同心者有如海"的誓言。

　　[按]　林则徐《又和嶰翁见怀原韵》诗(《云左山房诗钞》卷七)的自注说:"余未至粤,公贻手书云:所不同心者有如海。"即指此事。《全集》本未收此诗。

　　正月十一日,林则徐行至江西泰和县,发《密拿汉奸札稿》,对广东"所有

包买之窑口，说好之孖毡，与兴贩各路之奸商、护送快艇之头目，有经京堂科道指名陈奏奉旨将原折发交本部堂查办者，有经密查暗访得其踪迹者"，恐其闻风远飏，乃在途次开出其姓名住址飞札广东布、按两使，密为拘拿，内分最要、次要二种，措辞颇为严厉。（《林则徐全集》第五册，文录页一〇至一〇四）

[按] 林则徐在入广东省境之前，先期指名拘拿案犯一事，有人认为这是一种雷厉风行的作风。实际上，按照当时历史现状，这是林则徐老于官场，为减少到粤阻力的一种措置。它可使某些有关人员有回避转圜的余地。这不是对林则徐贬义的揣测，而是作为封建政权中能员的林则徐在当时官场中不得不善加处理各种关系的一种不得已的做法。

正月十三日（1839年2月26日），广州官吏在十三行商馆前十字街头，绞死烟贩冯亚根，外国鸦片贩子下旗"抗议"。（宾汉：《英军对华作战记》，见《鸦片战争》V，中国近代史资料丛刊，页二三）

正月十四日，林则徐抵赣州，对沿途民情有所考查，如称："自吉安至赣州一带，米价甚贱，每石千数百文，民情恬乐，赛龙灯甚多。"等等。（《林则徐全集》第九册，日记页三七九）

正月十八日，林则徐抵达赣粤边界的南安府。粤省派文武巡捕及差官来迎。次日入粤界，抵达南雄州。当晚，即在南雄登舟。（《林则徐全集》第九册，日记页三八〇）

林则徐自京出发后，在沿途所经各地，曾不断向晤面官绅广泛征求意见，"苟有一得，皆谘询而籍之"。（《续碑传集》卷二四）

正月二十日，英、美鸦片趸船二十二艘陆续驶离零丁洋，开往丫洲洋停泊。

正月二十五日，林则徐抵广州就钦差大臣任。广东督抚邓廷桢、怡良、关天培、豫坤、德克金布、奕湘、英隆等来迎，了解到当地禁烟形势良好，"声威所被，震慑民夷"。设行辕于越华书院。（《林则徐全集》第九册，日记页三八三；第三册，奏折页一二七）

美商亨德在珠江帆船上看到了林则徐的到来，对其神态作了如下的描述说：

> 他具有庄严的风度，表情略为严肃而坚决，身材肥大，须黑而浓，并有长髯，年龄约六十岁。

（《威廉·亨德：《广州番鬼志》页一三六）

正月二十六日，林则徐同日发出《关防示稿》和《收呈示稿》：慎密关防，不准扰累，择期收受有关"海口事件"（即鸦片问题）的呈禀。（《林则徐全集》第五册，文录页一〇五）

正月二十七日，上《报抵粤日期并体察洋面堵截趸船情形折》，报告到粤日期和鸦片贩子查顿畏罪逃跑、趸船异动等情况。（《林则徐全集》第三册，奏折页一二七至一二八）

同日，林则徐又附上《英烟贩查顿情形及请早颁严惩吸食鸦片律例片》，报告广东地方的禁烟效果：

> 兴贩者不能不敛戢，吸食者亦不能不戒断。

不过，由于以往推行禁令不彻底，所以民间仍然持观望态度：

> 惟民情因见以前旋查旋止，以为官禁未必久长，不免有观望希冀之想。臣入境后，闻民间无不私探罪名轻重与新例之曾否颁行。

因此，林则徐主张坚持严禁，并早日颁定严禁条例：

> 若宽而生玩，则不惟未戒者不戒，即已戒者亦必复食，稍纵即逝，恐不可挽。伏乞圣明乾断，严例早颁，庶办理得有把握。

（《林则徐全集》第三册，奏折页一二九至一三〇）

正月二十八日，道光帝在对邓廷桢《力陈鸦片锢弊折》的朱批中，嘉奖邓廷桢等与林则徐在禁烟工作中"合力同心"的态度。（《东华续录》道光三九）林入粤后又与邓共同查办了历年庇私受贿的督标副将韩肇庆，"籍其家，累巨万，官民大服"。（《续碑传集》卷二四）

正月，林妻郑氏率子女归里，祭扫茔墓，并为次子、次女完婚。次子聪彝娶叶申芗胞弟申万之女。次女普晴适沈葆桢。

二月初，林则徐先后发布《札各学教官严查生员有无吸烟造册互保》、《晓谕粤省士商军民人等速戒鸦片告示稿》、《颁发查禁营兵吸食鸦片规条稿》、《札发编查保甲告示条款转发衿耆查照办理》等件，劝告士商军民人等速戒鸦片，并严申禁令。（《林则徐全集》第五册，文录页一〇六至一一三）其中如《晓谕粤省士商军民人等速戒鸦片告示稿》指出鸦片流毒的根源说："凡各省之贩鸦片者，不曰买自广东，则曰广东人夹带而来也；吸鸦片者，不曰传自广东，则曰广东人引诱所致也。"这反映了林则徐严禁来源的思想。《告示稿》不仅表示"万无中止之势"的决心，还从鸦片的毒害反复解释不要"任人愚弄、不惜性命、不

顾身家"。这些劝谕使粤民"多有见而泪下者"。(《致莲友》,见《林则徐全集》第七册,信札页一六六)

林则徐在所发布的《晓谕粤省士商军民人等速戒鸦片告示稿》中称,"另刊章程十条"。其具体内容如次:

一、吸食者立限断瘾。省城以二月为始,截至三月底止。外府州县以奉文日为始,勒限两月,一体戒断。其有旧存烟土、烟膏、烟枪、烟斗及一切零星器具,一概准其缴官,不问姓名,但不得稍有隐匿。所缴烟枪,必须辨明真伪。外已纯熟,中渍烟油者为真,以新竹灌烟油者为伪。至于窑口兴贩烟馆等项人犯,若不将烟土、烟膏首缴到官,及至被人告发,或线人引拿,搜获真赃实据,定当尽法惩治,并以本犯财产籍没变价,赏给首告及引拿之人。诬者反坐。

一、有人告发,或现犯供指,或线人密首,应行进屋搜查赃据者,其夹带栽赃之弊,固不可不防,而谣言鼓惑之风,亦不可不戢。嗣后遇有应行入室搜查者,文武各官须亲带兵差,甫经进门,先将带去兵差逐一搜检明白,仍于出门时,当众照前搜检,栽赃、攫窃二弊,均无所借口矣。

一、大小文武官员,许其所属禀首,广开指揭之门。非纵其凌长犯上也,直指告罪人耳。沿海营弁更难保无得规、徇隐、售私,吸食诸弊。嗣后无论地方盐务文武官员,其属下有吸食或包私者,该管上司代为徇庇,一并严参。其上官有吸食或包私者,属下果能切实禀揭,熬审不虚,分别记功奖励拔补。

一、各州县奉文之后,勒限两月收缴烟枪、烟土、器具。应责成该州县分都分图,由城及乡,挨次编查保甲,以塞其流。敦请绅士为之综理,再由绅士选举各乡公正衿耆分段编查,赴县具领门牌底册,详细填注。其有不能相信者,许于该户名下注明"不敢保"字样。地方官即将各乡不敢保结之人另立一册,限日搜查。无实据者,再责成该管族党正副立限确查,切实保结。倘仍前不敢担保,立即严拘讯究。

一、士为四民之首,文武生员有吸食鸦片者,予限两月。若再观望迁延,则其情罪实较齐民为重,即责成教官,逐一挨查,转报地方,审明实据,立即详革治罪。教官查核学册,随意拨派五人互相联保。各于册内详注互保姓名。事竣,申缴备案。至捐职及贡监生,令各州县细查档册,开明人数,造册移送教官,谕令生员各保所知。倘生员未能尽悉,不肯据保,即责成已经保过之捐职贡监保其同类。其无保之人,查讯熬验。

一、兵丁吸食,精神筋力疲惫不堪,亟应明定章程,严加考验,以除积弊而肃戎行。每五人为一伍,令其互具连环保结呈送。所不敢保者,另立一册,听候委员熬试。

一、幕友官亲长随,统于两月限内,将署中有无吸食之人,出具切结,属员中送上司,同官互相咨送,以凭查考。经承小书、各班差役,亦应责成本官设法查禁,亦随便指拨五人互相派保。

一、粤东中、东、西三路口岸出洋之艚船、拖风渡船、泥船以及虾筍等项,或揽载私货,兴贩吸食,或贪图微利,接济奸夷。责令该口岸澳甲编号造册,呈送该管衙门。饬令五船互保,将无人保结之船另造一册,随时挨次搜查究办。即或查无实据,亦应编入岸地,交保约束,不准再令驾驶出洋。其内河大小船只,以及疍家渔船,均责成地方官一体查办。倘有客商违例夹带吸食,许该船户前赴沿途地方官密行首禀。一船有帆三扇,或一二扇,书写大字三行,中一行写某州县某人姓名,左一行写某字第几号,右一行写第几甲第几牌。

一、寄寓寺观伙店,所有暂时寄寓之人,应由地方官责成庙祝、店主设立循环号簿,诘询里居姓名,详细注册,每五日送该管衙门考核。许该庙祝,店主随时密首。

一、各客商过关投税,势难一一打开盘验。责成行户经纪人等,逐一检查。到关即将货单保结呈缴,关口委员核对图记相符,然后抽查货物。

(《林则徐全集》第五册,文录页一〇九至一一一;
又梁廷枏:《夷氛闻记》卷一,页二〇至二二)

二月初,林则徐在《致怡良》函中,告知怡良,他已组织人员编译《澳门新闻纸》,并令"抄齐统订数本","借以采访夷情"。同时,还向怡良索阅《广东通志》。

新闻纸零星译出,前本散漫,兹令抄齐统订数本,奉呈台览。惟其中颇多妄语,不能据以为实,不过藉以采访夷情耳。

《广东通志》如司中有印刷者,乞见赐一部,以便查阅,只三页糙纸粗订,切勿作套,迟迟俱不妨也。

(《林则徐书简》增订本,页四六至四七)

［**按**］《全集》本未收此函。

这是林则徐为了决心推行禁烟运动和准备应付可能发生的形势变化所采取的必要措施和步骤。

［**按**］《澳门新闻纸》的取材，一般认为译自美国教士裨治文（Bridgman）所办的《中国丛报》（Chinese Repository）（旧译名《澳门月报》），实际经过译文原文对照，现存《澳门新闻纸》钞本主要系译自逢星期六出版的、由英国"自由贸易派"商人主办的《广州周报》（Canton Press）和逢星期二出版的《广州纪事报》、逢星期四出版的《新加坡自由报》等。《澳门新闻纸》是林则徐当时翻译的材料，这些材料经过林则徐加工便成为《澳门月报》，有论中国、论茶叶、论禁烟、论用兵、论各国夷情等五辑。这五辑对当时的斗争有很重大的参考价值，而且也体现了林则徐注意力所在和思想倾向，其中有些曾由林则徐附奏进呈，供道光帝"省览"参考。（陈原：《林则徐译书》，1961年5月4日《人民日报》）

［**又按**］《澳门新闻纸》系林则徐主持西文报刊摘译的汇编。这些西文报刊主要是《广州纪事报》（Canton Registers）、广州周报（Canton Press）和《新加坡自由报》（Singapore Free Press）三种周刊，少量为印度孟买出版的报纸，其内容包括国外对中国的报道和评论，对中国政府禁烟的反映以及英印鸦片生产、税收、贩运和暴利的情况，英、美、法、俄等国的动态等等。林则徐还将所译新闻纸抄录多份，分送广东督抚参考，又以"新闻纸抄译夷书六封进呈"道光帝。现存之《澳门新闻纸》钞本六册，是林则徐送给邓廷桢参考而由邓氏后人捐献出来的，今收藏于南京图书馆。本卷所辑者，即以此钞本为底本。原译者所加的说明，用小一号字体排；原批注文字用楷体缩进二格排，以资区别。

《澳门月报》材料完全取自《澳门新闻纸》有关各期。不同的是，它是按专题编辑的，分"论中国"、"论茶叶"、"论禁烟"、"论用兵"和"论各国夷情"五个部分。后由魏源分别辑录于《海国图志》五十卷本的第四十九卷和百卷本的第八十一、八十二两卷。

（《林则徐全集》第十册，译编《本卷编辑说明》）

从1839年3月到1840年11月，林则徐一直进行着组织翻译的工作。当时参加翻译工作的人，据林永俣《论林则徐组织的迻译工作》一文的考证，专职译员有四名。他引据了1939年7月4日美国基督教公理会广州大会向该会差会部的报告说：

> 这四位中国译员是：亚孟，他是印度塞兰普尔马什曼牧师的学生；小德，在马六甲受过教育，当过北京俄国使馆的拉丁语译员；亚林，去过美国康涅狄格州的康沃尔；最后的一位，但并不是不重要的译员，是亚秩，梁阿发的儿子，很明显地他是最精通中文和英文的一位学员。这几个人都很熟悉英文，是由林则徐出资雇用的。

（原档案藏美国哈佛人学霍顿图书馆，中文
见《林则徐与鸦片战争论文集》页一二一）

这四位译员的简况是：

（一）亚孟。早年在印度塞兰普尔教会学校受教育。父为华人，母为孟加拉人。曾协助英浸会马什曼牧师用中文圣经传教。1829 至 1831 年在广州。

（二）袁德辉，小名小德。原籍四川，十岁左右在槟榔屿罗马天主教学校读书，学拉丁文。1825 年到马六甲英华书院读书，学习英文，"有惊人的进步"。1826 年，他曾编写过一本名叫《英语与学生辅助读物》的大学用书。1827 年秋，从马六甲回到广州。1829 年底受聘任理藩院通译，1830 年、1838 年两次到广州收集西书。1839 年应聘为林则徐译书。曾翻译过林则徐致英王书。林则徐革职后，他从事中国历史和古典著作的研究。（《中国丛报》卷 10，1841 年，页五七五至五七七所载 Semuel R. Brown 布朗：《马礼逊教育社第三年度报告》）又《鸦片战争书目解题》"四洲志"条记称："当时西人在粤所办之西文《澳门月报》（按：此即指《中国丛报》）记林则徐饬人译书事甚详。（见该报卷八页七七）据该文所述，在林幕主要译书者为袁德辉。此书殆亦出于其手，而又经林氏润色者也"。（《鸦片战争》Ⅵ，中国近代史资料丛刊，页五○六）

（三）亚林，即林阿适。1822 年在美国康涅狄格州康华尔一所基督教会学校读书。1824 年转学费城。1825 年回广州，曾在外国商行教英文，1839 年被林则徐招聘为译员。

（四）梁进德。据清洁理著《马礼逊小传》(1948 年广学会出版)称："他（梁亚发）的儿子梁进德在美国宣教师布立治曼博士家住了八年，现在也在广州做了钦差林则徐手中正式的英文译员。"梁进德 1837 年由新加坡返广州，后去澳门。1839 年 5、6 月间应林则徐之聘参加翻译工作。他是四人中的最佳者，除了翻译澳门出版的英文报刊外，还译过《世界地理大全》。

[**按**] 布立治曼即美国传教士裨治文（E.S.Bridgman）。

除了上述四位译员外，可能还有人成为译员。据林则徐道光二十年十月初一致怡良函中特推荐此人说："闻有陈耀祖者，闽人而家于粤，现在京中，厦门事即其所译，现在带来，祈留意，切切。"可见林则徐从北京带来一名叫陈耀祖的译员，如此则为五人。

这些译员为林则徐迻译在澳门出版的报刊有：

（一）《澳门杂录》（《澳门纪事报》或《广州纪事报》），周刊，后迁广州、香港出版。

（二）《澳门新闻纸》（《澳门新闻录》或《广州周报》），周刊。

（三）《澳门月报》（《中国丛报》），月刊。

另外，还翻译一些西书如《各国律例》、《对华鸦片贸易罪过论》及《世界地理大全》等。

林则徐的译书、刊活动，虽然主要是为对付英国侵略者，但从所译内容看，也涉及其他一些国家的情况，其中尤其值得注意的是他已瞩目于当时的沙俄情况，在《澳门新闻纸》和《澳门月报》中都可以看到这类译介资料，如从所译1840年7月25日的《澳门新闻纸》所介绍英俄争夺阿富汗和土耳其的情况中可以了解到当时沙俄的扩张野心。译报中说："俄罗斯国家之狡诈"，"各俄罗斯人预备兵威以广阔其国分。各俄罗斯人曾见此等兵威攻得自黄海至黑海一带地方。我等更要提防各俄罗斯人在呵萨士河驻扎之兵，他们已在彼处将印度人之法律改变；我等切要提防北边之兵到来攻打，所以必要驻扎兵丁在阿付颜呢士旦（阿富汗）地方，倘一将该处之兵丁招回，俄罗斯即必要带领目哈拉之兵，一同攻打阿付颜呢士旦。"（《鸦片战争》Ⅱ，中国近代史资料丛刊，页四九二至四九三）

外刊报导和揭露了沙俄进攻南亚和向外扩张的野心，林则徐根据这些报导译文，亲自复按地图，并且在这份译报的后面加上了按语说：

出了俄罗斯国之后，经过萨加社（系俄罗斯国在加士比唵海岸所属之地方）即到巴社，过巴社即系阿付颜呢士旦，过阿付颜呢士旦即到印度，过印度即系西藏、缅甸矣。

（《鸦片战争》Ⅱ，中国近代史资料丛刊，页四九四）

林则徐对这些所译的报道资料不是当消息看看而已，而是研究它，并且还复按地图深入地思考。他发现沙俄的向南扩张将会对我国西南边陲的西藏带来威胁,这些都证明林则徐在抗英的同时已觉察到要注意防俄的问题。他不仅是近代国防问题上"防塞论"的先驱者,而且和清代中期致力研究西北史地的专门学者一样,都具有敏锐而远大的眼光。后来沙俄对我国的种种侵略扩张活动完全证明了这位爱国者的可贵预见。

林则徐的译书活动,当时很引起中外人士的注意,在一些中外著作中都记有他译书的情况,而且给予了很高的评价,如:

> 林则徐自去岁至粤,日日使人刺探西事,翻译西书,又购其新闻纸,具知西人极藐水师,而畏沿海枭徒及渔船蜑户。……
>
> （魏源:《圣武记》卷一〇）

> 当他在穿鼻港时,他指挥他的幕僚、随员和许多聪明的人,搜集英国的情报,将英方商业政策、各部门的详情,特别是他所执行的政策可能的后果,如何赔偿鸦片所有者的损失,都一一记录。他们尤其关心英、俄是否正在作战。等到他们被告诉:英俄之间极和平时,他们好像深为诧异。这些情报,每日都先交钦差阅览,当他离去广州时,已搜集了一厚帙了。
>
> （宾汉著,寿纪瑜、齐思和合译:《英军在华作战记》,
> 见《鸦片战争》Ⅴ,中国近代史资料丛刊,页三六）

> 广东省城,有许多大人握大权,不知英吉利人并米利坚人之事情……林行事全与上相反,他自己先预备几个最善翻译之本地人,他就指点奸细打听事件法子。这些奸细、洋商通事、引水二三十位,官府在四方各处打听,皆是有些才能之人,将打听出来之事,写在日记上,按日期呈递登于簿上。有几个夷人,甘心情愿广中国之知识,将英吉利好书卖与中国,俾有翻译人译出大概之事情,有如此考究,并添许多知识。
>
> （《澳门新闻纸》,见《鸦片战争》Ⅱ,中国近代史资料丛刊,页四一二）

林则徐的译书译报活动也给予十九世纪末的维新运动以重大的影响。戊戌变法的领导者康有为在一次保国会的演讲会辞中就推崇说:

> 暨道光二十年,林文忠始译洋报。为讲求外国情形之始。
>
> （《戊戌变法》Ⅳ,中国近代史资料丛刊,页四〇八）

林则徐以封建时代最尊贵的"钦差大臣"身份却公然翻译外夷的西书、西报,探求海外"奇技淫巧"的新知,这在自我闭塞的清朝中叶,确是惊人之举。

这不能不说是一种违反封建体制的勇敢行为。这种行动证明林则徐的思想认识水平已远远超出了他的同代人。他的这种活动不仅在当时制定抗英策略和对沙俄窥伺野心的预见上发挥了重要作用,而且对近代的思想界起了重要的启蒙作用。魏源的《海国图志》,是以《四洲志》为蓝本,而徐继畬的《瀛寰志略》、汪文泰的《红毛番英吉利考略》、梁廷枏的《海国四说》以及后来介绍西学和向西方寻求真理等等活动都以林则徐的止足点为自己的起步处,继承了林则徐探索新知的思想传统,而十九世纪末期的戊戌维新运动则不仅发展了这一思想传统,而且还进行了见诸实践的试验。从这些对当时和后代的重大作用与影响看,范文澜说"林则徐是清朝开眼看世界的第一人"。毛泽东说:"我们的民主革命……从林则徐算起,一直革了一百多年。"(《毛泽东选集》第五卷,页四九〇)把林则徐作为中国近代历史的起点人物,都非过誉,而是在具体分析的基础上对林则徐的历史贡献所作的科学论断。

与此同时,也不能不看到,林则徐的探求新知由于刚刚起步而必然还有所局限。他对西方的认识仍然囿于中国人谈西方的范围之内。他相信嘉庆二十五年在粤刊刻的《海录》,"所载外国事颇为精审"(《林则徐全集》第三册,奏折页一九〇),他还不准确地认为美国"并无国主,只分置二十四处头人"。(《林则徐全集》第三册,奏折页一七一)

二月初三日,林则徐"在寓中传讯通事蔡懋等,至晚始罢"。(《林则徐全集》第九册,日记页三八三)在报刊文献资料外,更搜集口碑资料以丰富和加深对外的了解,以致被英国官方文件赞叹说:"他了解情况之广之细,往往令众人吃惊。"(张馨保:《林钦差与鸦片战争》页一三七)

二月初四日,午后,林则徐与邓廷桢、怡良等共同传讯十三洋行商人,并发给谕帖二件。(《林则徐全集》第九册,日记页三八三)

[按] 十三行是清政府指定专门经营对外贸易的"外洋行"之统称,当时实有伍绍荣的怡和行、卢继光的广利行、潘绍光的同孚行、谢有仁的东兴行、梁承禧的天宝行、潘文涛的中和行、马佐良的顺泰行、潘文海的仁和行、吴天垣的同顺行、易元昌的孚泰行、容有光的安昌行等十一家。而以伍、卢二家为"总商"。

其一:《谕洋商责令夷人呈缴烟土稿》(《全集》本"夷人"作"外商",系编者

所改)指斥洋商历年弊端,并责令洋商转告鸦片贩子遵照规定缴烟。(《林则徐全集》第五册,文录页一一四至一一六)

其二:《谕各国夷人呈缴烟土稿》(《全集》本"夷人"作"商人",系编者所改)即由洋商转交鸦片贩子的谕帖。这份谕帖是林则徐向鸦片贩子表明严正态度的文件。谕帖的要旨是:

(一)责令鸦片贩子遵照规定缴烟。

由洋商查明何人名下缴出若干箱,统共若干斤两,造具清册,呈官点验,收明毁化,以绝其害,不得丝毫藏匿。

(二)责令鸦片贩子具永不夹带鸦片的甘结。

一面出具夷字汉字合同甘结,声明"嗣后来船永不敢夹带鸦片,如有带来,一经查出,货尽没官,人即正法,情甘服罪"字样。

(三)利用英国不肯放弃贸易的特点而告知允许其正当贸易。

此后照常贸易,既不失为良夷,且正经买卖尽可获利致富,岂不体面。

(四)表明禁绝鸦片的决心。

若鸦片一日未绝,本大臣一日不回,誓与此事相始终,断无中止之理。

(五)以民情公愤来警告英方。

况察看内地民情,皆动公愤,倘该夷不知改悔,惟利是图,非但水陆官兵军威壮盛,即号召民间丁壮,已足制其命而有余。

(六)宣布区别"良夷"、"奸夷"的政策。

夷馆中惯贩鸦片之奸夷,本大臣早已备记其名,而不卖鸦片之良夷,亦不可不为剖白。有能指出奸夷,责令呈缴鸦片并首先具结者,即是良夷,本大臣必先优加奖赏。祸福荣辱,惟其自取。

(《林则徐全集》第五册,文录页一一七至一一八)

[按] 道光帝嘉奖林则徐这份谕帖说:"顷阅《谕各国呈缴示稿》'本大臣既带关防,得便宜行事。若鸦片一日不绝,本大臣一日不回,誓与此事相终始!'批览至此,朕心深为感动。卿之忠君爱国皎然于域中化外矣。"(《东华续录》道光三九)

林则徐的幕府姚椿也盛赞这种先期"檄谕外夷"的措施,并写诗以记其事说:

上公声望慑蛮夷,　　一檄贤于十万师,

会见溟洋恬飓鳄，　　真成谈笑却熊罴，

能兼群策斯为大，　　欲示天威更以慈，

幕府陋儒何术效，　　只将歌咏答明时。予前作禁烟行,公以为可采

（《林公奉命粤东经理海口事务,先以檄谕外夷,

令其自止烟造,感叹斯意,因赋是诗》,见《通艺阁诗三录》卷六）

二月初五日,鸦片贩子与行商会谈林则徐所颁发的两件谕帖。鸦片贩子询问了呈缴鸦片所能给付的代价,行商推测可能付予一部分很低价格。初七日,鸦片贩子又开会研究,认为谕帖必须详加考虑,不能马上答复,但可以不再和鸦片贸易发生关系,并以此禀告林则徐。林则徐坚持必须缴出所有鸦片,不然即将审讯行商,严厉执法,于是鸦片贩子当晚又和行商密议,决定缴出1 037箱来敷衍搪塞。邓廷桢传见十三行洋商,驳回外国鸦片贩子的申报数。（《鸦片战争》V,中国近代史资料丛刊,页二六）

[按]　外国鸦片贩子和洋商密议谈话见张馨保《林钦差与鸦片战争》中译本页一四一至一四二。

二月初八日,义律自澳门寄发给巴麦尊报告,附有林则徐二月初四日限期缴烟的谕告二件。（《近代史资料》1958年第4期,页一三至一四）义律命令停在洋面的英船"开到香港去,挂上英国国旗,准备抵抗中国政府的任何攻击",将香港置于英国单桅炮舰"拉茵"号（Larne）保护之下。他质问邓廷桢:"是否想同在中国的英国人和英国船只作战"（《中国通信汇编》1840,页三六二）,并向巴麦尊表示他"确信坚决的语调和态度将会抑制广东省当局轻举妄动的气焰"。（《中国通信汇编》1840,页三四九）

二月初八日,林则徐发《饬拿贩烟犯颠地稿》令广州府暨南海、番禺二县捉拿鸦片贩子颠地,未获。（《林则徐全集》第五册,文录页一一八至一一九）

[按]　颠地（Lancelot Dent）,英人,在粤设鸦片行Dent & Co.缴烟时缴出1 700箱。另一大鸦片贩子查顿（William Jardine）,苏格兰人,设Matheson & Co.大肆贩毒,缴烟时缴出7 000箱,他于道光十八年十二月十二日闻禁烟讯后先期逃遁。（马士:《中华帝国对外关系史》第一卷,页一三一至二一八）这两个大鸦片贩子在鸦片战争前已是臭名昭著了,在清朝官员奏折中已多有提及,如:

（一）道光十八年十月丙申太仆寺少卿杨殿邦奏中说:"闻有哕咭唎国夷民嗰哋及铁头老鼠两名终年逗留省城,凡纹银出洋、烟土入口,多半经其过

付。该夷民常与汉人往来,传习夷字,学写讼词,购阅邸钞,探听官事,不惜重资。又复从汉人学习中国文字,种种诡秘,不可枚举。此等匪徒,心多机械,窃恐愚民听其教诱,奸民结为党援,大为风俗人心之害。使之久居境内,不但烟土不能查缉净尽,且恐别生事端。"(《道光朝筹办夷务始末》卷五,页一四)

(二)道光十九年正月甲子邓廷桢、怡良奏:"密查该夷喳顿,又名喳唻,为英吉利属国港脚夷人,来粤贸易已有十余载。其初资本甚微,既合众夷之财以操奇赢之术,贾逾三倍,驯至坐拥厚资,无与比数。趸船所贮鸦片,多半系其经营,该夷仍坐省照料。奸夷效尤,因以日甚。虽数十年来卖烟不自该夷始而该夷实为近年渠魁。"(《道光朝筹办夷务始末》卷五,页二三至二四)

(三)道光十九年六月辛未江南道监察御史骆秉章奏:"近来喳顿及嚫哋等夷,已历二十余年,在省城夷馆居往,包揽各夷鸦片在省售卖,且延请土人教习汉书汉语。凡内地衙署举动,豫行探听,把持洋务。所有售私偷漏之弊,皆其主谋,实为奸夷渠魁。"(《道光朝筹办夷务始末》卷七,页一四)

二月初九日上午,林则徐在行辕与两院两司议事,下午到邓廷桢处与督抚司道会议洋务。(《林则徐全集》第九册,日记页三八四)

二月初九日,黄爵滋任大理寺少卿。

二月初九日,林则徐与张维屏(南山)会晤。

二月初十日,英领事义律由澳门来广州,蛮横无理地指使鸦片贩子颠地乘夜逃遁。经林则徐等查知截回。林则徐为给予制裁,决定暂行封舱,停止贸易,撤回商馆外商雇用的华工,加紧防守要隘。令洋商伍绍荣、卢继光及潘绍光等遵照办理。(《谕缴烟土未复先行照案封舱稿》,见《林则徐全集》第五册,文录页一一九)

林则徐的这一严正措施,给予蜷伏商馆内的侵略者和鸦片贩子以极大的压力,除了被限制出入、通信、断绝食品用水外,他们"也只得亲自去烹调、洗涤、扫地、铺床、擦灯、挑水、挤牛乳,以及做家庭一切琐务"。(马士:《中华帝国对外关系史》第一卷,页二五一)

这次封锁商馆的声势相当浩大,行动也比较敏捷果断,当时人翻译的西报也有详尽的报道说:

义律到省甫行上岸,即到嚫哋馆内,各外国人俱已知道,皆去见义律,于是即说皆到公司馆会议。中国管店工人围着嚫哋之馆,以防嚫哋逃走,看见许多夷人,以手拉手,奔出馆来。义律头上戴着扁帽,手中拿着剑。围馆之人,恐怕夷人用武,往船艇上去,围馆之人就跑到岸边截住,见众人进入公司馆。围馆之人虽未行强,却大声喊叫如雷,令我等好多人害怕,犹如上年十二月十二日之事一样。夷人入了公司馆,兵丁就来赶院内之人,西瓜扁船渡船并各种船只,皆装满兵丁,围着夷人馆前,断绝夷人水上去路。凡到各夷馆之街道,俱已堵塞,并将各夷馆之后门,亦于前一日皆用砖砌塞了。濠沟内自桥至行街口,皆系官船,周围屋顶上,皆安置有人,看守各夷馆。地方官谋事甚能干,办这些事务甚是敏捷,约数刻之间,我等全被囚禁了,以致夷人都不能逃走。随即出告示,将夷人贸易尽行停止,并将我等之厨子、沙文、管店皆即撤去。沙文人等避我们如避瘟疫一样。各有夷人各馆,倏时间即变成大监牢,内中之人好似未带锁链之犯人,外面俱有人看守。

(《鸦片战争》Ⅱ,中国近代史资料丛刊,页四二〇)

二月十日,林则徐从“各路调派巡船弁兵,防范夷人出入”。(《林则徐全集》第九册,日记页三八四)

二月十一日,义律要求三月后“给领红牌,释放驻省本国诸人。船只领红牌十日后,尽皆带货物安去往外”。林则徐连发《咨复两广总督批义律请给红牌禀稿》及《札广州府、协传谕义律,批驳请给红牌禀》二文批驳所请,勒令缴烟。(《林则徐全集》第五册,文录页一二〇至一二二)

二月十一日,美商京向林则徐禀陈向不贩卖鸦片。次日,林则徐在《批美商喋请准贸易片》中,赞扬京“殊为出众可嘉”,并希望各洋商“仍催各夷人速即速缴土”。林则徐对美国正当商人的表扬与鼓励就是对英国鸦片贩子的指摘,体现了林则徐区别分化的策略。(《林则徐全集》第五册,文录页一二二)

二月十二日,林则徐作《示谕外商速缴鸦片烟土四条稿》,从天理、国法、人情、事势四方面论证应速缴鸦片的理由以催促鸦片贩子缴烟。并着重指出烟毒的根源是:“尔等若不带鸦片来,内地民人何由而吸?”(《林则徐全集》第五册,文录页一二六至一二八)这篇谕稿除发交外,还张贴在英商务监督住宅和洋行的墙上。

　　一、论天理应速缴也。查尔等数十年来,以害人之鸦片骗人银钱,前后所得不知几万万矣。尔则图私而专利,人则破产以戕生,天道好还,能无报应乎？及今缴出，或可忏悔消殃，否则恶愈深而孽愈重。尔等离家数万里，一船来去，大海茫茫，如雷霆风暴之灾，蛟鳄鲸鲵之厄，刻刻危机，天谴可畏！我大皇帝威德同天，今圣意要绝鸦片，是即天意要绝鸦片也。天之所厌，谁能违之！即如英国之犯内地禁令者，前任大班喇吵弗图占澳门，随即在澳身死。道光十四年，噼唠啤闯进虎门，旋即忧惧而死。吗哩咂暗中播弄，是年亦死。而惯卖鸦片之喂嗌，死于自刎。此外，凡有不循法度者，或回国而遭重谴，或未回而伏冥诛，各国新闻纸中皆有记载。天朝之不可违如是，尔等可不懔惧乎！

一、论国法应速缴也。闻尔国禁，人吸食鸦片者处死，是明知鸦片之害人也。若禁食而不禁卖，殊非恕道；若禁卖而仍偷卖，是为玩法。况天朝贩卖之禁，本比吸食为尤重。尔等虽生于外国，而身家养活全靠天朝，且住内地之日多，住尔国之日少，凡日用饮食以及积蓄家财，无非天朝恩典，比之内地百姓尤为优待，岂尔等于天朝之法，转不知懔畏耶？从前鸦片虽禁，尚不加以严刑，这是天朝宽大之政，故于尔等私下贩卖，亦不十分穷究。今则大皇帝深恶而痛绝之，嗣后内地民人，不特卖鸦片者要死，吸鸦片者也要死。试思尔等若不带鸦片来，内地民人何由而吸？是内地民人之死，都是尔等害之。岂内地民人该死，而尔等独不该死乎？今仰体大皇帝柔远之心，姑饶尔等之死。只要尔等缴清烟土，出具以后永不夹带甘结，如敢再带，人即正法，货尽没官。这是宽既远而徵将来，何等包含深厚！且无论尔历年所卖鸦片不计其数，就论上年带来鸦片，偷卖去的谅亦不少了。仅将趸船之现存者尽数呈缴，已极便宜，那有再让尔等多赚银钱，更诱内地民人买食以陷死罪之理！恭查大清律例，内载“化外人有犯，并依律拟断”等语。从前办过夷人死罪，如打死人偿命之类，都有成案。试思打死一命，不过衅起一时，尚当依律抵死，若贩卖鸦片，真是谋财害命，况所谋所害何止一人一家，此罪该死乎，不该死乎？尔等细思之！

一、论人情应速缴也。尔等来广东通商，利市三倍。凡尔带来货物，不论粗细整碎，无一不可销售，而内地出产，不论可吃可穿可用可卖者，无不听尔搬运。不但以尔国之货赚内地之财，并以内地之货赚各国之财。即断了鸦片一物，而别项买卖正多，则其三倍之利自在，尔等仍可致富。既不犯法，又不造孽，何等快活！若必要做鸦片生意，必致断尔贸易。试问普天之下，岂能更有如此之好码头乎？且无论大黄、茶叶，不得即无以为生，各种丝斤，不得即无以为织，即如食物中之白糖、冰糖、桂皮、桂子，用物中之银朱、藤黄、白矾、樟脑等类，岂尔各国所能无者？而中原百产充盈，尽可不需外洋货物。若因鸦片而闭市，尔等全无生计，岂非由于自取乎？况现在鸦片无人敢买，尔等寄在趸船，按月有租赁之价，日夜有防范之工，岂非多此枉费。一遇风狂火炽，浪卷潮翻，沉没烧毁，皆意中事也。何如呈缴而得优赏乎？

一、论事势应速缴也。尔等远涉大洋来此经营贸易，全赖与人和睦，安分保身，乃可避害得利。尔等售卖鸦片，贻害民生，正人君子无不痛心疾首，甚至兴贩鸦片吸食之人死罹于罪，皆由尔等卖烟而起，即里闾小民亦多抱不平之气，众怒难犯，甚可虑也。出外之人，所恃者信义耳。现在各官皆示尔等以信义，而尔等转毫无信义，于心安乎？于势顺乎？况以本不应卖之物，当此断不许卖之时，尔等有何为难？有何靳惜？且尔国不食，势难带回，若不缴官，留之何用？至既缴之后，贸易愈旺，礼貌加优，岂非尔等之福！

本大臣与督抚两院，皆有不忍人之心，故不惮如此苦口劝谕。祸福荣辱，皆由自取，毋谓言之不早也。

（马士：《中华帝国对外关系史》第一卷，页二五一）

二月十三日，林则徐收到洋商转递义律所上表示愿意缴烟的禀帖，经与广东督抚会商后发《札广州府传谕义律查明趸船所载鸦片细数缮送清单》，命义律具报确数。《林则徐全集》第五册，文录页一二八至一二九）

义律的缴烟禀帖并不是"恭顺"服罪的表示，而是在明目张胆对抗失败后，转而采取的一种阴谋诡计。义律在给鸦片贩子的通知中，以英国政府代表的身份作了特别的保证说：

特别需要明了的是：英商财产的证明以及照本通知乐于缴出的一切英国人的鸦片的价值，将由女皇陛下政府随后规定原则及办法，予以决定。

（马士：《中华帝国对外关系史》第一卷，页二五四）

这样，他们就把林则徐为维护民族尊严的禁烟运动和鸦片贩子的破坏活动之间的矛盾扩大为中英两国政府间的纠纷问题,导致了鸦片战争的爆发。因而义律的这一阴险手段博得了大鸦片贩子马地臣的喝彩说:

> (义律的命令是)一个宽大的、有政治家风度的措施,特别当中国人已经陷入他们直接对英王负责的圈套中的时候。

(1839 年 5 月致查顿等信,见[英]格林堡:《鸦片战争前中英通商史》页一八六)

同日,各国鸦片商人出结表示以后“断不敢将鸦片一项,稍行贩买,永不敢以鸦片带来中国”。(《林则徐全集》第五册,文录页一三〇)

二月十四日,义律允缴鸦片烟二万零二百八十三箱,估计“总不下二百数十万斤”。林则徐与邓廷桢会商,约定收缴日期。(《道光朝筹办夷务始末》卷六,页一四)并札广州府颁发《收缴鸦片章程四条》:

> 一、据禀呈缴鸦片,原不专指趸船而言。所有各夷馆及黄埔船上存贮者,谕令该领事,先将夷馆鸦片于十五日尽数搬在馆外,听候委员验收。其黄埔货船某只存有鸦片若干箱,刻即开出清单,写就夷信,呈缴到官,定期十六日委员带领西瓜扁、茶叶艇等船前往验收。
>
> 一、趸船二十二只,近在伶仃洋九洲沙沥等处抛泊,亦令该领事写就夷信,即行呈缴。听候先期委官持信,传谕该趸船抛泊附近沙角洋面,恭候钦差大人、总督大人于十七日至十九日亲临虎门,会同水师提台,逐船验收。
>
> 一、该国夷人住居澳门夷馆者所存鸦片,亦令运赴沙角海口,随时验收。
>
> 一、外洋载烟夷船散泊远处,不在虎门附近者,该领事及各总管等无不信息相通,知其踪迹。应令写就夷信,指明停泊处所,将信交官,听候委员持往转交,即令将原装鸦片船只驶至沙角海口,随到随缴,不得稍有匿延。

(《林则徐全集》第五册,文录页一三三)

二月十四日,发《谕美国领事士那等速即缮送全部鸦片清单听候示期收缴》。“若有任何迁延、纵容或不悉数呈缴,则自甘咎戾,后悔何及。”(《林则徐全集》第五册,文录页一三二)

二月十五日,义律玩弄狡狯手段,递禀“于缴烟之事,迁延推诿,惟求迅速撤防”,林则徐“当即批示切责”。(《林则徐全集》第九册,日记页三八四)

二月十六日,清廷命令林则徐"详细查察"虎门海口设防情形。(《道光朝筹办夷务始末》卷六,页六至七)

二月十六日,义律企图把传令趸船交烟的一切事务,推给副监督参逊办理,以推卸自己应负的责任,遭到林则徐的驳斥。(《批英国领事义律派参逊赴洋示令全缴鸦片禀》,见《林则徐全集》第五册,文录页一三七)

二月十八日晨,林则徐邀广州绅商商议设局收缴烟土烟枪事宜。张维屏(南山)、邓士宪(鉴塘)、陈其焜(棠溪)、蔡锦泉(春帆)、姚华佐(补之)等与议。(《林则徐全集》第九册,日记页三八五)

二月十八日,义律要求派参逊出洋催缴鸦片,得到林则徐的同意。十九日,参逊在佛山同知刘开域等文武员弁偕同下,离开广州到九洋洲、沙沥角一带招练趸船到龙穴岛交烟。林则徐并宣布"缴到四分之一,即给予买办工人;追缴至一半,量许三板请牌查验往来;缴至四分之三,即准开舱贸易;全数缴完,诸事照常,并奏请奖励","如误三日,即断其淡水;再误三日,则断食物;又三日,即当执法从事,不能宽贷矣"。(《批英领事义律出具甘结禀》,见《林则徐全集》第五册,文录页一四三)

二月二十日(4月3日)义律为进一步煽动战争,致书巴麦尊,诬蔑禁烟运动是"不可饶恕的暴行",而严令缴烟是"强迫缴出英国人的财产,就是一种侵略",他叫嚣"这在原则上是如此其危险,在实行上又如此其不能容忍",他主张对中国"应该出之以迅速而沉重的打击,事先连一个字的照会都不用给",并且提出了若干建议如:①"立刻用武力占领舟山岛,严密封锁广州、宁波两港,以及从海口直到运河口的扬子江江面"。②"应该经过白河口向朝廷致送通牒(不在前一步之先致送),提出要求:林邓两人撤职惩办;就那些对女王多次失敬的行为提供适当的道歉;对于暴行所造成的沉重损失给予一定的金钱赔偿;正式把舟山岛割让给英王陛下;并以充分而毫无保留的上谕明令准许帝国人民在那些岛上和一切沿海港口和我们做生意;等整个赔款付清,一切其他条款都忠实履行了以后,然后才解除封锁"。③"替英国货物取得自由输入广州、宁波、厦门与南京的权利,为期十年"。④"应该使用足够的武力,并以西方国家对这个帝国所从来没有过的最强有力的方式进行武力行动的第一回合"。(《近代史资料》1958年第4期,页一七至一八)后来英国对我国发动的侵略战争的各个步骤大体是按照这些建议推进的,而尤为无耻的是义律竟悍然以对华的第一个侵略者自诩。

二月二十一日，林则徐又订《收缴趸船烟箱章程》，规定在虎门外龙穴洋面收缴烟土。章程共七条，详列收缴烟土的程序和办法，较十四日札广州府所颁四条章程更为具体。

一、现在缴烟之趸船二十二只，即以各船户之名制就棕印，如"喊咂"、"嘈咂"之类，一名一印，于收缴该船鸦片箱之时，箱面先戳船名棕印，以资辨验。又制"原箱"二字棕印数方交委员，验完果系外国原来鸦片箱，封扎完固并无开动形迹者，即加戳"原箱"二字棕印。由派管之小委员就各箱面标写号码，并画花押，点交剥船，运赴提署，听候临验。如缴时已有开动形迹，并非原箱，即行剔出，俟全船起完，再行查点。若烟土个数不敷，仍著趸船补足，另候查验加封。

一、文职佐杂，武职千把，各派二十员，分管起箱。每一文一武，派管一百箱。计官弁二十员，应管一千箱。此次分起收缴，拟以趸船两只为一起，每只船内以一千箱为率，正合二十员弁之数。先将分管次序派定注册，如喊咂船第一箱至一百箱，派某员弁经收，一百零一箱至二百箱，又派某员弁经收，其余可类推。嘈咂船亦然。倘有零数在一千箱以外者，数少则归于结尾之员带管，数多则再行轮派，周而复始。俟缴完两船之后，再调两船，仍照前法办理，不得参差。

一、派管之员弁经收本名下一百箱，逐一标写号码，画押验竣，即将载运此一百箱之驳船，押送至水师提台署中，报明箱数，督视挑夫逐一堆贮。并将刊印之小封皮（另有小封皮式）填注该委员姓名，逐箱粘贴，交与看管之人小心守护。日后查出箱内有抽换情弊，如验系封皮破损，则惟看管之人是问；若封皮完好，则惟经收之人是问。

一、自龙穴至提署，应派得力之将备及正印以上文职数员，或沿途催趱稽查，或在署监收督贮。如驳船行至中流，故意翻船，将鸦片箱落水打捞，抑或挑夫假装跌倒，将箱碰破，希图偷取烟土者，一经查出，立即锁拿严审，从重惩办。

一、由龙穴驳运至镇口，由镇口挑抬至提署，为途甚长，难保不遇风雨。应饬东莞县多备葵叶、棕片及一切苦盖之物，运赴虎门听用。

一、所收烟土，如果有二万余箱之多，恐提署房间尚不敷堆贮。应饬东莞县先往相度,于署内所有空院,搭盖高宽蓬厂,如盖屋之式,上面或铺瓦或铺数重厚席,地下全铺木板,四旁皆须关栏,下挖水沟。如此,则可多贮烟箱。务使二万余箱统归一署,免致零星寄贮,难以稽查。其贮烟之处,四路封塞严密,只留一处总路,安设木栅,以便看守。

一、看守烟箱,应预先酌派文武妥员,带同兵役,赴虎门听候提台指示。并责令各洋商派拨妥实亲友,随同守护。

以上各条,约略开出,尚恐不免遗漏,如在事人员确有所见,尤宜集益广思,以臻周密。

《林则徐全集》第五册,文录页一四七至一四八)

二月二十一日,省会绅士在大佛寺增设收缴烟土烟枪总局。(《林则徐全集》第九册,日记页三八五)林则徐为此特出《会谕收缴鸦片增设绅士公局示稿》,重申烟禁:

……凡有从前买鸦片,无论兴贩图利以及自行煮食,均须痛自改悔。所藏烟土、烟膏、烟枪、斗各具,速皆尽数缴出,不拘官局绅局,皆准自首免罪。如惮于自缴,即父兄、邻佑、戚友亦准代为缴首。倘再仍前执迷,或兴贩图利,或恋瘾不戒,私藏鸦片及烟枪、烟具在家,一经访闻或于挨查时被保邻指出,定即按户搜拿,从重究办。保邻徇隐,一并连坐。

《林则徐全集》第五册,文录页一四六至一四七)

二月二十五日,林则徐命广州府传谕义律令商人具结。(《批义律拒绝转令南人具结禀》,见《林则徐全集》第五册,文录页一五一至一五二)

二月二十六日,林则徐传谕义律,命其转饬各外商遵照规定格式出具不带鸦片的中外文切结各一份呈缴。夜接关天培来信,"知外夷趸船由九洲开至虎门呈缴鸦片"。(《林则徐全集》第九册,日记页三八六)

[按] 《催取不带鸦片甘结谕帖》,《全集》第五册文录页一四九作道光十九年二月二十三日,而《日记》则记二十六日"给洋商谕帖。此依《日记》。

二月二十七日,林则徐、邓廷桢与豫堃等由省城乘舟往虎门亲自验收外船的鸦片。次日,抵虎门。(《林则徐全集》第九册,日记页三八六)在虎门期间,林则徐、邓廷桢、关天培、豫堃等经常会面,研究追缴鸦片及处理鸦片问题。是时,虎门不时有雨,邓廷桢曾写《虎门雨泊呈少穆尚书》诗:

戈船横跨海门东,　苍莽坤维积气通。

万里潮生龙穴雨，　　四围山响虎门风。

长旗拂断垂天翼，　　飞炮惊回饮涧虹。

谁与沧溟净尘块，　　直从呼吸见神工。

[按]　《林则徐诗集》页三九九注据《己亥日记》称此诗为三月二十七日至四月初旬,误。《己亥日记》明载二月二十七日,林、邓等往虎门。诗集注误二为三。

林则徐为此于三月中旬写《和邓嶰筠前辈(廷桢)〈虎门即事〉原韵》诗,对禁烟运动的顺利进行和发展前途相当乐观,诗中写道:

五岭峰回东复东，　　烟深海国四字公舟中额也百蛮通。

灵旗一洗招摇焰，　　画舰双恬舳艛风。

弭节总凭心似水，　　联樯都负气如虹。

牙璋不动琛航肃，　　始信神谟协化工。

拜衮人来斗指东，　　女牛招共客槎通。

销残海气空尘瘴，　　听彻潮声自雨风。

下濑楼船迟贯月，　　中流木柿亘长虹。时有排链之制

看公铭勒燕然后，　　磨盾还推觅句工。

　　　　　　　　　　　　（《林则徐全集》第六册,诗词页一九四至一九五）

二月二十七日,英国鸦片船只仍在口外潜销鸦片,破坏禁烟运动。

(三月初五日)巡洋舟师拿解匪贩廖电光一起,获有白土多包,据供即系二月二十七日在夷船买得者。

　　　　　　　　　　　（《会谕义律转谕参逊速领趸船进口以杜偷卸》,

　　　　　　　　　　　　见《林则徐全集》第五册,文录页一六三）

二月二十八日,林则徐、邓廷桢抵虎门会同关天培等布置收烟工作,"趸船二十二只陆续驶至虎门口外,关天培当即督率将领,分带提标各营兵船,排列弹压。并先期调到碣石镇总兵黄贵,署阳江镇总兵杨登俊,各带该标兵船分排口门内外,声威极壮。粤海关监督臣豫堃亦驻虎门税口,照料稽查"。

(《英国等趸船鸦片尽数呈缴片》,见《林则徐全集》第三册,奏折页一三三)当天,收缴烟土五十箱。(《林则徐全集》第九册,日记页三八六)

二月二十九日,发《会谕洋商传谕参逊等率领趸船驶至沙角缴烟》文,并

令速即遵照办理。

谕到,该洋商即传知副领事、领事,速即遵照,札令参逊率领九洲趸船一齐驶到龙穴,听候收缴。如龙穴风浪较大,准其驶至沙角停泊,以期稳速。

(《林则徐全集》第五册,文录页一五三至一五四)

二月二十九日,林则徐上《英国等趸船鸦片尽数呈缴折》,向清廷建议:"凡夷人名下缴出鸦片一箱者,酌赏茶叶五斤,以奖其恭顺畏法之心,而坚其改悔自新之念。"(《林则徐全集》第三册,奏折页一三四)并会同邓廷桢赴沙角炮台调度各委员收缴烟土。是日收缴烟土五十箱。(《林则徐全集》第九册,日记页三八六)

二月三十日,林则徐会同邓廷桢、豫堃赴公所查贮烟箱。这天,收烟土一千一百五十箱。(《林则徐全集》第九册,日记页三八七)

二月,林则徐连续发《批荷兰国总管喥吧呢请发给红牌下澳禀》(《林则徐全集》第五册,文录页一三五)、《批各国商人公所值事嚤嚛开呈各国总管姓名禀》(《林则徐全集》第五册,文录页一三七)及《批各国商人公所值事嚤嚛遵谕复禀》(《林则徐全集》第五册,文录页一四一)等文,催令呈报鸦片确数并速行呈缴。

二月,林则徐拟写致英王照会一件。其中仍然以天朝自居,把对外贸易视为一种恩惠。如:

大黄、茶叶、湖丝等类,皆中国宝贵之产。外国若不得此即无以为命。而天朝一视同仁,许其贩卖出洋,绝不靳惜,无非推恩外服,以天地之心为心也。

大清一统天下,务在端风俗以正人心,岂肯使海内生民,尽甘心鸩毒。是以现将内地贩卖鸦片并吸食之人一体严行治罪,永绝流传。

天朝力震华夷,何难(对烟贩)立制其命,而仰体圣明宽大,自宜告诫于先。

(梁廷枏:《夷氛闻记》卷一)

但是,在这照会中也体现了林则徐的策略思想,他把英国政府和鸦片贩子区别开来,把进行正当贸易之国和走私贩毒之国区别开来。这一策略对于推行禁烟运动是有利的,照会中说:

惟思此等毒物,系贵国所属各部落内鬼蜮奸人私行造作,自非贵国

· 322 ·

王令其制卖。但各国之中亦只数国制造此物,并非诸国皆然。

(梁廷枏:《夷氛闻记》卷一)

[按]　梁廷枏的《夷氛闻记》、夏燮的《中西记事》和李圭的《鸦片事略》等书中均称林则徐曾两次照会英王。梁、李二书尚照录第一次原文,即此二月拟稿。而林则徐的奏稿与道光朝《筹办夷务始末》仅有六月拟稿(即经道光七月间审准,十二月间发出者),而未言二月拟稿。考道光于三月十九日上谕中曾对颁发檄英王文书事批示说:"统俟议定兴贩、吸食各罪名,颁行新例时,于善后章程内,另行详细筹议,仍遵前旨,拟稿进呈,再行颁发。"(《道光朝筹办夷务始末》卷六,页一八)可见三月以前并无拟稿,更谈不上正式颁发,而严禁鸦片烟条例是五月间颁行,所以六月拟稿,较为近理。又清华大学编《原藏故宫大高殿军机处档案》中有十月二十二日林则徐的《审拟刊卖假捏照会外国公文之翁亚澄》一折,折内叙述审问结果是:

翁亚癫,籍隶顺德县,向在省城南海县属开张六经堂书铺生理。铺内刊有查禁鸦片章程,并戒烟药方发卖。道光十九年四月内,有在省应试未获之新会县不识名陈姓文童走至翁亚癫铺内,购买查禁鸦片章程,该犯翁亚癫见其所携手巾包内,有钦差与本省督抚会行英吉利国禁造鸦片文稿一纸。问以何处得来,陈姓称系辗转传钞,不知来历。翁亚癫见稿内声叙鸦片害人,必须永远断绝,照会英吉利国禁人制造各情,与现闻官府查办事理相似,误信为真,当向借钞存留。陈姓去后,翁亚癫起意刊印,摆卖图利,随照底稿钞录刊刻,印刷成本,并于书面刊印省城六经堂发卖字样,即被访闻拿获,连板片印本,解经臣等讯取大概供情。

(《鸦片战争》Ⅳ,中国近代史资料丛刊,页一六九)

结果,这个热心于禁烟的书贩终以"诈传一二品官言语,杖一百,徒三年"。这个印本当时可能流传很广,连《澳门月报》也加以采登,梁廷枏可能见到此印本便作为见闻而加以记述。这个印本的来源可能就是二月拟稿。它极可能是林则徐拟定的一个初稿,被流传出来,但肯定没有奏报过,更没有正式颁发。

[又按]　据钞本《使粤奏稿》有五月初四日在虎门海口由驿具奏一折,标题作《会奏访获刊卖假捏照会外国公文人犯折》系报告案情。五月二十八日上谕著审讯确情,六月十九日奉谕审理,提出处罚办法,九月十九日具奏审理

结果。十月二十二日奏谕批准。大高殿军机处档案所识十月二十二日一折系全案批复时之件。五月初四与十月二十二日两件均见《林则徐使粤两广奏稿》页五五至五八、页一四三至一四七。

又五月初四日折,《全集》本题《拿获刊卖假捏照会外国公文人犯折》。(《林则徐全集》第三册,奏折页一五八至一五九)五月二十二日批件,《全集》本未收。

[又按] 林则徐于是年四月十八日致豫堃函中说:"外间所传仆之谕帖告示,往往任意增减,阅之须加别白,并有伪刻檄谕国王之文,则又摭拾为之。"(《林则徐全集》第七册,信札页一七〇)据此可见此檄确曾在民间刻行,文字可能会有出入。

[又按] 据外人著作,二月拟稿似曾在民间流传,不过未能传往英国。据[美]爱德华·V. 古利克著《彼得·伯驾与中国门户的打开》(Edward V Gulick. *Peter Parker and the opening of China*)第六章中说:"第一封起草于鸦片危机时期的 3 至 4 月间,曾在广州流传。钦差曾希望有哪位船长会同意将它捎给女王,但落空了。"(译文见《鸦片战争及林则徐研究外文资料选译》页一〇七)张馨保的《林钦差与鸦片战争》第五章中说:"一封签署日期为阴历二月(3月 15 至 4 月 13 日)的信经过一番准备,在林则徐四月十日动身要去虎门接收英国人的鸦片时发表了。这封信像其他许多文件那样在民间散发,有许多抄件分发给英国和别国船上,要求船上的官员送到英国去。……没有记载说明是否有哪一艘船的船长同意替林则徐递送这封信。"(译文见《鸦片战争及林则徐研究外文资料选译》页一一九至一二〇)

二月,林则徐与邓廷桢在广州以鸦片为题材填词唱和,林有《高阳台·和嶰筠前辈韵》词一首,表达对禁烟取得成效的激情。

> 玉粟收余(罂粟一名苍玉粟),金丝种后(吕宋烟草曰金丝醺),蕃航别有蛮烟。双管横陈,何人对拥无眠。不知呼吸成滋味,爱挑灯、夜永如年。最堪怜、是一丸泥,捐万缗钱。
>
> 春雷欻破零丁穴,笑蜃楼气尽,无复灰燃。沙角台高,乱帆收向天边。浮槎漫许陪霓节,看澄波、似镜长圆。更应传,绝岛重洋,取次回舷。

(《林则徐全集》第六册,诗词页二八九)

[按] 邓廷桢原词是:

> 鸦度冥冥,花飞片片,春城何处轻烟?膏腻铜盘,枉猜绣榻闲眠。九

微夜蒸星星火,误瑶窗,多少华年。那更堪,一道银潢,长贷天钱。

星槎恰到牵牛渚,叹十三楼上,暝色凄然。望断红墙,青鸾消息谁边。珊瑚网结千丝密,乍收来,万斛珠圆,指沧波,细雨归帆,明月空舷。

三月初一起,林则徐集中力量追缴烟土,并将收烟点由口外龙穴移至沙角炮台前,按日清收。(《林则徐全集》第九册,日记页三八七)

三月初二日,发《会谕广州府暨南、番二县传谕义律另札参逊令趸船驶进沙角缴烟》文。这是针对义律前一日要求驶近虎门缴烟禀帖的批复。林则徐严正指出:

兹核译出札稿,转令其在口外二三里停泊,并云"倘遇事未明,须候札复,即准暂停呈缴"等语。是不欲其近,转欲其远,不欲其速,转欲其迟,不知该领事是何意见,岂其乐于自误耶?

(《林则徐全集》第五册,文录页一六〇至一六一)

三月初三日,清廷谕令以后拿获吸烟人犯不准以呈缴烟膏、烟具入奏。(《东华续录》道光三九)

三月初三日,美国、荷兰等船只递禀表示以后永远不贩鸦片。(《林则徐全集》第五册,文录页一五〇至一五一)

三月初五日,发《会札南澳镇谕令长山尾等洋外船一律呈缴鸦片》文。要求后到各船缴烟。(《林则徐全集》第五册,文录页一六一至一六二)

三月初六日,发《会谕义律等暨各国商人遵式具结》文:

将趸船所贮烟土尽数呈缴。兹据遵谕交到,尚属恭顺可嘉。此后永远不许夷人再将鸦片带入内地,前已谕明,如有带来,人即正法,货尽抄官等语。……

将港脚限四个月,英国限八个月,届期即照新例办理。如在限内误带者,照现在办法,将鸦片全行呈缴,人货暂免治罪入官,庶足以昭平允。特再剀切晓谕各国夷人,遵照前式一体具结,列名画押,以明各夷人遵奉之心。

(《林则徐全集》第五册,文录页一五六至一五七)

三月初六日,由于鸦片贩子暗中不断扰乱,延缓交烟进程,引起林则徐的注意,陆续发现种种情弊如私卖鸦片、蒙混交烟等等,所以发《会谕义律转谕参逊速领趸船进口以杜偷卸》文,指出"巡洋舟师拿解匪贩廖电光一起,获有白土多包,据供即系二月二十七日在夷船买得者。似此临缴之时尚有种种情弊,其能使人信为真心改悔乎?"要求"严各趸船即日一齐驶进沙角,并约束船户水手人等,毋许丝毫透漏"。(《林则徐全集》第五册,文录页一六三)

三月初七日,林则徐在虎门舟次收到二月十六日清廷命其查察虎门海口设防情形上谕后,即亲加勘察,上《查察虎门排链炮台情形折》,提出具体设防计划:在武山、横档山间安设木排铁链二道。(《林则徐全集》第三册,奏折页一四六至一四九)

三月初八日,收烟将及报数一半,林则徐准备对鸦片商人部分放行;但发现参逊等玩弄阻挡来船、拖延交烟等狡诈手段,于是决定发《会谕义律饬知参逊迅速缴烟》文,要求其一次性缴足。(《林则徐全集》第五册,文录页一七〇至一七一)

三月初八日,义律收到甘结的格式,立刻把它撕碎了,并且狂妄地叫道:"要命现成,再拿具结的事情来纠缠我和他们自己,实是徒然的!"企图以这种无赖态度来破坏中国方面的正当要求。(马士:《中华帝国对外关系史》第一卷,页二六〇)

三月初九日,两江总督陶澍病危,以"林则徐才长心细,识力十倍于臣"的评语推荐林则徐继任江督。(《陶文毅公文集》卷三〇)清廷调林则徐继任,未到任前由江苏巡抚陈銮署理。其湖广总督由桂良继任。(《林则徐全集》第三册,奏折页一四九)

三月初九日,近十日来,已收烟一万一千七百余箱,因后船未到,督停收缴。次日,林则徐与邓廷桢至贮烟公所周历查验。(《林则徐全集》第九册,日记页三八八)

三月十一日,林则徐于虎门致函怡良,说明因英人时缴时停,所以决定"与其屡收屡歇,孰若待其足数,一气呵成"的对策以迫使英人彻底缴烟;并请怡良向由福建解粤的遭风印度人查询鸦片如何栽种、制造,每箱成本若干、报税若干等情况。(《林则徐全集》第七册,信札页一六三至一六四)

三月十一日,林则徐奉清廷谕令亲往虎门、澳门等处察看,"务使外海夷船不得驶近口门,妄生觊觎。内地匪船不敢潜赴外洋,私行勾结"。(《林则徐使粤两广奏稿》页五)

三月十二日,林则徐命澳门同知传谕澳门葡官委黎多(Adniao Accacio

deeilva Pinto),宣布禁烟宗旨,并令在三日内将澳门存烟,"开单尽数呈缴",听候林则徐"按临澳门,亲督验收"。(《林则徐全集》第五册,文录页一五九)

三月十二日,林则徐收到闽中来信,包括家书及亲友函件,其中有吴荣光二月初七日所写一件,对林则徐在粤禁烟成效表示钦敬,"将见数十年之流弊,一旦廓清";也理解其处境,"握入口之来源,绝奸民之接引,实不容易"。并报告闽省禁烟情况是:

> 此间搜获匪犯,不下百十名。土膏亦不下四万余两。闻已获者尚有二万有余,尚未解省。制府将以出月奏明阅伍之便,前往漳泉,严查海口。

> （《林则徐信稿》页一五五）

三月十三日,收烟工作又开始,收烟土一千二百五十箱。(《林则徐全集》第九册,日记页三八八)

三月十七日,林则徐在虎门写《致怡良》函,谈缴烟事,并表明不能及时返省的情况:

> 此间烟土未经收竣,徐固不能抽身,即收缴足数,而堆贮公所,早暮均要严防,竟不能返省。

> （《林则徐全集》第七册,信札页一六五）

三月十八日,林则徐在虎门写《致莲友》函。这是林则徐到粤后体察敌情所作的初步分析。他敏锐地观察到对己有利的因素,增强了推行禁烟运动的信心。他在信中说:

> 弟岭南初到,人地生疏,但既奉使而来,不敢因循了事。此地为夷船麇集,其所带来禁物,久与员弁、兵役一气呵成,而汉奸之以此为业者,更不可以数计。若非捣其要害,势难杜绝来源。到省后察看夷情,外似桀骜,内实恇怯。向来恐开边衅,遂致养痈之患日积日深。岂知彼从六万里外远涉经商,主客之形,众寡之势,固不待智者而决。即其船坚炮利,亦只能取胜于外洋,而不能施伎于内港。粤省重重门户,天险可凭,且其贸易多年,实为利市三倍,即除却鸦片一项,专做正经买卖,彼亦断不肯舍此马头。弟看澈此层,即将此中利害剀切晓谕,一面断其接济,严禁售私。兹洋面各趸船,皆情愿呈缴烟土。弟亲驻虎门海口,已验收一万四千余箱,此外尚有数船,总以收尽为止。虽其中不无波折,而大局均尚恭

顺,非竟不可范围者。

信中又对自己施药缴枪、劝惩并用方针所收的效果,表示出十分喜悦的满意心情说:

> 民间吸食之风,几于口有同嗜,种种情状,诚如来示所云。然民有秉彝,大抵天良不昧。弟所发告示,多有见面泪下者。现在分举绅耆,广为劝戒,并设局数处,施药缴枪。悔过者宥其前愆,怙恶者治以重法。劝惩并用,以期咸与维新。

信中还对西医的解剖给予正确的认识和肯定说:

> 夷人之医术所以胜于内地者,其人病死,则斫其尸而观其脏腑,以察其所以不治之故。

(《林则徐全集》第七册,信札页一六五至一六六)

三月十九日,林则徐发《谕准通行三板仍将奸商扣留》文,因鸦片已缴过半数,"量许三板查验往来,并将夷馆撤围,兼准开舱贸易",并允许义律乘三板船照常往来;但仍暂行扣留颠地等十六名鸦片贩子,并派员严查出口,以防颠地等朦混逃窜。(《林则徐全集》第五册,文录页一七三)

三月十九日,清廷嘉奖林则徐在粤严命义律上缴之鸦片二万二百八十三箱一事,"所办可嘉之至",同意一箱鸦片赏茶五斤,并命将收缴的烟土送京核验。(《道光朝筹办夷务始末》卷六,页六)

三月二十日,发《批琼州镇该辖洋面近时始有外船禀》文,命令琼州镇"务将兴贩鸦片,接济夷船之奸匪,速获到案,尽法惩办;如弁兵再敢得规私纵,定当置之死地。一面督率舟师,在洋巡缉遇有夷船驶至,即照中路办法,一体押令缴土;如敢违抗,立即开炮轰沈"。(《林则徐全集》第五册,文录页一七四至一七五)

三月二十一日,上《收缴鸦片已逾十分之八,乘势清理东路折》,向清廷报告:自二月二十九日至三月二十日"计已收缴鸦片一万五千八百八十九箱,又一千五百四十七口袋",已交应交的十分之八。(《林则徐全集》第三册,奏折页一三七)

[按] 凡在边舱的烟土都用袋装,衡以斤两,与箱相同,故袋箱可统一计算。

三月二十一日,林则徐于虎门致函豫堃,说明缴烟进行顺利情况,并告知

对外人已"不独准通三板，并准撤围开舱"，惟仍扣留颠地等十六人，以示区别。(《林则徐全集》第七册,信札页一六七)

三月二十一日,与邓廷桢会衔上《同心合力涤除鸦片毒害片》,表示"凡为臣子,皆当力矢血诚,况以臣等受恩至深,责成至重,敢不同心合力,奋勇涤除。窃谓鸦片贻害中华,久已势成积重,若非筹拔本塞源之道,断难收一劳永逸之功。事机务造于观成,忱悃时铭夫異命。臣等惟有殚精竭虑,仰体圣怀,以冀稍副殷肫期望之至意"。(《林则徐全集》第三册,奏折页一四一)

三月二十二日,林则徐夜和邓廷桢诗二首。当时已开始缴烟,对缴烟充满信心和决心。诗中写道:

> 蛮烟一扫众魔降，　　说法凭公树法幢。
> 域外贪狼犹帖耳，　　肯教狂噬纵村尨。
>
> 近闻筹海盛封章，　　突兀班心字有芒。
> 谁识然犀经慧照，　　那容李树代桃僵。

(《林则徐全集》第六册,诗词页一九五)

[按] 《林则徐诗集》页三九八称"林公《日记》所载此诗作于和邓氏《虎门即事》诗之前,而《诗钞》则次于后"。此注有误,因《诗集》校笺者将林邓去虎门验收鸦片之二月二十七日误作三月二十七日,迟一月,故以为《诗钞》编次颠倒,实则《诗钞》不误,《虎门即事》和诗应在此诗之前。

三月二十三日,林则徐为加强缴烟期间对洋馆的戒备,特令广州府县堵断洋馆后门及附近街道,迁移与洋馆有往来的铺户。

> 所有各夷馆后门,全行堵闭,毋许夷人以旧有为词,混行唤渎。前门栅槛,照依旧制建立。其附近夷馆各街巷,先经堵断者,不得复开,并加高培厚,以臻巩固,仍酌留一路,以通往来。
>
> ……联兴、同文等街铺户,大半交易夷人,甚至悬挂夷字招牌,肆行攲法,迥非正经贸易良民可比,必须全行禁止,以绝弊端。应即责成该府、县先行晓谕,立定限期,勒令迁移他处,毋许在此开设,所有房屋概行锢闭封锁。如铺家房主敢于抗违,或蹈聚众上庙恶习,即为豪猾之尤,府、县、副将等立即会同中广两协、广州府、南番二县,督率兵役,将首先滋事之犯,按名查拿,房屋全行拆毁。其各街内,如有住家之人,亦即编

立保甲,分别莠良,毋任奸民溷迹其中,复萌故智。

(《林则徐全集》第五册,文录页一七六至一七七)

三月二十五日,林则徐函怡良商议对英国烟贩因义士于缴烟之际,"复潜运八箱赴澳"的处置办法,并谈近日缴烟情况。(《林则徐全集》第七册,信札页一六六)

三月二十六日,林则徐函豫堃,谈连日缴烟数字说:

> 日来续收之烟,连前合计,已得一万六千四百六十八箱,又二千二十余包,数及十分之九。惟连日南风甚大,闽、粤交界各船,到此系属戗行,自不能速。大抵收完之时,箱数总可有多无少,惟日期则难免稍迟耳。

(《林则徐全集》第七册,信札页一六八)

三月二十六日,林则徐与邓廷桢会衔发出《谕广州府传谕义律限定本月内鸦片必须全数缴完》谕令。(《林则徐全集》第五册,文录页一七八至一七九)次日,广州府即发出谕令。

三月二十六日,英国鸦片贩子颠地要求给限五日离去,并具永远不敢再来的甘结。获林则徐批准。(《林则徐全集》第五册,文录页一八〇至一八一)

三月二十六日,清廷根据御史邓瀛建议,为避免烟土在沿途"偷漏抽换",令林则徐在广州就地销毁,"俾沿海居民及在粤夷人,共见共闻,咸知震惊"。(《道光朝筹办夷务始末》卷六,页二〇)

三月二十九日,林则徐发出《再谕通省士民速戒烟瘾缴呈烟具告示》,劝告合省士商军民断瘾、缴出毒品、烟具,否则将按新例严惩。(《林则徐全集》第五册,文录页一九二至一九三)

截至此时,广州地区禁烟已卓见成效,获人犯、烟土、烟枪、烟具等甚多。"计共获人犯一千六百名,烟土烟膏四十六万一千五百二十六两九钱八分,烟枪四万二千七百四十一枝,烟锅二百一十二口及烟具等件。"(《道光朝筹办夷务始末》卷七,页一六)

三月,义律已交烟四分之二,准令三板出入。

> 兹各趸船陆续收缴,已足四分之二,余船亦据陆续到齐,自应照依前谕,量许三板查验往来。

(《会谕广州府饬知烟土已收四分之二准令三板
出入》,见《林则徐全集》第五册,文录页一五五)

四月初一日,林则徐"看视池工,拟为毁化烟土之用"。(《林则徐全集》第九册,日记页三九一)

四月初二日,林则徐命南澳镇严防东路外船,指出海防弊端。

> 惟思闽省南洋与粤省相连,其北洋则离粤甚远,有无夷船在彼游弋,粤省无由查知。该镇既称闽洋以上尚有夷船,则一经闽省驱逐,自必仍回粤境。且外洋新到夷船,难保不又夹带烟土,虑及中路押令呈缴,势必越窜东路,勾结觅售,恃为藏垢纳污之所。此时稍一松劲,又必滋蔓难图。

> 札到,该镇速即遵照节次批檄,亲带兵船在洋时刻巡查,如有夷船自闽洋驶回,或由外洋窜至,即令通事明白晓谕,令其速即回帆,仍来中路缴烟。倘敢抗违不遵,即照前札或用炮轰击,或用火焚烧,务使创巨痛深,始免沓来踵至。

> 讵料水陆营县巧为掩饰,转成老生常谈。本卖烟也,而以为避风;本久碇也,而以为游弋。直至经旬浃月,烟尽帆开,而禀报之文,尚觍然仍称驱逐,甚将去来日子挪后移前,纵能哄骗上官,独不顾奸夷窃笑耶? 以此观之,"驱逐"二字,正可遂舟师趋避之计,并无实济。而奸夷屡逐不去,屡谕不从,亦安能不加之剿击? 盖剿击见诸实事,非若驱逐徒托空言,有火船可纵焚烧,有炮位准其轰击,水师镇将尚能饰以虚词乎?

> 自此次严札之后,该镇所辖洋面,一遇夷船,即须照札办理,不许一刻容留。如查出再有夷船在洋停泊,甚且累日逗留,若非贿纵售私,即是惰巡惧怯。白简具在,咎有攸归,毋谓言之不预也。特札。

(《札南澳镇饬严办东路贩烟外国船只》,
见《林则徐全集》第五册,文录页一九四至一九六)

四月初二日,林则徐、邓廷桢以获烟功各赏加二级。怡良、豫堃、关天培各赏加一级。(《宣宗实录》卷三二一)

四月初四日晨,林则徐收到邓廷桢所赠荔枝,借物作谢嶰筠前辈饷荔枝诗说:

> 蛮洋烟雨暗伶仃,　　忽捧雕盘颗颗星。
> 十八娘来齐一笑,　　承恩真及荔枝青。

(《林则徐全集》第六册,诗词页一九五)

[按] 《全集》第九册,日记页三九一亦收入全诗,但"荔枝"作"荔支"。

诗的首句揭示出伶仃洋走私,一直贻害至今。当前自己正受到朝廷信任,根绝烟害,指日可待。诗情表达了林则徐对禁烟前途充满着胜利的信心。

四月初四日午后,林则徐亲赴横档海口一带察看木排铁链设置及新建靖远炮台防备情形,并在威远炮台试演五千斤大炮三位。又至靖远炮台观西洋铜炮,并验视铁链安根处。初六日即缮《查察虎门排链炮台情形折》。(《林则徐全集》第五册,文录页一四六至一四九)

四月初四日,林则徐发《札广州府查催缴烟保甲事宜》,命广州知府严查禁烟情况,并命办好保甲。

该府立即督率南、番二县,确查官绅各局收缴烟土、烟膏、烟具,是否净尽?平日贩卖开馆各奸匪,是否革面洗心?吸食之人,是否悔过戒除?所属官员书差,并各衙门公馆中之幕友官亲长随,以及地方之举贡生监捐职,是否一律肃清?境内有无卖烟送烟之匪徒?其编查保甲,自应由城及乡,由近及远,先就新城、老城各门附郭实力编查,次及各镇四乡。务须按户按名,责成邻佑牌长互相联保,毋许隐匿遗漏,亦不准推诿抗违。至候补官员公馆,不能责成牌长邻佑保结者,即责成同街同巷之公馆,互相保结。流寓之幕友长随,或归牌长邻佑,或归素识之官员出名具结。如均不愿保,即行严究踪迹。

(《林则徐全集》第五册,文录页一九六至一九七)

四月初六日,林则徐将应缴烟土全部收清,"共一万九千一百八十七箱,又二千一百一十九袋,核之义律原禀应缴二万二百八十三箱之数,更溢收一千袋零"。(《英国等船只呈缴鸦片一律收清折》,见《林则徐全集》第三册,奏折页一四二)鸦片的袋箱斤两一样,所以实收总数为二万一千三百零六箱,比原报数多一千零二十三箱。

〔按〕 林则徐在日记中逐日记录收烟数字,但累计数与折中总数不符,疑日记有遗漏,应以此总数为准。

〔又按〕 据英国外交部档案所存《凭据》,收缴完竣日期应为五月二十一日,共收二万零二百八十三箱二十八斤又七个。(见佐佐木正哉:《鸦片战争前中英交涉文书》)

收缴实数比原报数增多,主要是原报数出于估计,也可能由于禁烟运动雷厉风行,烟价猛跌,许多鸦片贩子鉴于义律已向他们保证由英政府负责赔补烟价，所以扫数缴出，超出了原报数。不论如何，从溢收情况看，这次收缴烟土工作是比较认真彻底的。

这次收缴的鸦片品种有四，即：公班土和小公班土（Bengal opium）每箱约一百二十斤（大小公班土箱重量相同，只是每箱内分包数有多少），白土（Malwa opium）和金花土（Turkey opium）每箱约一百斤，所收缴的以公班土和白土为多，金花土不到百分之一。

四月初六日，林则徐发两折一片。两折是《英国等国船只呈缴鸦片一律收清折》和《查察虎门排链炮台情形折》。一片是《外人夹带鸦片罪名应议专条片》。两折报告烟土收清、虎门设防及增加设备等情况。一片除请求清廷"将夷人带鸦片来内地者，应照化外有犯之例，人即正法，货物入官，议一专条"外，更值得注意的是它体现了林则徐对资本主义侵略性的认识在逐步加深，也反映了林则徐的一些经济思想。这个奏片的主要内容是：

（一）林则徐逐步认识到资本主义侵略者唯利是图，是不肯轻易放弃贸易的：

> 嘆咭唎等国夷商所带内地货物，非独本国自用，尤利于分售各国，得价倍蓰，即使该夷不卖鸦片，专作正经贸易，而其所谓三倍之利者自在。以此度之，其断不肯舍却广东马头，系属实情。（页一四四）

（二）林则徐初步看到各资本主义国家争夺市场的矛盾：

> 论者或恐各夷商因此裹足，殊不思利之所在，谁不争趋。即使此国不来，彼国岂肯不至，纵或一年偶少，次年总必加多。（页一四五）

（三）林则徐借口"市井之谈"反映出朦胧的"商战"思想：

> 且闻华民惯见夷商获利之厚，莫不歆羡垂涎，以为内地民人格于定例，不准赴各国贸易，以致利薮转归外夷。此固市井之谈，不足与言大义，然就此察看，则其不患无人经商，亦已明甚矣。（页一四五）

（四）林则徐还未能认识到英国政府是"鸦片贸易"的实际指挥者，甚至还为英国政府尽力开脱其贩毒罪行。他说：

> 况所来贸易之人，不过该国之一贩户，并非贵戚达官。即鸦片亦皆私带而来，更非受命于其国主。且自道光十四年公司散后，一切买卖，更与其国主无干。（页一四五）

（以上见《林则徐全集》第三册，奏折页一四一至一四九）

　　四月初七日,林则徐获知调任两江总督谕旨。十二日,具折谢恩。(《林则徐全集》第三册,奏折页一四九)

　　四月初七日,林则徐作《熬化鸦片烟土投入大洋先期祭海神文》。由于销烟放入海中怕伤及水族,所以准备先期祭告海神令水族事先暂徙,这一行动虽属迷信,但这篇《祭文》中却痛斥了英人的贩毒罪行,宣扬了禁烟胜利的喜悦:

　　　　……际十洲澄镜之时,有重译献琛之盛。方谓来同雁使,何妨番舶之如林;谁知毒起鸩媒,渐致蛮烟之成市;丸泥脱手,任肤箧以探囊;爝火熏心,竟嗜痂而甘带。乃者天威雷奋,臣节星驰,闻明圣之驱除,先教水慄;赖声灵之震叠,肯放波颓。爰进舌人,代宣申禁.有惭肤使,同矢寅恭。始犹范彼狼奔,继即帖然蛾伏。归邪自耀,不烦一矢之加;飞蛊全收,已倍万箱之贮;与其畀诸炎火,或拾残膏,何如投之深渊,长沦巨浸。……

　　　　　　　　　　　　　　　(《林则徐全集》第五册,文录页五〇二至五〇三)

　　四月初七(5月19日),义律下令禁止英船进黄埔贸易,并命令所有英商从广州撤退,企图借此达到阻挠具结的卑劣目的。(丁名楠等:《帝国主义侵华史》第一卷页二四)

　　[按] 马士:《中华帝国对外关系史》作五月二十二日。(第一卷,页二五九)

　　四月上旬,林则徐函怡良,对任江督表示有难以措手之处,信中说:

　　　　淮南盐积至两纲不止,轺才何以措手? 又闻苏、松春雨太多,麦收已坏,此后更不知何光景,惴惧甚深。缴烟之折回来后,定将此间烟事归与两贤(按:指邓廷桢与怡良),即催愚兄速赴新任。上学之期不远(按:指赴江督任),而旧日学堂功课之难犹在,梦寐思之,能无神沮! 至爱何以教我耶?

　　　　　　　　　　　　　　　(《林则徐全集》第七册,信札页一七〇)

　　四月十二日,鸦片贩子颠地等十二人离开广州。义律也离开广州赴澳门。缴烟斗争终于获胜。

　　[按] 义律于十二日递禀即声称:"定意本日出省,由远职日常驾驶之三板即行下澳。"(《信及录》页九一)马士也记称:"义律大佐于五月二十四日伴同尚未离开广州的所有英国人离开广州前往澳门。"日期完全相同。但中国方面

于十四日方收到而批复"准予下澳就医"。义律的未经同意而擅自离去是对中国法令规制的藐视和对禁烟运动的挑战。

义律在禀辞下澳的同时,还要求林则徐派员到澳门共同会商,"妥议章程",以使"违禁犯卖一弊,可冀常远除绝"。林则徐以为义律"真心除弊,大加批奖",并即派佛山同知刘开域携带"给赏"的茶叶一千六百四十箱去澳"核议"。二十四日,刘开域尚未到澳,义律又上一禀说:

> 本国船只进埔,须俟奉到国主批谕,方可明白转饬,此次或可蒙准格外施恩,令在澳门装货,感戴靡既。

（《义律复船只进埔须俟国主批谕禀》,见《林则徐全集》第五册,文录页二〇三）

义律的这一无理要求,使林则徐等人"均相诧异"。实际上这是妄想把鸦片贩运由黄埔改在澳门的一种诡谋。林则徐确是有识有见,立即看穿并加以揭露说:"今趸船之积土甫除,若澳门之囤所又起,何异驱虎进狼",于是"决绝批驳",并"指破其谎"。义律诡计未逞,恼羞成怒。所以当刘开域到澳后,既不理睬,又蛮横声称:"不准在澳装货,便无章程可议",拒领"给赏"的茶叶。甚至在此以后,拒收一切文件,摆出了一付挑衅肇事的姿态。对此,林则徐斥之为"犬羊之性无常"。

（《义律抗不交凶断其接济并勒兵分堵海口折》,
见《林则徐全集》第三册,奏折页一八二至一八三）

四月十三日,美国鸦片贩子福士(P. S. Forbes)等联名上书美国国务院,狂妄地要求"把美国、英国和法国的海军开到中国来,就可以从中国政府获得合适的条款"。后来终因林则徐运用策略得当,使美国正当商人考虑在广州正当贸易的利益而退出"鸦片贸易"。（丹涅特:《美国人在东亚》第六章）但是,在广州以外的地方,美国仍然在进行这一肮脏的勾当。

四月十三日上午,与关天培、余保纯共商鸦片解京事。《林则徐全集》第九册,日记页三九二）

四月十五日,林则徐派马辰等去澳门。《林则徐全集》第九册,日记页三九二）

四月十七日,义律向英外交大臣巴麦尊报告商馆被围,鸦片被缴,英商退出广州,禁止英船进口等事。

四月十八日,林则徐奉到清廷三月二十六日所发的将烟土就地销毁的谕旨。《林则徐全集》第九册,日记页三九二）

同日,林则徐致函豫堃,告知已"续奉谕旨,无庸解送,计可省十万金"。并表示"仆立志要断此根株",但又顾虑"收缴若不准行,此根如何能断?"(《林则徐全集》第七册,信札页一七〇)林则徐的这种顾虑一方面反映当时已可能有停止收缴之说;另方面也可见林则徐对事态的发展有预测眼光。

四月十九日,林则徐会同粤督邓廷桢、粤抚怡良,发布告示,宣布于二十二日就地销烟的谕旨,并允许沿海居民和外国人到现场观看。

> 本大臣、本部堂、本部院遵即于本月二十二日委派省城文武各官,会同虎门将弁,就地开挖石池,混以盐卤,烂以石灰,统俟戳化成渣,送出大海,涓滴不留。……晓谕尔等沿海居民、在粤夷人,目睹此事,并引以为诫。

（《虎门销烟告示》,见《林则徐全集》第五册,文录页二〇七)

四月十九日,林则徐函邀怡良参加销烟工作。

> 恭绎圣意(新夏按:就地销烟),重在防弊,是以弟商之嶰翁,拟请将军、都统一同过眼。阁下本是个中人,似亦可拨冗一来,即薇、柏诸君亦可间日一至,则疏中声叙差不寂寞,尚乞裁之,大抵二十余日始能了此公案耳。

（《林则徐全集》第七册,信札页一七一)

四月二十日,林则徐祭告海神,以日内消化鸦片,放出大洋,令水族先期暂徙,以避其毒也。(《林则徐全集》第九册,日记页三九二)

[按] 《祭文》作于四月初七日,见前。

四月二十二日(6月3日),林则徐主持的销烟工作在虎门海滩轰轰烈烈地开始。当天销毁了一百七十箱。(《林则徐全集》第九册,日记页三九三)

四月二十四日,澳门葡官报告澳门实无鸦片,愿意呈缴葡商葡官切结,并欢迎林则徐临澳查办。林则徐发《批澳门同知为唭嚟哆呈明实无鸦片情愿具结禀》文,批复"果能改过迁善,尚可准行",要求葡官编查澳门的"华夷户口"以便复查,并声明对遵守中国法令的葡国要"力加保护,断不使其被人欺凌",这项保证使日后义律企图勾结、利用澳门葡人的诡谋不能得逞,取得外交上分化对方,增强自己的初步成效。(《林则徐全集》第五册,文录页二一一至二一二)

四月二十九日,彼得·伯驾医生与林则徐的代表三人会晤,仔细地讨论了有关地理方面的问题。伯驾自愿将一本地图集、一部地理书和一架地球仪送给林则徐使用。地理学知识也是林则徐探求新知的一个主要方面。（[美]爱得华·V.古利克：《彼得·伯驾与中国门户的打开》第六章,中译文见《鸦片战争及林则徐研究外文资料选译》页一〇五）

五月初一日,义律向林则徐挑衅性地复称:"本国人船如不准在虎门口外经商（指鸦片走私贸易）,则未奉国主批谕以先,其商人必不能在粤交易,是则所指章程毋庸再议矣。"（《林则徐全集》第五册,文录页二一〇）明显地破坏具结和正当贸易。

五月初一日,美国货船"巴里斯"号与"楠塔斯克特"号首先具结入口。中旬,美船已有十一艘进口。

五月初三日,林则徐于虎门致函怡良,告知销烟情况说:

> 化烟日来愈熟,又以两池套换,大抵日可千余箱,要其蒇事之期,总在中旬左右耳。

（《林则徐全集》第七册,信札页一七二）

［按］　怡良于四月二十二日虽应邀到虎门察看销烟,已于二十七日回广州。

五月初四日,林则徐上《销化烟土已将及半折》,主要内容是:

（一）报告销烟的具体办法。

> 兹再四酌商,莫若于海滩高处,挑挖两池,轮流浸化。其池平铺石底,纵横各十五丈余尺,四旁栏桩钉板,不令少有渗漏,前面设一涵洞,后面通一水沟,池岸周围,广树栅栏,中设棚厂数座,为文武员弁查视之所。其浸化之法,先由沟道车水入池,撒盐成卤,所有箱内烟土,逐个切成四瓣,投入卤中,泡浸半日,再将整块烧透石灰纷纷抛下,顷刻便如汤沸,不爨自燃。复雇人夫多名,各执铁锹木爬,立于跳板之上,往来翻戳,务使尽化。俟至退潮时候,启放涵洞,随浪送出大洋,并用清水刷涤池底,不任涓滴留余。若甲日第一池尚未刷清,乙日便用第二池,其泡浸翻戳悉如前法。如此轮流替换,每化一池必清一池之底,始免套搭牵混,滋生弊端。至向晦停工,即将池岸四围栅栏全行封锁,派令文武员弁周历巡缉。……试行之初,每日才化三四百箱。迨数日后,手法渐熟。现在日可八九百箱至千箱不等。

［按］　陈胜粦氏根据禅治文在销烟现场所目见的记载认为销烟池是三

口。裨治文看到"有三口池子,由东向西排列,长约 150 呎,宽 75 呎,深 7 呎,用石板铺设而成,四周围以粗大的木栅,每口池子各有栅栏,只在一侧设门。当我们到达现场时,其中一只没有鸦片,一只正在投入,另一口已将近可以排放"。裨治文等对"销烟过程的每一个部分都反复察看过",对三口池子的具体情况有确切的了解,即第一口池子正在注水,第二口池子正在投入鸦片,第三口池子正在浸化鸦片,在慢慢销化,并将排入海中。(《中国丛报》第八卷第二期第一篇)由此可见销烟池是三口,一口水池,两口销烟池,互相倒换使用。所以中山大学陈锡祺教授曾建议虎门增修一口"化烟池"。(《林则徐与鸦片战争论稿》页二五七注①)

(二)林则徐等重要官员均亲临监销。

臣林则徐驻扎虎门,与提臣关天培率同委员候补知府南雄、直隶州知州余保纯等,逐加布置,随时函商臣邓廷桢、臣怡良,以钦奉谕旨,公同目击销毁,是在省各员,理宜轮流到虎查核看视。

(三)报告销烟时状况。

该处沿海居民,观者如堵,只准在栅栏之外,不许混入厂中,以杜偷漏。其上省下澳夷人,经过口门,率皆远观而不敢亵玩。察其情状,似有羞恶之良。胥赖圣主德威,俾中外咸知震詟。

(四)报告截至上折时已销烟土的数字。

计自四月二十二日起,截至五月初三日,已销过八千三百二十箱又二千一百一十九袋,其斤两共合一百十二万八千七百二十九斤。以全数核之,所化已将及半,现仍赶紧销化,不敢草率,亦不敢迁延。

（《林则徐全集》第三册,奏折页一五一至一五四）

［按］ 清廷于五月二十八日对此奏加以朱批说:"所办甚好,仍当留心稽查,切勿去弊又滋弊端也。时时慎勉,不可稍忽。"(《道光朝筹办夷务始末》卷七九)

五月初四日,林则徐在虎门所发《东西各路越审外船严行惩办片》中指出:

沿海文武员弁不谙夷情,震于唉咭唎之名,而实不知其来历。遇有夷船驶至,不过循例催行,如其任催罔应,亦即莫敢谁何。

（《林则徐全集》第三册,奏折页一五五）

五月初四日,林则徐奏参巡防不力的署海门营参将水师提标左营游击谢

国泰及南澳镇总兵沈镇邦。(《林则徐全集》第三册,奏折页一五六至一五七)

五月初四日(6 月 14 日),义律指责遵命具结进口的英船是"只顾自己的意见和个别的利益而把公众的主张和一般的考虑置诸脑后",是"极其可耻和恶作剧的",并表示不能中止鸦片贸易:

> 我相信,在女王确凿而有力的干涉能及于中国海岸以前,在打破了中国政府满以为它所干的事情会永久受到容忍的那种幻想以前,我决不会自处于这样一种为难的境地,竟对女王陛下的任何臣民发出一特别禁令,要他们中止那种既损国体而又危害无辜人众的勾当。

(《中国丛报》1839 年 6 月号,译文据杨国桢《林则徐传》增订本,页二六〇)

在义律的"鼓励"下,鸦片走私一度猖獗,"鸦片交易正在广州东约二百英里的几个地方极其活跃地进行"。(《中国通信汇编》1840,页四三一)

五月初五日,林则徐于虎门销烟现场接见前来参观的美国人京氏、裨治文等时,对他们所提问题曾作出书面答复:

> 凡经营正当之贸易并与夹带鸦片之恶行确无牵涉之船只,应给予特别优待,不受任何连累。
>
> 凡从事私售鸦片之船只,必严加查究,从重罚治,决不丝毫宽容。
>
> 总而言之,善有善报,恶有恶报。善者不必挂虑,如常互市,必无阻碍。至于恶者,唯有及早改恶从善,不存痴想。

(《林则徐全集》第五册,文录页二三〇)

[按]　此件由黄比新回译自《中国丛报》1839 年 6 月第八卷第二期。

五月初五日,清廷颁布《钦定严禁鸦片烟条例》三十九条。并通令全国遵照施行。十八日,又发上谕重申条例禁令。(《鸦片战争》Ⅰ,中国近代史资料丛刊,页五五七至五八一)

[按]　这一条例是清廷在鸦片战争爆发前由亲王大臣会议、投降派穆彰阿等参与拟定的一个繁复的条文,表面看起来条文周密,刑罚亦很严,似乎可以依此而彻底禁绝。但实际上并非如此。当时官吏中已有对条例本身加以怀疑和指责的,如贵州道监察御史陈光亨在其五月二十日所上《请酌议新定严禁鸦片疏》中提出六条疑问,并指出:"现在各衙门刊本告成,臣因得悉心观览,通计三十九条,可云纤悉具备。但分而观之,法制固为周详;合而考之,彼此间有抵牾。"他还例举了具体抵牾的各条,如第十条称:"吸食鸦片之案,止

准地方员弁访拿究办,不许旁人讦告。"则"夫里巷小民,识见迂拘,以为讦告则有干例禁,不举则大恐获谴,此将何所适从乎?"(陈光亨:《养和堂遗集》卷一)实际上,这一条还不仅只在于它实行时的抵牾,还包含着如范文澜教授在其《中国近代史》中所指出那样一个重要内容,即"等于保证官吏有权贪污,鸦片瘾者有权吸食"。因之,这个条例依然是一纸具文,不会发生任何效力,反而为官吏增一勒索的根据,它只能被认为是集清政府前此百余年来禁烟法规大成的一篇具文而已。

五月初七日,外国传教士和商人等均来参观销烟,并对此表示钦佩。林则徐借此向他们宣传了严禁鸦片和欢迎正当贸易的政策。

> 今日巳刻,咪夷带其女眷与啤哈哎、咈咻等同驾小船,由师船带至虎门,在池上看视化烟,并至厂前,以夷礼摘帽见。令员弁传谕训戒,犒赏食物而去。

(《林则徐全集》第九册,日记页三九四)

[**按**] 《林则徐全集》第三册奏折页一六〇至一六一及《道光朝筹办夷务始末》卷七页一八至一九均有详细记载,可参阅。

[**按**] 咪夷即美国商人 C. W. King,美奥利芬特公司的代表。该商曾于道光十九年二月十一日向林则徐禀称向不从事鸦片贸易。啤哈哎即裨治文(Bridgman, Elijah Coleman 1801—1861),他是 1830 年第一个来华的美国传教士,曾任《中国丛报》总主笔,中美订立《望厦条约》时任翻译。

[**又按**] 《中国丛报》记林则徐于虎门销烟现场接见前来参观之京氏及裨治文为 1839 年 6 月 15 日,即道光十九年五月初五日,而林则徐记销烟日期为五月初七日,当以日记为准。当时林则徐曾对外人所提问题作如下书面答复:

> 凡经营正当之贸易并与夹带鸦片之恶行确无牵涉之船只,应给予特别优待,不受任何连累。

> 凡从事私售鸦片之船只,必严加查究,从重罚治,决不丝毫宽容。

> 总而言之,善有善报,恶有恶报。善者不必挂虑,如常互市,必无阻碍。至于恶者,唯有及早改恶从善,不存痴想。

(回译本,见《林则徐全集》第五册,文录页二三〇)

林则徐在接见裨治文时,同他讨论了致书英国女王等问题,还向他表示

"想得到地图、地理书和其他外文书籍,特别是想得到一套玛礼逊所编的字典(即英华字典)"。(吴乾兑、陈匡时:《林译澳门月报及其它》,见《近代史研究》1980 年第 3 期)

裨治文于参观后,撰《镇口销烟记》,详细地记录了销烟经过说:

我们曾反复考察过销烟的每一个过程,他们在整个工作进行时细心和忠实的程度,远出于我们的臆想,我不能想象再有任何事情会比执行这一工作更忠实的了。在各个方面,看守显然是比广州扣留外国人的时候严密的多。镇口有个穷人,因仅试图拿走身旁的一点鸦片,但一经发觉,几乎立即被依法惩办。即使偷去一点鸦片,那也是要冒着极大的生命危险的。目击后,我不得不相信这是一个事实。

(《中国丛报》1839 年 6 月号,译文见杨国桢:《林则徐传》页一七九至一八〇)

这一记述,据后来林则徐致姚椿、王柏心函中所说:

毁烟之时,遵旨出示,令诸夷观看,彼来观者,归而勒成一书,备记其事。

(《林则徐全集》第七册,信札页三〇四)

五月初八日,林则徐在虎门函告怡良销烟时"有花旗携眷来看,其眷属能解汉语,且晓汉文"。(《林则徐全集》第七册,信札页一七三)

[按]　陈胜粦氏据《中国丛报》第八卷第二期第一篇,只有裨治文和经调见林则徐。经夫人则由弁逊陪同在另一处吃茶点,眷属情况可能是由接待人员报告的。(《林则徐与鸦片战争论稿》页二五二注③)

五月初九日,义律致函佛山同知刘开域和澳门同知蒋立昂,借口妨碍接济英船食物,单方面要求中国撤退水师查缉船只。(《委员刘开域等钞来义律致该员函》,见《林则徐全集》第五册,文录页二一五)

五月初十日,林则徐发《会札刘、蒋二丞传谕义律饬令空趸等船即速回国》文,命佛山同知、澳门同知传谕义律令空趸船只于五日内开行,其余来去货船在五日内如不报验进口,也即速开行,不准逗留。如不遵行,"不独各处师船一调即至","即沿海民人莫不视波涛如平地,倘一触动公愤,则人人踊跃思奋,虽欲阻之而不能矣"。(《林则徐全集》第五册,文录页二一四)

五月十一日,"化烟一千五百十箱"。(《林则徐全集》第九册,日记页三九五)

五月十三日,清廷拟定夷人带烟来内地的治罪专条:

此后夷人如带有鸦片烟入口图卖者,即照开设窑口例,拟斩立决。为从同谋者,从严拟绞立决,由该督抚审明确系带卖鸦片烟首从正犯,并无替冒情弊,即交该地方官督同该夷人头目将各犯分别正法,起获烟土,全行销毁,其同船之众,是否均系知情,亦由该督抚分别酌量惩治,所带货物,概行入官。

(《道光朝筹办夷务始末》卷七,页五)

五月十三日,林则徐、邓廷桢共同颁布管理外船外商新章程,并向外商发出甘结式样,严格执行具结贸易政策。又向中外人士及澳葡当局发出告示,要求澳门不得勾通外人起卸货物私相授受。"倘向私售鸦片,一经拿获,即恭请王命正法。"(《林则徐全集》第五册,文录页二一五至二一七)并用中国语气的英文发布告示(回译本,见《林则徐奏稿·公牍·日记补编》页五九)重申具结贸易的主张。当时的《中国丛报》曾转载此告示,并加了编者按注:

据我们了解,这是来自中国方面用英文书写的第一个文件。显然,这是在北京中国政府内工作多年的钦差大臣的高级译员的作品。其惯用语全是中国式的。并且,像其他所有的汉语文件一样,它是没有标点的。如果读者能够看懂其内容说的是什么,那么他们就会从文件内领悟钦差大臣明显的同情及他的诚恳愿望,亦即英国船只可以照常进入虎门及许诺他"对待外国人决不会采取两种态度"。这是一件值得留下记录的文件。

(译文见《林则徐奏稿·公牍·日记补编》页五九注②)

这种贴外文告示的作法不但在外国人眼中感到有意义,而且也证明林则徐对外界事务有相当了解。

五月十五日,林则徐由虎门回省,化烟工作全部告竣。在二十五日所上《虎门销毁鸦片已一律完竣折》中报告说:除留存四种烟土八箱作为样土外,计已化烟土"共有一万九千一百七十九箱,二千一百一十九袋。其斤两除去箱袋,实共二百三十七万六千二百五十四斤,截至五月十五日,业已销化全完。……臣林则徐也暂回省城,商办一切"。(《林则徐全集》第三册,奏折页一六〇至一六一;又见《道光朝筹办夷务始末》卷七,页一八至二〇)

[按] 六月十八日清廷对此折朱批说:"可称大快人心一事。"又林则徐于日记及奏折中均记五月十五日回省城,而日记中所记逐日化烟数截至十一

日止,是化烟工作当结束于五月十一日,而十五日则系全部销烟工作被正式宣告结束。

　　[又按]　陈胜粦《关于林则徐研究若干史实补正》(《林则徐与鸦片战争论稿》增订本,页二五五至二五六)认为:"应以6月23日(农历五月十三日)为胜利结束之日。"他的根据是林则徐所上另一折《委员陈镕因销烟中毒出缺请恤折》(《全集》本题作《请议恤销烟中毒身故之陈镕等折》)中所说:"溯自四月二十二日烟土陆续入池⋯⋯迨至五月十三日烟土全数浸透,开牐放入大洋,而牐口所沤烂泥及池内所积滓秽,均须取除净尽,以免匪类淘挖",而林、邓还在棚厂现场看到中毒人员情况。(《林则徐全集》第三册,奏折页一六九至一七○)这一说法是可以被接受的。但也不能因此而否定"五月十五日正式结束说",因为这是林则徐以官方身份正式宣布说:"截至五月十五日业已销化全完。"虽然五月十三日仍在做善后清洗工作,可是折中并未明言善后工作当日结束,持续两天到十五日全部结束即启程回省是完全可能的。

　　[又按]　日记中逐日所记化烟数的总和是二万一千一百一十箱袋,少于奏折中实销烟的总数二万一千二百九十八箱袋,疑日记为约数,或有漏误,当以奏折中最后实销数为准。现据日记将逐日销烟数,表列如次:

月	日	销　烟　数	月	日	销　烟　数
4	22	170(箱)		3	1 200(箱)
	23	230(箱) 600(袋)		4	1 200(箱)
	24	1 400(袋)余		6	1 600(箱)
	25	900(箱)		7	1 600(箱)
	26	950(箱)		8	1 600(箱)
	27	1 050(箱)		9	1 200(箱)
	28	1 200(箱)		10	1 200(箱)
	29	1 100(箱)		11	1 510(箱)
5	1	1 200(箱)	总　计		19 110(箱)
	2	1 200(箱)			2 000 余(袋)

箱、袋重量基本相同,所销箱袋合计为21 110 箱/袋。

虎门销烟的壮举标志着反鸦片斗争的禁烟运动已发展到顶点并取得了

伟大的胜利。它震惊中外,使鸦片贩子和包庇走私者为之失色。伟大的革命导师马克思热情地给予了高度的评价说:

中国政府在 1837 年、1838 年和 1839 年采取了非常措施。这些措施的顶点是钦差大臣林则徐到达广州和按照他的命令没收、焚毁走私的鸦片。

（马克思:《鸦片贸易史二》,见《马克思恩格斯选集》第二卷,页二八）

"禁烟运动"对英国侵略者的打击是相当沉重的。据《澳门新闻纸》的报导:六月二十一日(7 月 31 日)早上,当命令缴烟的消息到达伦敦时,"天色昏暗愁惨",米价、银价增涨。(《鸦片战争》Ⅱ,中国近代史资料丛刊,页四二四)销烟不仅使价值六万三千二百六十六英镑的鸦片化为灰烬(马士:《东印度公司对华贸易》卷一,页二七五),而且还断绝了准备好运华销售的鸦片的图利良机。英国本来利用棉织品、鸦片和茶丝构成掠夺中国和印度财富的那条锁链,也由于"禁烟运动"而被粉碎。"禁烟运动"既影响茶丝的输出量,又迫使要用白银订货,这就必然造成英国市场上的茶丝涨价和银根吃紧。(《鸦片战争》Ⅱ,中国近代史资料丛刊,页四一八、四三五至四二六)因此,"禁烟运动"应该认作是以反对英国侵略者利用鸦片毒害中国、侵略中国为主旨的一次伟大的爱国运动。它揭开了中国近代反侵略斗争史的帷幕。

五月十六日,黄爵滋补授通政司通政使。

五月十八日,广州自四月初一日起至本日止又续获"烟案一百四十起,贩卖、煎熬、吸食人犯共一百九十二名,烟土一万二千七百七十三两七钱九分,烟膏二百一十二两五钱八分五厘,烟枪一千二百四十五枝,烟锅三十六口。又陆续捞获烟泥二百六十四两二钱,烟膏一十六两六钱六分,烟枪二百四十三枝,烟锅一口"。同时,民间自动首缴的有"烟土一十六万九千三百零七两五钱五分,烟膏四千六百零五两零五分,烟枪二万六千零五十枝,烟锅三百一十六口"。两项合计:"烟土烟膏共重一十八万七千一百七十九两八钱另五厘,烟枪二万七千五百三十八枝,烟锅三百五十三口。"(《严办续获烟犯折》,见《林则徐全集》第三册,奏折页一六七至一六九)

五月中旬,林则徐于销烟后,为杜绝鸦片来源,特发布《严禁中外商民贩卖鸦片烟示》,对鸦片流毒、严禁情况、走私弊端均详加论述,并严令"中外商民暨澳门西洋夷人"遵守禁烟命令。(《林则徐全集》第五册,文录页二一五至二

一七)

五月中旬,林则徐利用英美争夺商业的矛盾,优遇进行正常贸易的美船进口,自三月份以来,美船九只装载米、棉、布匹、黑铅等物入口,对义律抗拒具结、禁止英船进行正常贸易的敌对行动是沉重的打击。林则徐特把此事上《汇报外国货船互市情形及空趸开行只数折》向道光帝报告,以证实确有不卖鸦片的正当商人。(《林则徐全集》第三册,奏折页一六二至一六三)

五月中旬,林则徐收到闽中三月十五日所寄第四号家信,知第三女与郑瑞麟(字仁圃,闽县人,嘉庆二十四年进士,发内阁中书,直军机)次子结婚,即函郑致贺。(《林则徐全集》第七册,信札页一七四)

五月二十日,鸦片贩子继续走私贩毒,破坏禁烟运动,当时翻译的西报曾记此事说:

> 去年自正月至六月止(即中国自十八年十一月至十九年五月二十日),共卖出……鸦片一万八千九百三十二箱。以上之鸦片,每箱价值四百九十个噜啤(计洋银二百四十五圆)。现在又起价,所有收贮之鸦片,并前次所存下之鸦片,俱留至下次出卖。所有之鸦片,只卖与凡由水路带出口之人。

> (《鸦片战争》Ⅱ,中国近代史资料丛刊,页四二六)

五月二十五日,林则徐因收到清廷三月间颁发的上谕,其中有不准呈缴烟具烟膏的内容,以致引起社会上的种种揣测,如:

> 滨海愚民,无知误会,近日纷纷传播,转谓烟禁已弛,有枪有土,仍听存留。前此赴乡查访之绅耆,辄被乡民恃顽抗阻,谓已奉旨免缴,何得多事。此等借词摇惑,以严为宽,实属诈妄之尤,亟宜痛加惩创。

于是上《沥陈民间烟土枪具仍宜收缴片》,反复阐述收缴愈于查拿的道理在于“夺其物以祛所嗜”、“欲去其瘾,先去其枪”,并提出了“寓收缴于保甲,责大吏以督查”的具体建议,要求清廷澄清混乱,再颁谕旨,重申严禁之意。(《林则徐全集》第三册,奏折页一六三至一六七)

［按］　清廷于收到林奏后曾谕内阁称:“著通谕各直省大吏:拿获吸烟人犯,务将烟具、烟膏,销毁净尽。其有呈缴之后,仍复吸食或地方官僚假造邀功,或该犯因拿借以免罪,种种弊窦,均著详实从实严办,毋得任其朦混。”(《道光朝筹办夷务始末》卷七,页二一)

同时,林则徐又致函怡良,对清廷谕旨内容有所解释,并要求怡良禁止士子带鸦片烟入场。信中写道:

> 收缴一事,谕旨只不令具奏,以杜地方官假造邀功。恐众人误会,因此撤局。试问更有何法办理?想阁下自有定识也。……

> 士子带鸦片入场,近竟毫无忌惮,与其局门后查搜发觉,不能不办,何如及早戒断。执事转瞬监临秋试,此言早出,足以动人,且非不教而诛。应否出示之处,尚希裁酌是荷!

(《林则徐全集》第七册,信札页一七四至一七五)

五月二十六日,林则徐收到五月初五发来的上谕一道,即钦定禁烟新例:

> 开窑口者,为首请令斩枭,为从及寻常兴贩为首,俱绞候;开馆引诱者绞决;吸食者一年六个月限内问流,至限外问绞候。此外原奏条款,多至数十条。

(《林则徐全集》第九册,日记页三九六)

五月二十七日,林则徐早晨出城与邓廷桢"同至十三行公司馆内,观拆毁平台十七座。又观靖远街、同文街、联兴街、新荳栏等处情形"。(《林则徐全集》第九册,日记页三九六)

五月二十七日,九龙附近尖沙村民人林维喜被英船水手酗酒行凶,棍殴致死。这是英国侵略者企图破坏中国主权的挑衅性试探。

> 况夷人酗酒打降,习以为常。五月二十七日,尖沙村中有民人林维喜被夷人酒醉行凶,棍殴毙命。经新安县梁星源验明,顶心及左乳下各受木棍重伤。讯据见证乡邻,佥称系嘆咭唎国船上夷人所殴,众供甚为确凿。谕令义律交出凶夷,照例办理。将及两月,延不肯交。臣等给与谕函,亦竟始终不接。窃思人命至重,若因嘆夷而废法律,则不但无以驭他国,更何以治华民。义律肆意抗违,断非该国王令其如此,安可听其狂悖,而置命案于不办,任奸究以营私,坏法养痈,臣等实所不敢。恭查嘉庆十三年,嘆国兵头嘟嚷喱等在澳门违犯禁令,钦奉谕旨:"即实力禁绝柴米,不准买办食物。"等因。钦此。此时义律与各奸夷均住澳门,前以装货为词,显有占踞之意,今更种种顽抗,自应遵照嘉庆十三年之例,禁绝嘆夷柴米食物,撤其买办工人。臣等于七月初八日驻扎香山县城,勒兵分布各处要口,俾知儆畏。仍晓谕在澳华民及西洋各国夷人,以此举

346

专为噗夷违犯,不得不制以威,与别国均无干涉,毋庸惊扰。且查例载"夷商销货后,不得在澳逗留"等语。今该夷既不进口贸易,是不销货,即不当住澳,应与奉逐各奸夷均照例不准羁留。

（《义律抗不交凶断其接济并勒兵分堵海口折》,

见《林则徐全集》第三册,奏折页一八四）

五月二十九日,林则徐、邓廷桢、怡良根据禁烟新例颁禁烟治罪条例十七条。在公布条例的告示中痛斥社会上一些人的"捏播谣言"。

治罪条款开列于左:(共十七条)

一、开设窑口,勾通外夷,潜买鸦片,囤积发卖,首犯拟斩立决,恭请王命,先行正法,传首海口,悬竿示众。为从同谋接引护送之犯,并知情受雇之船户,均拟绞监候;居屋船只一律入官。

一、海口员弁兵丁受贿故纵,无论赃之多寡,概拟绞立决;未得贿而知情徇纵者,发新疆。

一、合伙开设窑口兴贩,以造意者为首。

一、寄囤夷船鸦片,照开设窑口从犯治罪;其寻常兴贩案内知情受寄之犯,减首犯一等治罪。

一、拿获兴贩吸食之犯,得财卖放者,与本犯一体治罪;赃重者计赃,以枉法从重论。

一、禁卒人等买鸦片与犯人者,发极边烟瘴充军,看役有犯前项情弊,发近边充军。赃重者计赃,以枉法从重论。

一、兵役人等并地方匪棍,假以查拿为由,肆行抢夺,并挟仇图诈栽烟诬赖审实,不分首从,俱照诬良为盗例,发边远充军;赃至百二十两以上者为首,拟绞监候。

一、鸦片案内问拟流罪以上人犯,概不准留养。

一、事未发而自首者,照律免罪,闻拿投首者,减一等科断。首后复犯,加等治罪,不准再首。

一、私开烟馆,首犯拟绞立决,房屋入官。从犯及知情租给房屋之犯,发新疆给官兵为奴,房屋一律入官,兵役受贿包庇,与犯一体科罪。知情之地保、邻佑人等,俱杖一百,徒三年,有赃计赃,准枉法从重论。

一、内地奸民栽种罂粟花,收浆制造鸦片,熬膏售卖,及兴贩鸦片烟

· 347 ·

膏、烟土，发卖图利，数至五百两，或虽不及五百两而兴贩多次者，在一年六个月之内，首犯拟绞监候，为从发极边烟瘴充军；若兴贩仅止一二次，并为数不及五百两，为首发新疆给官兵为奴。为从发极边足四千里充军，至一年六个月后，首、从均拟绞监候。兵役受贿包庇，与首犯一体科罪，赃重者计赃，以枉法从重论。知情租给田房之业主，及知情受雇之船户，一年以外，发边远充军；一年以内，杖□百，流二千里；半年以内，杖一百，徒三年；田地船只房屋，一律入官。有能自行首告将犯指拿到官者免罪，田房船只并免入官，首而无获者，但准免罪，田房船只，仍行入官。邻佑、地保知而不首，各杖一百，有赃者计赃，准枉法从重论。

一、吸食鸦片人犯，在京奉旨之日为始，各省以奉到部文之日为始（广东省系于道光十九年五月二十六日奉文，所有闽省各属，均应照此计算），均予限一年六个月，限满不知悛改，无论官员军民人等，一概拟绞监候。其在一年六个月限内，犯者平民杖一百，流二千里；不能供出贩卖之人，加一等，杖一百，流二千五百里。系旗人，销除旗档，一体实发在官人役，并官亲幕友长随。（下缺）

（《林则徐全集》第五册，文录页二一九至二二一）

五月二十九日，林维禧之子林伏超被收买，出具遵依字据，自认其父"被夷人身挨失足跌地，撞石毙命。此安于天命，不关夷人之事。林伏超母子甘心向夷人哀求，幸夷人心行恻隐，帮回丧费银些少与伏超母子并亲人等，搬父亲维禧回家，殡葬妥息"。日后尸亲人等亦"不得生端图赖夷人"。（《林则徐全集》第五册，文录页二二八）

五月三十日，义律匆忙赶往尖沙咀进行所谓"就地调查"，并故作姿态地悬赏征求证人。并收买尸亲及负伤村民。

六月初二日，原两江总督陶澍卒。林则徐缅怀多年友情和对自己的知遇，写了挽联，表示哀悼。联语是：

大度领江淮，宠辱胥忘，美谥终凭公论定；

前型重山斗，步趋靡及，遗章惭负替人期。公遗疏有"林则徐才识十倍于臣"之语，读之汗下

（梁章钜：《楹联续话》卷三；《林则徐全集》第六册，诗词页三二六）

[按] 遗章指陶澍的《恭谢恩准开缺折子》。（《陶文毅公全集》卷三〇）陶在

折中推荐林则徐说："林则徐才长心细，识力十倍于臣。"道光帝即令林接陶任，故联中有"替人"之语。

六月初二日，获悉尖沙咀夷船水手有欧伤华民身死之事，拟委员往办。次日，至抚署会商委员验讯命案，缉拿凶夷事。（《林则徐全集》第九册，日记页三九六）

林则徐邀请伯驾和袁德辉等人选译《各国律例》（译文载百卷本《海国图志》卷八三及六十卷本卷五二），供处理案件的参考。翻译工作一直进行到七月底。

1839年7月，林钦差通过第三者要求伯驾将当时欧洲外交家广泛使用的一部标准的国际法手册——埃尔默里克·德·滑达尔撰著的《各国律例》——一书中的某些章节译成中文。林的兴趣集中在"战争及伴随的诸如封锁、禁运等敌对措施"之类的有关章节上面。伯驾的1839年8月23日的日记，表明他正在搞这项工作；他于9月5日致安德森的信中提到他每日向教师学习语文时，他们"近来曾翻译"这些章节。这些章节论述一个国家拥有禁绝外国货，没收走私货，以及进行战争的权利。徐中约将滑达尔著作的英译本（原版为法文）同伯驾意译的汉文本作了比较，看出这位美国人不大能够表达滑达尔行文的明白流畅。（徐中约：《中国进入国际大家庭：外交侧面，1858—1880》，马萨诸塞州，剑桥，1960年，页123至125）不管是为了对觉察得出的意义不明而产生怀疑，还是为了慎重起见，钦差叫译员将相同的三节和第四节重译一遍。（[美]爱德华·V.古利克：《鸦片与战争迫在眉睫》，见《彼得·伯驾与中国门户的打开》第六章；译文据《鸦片战争及林则徐研究外文资料选译》页一〇六至一〇七）

极为有意义的是林则徐选择了滑达尔的《各国律例》一书的几节。原书出版于1758年。作者是瑞士人。此书是站在资产阶级的立场来维护民族国家独立的。现保存《海国图志》第八十三卷的两份译文，一署米利坚医生柏驾，一署袁德辉译，两种译文有一节是重复的。袁是衙门中的一个翻译。这个柏驾医生是美国传教士，在广州以开设眼科医院为名进行侵略活动，此人写的医院年报中记有6565号病案说："小肠疝气。林钦差。人未见。从职业观点来看，这个病案没有什么可记，但与这样显赫人物交往，记录其若干经过未始不是很有意义的。与他初次来往是在（1839年）7月间，不是治病而是他叫行商送来滑达尔的《各国律例》若干段,要求译成中文。这几段谈到战争、敌对措施如封锁禁运等等",可见现今保存的一份译文确是这个后来当过美国驻华使节的柏驾再译的。

(陈原:《林则徐译书》,见 1961 年 5 月 4 日《人民日报》)

[按] 杨国桢《林则徐对西方知识的探求》一文介绍此二书说:"《滑达尔各国律例》即 1758 年出版的瑞士人滑达尔所著《国际法运用在行为和民族与主权事务的自然法则的原则》,摘译其中的第三十七章的一小段、第一百七十二条和第二百九十二条,内容涉及战争、敌对措施如封锁、禁运等,是直接为勒令义律交出杀害林维喜案凶犯作参考的。

[又按] 王维俭:《关于林则徐翻译西方国际法著作考略》一文指出,收于《海国图志》中的这几段译文,摘译自奇蒂(J. Chitthy)英译本第三十八页脚注第三十七(误译为第三十七章)、第一七二页(误译为第一百七十二条)和第二九二页(误译为第二百九十二条)。(《中山大学学报》哲社版 1985 年第 1 期)

[又按] 《滑达尔各国律例》简称《各国律例》。滑达尔,亦译作瓦特尔(Emerich de Vattel,1714—1767),瑞士人,所著《万国公法》(Le Dvoit des Gens;The Law of Nations)又称《适用于各国和主权者的行为和事务的自然法则》(Principles of Law of Nature Applied to the Conducts and Affairs of Nations and Sovereigns),出版于 1758 年,出版后在欧洲风行一时。该书原系法文,英译本于 1834 年出版,均印行了好几版。林则徐主持翻译《万国公法》的部分内容,最初编入《四洲志》,后魏源选择其中若干段落,辑入《海国图志》六十卷本的第五十二卷,以后又辑入百卷本的第八十三卷。译文分别由袁德辉和米利坚医生伯驾译出。共计摘译该书第三十七页的一小段、第一百七十二页和二百九十二页,内容涉及战争、敌对措施如封锁、禁运等。(《林则徐全集》第十册,译编《本卷编辑说明》)

六月初七日,江南道监察御史骆秉章上《请整饬洋务以绝弊端折》提出五项建议即:①"慎选洋商以专责成也";②"严禁□毡以防勾串也";③"严禁夷人久住省馆以绝弊源也";④"三板夷船禁止停泊省河以防偷运也";⑤"内地洋银应与纹银一律严禁出洋以杜影射也"。(《道光朝筹办夷务始末》卷七,页一一至一六)

六月初八日,在靖海门外销毁烟土。次日,林则徐与两院同往看视销毁情况。(《林则徐全集》第九册,日记页三九七至三九八)

六月十一日至十四日，林则徐分日提审鸦片案犯。其中包括水师官弁梁恩升、徐广、王振高、保安泰。十六日，又提审水师守备伦朝光。（《林则徐全集》第九册，日记页三九八）

六月十五日，林则徐举行"观风试"。粤秀、越华、羊城三书院参加者共六百四十五人。（《林则徐全集》第九册，日记页三九八）林则徐利用这一形式了解到鸦片屯户姓名及水师贿纵等情况。当时学者梁廷枏曾记此事说：

> 则徐因其乡人之久于粤者，习闻水师得规故纵之说，乃选集会城粤秀、越华、羊城三书院肄业生数百人为观风试。假学政考栅局而考之，卷夹字条，开四事为问。（四事：一、大窑口所在及开设者姓名，一、零星贩户，一、令各就耳目所及指出，而不书己名于纸片，一、断绝禁物法。卷册先由监院教官备送。前一夕预传刻匠，以三鼓刻印留于行署，诘朝乃出，点名后诸生见条纸始知）于是诸生各以所闻详书于纸，则尽悉屯户姓名及水师贿纵报获献功欺蒙大吏状，商之廷桢，奏褫肇庆职，尽发遣其属弁。

（梁廷枏：《夷氛闻记》卷一）

［按］光绪七年张麟定观风试告示书后也记此事说："方公奉命查办鸦片，虑奸贩之姓名难知，囤积之住所莫识，爰以观风为名，召诸生扃门试之，卷内亲夹片纸，令各举所知，查讯得实有重赏。凡条陈皆面呈，毋经僚吏手，士皆如命。事毕启扃，召守令分道搜查。一时奸猾无得脱者，人皆诧为神明而服其整暇。闻是事时，定甫十四，距今四十三年矣。……"（光绪辛巳小春，部民张麟定读讫，见《云左山房文钞》卷三）可知此事当时已传诵人口。又观风试告示全文则纯为官样文章。（《广东越华粤秀羊城三书院观风告示》，见《林则徐全集》第五册，文录页二一七至二一八）

六月十六日，林则徐拜会学使戴熙。《戴醇士学使（熙）画松题句》诗，或即写于此时。（《林则徐全集》第六册，诗词页一九六）

六月二十三日，林则徐、邓廷桢、怡良会衔发出《严禁本地民人与外人非法往来交易告示》，重申要义律交凶的谕令。（回译本，见《林则徐全集》第五册，文录页二三〇）

［按］此件由廖伟章回译自《中国丛报》1839年8月第八卷第四期，李烽校。

六月二十四日，义律非法宣布在中国领海上设一"具有刑事与海上管辖权的法庭",并订七月初四日开庭审理,邀请中国官员旁听,为林则徐所拒绝。

六月二十四日,林则徐、邓廷桢、怡良会奏《拟颁发檄谕英国国王稿》。

为照会事:

洪惟我大皇帝抚绥中外,一视同仁,利则与天下公之,害则为天下去之,盖以天地之心为心也。贵国王累世相传,皆称恭顺,观历次进贡表文云:"凡本国人到中国贸易,均蒙大皇帝一体公平恩待。"等语。窃喜贵国王深明大义,感激天恩,是以天朝柔远绥怀,倍加优礼,贸易之利垂二百年,该国所由以富庶称者,赖有此也。唯是通商已久,众夷良莠不齐,遂有夹带鸦片,诱惑华民,以致毒流各省者。似此但知利己不顾害人,乃天理所不容,人情所共愤。大皇帝闻而震怒,特遣本大臣来至广东,与本总督部堂、本巡抚部院会同查办。凡内地民人贩鸦片、食鸦片者,皆应处死。若追究夷人历年贩卖之罪,则其贻害深而攫利重,本为法所当诛。惟念众夷尚知悔罪乞诚,将趸船鸦片二万二百八十三箱,由领事官义律禀请缴收,全行毁化。叠经本大臣等据实具奏。幸蒙大皇帝格外施恩,以自首者情尚可原,姑宽免罪,再犯者法难屡贷,立定新章。谅贵国王向化倾心,定能谕令众夷兢兢奉法,但必晓以利害,乃知天朝法度断不可以不懔遵也。

查该国距内地六七万里,而夷船争来贸易者,为获利之厚故耳。以中国之利利外夷,是夷人所获之厚利,皆从华民分去,岂有反以毒物害华民之理。即夷人未必有心为害,而贪利之极不顾害人,试问天良安在?闻该国禁食鸦片甚严,是固明知鸦片之为害也。既不使为害于该国,则他国尚不可移害,况中国乎!中国所行于外国者,无一非利人之物:利于食,利于用,并利于转卖,皆利也。中国曾有一物为害外国否?况如茶叶、大黄,外国所不可一日无也。中国若靳其利而不恤其害,则夷人何以为生?又外国之呢羽哔叽,非得中国丝斤不能成织,若中国亦靳其利,夷人何利可图?其余食物,自糖料姜桂而外,用物自绸缎磁器而外,外国所必需者,曷可胜数。而外来之物,皆不过以供玩好,可有可无,既非中国要需,何难闭关绝市!乃天朝于茶丝诸货,悉任其贩运流通,绝不靳惜,无他,利与天下公之也。该国带去内地货物,不特自资食用,且得以分售各国,获利三倍,即不卖鸦片,而其三倍之利自在,何忍更以害人之物恣无厌之求乎！设使别国有人贩鸦片至嗼国诱人买食，当亦贵国王所深恶而痛绝之也。

向闻贵国王存心仁厚，自不肯以己所不欲者施之于人，并闻来粤之船，皆经颁给条约，有不许携带禁物之语，是贵国王之政令本属严明。只因商船众多，前此或未加察。今行文照会，明知天朝禁令之严，定必使之不敢再犯。且闻贵国王所都之嘲顿及嘶噶嘣、嗳嵛等处，本皆不产鸦片，惟所辖印度地方，如嗧啊啦、嗄喠啦囄、嗑嗗、叭喠喥、嚹喥嘛唟啀数处，连山栽种，开池制造，累月经年，以厚其毒，臭秽上达，天怒神恫。贵国王诚能于此等处拔尽根株，尽锄其地，改种五谷。有敢再图种造鸦片者，重治其罪，此真兴利除害之大仁政，天所佑而神所福，延年寿、长子孙必在此举矣！

至夷商来至内地，饮食居处无非天朝之恩膏，积聚丰盈，无非天朝之乐利，其在该国之日犹少，而在粤东之日转多，弼教明刑，古今通义，譬如别国人到嗼国贸易，尚须遵嗼国法度，况天朝乎！今定华民之例，卖鸦片者死，食者亦死。试思夷人若无鸦片带来，则华民何由转卖？何由吸食？是奸夷实陷华民于死，岂能独予以生？彼害人一命者尚须以命抵之。况鸦片之害人，岂止一命已乎！故新例于带鸦片来内地之夷人，定以斩绞之罪，所谓为天下去害者此也。复查本年二月间，据该国领事义律以鸦片禁令森严，禀求宽限。凡印度港脚属地请限五月，嗼国本地请限十月，然后即以新例遵行等语。今本大臣等奏蒙大皇帝格外天恩，倍加体恤，凡在一年六个月之内，误带鸦片但能自首全缴者，免其治罪。若过此限期，仍有带来，则是明知故犯，即行正法，断不宽宥，可谓仁之至，义之尽矣！

我天朝君临万国，尽有不测神威，然不忍不教而诛，故特明宣定例，该国夷商欲图长久贸易，必当懍遵宪典，将鸦片永断来源，切勿以身试法。王其诘奸除慝，以保乂尔有邦，益昭恭顺之忱，共享太平之福。幸甚！幸甚！

接到此文之后，即将杜绝鸦片缘由速行移覆，切勿诿延。须至照会者。

（《林则徐全集》第五册，文录页二二一至二二四）

[按] 此件于七月十九日上谕中称："据林等奏拟具檄谕英吉利王底稿，附折呈览。朕详加披阅，所议得体周到。著林等即行照录颁发该国王，俾知遵守。"此件于十二月间由英国船长带往英国。

六月二十六日（8月5日），英国外交部收到义律二月初八日（3月20日）自澳门发致巴麦尊的报告。这是关于林则徐通令鸦片贩子限期缴烟的最早一次报告，并附寄了林则徐二月初四日颁发的谕稿二件。同一天，广州鸦片贩子也把林则徐禁烟的消息传到了伦敦。二十八日，伦敦和与鸦片利益有关的那些下院议员、银行家、商人、鸦片走私船的退休船长等便策划于密室，并与巴麦尊进行秘密会谈，积极进行挑起战争的幕后活动。（《近代史资料》1958年第4期，页一至二）

[按] 禁烟消息传到伦敦的时间，有几种不同记载：

（1）严中平所辑档案资料作1839年8月5日（道光十九年六月二十六日）即此条所引。

（2）《鸦片战争》Ⅱ，中国近代史资料丛刊，页四二四所据《澳门新闻纸》作7月31日（六月二十一日）。

（3）上书页四一八所据《澳门新闻纸》作7月13日（六月二十日）。此中西历换算有误，中历六月二十日应为7月30日。牟安世《鸦片战争》一书引此，未核算。

（4）丁名楠：《帝国主义侵华史》卷一，页二七作1839年7月。

（5）《洋事杂录》作7月30日（六月二十日）。

此数说除（3）换算有误、（4）无确切日期外，其（1）（2）（5）三说或系传闻不一，而《洋事杂录》系经林则徐所审阅并经陈德培选录，当是可信的最早日期。

七月初四日，义律在"威廉要塞"（Fortwilliam）号船上自行开庭审理林维喜案件有关罪犯，将五个水手处轻罚金及监禁了事，仍告中国不交凶手。（马士：《中华帝国对外关系史》第一卷，页二六九）

[按] 判三人监禁六个月，罚金二十镑；两人监禁三个月，罚金十五镑，并指定监禁在英国监牢中执行。（《中国丛报》1939年8月号）

七月初五日，林则徐又在靖海门外东炮台前销毁潮州解省的烟土二万余斤。"新砌一池，可受二百石，四隅嵌以铁锅，燃薪于外"。（《林则徐全集》第九册，日记页四〇〇）是日，阳江镇解到烟土二十个，重九百八十二两。（单据，英国外交部

档案,新编 F. O. 931/14;引自杨国桢:《英国外交部(中文)档案与林则徐研究》,油印本)

七月初六日,交委员南海县县丞明达赍往烧毁之烟土等物数目:

烟土三千一百八十六两五钱五分;

烟膏一百三十八两九钱二分;

烟渣皮七百二十九两;

假土三十七两一钱;

烟花一千六百六十四枝。(单据,英国外交部档案新编 F. O. 931/14;引自杨国桢:《英国外交部(中文)档案与林则徐研究》,油印本)

七月初七日,义律蓄意破坏中国法制,抗不交凶,并称已按照英国律例,"加意彻底细查情由,秉公审办",并诿称"该犯罪不发觉"。(《林则徐全集》第五册,文录页二二七)

七月初七日,林则徐与邓廷桢同赴香山,视察炮台,督促驱逐英人出澳门等事。次日抵达。(《林则徐全集》第九册,日记页四〇一)

七月初八日,林则徐等命令封锁澳门,禁绝柴米、食物运入澳门,撤退买办工人,并以澳门寓居的英人"既不进口贸易,是不贸易,即不当住澳"为理由,驱逐义律等出澳门。并于二十四日上《义律抗不交凶断其接济并勒兵分堵海口折》,报告情况。(《林则徐全集》第三册,奏折页一八一至一八五;又见《道光朝筹办夷务始末》卷八,页四)

七月初九日,林则徐等为维护中国主权,发《会批澳门厅转禀义律抗不交凶说帖》,严词痛斥义律说:

从前内地所办命案夷犯,历历有据,各国无不懔遵,岂义律独可抗违此例乎?若杀人可不抵命,谁不效尤!倘此后嘆夷殴死嘆夷,或他国殴死嘆夷,抑或华民殴死嘆夷,试问义律将要凶手抵命耶?抑亦可以不抵耶?

伊禀内虽云:查出凶犯亦拟诛死,此乃毫无凭据之言,谁能信之。又云该犯罪不发觉,更属欺人之语。查义律既系职官,自有此案之后,两次亲赴尖沙嘴,查讯多日,若尚不知谁为凶手,是木偶之不如,又何以为职官?况明明查有凶夷私押在船;若再抗违不交,是义律始终庇匿罪人,即与罪人同罪,本大臣、本部堂不能不执法与之从事矣。

(《林则徐全集》第五册,文录页二二六至二二七)

七月十三日,连日在澳英人因澳门断其接济而移家登舟者十余户。(《林则徐全集》第九册,日记页四〇二)义律寄出说帖,要求请准买办工人回商馆继续工作。(《林则徐全集》第五册,文录页二三四至二三五)

七月十三日,林则徐在香山致函怡良,表示对林维喜案件的严肃态度:

> 惟严批饬令交凶,至今数日,尚未禀复,姑俟一二日,若再不来,难免竟下辣手耳。

(《林则徐全集》第七册,信札页一七五)

七月十四日,林则徐再一次命澳门同知谕令义律缴土交凶,并指斥其续继违法贩毒的罪行。其谕稿中说:

> 今奸夷尚有多名未去,趸船尚有一半未开,尖沙嘴所泊货船,带来鸦片为数更倍于前,屡经示谕,皆又匿不呈缴。并闻义律宣言于众,更要大卖鸦片,现在拿获汉奸烟犯多名,皆已供明在某某夷船上买出,赃证确凿可凭。且又分遣三板东驶西奔。凡潮州、南澳、高、廉、雷、琼,该夷船所不应到之地,无不窜往。每以劈柴作为照牌,明写鸦片一个洋银几元字样,于潮长时随流送入各口内,诱人售买。遇有兵船驱逐,胆敢先放枪炮恐吓抵拒。又,兵船拿获汉奸,该夷胆敢将兵船诓去,掳禁夷船,勒令释放汉奸。如此狼突鸱张,岂能将就姑容,致贻民害!

林则徐还命令如义律不接阅这份谕稿,"即将此谕实贴大街,俾华民及各国夷人共见共闻"。(《林则徐全集》第五册,文录页二三八至二三九)

当天,澳门同知蒋立昂派专差送此谕令往义律寓所,义律闭门不纳。次日,义律从澳门退往尖沙嘴,专差又送往船上,义律仍坚拒不收。林则徐即《札新安县将澳门厅缴回谕帖转给义律》,告谕义律"该夷一纸说帖。天朝官宪尚且收办,若伊再不将前谕接去,太出情理之外,何颜对人?俟其收后,仍应责令禀复,亦须露封,即由该县阅明,转为禀达,以凭察核办理,切勿违延!速速。"(《林则徐全集》第五册,文录页二三九至二四〇)

七月十六日,林则徐因义律既不交凶又不具结进口,决定驱逐英人离澳,而对"在澳华民及西洋各国夷人"则未违法令,"毋庸惊扰"(《林则徐全集》第三册,奏折页一八四),以示区别。是日,澳葡当局遵令驱逐英商出境。

七月十七日,义律发出《不与官宪来往公文说帖》:

> 现因屡次不顾大体,论及义律办事,曾作不实之言,备做告示,张挂

356

墙壁,更兼斥去工人,不准予接济,是故义律逼得不与官宪来往公文。总侯各告示撤回,工人食物照旧,方得接收礼文也。兹等办法,固为强行凌辱,干冒英吉利国主已极深。所关系,自然大皇帝必以彼钦差大臣为责成也。

(《林则徐全集》第五册,文录页二三五至二三六)

这一说帖既表现义律之悍然不顾事实,又阴险地挑拨道光帝与林则徐的关系。

七月十七日,林则徐根据六月间颁布的《钦定严禁鸦片烟条例》,在香山宣布贸易新规定:

> 钦差大臣林……两广总督邓为再行剀切晓谕事:本大臣、本部堂于本年六月奉大皇帝钦命颁布新章,取缔夷船夹带鸦片,嗣后倘有暗中贩卖,主犯即行枭首,夥从议绞,货款悉数没官。……特再阐述各条如下:一、一切未带鸦片之夷船应声明愿即开进黄埔,一俟验讫,即行卸货。各船不得逗留洋面。二、一切私行夹带鸦片之夷船应即遵令呈缴鸦片,可免议处;一俟悉数缴完,可准进口开舱贸易。三、凡不愿进口之夷船应立刻驶回本国,天朝亦不予追查。四、杀害林维喜之凶手应立刻交出,庶几众夷商不致因隐藏人犯而受牵涉。

(马士:《中华帝国对外关系史》第一卷,页二七一)

七月十八日,上《续获烟犯起缴烟泥烟膏枪具折》,报告自五月十九日至七月初三日收缴情况:

> 兹查自五月十九日起至七月初三日止,又续据各属文武先后报获烟案九十八起,人犯一百五十七名,烟泥三万四千六百七十五两八钱,烟膏三百八十七两五钱四分,烟枪五百五十六枝,烟锅十五口。又陆续捞获及民间自行首缴烟土四万七千九百零三两八钱,烟膏二百四十八两四钱四分,烟枪一万零五十七枝,烟锅一百九十四口。综计烟土烟膏八万三千二百一十五两五钱八分,烟枪一万零六百一十三枝,烟锅二百零九口。解省各犯均随时发司严审,核明事在新例前后,分别惩办。解到烟膏烟土均当堂验明真伪,仿照虎门化烟之法,在于省城外东炮台地方凿地为池,搀以盐卤石灰,用火煮化,枪具亦即随同烧毁。

(《林则徐全集》第三册,奏折页一八〇)

七月十九日，林则徐、邓廷桢在香山观看子母炮和抬炮的演习。(《林则徐全集》第九册，日记页四〇二)

七月十九日。自七月初九起至本日止，义律率散居澳门一带英商眷属等五十七家陆续遁居海上。(《林则徐全集》第三册，奏折页一八五；又《道光朝筹办夷务始末》卷八，页五)

七月二十日，林则徐、邓廷桢会衔发出《颁发禁烟交凶简明条约告示》，规定四项内容：

一、船内并无鸦片者，报明进口，听候验明开舱，不得再迟。

一、船内误带鸦片者，速即自首，全行呈缴，准其免罪。缴清后并准进口开舱贸易。

一、各船自揣不敢进口者，即自扬帆回国，亦免穷追。

一、殴毙林维禧之凶夷速即送出，免致众夷受累，如仍庇匿，与之同罪。

(《林则徐全集》第五册，文录页二四二至二四三)

［按］《中国丛报》第八卷第四期作1839年8月25日，即道光十九年七月十六日。

七月二十三日，英舰"窝拉疑"(H. M. S volage船主士密)到达粤海。(马士：《中华帝国对外关系史》第一卷，页二七二)英舰的到来增强了义律的侵略野心。次日，即要求入澳门。

七月二十三日(8月31日)，林则徐发出《谕沿海民人团练自卫告示》，号召沿海居民："群相集议，购买器械，聚合丁壮，以便自卫，如见夷人上岸滋事，一切民人皆准开枪阻击，勒令退回，或将其捕获。夷人为数甚少，自不能敌众。夷人上岸觅井汲水，应加拦阻，不准其饮用。但若夷人并未上岸，尔等不得擅自登舟，驶近夷船，徒生枝节，违者当予严惩。"(《林则徐全集》第五册，文录页二四三)

同一天的另一告示宣布禁止中国人为英船引水，如有违抗，水师当局"拿获该引水人员，即行就地正法，枭首示众"。(马士：《中华帝国对外关系史》第一卷，页二七二)

七月二十四日，林则徐上《查明英船有骗带华民出国并无戕害幼孩情事折》，向清廷报告外国侵略者掠买华工出洋和华工遭受迫害的情况说：

（据澳门同知蒋立昂禀复）每岁冬间,夷船回国,间有无业贫民私相推引,受雇出洋,但必择年身强壮之人,其稚弱者概不雇用。议定每人先付洋银六七圆,置买衣物,带至该国,则令开山种树,或做粗重活计。每年口食之外仍给洋银十余圆,三年后任其他往。

又查另有一二夷船惯搭穷民出洋谋生,不要船饭钱文,俟带到各夷埠,有人雇用,则一年雇资俱听该船主取去。满一年后,乃按月给予本人工资。当其在船之时,皆以木盆盛饭,呼此等搭船华民一同就食,其呼声与内地呼猪相似,故人目此船为买猪崽,其实只系受雇,并非卖身。十余年前,连值荒年,去者曾以千百计,近年则甚属稀少。

（《林则徐全集》第三册,奏折页一八九至一九一）

七月二十四日,"窝拉疑"号和新来货船四只驶至尖沙咀与该处英船会合。(《致怡良》,见《林则徐全集》第七册,信札页一七六至一七七)

七月二十四日,林则徐上《义律抗不交凶断其接济并勒兵分堵海口折》,这是销烟后情况的综合报告。主要内容是:义律破坏禁烟和诡谋入居澳门、林维喜案件的交涉、封锁澳门、迫使英人遁居海上等。(《林则徐全集》第三册,奏折页一八一至一八五)又附有请严谕将英船新到烟土查明全缴片》,报告英国诡诈情形,要求贯彻执行禁烟政策,特别强调了沿海居民同仇敌忾的民情说:

臣等察看民情,所有沿海村庄,不但正士端人衔之刺骨,即渔舟村店亦俱恨其强梁,必能自保身家,团练抵御。彼见处处有备,自必不致停留。

（《林则徐全集》第三册,奏折页一八八）

林则徐通过对民情的考察,开始比较明确地反映他"民心可用"的思想。不过,对于侵略者的认识,这时还停留在一种比较片面,甚至还很幼稚可笑的状态,如他在片中分析可以战胜"夷兵"的原因是:

且夷兵除枪炮之外,击刺步伐,俱非所娴,而其腿足裹缠,结束紧密,屈伸皆所不便,若至岸上,更无能为,是其强非不可制也。

（《林则徐全集》第三册,奏折页一八六）

七月二十五日,林则徐与邓廷桢赴香山、澳门一带巡阅示威。当夜,林则徐收到七月初四日廷寄,命他接任两江总督后即议复金应麟(亚伯)关于漕务的意见。(《林则徐全集》第九册,日记页四〇三)

七月二十六日,林则徐、邓廷桢抵达澳门,受到澳门葡官及兵民的热烈欢迎。林则徐在日记中详细地记录了这次巡视活动。

> 卯刻由前山南行,十里曰莲花茎,盖澳门三面当海,北面一山崎于海中,曰花峰,山下长堤一道,北通前山,如莲茎然,故名。于茎之中间,横筑垛城数丈,以界华夷,曰关闸,设弁守之。甫出关闸,则有夷目领夷兵百名迎接,皆夷装戎服,列队披执于舆前,奏夷乐,导引入澳。过望厦村,有庙曰新庙,祀关圣,先诣神前行香。在庙中传见夷目,与之语,使通事传谕,即颁赏夷官色绫、折扇、茶叶、冰糖四物,夷兵牛、羊、酒、面并洋银四百枚。入三巴门,自北而南,至娘妈阁天后前行香,小坐。复历南环街,由南而北,凡澳内夷楼大都在目矣。夷人好治宅,重楼叠屋,多至三层,绣阅绿窗,望如金碧。是日无论男妇,皆倚窗填衢而观,惜夷服太觉不类:其男浑身包裹紧密,短褐长腿,如演剧扮作狐、兔等兽之形。其帽圆而长,颇似皂役,虽暑月亦多用毡绒之类为之,帽里每藏汗巾数条,见所尊则摘帽敛手为礼,其发多卷,又剪去长者,仅留数寸。须本多髯,乃或薙其半,而留一道卷毛,骤见能令人骇,粤人呼为鬼子,良非丑诋。更有一种鬼奴,谓之黑鬼,乃谟鲁国人,皆供夷人使者,其黑有过于漆,天生使然也。妇女头发或分梳两道,或三道,皆无高髻。衣则上而露胸,下而重裙。婚配皆由男女自择,不避同姓,真夷俗也。

(《林则徐全集》第九册,日记页四〇三至四〇四)

林则徐在接见澳门葡官嗷嚧吗哋吵时,"宣布恩威,申明禁令,谕以安分守法,不许屯贮禁物,不许徇庇奸夷"。葡官也表示"现在随同官宪驱逐卖烟奸夷,亦属分内当为之事"。八月十一日在虎门上《巡阅澳门抽查华夷户口等情形折》,报告赴澳情况。(《林则徐全集》第三册,奏折页一九五至一九七)

澳门的居民也对林则徐的巡视热烈欢迎,"不但华民扶老携幼,夹道欢呼,即夷人亦皆叠背摩肩,奔趋恐后,恬熙景象,帱载同深"。(《林则徐全集》第三册,奏折页一九七)在外人的记载中也对这一盛况有所描述:

> 中国的居民,早已树起几个牌坊,饰以彩球与对联,充满赞扬的词句。当大轿到达各家的门前时,他们搬出桌案,上边摆着花瓶,以表示对于禁烟大臣的谢意。

(宾汉:《英军在华作战记》,见《鸦片战争》V,中国近代史资料丛刊,页四五)

林则徐、邓廷桢在澳门视察三小时后,当日即离澳门归来。

七月二十七日,义律率兵船二艘、货船三艘到九龙海岸以索食为名,进行挑衅活动,我水师奋起反击,将其击退,是为九龙之战。(《林则徐全集》第三册,奏折页一九二)鸦片战争从此正式爆发。

[**按**]　梁廷枬《夷氛闻记》记九龙战役为九月晦,但林奏作七月二十七日,林日记也在七月二十九日条记接获战报事。梁记疑误。

[**又按**]　中国近代史的开端年代,历来就有1839年与1840年二说。我是主张以1839年为开端年代的,并于1957年写《中国近代史的开端年代》专文(见拙编《中国近代史述丛》)加以阐述。牟安世教授的《鸦片战争》一书也持此说。他在书首引言注中就说:"鸦片战争爆发年代,在目前的历史书籍中有1839年和1840年两种提法;本稿根据1839年在广东已经爆发中英九龙之战、穿鼻之战及官涌之战等事实,采用前一种提法。"他在该书第三章第一节再次申明这一观点。

义律挑衅活动的失败受到了非议和抱怨,西报认为这是大错。(《海国图志》卷八二)当时亲身参加过战事的亚当·艾姆斯里在致威廉·艾姆斯里的信中说:"炮台也向我们开火,打得顽强而相当准确",使得英国的"人们都瘫痪了"。而这个侵略分子,不仅当时已"说不出话来",事后又表示:"我希望我绝对不再参加这种战斗,从这次战斗里,我们已经被揍得很够受的了。"这充分证明了中国士兵的英勇抗击和英国侵略军的狼狈丑态。(《近代史资料》1985年第4期)

七月二十八日,林则徐对义律和英商等遁居海上的抗拒行为深感迷惑不解,在《致怡良》函中说:"替义律设想,总无出路,不知因何尚不回头。"(《林则徐全集》第七册,信札页一七七)这反映了当时林则徐对侵略者的真实意图尚未洞察。

七月二十九日,林则徐、邓廷桢于虎门镇口,在舟中与水师提督关天培晤面,旋即登岸,三人共同议事。午饭后,获悉九龙海战战报,三人又同在邓廷桢寓所筹议。(《林则徐全集》第九册,日记页四〇四)

八月初一日,在广东琼州原籍守制之张岳崧致函林则徐,提出严禁民船外出的禁烟方案。(《林则徐信稿》页一五七)

八月初六日,林则徐将省城寓中人全部移住虎门,拟久驻其地。"是日虎门水军列阵操演。"(《林则徐全集》第九册,日记页四〇五)

八月初七日,义律潜回澳门。初九日,义律通过葡萄牙在澳官员递禀要求重开谈判。林则徐就缴清私烟、惩办凶手、逗船离境及九龙挑衅等问题给以严正的批示。十三日将此批示发交义律。(《林则徐全集》第五册,文录页二四六)

八月初九日,义律从澳门至香港,次日乘船偷犯九龙,"窥测侦察"。林则徐为此饬令水师提督安排船队及官军,并确定进击日期。务须不许彼等在尖沙咀游弋,强迫其抛掉鸦片,使彼等之毒品淹没于中华宝土。(《咨水师提督饬加强戒备及确定进击英人日期》,见《林则徐全集》第五册,文录页二五六)

八月初十日,英商比地里要求入口进行正当贸易。(《林则徐全集》第五册,文录页二五七)

八月十一日,林则徐、邓廷桢会衔上《义律率船偷袭师船已予反击及葡人代为转圜情形折》,向清政府详细报告九龙海战经过及胜仗情况。

> 七月二十七日午刻,义律忽带大小夷船五只赴彼(新夏按:九龙山口岸),先遣一只拢上师船递禀,求为买食。该将(大鹏营参将赖恩爵)正遣弁兵传谕开导间,夷人出其不意,将五船炮火,一齐点放。……该将赖恩爵见其来势凶猛,亟挥令各船及炮台弁兵施放大炮对敌,击翻双桅夷船一只,在漩涡中滚转,夷人纷纷落水,各船始退。少顷,该夷来船更倍于前,复有大船拦截鲤鱼门,炮弹蜂集。我兵用网沙等物设法闪避,一面奋力对击,瞭见该夷兵船驶来帮助,该将弁等忿激之下,奋不顾身,连放大炮,轰毙夷人多名……迨至戌刻,夷船始遁回尖沙嘴。……

(《林则徐全集》第三册,奏折页一九二至一九五)

[按] 道光帝于九月五日收到林则徐等九龙战况奏报后曾于原奏"若万不得已,仍须制以兵威"句旁加朱批道:"既有此番举动,若再示以柔弱,则大不可,朕不虑卿等孟浪,但戒卿等不可畏葸,先威后德,控制之良法也。相机悉心筹度。勉之!慎之!"(原折夹行朱批,见《林则徐全集》第三册,奏折页一九四)又要求林则徐:"计出万全,一劳永逸,断不致轻率偾事,亦不致畏葸无能。"(《道光朝筹办夷务始末》卷八,页一七至一八)这一要求实际上成为日后把全部责任加在林则徐身上,进行翻云覆雨变幻的借口。

同时附奏《漕运事宜俟原奏寄到的核具奏折》。(《林则徐全集》第三册,奏折页一九七至一九八)

[**按**]　十一月初九日,林见到原奏后正式上《复议遵旨体察漕务情形通盘筹画折》。

同日,又上《巡阅澳门抽查华夷户口等情形折》,报告澳门历史与现状,并陈述七月二十五日视察澳门受到欢迎之情景。(《林则徐全集》第三册,奏折页一九五至一九七)

八月十三日,林则徐向义律表示断绝鸦片的决心,发《会札澳门厅传谕义律条款》,重申维护中国法制的意旨说:

本大臣奉大皇帝特命来粤,与本部堂断绝鸦片根株,总要夷船全无烟土带来,始肯歇手。

殴毙林维喜之凶夷,系英国船上水手,众供早经指定,即花旗亦已辨明。且查义律已将登岸酗酒在场滋事夷人数名,拘禁在船。若此数人之中,不能审定正凶,何妨送请天朝官宪,代为审明。只留一个应抵之人,其余仍即发回。此系天朝办理命案定例,无枉无纵。若再抗违不遵,在一人漏网之事犹小,而外夷坏法之罪难容。惟有声罪致讨,痛加剿办,以伸天朝国法,该夷凛之。

(《林则徐全集》第五册,文录页二四六至二四七)

八月十四日(9月21日),英政府收到义律的正式报告后,巴麦尊立即叫嚣说:对付中国唯一的办法,"就是先揍它一顿,然后再作解释"。表明了侵略者蛮横无理的态度。(丁名楠等《帝国主义侵华史》第一卷,页二七)

八月十五日,林则徐与邓廷桢赴沙角炮台会同关天培查点日来调集兵勇各船册籍,计有兵船、火船共八十余只。晚间又同登沙角炮台山顶,赏月片时,仍与邓廷桢乘潮而返。"是夜见义律复澳门同知信。乞诚尤切。"(《林则徐全集》第九册,日记页四〇六)

9月22日(八月十五日),他在虎门检阅了八十艘中国水师的战船——舢板和火船。中国人的八月中秋是传统的登高、赏月和赋诗的佳节。林一直登上穿鼻附近沙角山巅的角塔去赏月。他可以望见关提督碇泊的舰队。他的诗句开始有:"大宣皇威震四裔,彼服其罪吾乃柔。"……

([英]杰克·比钦:《林钦差》,见 Jack Beeching. *The Chinese Opium war*——《中国鸦片战争》第三章;译文据《鸦片战争及林则徐研究外文资料选译》页五一)

[**按**] 林登沙角炮台仅赏月,有关的《中秋巘筠尚书招余及英滋圃军门(天培)饮沙角炮台,眺月有作》诗是二十七日追述之作,写赠邓廷桢,并非中秋夜所写。

八月十七日,义律托在澳葡官居间会见澳门同知蒋立昂,义律以说帖交蒋,对其继续进行鸦片走私及拒交林维喜案凶手等事进行狡辩。(《林则徐全集》第五册,文录页二四九)

八月十七日,道光帝命令林则徐:"趁此惊动之际,力除弊窦,所有该国大小船只,游奕洋面迹有可疑者,均著驱逐出境。"九月初九日,林则徐收到这份上谕。(《道光朝筹办夷务始末》卷八,页一〇)

八月十九日,在《致望云庐》函中,辩解朝中不协议论。

> 此间夷务情形,节次疏陈自邀鉴及。弟总惟据事直书,不敢掩饰,明知中朝均不以为然也。盖反复靡常者夷之情,而欺软畏强者夷之性。缴土时之恭顺,全恃天威,追缴完下澳之后,未几而思取巧蒙混,未几又思挟制刁难,皆个中应有之征候。

(《林则徐全集》第七册,信札页一七八)

八月二十一日,林则徐严词驳斥义律说帖中种种狡辩。发《札澳门同知传谕义律准驳条款》,指明各船不得隐藏烟土或转运他地,并限令十日内交出殴毙林维喜的凶手。

> 该领事果愿保全该国生计,应仍遵照节次呈缴之谕,不得专执一说,致日后查出烟土,重治其罪,转贻后悔也。

> 姑准予限十日,查出送官审办。现在各处所派水陆兵勇,云集海洋,不得再有饰延,致干剿办。

(《林则徐全集》第五册,文录页二五一)

八月二十三日,英国曼彻斯特与对华贸易有关的工业资本家和商人三十九家上书巴麦尊,要求英政府"对于中国方面这种侵略(?)行为,应予以迅速的、强有力的、明确的对策","利用这个机会,将对华贸易置于安全的、稳固的、永久的基础之上"。(《鸦片战争》Ⅱ,中国近代史资料丛刊,页六三四)

八月二十四日,林则徐收到八月十日英商比地里要求入口贸易的禀帖,即批令:"照式具结,速由洋商禀送,立即引进黄埔验明贸易",以示对正常贸易的鼓励,并附发了切结格式。结内主要表明"不敢夹带鸦片。倘查出本船

有一两鸦片,愿将夹带之犯,听凭天朝官宪即行正法,船货全行没官"。(《林则徐全集》第五册,文录页二五六至二五七)

八月二十四日(10 月 1 日),英内阁会议决定"派遣一支舰队到中国海去","对三分之一的人类的主人作战",即准备发动对华的侵略战争了。这一决定在九月十二日(10 月 18 日)由巴麦尊以秘密训令的形式通知义律执行。(《近代史资料》1958 年第 4 期)

八月二十五日,林则徐应关天培之请,为关题《延龄瑞菊图》,以纪念关母生辰。诗中推崇关保卫海防的功绩说:

一品斑衣捧寿卮,　　九旬慈母六旬儿。

功高靖海长城倚,　　心切循陔老圃知。

浥露英含堂北树,　　傲霜花艳岭南枝。

起居八座君恩问,　　旌节江东指日移。

(《林则徐全集》第六册,诗词页一九六)

八月二十六日,邓廷桢填《月华清》一阕,纪中秋沙角炮台之游以赠林则徐,林即写《月华清(和邓嶰筠尚书〈沙角眺月〉原韵)》和之。林词虽然表现他在任重事烦情形下好整以暇的风度,但不免流露出在"鞅掌星驰"繁忙工作中怀念在北京作文学侍从之上时那种"软尘风细"悠闲生活的留恋心情。全词是:

穴底龙眠,沙头鸥静,镜奁开出云际。万里晴同,独喜素娥来此。认前身、金粟飘香;拼今夕、羽衣扶醉。无事。更凭栏想望,谁家秋思。

忆逐承明队里,正烛撒玉堂,月明珠市,鞅掌星驰,争比软尘风细。问烟楼、撞破何时;怪灯影、照他无睡。宵霁。念高寒玉宇,在长安里。

(《林则徐全集》第六册,诗词页二九〇)

[按]　邓廷桢的原词附见《云左山房诗钞》诗余附卷。

八月二十七日,林则徐追述中秋节与邓廷桢、关天培共作沙角炮台之游,赋《中秋嶰筠尚书招余及关滋圃军门(天培)饮沙角炮台,眺月有作》一诗,赠给邓廷桢。林诗满怀豪情,意气激昂,充满着克敌制胜的信心,是具有爱国思想的诗篇。其主要诗句有:

……

是时战舰多貔貅,　　相随大树驱蚍蜉。

炮声裂山杂鼓角，　　樯影蘸水扬旌斿。

楼船将军肃铃律，　　云台主帅精运筹。

大宣皇威震四裔，　　彼服其罪吾乃柔。

军中欢宴岂儿戏，　　此际正复参机谋。

……

蛮烟一扫海如镜，　　清风长此留炎州。

……

但这首诗也流露出林则徐的低沉情绪，在诗篇结尾处感叹道：

今年此夕销百忧，　　明年此夕相对不？

留诗准备别后忆，　　事定吾欲归田畴。

（《林则徐全集》第六册，诗词页七八）

八月二十八日，义律又上说帖，对惩凶和具结问题继续推诿和拖延。（《林则徐全集》第五册，文录页二六〇至二六一）林则徐于九月初二日收到此禀后即严加驳斥，发出英文文告《会谕义律分别准驳事宜》。

一、具结一事，已据该领事禀请遵办，惟结内应写字样，前已明白谕知。兹据复称，所谕写明字样，请候至十二月间等语。旷日持久，难以准行。查该领事本请逐船搜查，今将具结与搜查二事，合而为一，通融办理。其情愿照式具结者，即准照常贸易，不必再行搜查。未具结者，须将该船提至沙角搜检。其搜检之法，应令该夷商将本船货物尽行盘至驳船，委员将驳船货物，与本船空舱，逐一搜检。如有鸦片，即将夹带本犯照例正法，船货全行人官；果无鸦片，仍准贸易。其本船若愿进埔，即不必另议；倘不进埔，亦须照例丈量完纳船钞。其货物或亲押进口，或托付洋商，悉听该夷自择。若不照式具结，又不遵照起货听候搜检，是其船内明有鸦片，断不能容其走私，限三日内统行驱逐回国；如三日后仍尚逗留，定即驾驶火船，将该船烧灭除害。此次分别办理，实因各船耽搁日久，姑予格外通融。在义律既不为难，各夷商亦良歹分明，不致彼此牵累。至嗣后再来货船，不论此次曾否出结，曾否搜查，均须另行照式出结。来粤一次，必具一次之结。若不愿具结，或结不如式，万万不准贸易。违抗逗留之船，即行烧毁。所有现遵新例核定结式，分写汉文、夷字，颁发遵照，毋得参差。前谕所指结稿，该夷早有刊本，今照夷字钞录发阅。

一、林维喜命案内行凶之水手，系在何船，本大臣、本部堂早已查询明确，一经提质，不难得实。前谕该领事限十日内送官，今所复仍系空言，殊属有心延玩。惟念前数日在洋阻风，姑再展限十日。如仍空言回复，本大臣、本部堂定即派遣舟师指明凶手所在之船，将其船主、商伙、水手人等全行提来审讯，仍只以正凶一名抵偿，余犯发还，不必与该领事再费唇舌也。

一、奉逐趸船十二只，除已开行四只，并嚟船一只七日内扬帆回去，又唎哩船一只，据称已卖与咪唎坚外，所有吐碎、唪嘧、吐吧囉三只，据称皆已枯坏，姑如所请，准其拆卖。但须定以期限，速即估价出卖，不准借延时日。至喊呕、㖖唎啹、唅船三只，据称未知开行日期，实属含混。著即上紧严催，并将开行日期切实声明。再唪叮咪吐一船，先既违例擅进澳门修理，屡逐不即开行，迨修竣后，复在尖沙、伶仃、大屿各洋游弋。该船并无载货贸易，明是营私，亦须一体逐回。如再抗违，即与逗留各空趸，一并烧毁，人亦拿办。该领事暨船主等，毋贻后悔。

一、奉逐奸夷十六名，除据报嗬呹、呋顿、呋呀呲呕、嘤唧喱、嘆呢唎吐、嗂㖞喱六名，业已回去外，其吡啉唅、叮叮哎、吐呀嘶、咖吐四名，止称就要开行，并未声明何日。至吗哎唅、呀呲唅、噫吃哎三名，则称请俟数日才可报明开行日期，更属延宕。查吗哎唅等三名，皆贩卖鸦片之尤著者，岂容再有观望，著即上紧速催，即日回国，仍将开行日期，确切禀报。又哶噇喱、吂呀呲呕二名，据称并未贩卖鸦片，复请大宪姑念其情等语。查吂呀呲呕乃喳顿之甥，奏明奉旨驱逐，岂能姑容。惟哶噇喱一名，既据该领事屡称并未贩卖鸦片，姑如所请，暂免驱逐，仍听随时查看可也。

（《林则徐全集》第五册，文录页二五八至二六〇）

九月初五日，与邓廷桢"同舟赴沙角阅水操，各水军在水中列队击刺，复上桅顶施放枪箭，俱颇便捷"。（《林则徐全集》第九册，日记页四〇八）

九月间，林则徐为贯彻他从二月间向外商提出的具结要求，曾连续发出谕帖和告示，计有《会谕义律分别准驳事宜》（九月初二日，见《林则徐全集》第五册，文录页二六〇至二六一）、《会谕尖沙嘴英国各船货具结进埔告示》（九月初二日，见《林则徐全集》第五册，文录页二六三至二六四）、《批余保纯到澳会饬洋商转谕义律遵示具结禀》（九月十四日，见《林则徐全集》第五册，文录页二七二至二七三）、《批余保纯等会饬洋商暨咖呀喱等开导外商禀》（九月十六日，见《林则徐全集》第五册，文录页二七四至二七五）、《批余保纯等为英商货船请照候验会禀》（九月十七日，见《林则徐全集》第五册，文录页二七五至二七六）、《会谕义律饬交凶夷并遵示具结》（九月二十一日，见《林则徐全集》第五册，文录页二八一至二八四）、《批余保纯等奉驳饬令英商照式具结会禀》（九月二十一日，见《林则徐全集》第五册，文录页二八四至二八五）等。

　　[按]　关于结文的要求是一致的，但措词上略有不同，如《谕洋商责令外商呈缴烟土稿》中说："嗣后永不敢带鸦片，如再夹带，查出，人即正法，货尽入官。"（二月初四日，《林则徐全集》第五册，文录页一一五）《谕各国商人呈缴烟土稿》中说："嗣后来船永不敢夹带鸦片，如有带来，一经查出，货尽没官，人即正法，情甘服罪。"（二月初四日，《林则徐全集》第五册，文录页一一七）《札澳门同知传谕义律准驳条款》中说："结内尚应写明：'遵照钦颁新例，如有夹带鸦片，人即正法，船货全行入官'字样，毋得参差。"（八月二十一日，《林则徐全集》第五册，文录页二五一）《批洋商译呈英国船主吡哋哩禀》所附结式说："懔遵钦定新例，不敢夹带鸦片。倘查出本船有一两鸦片，愿将夹带之犯，听凭天朝官宪即行正法，船货全行没官。"（八月二十四日，《林则徐全集》第五册，文录页二五七）

　　林则徐之所以坚持具结问题，在其所上《驱逐英国趸船烟犯并饬取切结催交命案凶手情形折》中有所阐述，一则认为具结是"制驭"鸦片贩子的长远之计。他说：

　　　　臣等先于收缴烟土之时，即经饬取生死甘结，该夷坚不肯具。盖以缴烟系一时之事，尚可借以求生，而具结乃长远之事，适恐自陷于死也。然彼所畏惮者在此，则我所以制驭之者亦在此。故臣等不敢借词中止，亦不敢畏难苟安。

　　（《林则徐全集》第三册，奏折页二一三；又《道光朝筹办夷务始末》卷八，页二六）

　　再则，由于时代的局限，林则徐对外国侵略者的本质尚未能认清，过分轻信"夷人最重然诺"这一表面现象：

　　　　臣等体察夷情，最重信字，是以臣林则徐初次谕令该夷呈缴烟土，即先揭出此一层。迨义律禀缴二万二百八十三箱，或疑其言未必能践，而深悉夷情者咸决其必无失信，嗣果缴清烟土，有赢无绌，是其不肯食言,已有明验。

（《谕英领事英船应听候搜查办理出结究凶折》,
见《林则徐全集》第三册,奏折页二〇〇）

盖夷人最重然诺,即议一事,订一期,从不爽约,其出结之事,绝无仅有,非比内地公牍,结多而滥,以致视为泛常。彼愈不肯轻易具结,即愈知其结之可靠,亦愈不能不向其饬取,是以设法办理,直使该夷计穷心慑,至今始克遵依。

（《仍须责令英人出结片》,见《林则徐全集》第三册,奏折页二〇四）

关于取具切结问题,自林则徐于二月间《谕各国商人呈缴烟土稿》中提出后,就有不同的意见,如三月间掌河南道监察御史步际桐就表示过异议说:

……窃以为切结之具,只可断其移迫近洋,不能禁其复停大海。盖移泊近洋,我可据其所具切结,诘之以词,绳之以法。若大海空旷之中,则理谕之有所不闻,势劫之有所不便,向来切结尚复成何把握? 况夷人唯利是图,反复成性,其为计于今日者,方幸夫出结之后,可以脱然引去。虽责以万分切实之结,亦将甘心出结。迨既归而装烟复来,乃为遥停大海之计,以待汉奸之自行运取,是在彼不过以一二人暗送消息,而汉奸之堤防法网者,又谁肯表暴其踪迹,即欲向省馆中夷人责问,亦未必于大众讳饰之中,遽得端倪。善立法者使诸弊处不得不破之势。若因事不显闻,遂以为永断根株,徒令接办之人,开一含混之路,甚非我皇上为时除害、拔本塞源之至意矣。相应请旨饬下该督臣林妥为筹划,于取具各夷人永不夹带切结之外,再为设法,以杜日久渐生之弊端,庶几虑周事外,此害可以永除。

（《道光朝筹办夷务始末》卷六,页二〇至二一）

步奏虽不免为言官吹求之论,但只求具结而无其他具体措施补充配合,也确会产生如步奏中所指出的那种疏漏。所以道光帝即命林则徐“悉心筹划,务使弊源尽绝,永杜含混之端”,“若但以切结为凭,仍属有名无实”。(《道光朝筹办夷务始末》卷六,页二二)

当时比较通达时务的梁廷枏在致邓廷桢函中也认为:“就使彼能具结,亦不过一虚应故事耳。”(《夷氛闻记》卷一)而当时所译的西报中更直说具结无用,并加以讥讽,如:

· 369 ·

……他（指林）所出之结式，实是令人奇异，凡肯具结者，即是好人，不肯具结者，即是走私之人，此算是从来最奇怪分别良歹之法子。……

虽已具结，亦是无用。因为众人皆非诚心具结，众人所已肯具结者，皆因大人强、众人弱，故不得已遵令具结而已。具结之后，若犯出有事，其具结人，定必不交出其船上之人，因船上之人或船上之货物，具结之人无权可以交出人，又或因船或船中货物，皆非具结本人之物，是以不能交出人，彼时若问其要人，定必谓大人欺凌他们，他们立意仍行其自己之事，虽具结如未具一样，而船中之本主人及货物之本客人，一闻此事，亦不肯招认具结，若果然系如此，所具之结，俱是无用。

（《澳门新闻纸》，见《鸦片战争》Ⅱ，中国近代史资料丛刊，页四四六至四四八）

过去，有些学者往往把鸦片战争的爆发归咎于林则徐对具结问题的持之过激。《林文忠公年谱》的作者魏应麒在其《卷头小知》中曾对此作过驳议说：

论者或以外人既遵允具"如犯烟禁，货则充公"之结，而林公必坚持其更认"人即正法"四字，以为持之过激，事由是偾。不知公于历次谕饬英人之词，一则曰："本国贩卖罪至绞，则外国岂能独异？"再则曰："譬如别国人到英国贸易尚思遵英国之法度，况天朝乎？"三则曰："今定华民之例，卖鸦片者死，食者亦死，试思夷人若无鸦片带来，则华民何由转卖？何由吸食？是奸夷实陷华民于死，岂能独予以生？彼害人一命者尚须以命抵之，况鸦片之害人岂止一命已乎？"四则曰："所谓正法者系指夹带鸦片之人而言，若不夹带，则具结又有何伤！今不肯遵示具结，是欲为走私之地步，其心直不可问！"……准此以言，则林公之坚持绝不为过也。

（魏应麒：《林文忠公年谱》页三）

魏氏的驳议是可取的，林则徐如此严刻地要求具结只是对鸦片的禁绝，并没有触及正当贸易，在当时英国企图混淆贩毒与正常贸易之际，具结应认为是保障合法贸易的有效办法；同时，从义律的屡谋阻挠和破坏情况看，具结的要求确是起到了对贩毒者威慑的作用。

九月初三日，林则徐命大鹏营参将赖恩爵、新安县知县梁星源"会督水陆兵勇，时刻严防。倘该夷假意恳求，暗图窥伺，即须制其死命，不可稍失机宜"。并要他们查复义律何时赴澳、空趸何时开行、凶犯何时交出、英船何日进口等事。（《林则徐全集》第五册，文录页二六五至二六六）

九月初五日,道光帝收到林则徐的九龙战报,就谕令他"相度机宜,悉心筹划",如果英人"自外生成,有心寻衅",那么"既已大张挞伐,何难再示兵威"。道光帝还要求林则徐等必须"计出万全,一劳永逸,断不敢轻率偾事,亦不致畏葸无能"。(《道光朝筹办夷务始末》卷八,页十七)这是加在林则徐肩上一副沉重的担子。二十八日,林则徐收到这份上谕。

九月初六日,英船汤姆士·葛(Thomas coutts)号到广州洋面。次日申请进口贸易,并特别申明:"除装有棉花、纱、藤、胡椒等货外","船中并无鸦片及违禁货物"。(《林则徐全集》第五册,文录页二六四至二六五)

九月初六日,林则徐与邓廷桢、豫堃、关天培等在虎门讨论了八月初一张岳崧来函主张禁民船出洋以杜绝鸦片走私的建议。次日,林则徐将讨论结果函告怡良:

> 欲禁其出洋,则令出恐不能行,甚且激成他变,必须别筹察弊之法,方免因噎废食,亦不至开门揖盗,乃可永久遵循。

> (《林则徐全集》第七册,信札页一七九)

[按]"因噎废食"是反对"闭关";"开门揖盗"是反对"阑入"。这是林则徐的对外态度。

九月初七日,义律提议初九日重开澳门谈判。(《林则徐全集》第五册,文录页二六三)

九月初八日,英船汤姆士·葛(Thomas coutts)号遵式具结。次日进入黄埔贸易,其结式是:

> 具甘结夷人哗喇,乃咀嘛吐噶船之船主,今到天朝大宪台前具结:远商之船,带棉花、纱、藤、胡椒货物来广东贸易,远商同船上之伙长水手,俱懔遵天朝新例,远商等并不敢夹带鸦片。若察验出有一小点鸦片在远商船上,远商即甘愿交出夹带之犯,必依天朝正法治死,连远商之船及货物亦皆充公。但若查验无鸦片在远商之船,即求大宪恩准远商之船进黄埔,如常贸易。如此良歹分明,远商甘愿诚服大宪。此结是实。

> 天朝道光十九年九月初八日,船主哗喇,船名咀嘛吐噶,伙长咕吐唏吥㗎,雇佣一百人。

> (《林则徐全集》第五册,文录页二六五)

九月初八日,林则徐致函怡良,对义律要求重开谈判一事,表示有所疑

虑。信中说:

> 义律递到复禀,据称所谕各事已皆洞晓,似不难循照即行妥办等语。说是如此之顺且易,不知究能免于反复否?伊定于初九日赴澳门面议,此间亦委冰怀(余保纯)带同伍、卢二商前往,庶几一议而定也。

(《林则徐全集》第七册,信札页一八〇)

林则徐对义律狡诈态度认识不足,对谈判前途尚抱希望。

九月初九日,林则徐致函怡良,希望对遵式具结入口的咩喇船加以优待。信中说:

> 今日有咩喇一船,系港脚新来者,遵式出结,直进黄埔。此诚能壮中国之声威而破义律之诡谲。该商抵省,必须优待,已嘱伍、卢二商留公司馆以居停之。现在通事为请红牌,亦经函致㙉翁,转嘱厚庵速发。伊复作信与尖沙嘴诸船,不用候义律分付,速即照伊一体行事。谅从之者如归市,搜检之说或可不烦矣!

(《林则徐全集》第七册,信札页一八一)

九月初九日,余保纯等赴澳门,"以嘆夷领事义律禀请委员议定各货船进口事也"。(《林则徐全集》第九册,日记页四〇九)

九月初十日,自七月初三日至今日止,林则徐又在水陆各路续获烟案多起,"综计烟土烟膏三万九千零六十一两八钱三分,烟枪三千六百二十三枝,烟锅六十九口"。并从各案中发现走私形式日渐诡异,如"或由渡船夹带,或由渔艇分携,或乘坐肩舆使,人不觉,或深埋窟,窖无迹可寻,甚或幼孩背裹牛喉,老妇腰缠布袋,种种秘密,愈出愈奇"。(《查办鸦片续获人烟枪具确数折》,九月十九日,见《林则徐全集》第三册,奏折页二〇六至二〇七)

九月初十日,林则徐因义律已到澳门,误认为是一种诚意,特函告怡良说:

> 义律已到澳门,此次谅必不敢反复,即凶手亦不致落空也。

(《林则徐全集》第七册,信札页一八一)

九月十一日,林则徐致豫堃函,表露他对澳门谈判及外船具结进口有一定信心。

> 澳门正在集议,现尚未有信来。搜查一途,日前未有具结之人,不得不姑开此路。自咩喇一船遵办之后,直须以照式具结为不二法门。昨委冰怀与洋商赴澳之时,已谆谆致嘱矣。窃思此次遣来之覃义理,或竟替

换义律作为领事。哼喇之船出结进埔，想必另有一番道理，而覃义理之急欲请牌进省，则亦不肯与货船出入之夷人为伍，其意可想而知也。夷船所带洋银至三百余万，亦颇可观。后此当更有进，未知历年皆能似此否？尚祈查示。至本届满关截数，所有出口之茶、丝，入口之棉花、呢布，如曾查明确数，及比较多寡，并上年洋米共来若干？亦祈示及。

（《林则徐全集》第七册，信札页一八二）

[按]　此函手迹无受信人姓名，杨国桢《林则徐传》增订本页二九九注①定为《致豫堃函》，从之。

九月十二日（10月18日），巴麦尊用密函通知义律，英政府已决定进行侵华活动，并指示具体方案：

……陛下政府认为绝对必须把大不列颠和中国的今后关系安置在明确而安全的基础之上，为此，陛下政府意将派遣海军到中国海去，可能还有少量陆军。……陛下政府现在的想法是：立即封锁广州与白河或北京诸河，封锁广州与白河之间认为适当的若干处所，占领舟山群岛中的一个岛，或厦门镇，或任何其他岛屿，凡是能够用作远征军的供应中心与行动基地，并且将来也可以作为不列颠商务之安全根据地的就行；陛下政府是有意于要永久占有这样地方的。陛下政府还打算立即开始捕捉，并扣押海军所能够弄得到手的一切中国船只。采取了这些步骤之后，海军司令应该进到白河河口，向北京政府送一封信，告诉他们不列颠政府何以采取这样的行动，要求如何；并说明，这样行动将继续下去，一直等到他们派遣适当的官吏，有权并携有训令到司令的船上答应大不列颠的一切要求的时候为止。

（《近代史资料》1958年第4期）

九月十四日，义律通知英商不必具结，便可将船驶至穿鼻码头，和在黄埔一样开船贸易。（马士：《中华帝国对外关系史》第一卷，页二七六）

九月十四日，澳门谈判进行三天，义律毫无诚意，不愿具结，只愿听候搜查。余保纯与之妥协，达成在沙角搜检英船的协议。（《林则徐全集》第五册，信札页二七二至二七三）

九月十六日，黄爵滋补授礼部右侍郎。

九月十七日，林则徐获悉余保纯协议后，十分愤怒，因事先英船已驶离尖沙嘴海面,逃避搜检,继续贩毒,搜检协议毫无意义。具结、交凶的要求均未达到。林则徐竭尽全力采取补救措施,坚持具结、交凶,并郑重申明:"誓为天朝断此祸根,万不肯使夷船鸦片再留萌蘖",责令余保纯等"共体此心,力图挽救"。(《林则徐全集》第五册,义录页二七五至二七六)

九月十九日,林则徐命义律缴出凶手,并限英船于三日内或进或出,违者就用火烧毁。(马士:《中华帝国对外关系史》第一卷,页二七七)

九月二十日,美商买英国空趸运棉花到龙穴,遵式具结进口,坚定了林则徐的决心:"夷人非不可教诲,祗视晓谕者之著力与否耳!"(《批余保纯等为英商先拟六船请照候查会禀》,见《林则徐全集》第五册,文录页二七八)

九月二十日,义律纠集英商抗拒具结,"并抑勒各小商,不使出结"。义律更正式通知余保纯无法查出林维喜案正凶,有关凶犯五名,已审拟坐囚罚银,解回本国。(《义律说帖》,见《林则徐全集》第五册,文录页二八六)

九月二十一日,林则徐在《批余保纯等奉驳饬令英商照式具结会禀》中,对义律操纵英船集议抗拒具结,破坏禁烟的行为表示极大的愤慨,十分严峻地指出:

> 本大臣肃将天威而来,若号令所出,伊等皆可集议抗违,本大臣只得待罪阙廷,尚复何颜驻此!设使伊等议定必要再卖鸦片,亦遂莫可如何乎?先前无此集议,尚可格外通融,今既据禀前情,万勿游移两可。此等奸夷聚抗,意欲任其所为,速须严行驱逐,不许逗留。

> 我天朝四夷咸宾,并不少此喋咭唎一国。与其仍留鸩毒,何如断绝通商。若本大臣不能令其具结,竟听贸易,则直夷人之不如,不敢再言国事。……此后定以取结为事,不结不已。如其知难而退,则亦听之,毋得信恫喝之词,生模棱之见,致干失机误事重咎!

(《林则徐全集》第五册,文录页二八五)

林则徐在这一批示中表示了非常严厉的态度。断绝通商似乎已成不可避免的趋势了。

九月二十一日,林则徐致函怡良,对余保纯等在澳门会议上的妥协态度表示很大的愤懑说:

> 前日澳中之议(新夏按:指余保纯与义律谈判各货船进口事宜),众人未思及盘验之难,谬谓即可了事,擅自允许,以致夷眷纷纷回澳,殊属

大失机宜。尚喜已请澳照之花旗买受喇唭一船,昨已在沙角照式具结,与前次啡喇之船俱可作为榜样。以后不具结者总不许其贸易,彼亦无可如何也。

(《林则徐全集》第七册,信札页一八三)

九月二十二日,林则徐获知义律抗拒行为后,决定驱逐英商回国,"不但不准逗遛澳门,亦不准聚泊尖沙嘴",并准备动兵围拿杀人凶手。严厉斥责洋商内外勾结的行为。(《林则徐全集》第五册,文录页二八五至二八六)同日,义律即向驻澳门英海军驻华司令官士密要求"即行采取您认为最好的步骤,以防止英国的船只落到中国政府手中"。士密即率领英船"窝拉疑"(Volage)号和"海阿新"(Hyacinth)号由澳门向虎门进发。(《中国丛报》1839年10月号)

九月二十三日,道光帝收到林则徐等报告与义律办理有关具结、惩凶、空趸回国等问题的交涉报告,即谕令林等"仍当通盘筹划,办理结实,俾日后净绝根株,方称一劳永逸也"。(《道光朝筹办夷务始末》卷八,页二三)林则徐于十月十四日收到此上谕。

九月二十三日,吗嘟号照式具结。(《批余保纯等为吗嘟船情愿遵式具结进埔禀》,见《林则徐全集》第五册,文录页二八七)

九月二十七日(11月2日),伦敦东印度与中国协会在应外交大臣巴麦尊请求而写的意见书中全面而具体地反映了英国资产阶级主张对华侵略的真实面目。意见书用了很大的篇幅论证侵华的必要性。他们主张"应当用武力强迫中国方面让步",并提出一些对中国的无理要求,叫嚣"这些要求,只有表现充分的武力,才能有希望得到"。他们提出与中国订约的七项具体要求是:

一、开放广州、厦门、福州、宁波、扬子江、广州(译者案:本文误以Canton与Kwan-Chou为两地)在北纬二十九度至三十二度之间,与茶、丝、棉布产地相近,也是畅销英国呢绒、布匹、羽纱的地区。

二、在以上各地,英商须有与本地华人直接交易之权,我们极反对只限与少数商行发生关系。如中国方面坚持必须通过少数商行,中国政府必须担保它所选定的商行,遇有不稳情形,须由政府担负损失。

三、在华经营合法贸易的商民,中国政府与官吏不应当视为低贱之人。中国政府应当让他们自由地在家庭与社交方面遵照欧洲习惯,拥有住所,妻子同居,中国当依法保护,不得横加欺侮。

四、出入口关税，应由中英政府协议厘定，以后非经双方同意，不得更改。

五、英国驻华商务监督系英女王的代表，应准与中国皇帝大臣以及地方当局直接交涉，并准予居住北京或其他商埠以保护英侨，管理商业。

六、在华英侨，如违犯中国法律，只准将其个人处罚，不得牵动全体，良莠不分，混为一谈。

七、如中国不愿开辟商埠，应将一岛让与英国（用购买或其他方式），英国可在岛上建造商馆。

（《鸦片战争》Ⅱ，中国近代史资料丛刊，页六五四）

在这份"意见书"的"附件"中，英国资产阶级更"热心"地为政府规划了一个军事装备和进军方略的草案。

［按］ 在此以前，从 1839 年 9 月以后，英国曼彻斯特、伦敦、李滋、利物浦、卜赖克卜恩、布列斯特等地的资产阶级要求英国政府对中国采取"迅速的、强有力的、明确的对策"．"希望政府采取有效方法"。而这份意见书则是全面集中地反映了英国大资产阶级的野心，其主要内容和后来英国侵略者胁迫清政府签订的《江宁条约》的主要条款大致相似。这就说明了英国侵略者为满足其大资产阶级利益要求而蓄谋发动侵华战争的侵略本性了。（《鸦片战争》Ⅱ，中国近代史资料丛刊，页六三三至六六六）

九月二十七日，英舰 Volage 及 Hyacinth 二舰驶抵穿鼻洋，企图以武力阻止正当商船入口。次日，英商船呅啷号正报入口时，在穿鼻洋遭到二舰阻止，被迫折回。

［按］ 呅啷号至十一月二十四日始入口。

同时，二舰还向我国水师船只开炮挑衅，水师提督关天培指挥兵弁还击，奋勇进攻，爆发了鸦片战争的前哨战——穿鼻海战。最后，英舰"帆斜旗落"遁去。我水师取得了首战的胜利。（《英兵船阻拦商船具结并到处滋扰叠被击退折》，见《林则徐全集》第三册，奏折页二一七；又见《道光朝筹办夷务始末》卷八，页二九至三〇）

提臣关天培督率舟师，数月以来，常驻虎门二十里外之沙角炮台，巡防弹压，间赴三十里外之穿鼻洋面，来往稽查。近日各国货船，络绎具结，俱经验明，带进黄埔。嘆国货船中首先遵结者曰哼喇，亦已进埔贸易。其次遵结者曰呅啷，于九月二十八日正报入口。讵有该国兵船二只,于午刻驶至穿鼻,其一即七月内向九龙滋扰之吐嚤,其一则近来新到之哗唦,硬将已具结之嗞唡货船,追令折回,不得进口。提臣关天培闻而诧异,正在查究间,吐嚤一船辄先开放大炮,前来攻击。关天培亟令本船弁兵开炮回击,并挥令后船协力进攻。该提督亲身挺立桅前,自拔腰刀,执持督阵,厉声喝称:"敢退后者立斩!"适有夷船炮子飞过桅边,剥落桅木一片,由该提督手面擦过,皮破见红。关天培奋不顾身,仍复持刀屹立,又取银锭先置案上,有击中夷船一炮者,立刻赏银两锭。其本船所载三千斤铜炮,最称得力,首先打中吐嚤船头。查夷船制度与内地不同,其为全船主宰者,转不在船尾而在船头,粤人呼为头鼻,船身转动,得此乃灵,其风帆节节加高,帆索纷如蛛网,皆系结于头鼻之上。是日吐嚤船头拨鼻拉索者,约有数十夷人,关天培督令弁兵,对准连轰数炮,将其头鼻打断,船头之人纷纷滚跌入海。又奏升水师提标左营游击麦廷章,督率弁兵,连击两炮,击破该船后楼,夷人亦随炮落海,左右舱口间有打穿。哗唦船不甚向前,未致受创。接仗约有一时之久,吐嚤船上帆斜旗落,且御且逃,哗唦亦随同遁去。

(《林则徐全集》第三册,奏折页二一七)

九月二十八日,林则徐在虎门上《驱逐英国趸船烟犯并饬取切结催交命案凶手情形折》,除报告已将鸦片趸船及鸦片贩子驱逐并严令具结外,着重指出了侵略者贪得无厌的本质说:

> 大抵该夷于一切事宜,紧一分则就绪一分,松一步则越畔一步。且其居心叵测,反复靡常。

(《林则徐全集》第三册,奏折页二一四)

九月二十九日饭后,林则徐"赴沙角与关提军晤谈,并察看被炮处所,酌商修整,受伤弁兵,赏恤有差。"(《林则徐全集》第九册,日记页四一一)

九月二十九日至十月初八日间,中英双方在官涌山(在九龙尖沙嘴北)一带连继发生六次战役,我方俱获全胜。

> 节据派防各文武禀称,尖沙嘴迤北,有山梁一座,名曰官涌,恰当夷船脊背之上,俯攻最为得力。当即饬令固垒深沟,相机剿办。夷船见山上动作,不能安居,乃纠众屡放三板,持械上坡窥探。即经驻扎该处之增城营参将陈连陞、护理水师提标后营游击之守备伍通标等,派兵截拿,打

伤夷人二名,夺枪一杆,余众滚崖逃走,遗落夷帽数顶。九月二十九日,夷船排列海面,齐向官涌营盘开炮,仰攻数次。我军扎营得势,炮子不能横穿,仅从高处坠下,计拾获大炮子十余个,重七八斤至十二斤不等。官兵放炮回击,即闻夷船齐声喊叫,究竟轰毙几人,因黑夜未能查数。十月初三日,该夷大船在正面开炮,而小船抄赴旁面,乘潮扑岸,有百余人抢上山冈,齐放鸟枪,仅伤两兵手足。被增城右营把总刘明辉等率兵迎截,砍伤打伤数十名,刀棍上均沾血迹,夷人披靡而散,帽履刀鞘遗落无数,次日望见沙滩地上掩埋夷尸多具。初四日,夷船又至官涌稍东之胡椒角,开炮探试。经驻守之陆路提标后营游击德连将大炮抬炮一齐回击,受伤而走。

……

兹据会禀,十月初六日,该文武等均在官涌营盘会同商定,诸将领各认山梁,安设炮位,分为五路进攻。陈连陞、伍通标、张斌各为一路,赖恩爵及马辰、周国英、黄者华为一路,德连、洪名香为一路,该县梁星源管带乡勇,前后策应。晡时,夷人在该船桅上窥见营盘安炮,即各赶装炮弹,至起更时连放数炮打来。我军五路大炮重叠发击,遥闻撞破船舱之声,不绝于耳。该夷初犹开炮抵拒,迨一两时后,只听咿哑叫喊,竟无回击之暇,各船灯火一齐灭息,弃碇潜逃。初七日天明瞭望,约已逃去其半,有双桅三板一只在洋面半沉半浮,余船十余只退远停泊,所有篷扇桅樯绳索杠具,大都狼藉不堪。该文武等因夷船尚未全去,正在查探间,即据引水等报称:查有原扮兵船,在九龙被炮打断手腕之嘧咹喇吐,及访明林维喜命案系伊水手逞凶之哆唎两船,尚欲潜图报复。该将领等因相密约,故作虚寂之状,待其前来窥伺,正可痛剿。果于初八日晡时,哆唎并嘧咹喇吐两船,潜移向内,渐近官涌,后船十余只,相随行驶。我军一经瞭见,仍分起赶赴五路山梁。约计炮力可到,即齐放大炮,注定头船攻击。恰有两炮连打哆唎船舱,击倒数人,且多落海漂去者。其在旁探水之夷划一只,亦被击翻。后船惊见,即先折退,而哆唎一船,尤极仓皇遁去,无暇回炮。

计官涌一处,旬日之内,大小接仗六次,俱系全胜。

(《林则徐全集》第三册,奏折页二一九至二二〇;又《道光朝筹办夷务始末》卷八,页三二至三四)

九月二十九日(11 月 4 日),巴麦尊致函义律,授予他侵华活动的全权。在这封机密的训令中,指出英国政府的总方针是对中国"开头先来一个打击,然后再说道理",并指示他进行侵略的步骤是:

> 第一步行动是封锁珠江,到两广总督问起封锁的理由时,便把打算送到北京的那封信的复本送给他,要他转交给政府;第二步就占领舟山群岛,拦截沿海商船;最后海军司令就出现于北直隶湾的白河河口。

> (《近代史资料》1958 年第 4 期)

这封机密训令充分证明英国政府的侵略行动是蓄谋已久的既定国策,而决不是由于禁烟运动这一事件所激起。

九月间,由于反鸦片斗争的日趋尖锐,触动了烟贩和纳贿者的利益,"广东省城,传播歌谣"以攻击禁烟措施。邓廷桢把这些情况报告清廷说:

> 始而风影讹传,既而歌谣远播,以查拏为希旨,以掩捕为贪功,以侦缉为诡谋,以推鞫为酷罚,甚至诬以纳贿,目为营私,讥廷议为急于理财,訾新例为轻于改律,种种狂悖,无非为烟匪泄忿。

> (《清史列传》卷三八《邓廷桢传》)

清廷据此于九月三十日明定谕旨一道,追查"编造歌诗之事"。(《林则徐全集》第九册,日记页四一四)十月二十九日收到。

九、十月间,林则徐请人译《对华鸦片罪过论》。

> 喜尔医生说,林则徐 1839 年 11 月便已看到同年在伦敦出版的小册子——即地尔洼(A. S. Thelwall)的《对华鸦片贸易罪过论》,而且译了其中几段。……这本小册子作者是英国僧侣,从宗教和道德的立场攻击鸦片贸易。……(这使林知道)英国国内也有人反对鸦片贸易的。

> (陈原:《林则徐译书》,见 1961 年 5 月 4 日《人民日报》)

[按]　杨国桢《林则徐对西方知识的探求》一文中说:"《在中国做鸦片贸易罪过论》,摘译自 1839 年伦敦出版的地尔洼著同名小册子,更是直接和禁烟有关。"

[又按]　《鸦片战争书目解题》有《对华鸦片罪过论》的详细解题,记此书的流传和主要内容。(《鸦片战争》Ⅵ,中国近代史资料丛刊,页四九二)

九、十月间,鸦片贩子以走私方式破坏禁烟的活动依然严重存在。马士《中华帝国对外关系史》有过如下的描述:

沿海一带从事于这非法交易的船只,为数之多,堪与以前任何时期相比拟,甚至还要更多。价格好像荒年的物价一样,继续增高。据说在刚刚缴烟之后,在广州城里交货的每箱价格,就从五百元涨到三千元,在十月里,沿海一带,每箱价格大约在一千元到一千六百元,到年底降至七百元到一千二百元。……交易情形和代理商家,现在已经完全变更了。主要的代理商不再住在中国,他们的船只无论大小,都带有武装人员和武器,足能向中国水师挑衅。并且有不少的中国本地走私商也武装起来,借以保卫自己,反抗他们政府的官兵。结果是鸦片交易的活跃似乎和以前一样,其安全和利润的厚实也和从前一样。

(马士:《中华帝国对外关系史》第一卷,页二六二至二六三)

十月初七日,与邓廷桢会商剿堵事宜。(《林则徐全集》第九册,日记页四一二)

十月初九日,林则徐、邓廷桢视察横档、靖远炮台。(《林则徐全集》第九册,日记页四一三)

［按］ 靖远炮台是林则徐所筹建,中央档案馆所藏林则徐的《新建炮台图说》中记称:"新建靖远炮台一座,在威远、镇远两台之间,东离威远炮台五丈五尺,西离镇远炮台七十六丈,台面平宽六十三丈,拟开炮眼六十个,安炮六十位。炮台东角包墙长九丈五尺,西角包墙长七丈三尺,台后围墙长八十七丈,台前临水留出土坡十六丈,炮台石墙均宽五丈,敌台面宽二丈五尺,敌台后至山根宽处阔十四丈,窄处阔七丈。其砌石高低层数及城门望楼官厅兵房等项,容俟竣工验实,另行具奏。"近人杜永镇曾对虎门海口各炮台进行考查后撰《对虎门炮台抗英大炮和虎门海口各炮台的初步考查》一文记靖远炮台事说:"道光十九年林则徐筹建,该炮台位于镇远、威远两炮台之间。东距威远炮台五丈五尺,西离镇远炮台七十六丈,台面平宽六十三丈,以石砌成。垛墙高六尺余,厚五尺,以三合土筑成。后台石砌围墙一道,自武山麓直达山顶,长九十一丈,高一丈二尺、厚二尺。台设大小铁炮六十门。虎门各炮之坚固与火力之充沛,以此台为最。"(《文物》1963年第10期)

［又按］ 据刘炳元所撰《浅论林则徐的广东防务》一文称,虎门地区炮位设置情况是,虎门原有十座炮台,共安炮二百七十二门(其中沙角十二门、大角十六门、威远十四门、镇远四十门、横档四十门、永安四十门、巩固二十门、大虎三十二门、新涌十二门、蕉门二十门)。新建靖远炮台六十门。尖沙嘴和

官涌炮台各安炮五十六门。新增共一七二门。如此,广东中路海口的十三座炮台即拥有大炮四百四十门了,这比原来增加了一百七十二门。(《林则徐与鸦片战争研究论文集》页八一)

十月十六日,林则徐上《英兵船阻挠该国商船具结进口,并各处滋扰在穿鼻尖沙嘴叠次将其击退折》,报告穿鼻、官涌各役的战况(新夏按:已见九月二十九至十月初八日条)。折中又提出了体现其区别对待这一策略思想的若干论点。

此次剿办之余,于澳门既不能陆居,于尖沙又不能水处,苟知悔悟,尽许回头。[1] 若义律与吐嗉等尚以报复为心,则坚垒固军,静以待之,亦自确有把握,[2] 不敢轻率畏葸,致失机宜。

至贸易一事,该国之国计民生皆系于此,断不肯决然舍去。若果嘆夷惮于具结,竟皆歇业不来,正咪唎坚等国之人所祷祀而求,冀得多收此利者。与其开门揖盗,何如去莠安良,而良莠之所以分,即以生死甘结为断。臣等现又传谕诸夷,以天朝法纪森严,奉法者来之,抗法者去之,[3] 实至公无私之义。凡外夷来粤者,无不以此为衡,并非独为嘆咭唎而设。此时他国货船遵式具结者,固许进埔,即嘆国货船,亦不因其违抗于前,而并阻其自新于后。又如嘆国啈喇之船,已在口内,闻有穿鼻、官涌之役,难免自疑。臣等谕令地方印委各员,谆切开导,以伊独知遵式具结,查明并无鸦片,洵属良夷,不惟保护安全,且必倍加优待。复经海关监督臣豫堃亲至黄埔验货,特传啈喇,面加慰谕,该夷感激涕零。[4] 惟咭唧一船,被吐嗉吓唬之后,尚未知避往何处?臣等饬属查明下落,护带进埔。倘吐嗉兵船,复敢阻挡,仍须示以兵威,总期悉就范围,仰副圣主绥靖华夷之至意。

[按] 十一月二十八日,林则徐收到清廷的谕旨,对这些论点均予"驳斥",兹并列奏语及朱批如次:

(1) 林奏:"苟知悔悟,尽许回头"
　　朱批:"不应如此,恐失体制"

(2) 林奏:"坚垒固军,静以待之,亦自确有把握"
　　朱批:"虽有把握,究非经久之谋"

(3) 林奏:"奉法者来之,抗法者去之"

朱批："所见甚是，而所办未免自相矛盾矣"

（4）林奏："（啰喇之船）复经海关监督臣豫堃，亲至黄埔验货，特传啰喇面加慰谕，该夷感谢涕零"

朱批："恭顺抗拒，情虽不同，究系一国之人，不应若是办理"

林则徐是从大量具体情况出发提出了可以奏效的对策，而清廷的朱批则充分证明它对外务的毫无知识。同时，也反映了道光帝对反鸦片斗争的态度已开始转变。（《林则徐全集》第三册，奏折页二二一；又《道光朝筹办夷务始末》卷八，页三五）这是林则徐入仕后第一次受到如此严厉的公开申斥。

十月三十日。由于林则徐较好地运用了对外商区别分化的策略，对外贸易并未因义律的抗拒破坏而遭受重大影响，相反，其他各国船只纷纷具结进口，"自五月至今各国夷商货船遵示具结进口者五十六只，内嘆咭喇船一只；其英国未具结之船，不许进口者三十二只，已具结而被该国兵船阻挡未进口者一只"。（《林则徐全集》第九册，日记页四一五）

十一月初一日，林则徐于十月二十二日发布《遵旨于十一月初一日封港告示》，停止英国贸易。对已具结之英船仍准进口贸易。（《林则徐全集》第五册，文录页二八八至二八九）

［按］ 林则徐与邓廷桢、怡良、豫堃会衔发布之封港告示有自《中国丛报》回译本，见《林则徐奏稿·公牍·日记补编》页八四。

十一月初五日，林则徐由虎门返省，密切注视停止贸易后的反响。他派人到澳门及有关湾口秘密观察形势，加强搜集翻译外国书刊，加强了解外情。

十一月初八日，清廷在批复林则徐穿鼻战报时命令停止对英贸易，并自动放弃追查杀人凶手。上谕中说：

著林等酌量情形，即将嘆咭喇国贸易停止，所有该国船只，尽行驱逐出口，不必取具甘结。其殴毙华民凶犯，亦不值令其交出。咶啷一船，无庸查明下落。并著出示各国，列其罪状，宣布各夷。俾知嘆夷自绝天朝，与尔各国无与，尔各国照常恭顺，仍准通商。

（《道光朝筹办夷务始末》卷八，页三六）

十一月初九日，林则徐上《请将高廉道暂驻澳门，查办中外贸易事务片》，要求高廉道暂行驻扎澳门，督同澳门同知等查办夷务。十二月二十一日，清廷批准其请求。（《林则徐全集》第三册，奏折页二三一至二三二）

十一月初九日,林则徐等上《察看义律及英商反复情形遵旨不准交易折》,折中分析了英国和其他各国在通商问题上的矛盾,以论证禁绝鸦片不致妨碍贸易。折中说:

> 查向来夷船到粤,以嘆咭唎为最多。自严办鸦片以来,各夷埠均有传闻,以鸦片出自嘆国,此后该国买卖可减,别国买卖可增,如哇国、嘴国及单鹰、嗒啵咂等国,历年不过偶来一二船,本年来者特多,是他夷皆有欣欣向荣之象。而咪唎坚国之船现来四十五只,则比往届全年之数已有浮多,尤见天朝声教覃敷,并不少此嘆咭唎一国。

(《林则徐全集》第三册,奏折页二二九;又《道光朝筹办夷务始末》卷九,页一至四)

折中对如何禁绝烟毒的问题,也在认识上比过去有所提高。过去只从内部禁绝吸食贩种着手,而此折则提出"首贵杜其来源"的主张。它证明林则徐在实际斗争中已逐渐认识到烟毒的根源在于侵略者的源源而来。

十一月初九日,林则徐上《复议体察漕务情形通盘筹画折》,指出漕务积重难返之弊说:

> 漕务势成积重,如医家之治久病,见证易而用药难。盖他端政事,只求官与民两相安而已,独漕务则粮户输之州县,州县兑之旗丁,而旗丁领运于南,斜交于北,则又有沿途闸坝与通仓经纪操其短长,故弊常相因而事难独善。即论病根所起,南北亦各执一词。以北言南,则谓州县浮收,以致旗丁勒索,旗丁勒索,以致到处诛求。而以南言北,又谓旗丁既被诛求,安得不勒索,而州县既被勒索,安得不浮收。每以反唇相稽,鲜能设身处地。于是官与民竞,丁与官竞,即官与官亦各随其职掌以顾考成,而无不相竞。而凡刁生、劣监、讼棍、包户、奸胥、蠹役、头伍、尖丁、走差、谋委之徒,亦皆乘机挟制,以衣食寝处于漕。本图私也而害公矣,本争利也而交病矣。

林则徐并根据自己历年办漕的经验,提出了四项纠正漕弊的办法,即正本清源、补偏救弊、补救外之补救及本源中之本源,每项下又提出具体解决办法的条款,成为改革漕弊的一篇重要建议。(《林则徐全集》第三册,奏折页二三二至二四二)

[按]　四项办法中的"本源中之本源"即林则徐道光十八年十一月间入觐时所面陈的直隶水利事宜,也就是《畿辅水利议》的主要内容。

十一月初十日,义律鉴于封港后的局势日趋严重,他采取的推诿和拖延的抗拒对策并未奏效,但又尚未具备武装进犯的实力,若干商船急待进口,所以,他不得不递禀,声称"欲求承平",虚假地表示希望缓和局势,"再得安宁",实际上,这是一种等待本国兵力到来的缓兵之计。十一月十一日夜,林则徐收到关天培派人送来义律的信件。(《林则徐全集》第九册,日记页四一六)义律表示:"欲仍作正经贸易,凡事钦遵大清律例而不违本国制度。"林则徐处在朝廷日趋"强硬",义律态度屡有反复而又正式宣布停止贸易的现实情况面前,批驳了义律的要求,并在批文中历数义律一年来的罪行,识破他一如过去那样"伪作输诚伎俩",企图含混恢复贸易。严正指出:

> 不许尔国交易,此皆由于尔之自取,并非天朝无故绝人。
>
> 须知尔国制度,亦不能出天朝律例之外……若违天朝律例,则永远不许贸易。

(《林则徐全集》第五册,文录页二九六)

这是林则徐对英外交的一个简括总结,也是对英国侵华活动的公开揭露,很有参考价值。(《林则徐全集》第五册,文录页二九五二九七)

十一月十一日午后,林则徐在天后宫接见遇难船只上生还的十五人,进行调查了解后,即用船送走。

> 嘆咭唎有一货船在洋遭风,飘至琼州之文昌县,淹毙蜜化神等十七名,尚有十五名凫水登岸,递送至省,今拟传其谕话。是日早晨赴邓制军处,中丞、榷使俱在座,即同饭。饭罢赴天后宫,传难夷加力臣等十五人,面谕约逾一时之久,并赏食物,各免冠谢。即遣员弁具舟解往虎门,归其舟次。

(《林则徐全集》第九册,日记页四一六)

宾汉的《英军在华作战记》把参加这次接见的遇难船医生喜尔所写的一篇记录列为附录。喜尔的文章详尽地记述了他们所乘的三桅船杉达号是于1839年10月12日在海南岛附近遭难沉毁,脱险后居留广州时曾受到林则徐的隆重接待。林则徐向他们调查、询问了若干外事知识和有关情况。林则徐对他们进行了交谈、慰问、宣传和咨询各方面的工作,如:

(一)慰问遇难船只。

(二)探询英国本土是否已经知道中英之间发生战事。

（三）询问杉达号的航行路线和载货情况。

（四）向船员表示,希望中英友好。

（五）指出中英间战争的发生是"由于英国人倾销鸦片",并阐述了鸦片烟毒的危害,表明中国禁烟的决心。

（六）请喜尔等帮助订正所译西书中的译文。

（七）请喜尔等帮助修改致英王书。

（八）了解美国、土耳其等国情况。

（《鸦片战争》Ⅴ,中国近代史资料丛刊,页三二一至三二六）

这种接见方式在当时是前所未闻的。这是林则徐又一次违反封建礼制的做法。同时也体现了林则徐区别一般公民和鸦片烟贩的策略思想。

［按］ 喜尔记录这次接见在 1839 年 12 月 14 日,即旧历十一月初九日,与林则徐日记相差二日。张馨保的《林钦差与鸦片战争》第五章中说:"12 月 16 日林则徐接见了 10 月 12 日海南岛附近沉没的英国三桅船桑达号的船员",与日记相合。当以日记为准。

在这次谈话中,也暴露出在长期闭塞过程中,即使如林则徐这样的人也是对世界知识所知甚少,甚至是错误的。如关于土耳其的谈话内容便是一例:

讲至都鲁机(土耳其)出产鸦片时,钦差即问都鲁机是否系米利坚地方,抑或系米利坚所属之地。我等回说不属米利坚,只离中国约一月水程。钦差同各位大官府,尽皆似是惊讶。

（《鸦片战争》Ⅱ,中国近代史资料丛刊,页四二六至四二七）

十一月十五日,林则徐友人梁廷枏、张维屏等六人来会,交谈时事。

十五日……晨起对客。是午,粤秀山长区仁圃吏部（玉章、戊辰庶常）、羊城山长陈堂溪仪部（其锟）、张南山（维屏）、鲍逸卸（俊,癸未庶常、刑部主事、降）、黄香石（培芳、甲子副车）、梁章冉（廷枏、甲午副车）,俱来寓小集,申刻散。

（《林则徐全集》第九册,日记页四一六）

十一月二十二日,林则徐与邓廷桢、怡良、豫堃等商订澳门贸易章程。

（《林则徐全集》第九册,日记页四一七）

十一月二十二日,英商呫哩咻,不顾封港令出洋,以鸦片易食,被巡船扣留。义律等多次要求释放。二十七日,林则徐发《会批英商嗾吐求释呫哩布

禀》。二十八日,又发《会批义律求释呧哩布禀》等文件,申明"应拿"理由。(《林则徐全集》第五册,文录页二九八至三〇四)

十一月二十三日(12月28日),《澳门新闻纸》鼓吹"鸦片无害"的反动舆论说:

> 都鲁机(土耳其)之人,食鸦片甚多,人人皆勇壮。在英吉利国之人,食鸦片亦多,并未见变成禽兽。现在英国有一人,可以为证。如喊尔嘛喋吐食鸦片苦多,一生壮健,寿至八十岁。

> (《鸦片战争》Ⅱ,中国近代史资料丛刊,页四一九)

[按] 当时,鸦片贩子制造这种舆论甚嚣尘上,如老鸦片贩子亨德根据自己在华贩毒"四十年所积的亲身经验",断言"极少见到任何一个人因吸食鸦片而受到身体上或精神上的伤害",并认为"吸鸦片这种习惯,和我们有节制的饮酒是一样的。至于和美国、英国所使用的烈酒及其害处相比,那末鸦片的害处是很微小的"。(转引绍溪:《十九世纪美国对华鸦片贸易》页四八至四九)还有那些"乘坐贩运鸦片的飞剪式船来到中国","也从贩运鸦片的公司及商人手中接受捐赠"的美国传教师们,也都说:"鸦片无害于中国人,像酒的无害于美国人一样。"(转引自卿汝楫:《美国侵华史》第一卷,页三九)这类说法简直是违背事实的胡说。他们之所以如此说,不仅是想轻描淡写地掩饰自己的贩毒罪恶,更重要的正是想用这种"鸦片无害论"在国际上混淆是非,借以否定中国禁烟的正义性和必要性,以便自己仍能继续在中国倾销毒品。

十一月二十四日,林则徐允许具结英船"皇家萨克逊"号驶进黄埔贸易,以实现自己的诺言。

十一月二十九日,林则徐等于昨晚收到清政府十一月初八日上谕,停止对英贸易,驱逐船只出口。(《林则徐全集》第三册,奏折页二四二至二四四)晨,邓廷桢、怡良来见,"商议派兵往东莞围拏万家租村内尹、林两族囤贩鸦片,并议澳门事宜"。(《林则徐全集》第九册,日记页四一九)

十一月末至十二月初,林则徐从美国人那里购入甘米力治号舰船,作为"中国海军中最早的外国造军舰",并为海上交战之用。另外,还购入了二艘二十五吨的纵帆船和一艘外轮小火轮。([日]田中正美:《林则徐的抗英政策及其思想》,载日本《东洋史研究》第38卷第3号,李少军译)

[按]　甘米力治号是一艘一千零六十吨的美国商船,装有三十四门英制大炮。

十二月初一日,林则徐任两广总督,邓廷桢调两江总督。上谕称:

> 林则徐已实授两广总督,文武皆所统属,责无旁贷,倘查拿不能净绝根株,唯林是问。

（《清宣宗实录》页三二九）

[按]　此谕旨于二十二日收到,这首谕旨是为日后对林则徐横加罪责时所预伏的依据。

十二月初一日(公元1840年1月5日),林则徐下令断绝一切英国船只进口。中英贸易完全停止。

> 一八三九年十一月二十日,义律大佐(Captain Elliot)通知中国官方说,英国船只只有在行使武力之下才会被阻止出入广州海口。钦差大臣就在二十六日下令,自十二月六日起,英国船只一概不许进口,作为答复;随后又于一八四〇年一月五日宣布广州封港,"永远"断绝英船、英货或英国属地的船货的进口。

（马士:《中华帝国对外关系史》第一卷,页二九〇）

[按]　林则徐与邓廷桢、怡良会衔发布的停止英商贸易驱逐英船出口告示。(载《中国丛报》回译本,见《林则徐奏稿·公牍·日记补编》页八六至八七)

十二月初二日,道光帝收到林则徐十一月初九日所上停止对英贸易的奏报,即谕令对所有英船不加区别地"一概驱逐出境,不准逗留"。(《道光朝筹办夷务始末》卷九,页四)实际上,这是对林则徐区别对待鸦片贩子与正当商人策略的批驳。

十二月初四日,林则徐向清廷上《遵旨宣布英国罪状并设法驱逐其船只出口折》,报告宣布断绝贸易的情况:

> 该国货船停泊外洋,本未进口,兹闻天威震怒,自当警懔回帆。惟奸夷之夹私者,固仍冀售私,即良夷之载货者,亦未肯弃货,徘徊观望,势所必然,谅非空言所能谕遣。

（《林则徐全集》第三册,奏折页二四四）

这一奏文是林则徐已意识到要解决中英间鸦片问题已非空言所能达到,暗示须用武力驱逐之意,而且邻近广东地区亦应加强警惕,配合堵绝。"其沿海各省,以福建为最近,浙江、江苏次之,应请敕下各该省督抚,一体严行防堵,以绝去路。"(《林则徐全集》第三册,奏折页二四四)

林则徐考虑到断绝英国贸易后,禁烟将面对内外种种困难,他归纳为十个问题,发给部属征集意见。这十个问题是:

一、英夷贸易业已封港,诚恐各国夷船代为分销,或将货物寄托别船,或将船只改易船号,借名影射,勾串营私,应如何稽查,以别真伪?

一、英夷反复靡常,无非欲留卖烟后路,现在贸易虽断,而货船尚泊外洋,诚恐夷埠载送新烟,各船又成旧趸,应如何杜绝,以绝根株?

一、茶叶、湖丝为外夷必需之物,英夷既停贸易,断不准偷漏丝毫,恐有他夷暗代购求,洋商潜通私售,应如何防范,以塞漏卮?

一、英夷久称桀骜,今年屡经受创,固咸知其实无能,惟海峤边防,不可一日无备,口岸应如何固守?师船应如何进攻?设险为防,营制应否更改?攻坚致远,炮台应否添增?

一、内河外海,武弁如林,贤否不齐,习气亦重,黠者得规包庇,懦者置若罔闻,应如何严立课程,俾知效命?

一、西洋夷人僦居濠镜,不耕不织,专持懋迁,罔利营私,势所不免,虽素称恭顺,而时露刁蛮,额船应如何稽察,俾遵旧制?夷情应如何束缚,俾就范围?如何严杜卖烟奸夷?如何密访屯烟夷馆?总期不腴其生计,亦不遂其奸谋,控驭防闲,冀臻妥善。

一、洋奸名目,人所共闻,其在官者为洋商,为通事,为买办,为引水,其在私者为吗咕,为沙文,此外慕膻逐臭之徒更不可枚举。人如聚蚁,技等教猱,立意不过得财,流极至于坏法,应如何钤制厘剔,以杜内奸?

一、沿海奸民久与夷人相习,鸦片之利倍于别样营生,等性命于鸿毛,涉风涛如平地,虾笱、米艇、拖风、望洋诸船,运桨如飞,行踪莫测,或易以食物,或购以纹银,买者既多,卖者岂能绝迹,应如何严拿,以断销路?

一、内地城市村庄,卖烟久成锢习,富商大贾则屯土居奇,小户贫民则熬烟零售,虽查拿较紧,而夹带更巧,藏匿更深,小贩即使芟除,大薮未能尽拔。各该州县或蔽于胥役之欺朦,或怵于巨室之包庇,或虑抗拒之

□事，或恐讦告之纠缠，种种畏难，因之敛手，一奉严檄饬缉，不过托诸空言，了无实际，应如何核计功过，俾可奋迅有为？

一、外夷卖烟，由于内地之买受，奸徒之买受，由于下流之嗜食。现因新例森严，戒者虽已六七，而富家大室，恃其厦广房深，官幕长随，恃其符坚事□（秘），因循观望，吸食依然，劝诫频施，仍无儆惧，死期将届，谁能生之？应如何设法查拿，以警愚顽，以救生命？

这十个问题是从一篇未署名的呈文中摘录出来的。这份呈文在回答"营制应否更改"时，认为："边防营制，他处尚可毋庸更改，惟顺德一协……查该县有板沙尾大海，为香、顺、番三县要冲，夷人三板下澳必经之路，盗贼出没，抢劫频闻，似应相度该处附近可设寨城之址，移副将带守备一员驻扎，留守备一员驻县城，俾管钱粮军库，其余并令分防边海要地，或分兵之半，改为外海水师，派拨米艇，由板沙尾南排头直出焦门等处，按季洋巡，与香山协会哨，似边腹更加联络，益收臂指之效矣。"林则徐在此段文字上头亲笔批注："此议虽未足以制外夷，实可以防内匪，似属可行。"（英国外交部档案，F. O. 931/13）

［按］　这十个问题的文件是英国外交部档案所存。杨国桢收入所著《林则徐传》增订本页三二一至三二二，并在页三二三注①中作了如下说明：

这篇答卷似的文件，并未写明作者姓名、受件人姓名及时间。文件上的这段批语，我认定是林则徐手迹，因而推论这篇文件是答复林则徐提问的呈文。这十个问题，和林则徐在其他禁烟文件上表述的思想是一致的。

［按］　鉴于这篇文件是初次搜检到，对研究林则徐这一时期的思想状况及关注点所在，具有重要参考价值，特自杨传中录入。

十二月初十日，英舰封锁广州口岸及珠江口。

十二月十一日，顺天府尹曾望颜上《封关禁海议》，主要内容是：

臣愚以为今日要策，首在封关。无论何国夷船，概不准其互市。彼百数十船载来之货久不能售，其情必急；而禁绝大黄、茶叶，不令商民与之交易，更有以制伏其命，彼未有不惧而求我者也。

除口内往来船只不禁外，其余大小民船概令不准出海，即素以捕鱼为生者，亦止许在附近海内捕取。倘查有借名影射，私行接济夷船者，立拿正法，其弁兵得规包庇者，一律治罪。再查明沿海各山有淡水可取之处,专派弁兵把守,不准夷船往汲。其近海村庄居民,令各团练乡勇自为防守,凡有夷人上岸,即行攻击,有私通者严治其罪。不独广东一省宜然,凡沿海各省,俱宜如此严密,则该关接济之路既绝,樵汲又且不通,亦应悔罪而俯首听命矣!

（《道光朝筹办夷务始末》卷九,页六至八）

曾奏代表了当时一部分封建官僚"闭关自守"的思想。这种思想主张已不足以应付国际上资本主义国家企图打开中国大门谋求侵略的局势。这种寄希望于隔绝外界就可制敌的简单幼稚主张虽然不会奏实效,但在统治集团内还是引起反响的。所以,清廷把这封奏折发交林则徐等议复,而不是立即驳议或"留中"不发。

十二月十二日(公元 1840 年 1 月 16 日),英女王维多利亚在议会中发表演说,声明禁烟事件使英商利益蒙受损失,并且影响英王"尊严",所以她正予以密切的注意。这篇演说预示英政府发动侵华战争的野心,同时也愈加鼓励了整个统治阶级的侵略意向。(丁名楠等:《帝国主义侵华史》第一卷,页二八)

十二月十四日,林则徐致函怡良,准备共同商讨募勇操练以抗英一事说:

昨嶰翁来此,当经面商募勇操练一事,嶰翁亦以为然,未知曾达清听否? 其事非数行所能悉,容出门时奉造面谈可耳。

随信还送去"昨译出最近之新闻纸",并希望转递豫堃一阅。可见译书活动一直未停。(《林则徐全集》第七册,信札页一八七)

十二月十四日,英商弯喇回国,林则徐等命其带去致英吉利国王书一道。这道照会是六月拟定、七月间奏呈,由道光帝审定认为"得体周到"而待发者。这道照会在了解外情、运用策略等方面都比二月间所拟照会前进了一步。它表达了林则徐的对外态度。照会全文已载六月二十四日条。

十二月十七日,林则徐等发布告示警告渡船应负责检查渡客走私。

嗣后搭载人客,务于下船逐细检查,果能查出烟匪连鸦片烟槀送到官者,即将该犯名下所带别项货物及随身行李、银数,全数赏给。自示以后,若仍漫不经心,则是有意徇纵,罪与知情受雇者同,一经委员查获,或烟犯供开,定将该渡船主照例治罪,船只入官。

(英国外交部档案,F.O.233/180,第15号,引自杨国桢
《英国外交部(中文)档案与林则徐研究》一文,油印本)

十二月十八日,英国任命士当东替换义律。(《林则徐全集》第九册,日记页四一九)

十二月二十日,自九月十一日起至今日止,林则徐在粤续获烟案一百八十四起,计"烟土、烟膏二万三千二百五十八两四钱三分,烟枪一千八百二十四枝,烟锅九十二口"。(《续获人烟枪具并现办情形折》,见《林则徐全集》第三册,奏折页二五七)

十二月二十二日,林则徐收到十二月初二日谕旨,与邓廷桢对调,任两广总督。(《林则徐全集》第九册,日记页四二○)二十四日,在《复陈粤省封港后严海防以杜流弊片》中请示缴还钦差大臣关防一事。(《林则徐全集》第三册,奏折页二六三)

十二月二十四日,林则徐条复上年六月间御史骆秉章奏请整饬洋务章程,有五项对策,即:①如查有夹带分毫烟土,对外商、洋商一并"斥革治罪",不准洋商"朋充负欠";②饬洋商令通事、买办逐层担保;③不许外人在省城居留和与华人交接;④裁撤三板船;⑤外国人带来洋银务令以银准货,不使余剩带回。(《林则徐全集》第三册,奏折页二五八至二六二;又《道光朝筹办夷务始末》卷九,页一九至二四)

[按]　道光二十年二月九日,清廷发军机大臣速议具奏。四月十九日,议复发回。

十二月二十六日,清廷收到林则徐等所上封港以来的情况和要求沿海各地一体严禁鸦片走私的报告。清廷即著沿海各督抚"认真稽查"。(《道光朝筹办夷务始末》卷九,页一五至一九)

十二月二十八日,陕西道监察御史杜彦士奏陈福建沿海鸦片走私情况说:

英吉利携带鸦片烟土在闽省海口销售,已非一日。……现当广东查办吃紧之日……闽省系接壤之区,有必当一律严办,不可稍事姑容者。……近闻漳、泉各处有夷船往来寄舶。……水师员弁收受陋规……船上烟土,皆营弁包庇贩卖……水师哨船代为交易……

(《道光朝筹办夷务始末》卷九,页九至一三)

清廷据此即派祁寯藻、黄爵滋驰往福建查办,并将邓廷桢调任闽浙总督,会同祁、黄将杜彦士所陈各款查明惩办。(《道光朝筹办夷务始末》卷九,页一四)

十二月二十八日,林则徐上《请奖励禁烟出力员弁折》报告办理夷务在事出力人员名单,其中有余保纯、珠尔杭阿、刘开域、蒋立昂、麦廷章、何芳、陈连陞等三十八人。(《林则徐全集》第三册,奏折页二六七至二七一)

冬,林则徐之弟霈霖卒。

> 亡弟之变,忽亦将及期年。

(道光二十年十一月二十九日《致叶申芗》,见《林则徐全集》第七册,页二六二)

[按] 据林则徐父《林宾日日记》所载,林霈霖在青年时代居家侍父,承担一切婚丧喜庆等应酬事务,十分辛劳。

是年,外船输入的洋银,"已经查验者有二百七十三万二千九百余元,其未验者尚不在此数之内。是此时外来洋银实见旺盛。而广东省城市上纹银价值,每两较前少兑大钱百余文至二百文不等"。(《复议骆秉章条陈整饬洋务章程折》,见《林则徐全集》第三册,奏折页二六一)由银贵钱贱转到钱贵银贱,说明白银已从外流转成内溢。这一事实证明林则徐对英国侵略者采取的坚决态度不但无害于中国和其他各国的贸易,而是得到更多的利益。

是年,据不完全统计,破获烟案数百起,拿获人犯二千二百名,收缴鸦片七十一万一千零十四两,烟枪七万五千七百二十六杆,烟锅七百二十六口。

是年,林则徐辑译《华事夷言》一书。

> 此书即林所饬译书籍之一也。大抵摘西洋杂志、日报中有关中国之议论而成,以觇其对事情之看法。按《筹办夷务始末》卷二十七页三十下载裕谦折有云:"又考其自行记载之《华事夷言》一书,亦有船上所食皆咸肉,一见鲜肉,如同珍宝之语。"则此书在当时已相当流传,但裕谦所引之语不见于今本,则今所流传者,亦非足本矣。

(《鸦片战争书目解题》,见《鸦片战争》Ⅵ,中国近代史资料丛刊,页四四〇)

裕谦的另一奏折中也谈到《华事夷言》说:

> 查有粤东钞本番鬼录,系嘆夷商人,用夷字记载见闻。近来,粤东通事,用汉字译出,改名《华事夷言》。其言虽属鄙俚,然系该夷本国自相告语之词,故于鸦片之数目、走私之情节,一一直言不讳,而末段言中国之人,柔弱不善战,水师军器皆不中用。惟广东岸上粗工力作之人及水中营生之人,勇壮有力,欧罗巴人皆不能及,若拣充兵丁,可谓精兵等语。

(《道光朝筹办夷务始末》卷二四,页三四至三五)

　　[按]　折中所述及内容与今本内容相符。

　　[又按]　近人陈原认为《华事夷言》一书是摘译德庇时《中国人》一书的，他说："收在《海国图志》第八十三卷的《华事夷言》录要，也署林则徐译。这份材料是外国人对中国事情的零星意见。……有人认为也是从西报转译的，但也有人认为译自一本英文书。1839年晋谒过林则徐的医生喜尔（Dr. Hill）在《广州周报》上写过一篇印象记。那篇文章说林则徐给他看两本英文书，书中都已作了若干摘译，其中一本已缺封扉，据他猜想是德庇时的《中国人》。《中国人》一书出版于1836年，讲中国文化艺术、风土人情一直到政治经济。我很怀疑《华事夷言》就是摘译此书的。（陈原：《林则徐译书》，见1961年5月4日《人民日报》）杨国桢氏在《林则徐对西方知识的探求》一文中也持陈说："《华事夷言》摘译自一八三六年伦敦出版的《中国人》，著者德庇时，在东印度公司时期就是长驻广州的'大班'，一个狡诈的侵华老手。书中谈到英国人对中国问题的看法，对禁烟抗英的斗争有参考的价值。"

　　[又按]　陈文中所说喜尔医生见到林则徐所藏《中国人》一书的情况见《英军在华作战记》附录。当时喜尔是英船杉达号生还的遇难者之一，林则徐接见过他们。喜尔记录的接见状况中有林则徐向他出示英人著作一事说："为了向我们表明鸦片生意的可耻及最近几年来它的增长，他交给我们一份塞尔瓦尔先生（Mr. Thelwell）作的小册子和另一本撕去了封面的关于中国的小册子（我想是德庇时 Davis 作的）。他要求我们阅读从两书中摘出的几段。两书中有几部分已经译成中文，贴在原文所在的书页上。"（《鸦片战争》Ⅴ，中国近代史资料丛刊，页三二四）

　　[又按]　《华事夷言录要》，系林则徐组织译员摘译1836年伦敦出版的《中国人》一书。该书著者德威时（J. F. Davis 亦译作德庇时），系英国在东印度公司时期专驻广州的"大班"，是个老"中国通"。书中谈论英国人对中国问题的看法。魏源将其编入《海国图志》百卷本的第八十三卷。其后，王锡祺又将其收入《小方壶舆地丛钞》补编本（上海1931年石印本）。（《林则徐全集》第十册，译编《本卷编辑说明》）

　　从上述各种记载看，《华事夷言》可能主要是摘译了《中国人》一书，但不仅只是这一种书，也很可能辑译了其他书刊而成为译丛性质的书。

　　是年开始，林则徐在粤进行探求新知、组织兵勇、增设战备、厘定赏格等抵御侵略的活动。其情况除林则徐章奏中有所涉及外,他如《夷氛闻记》、《道光洋艘征抚记》、《番禺县志》及《澳门新闻纸》等书均有论述,兹录《道光洋艘征抚记》所记以概其余:

> 林则徐自去岁(新夏按:指十九年)至粤,日日使人刺探西事,翻译西书,又购其新闻纸,具知西人极藐水师,而畏沿海枭徒及渔船蛋户,于是招募丁壮五千,每人给月费银六圆,赡家银六圆。其费洋商、盐商及潮州客商分捐。又于虎门之横档屿、设铁链木筏,横亘中流。购西洋各国洋炮二百余位,增排两岸。又雇同安米艇、红单船、拖风船共六十,备战船。又备火舟二十,小舟百余以备攻剿。并购旧洋船为式,使兵士演习攻首尾、跃中舱之法,使务乘海潮、据上风,为万全必胜之计。林则徐亲赴狮子洋校阅水师,号令严明,声势壮甚。至是又下令:每杀白洋人者赏银二百圆;黑洋人半之。斩首逆义律者银二万圆;其下领兵头目以次递降。获兵艘者,除火药炮械缴官外,余皆充赏。于是洋船之汉奸,皆为英人所疑忌不敢留,尽遣去。

> (魏源:《圣武记》一〇卷)

是年,林则徐在广东推行禁烟运动时,对澳门的葡萄牙采取了与对英国有所不同的措施,主要从解释、说理、宽容、信任等方面着手,从而杜塞了被义律利用和勾结的可能性。

是年,龚自珍成《己亥杂诗》三百十五首,其中有二首痛斥烟害道:

> 津梁条约遍南东,　　谁遣藏春深坞逢,
> 不枉人呼莲幕客,　　碧纱橱护阿芙蓉。
> 鬼灯队队散秋萤,　　落魄参军泪眼荧,
> 何不专城花县去,　　春眠寒食未曾醒。

> (龚自珍:《龚自珍全集》,页五一七)

另外还有一首是龚抒发自己未能投身反侵略斗争的急切心情的。诗中写道:

> 故人横海拜将军,　　侧立南天未蒇勋,
> 我有阴符三百字,　　蜡丸难寄惜雄文。

> (龚自珍:《龚自珍全集》,页五一七)

是年,林则徐为同年友赵兰友写《补题赵兰友同年〈雪舫传觞图〉》诗。宣

南诗社社友董国华赠林见怀诗,林写《次董琴涵观察始兴舟次见怀原韵》诗。

(《林则徐全集》第六册,诗词页七九、一九七)

是年白镕(1766—1839)、陶澍(1779—1839)、潘德舆(1785—1839)、陈銮(1786—1839)卒。

道光二十年　庚子　1840 年　五十六岁

正月初一日,林则徐接任两广总督,继续在粤主持禁烟运动。林则徐任粤督后,当地知识分子梁廷枏等往见,林与梁单独交谈了当时的局势和梁氏的著作活动等。

（林则徐由越华书院迁入节署后）同事六人诣谒。会客至,留予刺使俟之。及见,公慨然曰:"任大责重矣,何以处此。"予曰:"海事公所优为,无待刍荛之献。然公初至,集思广益,自可执而用之。近则条陈者多,而愈足以乱人耳目。此后但以夷情来者见之耳。"公首肯。予因言公既受节钺,从此地方利病,似可访其重且大者施行之,庶不负百姓之望。因举桑园围帑息备岁修资者,为目前首要,请饬查本项,令择绅抢修之。公越日即以所查见示。先是,予撰《粤海关志》成,已缮红本。将次缮《海防汇览》,林公谓且少缓,俟此次海禁事竣,增入数卷,遂停笔待之。迨夷难作,不复及此矣。

（梁廷枏:《夷氛闻记》卷二自注）

正月初二日(1840 年 2 月 4 日),义律调英舰海阿新号驶入澳门内港,林则徐采取相应对策经澳葡当局斡旋,海阿新号撤出。(《英军在华作战记》,见《鸦片战争》V,中国近代史资料丛刊,页五二)

正月初四日,林则徐因澳门葡萄牙领事阻止华兵开入,特命高廉道易中孚进行交涉,并先后责令其驱逐英人出澳,毋得容留一人。

札高廉易道,督同澳门厅蒋署丞,转谕西洋夷目唵嚟哆知悉:

照得澳门一区,乃天朝土地,各国夷人俱不准混行托足,独许西洋夷人聚族而处,长育子孙,是大皇帝厚泽深仁,直视尔西夷为域内子民,凡所以抚字而护持者,无微不至。尔等稍有知识,当亦共信天朝之待尔西夷,光明正大,不必妄生疑虑,首鼠两端也。

前因唤夷义律等久住澳门,本部堂、本部院即经严谕该夷,认真驱逐,诚恐嘆夷自断贸易以后,穷蹙无归,势必图占澳门,尔西夷转无容身之地。若待蚕食之后,天朝始行进兵,虽克服无难,而尔等恐无遗类矣。是以本部堂、本部院严饬文武大员,刻日带兵进澳,原为外御嘆夷,内安尔众,锄强扶弱,计出万全。乃节据澳中文武禀称,转据该夷口说,恐受首先肇衅之名,须待嘆夷先自肇衅,再行计议等语。试思义律等叠次率众逞强入澳,旁若无人,而华伦兵船亦竟敢驶抵加思兰炮台之前,不惟天朝法度在所难容,即按之尔西洋夷例,亦从来所未有。乃尔西夷,并不闻开放一炮,而转阻我官兵不必入澳堵御,是大不可解矣。试问嘆夷如此鸱张,尚不谓之肇衅,必俟何等情状,乃为肇衅耶? 如果该夷意中早有定见,谓必如何才算得嘆夷自行开衅。既经开衅之后,该夷如何拒敌,始能保住澳门不被嘆夷占居〔踞〕,不贮嘆夷货物,该夷是否有此把握,亦应明白具禀。

现据该国夷人传说,嘆夷祖家兵船十二只、孟买兵船十二只不久可到等语。此等谎言,原不过义律等张大其词,无足深论。即使果有其事,而夷兵涉远而来,粮饷军火安能持久,我天朝水陆劲旅,以逸待劳,岂不能制其死命。惟尔在澳夷兵,为数有限,试问能否制服嘆夷? 与其临事张皇,坐失依据,何如敬听官宪指示,将官兵早带入澳,妥为布置。一旦有事,该夷随同拒敌,则有备无患,定使比户不惊。若恐兵勇滋扰,及滥匪乘机窃发,本部堂、本部院所遣带兵文武,俱系纪律严明,设有前项不法之人,准尔西夷赴官指名控告,立时严拿,即在澳中审明,就地正法,以靖间阎。凡此开诚布公,详晰劝谕,皆本部堂、本部院为保护该夷起见,该夷等务宜效顺去逆,倚仗天朝军威,为尔西夷安枕之计,慎勿妄生疑惑,自外生成,致贻后悔也。

(《林则徐全集》第五册,文录页三〇七至三〇八)

正月十八日,林则徐奏陈英国新派兰吐噔吨来华代替义律,请仍一并坚拒,不与通商,对英国以外各国亦应加强防范。清廷予以同意。(《道光朝筹办夷务始末》卷九,页二四至二六)

正月十八日,林则徐公布原已拟定的对澳告示。(《英军在华作战记》,见《鸦片战争》Ⅴ,中国近代史资料丛刊,页五三)

正月十八日(2月20日),英国任命驻好望角海军司令乔治·懿律

(George Elliot)为对华谈判全权公使,查理·义律(Charles Elliot)为副,并由外交大臣巴麦尊(Palmerston)发交《致满清宰相的抗议书》,要求通商、割地、赔烟价和待遇平等等。此"抗议书"即后来英军在天津所投而由琦善上奏者。《道光朝筹办夷务始末》卷一二,页二〇至二八》同时,又对懿律作了指示,即对清交涉的条件应包括居住自由、领事裁判权、私货可没收人不得伤及订立税则等内容。(马士:《中华帝国对外关系史》第一卷,页二九四、三〇八、七〇三至七〇九)

同日,英国政府预拟了《对华条约草案》共十条,要求开放口岸,没置领事,割让岛屿,赔偿烟价,废除洋行,赔偿军费等等,并附有备忘录,说明如中国不愿割让岛屿时,则另以建造房屋、商定关税及领事裁判权等五项条款替换。这个条约草案充分暴露出英国侵略者蓄谋已久的侵略野心。(《近代史资料》1958年第4期,页七二至七六)

当时,外间已在传播英拟动武的消息,林则徐也有所探闻,在二月初四的《烧毁奸船以断英舶接济折》中曾约略谈到:

> 海上传闻,谣言不一。有谓嘆夷会集各埠兵船同来滋扰者;有谓来船一二艘满载炮火,将逗留之货船尽扮兵船者;有谓该夷去秋求准通商,已将新烟载回夷埠,今贸易既断,转无顾忌,奸夷载去别货,仍将鸦片换来,设计诱人玩法者。

林则徐既不为传言所恫吓,同时又积极从事战备,采取"以守为战""以逸待劳"的对策。并主张利用民力。

林则徐能利用民力,攻敌取胜的思想和行动,虽然和当时一般封建官僚有所不同,但却有极大的阶级局限性,他从封建统治阶级立场出发,采取了"以奸治奸,以毒攻毒"的方针:

> 粤洋渔船疍艇之多,几不可以数计。其人贪利亡命者,无不远赴外洋。而奸夷加意招徕,啖以倍蓰之利,即一蔬一薪,亦皆厚给其值,并以鸦片与之兑换,使之两获其利。利愈重则命愈轻,故夷船寄碇虽遥,而冒险犯法以趋之者,闻已渐相(新夏按:《道光朝筹办夷务始末》本无"渐相"二字)环集。此又断其贸易之后,更出一种私弊,不可不亟亟剿除者。

> 臣等再四思维,惟有以奸治奸,以毒攻毒,即与提臣关天培密商,取平时所装大小火船,即雇渔疍各户,教以如何驾驶,如何点放,每船领以一二兵弁,余皆雇用此等民人以为水勇,先赴各洋岛澳分投埋伏,候至夜

深,各船俱熟睡(新夏按:《道光朝筹办夷务始末》脱此句),察看风潮皆顺,即令一齐放出,乘势火攻,将此等环护夷舶各匪船随烧随拿,许以烧得一船即给一船之赏,如能延烧夷船,倍加重赏。

(《林则徐全集》第三册,奏折页二八六至二八八;

又《道光朝筹办夷务始末》卷一○,页六至七)

正月二十七日,林则徐组织渔民、疍户和水师对停泊海面的英船和接济英船的艇船进行火攻,取得胜利:

则徐以舟师出洋,不能如夷舶帆炮之得手,令水师不必在洋攻剿,但固守口岸藩篱,备火船,乘月黑潮退,出其不意,分起潜出,乘上风攻其首尾,火器皆从桅掷下。又招募渔、疍,董以兵弁,潜伏岛屿,随时挈小船攻扑,先练钉夷船四旁,使受火一时难脱,重给赏资。

(梁廷枏:《夷氛闻记》卷二)

此次烧毁运土及济夷匪船,大小共二十三只,篷寮六处,除烧毙淹毙各犯外,生擒十名。

(《林则徐全集》第三册,奏折页二八八;

又《道光朝筹办夷务始末》卷一○,页六至七)

正月二十九日,晚间,马辰带到关天培信件,报告火攻战绩。林则徐致函怡良,告知夜袭获胜的喜悦心情说:

此次烧毁办艇,甚为痛快,不独寒汉奸之心,亦已落顽夷之胆矣。

(《林则徐全集》第九册,信札页一九○)

正月三十日,林则徐送新闻纸译稿两本给怡良。(《林则徐全集》第七册,信札页一九一)

二月初三日,发布《重新开放澳门葡萄牙人贸易告示》。

为晓谕事:

照得前因英夷不遵驱逐,继续居留澳门,而西夷胆敢自行窝藏,违抗本部堂、本部院之明确谕令。故彼时宣布关闭该地,停其贸易。今据我澳门文武官员禀称:"西夷接前谕之后,尚能悔悟与畏惧,(具)现英夷已被尽数逐出,西夷夷目或委黎多亦来面陈,称今后必永远不敢允准英夷入澳或窝藏彼等而违抗法度。"等情前来。经本部堂、本部院、本督监及时查察,该文武官员所禀属实。据西夷口供及其处境,彼等对我天朝法度尚心存畏惧,特准其恢复照旧通商,以示天朝体恤。为此,特会谕一切澳门店主、外省商贾与民人及受雇装载转运货物之所有人等知悉:自本告示发布之日起,凡属原替西夷营运货物者,无论出口或进口,均准如前往来,但须遵照已定章程,所营运之货物,务经海关检查,按则课税,方可转运发售;不得密为英夷转运货物,或将其货与他货相混,以图瞒骗,有违法度,致干重究。

(《林则徐全集》第五册,文录页三〇八至三〇九)

二月初四日,林则徐上《责令澳门葡人驱逐英人情形片》并附葡人与义律往来信函之译件六封。提出"驭夷不外操纵二端,而操纵只在贸易一事,夷性靡常,不得不以此为把握"的见解。(《林则徐全集》第三册,奏折页二八九至二九四)

[按] 《林文忠公政书》片题作《密陈驾驭澳夷情形片》。

二月上旬,林则徐函告怡良已将译报六件进呈。(《林则徐全集》第七册,信札页一九六)

二月二十日,林则徐与怡良亲赴校场检阅操练情况。(《林则徐全集》第三册,奏折页三〇三至三〇四)

二月二十一日,英舰"都鲁壹"号开抵澳门海面。林则徐在《致怡良》函中说明他对来广东洋面英舰的防御措施说:

查此船(新夏按:指都鲁壹号 Druid,装有四十四门炮)即九月新闻纸内所说要来中国调停各事者,今既来此,只可严防。至所云尚带二三十只船之语,则皆虚张而已。易信庵(新夏按:易名中孚)请派陆路兵,兄思别处调遣未免需时,不如就近拨派。现拟委揭阳张令,带其练勇三百余名前赴关闸,而佐以香山炮手百名。

(《林则徐全集》第七册,信札页一九六)

二月二十二日,广州知府珠尔杭阿进京。林则徐遵谕托其代缴钦差大臣关防。(《呈缴钦差大臣关防片》,见《林则徐全集》第三册,奏折页三二八)

[按] 缴还关防一事,林则徐于道光十九年十二月二十四日已在一片中请示,谕称"俟有该省大员进京之便带缴",故在二月二十日委令珠尔杭阿赍缴,并于三月二十六日上《委员恭缴关防片》说明情况。(《林则徐使粤两广奏稿》页三五五至三五六)

二月底,自上年十二月中旬至今,林则徐在粤又续获烟案一七六起,"总

400

计烟土、烟膏一万八千五百七十八两九钱,烟枪七百九十三枝,烟锅三十二口"。(《粤东续获人烟枪具情形折》,见《林则徐全集》第三册,奏折页三一九)

三月初一日至十一月十八日间,黄爵滋奉命在浙闽调查,先后奏陈有关严禁鸦片、加强海防及调查英舰进攻闽浙情况的奏议多次。

[按]　黄爵滋各奏具载于钞本黄少司寇疏中。其卷十二有三月初一所上《查办闽省事件大概情形疏》和《议令总督每岁暂驻泉州疏》。有三月二十七日所上《查验战船草率筹议赶紧修造疏》。其卷十三有三月二十七日所上《确查海口烟犯情形疏》及《片奏查办汉奸章程》、《片奏添建炮礅》。四月初六日所上《审明员弁吸食鸦片分别定拟疏》。卷十四有四月二十一日所上《查明原奏闽省夷船折内各款疏》。卷十六有六月二十七日所上《筹议海防造船铸炮疏》。卷十七有七月初六日所上《阅见厦门情形疏》,十月初四日所上《查明出力员弁疏》及《片奏厦门接仗情形》,十一月十八日所上《查明洋面夷船停泊情形疏》。卷十八有五月十三日所上《委员访查罂粟疏》,八月十八日所上《查明台温栽种罂粟情形疏》,十一月十八日所上《闻见定海情形疏》多篇。上述各奏均见《黄爵滋奏疏许乃济奏议合刊》。

三月初六日,广东清远县把总黎祥光,假"缉私"之名,抢走领有关口税单的南海县商人林裕利铁丁货七十二篓。初九日,该商到三水县河面又被巡营外委黄安邦将所余铁丁三十二篓抢走。这些"缉私"人员非但毁弃客商税单,还强迫船工出具"失水"字据。此事揭发后,林则徐即指明事情的性质是"明系假巡缉为由,串同抢夺",遂加以严肃处理。(《林则徐全集》第三册,奏稿页三八九至三九〇)

三月初六日(4月7日)英国议会下院正式通过政府侵华军费支出案和"英商在中国的损失,须达到满足的赔偿"等决议。初九日,上院几乎未经讨论一致通过。(杨国桢:《林则徐大传》页三五九)

三月十四日,林则徐派人到澳门探询"都鲁壹"号的炮火兵力及该舰的构造与性能。(威廉·亨德:《旧中国杂记》中译本,页六三至六七)

三月二十六日,林则徐连上《请改大鹏营制而重海防折》、《尖沙嘴、官涌添建炮台折》及《请照例给发协济靖远炮台兵丁口粮银两片》等折片,以加强海防建设。(《林则徐全集》第三册,奏折页三三〇至三三六)

三月二十六日,林则徐为更进一步贯彻严禁政策,上《请将烟犯财产充赏

片》,提出根除烟害的办法。折中首先指陈当前禁烟运动中某些不足现象说:

> 察看各属府县城厢,凡在耳目昭著之地,大都渐就肃清。而乡曲村庄,山重水复,往往恃其僻远,藏垢纳污,旧时既不少窝存,闻拿又转相寄顿。或深房密室,守以妇女,而莫能窥;或祠庙山林,埋以坑窖,而无由识;甚至装为棺柩,假作坟茔,隐秘万端,出人意表。间有访问破获者,全借眼线密为伺察,于其藏匿处所探知真确,乃得搜起原赃。若眼线不真,搜查无获,则奸民有所借口,转恐酿成事端。故从前烟禁松时,患在得规包庇,迫禁严而情伪叠出,又患在托名慎重,瞻顾畏难。

其次,林则徐又建议将烟犯财产充赏,并严办诬陷,以求根绝烟害。折中说:

> 应请嗣后拿获贩卖鸦片之案,于审明定谳后,除烟土、烟膏、烟具悉数缴官毁化外,所有该犯船货产业,概准分别给赏,无论在洋在岸,一体照行。倘有栽烟诬赖、希图冒赏,亦必审实情,遵照新例,不分首从,按法严办。庶查拿首报之人,有所图而不相隐庇,亦有惮而不敢诬妄,而囤犯为奸之辈,藏烟虽密,破案不难,于杜绝根株,似有裨益。

(《林则徐全集》第三册,奏折页三四四至三四五)

[**按**] 此议林则徐曾先与怡良商讨。二月上旬,林在致怡良函中说:"今设一部策,拟将粤省囤积烟土难以尽破,皆因隐匿包庇为利甚大,而首告指获得赏无多之故,详晰具奏。请将例应没官之犯产,赏给指告引拿之人,并声明近来所办各犯,抄产俱照此行,免其造报。如邀允准,则办理不致棘手。"(《林则徐全集》第七册,信札页一九三)

三月二十六日,林则徐等议复曾望颜"封关禁海"议。林则徐用亲身体察到的实际情况反驳曾望颜的闭关主义主张。从上《议复曾望颜条陈封关禁海事宜折》中所阐述的论点来看,林则徐对沿海实际情况的分析,对资本主义各国关系的认识和如何利用矛盾的策略等方面,都比当时一般官吏深刻和实际得多。他认为封关不能根绝走私,而禁海既不利民生,又窒碍难行。奏中说:

> 且封关云者,为断鸦片也,若鸦片果因封关而断,亦何惮而不为。惟是大海茫茫,四通八达,鸦片断与不断,转不在乎关之封与不封。……

> 若如原奏所云,大小民船概不准其出海,则又不能。缘广东民人,以海面为生者(新夏按:《道光朝筹办夷务始末》本无"者"字),尤倍于陆地,

故有渔七耕三之说，又有三山六海之谣，若一概不准出洋，其势即不可以
终日。至谓捕鱼者止许在附近海内，此说虽亦近情，然既许出洋，则远近
几难自定，又孰能于洋面而(新夏按:《道光朝筹办夷务始末》无"而"字)
阻之。即使责令水师查禁，而昼伏夜动，东拿西逃，亦莫可如何之事。

奏中更主要地分析各国争利的矛盾，主张利用矛盾，区别对待，指出如果
不加区别反使各国联成一气，则对我不利。这表现了林则徐反侵略的策略思
想。奏中说:

专断一国贸易与概断各国贸易，揆理度势，迥不相同。

今若忽立新章，将现未犯法之各国夷船与嘆咭唎一同拒绝，是抗违
者摈之，恭顺者亦摈之(新夏按:《道光朝筹办夷务始末》本无上二句)，未
免不分良莠，事出无名。设诸夷禀问何辜，臣等碍难批示。

自嘆夷贸易断后，他国颇皆欣欣向荣。盖逐利者喜彼绌而此赢，怀
怨者谓此荣而彼辱，此中控驭之法，似可以夷治夷，使其相间相瞡，以彼
此之离心，各输忱而内向。若概与之绝，则觖望之后，转易联成一气，勾
结图私。

总之，驭夷宜刚柔互用，不必视之太重，亦未便视之太轻。与其泾渭
不分，转致无所忌惮，曷若薰莸有别，俾皆就我范围。而且用诸国以并拒
嘆夷，则有如踣鹿，若因嘆夷而并绝诸国，则不啻驱鱼，此际机宜，不敢
不慎。

> 　　　　(《林则徐全集》第三册，奏折页三二四至三二八;
> 　　　　又《道光朝筹办夷务始末》卷一〇，页二五至三〇)

三月二十六日，林则徐上《尖沙嘴官涌添建炮台折》，向清廷报告:在尖沙
嘴及官涌增设炮台两处，并安设大炮五十余门，"计尖沙嘴炮台估需工料银一
万七千九百五十一两零;官涌炮台估需工料银一万四千四十六两零"。(《林则
徐全集》第三册，奏折页三三三至三三五)

三月二十七日，道光帝收到林则徐报告英船来华传闻的奏折，就加以朱
批道:

无论虚实，总当不事张皇，严密防范，以逸待劳，主客之势自制。彼
何能为也。勉之!

> 　　　　(《道光朝筹办夷务始末》卷一〇，页一四)

二、三月间,林则徐相继制造一批炮船和小帆船,又仿越南船式造轧船四只,仿欧洲船式改二三只双桅船。(参见宾汉:《英军在华作战记》,见《鸦片战争》V,中国近代史资料丛刊)同时,林则徐还积极训练士卒备战,并在演武厅手书对联以鼓舞士气。联语是:

> 小队出郊垌,愿士卒功成,净洗银河长不用;
>
> 偏师成壁垒,看百蛮气慑,烟消珠海有余清。

（萨嘉矩:《林则徐联句类集》卷一）

三月,林则徐弟子、近代思想家冯桂芬成进士,致函林则徐说:

> 兹喜南宫脱籍,东观策名。玉署闲曹,正读书之佳地,京华人海,亦涉世之要资。某虽甚驽庸,讵甘暴弃,惟希大冶指以进竿。庶几矢报涓埃,上副圣人霖雨思贤之意;程能尺寸,不虚吾师风尘相赏之心。

（冯桂芬:《上林少穆师》,见《显志堂稿》卷一二）

四月十五日,林则徐"检阅新海军,对新军颇怀信心,以为可以用来扫荡英舰。其中包括'甘米力治'号军舰,设有能移动的炮位,装备尚好。两个二十五吨重的纵帆船,油漆为黄色,绘有黄龙,一个明轮推动的小船,许多沙船"。(宾汉:《英军在华作战记》,见《鸦片战争》V,中国近代史资料丛刊)

四月二十一日,兵勇袭击英国鸦片走私船"希腊"号,击伤船长及船员二十五人。(参见宾汉:《英军在华作战记》,见《鸦片战争》V,中国近代史资料丛刊)

四月二十五日,上《访获护送鸦片之巡役及出洋贩烟人犯审拟折》,报告审明惩办护送鸦片之巡役与出洋贩烟之人犯尹施味、梁亚苏等三十三人情形。(《林则徐全集》第三册,奏折页三六二至三六七)

四月,林则徐始获悉弟霈霖已于去冬亡故之讯。

> 亡弟之讣,舍间一向隐瞒,直至本年四月散眷将到粤时,始经得信。家运乖落,心痛难言。

（《致叶申芗》,见《林则徐全集》第七册,信札页二六二）

林则徐特撰联挽弟。联语是:

> 赋性本精神,尽堪做事业文章,可惜都因多病误;
>
> 治家恒俭朴,竟抛下孤儿弱女,从今当复谁向依。

（《林则徐资料研究》第一集）

四、五月间,林则徐《致唐鉴》函,贺其就太常寺卿职及亲属得中,并表示自己对沿海抗英及北方水利的关心。信中说：

> 兹闻奉常领秩，此侍所深冀而尚未得者。如早晚能为骖靳之从，则岂独弹冠相庆已哉！戚世兄南宫之喜，闻者莫不欣抃，况在门楣；两令甥又共题名，洵为盛事。鼎魁联掇，其在意中乎！

> 侍移任已阅四月，苦无成效，难释劳肩。而顽夷未必甘心，海口时须防范。虽料其不敢滋事，而劳累正无穷期也。畿辅水田之请，本欲奋捐亲操，而未能如愿，闻已作罢论矣。

（《林则徐全集》第七册，信札页二〇五）

[按]　信中所称"戚世兄"名戚贞，字小蓉，号子固，唐鉴的女婿，浙江杭县人。道光二十年进士。"两令甥"指唐鉴的外甥黄兆麟和黄倬弟兄。兆麟字叔文，号绥卿，湖南善化人，道光二十年进士，官至光禄寺卿。倬字树阶，号恕皆，与兄同年成进士，官至吏部左侍郎。

[又按]　关于此信时间，王启初《林则徐信札浅释》（《文物》1981 年第 10 期）中订为道光二十一年正月，张守常《〈林则徐信札浅释〉补正》（《文物》1983 年第 6 期）则据①所谓移任是指林则徐于道光二十年正月接任两广总督，则"移任已阅四月"，当指道光二十年四、五月之交。②唐鉴由江宁藩司内调太常寺卿是道光二十年四月初七日朝旨，消息传到广州当在四月末，所以信中即有"奉常领秩"之语。因此订此函为道光二十年四、五月间所写。此从张说。

五月初九日，广东水师及水勇在磨刀洋火攻英船获胜，"先后延烧大小办艇十一只。又烧毁近岸篷寮九座。其冲突窜逃各夷船，彼此撞碰，叫喊不绝，夷人带伤跳水、烧毙、溺毙及被烟毒迷毙者，不计其数"。（《磨刀洋外焚烧英船擒获奸犯情形折》，见《林则徐全集》第三册，奏折页三八一；又《道光朝筹办夷务始末》卷一一，页五至六）

[按]　清廷对这次行动朱批："所办可嘉之至。"又火攻在午夜以后，当作五月初十日计。

[又按]　《夷氛闻记》（中华书局本页三八）、《英军在华作战记》（《鸦片战争》Ⅴ，中国近代史资料丛刊，页五七）所记日期与事实均与此有不同，当以林奏为据。

五月初十日，英舰"谷巴士"号（载炮二十八门）抵金星门海面，与原来的"窝拉疑"、"海阿新"及"都鲁壹"三舰遥相呼应，等待发动战争。

五月十四日，林则徐在金星门海面"令火船十艘，每二艘连以铁索，乘潮

· 405 ·

盛攻之。夷船亦以舢板撑拒,我兵遂超过其特威尔船,杀水手,泅水而返"。(梁廷枏:《夷氛闻记》卷二,页三八)

五月十七日,英国武装汽船"马打牙士加"(Madagascar)抵达粤海。

五月二十二日、二十三日,英国侵略者又续来兵船九只,小火轮三只。其中有英侵华远征军海军司令官伯麦(J. G. Brener)所乘载炮七十四门的旗舰"威里士厘"(Wellesley)号抵澳门湾外,伯麦并在旗舰上发出公告说:

> 现奉英女王陛下政府命令,本司令特此公告:从本月二十八日起,对广州入口所有河道港口一律进行封锁。

> (转引自杨国桢:《林则徐传》增订本,页三四一)

这是英国准备对华大举用兵的挑衅行为。英国蓄谋已久的侵略战争已处于一触即发的态势了。

[按] 伯麦这份公告后由马礼逊(J. R. Morrison)按中文告示格式编成汉字说帖写在木牌上,插于尖沙嘴一带海滩。(《林则徐全集》第三册,奏折页三九九)

二十五日,林则徐上《英兵船续来及粤省设防情形片》,向道光奏报了虎门炮台等处增修战备——安设炮位、添驻兵勇以加强防守的备战情况。其具体设防情况是:

(一)虎门方面:添建增修的各炮台与海面的两层排链相为表里,密购外国五千斤至九千斤远程生铁大炮,计有大炮三百余位,在船在岸兵勇共有三千余名。

(二)澳门方面:派高廉道与香山协会同防范,先后派驻兵勇一千三百余名。

(三)尖沙嘴方面:新建炮台两座赶办完工,设法购办大炮五十六位,分别按设,附近山梁驻兵八百余名。

(四)通报沿海各省协防:如广东无可乘之机,英船会"趁此南风盛发,辄由深水外洋,扬帆窜越",所以林则徐"飞咨闽、浙、江苏、山东、直隶各省,饬属严查海口,协力筹防"。

> (《林则徐全集》第三册,奏折页三九一至三九二;
> 又《道光朝筹办夷务始末》卷一一,页一八至一九)

五月二十六日,义律在澳门签发对广东沿海居民的通告,宣布对广州和珠江口的封锁。

五月二十九日,英侵华远征军总司令兼全权公使懿律乘旗舰"麦尔威厘"(Melville)(载炮七十四门)并率军舰"布阴底"(Beonde)号、"卑拉底士"(Pylades)号和武装汽船"进联"(Enterprise)号开抵澳门港外。至此,英国侵略者在中国海面的兵力是:

> (阳历6月28日)在中国海面的英国兵力如下:军舰十六艘,载炮五百四十门,武装轮船四艘、运兵舰一艘、运输舰二十七艘。各兵种陆军四千人,内中包括两个英国联队。布尔利上校(Colonel Burrell)统率陆军,奥格兰德上校(Colonel Oglander)是副将,他后来死在往舟山途中;可是,乔治·懿律却充任海陆联军最高司令。
>
> (马士:《中华帝国对外关系史》第一卷,页二九六)

五月间,林则徐致函怡良,对烟贩财产充赏事感到有阻力说:

> 烟贩产业给赏之奏,半准半驳,办理仍形掣肘,日后恐须再商也。
>
> (《林则徐全集》第七册,信札页二一一)

五月间,林则徐有《致友人》函,说明办理禁烟的困难,并提出要注意英人的北侵:

> 此间夷务是一不了之局,若一歇手,尽弃前功,所患有贝无贝之才,皆不应手,弟极力支撑制压,彼犬羊尚不得以逞其奸。第时值南风,难保夷船之不北驶,各省海防俱不免吃重,弟亦已节次飞咨矣。
>
> (《林则徐全集》第七册,信札页二一二至二一三)

[按]　《林则徐书简》增订本页一〇〇作《致潘锡恩》。观函中所云"南河频岁安恬,足为欣庆"等语,而潘氏时任南河河道总督。潘氏当是受函者。

五月底,林则徐致函怡良,告知英兵船东去,推测其或有北行之举:

> 夷船陆续出老万山向东驾驶,计已去兵船六只,火轮船一只。如谓即行回国,何必多此一来?恐因东路潮州、南澳一带奸民林立,往彼勾结滋扰,抑或专图卖烟,均未可定。外间因此谣传,谓往天津,并欲京控。鄙意以为果然京控,即是畏神服教之华民矣,何多求乎?第恐未必尔耳!
>
> (《林则徐全集》第七册,信札页二一二)

五月底,自本年三月起至今,林则徐又在粤续获烟案一百八十五起,计"烟土、烟膏两万三千九百五十五两一钱二分,烟枪五百八十三枝,烟锅十六

口"。(《续获人烟枪具折》,见《林则徐全集》第三册,奏折页四一七)

五月至次年正月间,林则徐不断悬赏鼓励群众杀敌,《中国丛报》1841年2月号上即载有杀敌夺船的赏格,俘英船一艘十万元,毁一艘三万元;生擒义律、伯麦或马利逊的,每人赏洋五万元,献三人首级者,每颗三万元等。(马士:《中华帝国对外关系史》第一卷,页二九七)

[**按**]　林则徐悬赏杀敌事,西报多次记载。(见《鸦片战争》Ⅱ,中国近代史资料丛刊,页四八五、四八九至四九一、五〇五)道光二十一年二月裕谦奏(《道光朝筹办夷务始末》卷二四,页三五)与《同治番禺县志》等亦记及,但林则徐的奏稿、公牍及其他中籍未载。姚薇元氏认为:"林氏以事无成效,因未奏闻,政书亦未录存,遂致中籍失载。"(《鸦片战争史实考》页五〇)

中国人民痛击入侵者的杀敌活动是完全应该和正义的,但却激起了西方资产阶级的极大仇视。在他们的"著作"中肆意谩骂,说"这当然是野蛮而好杀的举动";侮辱中国人民"是一种不懂得近代战争惯例的人民,是一种还需要学习才会使用那些基本信号如休战旗之类的人民,是一种还是信守战争的最主要目标就是杀死敌人的书本教条的人民";声嘶力竭地叫嚣"必须加以谴责"、"予以更大的谴责",充分暴露出他们发动侵略战争的凶恶面目。(马士:《中华帝国对外关系史》第一卷,页二九七至二九八)

六月初二日,英国侵略者因粤海已有准备,防守甚严,不能得逞,遂由懿律统率舰队大小四十余艘(兵舰十二艘、武装汽船三艘、运兵船一艘、输送船二十七艘),离粤北侵,留兵舰四艘、汽船一艘,封锁广东珠江海口。(姚薇元:《鸦片战争史实考》页五一)

六月初四日,英舰"布朗底"(Blande)号携舢板数只到厦门投送巴麦尊致中国宰相书的副本,要求上岸,被拒绝。次日,三十多名英国士兵乘舢板在布朗底号兵船掩护下作挑衅性进攻,被守军击退。(《道光朝筹办夷务始末》卷一一,页二七至三〇)英舰离厦后,地方官吏即"虚报邀功"。(姚薇元:《鸦片战争史实考》页五一)

六月初五日,上《英船在粤滋扰及驶出外洋情形片》,并附伯麦汉字说帖。

兹查近日该唭夷又先后到有大小兵船十只,车轮船二只,仍止散泊外洋,别无动静。惟扬言不先寻衅,谅欲懈我军心。旋于海滩上插一木牌,写有汉字说帖,妄称:"内地船只不准出入粤省门口,俟英国通商再行无阻。"又称："鱼艇日间出入,不为拦截,各邑乡里商船,可赴英国泊船之处贸易。"等语。查嘆夷中有马里逊能书汉字。上年一切夷禀皆出伊手,此次说帖,谅即该夷人所写。揣其鬼蜮伎俩,一则希图挟制通商,一则招引奸徒兴贩。与其所称不先寻衅之言,又大相刺谬。当经函嘱提臣关天培,如果该嘆夷胆敢拦阻行舟,即当示以兵威,不容滋扰。

又查该夷说帖内,有国王命伊前往中国海境,据实奏明之语。而先来之哈吧吐一船,及后到之咈啉嘛等船八只、车轮船三只,又据引水禀报,于五月底及六月初间,先后驶出老万山东向扬帆而去,瞭望无踪。饬据洋商伍绍荣等转呈咪唎坚夷禀,译出汉字,内称听说嘆夷兵船系赴浙江、江苏。又有人说往天津等情。臣等复查夷情诡谲,凡事矫饰虚张,固难凭准。而现值南风盛发,外洋茫无界限,亦无从遏止前往。如其驶至浙江舟山,或江苏上海等处,该二省已叠接粤省咨文,自皆有备,不致疏虞,若其径达天津,求通贸易,谅必以为该国久受大皇帝怙冒之恩,不致遽遭屏斥。此次断其互市,指为臣等私自擅行。倘所陈尚系恭顺之词,可否仰恳天恩,仍优以怀柔之礼,敕下直隶督臣,查照嘉庆二十一年间嘆国夷官啰呵啊喋吐嚄等自北遣回成案,将其递词人由内河逐站护送至界,借可散其牙爪,较易就我范围。倘所递之词有涉臣等之处,惟求钦派大臣来粤查办,俾知天朝法度,一秉大公,益生其敬畏之诚,不敢再有借口。

事关控制外夷,臣等管窥所及,谨合词附片密陈,并将该夷说帖另录清折,恭呈御览,伏乞圣鉴训示。

再,沿海间阎,现俱照常静谧,合并声明。谨奏。

说　帖

谨将嘆夷兵船所出汉字说帖钞录清折,恭呈御览。

大英国特命水师将帅为通行晓谕事:

照得粤东大宪林、邓等因玩视圣谕"相待英人必须秉公谨度",辄将住省英国领事、商人等诡谲强逼,捏词诓骗,表奏无忌。故此,大英国主钦命官宪著伊前往中国海境,俾得据实奏明御览,致使太平永承,妥务正经贸易。且大英国主恭敬皇帝,怀柔内地安分良民,严命本国军士,设使民人不为抗拒,即当凛行保全各人身家产业。是则该民无庸惊惧,乃可带同货物接济,赴到英师之营汛,定要施惠保护,给尔公道价钱也。且大宪林、邓捏词假奏请奉皇帝停止英国贸易之谕,以致中外千万良人吃亏甚重。缘此大英国将帅现奉国主谕旨,钦遵为此告示,所有内地船只不准出入粤东省城门口,兼嗣后所指示各口岸,亦将不准出入也。迨俟英国通商,再行无阻,本将帅才给符官印,发檄晓示所应经商之港口也。至鱼艇悉准日间出入粤省港口,不为拦截。又沿海各邑乡里商船,亦准往来,可赴英国船只停泊之处贸易无妨。特示。

(《林则徐全集》第三册,奏折页三九九至四〇一)

六月初五日,林则徐与怡良会衔发出《英夷鸱张安民告示》,号召人民杀敌。

照得英吉利国夷人本多狡诈,且以鸦片害我民人性命,骗我内地资财,亦我民所同仇共愤。……本部堂、本部院今与尔等约:如英夷兵船一进内河,许尔人人持刀痛杀。凡杀有白鬼一名,赏洋一百元,杀死黑鬼一名,赏洋五十元。如持首级来献,本部堂、本部院验明后,即于辕门立时给赏。擒夹带鸦片之侦船者倍之,擒及杀死鬼夷官者又倍之。如能夺其炮位,亦照炮之大小,分别给赏。虽通夷之汉奸杀无赦,能立功赎罪并赏之。业经分别赏单,榜诸道路,谅尔等共知。……至于十三行夷楼,内有别国夷人住处,闭户安居,不与英夷助势,断不许尔等乘机滋扰,擅行入室,抢夺杀人,立斩抵偿。其各凛遵无违。

(《林则徐全集》第五册,文录页三一四至三一五)

约在此时,发《谕香山县加强戒备并奖励民众歼敌》,令香山县知县公布杂敌赏格告示。

着香山县所属珠江口各地炮台补充兵员军火,日夜监视出海船只,断绝一切食物供应;于出入要冲以大战船戒备,以小船封锁,制止船艇出入,以疲困敌军。同时通令沿海渔民,凡欲造引火木筏烧毁夷船者,须向地方官府申报,经查验后方准予开出。仍须视情况需要,便宜行事。其家属留下作保,由官供养。凡能烧毁夷船,或杀死、捕获夷人者,立即照所悬赏格,予以厚赏,不折不扣。

附:香山县知县告示公布之赏格如下:

一、捕获设有八十门炮之英船一艘交官者,赏银二万元;小者按炮数递减,每少炮一门扣减一百元;所有船上财物,除军火及鸦片外,全部充赏;彻底破坏大战船一艘赏一万元,小船酌减。

一、捕获英商船交官者,除军火及鸦片外,全部货物充赏;三枝桅大船每只赏一万元;二枝半桅者赏五千元;二枝桅者赏三千元;大艇赏三百元,小艇赏一百元;全毁上述各种船艇者,照原赏额三分之一给赏,知县加赏一百元。

一、俘获海军司令官一名者赏五千元;官阶每低一级减五百元;杀死一名者照原赏额三分之一给赏。

一、俘获白夷一名者,其为士兵或商人,赏一百元;杀死一名则照原赏额五分之一给赏;俘获黑夷,无论兵奴,一律给赏,杀死一名由知县加赏二十元。

一、缉获向夷人购买鸦片之汉奸,论死罪后,赏缉获者一百元,其他奖金照给。

(《林则徐全集》第五册,奏折页三一二至三一三)

六月初五日,林则徐通过洋商从美商处获悉情报说,英船已赴浙江、江苏,也有说往天津的。于是除飞咨江、浙二省外,并向清廷提出处理涉外事务的建议:

若其径达天津求通贸易(朱批:"卿等所见不为无因,然逆夷今番之举决不为此也。"),谅必以为该国久受大皇帝怙冒之恩,不致遽遭屏斥。此次断其互市,指为臣等私自擅行,倘所陈尚系恭顺之词,可否仰恳天恩,仍优以怀柔之礼,敕下直隶督臣,查照嘉庆二十一年间嘆国夷官啰呋啊嘆吐嚰等自北遣回成案,将其递词人由内河逐站护送至界,借可散其牙爪,较易就我范围。倘所递之词有涉臣等之处,惟求钦派大臣来粤查办,俾知天朝法度,一秉大公,益生其敬畏之诚,不敢再有借口。

(《英船在粤滋扰及驶出外洋片》,见《林则徐全集》第三册,
奏折页四○○;又《道光朝筹办夷务始末》卷一一,页二四至二五)

折后附呈伯麦攻击林、邓的说帖一件。这封奏折表现了林则徐既密切注意英方的动向,又勇于承担责任,主张稳妥地处理对外关系的精神。但这却给了道光帝与投降派以后加林以罪名而转向"议抚"的借口。

　　[**按**]　林则徐于上此折时曾以和衷共济的态度致函怡良进行商讨。信中说："昨新安抄送之夷帖(按:指伯麦发布的英军封锁珠江口的汉字说帖),知已呈览。鄙意即令该县用红白禀申送,以凭入告,否则众目先睹,转恐发自他人,无以自解于讳饰矣。……刻下时势已归于拦堵货船一着,而此着最为毒手。以内地工作之人,略停数日即不能堪也。兄昨复滋圃信稿,顺呈台览。……直隶信稿谬拟一纸,未知妥否?如棣台大人一同列衔,亦属省事,统候示复照办。"(《林则徐全集》第七册,信札页二一四)

　　当日即会衔入奏。

　　六月初八日,英舰二十六艘侵占浙江定海。总兵张朝发重伤,知县姚怀祥、典史全福死难。(《道光朝筹办夷务始末》卷一一,页一二至一四)

　　[**按**]　据七月初十日林则徐所上《密陈重赏海军民诛灭英夷片》中说:"六月初间,英夷有兵船三十一只窜至浙洋,肆其猖獗,致定海县城失守。"(《林则徐全集》第三册,奏折页四三九)

　　当时的定海军备废弛,吏治腐败,致使英舰不费力地侵占了这个毫无防备的县城。时人曾有所记述,如姚怀祥幕友王庆庄在《定海被陷纪略》中记称:

　　　　定镇额兵逾万,后减至二千余。承平日久,隶尺籍者,半系栉工修脚贱佣,以番银三四十圆,买充行伍,操防巡缉,视为具文。

(《鸦片战争》Ⅲ,中国近代史资料丛刊,页二四〇)

　　又高延弟的《涌翠山房文集》卷三曾记家居的定海邑丞王某的口述说:

　　　　定海四面距海,为洋艘停泊之所。往来承平时,每一艘至,自总兵、令丞迄舆台皂隶,莫不有贿。贿既足,然后许开市。其始来不过一二艘至三四艘而止。艘多贿亦厚,故官吏望其来,又恐其来而或少也。及烧烟事起,中外已不叶,夷人积怨将用兵,而疆吏上下漠然不之省。一日,津吏报洋艘抵岸,官吏方色喜。俄报来船益多,过于常时,官吏稍疑怪,既而辗然曰:"是不得市于粤,故举集于此,此将成大马头,吾徒常例钱且日增矣。"

(《鸦片战争》Ⅳ,中国近代史资料丛刊,页六三〇)

　　懿律和义律进占定海,一面宣布封锁宁波港口,在甬江口肆意抢劫;一面在定海城内建立伪政权,以德籍传教士郭士立任伪知县,"出示谕民回城同住,并于城内开设店铺,招人往贩鸦片、洋货","又张贴告示,谕民输纳粮

赋,后又令民接济";但"民间并不允从"。(《道光朝筹办夷务始末》卷一七,页二五至二九)

定海的失陷是英军用武力侵占我国领土的开始。英军进占定海后,尽性发泄其残暴兽性,据目击暴行的英军军官自供说:

……军队登陆了……英国国旗竖起来了,但也就从这瞬间起,可怕的抢掠在眼前展开了。闯进到每个人家去,打开每个箱笼、书画、桌椅、家具器皿,粮食抛得满街都是……所有这一切都被席卷一空,剩下来的只有死尸和伤员,那都是被我们无情炮火击毙和击伤的。这一些缺少了一只腿,那一些两条腿都没有了,好多人是被榴霰弹所伤,缺胳膊少腿凄惨得可怕。只到再没有任何东西可拿走的时候,抢掠才停止下来。我们人们都充分给自己亲友准备下赠礼,几乎连房子都为他们搬了去;战利品真是丰富之至,但不是从战斗中,不是在战地上缴获的,而是从无抵抗力的居民那里抢劫来的。

(叶尔玛朔夫:《亚洲曙光》页一○八)

英军进占定海后,又至宁波投递文书,浙抚乌尔恭额不敢违制上闻。(《道光朝筹办夷务始末》卷一一,页七)

六月初十日前后,英船又有离粤北上者,其留虎门外洋面者尚有十艘,不时驶至虎门外校椅沙一带,向盐船、商船刺探情报。(《林则徐全集》第三册,奏折页四一四;又《道光朝筹办夷务始末》卷一三,页四至五)

六月十三日,英军进窥镇海,被击退。十八日,再窥镇海,仍未得逞,乡兵死者二百余人。(《夷匪犯境闻见录》,见《近代史资料》1956年第6期)

六月二十一日,林则徐上《续获人烟枪具折》,报告在粤查获烟案的成绩和走私吸毒尚未根绝的情况,请求贯彻严禁政策。(《林则徐全集》第三册,奏折页四一六至四一七)

[按]　道光帝于七月二十四日收到此折后即用朱批形式斥责林则徐说:"外而断绝通商,并未断绝,内而查拿犯法,亦不能净,无非空言搪塞,不但终无实济,返生出许多波澜,思之曷胜愤懑,看汝以何词对朕也!"(《林则徐全集》第三册,奏折页四一七)从这道朱批看来,清廷已明显地表露出将加罪于林则徐。这道朱批实际上为对外投降作了准备。八月二十九日,林则徐收到这道朱批后即自请处分。(《自请从重治罪折》,见《林则徐全集》第三册,奏折页四七五至四七六)折

后另附《严办烟案栽赃人犯片》,对在查禁鸦片走私活动中乘机栽赃讹诈、抢夺财物之人严加惩处,做到"总期法无枉纵,罪当情真,庶足折服人心,即以剪除积习"。(《林则徐全集》第三册,奏折页四一九)

六月二十一日,道光帝接到英军进犯定海奏报,表示了虚骄的态度说:

> 此等丑类,不过小试其技,阻挠禁令,仍欲借势售私,他何能为?

> (《道光朝筹办夷务始末》卷一一,页九)

六月二十四日,道光帝在上谕中又一次表示无所用心的虚骄态度说:

> 该夷等亦不过稍逞小技,恫疑虚喝,迫至计穷势蹙自必返棹入洋,无所希冀。

> (《道光朝筹办夷务始末》卷一一,页一〇)

道光帝的这种虚骄态度无疑是松懈斗志、自我麻痹、贻误战机的愚蠢行为。

六月二十四日,英船进攻乍浦,开炮轰击,毁坏房屋船坞,杀伤乡勇,"皆断头少足,甚至腹破肠流,血腥冲鼻"。(《道光朝筹办夷务始末》卷一一,页二〇)

六月二十六日,清廷以浙抚乌尔恭额、提督祝廷彪失守定海,革职暂留本任带罪图功。并命邓廷桢派舟师援浙。(《道光朝筹办夷务始末》卷一一,页一六)

六月三十日,懿律率船八艘离舟山北上。粤洋尚有英船七只。(《英兵船在粤寻衅现续筹剿堵情形折》,见《林则徐全集》第三册,奏折页四四〇)

七月初六日,林则徐获悉定海失守讯后即于初十日上《密陈重赏定海军民诛灭英兵片》,一再建议清廷利用乡井平民收复定海。

> 此时定海县城甫被占踞,即使城中人户仓卒逃亡,而该县周围二百余里,各村居民总不下十余万众,夷匪既踞岸上,要令人人得而诛之,不论军民人等,能杀夷人者,均按所献首级给予极重赏格。似此风声一树,不瞬息间,可使靡有孑遗。

> (《林则徐全集》第三册,奏折页四四〇)

同时,林则徐还将定海失守的情形连发二函通知怡良,对英军侵占定海表示"不胜发指"(《林则徐全集》第七册,信札页二二一),并预感到自己将因此获罪,所以说:"区区惟待罪而已。"(《林则徐全集》第七册,信札页二二二)这种预感为后来事态的发展所证实。

七月初六日,道光帝收到林则徐所上英船可能北上的报告后,一方面说明:"该夷船现在浙洋滋扰,定海失守,业已调兵剿办。江苏等省,亦经妥为防护。"另一方面又以"粤省海口最关紧要","着林则徐等严密周防,于水陆各要隘,处处准备,并严拿汉奸,毋使勾通接济,该督等仍当示以镇静,不宜张皇",而值得注意的是在这道谕旨中着重抬高琦善的地位:

> 天津海口,另有旨谕令琦善相机妥办矣。

同时,还专门谕令琦善说:

> 倘(外船)驶至天津,求通贸易,如果情词恭顺,该督当告以天朝制度,向在广东互市,天津从无办过成案,此处不准通商,断不能据情转奏,以杜其觊觎之私。倘有桀骜情形,即统率弁兵,相机剿办。
>
> (《道光朝筹办夷务始末》卷一一,页二五)

谕旨中突出了琦善的地位显示着道光帝在用人问题上的新倾向。

七月初九日,清廷命伊里布为钦差大臣,查办浙江"夷务"。江苏巡抚裕谦兼署两江总督。(《道光朝筹办夷务始末》卷一二,页一三、二一)

七月十二日,清廷由于琦善报告天津防务单薄,显得惊惶,而命琦善饬属接受英人投书。(《道光朝筹办夷务始末》卷一二,页八)

七月十二日,清廷谕伊里布查问英攻定海的原因是"绝其贸易",还是"烧其鸦片",令伊"悉心访察,务得确情"。(《道光朝筹办夷务始末》卷一二,页一一)这样追查"启衅实情",实际上是预谋把罪责诿诸林则徐的先兆。

七月十四日,英舰七只抵达大沽拦江沙外。(《道光朝筹办夷务始末》卷一二,页一六)

[**按**]　夏燮《中西纪事》卷五作八只。

七月十六日,琦善向清廷报告英船到达大沽情况,并请示办法。清廷命接收文书。(《道光朝筹办夷务始末》卷一二,页一六至一八)

七月十六日,琦善派人馈英军牛羊及其他食物以取媚。当时翻译的西报上曾揭载其事说:

> 十三日(即七月十六日),琦派官来到船上,赐牛羊、牲口、火食等物,送来甚多。初时给以价值,推却不受。后来议定价值,乃照价受之。
>
> (《鸦片战争》II,中国近代史资料丛刊,页五二〇)

七月十八日,懿律在大沽投交巴麦尊致清宰相书,提出多项无理要求:

(一)偿给货(鸦片)价;

（二）中英官吏平等相待；

（三）割让一岛或数岛；

（四）索还商欠；

（五）赔偿军费。

并言明限十日答复。（全文见《道光朝筹办夷务始末》卷一二，页三〇至三八；又《史料旬刊》也载此件，但二者文字稍有出入）

［**按**］ 当时官吏对于英方所提条件曾有所议论，如天津道陆建瀛曾主张中英谈判的先决条件是"总以烟之绝不绝，为所请之许不许"，并对具体条件提出"以免税代烟价"、"以澳门为市埠"和"以监督与平行"三条建议，其余令回粤与林则徐定议。陆氏所议尚有可取之处，但琦善并未考虑。（梁廷枏：《夷氛闻记》卷二）

在此后的一个月里，英舰分布我国沿海封锁海口，其情形是：

军舰五艘（载炮一百八十门）及轮船一艘在北直隶湾；军舰一艘（载炮七十四门）在定海搁浅后拖出；军舰二艘（载炮三十八门）封锁扬子江口航道；军舰二艘（载炮四十六门）封锁宁波；军舰一艘（载炮七十四门）封锁厦门；军舰四艘（载炮一百〇二门）及轮船一艘封锁广州江面。

（马士：《中华帝国对外关系史》第一卷，页三〇〇）

七月中旬，林则徐陆续为水师调集和购备船只，以备战攻之用。

前经陆续调集各营大号米艇二十只，并雇募红单船二十只，拖风船二十六只，于选配兵丁之外，复募挑壮勇千余名，制配炮火器械，遴委将备管带，先于内洋逐日督操，以备战攻之用。又前后购备大船二十余只，均交水师提督关天培，分派各将备随带应用。

（《英兵船在粤寻衅现续筹剿堵情形折》，见《林则徐全集》第三册，
奏折页四四一；又见《道光朝筹办夷务始末》卷一四，页四一）

七月十九日，林则徐上《英兵船在粤寻衅续筹剿堵情形折》，报告拟于次日"带印登舟，赴离省八十里之狮子洋，将所练各兵勇亲加校阅，如技艺均已精熟，即择日整队，令其全出大洋，并力剿办"。并表示自己"亦赴虎门驻扎，与提臣就近筹商，随时调度"。（《林则徐全集》第三册，奏折页四四〇至四四二）在所附《密探定海夷情片》中主张依靠民力进行陆战，并将此建议以密函飞致浙抚乌尔恭额"斟酌办理"。

与其交镝于海洋,未必即有把握;莫若诱擒于陆地,逆夷更无能为。
或将兵勇扮作乡民,或将乡民练为壮勇,陆续回至该处,诈为赴招而返,
愿与久居。一经聚有多人,约期动手,杀之将如鸡狗,行见异种无遗。

(《林则徐全集》第三册,奏折页四四四;又见《道光朝筹办夷务始末》卷一四,页四四)

〔**按**〕　道光帝于八月二十三日收到此折后即加斥责说:"夷人习熟水战。
该督折内,既称不值与海上交锋,何以此次又欲出洋剿办,前后自相矛盾。显
因夷兵滋扰福建、浙江,又北驶至天津,恐以粤东办理不善,归咎于此督,故作
此举,先占地步,所谓欲盖弥彰,可称愦兵也。"(《道光朝筹办夷务始末》卷一四,页
四四至四五)

林则徐在校阅期间,又重新规定了烧擒英船、杀擒英军的赏格。颁布了
《剿夷兵勇约法七章》。

一、夷兵船虽长若干丈,尔等不必看得他长;虽有大炮若干门,尔等
不必畏他炮多而大。盖夷炮惟在两旁,我师只要攻其头尾。譬如头南尾
北,有北风则攻尾,有南风则攻头。若头东尾西,亦以东风攻头,西风攻
尾。既占上风,又避炮火。再兼察看潮势,取其顺潮,则得胜必矣。夷船
吃水多者二丈余,少亦丈余,我船吃水不过数尺,自远处绕转,必能占其
上风。若攻头,则必先打其头鼻。攻尾,则必先打其后舱。后舱有玻璃
者,乃其带兵大官所住,火药等物皆在焉,此处叠攻必破,破则火药自发。
其舵虽有铜包,但是生铜,炮打可断。舵断鼻断,则全船皆无主宰。且船
内拉篷之人,前后最多。若经几炮轰打下海,则船上无人,不能自动,即
大炮皆为我得矣。

一、驶近夷船头尾,则我船俱须分左右翼,如雁翅行,斜向船头扑拢,
船尾摆开,方能聚得多船,且火器不致误掷自己帮内。譬如夷船头东尾
西,我船乘西风攻尾,则近左者船头应向东南,其近右者船头应向东北。
大家都用斜势,则炮火无非击在夷船,不致反击自己,其余俱可类推。此
惟在乎舵工舵之得力。巧者快者,加赏数倍,并将所得夷船上银钱、钟
表、呢羽等物,以双分给予舵工。若临时误事,当进不进,当转不转,即将
舵工斩首示众。

一、炮火能及之处,即先开炮,至鸟枪可及,便兼开枪,迫喷筒火罐能
及,则随便用之,多多益善。总须掷到夷船,不致误掷本船为要。其桅上

抛火罐之法,应择两人头戴竹盔,胸前遮小藤,系绳于背,其腰仍带双刀,并系火绳。一人上头桅,二人上二桅,皆上至顶与篷齐为止。其下每桅二人,拉滑车,将竹篓所装火罐,每篓约装火罐十余,每罐用药线四根,包以布袋,用力拉上。其桅顶之人,即用火绳点着火罐,随点随放,此篓放完,彼篓又上。总使夷船接应不暇,且桅上抛罐,而船头仍须多放喷筒,如此络绎不绝,则夷船被毁必矣。即使船未全毁,而火势既猛,夷人必站不住,我师定可乘势过船。既过之后,则火罐喷筒皆停止不用。

一、兵勇过船,遇夷人便用刀砍。其首级留在随后统算,不可急献首级,转误要事。除砍夷人外,其船内最要之物,莫如柁车、缆篷、桅缆、鼻头缆,能将各缆全行砍断,则船已为我有,又何患银钱货物之不我有哉!凡得一夷船,所有过船之人,应将船上银货一律尽行分给,并别颁重赏。总不许于船内先行抢货,转误杀贼工夫。违者照军法惩办。

一、我船斜向攻击夷船头尾,大抵以四角分计。每角,拖船至多不过容四只,其大者不过容三只。即四角合攻,亦不过用十二船至十六船攻击夷船一只。此外即有多船,亦可分击他船,不必聚在一处,转致凌乱。若有时必须多船齐攻,应听带兵将官号令。鼓声大播,红旗招呼,即是集船合攻。或有时前队船斜攻已久,未见得手,则应暂令休息,后队仍由斜向拢上。但须听带兵官号令,方准调换,不得擅自退息,违者立斩。

一、瓜皮小艇,应雇三十只,上装干草、松明,擦油麻片,配火药十之一二,用草绳捆住,上盖葵席。船之头尾,各用五尺长小铁链一二条,以铁环系定。其一头拴大铁钉长七八寸,其末须极锐利,船上置大铁锤二把,使善泅者二三四人,皆半身在水,半身靠在船旁,挨桨以行。妙在甚低,夷舡炮火所不能及。一经拢近夷船,无论头尾两旁,皆可贴紧敲钉,将火船钉在夷船木上,将火点着燃起,其人即泅水走开。纵有极大夷船,有此火船十余只钉住焚烧,亦无不毁之理。况上面有火罐喷筒,中间有壮勇爬桅过船,下面又有火烧,该夷三层受敌,抵当此一层,不暇兼顾彼一层,安有不授首于我者乎!

一、破敌首重胆气,胆大气盛者必胜。况此次杀一白夷赏二百元,黑夷半之。生擒者,视其人之贵贱格外倍赏。是杀得十夷即得千元,杀得百夷即得万元,再多者并可得官,何等快乐!即或阵亡,亦可得二百元赏恤。各宜拼命奋勇,立功邀赏。如有临阵退后,即刻斩首悬竿示众。

(《林则徐全集》第五册,文录页三一七至三一九,又见魏源:《海国图志》卷八〇)

同时,林则徐又上《广东舟师实难分遣赴浙会剿片》,对浙抚乌尔恭额奏请饬调广东舟师二千赴浙会剿一事表示不同意见:"虽通省外海水师额兵向有二万,而分之则见少,实尚不敷遣用","是一时实无可以抽拨之兵",而船只"现在堪用者正有三分之二","是一时亦无可以抽拨之船"。总之"再三筹画,实有骤难分遣之势"。(《林则徐全集》第三册,奏折页四四三)

七月二十二日,清廷收到琦善所上奏报一束:

(一)呈进巴麦尊致中国宰相书:向中国提出的各项要求。

(二)报告琦善派赴英船的千总白含章所见英船情况:琦善所述夸大英舰装备,如称大船三层,逐层有炮百余位;实际上,最大的威里士尼号旗舰也只不过七十四门炮。(宾汉:《英人对华作战记》)这种夸大就是为实行投降捏造论据。

(三)报告义律请求"觅地避暑",实际上是要合法地察看沿海形势,为军事入侵作好准备。

(四)提出预拟的对英复照:琦善在这份复照中,着重地加林则徐以"受人欺朦,措置失当"的罪名,向英方保证"必当逐细查明,重治其罪",以一方面取悦英人,一方面对林则徐施以沉重的打击。(《道光朝筹办夷务始末》卷一二,页二八至三九)

〔按〕　陈胜粦氏在其所写的《林则徐在粤功罪是非辨》一文中考证,认为此奏编次有误,不应编在卷十二、置在卷十三道光上谕与密旨之前,而应编回到卷十三附于《琦善奏晓谕英人暨其登答情形折》后。这一考证关系着道光、琦善究竟谁是惩林文件的炮制者,谁首先定调,谁首先正式发布的历史罪责问题。如按陈氏立论则上述第(4)项对英复照治林罪名的文件,并非此次所上,而所上应是琦善《札复懿律文稿》及懿律的《收据》,至于道光的惩林密旨则是在收阅这些文件后的决策而由琦善于八月初四大沽会谈后发交。此说颇足征信,故附此说明。(参见《林则徐与鸦片战争论稿》页一一三至一一四)

次日,清廷基本上允准了琦善的要求。

七月二十二日,英方从海陆两方面向澳门以北的关闸进攻,遭到回击。林则徐上《英闸地方矶石洋面叠将敌船击退折》,向清廷写了报告。但未上

奏。(《林则徐全集》第三册,奏折页四五五至四五八;《道光朝筹办夷务始末》卷一六,页三九至四一)

七月二十三日,清廷在收到琦善一束奏报后,即决定查办林则徐,"重治其罪"。并派琦善赴粤。上谕中说:

> 上年林则徐等查禁烟土,未能仰体大公至正之意,以致受人欺蒙,措置失当。兹所求昭雪之冤,大皇帝早有所闻,必当逐细查明,重治其罪。现已派钦差大臣,驰至广东,秉公查办,定能代申冤抑。该统帅懿律等,著即返棹南还,听候办理可也……至将来钦差至广东查办,即派琦善前往。

> (《道光朝筹办夷务始末》卷一三,页三至四)

[按] 此决定的上谕内容可能由琦善于八月初四与义律会谈时表示。

七月二十三日,林则徐致函怡良,告知亲赴狮子洋校阅兵勇的情况说:

> 二十日在舟中集议……别后到狮子洋,每日皆阅两操,若以纪律绳之,未必尽合,然争先向往之概,似亦足张吾军。且由桅上过船,较之缒而登者,奚翅霄壤,毕竟澎湖人习于帆樯之技,可使嘆贼胆寒也。

> (《林则徐全集》第七册,信札页二二七)

七月二十三日,英舰于大沽投书后即全部离开大沽至渤海湾、辽东各口窥探。(《道光朝筹办夷务始末》卷一三,页十五)

[按] 据姚薇元《鸦片战争史实考》:英人记载英船于七月十九日即离大沽去辽东。

七月二十四日,林则徐致函怡良,详述关闸战役经过说:

> 廿三夜四鼓,吴小棠(新夏按:即香山令吴恩树)专差递送是日寅卯二刻来禀:谓嘆夷在关闸滋事,波参将(新夏按:即督标参将波启善)受伤,急求发兵接济等情。徐思别处调遣,缓不济急,惟揭阳张令所带壮勇现在虎门,本系派在红单船随帮出洋,今只可改由香山起旱赴援,而添委马辰同张令(熙宇)带往。其实关闸实在情形若何,询之来差,亦不知悉也。廿四申刻吴令又来一禀,请大炮甚急,并请饬南、番二县协济人夫。此禀交日前解饷赴澳之委员高传经驰来面报,因渠目击关闸情形,当即细加询问。知廿二未刻,嘆逆由九洲乘潮放大船三只,近关闸约十里内,其火轮船一只,三板十余只,齐放飞炮。我兵回炮多不能及,波参将与守

备陈宏光额皆受伤，波轻陈重。闻惠州协船在隔岸亦发数炮，被夷炮将船打伤，兵勇率多走避。夷三板即拢岸，将官兵安在关闸之炮倒回点放，攻打关闸，并攻新庙。旋搬去炮数尊，趁潮驶去，声言廿三日未刻准攻前山。现在易（新夏按：即高廉道易中孚）、惠（新夏按：即香山协惠昌耀）、波、多（新夏按：即肇庆协副将多隆武）、蒋（新夏按：即署澳门同知蒋立昂）、吴诸人皆在前山守卫。吴令请发数千斤大炮并发抬夫，岂知如许重炮，谁抬得动，断非陆运所能到。不得已拨拖船二十五只，师船八只，火船二十只，巡哨等船又二十余只，由海道驶往救护。今日天雨，恰有东风，连夜开行，大约廿五日可到。附近前山海面，船既可到，而炮即在其中，如果能得胜仗，则不独前山解严，亦稍显天朝威武。本日与诸将讲论至十余次，至于舌敝涕滂，不知去者果能激发天良、振作胆力否也。至西洋当关闸被困之际，其炮台上若无其事，诚践其两边不理之言。看此事势，大非了局，不得不多集重兵。兹复飞调南韶兵五百归马镇军统带，三江协兵三百归陈连升率领。马、陈皆久历戎行者，或能不同于众，然来往至速亦须半月也。虎门守口尚有师船五只，红单船十只，容再察看夷情，另商调度。

（《林则徐全集》第七册，信札页二二八至二二九）

这封信比林的奏报具体真实得多，从中可以看到林则徐在抗击进攻时，调度兵力，配备武器，指挥筹画等方面还是作了很大努力的。他对一些官弁作战不力表示不满，但仍作了很多鼓励士气的工作。

七月二十五日，林则徐又致函怡良，对关闸作战不力深感愤慨说：

细查前山寨内，现在各文武聚集一处，兵数实逾二千，并非短少。所可恨者，披坚持锐之人，无非豫存弃甲曳兵之想。此间恶习，陷溺已深。不独连州之军传为笑柄。今若骤加峻法，奈罚不及众何！然鄙意必得斩一二人以徇于军，方可稍截其流，昨已严札易道、多将矣。总局解去炮火，自属得用，然至香山后，只可由水路出芙蓉沙，断不能陆运。昨吴令请饬南、番二县各协济夫一二千名，其说殊谬。昨遣各船兵勇前往应援，则兵至炮随，比之专运炮火，可期事半功倍。现在专盼其信，然不敢必也。

（《林则徐全集》第七册，信札页二二九至二三〇）

同时，林则徐又函怡良催办火药。

此时急切之需，莫如火药，而计算所需非六七万斤不可，若令赶出，尚恐缓不济急，未知省营实存若干？理事厅又制若干？何时可得？祈密询各将领、局员为荷。

（《林则徐全集》第七册，信札页二三〇）

七月二十五、二十六日，英船二只又进犯厦门，均遭到守军迎击，退至洋面。二十九日，驶离洋面东去。（《道光朝筹办夷务始末》卷一四，页二一至二二）这是英军对厦门的第二次进攻。

七月二十五、二十七日，清廷连降两道谕旨，命令琦善"随机应变"。

随机应变，上不可以失国体，下不可以开边衅。

详细开导，总须折服其心，办理方为得手。

（《道光朝筹办夷务始末》卷一三，页一〇、一七）

七月二十七日，林则徐在虎门致函怡良，对清廷命他对英军入侵"仍当示以镇静，不事张皇"，表示不同的意见说：

承准廷寄，仍重在镇静一层，然我欲静而彼不静，则亦势难坐镇。昨吴令禀内竟有欲窥虎门之言，鸱张至此，岂尚可以姑容？第鄙意却惟恐其不来，来则办理正有把握。而玩其语气，实借题于虎门，以挑战于关闸。……镇静之言，承为转述，所益不浅。

（《林则徐全集》第七册，信札页二三一）

七月二十八日，林有《致怡良》函，议论火药存放事。

虎门堆贮（火药）之处，非在舟次，即寄炮台，似不便于多积，应以陆续运送为宜。

（《林则徐全集》第七册，信札页二三一）

七月底，林则徐以戒烟限期将满，特再出告示《为限期将届再次告诫军民人等戒烟告示》，劝民戒烟。

去岁钦命颁定新例，凡吸食鸦片人犯，均予限期一年六个月；限满不知悛改，无论官员军民人等，一概拟绞监候。广东省限期，自道光十九年五月二十六日奉到新例迄道光二十年十月二十五日，于今已逾一年二月。限期届满，仅余百日，死刑即在尔等眼前。

（《林则徐全集》第五册，文录页三一五至三一七）

八月初一日，英军复回大沽口。

八月初二日，自七月二十五日至今，英船三四只不断在江浙洋面窜扰。《道光朝筹办夷务始末》卷一四，页一四）

八月初二日，琦善派人往英船递照会，请义律登岸谈判。次日，又送去犒军物品，有牛二十头、羊二百只和许多鸡鸭。（《英军在华作战记》，见《鸦片战争》Ⅴ，中国近代史资料丛刊，页九○）

八月初二日，林则徐致函怡良，陈述积极备战的情况说：

> 日来澳门、前山等处绝无动静，未必不因大帮多船西去络绎，足以稍压夷氛之故。然九洲太旷，万难交锋，而连日夷船又报陆续东窜，则以合剿磨刀为亟。查前山一带，本有香山协之兵船八只，除廿二日接仗损漏三只外，昨又由虎门驾还一只，共成六只。惠升协自雇拖船四只，兄昨又拨红单船五只与之，香山绅士亦公雇缯船八只，统计有船二十三只矣。其大炮则除该处本有不计外，省、虎二处先后解去二十九只，内有四千、三千斤重者，似亦不得为单。兄送札饬令于要路筑做炮墩，似是扼要之法，而至今未见禀复，尚不知在事文武于意云何。所有日前拨去拖船二十五只，现须饬随师船前赴磨刀剿办，不能株守一处。前日飞札往调，亦未见到，甚不可解。现在沙角调回师船及红单火船等项，均已一一排齐，专待拖船一回，即连夜乘潮东去。第恐前山一带，又欲坚留拖船。若其苦留，亦只可拨数船以予之耳。水师将弁经兄连朝剀谕，迭用柔刚，察看此去情形，似有慷慨激昂之气，得手与否，惟视此一举矣。……火药需用至六万斤，盖以一炮四十出而计，船多炮多，即已合成此数，现在可拨似已足额。贵标两营已将添制之四千斤拨来。今尊意又将储备之一万四千斤径拨一万，固克己急公之盛意。而十拨其七，似觉太多。是以昨嘱祺、庆两君拨六千济用。凡兹节节费事，总求磨刀一捷，始可稍开抑塞之胸耳。

（《林则徐全集》第七册，信札页二三二至二三三）

八月初四日，琦善与义律等在大沽口南岸搭帐篷开议。初六日，会议结束。琦善在会见时，备受戏侮。对于义律等的嬉笑怒骂和舞枪飞刀，琦善都"隐忍受辱"。（夏燮：《中西纪事》）会后，琦善照会英军回广州会谈，并表示"秉公查办"的意旨。这就是由道光定调由琦善对内容有所改动后发交给懿律的文件。这一改动对惩林起到推波助澜的恶劣作用。

八月初五日,林则徐在关闸获胜和又作了充分准备的情况下,继续对在穿鼻洋以南龙穴一带游弋伺机的英舰发动攻击,取得了胜利。

兹据禀报,八月初五日卯刻,在冷水角瞭见火轮船一只,驶至龙鼓面,即令快艇及原雇拖风各船,先往追蹑,各放炮火,击其船腰,该火轮船即刻逃去。随探得龙穴西南有夷兵船一只,其东首又有夷兵船四只,三板五只,我师追至申刻,候选都司马辰与护提标右营游击王鹏年,同坐一船,首先拢近嘿唎之船,奋勇接仗,督令把总李亮、记委毛旭升,连开三千斤铜炮二门,将其前面头鼻打坏,其船上拉绳之人纷纷喊嚷,滚跌落海,该船先犹开炮回拒,弹如星飞,有炮子嵌入师船头桅,量深五寸,迨被我师攻败,伤毙多人,夷众手忙脚乱,仅放空炮,或系船上炮子用尽亦未可知。是时有他船赶护前来,又经师船开炮轰击,断其绳缆,不能驶进。惟于我师回击他船之际,嘿唎船即乘隙随潮南窜,时已昏黑,不及穷追,当将各船收回。于亥刻仍抵沙角,查点弁兵,受微伤者仅止数名,即被炮各船,间有损坏,亦皆易于修整。次日据渔船捞获夷帽五顶,夷鞋二只,及夷船上打落油缆三节,长二丈余,帆杠一根,长九尺余,又转轴二个,系夷船起碇推柁所用,均经缴到师船请赏。并据称初五日晚见有夷尸数十具,随潮漂去。又据引水探报,夷人捞获尸具,在磨刀山根葬埋,内有伙长一名,炮手三名,夷兵十一名。并据新安县禀同前情。

(《林则徐全集》第三册,奏折页四五七)

[按] 林则徐虽对关闸、龙穴二役的战况缮具了奏折,但并未上奏。直至革职后,奉谕追查时始补报略情,并声称:"两次水陆攻击,只系小挫其锋,尚未大获胜仗,未敢由驿驰奏。"(《道光朝筹办夷务始末》卷一六,页三九至四一)清廷对此并未表态,但《征抚记》说:"遂奉贪功启衅,杀人灭口之严旨",未知何据。又《夷氛闻记》所记亦与事实多不合。此折于八月十二日始上奏。

八月初六日,懿律等复照琦善,坚持英方所提条件。

八月初六日,清政府命令邓廷桢"毋庸汲汲图功",已表露投降端倪。上谕中说:

著邓廷桢仍遵前旨,严密防范,不必在洋与之接仗。我兵外示镇静,以逸待劳,如果登岸,再行剿除,毋庸汲汲图功,恐有挫失,是为至要。

(《道光朝筹办夷务始末》卷一三,页二八)

八月初六日,掌贵州道御史万启心拟议了晓谕英人六条,主要内容是:封港系因英人不肯缴烟而奉旨办理,并无欺诱;销烟是共见共闻之事,绝不能用价买来销毁,不能偿付烟价;鸦片必不开禁;英人去年缴烟行动,宜加嘉奖等等。这些拟议的主要精神是支持林则徐的禁烟和抗英的,当然不会得到道光帝和琦善等的理睬和采纳。(《道光朝筹办夷务始末》卷十三,页二八至三二)

八月初七至初十日,清廷分别命令托浑布、耆英与伊里布等人不可与"洋人接仗"。(《道光朝筹办夷务始末》卷一三、一四)

八月初九日,林则徐《致刘敬舆》函论粤事。指出治鸦片毒害,虽为时已晚;但目下如有决心,尚不至"内毒攻心"。对英军不逞于粤而肆虐东南沿海也有所分析。信中说:

> 夷务近日殊形溃烂,然自有鸦片入内地之后,此事即在意中。譬如人身生疮,即必出脓,体气旺时,脓出则疮可以收口,若养痈愈久,即为害愈深。今日之事,恨不于二十余年以前发之,中国之财,尚不至如是之匮。然及今而理之,犹不至于内毒攻心。定海虽为其暂踞,万不能守也。弟命有磨蝎,此逆夷即是毒蝎类耳。彼之憾于区区者,将欲得而甘心。粤中无隙可乘,故去而之浙,要其志终欲释憾于粤。昨者添船募勇,与之在洋一战,歼殪颇多,有数船逃出万山,恐又不免赴闽滋扰。兵戎非得已,事适相值。安能以天朝而示弱于外夷?比闻诸国以暎逆阻其懋迁,皆欲与之说理,大抵助顺去逆,人心之公,暎夷岂能久乎?惟弟心身俱瘁,恐不能再事支撑耳!

> (《致敬舆函》,见《林则徐全集》第七册,信札页二三六)

八月初九日,清廷命琦善向英方表示将重治林则徐之罪,为英伸冤。上谕中说:

> 上年钦差大臣未能仰体大皇帝上意,以致办理不善,现已恩准查办,定当重治其罪,冤抑无难立伸。

> (《道光朝筹办夷务始末》卷一三,页四〇)

八月初十日,琦善派人将上谕内容通知英方,因英船已暂离大沽去山海关借口访问长城古迹,实际进行窥伺海防的活动,所以未能递交。(《道光朝筹办夷务始末》卷一四,页一二、三二)

八月十二日,上《英人扬言伊国不通商各国货船亦不得进口片》。

此次嘆逆兵船在粤洋往来寻衅,扬言伊国不通贸易,各国货船亦不得进口。

(《林则徐全集》第三册,奏折页四三八)

八月十三日,英舰回泊天津,琦善又拟致复书。十八日,琦善派人送复文二件与英。复文之一是八月初九日清廷保证治林则徐罪的上谕;复文之二是照会英方,清廷拟派员到粤细访缴烟情节,其要点是:

将来钦派大臣到粤自必将当日缴烟究系作何处理之处,细加访查。

今因钦差大臣林则徐未能仰体大皇帝上意,操持过急,致使领事称屈。现经仰蒙圣恩,准予查办。

虽明知烟价无多,要必能使贵统帅有以登复贵国王,而贵领事亦可伸雪前抑,缘恐空言见疑,为此再行照会贵统帅。

清廷于二十二日收到后,对琦善复照的内容完全赞同,并加朱批说:

所晓谕者,委曲详尽,又合体统,朕心嘉悦之至。

(以上见《道光朝筹办夷务始末》卷一四,页三六至三九)

至此,清廷已完全持一种对外投降的态度了。

八月十五日,林则徐致闽抚吴文镕函,说明在粤抗英战绩,并向清廷派来闽浙调查的成员致送有关资料。

逆夷猖獗,本在意中,此间兵船不敷调遣,只得添雇拖风、红单等船,招募壮勇,以增声势。昨在矾石洋面,剿击嘆呖夷船,帆樯俱坏,歼夷颇多,但惜未将其船牵获耳。浙右屡次来咨,欲得粤师接济,而此间处处紧要,实不能舍其田而芸人,只得觍颜入告耳!……

两星使不知何时起身,弟有寄复两书并海国及粤东西图各二包,此次专差赍来,未知可以赶上否?如到时星使已行,闻在浙尚有应讯之案,敢求代觅浙便寄交。

(《林则徐全集》第七册,信札页二四〇)

[按] 原件无受信人,信后有瞿蜕园跋称:"最后一函是致闽抚者,其人必为刘鸿翔,中有监临秋试之语足证当道光二十年事。所谓两星使必指伊里布与琦善。"受信人已由手迹选编者定为吴文镕而非刘鸿翔。二星使乃指奉旨专程来闽浙查办鸦片问题的黄爵滋与许乃济。指伊里布与琦善者有误。

八月十九日,林则徐从京差带回的邸钞中获知琦善已将英方七月十六日的

天津投书上奏和"奉旨准其呈诉"的消息。(《林则徐全集》第九册,日记页四二二)

八月二十日,林则徐由于清廷派琦善接受白河投书,预感到形势的恶化,而表示了极大的不安和愤慨。他在一天之内,连续向怡良发信两封。早上的信中,述说他对接受投书一事"彻夕为之不寐",深恐"一着之差,致成满盘之错"。午后,他又进而申述自己将不顾一身荣辱,以国事为重的决心,并提出了兴造船炮御敌的主张。他在这封信中以坚定的语气写道:

> 此事措置之方,实关大局。贱子于一身荣辱祸福,早不敢计,只求无伤国体,可儆后来,微躯顶踵捐糜亦所不惜。至船炮乃不可不造之件,今读邸报,更切心寒。贱性不识时宜,恐不免续上辞官表以陈此一节耳。

(《林则徐全集》第七册,信札页二四三)

八月二十日,英方复照琦善说:先赴定海,再返广东。即启碇南下。(《道光朝筹办夷务始末》卷一四,页三三至三六)

八月二十一日,定海失陷后,附近人民群起反抗。如余姚渔民壮丁俘获测量水位失事英船上"剽食民食"的士兵二十余人。(沈贞:《半读书屋笔谈》,见光绪《余姚县志》)定海村民包祖才等以锄头鱼叉伏击上山测绘地形的英军上尉安突德(Gapitain P. Amstruther)(光绪《鄞县志·外国志》,见《鸦片战争》Ⅳ,中国近代史资料丛刊)

八月二十二日,清廷派琦善为钦差大臣,至粤"查办"。讷尔经额署直督。(《道光朝筹办夷务始末》卷一四,页三九)

八月二十二日,清廷根据琦善对英船"业经全行起碇南旋,沿海各处如不开枪炮,亦不敢生事端"的奏请,命令沿海督抚伊里布、宋其沅、裕谦、邵甲名、托浑布、邓廷桢、林则徐等,于英舰过境时或停泊外洋,"不必开放枪炮,但以守御为重,勿以攻击为先"。(《道光朝筹办夷务始末》卷一四,页四〇)这是清廷正式宣布停止抵抗的一道命令。

八月二十二、二十三日,英船八只由津南返,经山东洋面,并到登州岸采购食物。清廷就以为无事而命沿海督抚酌撤防军。(《道光朝筹办夷务始末》卷一五,页一三、一五)

八月二十三日,林则徐获知道光帝"以何词对朕"的斥责后,即致书怡良,表示准备申诉以辩明是非。信中说:

此次仰蒙严谕，本在意中，然实专为徐一人而发，恐此后必更有重于此者。徐不敢不懔天威，亦不敢认罪戾，惟事之本末，诚不得不明白上陈耳。

（《林则徐全集》第七册，信札页二四三至二四四）

八月二十四日，清晨，往拜豫堃，怡良亦来，饭后同往将军、都统处商议营务。（《林则徐全集》第九册，日记页四二三）晚间得关天培函，"所论各船兵勇分合筹剿之处，布置周密，似可望获捷音"。（《林则徐全集》第七册，信札页二四四）

八月二十六日，祁寯藻、黄爵滋在杭州奉命去福建查勘水师。（《道光朝筹办夷务始末》卷一五，页三七）

八月二十九日，上《复义团练水勇情形折》，议论使用中之利弊。

粤东夷人疍户以及滨海居民，多以采捕为生，不畏风涛之险，土人所称为水鬼者，随在有之。……向有善泅之人，传闻能于海底昼行夜伏，并能于船底凿漏沉舟。

当防夷吃紧之时，恐此辈被其勾作汉奸，或为盘运鸦片，利之所在，不免争趋。仍惟收而用之，在官多一水勇，即在洋少一匪徒。

粤省沿海口岸有三千六百余里之遥，额设水师兵丁实不足以敷分派，自上年以来，或由民间自行团练以保村庄，或由府县雇觅壮丁以资捍卫。

惟是雇用此辈，流弊亦多，权宜虽在暂时，而驾驭必须得法。盖其来从乌合，非比有利之师，而又犷悍性成，每易借端生事。……

（《林则徐全集》第三册，奏折页四七九至四八○）

八月二十九日，林则徐由于道光帝的"看汝以何词对朕"的朱批，不得不上《自请从重治罪折》，要求对自己"从重治罪，以儆无能"。（《林则徐全集》第三册，奏折页四七五至四七六）同时，他还幻想能够挽回当时的局势，又附上《密陈禁烟不能歇手并请戴罪赴浙随营交力片》（原题《密陈夷务不能歇手片》），沥陈六月份以来粤海防范情形，初步地总结了禁烟运动，坚决要求继续推行严禁政策。这个文件表露了林则徐的反侵略思想，也是对投降势力的一次公开反击。这个折片包含着如下的重要内容：

（一）表示了作为一个抵抗派应有的姿态：

每念一身之获咎犹小，而国体之攸关甚大。

（二）指陈鸦片为害之烈和必须严禁的理由：

鸦片之为害甚于洪水猛兽，即尧舜在今日，亦不能不为驱除。圣人执法惩奸，实为天下万世计，而天下万世之人亦断无以鸦片为不必禁之理。

（三）驳斥了战争起于禁烟的谰言说：

若谓夷兵之来系由禁烟而起，则彼之以鸦片入内地者，早已包藏祸心。发之于此时与发之于异日，其轻重当必有辨矣。

（四）详尽地论述了严禁鸦片的必要性：

臣愚以为鸦片之流毒于内地，犹痈疽之流毒于人身也。痈疽生则以渐而成脓，鸦片来则以渐而致寇，原属意计中事。若在数十年前查办，其时吸者尚少，禁令易行，犹如未经成脓之痈，内毒或可解散。今则毒流已久，譬诸痈疽作痛，不得不亟为拔脓，而逆夷滋扰浙洋，即与溃脓无异。然惟脓溃而后疾去，果其如法医治，托里扶元，待至脓尽之时，自然结痂收口。若因肿痛而别筹消散，万一毒邪内伏，诚恐患在养痈矣。

（五）揭示出投降派的阴谋：

第恐议者以为内地船炮，非外夷之敌，与其旷日持久，何如设法羁縻？

（六）根据一年来的实践经验，指明侵略者虚骄无厌的实质：

惟其虚骄性成，愈穷蹙时，愈欲显其桀骜，试其恫喝，甚且别生秘计，冀得阴售其奸，如一切皆不得行，仍必帖然俛伏。

抑知夷性无厌，得一步又进一步，若使威不能克，即恐患无已时，且他国效尤，更不可不虑。（朱批①）

（七）建议清廷用关税收入的十分之一制造枪炮船只以抵御侵略：

即以船炮而言，本为防海必需之物，虽一时难以猝办，而为长久计，亦不得不先事筹维。且广东利在通商，自道光元年至今，粤海关已征银三千余万两。收其利者必须预防其害，若前此以关税十分之一制炮造船，则制夷已可裕如，（朱批②）何至尚形棘手。……粤东关税既比他省丰饶，则以通夷之银量为防夷之用，从此制炮必求极利，造船必求极坚，似经费可以酌筹，即裨益实非浅鲜矣。

（八）最后，林则徐向清廷表示恳求到浙江前线去带罪图功：

臣于夷务办理不善，正在奏请治罪，何敢更献刍荛。然苟有裨国家，虽顶踵捐糜,亦不敢自惜。倘蒙格外天恩,宽其一线,或令戴罪前赴浙省,随营效力,以赎前愆,臣必当殚竭血诚,以图克复。

　　至粤省各处口隘,防堵加严,察看现在情形,逆夷似无可乘之隙。(朱批③)

> 　　　　　　　　(《林则徐全集》第三册,奏折页四七六至四七八;
> 　　　　　　　　又《道光朝筹办夷务始末》卷一六,页一八至二二)

道光帝对这一奏折蛮横无理地加了朱批:

　　①"汝云嘆夷试其恫吓,是汝亦欲效嘆夷恫吓于朕也。无理! 可恶!"

　　②"一片胡言。"

　　③九月二十九日又对全折加总朱批:"点出者,俱当据实查明具奏。"

这些朱批说明了统治集团内投降势力的迅速膨胀和抑制新事物的顽固态度。道光帝训斥林则徐的真正目的,在于迫使抵抗派不敢再有所申辩和争论,从而剥夺了抵抗派对局势的发言权。

　　九月初三日,清廷加林则徐、邓廷桢"办理不善"的罪名,交部"严加议处",派琦善接署粤督。

　　同时,为了掩盖投降媚外的意向,上谕中饰称处分林、邓并非受外力影响:

> 　　此次嘆夷各处投递禀贴,诉称冤抑,朕洞悉各情,断不为其所动。惟该督等以特派会办大员,办理终无实济,转致别生事端,误国病民莫此为甚,是以特别惩处,并非因该夷禀诉遽予严议也。

> 　　　　　　　　(《道光朝筹办夷务始末》卷一五,页一一至一二)

　　九月初三日,英船返定海,伊里布也至浙。初七日,双方在镇海会晤。英方要求释放八月间在定海、余姚被俘的英人。(《道光朝筹办夷务始末》卷一六,页二至五)

　　九月初四日,林则徐不顾所处困境,仍然坚持备战,"午后赴箭道校射"。次日,"清晨出往小北门外永康炮台演放炮位"。(《林则徐全集》第九册,日记页四二四)

　　九月初五日夜,林则徐函怡良,拟明日移海珠大炮于虎门。

> 　　海珠炮台上四五千斤之炮,前恐防城,未便遽动。兹询知该处势难开放大炮,缘民居船只俱碍也。明日仍拟运虎。

> 　　　　　　　　(《林则徐书简》增订本,页一三七)

［**按**］《全集》未收此函。

九月初六日,林则徐收到清廷八月二十二日廷寄一道,知已准英人"赴粤叩关",并派琦善为钦差大臣来粤"查办事件"。午后,怡良等来晤,饭后离去。林则徐担心此消息宣露会影响禁烟运动的进行,急致便函给怡良,俟会客后即往面商。信中表露了林则徐的忧虑与焦灼:

> 顷又细思,适才奉到之件,竟不可宣露。缘官兵无不意存袖手,闻此恰中下怀,而包藏祸心者,更难保其不乘虚思逞,所关甚巨,请阁下在署少待,徐见总局各员后,即当前来面商一切。
>
> (《林则徐全集》第七册,信札页二四八)

九月初七日,林则徐致函怡良,说明他为抵御"返棹南还"的英国侵略者所进行的积极备战活动说:

> 日来又有谣传,想亦早入清听。虽不足信,要须多为防备。昨今分探水陆各要隘,豫雇石船,制办钉桶及刺竹、铁菱角等物,各营火药亦嘱添制。
>
> (《林则徐全集》第七册,信札页二四九)

九月初八日,清廷谕责林则徐、邓廷桢二人"在广东查办鸦片,乃时逾两年,不但未绝根株,转致该夷赴近畿呈诉冤抑,成何事体?"于是加以"误国病民、办理不善"的罪名,照部议革职,并命林则徐折回广东、邓廷桢由福建前往广东,"以备查问差委"。(《道光朝筹办夷务始末》卷一五,页一九)林、邓的革职,标志着轰轰烈烈的禁烟运动从此结束。但他们在禁烟运动中的贡献未能泯灭。清人诗篇中屡见称颂,兹录一则以见一般:

客从粤中来,	语我粤中事。
岩岩林制军,	万鬼不敢觎。
胆怯虎门险,	视眈□镜利。
蝮蛇封狐涎,	流毒心腹地。
圣人悯疲癃,	权乃重臣畁。
痛下医国手,	刳肠与涤治。
父老读公法,	环舆雪涕泗。
妖雾一炬空,	颂声海天沸。
百万官府资,	商贾豪一弃。

　　　汉奸伏上刑，　　　番奴穷私智。

　　　乃节岁奇赢，　　　预筹久长计。

　　　水战团水军，　　　火攻炼火器。

　　……

（周沐润：《柯亭子诗集·客从粤中来》，

见《鸦片战争》IV，中国近代史资料丛刊，页七一五）

　　九月十二日午后，林则徐收到八月二十三日廷寄一道。（《林则徐全集》第九册，日记页四二五）主要内容是道光帝对林则徐出洋剿办一折的指责，斥责他"前后自相矛盾"，而现在"故作此举"是为了"先占地步"，说林则徐是"欲盖弥彰，可称偾兵"，所以要"严行申饬"，并命他把攻剿接仗情形"迅速驰奏"。当时，林则徐正在病中，连日延医诊治。他对这些指责感到"欲奏则无可奏，不奏又不敢恝然置之"。（九月十四日致怡良函，见《林则徐全集》第七册）最后，他终于决心申辩。十四日夜忍着病痛和愤懑开始作折稿，历时二日，十六日晨始发出。他在《复陈出洋击英并防范情形片》中先解释最初主张"不值与海上交锋"的理由是：

　　　以师船若远出驱逐，恐外洋或有疏虞，不如以守为战，以逸待劳，为计之得，且彼时该夷不过迁延未去，尚无猖獗情形，因而奏请不与海上交锋，欲令穷而自返。

接着，他又申诉现在出洋剿办的理由：

　　　迨七月间，始闻该夷有攻占定海县城之事，是则逆情显著，凡有血气，靡不愤切同仇。维时臣所添雇之拖风、红单等船，炮械军火，适已备齐，而所团练之水勇，技艺亦渐熟于前，冀足以助舟师声势。

（《林则徐全集》第三册，奏折页四九〇至四九二；

《道光朝筹办夷务始末》卷一六，页四〇）

　　随着形势的变化而采取不同的对策，这是无可非议的正当行动，而且申诉的理由也凿凿有据，但是清廷于十月十七日收到此折时，仅仅轻描淡写地批了一个"览"字。原因是林则徐早在此以前已被革职，无需再谈了。

　　［按］　此折《林则徐集·奏稿》未收。《林则徐奏稿·公牍·日记补编》收录在页一四至一六，题作《复奏粤海战守情形片》。《全集》改题收录。

　　九月十八日，清廷在伊里布所奏在浙与英交涉折的朱批中表示了决心投降的态度说。

> 朕立意如此羁縻。……再，本因办理不善，致彼狡焉思逞，有以召之也。若再误之于后，衅端何时可弭。且嗼夷如海中鲸鳄，去来无定，在我则七省戒严。加以隔洋郡县，俱当有备而终不能我武维扬，扫穴犁庭。试问内地之兵民，国家之财赋，有此消耗之理乎？好在彼志图贸易，又称诉冤，是我办理得手之机。岂非片言片纸远胜十万之师耶？

（《道光朝筹办夷务始末》卷一六，页三）

九月十八日，林则徐从怡良处知道粤督缺已有更动，但尚未收到正式公文。

> 抚军来，知渠接到九月初四日五百里廷寄一道，外封写护两广总督怡开拆字样，知此缺已有更动，惟吏部文尚未递到。

（《林则徐全集》第九册，日记页四二六）

九月二十五日，林则徐收到清廷九月初三日所决定将林、邓"交部严加议处，来京听候部议以直督琦善署广督，其未到之前，以巡抚怡良暂行护理"的部文。（《林则徐全集》第九册，日记页四二七）林则徐即将总督、盐政两篆交怡良并缴清在粤期间朱批奏折，共正折 568 件，夹片 261 件。（英外交部档案 F. O. 931/107）林则徐离开了两广总督的职任。

九月二十九日至十月初，连日以来，广州商民纷纷挽留林则徐，"铺户居民来攀辕者，填于衢巷"，向林则徐赠送靴、伞、香炉、明镜、颂牌等。颂牌上的"民沾其惠"、"夷畏其威"、"烟销瘴海"、"威慑重洋"等字样，表达了广州绅民对林则徐禁烟运动的评论。（《林则徐全集》第九册，日记页四二七至四二九）

十月初一日，林则徐定于次日启程赴京。夜间，奉到部文知九月初八日已由吏部议罪，"奉旨革职，并折回广东，以备查问差委"，即筹赁寓所。初二日，移出督署，借住高弟街连阳盐务公所。（《林则徐全集》第九册，日记页四二七至四二八）林则徐卸任后，仍然关心时局，和怡良保持一定联系，并为怡良谋划应付局面的对策。

十月十三日，伊里布与乔治·懿律签订定海休战条约，内容为中英两方停止军事行动，浙江地方不禁止人民供给定海英人的需要物。英军不得逾舟山及附近诸小岛（包括摘若山、长白山、长涂山、普陀山）范围以外。（姚薇元：《鸦片战争史实考》页六四）

· 433 ·

[按] 伊里布因事前未奉谕旨而私自订约,所以隐瞒真相,未敢上闻。而仅奏懿律屡次吁请告示,禁民再拿夷众,已缮发告示十道云。(《道光朝筹办夷务始末》卷一六,页四一)

十月十三日,英舰"窝拉疑"号抵粤,在九洲洋面截船。十六日又截福建艚船一只。次日,又截水师阳江营所属阳右六号中米艇。这些都由于清廷"不准开放枪炮"的错误政策所造成。

十月十八日,关天培向怡良报告船只被劫情况要求还击,怡良犹豫难决,征询林则徐意见,林则徐复告说:

滋圃(新夏按:即关天培)另单所言,出于愤激。大抵督率一层,断不宜入奏。其救援不力,管驾不慎之处,似不能不叙,然师船系遵旨撤回,又奉文不许施放枪炮,则不力一层或亦只须叙得灵活,未知卓裁以为何如?

(《林则徐书简》增订本,页一四八)

[按] 《全集》未收此函。

十月十九日,英船八只离浙赴粤。(《道光朝筹办夷务始末》卷一七,页二)

十月二十三日,清廷发布一道貌似禁烟实则弛禁的官样文章:

上年颁发新定章程,严立科条,宽予期限,务使吾民涤除恶习,永绝根株。惟自定例以来,各省大吏奏报拿获烟犯,所在多有。薄海内外,必已父戒其子,兄勉其弟,咸知畏法自新。诚恐愚民狃于积习,尚存观望冀幸之私,即日限期届满,或以无知触法,朕甚悯焉!著通谕各省将军、督抚等督饬所属认真查拿……断不可因罪名较重,稍存姑息之心,仍蹈养奸之习。如果实力奉行,不留余孽,即从前查办不严,原可宽其既往。倘因规避处分仍前玩泄,以致锢习不除,朕必不能轻恕,是在内外满汉诸臣训谕督催,不遗余力。转瞬限满,无一蔑法干罪之人,用副朕除恶务尽之意!

(《清宣宗实录》卷三四○)

这道谕旨向各级官吏表明朝廷已经满意于过去推行新则例的成绩,留下了官吏翻云覆雨、虚应故事的余地。"薄海内外……咸知畏法自新","转瞬限满,无一蔑法干罪之人"是这道谕旨的真实意旨,而"认真查拿……断不可因罪名较重,稍存姑息之心,仍蹈养奸之习"云云只不过是冠冕堂皇的例行文字而已。

十月二十七日,懿津率军舰由定海返澳门海面。

十月二十八日,邓廷桢已奉命于革职后由福建至广东与林则徐相晤。

十月二十八日,懿律于回澳后的次日,派皇后号汽船驶虎门递交伊里布致琦善函,行近沙角岛为炮台守军击退。(《道光朝筹办夷务始末》卷一八,页四)

十月下旬,林则徐致函怡良,希望设法与英方维持现状,不新生枝节以待琦善之来。信中说:

> 昨日曾闻面示滋圃通行水师之札,谓彼若果来犯,仍须开炮云云。今晨发阅之公文,难保无来犯之意。盖新闻纸内所论,本谓星使此来,不过拖延之计。非用武不能了事。而外间再有讹言四起,恐适以速其凶横之为。水师之人,又无智巧,倘因提军昨有此札,不顾前后,贸然开一二炮,则来者转有所借口。现在不过数日之际,无论将来好歹,总保此数日安静,以俟其来。鄙见乃系如此,伤弓之鸟,未免音哓,尚祈鉴谅。

(《林则徐全集》第七册,信札页二五六)

十一月初,林则徐致函怡良,请他在琦善未到粤前,继续坚持烟禁说:

> 烟毒横行已极,闻特札饬拿,亦极得要;第恐文武率多畏事,未免观望不前。抑知开禁与否,总须新节到后,始可奉令而行。若此时遽若罔闻,适足为来者之口实,倘就情形以为指摘,尤恐百喙难辞。知鼎裁自必十分加紧也。

(《林则徐全集》第七册,信札页二五八)

这封信实际是针对琦善来粤一事而发。

十一月初一日起,懿律率舰列阵于穿鼻洋,进行武装挑衅。

十一月初三日,琦善在途次接到澳门同知送往的义律咨文。

十一月初六日(11月29日),乔治·懿律因病退职,由伯麦继任军事。查理·义律负责外交。(马士:《中华帝国对外关系史》第一卷,页三〇三)

十一月初六日,琦善到广东。林则徐仅"遣人迓之"而已。(《林则徐全集》第九册,日记页四三一)十一日,接任粤督,独断专行,排斥其他人参与"夷务"。据当时护督怡良揭露琦善排斥自己的情况说:

> 道光二十年十一月十一日,钦差大臣大学士琦善接署两广总督印

务,臣即交卸护篆。经琦善面向臣告知,以夷务系其专办,现惟加倍慎密,不便稍为宣露,嘱令臣专管地方事件,俾免分心。

(《道光朝筹办夷务始末》卷二二,页四)

琦善到粤后, 反林则徐之所为,力求为英国侵略者"代伸冤抑"以实现投降媚外:

> 十月,琦善至广东。查上年义律先后缴烟印文,欲吹求林则徐罪不可得。则首诘劫船之役何人先开炮,欲斩副将以谢之,而兵心解体矣。撤散壮丁数千,于是水勇失业变为汉奸,英人抚而用之,翻为戎首矣。撤横档水中横桩,屡会义律于虎门左右,洋船得以探水志,察路径,而情形虚实尽泄矣。听盐运使王笃之言,尽屏广东文武,专用汉奸鲍鹏往来传信。其人故奸人颠地之嬖童,义律所奴视,益轻中国无人矣。义律与琦善信云:若多增兵勇来敌,即不准和。于是已撤之兵不敢再调。凡有报缉汉奸者,则诃曰:"汝即汉奸"。有探报洋情者则拒曰:"我不似林总督,以天朝大吏,终日刺探外洋情事。"一切力反前任所为,谓可得外洋欢心。

(魏源:《道光洋艘征抚记》,见《圣武记》卷一〇)

[**按**] 魏书记琦善事较概要。所称十月琦善至广东为十一月之误。所述劫船之役指十月二十八日英船皇后号在沙角被轰击事,副将即陈连升。

[**又按**] 魏书记琦善至粤"欲吹求林则徐罪不可得",似不如《夷艘入寇记》所记为详。《夷艘入寇记》称:"琦善至广东,查上年义律缴烟印文,欲求林则徐罪不可得,又诬林则徐不收英吉利国王通商之书,欲怡良证实其事,怡良不从。"(《鸦片战争》Ⅵ,中国近代史资料丛刊,页一一三)

同时,琦善又向清政府陈述不能抵抗的理由。这种所谓"理由"实际上是琦善慑于侵略者的"船坚炮利",并错误地估计了兵勇的战斗力。他说:

> 即水师营务,微特船不敌夷人之坚,炮不敌夷人之利,而其丁胆气怯弱,每遇夷师船少人稀之顷,辄喜事贪功;迨见来势强横,则皆望而生惧。

(《道光朝筹办夷务始末》卷一八,页三)

琦善欲将侵略者挑起和发动侵略战争的罪责完全加之于林则徐。他说:

> 前督臣林则徐示令缴烟时,节次谕文批文内均有奏请赏犒,奏请奖励等字样。而其所赏何物,计价若干,均未指出。夷人惟利是图,其时颇有奢望。迨后每烟一箱,仅给茶叶五斤。其二万余箱之烟土,据前督臣

· 436 ·

林则徐节次陈奏,约须资本银一千数百万两。该夷所得不及百分之一,而又欲勒具以后再贩鸦片船货入官,人即正法之甘结,迄未遵依。此衅之所由起也。

(《道光朝筹办夷务始末》卷一八,页九至一〇)

十一月初七日,琦善派人到英船交涉,义律提出各项要求有:①索取兵费;②偿还两年来所损船只什物;③洋商欠项;④赔还烟价银一千二百万两;⑤于粤、闽、浙任择一口通商;⑥文书平行;⑦取消洋商限制;⑧遇事可到天津交涉等。并以开仗相威胁。琦善除将上述条件奏报外,并为英方说项,如"烟价一节,求索本非无因,断难空言解释"。而竟然主张"先允以五百万元"。(《道光朝筹办夷务始末》卷一八,页一三至一五)

十一月初七日,琦善对林则徐作礼节性的拜访。林则徐借故未见。自初三日始,林则徐除给亲友们写信外,就是每天"作字"、"作字"、"竟日作字",显然是借此排遣内心的愤懑。(《林则徐全集》第九册,日记页四三二)

十一月初十日,林则徐"汇送�夷原禀二十五件"给琦善,听候查对。(《林则徐全集》第九册,日记页四三二)

十一月十一日,琦善接任粤督,义律正式提出议和十四条,其中包括讨还"烟价"、"兵费"和"行欠",割地开埠,建立使馆,公文平等往来,领事裁判权及传教自由等内容。(《鸦片战争新史料》,见《国闻周报》卷11第1期)

十一月十四日,义律又照会琦善,提出须按巴麦尊《致清朝宰相书》内所载各条结议,"写作汉字英字约文一纸,盖封贵大臣关防及本公使大臣印书,以为盟约之始基"。十八日,琦善复照答应偿款五百万元,不接受割地。次日,义律复照要求赔银七百万元和开放港口。(佐佐木正哉:《鸦片战争の研究·资料篇》,页二九至三三)

十一月十五日,琦善向林则徐"咨取旧案"。(《林则徐全集》第九册,日记页四三二)目的是遵旨追查英王致林则徐文书被私自销毁一事,并求伪证于怡良等人,遭到拒绝。(《夷氛闻记》卷二,页五〇)

十一月十八日,黄爵滋上《闻见定海情形疏》,沥陈英人在定海的暴行和一般民情。(《黄爵滋奏疏许乃济奏议合刊》页一七九)

十一月二十一日,琦善将与英人交涉允赔烟价五百万元具奏清廷后,又收到英人复书提出:①烟价七百万元,先付二百万,余作五年分还;②在厦门、定海通商。琦善复文允向清廷请求"于粤省之外再添通商一处",烟价则"酌酬六百万元"并允"先给一百万元,其余分七年带还"。(《道光朝筹办夷务始末》卷一八,页二五至二六)

十一月二十六日,英人对琦善所述条件复文说:①同意六百万元先给一百万元,余银分期五年,添付利息;②于广州之外,闽、浙、苏酌准通商二处;③酌予寓居之所。并威胁说:"如终不允所请,则必无善定。"(《道光朝筹办夷务始末》卷一八,页二六)琦善一意求降,即向清廷请求"拟请于广州之外,再就福建之厦门、福州两处,准令通商,冀得借以羁縻"。这种露骨的投降行为,使还想维持虚骄颜面的道光帝也不能不加以批说:"愤恨之外,无可再谕。"(《道光朝筹办夷务始末》卷一八,页二八)

琦善在另一奏折中还请求仿粤海关例在闽海关征税,而把这税款的一部分偿还英方。这种屈膝媚外、罪等通敌的要求,大大地触动了清廷的鄙吝之心。道光帝径以朱批斥之为"不堪寓目"。(《道光朝筹办夷务始末》卷一八,页二九)

十一月二十九日,林则徐致函亲戚叶申芗(小庚)。这是一封反映当时实际情况的重要函件。信中胪陈禁烟运动的经过,对沿海各省的疏于防守和不求备战但知投降等行为深致不满。信中也反映了林则徐不计成败、敢于承担责任的胸怀和对外国情况比较通达的认识。信中写道:

……侍戊冬在京被命,原知此役乃蹈汤火,而固辞不获,只得贸然而来,早已置祸福荣辱于度外。惟时圣意亟除鸩毒,务令力杜来源。所谓来源者,固莫甚于嘆咭唎也。侍恐一经措手,而议者即以边衅阻之,尝将此情重叠面陈,奉谕断不遥制。迨到粤后,又将夷情探明具奏,节蒙寄谕:"应权变示威,断不可稍形畏葸,示以柔弱。"等因。是以钦遵办理。在顽夷虚骄成性,纵之则愈滋桀骜,束之亦易就范围。侍上年发谕一次,即据禀缴烟土二万余箱,未曾折一矢镞。随即奏明,令具切结,如再夹带鸦片,人即正法,船货没官。他国皆已遵依,独嘆夷再三反复,而言路适有条陈以取结为无益者,恰如奸夷之意。事之无成,殆基于此矣。

嗣嘆夷殴毙华民,抗不交凶,当经援照嘉庆十三年旧案,奏明断其接济,逐出澳门。该夷遂以兵船赴大鹏营滋扰,经我师大挫其锋,于是该国之船有情愿遵结者,业已招令进口。而该夷兵船忽来阻挠,致又与我师接仗。至十月间,将该夷船全行驱出外洋,奏奉谕旨:"若再准令通商,成何事体？饬即断其贸易，并已具结者，亦是该国之船，概不准其通商"等因。复经钦遵办理。

至夷洋与内地各省洋面，处处可通，本无厄塞。贸易既断之后，原知该夷必不甘休，粤省时刻严防，知其不能逞志，必向江、浙、直、东等处滋扰。屡次奏请敕下各督抚严密堵防，并该夷之窥伺舟山，与其拟赴天津递呈，亦皆先期探明入告。且乌敬斋于奉旨后，奏有防夷条款。孰知徒托空言，致定海城垣仅被飞炮数门，军民即皆全散，任其占取，又岂粤省所能代防耶？迫夷船北赴天津，不过数只，原无能为。而彼处之无备与定海等，守土者恐又失事，遂以蜚语归咎于粤，而和议兴矣。此后事势，歧之又歧，难以罄述。中州见闻伊迩，谅已悉在鉴中。侍不敢为一身计，而不能不为国体惜也。辰下羁滞羊城，听候查问。如可蒙恩放归田里，则养疴誓墓，正惬夙怀。倘须一出玉门，亦属无可如何之事，临时再作计较可耳。

阁下前在四明所陈之策，原同曲突徙薪，惜不能用。然近日并将造船铸炮等事，皆以经费之难，一概不准，而转以牛、羊、水、米犒师为上策，则亦何从置论哉！……

（《林则徐全集》第七册，信札页二六一至二六二）

[按]　原件末署"庚子冬至"，应为道光二十年十一月二十九日，手迹选及《林则徐书简》增订本均作十一月二十九日，唯《林则徐传》增订本页三八七作"就在（十二月）二十一日，即冬至那一天"，林则徐写此函。十二月二十一日为十一月二十八日，系冬至前一天，杨传误差一日。

十二月初二日，清廷收到琦善到粤后办理交涉的奏报。琦善在奏报中盛陈英方船炮坚利和英人词气傲慢。其目的是促使朝廷加快投降步伐。但是，这与清廷原以为对"外夷"给与一点"抚绥"即可了事的主观愿望不合，从而感到对天朝尊严有所触犯，因而态度又开始变化。清廷在批复琦奏的谕旨中说：

……夷情叵测，包藏祸心，已非一日，彼欲肆无厌之求，我当有不虞之备。着琦善详加体察，密行侦探。一面与该夷目善议戢兵，一面整饬营伍，遴选将弁，枪炮务须得力，船只必堪驶驾，妥为布置，毋少疏虞。如该夷实系恭顺，退还定海之外，别无非礼之请，自可仍遵前旨查办，傥敢肆鸱张，始终桀骜，有必须剿办之势，着即一面奏闻，一面相机办理。总之，夷情不可信,事机不可失。……

(《道光朝筹办夷务始末》卷一八,页五至六)

十二月初三日,清廷又以"如有不得不攻剿之势,则兵贵神速,不可稍有迁延,坐失事机",特命琦善及沿海将军、督抚"务当随时体察,严密防范"。(《道光朝筹办夷务始末》卷一八,页六至七)

十二月初三日,义律照会琦善,限初五日零时以前对议和条件作出圆满答复,否则"藉兵法办行"。同一天,琦善复文英方,允赔烟价,开口岸一处,并由美方转告拟开厦门,并诉说个人种种不得已的苦衷。义律得复后,于初六日照会琦善给予寄居一所"竖旗自治",即要求割地。琦善以"向无此例"拒绝。(《道光朝筹办夷务始末》卷一九,页一四;佐佐木正哉:《鸦片战争研究·资料篇》,页四四至四五)

十二月初七日,清廷收到琦善报告到粤查办情形折。琦善在折中不顾事实地肆意攻击林则徐在粤的抵抗活动。并诬加种种罪名。(《道光朝筹办夷务始末》卷一八,页九至一三)同日,清廷又收到琦善关于义律十一月初七日在粤提出的各项要求的报告,完全出乎清廷意料之外,原以为仅诿罪于林则徐一人,就可以消弭事件,现在深感到义律的这些要求将会打破封建帝国的大门,破坏了威严的天朝体制。这又触犯了清廷的虚骄与鄙吝心理,于是又准备采取"强硬"态度。因此,一面表示"地方不能给与尺寸,贸易、烟价亦不可允给分毫";一面调湖南、贵州、四川兵四千名赴粤,准备用兵。(《道光朝筹办夷务始末》卷一八,页一六至一八)

十二月初十日,湖广道监察御史石景芬奏请对英用兵:

揆诸今日情势,非威之以兵,则海疆必不得靖,即互市亦必不得成。臣愿皇上速饬任事大臣,一意进剿,合江、浙两省兵力,以驱逐一无根岛夷,乘其骄惰,出其不意,天威一震,立见歼灭,机会可乘,时不可失也。

(《道光朝筹办夷务始末》卷一八,页一九)

十二月十三日,义律照会琦善,胁迫接受全部要求,否则"照依兵法办行,相战以后,再行商议",并以十五日八时前为限期。次日,琦善收到此照会,毫未从军事上作出准备,而是一面飞报清廷,代英人要求让步,一面复照义律"加意羁縻"。(《道光朝筹办夷务始末》卷二○,页三至六)义律由于未能满足其侵略要求,遂在十五日悍然挑起对二角炮台的进犯。

十二月十四日,清廷拒绝英方所提要求,准备"大申挞伐",一面"飞调湖南、四川、贵州兵四千名,驰赴广东,听候调度";一面命令琦善加强粤防,"督同林则徐、邓廷桢妥为办理","相机剿办"。并表示了"朕志已定,断无游移"的"强硬"态度。(《道光朝筹办夷务始末》卷一八,页三〇)

十二月十四日,清廷命伊里布、耆英、讷尔经额、刘韵珂等沿海疆吏加紧防守。(《道光朝筹办夷务始末》卷一八,页三一至四〇)

十二月十五日,户科给事中万启心请求起用林则徐与邓廷桢以抗英。奏中说:

> 林、邓办理粤事已经两年,迄无成效。转致纷纭,皇上予以重谴,原属罪有应得。但当有事之际,亟须任事之材。臣访问粤人及士大夫有识者,皆谓两人在粤,熟悉夷情,加以屡次防守夷船,颇殚智虑,幸免疏虞,深为该夷所指畏。其恭顺各夷,亦能驱遣效命。林则徐任事实心,两年以来,须发尽白,粤人闻其去任,或至恸哭。臣谓两人若蒙赦过,必可图功。若乘该夷反复傲慢,明降谕旨,大彰天讨,起复两人,令其专办战守。……万一必须用兵,两人驾轻就熟,似非中外诸臣所及。

(《道光朝筹办夷务始末》卷一八,页四〇至四一)

十二月十五日,英军攻二角炮台,守将陈连陞父子等死难。林则徐在日记中特记其事说:

> 十五日……唤夷攻沙角、大角炮台。三江协副将陈连陞及其子某力战死。三江营兵死者百余人,惠州兵死者亦将百人。抚标及水师兵死者转少,惟水师千总张清龄,抚标外委翟长龄死之。

(《林则徐全集》第九册,日记页四三四)

[**按**]　陈连陞子某的名字,其说有三:

(1)《清史稿》卷三七二作"长鹏";

(2)《啽呓吟》作"鹏举";《鸦片战争》Ⅲ,中国近代史资料丛刊,页一七七)

(3)《湖北通志》卷一四三、一四九均作"举鹏"。

核之《清史稿》卷三七二,陈连陞其他二子名展鹏、起鹏,则此随同殉难之子当名举鹏为是。

[**又按**]　宾汉《英军在华作战记》中对战况有较详描述。(《鸦片战争》Ⅴ,中国近代史资料丛刊,页一六四)

二角炮台的失败,罪责全在琦善。当时的疆吏裕谦已指出过炮台沦失是琦善摧残民力的结果。这在一般官吏中是难得的有识之见。裕谦在奏折中说:

> 闻琦善到粤后,遣散壮勇,不啻为渊驱鱼,以致转为该夷勾去,遂有沙角、大角炮台之陷。

(《道光朝筹办夷务始末》卷二四,页三五)

但是,琦善在十八日所上的二角战况奏报中,一仍旧贯地为敌张目、制造投降舆论说:

> 此间水师,兵械技艺,废弛已久。该夷现在所用飞炮,子内藏放火药,所至炸裂焚烧,不独为我军所无,亦该夷兵械中向所未见。经此次猖獗之后,我师势必益形气馁。

(《道光朝筹办夷务始末》卷二〇,页二三)

琦善在另一奏报中更把战败的罪责推诿于林则徐过去的各项战备活动。奏中说:

> 前督臣林则徐曾备有灌注桐油之草船以备火攻,乃前日交仗之时,经守备卢大铖开放火船,迎头燃烧,夷船未被燃烧,火船已成灰烬。

> 陆战之兵,技艺原不甚趫捷,而器械则甚属淫巧,此间水师则废弛已久,且兵丁本由沿海召募,其中难保无素与该夷通气之人。

所谓器械淫巧实际上是新式武器,所谓沿海召募之兵丁正是可资利用的民力。琦善的这种违背事实的荒谬分析,必然导致唯有投降一途,因此,他认为对英方的要求必须"从权办理",也就是说,必须全部接受屈辱条件。(《道光朝筹办夷务始末》卷二〇,页二七至三二)

十二月十六日,琦善拒绝怡良等的主战建议,一意投降。怡良揭发此事说:

> 十二月十六日,接准照会,有唤夷兵船、火船于十五日攻夺沙角、大角两炮台之事。臣骇异之余,实深焦愤,当即会同广州将军臣阿精阿、副都统臣英隆暨司道等,同至琦善署中,面商战守事宜。琦善问及攻剿有无把握,臣等均不敢谓有把握。但以该夷既经就抚,忽又称兵犯顺,占夺炮台,戕害将弁兵丁,是除攻剿之外,恐亦别无办法。琦善复言现已写信诘问义律,俟复到设法妥办,若于挫衄之后,复遽开兵,声援实恐不足,即

奏调外省兵丁，亦须日久方到，而义律一闻派兵，益生疑忌，尤恐大酿事端。……

（《道光朝筹办夷务始末》卷二二，页四至五）

十二月十六日，义律派人到威远炮台，向关天培提出戢兵条件五款：

一、应将现归英国占据之沙角地方，仍留英国官员据守，给为贸易寄寓之所。

一、应以广州一处，就即开港贸易，所有贸易事务，即在沙角办理为妥。

一、至若出入各货正饷，俱在沙角程输归部，即如向来在黄埔程输一律。

一、应将现在起建立炮台各工停止，不得稍有另作武备。本公使大臣、统帅今约三日，安候接据钦差大臣琦爵相照会本公使大臣，声明是否能就依允所开列各款。惟三日之内，如稍有另作武备，本统帅即当再动兵攻敌。

一、本公使大臣敬慕琦爵相，且诸事欲以笃实为心，今拟即照与琦爵相前经约议，偿还银数，另开港口，及缴还定海等款，仍可依议办结。惟须接据琦爵相照会，允照兹所开列各条，方可依议。

（佐佐木正哉：《鸦片战争の研究·资料篇》页五六）

十二月十七日，吏科给事中、内阁侍读周春祺密奏请起用林则徐：

……臣窃闻自南来者，佥谓林则徐在粤防堵极为周密。古人云：使功不如使过。林则徐已蒙逾格鸿慈，仍得差遣听用，若再荷蒙矜宥，假以尺寸之柄，独当一面，令其带罪图功，俾得专精思虑。臣虽至愚，知林则徐必当捐糜图报于万一。……

（《史料旬刊》第37期页三六三，清道光朝密奏专号三）

十二月十八日，英军围困虎门镇远、威远、靖远各炮台，破坏江面木排铁链，扬言要“打平炮台，即赴省城，再与琦善商议”。次日，琦善派鲍鹏往见义律，答应条件。（佐佐木正哉：《鸦片战争の研究·资料篇》页六一）

十二月二十日，太常寺卿革职留任唐鉴抨击琦善的媚外投降，上奏说：

……琦善意主苟安，心殊畏缩。欲以调停天津之局，为迁就粤东之方。狃其所见，几谓前此之我兵拒战者，均属可罪。今日之嘆夷侮我者，亦皆可原。长叛国之骄志,生汉奸之逆谋,由此侮慢不恭,夷书恐难入目;肆行无忌,夷氛亦难骤消。则从事征剿,在所必至。惟兵贵严明,非素著威名,难为主将。……如琦善中心疑怯,把握全无,既已气馁于平时,安能决胜于一日。且方与嘆夷讲烟价、议通商,周旋委折,既为所昵,亦必为所轻,使为主将,以兵相临,不独敌心无所慑,即兵气亦不伸。用兵之道,虽有饵之以情,诱之以利者,从未有示以调停,与之酬答,若琦善之全无威略者也。……

(《道光朝筹办夷务始末》卷一九,页一九)

十二月二十二日,义律同意从定海撤兵,交还二角,以换取尖沙咀及香港等处,由英国"主治"。次日鲍鹏奉派往见义律,同意"只择一处地方寄寓泊船",其余照办。

十二月二十四日,应允退还尖沙咀,而谋占领香港一岛,并要求订约。(佐佐木正哉:《鸦片战争の研究·资料篇》页六七至七一)

十二月二十五日,英人要求在香港"泊船寄居",琦善代向清廷乞恩"允准"。(《道光朝筹办夷务始末》卷二一,页一二)

十二月二十七日,清廷自江西调兵二千赴粤。(《道光朝筹办夷务始末》卷一九,页四六)

十二月二十八日,琦善收到清廷十四日廷寄,匆匆往晤林则徐,少谈即别去。次日又邀林则徐"会商夷务",林则徐托病未赴。林则徐由于愤恨琦善在粤的倒行逆施和这次晤访仅为应付公事,缺乏诚意,所以对琦善也比较冷淡,并特隐晦地记入日记:

> 二十八日……早间督抚署俱接到本月十四日六百里廷寄。琦节相即刻来寓,排闼而入,晤谈少顷,别去,随往答之,到门而回。

> 二十九日……琦节相书来,邀至将军处会商夷务。因病未赴。

(《林则徐全集》第九册,日记页四三五)

日记中的"晤谈少顷"、"到门而回"和"因病未赴"等词句与林则徐平日的为人行事迥不相同,这反映了林则徐对琦善败坏粤事极为不满的情绪。实际上,林则徐就在二十八日晚间开始撰写给儿子的长信中,倾吐了他的满腔愤激的感情,充分地揭露了琦善在粤的种种恶行。

十二月二十八日至次年正月初五日间,林则徐写长信给南下省亲、暂居苏州的长子林汝舟。这封长信是林则徐书札中笔锋最为犀利，感情毫不掩饰的一封。有学者怀疑此信是伪托，非林则徐所写，特录原函及质疑点待考。

广东夷务，大不可问（一作言之可慨）。议和之事，琦相（新夏按：《溃痈流毒》本作"静老"；《平夷录》注称："琦善字静庵"）以为秘计，不令人知情，惟密任白含章（杨国桢注：直隶守备）及汉奸鲍鹏，往来寄信，虽甚秘密，其实人人皆知（新夏按：一作鼓钟于宫，声已闻外）。如烟价一事，已许偿七百万，尚要一千万，且要现银。闻亦许以现付一百万，尚且不肯。其马头除广东外，闻又许以福建省城及厦门两处，而彼尚要苏州、上海、宁波等处，并定海亦不肯还。其骄恣如此，看来和议不成，仍须再动干戈，彼时欲收已懈之军心，与已散之壮勇，又何可得哉？譬如治气血大亏之症，正在用药扶持中间，忽被一医用了泻剂，几乎气脱，如何保全？此真可为痛哭者也。

逆夷与琦相照会，动云限以三日，若不许即攻打虎门，如是已数次。且其照会内云：若添兵勇来敌，即不准和。琦相一意要和，竟不敢添兵。文武等再四禀求，密派二百名至五百名为止，夜间偷载渡船，散插各处，毫无济事。

本月十五日（新夏按：《溃痈流毒》本作上年十二月十五日），逆夷突率多船，来攻沙角炮台，后面有二千人，用竹梯爬上后山。副将陈连陞，曾于山上埋有地雷，将机发动，击死百余人，然不能再发，后队逆夷并汉奸，复拥而进，打至申刻，我兵止六百名，彼有五倍，而火药已竭。彼又用火轮船、三板船，并汉奸船数十只，绕赴三门口，将师船十只放火烧毁。其船上官兵，或阵亡，或逃命，人心已乱，炮台上已来不及矣。其横档、靖远、镇远、威远各炮台，俱在附近，而各保自己，不能相救，且即欲添兵协济火药，亦须用船，而夷船已横截之矣。沙角、大角两炮台，均被夺去。可怜连陞并其子二人，均被戮数十刀，且剖破肚腹，言之可痛。守备张清龄、外委翟长龄均阵亡。三江营兵死者最多，惠州（杨国桢注：原作"苏州"，显系抄误）次之，抚标殊少，大抵死者死，伤者伤，而逃者亦伏不出矣。

关提督（《溃痈流毒》本作关滋圃）尚守镇远，李总兵（杨国桢注：潮州镇总兵李廷钰）（新夏按：《溃痈流毒》本作李润堂）守威远，马辰、多隆武守靖远，皆不过数百兵，藩篱全不足恃。向来广东门户之紧，总由内河水浅，夷船重笨，不能进来。今自议和以后，兵勇撤去，九月底卸事后，更无人管了。琦相到后，纵汉奸之所为，新遣杉板小船，招集贩烟蜈蚣、快蟹等船数百只，竹梯千余架，此外火箭喷筒之类，照内地制造者，更不可以数计。此次爬沙角后山之人，大半皆汉奸，或冒官衣号衣，或穿夷服，用梯牵引而上，从前七、八月间，一面拿汉奸，一面出示，令其杀夷领赏，汉奸密谋动手，鬼子心悸，不敢留汉奸在船，一时几于尽除羽翼矣。后来有人拿鸦片，即碰其钉，有人说汉奸，则曰："汝即汉奸。"故此辈全无忌惮，酿成今日之事。

沙角、大角两口既已被占，贼即于山上造屋矣。其小船若闯进三门，则镇口唾手可得，关提、李镇虽在威远等处，而兵单难以拒守。且镇口一失，尽可直逼省城，徒守此三四处炮台，又复何益？众文武佥请大添兵力，而琦相到此田地，尚且恐因添兵而阻和议，各官再四恳求，乃准暗添数百，于夜始渡，官民均极愤愤。

此次失事之后，邓嶰翁作字来请，谓（杨国桢注：原本脱此字）难再坐视，且云此后当无议和之理。因各备一柬，遣人赴督署，禀（杨国桢注：原本作"回"字）称闻有此事，心甚焦急，特遣人来请安，并请中堂吩咐。据其答云：无话商量。盖其讳疾忌医，尚恐人之知道那事也。闻两日内连赶数信与义律，皆不与人知，而逆夷声称须事事全依，乃能竭手，不然限至十九日，二十日又要动手。关、李专弁请兵，而仅许密发二百，其差官来寓（杨国桢注：原本脱"寓"字）哭诉，据言：提、镇两位在炮台，相向而泣，既无援兵，安得不坐以待毙？予谓提、镇能以死报国，亦是分所当然，但何以不将此情形透彻一奏，死后亦有伸冤之日，即一时不能伸冤，后世亦有记载，未知提、镇能见此否？今既无别法，只得看伊和议成否。如和议成，原不过暂解一时，而大事已去，一二年后，不堪设想矣。若和既不成，守御又不许，则省城首受其亏，倘镇口一失，省城便危，到此水尽山穷，又何所逃也。

十五日打仗之后，义律却用文书与提督，并寄琦相之信，限三日回信，否则再攻。闻琦相业已全许矣。伊全不信任广东官员，凡奉到廷寄，以至发递奏折及夷书往来，从不以一字示人，即见司道时，偶然说及，亦不过云夷人求几件事而已。所求何事，则又秘而不宣。此刻已过三日之限，闻挂了白旗，似（杨国桢注：原本作"以"字）是和了。顷间又闻挂红白双旗，传言要得新安，不知果否？李总戎跑回，向琦相号咷痛哭，不肯再去。伊亦云："若和议不成，只有一死。"伊既说出此话，是亦知和之不得成矣。而其讳疾忌医，犹可问乎？

此次攻占炮台，在和议数日以后，必不遥接上文，仍谓缴烟而成也。殊不思逆夷前此所以不敢轻犯者，原因防守严密，众志成城，解散汉奸，故不敢狡然思逞也。自奉旨不开枪炮，即被抢去师船。琦相到时，先要究问何人放炮，并云：听得炮台上放一号炮，以致夷人生气，将师船抢去。如此倒行逆施，懈军心，颓志气，壮贼胆，蔑国威，此次大败，皆伊所卖，岂尚能追溯缴烟之事乎？如尚谓有激而成，则是七百万银，兼之牛、羊、鸡、鸭、水、米之馈而已。若果再为诬枉之言，归咎前事，则止（杨国桢注：另本作"只"字）拼得死畅叙一呈，遣人赴都察院呈递，即陷之死地，亦要说个明白也。（见［按］）

本日（杨国桢注：即十二月二十八日，参见《林则徐集·日记》第三七九页）早晨，督署接到廷寄，琦相即来拜，排闼而入，始知和议忽又不准。此时局势全散，何从收复？琦相仍一意主和，力言不可打仗之故，名为来此面商，实则封钳其口，无庸与之细说，即使极力与辩，伊必恨我阻其和议，倘以阻挠军情密劾，又安敢尝试乎？现在廷寄内云："当大伸张挞伐"，又云："朕志已定，断无游移。"然后之果否游移，仍属难料。计算上元之内，尚有五个折批回，若一直生怒，则静老亦是覆辙。但恐无人下药，又来抓旧医，此时万无措手之处，较之从前一气做下，难易迥殊霄壤，奈何，奈何！

此次廷寄，此间竟不敢转行（杨国桢注：原本作"变"字），然随处皆有汉奸探听事情，不出数日，自必尽知。倘其再若突来，全无预备，则虎门各炮台火药兵丁均无接援，省垣殊觉可危。琦相（新夏按：《溃痈流毒》本作静老）现与义律约定，于新正初四日在狮子洋边之莲花城相会，无人敢阻之，想彼此别有心交，不敢相害也。

此次川、楚调兵，难瞒汉奸耳目。况烟价已许于正月先付一百万，此时夷人穷极，必先索讨。此项系令伍商垫给，似亦迫于有旨，不得不然耳。今知有丝毫不准给还之旨,伍商岂肯出钱? 而夷人正在要钱以济兵饷,琦相仍无准备,逆夷又必攻打。此时虎门各处兵力既单,兵心全散,再若狼奔豕突,即使省城守住,而新安、香山二县及虎门炮台,均恐唾手而去,祸患真不可测!

新正初三日,琦相赴狮子洋,与义律约于初四日见面。顷知初四日,义律又不肯见,改于初五日辰刻,究尚未知情形何如也。

(道光二十一年传抄件,存英国外交部档案 F.O.233/181,录自佐佐木正哉:《鸦片战争の研究·资料篇》页二六一至二六四,日本东京 1964 年11 月版,原题《林则徐家书》;《林则徐书简》增订本,页一五四至一五八)

［按］ 此下脱一段:"连日探知和议已定。尖沙嘴一带,许其改屋居住,作为贸易之所。所赔之银,勒令伍怡和先垫出一百万,约于新正给付。夷船已允正月退出,并先退还舟山,或可希冀目前无事,然其情伪虚实,不可知也。"现据《鸦片战争》Ⅱ,中国近代史资料丛刊,页五六五补录。

［又按］ 考此信内容似非一时所写。此信前半内容可证为十二月二十八日所写者有三处:①"本月十五日,逆夷突乘多船,来攻沙角炮台",此本月指十二月而言,《鸦片战争》(中国近代史资料丛刊校本)作"上年十二月十五日"并按称"一作本月十五日,显然讹误",既有"一作",当求别证,遽定为显误,未免鲁莽。②"连日探知和议已定……所赔之银,勒令伍怡和先垫出一百万,约于新正给付,夷船已允正月退出"。既称约于新正给付,则写此语必在新正之前。③"本日早晨,督署接到廷寄,琦相即来拜,排闼而入"。此语与日记十二月二十八日所记内容一样,则无疑为二十八日所写。所以我认为此信前大半是写于二十八日,即日记所记于二十九日写完请怡良于三十日发寄的第七号家书。此信尾部记琦善与义律会面事说:"新正初三日,琦相赴狮子洋,与义律约于初四日见面,顷知初四日义律又不肯见,改于初五日辰刻,究尚未知情形何如也。"则此信当写于初三至初五之间,而日记道光二十一年正月初五条所记:"作第八号家书托怡中丞限行邮封递苏……午后同邓嶰翁赴抚署。"所以信的尾部可能就是正月初五上午为赶"限行邮封"而匆匆草就的第八号家书,由于仓卒,所以主要写了点第七号家书以后的新情况,而琦善与义律是最要消息。因此,我初步认为这封重要的长篇家书可能是第七、八两号家书摘钞在一起的合成体。《溃痈流毒》是当时钞录有关文献的书,其中卷

三把这两封可能同时到苏而流传出来的信相依的连钞在一起是完全可能的，以后各书辗转传钞就讹为一函了。此信在清代笔记中多有摘载，详略题名，多不一致。如《溃痈流毒》(钞本)卷三题《林少穆先生家信摘录》，《入寇志》册三作《家书》，《平夷录》(钞本)卷二作《林制军寄东书》，《犀烛留观记事》卷上作《致吴下友人书》，《金壶七墨·浪墨》卷二作《致江督书》，《李星沅日记》道光二十一年四月十七日记称此为《少翁寄芊相书》。茅海建认为此信"有可能是托名林则徐的"。(《天朝的崩溃》页二五二)

[又按]　此函《林则徐全集》未收，杨国桢编《林则徐书简》增订本收录全文。《全集》责编茅林立疑为伪作，认为语气内容可疑虑甚多。以林公之精细，断不敢议论"圣裁"。杨氏称此件为道光二十一年传钞本，林则徐正获罪中，如或上闻，则误己害子，绝不可能作此函。余意二茅所疑不为无理，但函中涉及鸦片战争事颇多，可作备参，至是否林则徐所作姑存疑阙。

十二月二十九日，义律单方面发布公告宣布已和琦善签订了包含四项要求的初步协定(即西方称为《穿鼻草约》者)，即：

一、割让香港岛与英王。一切在香港进行之商业所付之船钞及关税均交付与中国，如同该项商业昔在黄埔之办理情形一样。

二、赔偿英国政府六百万元，其中一百万元立刻交付，余数按年平均支付，至一八四六年付清。

三、两国正式交往应基于平等地位。

四、广州海口贸易应在中国新年后十日内开放。并应在黄埔进行，直至新居留地方面安排妥当时为止。

(马士：《中华帝国对外关系史》第一卷，页三〇五)

[按]　琦善曾面允这些条件，但他向朝廷隐瞒了真相。他奏陈的草约四条内容是：①准英人到粤通商，在香港寄居；②英船在黄埔纳税，贸易由洋商议办；③鸦片及违禁物入口，船货没官，人即治罪；④代申冤抑。二者显然不同，足证琦善有意讳饰。但道光帝对琦善所奏的这一内容曾加以"一片呓语"的朱批，(《道光朝筹办夷务始末》卷二三，页一六)证明清廷并未同意。

[又按]　西方著述多以此公告为根据而断言琦善与义律曾签订《穿鼻草约》，实际上，中英双方并未正式签订过此约。胡思庸等所撰《〈川鼻草约〉考略》中曾考订此事说："1978 年版的《剑桥中国史》说：'1841 年 1 月 20 日，琦善

无能为力地同意了《川鼻草约》。'美国 1980 年版的大百科全书中说:'1841 年 1 月 20 日,中国战败之后,被迫签订了《川鼻草约》。'这些说法,是根本站不住脚的。因为更权威的文献完全否定了这一说法。查英国外交大臣巴麦斯顿看到本国报纸刊载的义律发布的'公告',曾致函义律说:'在你和琦善之间,对于割让香港一节,并不像是签订了任何正式条约,而且无论如何,我们可以断言在你发布通告的当时,这种条约即使经琦善签字,也绝不是已经由皇帝批准的,因此你的通告全然是为时太早。'"(1983 年 2 月 2 日《光明日报》)

十二月底,林则徐在广州得悉琦善向义律允诺条件之讯极表不满,即致书怡良,痛斥琦善之非,并建议怡良加强防守说:

今日闻一切俱许,则明日自可免攻,但鄙见窃大有虑者,不得不密陈于阁下。缘许价一节,或云已许先付二百万,或云先付一百万,此系先已定约,不在此次所议之条也,然银却未付。此次定和之后,彼必先索现银,无论二百万无所出,即一百万出于何地? 此时洋商断不能垫,恐必图借库款。窃思关、藩、运三库,微论阁下与芸皋未必首肯,即楚香能担得起乎? 如此项竟不应付,则再过三日,恐必长驱直入,以索欠为名,公然迫城劫库。此举自必豫防,然防之断非空言可了。若仅虚报约数,(丁勇)临时传集不到,或有人而器械、火药不应手与位置不得其宜,均之与无人等耳。当此万紧之际,据鄙见看来,只有两三天功夫,似须开出事宜条款,备出应用器具杂物,派定地段人员,且须知会众绅齐集筹议,激以天良义愤,励以保卫身家,使之转相维系,固结莫解,始可以安众志而保会垣。然其势即不能不宣扬于众,究须婉商爵相否? 惟阁下裁之。盖和是虎门内外之事,防是内河至省城之事,似亦两不相悖。若以正言相告,至诚感动,或亦不至抵牾,未知是否? 至库项如果可许借给,则此举固不必急筹。鄙意鳃鳃过虑者,正以许给之难故也。

再,闻城内外汉奸极多,最怕放火,而放火莫怕于药局。又各监狱八月间之事,不可不防。各营军心闻已大散,如何收合,又费清神矣。昨言黄埔贸易,今其所要各条中,直在沙角开舱,与昨所传不甚符合。此则关税全是子虚,然较之疆土城垣,犹为事之小者也。

(《林则徐全集》第七册,信札页二六三至二六四)

十二月二十八日,琦善向道光帝报告与英议和情况:英方交还定海和二角,中国则"准其就粤东外洋之香港地方泊舟寄居"。(《道光朝筹办夷务始末》卷二一,页一一)也就在这一天清晨,琦善收到道光帝严斥议和的谕旨:

> 逆夷要求过甚,情形桀骜,既非情理可喻,即当大申挞伐。所请厦门、福州两处通商及给还烟价银两,均不准行。逆夷再或投递字帖,亦不准收受,并不准遣人再向该夷理谕。现已正调湖南、四川、贵州兵四千名,驰赴广东,听候调度。著琦善督同林则徐、邓廷桢妥为办理,如奋勉出力,即行据实具奏。并著琦善整饬兵威,严申纪律,倘逆夷驶近口岸,即行相机剿办,朕志已定,断无游移。

(《道光朝筹办夷务始末》卷一八,页三〇)

十二月二十九日,林则徐"闻夷兵船今日俱退出外洋,沙角、大角炮台亦已交还"。(《林则徐全集》第九册,日记页四三五)

十二月底,林则徐写《庚子岁暮杂感》诗四首。诗中表达了他对时局的关怀,对"羁縻"政策的不满,和壮志难申的愤慨等等思想情感,而尤其值得可贵的是他深感有负于人民期望的思想,使诗篇增添了更多的积极意义。诗中写道:

　　病骨悲残岁,　　归心落暮潮。
　　正闻烽火急,　　休道海门遥。
　　蜃市连云幻,　　鲸涛挟雨骄。
　　旧惭持汉节,　　才薄负中朝。

　　此涕谁为设,用东坡句　　多惭父老情。
　　长红花尽袅,　　大白酒先倾。
　　早悟鸡虫失,　　毋劳燕蝠争。
　　君看沧海使,　　频岁几回更。

　　幸饮修仁水,　　曾无陆贾装。
　　通江知蒟酱,　　掷井忆沉香,
　　魋结终无赖,　　羁縻或有方。
　　茹荼心事苦,　　愧尔颂甘棠。

朝汉荒台古，　　　登临百感生。

能开三面垒，　　　孰据万人城。

杨仆空横海，　　　终军漫请缨。

南溟去天远，　　　重镇要威名。

（《林则徐全集》第六册，诗词页一九八至一九九）

是年，林则徐继续进行了解西方情况的译书活动。《四洲志》一书可能辑译于十九年下半年或本年林得罪前。《四洲志》译自 1836 年出版、英人慕瑞（Hugh Murray）所作的《世界地理大全》，这是一本讲世界五大洲知识的新书。林则徐用梵典分大地为四大洲之说而题书名为《四洲志》。林则徐命人迻译此书作为了解"夷情"，讲画"时务"的材料。其中有对沙俄自彼得大帝称霸后四外扩张历史的较详介绍，并提到沙俄侵犯我黑龙江地方为我击退的史实。《四洲志》对后来探求新知的活动有重要影响，魏源撰《海国图志》、何秋涛撰《朔方备乘》以及其他一些讲域外史地的书或多或少受其影响。陈汉章的《蓬莱轩地理学丛书后叙》中说：

自林文忠公译西人《四洲志》，邵阳魏默深、光泽何愿船因以考订列史外国传及佛国、西游、西使诸记为《海国图志》，并及《异域录》、《宁古塔记略》诸书为《朔方备乘》。

［按］　《四洲志》有《小方壶斋舆地丛钞补编》本及 1931 年上海石印本。陈胜粦说："据西人记载，林译《四洲志》有 1841 年刊本，可能是林被革职后传刻的本子"。（《鸦片战争前后中国人对美国的了解和介绍》，见《中山大学学报》1980 年第 1 期）

近代维新运动者梁启超曾评论《四洲志》的价值说：

嘉庆中，林少穆（则徐）督两广，命人译《四洲志》，实为新地志嚆矢。

（《中国近三百年学术史》页三二三，见《饮冰室合集》本）

［按］　"嘉庆中"应作"道光中"。

［又按］　《全集》本第十册译编《本卷编辑说明》云：

《四洲志》是在梁进德等人摘译英人慕瑞（Hugh Murray）编著的《地理大全》（*The Encyclopaedio of Geogra dhy*）基础上，经林则徐编辑而成的。

《四洲志》原稿现已无法找到。目前能查到的最早版本是辑入《海国图志》五十卷本(道光甲辰古微堂聚珍板)。此后,《海国图志》六十卷本和百卷本收录。五十多年后,王锡麒将其辑入《小方壶斋舆地丛钞》再补编第十二帙,于光绪二十三年(1897)由上海著易堂印行。小方壶本虽然改正了《海国图志》五十卷本的一些错字,却漏去数小节,删去部分夹注,印刷粗陋,错漏时见。此次点校,以《海国图志》五十卷本作底本,参校了小方壶本。

《四洲志》中的地名、国名、人名译法很不统一,为保存原貌,译名一仍其旧,惟中西历对照间有注错者,则在原注后用方括号改正,或出页末注。

是年,林则徐为加强战备实力,克敌制胜,曾组织摘译有关重炮操作的资料,供军队掌握使用的参考,并搜集有关火炮的旧籍。林则徐还为了避免受制于外人,更组织人力仿照外国船舰样式自造战船,据外国消息所记中国档案说:

一八四〇年四月二十五日,二、三支双桅船已在广州河面下水。这些船都是按照欧洲船式修建的,它们可能已加入帝国的海军中了。另外,还仿造了擅长火攻的安南轧船四只。

(陈大谊:《从鸦片战争到一八六一年的中国军事工业》,见《鸦片战争史论文集》;杨国桢:《林则徐对西方知识的探求》,见《厦门大学学报》1979 年第 3 期)

约在是年,美国人惠特尼(Whitney)曾按十三行兰官所绘林则徐油画像临摹,后又复制流传。原画于 1851 年在美国波士顿展览馆展出。(《晚清华洋录》)

[按]　此油画像曾被人视为林则徐最佳遗容,难称确评。此像系西人据十三行人所绘再绘者,原绘者兰官对林则徐充其量不过遥望印象,并非面对,又经临摹复制,似难与国内各种形式肖像相比论。

是年英和(1771—1840)、朱为弼(1771—1840)、俞正燮(1775—1840)、栗毓美(1778—1840)、伍长华(1779—1840)、朱绶(1789—1840)卒。

道光二十一年　辛丑　1841年　五十七岁

正月初三日,琦善离署去莲花城晤义律。(《林则徐全集》第九册,日记页四三六)

正月初四日(公元 1841 年 1 月 26 日),英军占领香港。初七日(1 月 29 日),义律发出公告,规定香港政府的组织,并宣称进入该地的中国人"将按照中国法律与习惯治理,但是免除一切非刑",而英国臣民和外国人则享受英国法律的保护。(马士:《中华帝国对外关系史》第一卷,页三一三)

正月初五日,琦善在狮子洋边莲花城宴请义律等,宾主尽欢而散,林则徐记此事说:

> 闻是日琦爵相在狮子洋边之莲花城大宴唤逆。已刻该逆兵头十八人、番通事二人、夷童二人,并佛兰西夷三人,随带夷兵五十六人、乐工十六人鼓吹而来,与爵相见;遂设满汉四筵,逆夷上座,署广州府余保纯、广州协赵承德于东西末座陪宴,夷兵及乐工给熟食,水手等给羊酒,食毕该逆夷等俱至爵相帐前称谢;乃忽大演枪炮,继以鼓吹,始登舟去。义律与马礼逊至爵相舟中私语移时,有明日再议之约。

> (《林则徐全集》第九册,日记页四三六)

在这次会见中,琦善面允赔偿银两,据亲与其事的鲍鹏供称:

> 正月初五莲花冈会议之日,彼处系吗哩逊传话,我处即我传话。义律索烟价六百万,中堂已允,惟要香港全岛只肯给一处,议论多时,并未定见。

《犀烛留观记事》四月十九日供,见《鸦片战争》Ⅲ,中国近代史资料丛刊,页二五三)

> 正月初五日,中堂(指琦善)与义律在莲花冈见面,允将银两赔他,其通商、香港二件,仍须候奏。他恳中堂早些,说他们恐难久等。

> 《犀烛留观记事》四月二十四日供,见《鸦片战争》Ⅲ,中国近代史资料丛刊,页二五四)

[**按**] 正月二十日，琦善与义律在穿鼻洋元三山后蛇形湾第二次会见，义律说："香港必须全岛，但给一处，恐与居民争斗动兵。"琦善未允。二十八日，英军准备进攻虎门，琦善派鲍鹏送去文书一件，允给香港全岛，但要鲍鹏"看光景，恭顺则付，倘有反复，不许给他"，跑到澳门，"看光景不好，没有付与"，回缴琦善。由此可见，所谓"穿鼻草约"并未签订。（鲍鹏供词，见《鸦片战争》Ⅲ，中国近代史资料丛刊，页二五三）

正月初五日，清廷以二角炮台失守，将琦善交部议处，关天培则摘除顶戴，责令立功。（《道光朝筹办夷务始末》卷二〇，页二四）

正月初五日，清廷以英国侵略者"既思索偿烟价，又复请给码头"为理由，向英宣战。并征调江西兵二千、湖南兵一千、四川兵二千、贵州兵一千赴粤。（《道光朝筹办夷务始末》卷二〇，页二四至二六）

正月初六日，伯麦照会大鹏协副将赖恩爵，要求撤出在香港的中国官兵。

正月初八日，琦善自莲花城回省。（《林则徐全集》第九册，日记四三七）

正月初八日，琦善许割香港的奏报到京。清廷任命奕山为靖逆将军，隆文、杨芳为参赞大臣，"均颁给关防驰驿前赴广东剿擒逆夷"。并自湖北、四川、贵州各增调兵丁一千名赴粤。（《道光朝筹办夷务始末》卷二〇，页三二至三三）

正月初八日，黄爵滋上《募兵节饷疏》，简要内容是：

> 承平日久，水师废弛。兵额既缺，非水勇、乡勇无以助攻守；战船未修，非商船、渔船无以资驾驭。应令民间，力行团练，遇有英船入口即迷进兜剿。如此则可省征调之繁而所在皆重兵重镇矣。

（《清史列传》卷四《黄爵滋传》，原奏见《黄爵滋奏疏许乃济奏议合刊》页七八）

正月初九日，清廷又自四川调兵一千，自湖北、湖南、云南、贵州四省各调兵五百赴粤。（《道光朝筹办夷务始末》卷二〇，页三五）

正月初九日，琦善拟定善后章程底稿四条接受义律赔烟价、割香港的无理要求，并派鲍鹏送交义律。随即至林则徐寓所，为敌张目，"盛言逆夷炮械之猛，技艺之精。又极诋水师之无用。言毕而去"。林则徐采取了"随往到门一答"的敷衍态度。（《林则徐全集》第九册，日记页四三七）这是琦善对林则徐的一种威胁，为的是钳制林则徐不再发表主战的议论。

正月初十日，琦善向道光帝上奏拟定善后章程底稿。二十五日，清廷收到此奏折。

正月初十日，义律又发公告，宣布对香港统治的开始，规定凡在港英人及外人均受英国法律保护，在港华人即作为英国国民。所有税饷、船钞、挂号各等规费均交英方。（马士：《中华帝国对外关系史》第一卷，页三一三；又《鸦片战争》Ⅳ，中国近代史资料丛刊，页二三九）这一侵略行动激起了香港居民的异常愤怒，他们立即撕下布告送交粤抚怡良转奏清廷。（《道光朝筹办夷务始末》卷二三，页二至五）

怡良将英方照会告示等送交林则徐和邓廷桢一阅。林等对琦善的屈辱求和行为有所了解而"彷徨夙夜，心急如焚"。但自己已无权上奏，所以力劝怡良密奏，因为"人民、土地皆君（指怡良）职，今（琦善）未奉旨而私以予叛逆之夷，岂宜缄默受过？"（《夷氛闻记》卷二，页五九至六〇）

正月十一日，清廷收到琦善奏报："该夷旋即自知懊悔，现在据称：'情愿将定海缴还……并将粤东之沙角炮台献出'"，欲求"准其就粤东外洋之香港地方，泊舟寄居"。琦善对此不仅"量允所请"，并代英方向清廷"乞恩"允准。清廷表示谅解琦善的"委曲从权"。不过既已派出奕山等"带兵赴粤剿办"，也就"势难中止"。为了留下日后的投降地步，清廷命琦善作为己意与英交涉，并著查明香港形势具奏。（《道光朝筹办夷务始末》卷二一，页一〇至一三）

正月十三日，清廷调四川兵四千名赴粤。（《道光朝筹办夷务始末》卷二一，页一三至一四）

正月十五日，清廷宣布对英"一意主剿"。（《道光朝筹办夷务始末》卷二一，页二二至二三）

正月十六日，清廷收到闽督颜伯焘、浙抚刘韵珂推荐林则徐、邓廷桢的奏疏。奏中说：

> 查已革两广督臣林则徐、已革闽浙总督邓廷桢，臣等均素知其有体有用。其心思才力，臣等抚衷自揣，深愧不如。且又为该夷所畏忌而屡欲中伤者。该臣等虽前此办理未协，第既蒙严谴，更难置身事外。臣等再四熟商，用功不如用过。合无仰恳皇上天恩，准予戴罪自赎，饬令迅速驰驿赴浙：林则徐驻扎镇海，邓廷桢驻扎宁波，会同伊里布，筹划一应攻剿事宜，并乞逾格鸿慈，一体假以事权，令得陈奏，乃为有裨。如该二臣不知奋勉图功，即请治臣等以妄举之罪。

> （《道光朝筹办夷务始末》卷二一，页二八）

但是，清廷当时已倾向于投降，并为设法维护满臣琦善的颜面，所以对颜、刘这种在当时尚有可取的建议用朱批形式加以训斥说：

> 一片妄言，不料汝等有是意见而又敢形诸奏牍，殊增愤懑也。

（《道光朝筹办夷务始末》卷二一，页二八）

正月十八日，清廷因二角炮台失守，处分琦善、关天培的上谕今日到穗。

> 恭阅正月初五日上谕，知以剿办嘆逆之事通谕中外；其沙角、大角炮台失守，琦交部严议，关摘顶，责令立功。

（《林则徐全集》第九册，日记页四三八）

但是，在这份上谕中，仍嘱托琦善统辖广东发兵，等待援兵以图补救，并追问此次失守炮台之处是否就是邓廷桢等安设排链，阻截外船之处，暗示将诿罪于前任以减轻琦善的罪责。（《道光朝筹办夷务始末》卷二〇，页二四）

正月十九日，琦善借口查勘设置出巡虎门，与义律密商二日；事后上奏道光，解释割让香港之事，重申羁縻政策。（《道光朝筹办夷务始末》卷二三，页三一至三四）

正月十九日，清廷任命江苏巡抚裕谦为钦差大臣赴浙代替伊里布。（《道光朝筹办夷务始末》卷二一，页三五）

正月十九日，林则徐《致怡良函》，主张宣露对英宣战和处分琦善的消息，并希望颁布以"拿船"为重点的杀敌赏格，以鼓舞群众斗志。

> 兹复就鄙见反复细思，招抚汉奸告示，最为要着，如能会衔即发，似更妥善。至侦拿义律等，却非难事。外间打听此一节者极多，盖澳门烂崽之徒，皆跃跃欲动，以其事之较易也。若烧擒夷船之事，则直无人过问，以其事之倍难也。第逆夷在澳，不虑无人往拿，转恐既拿之后，逆夷抵死抗拒，大兵未到，设有挫衄，转为主和者所借口，不得不慎之又慎。鄙意赏格内仍重于拿船而轻于拿人，拿船之赏十万元可谓厚矣，其拿人之赏，似尚可以稍减，且须声明拿送到官方得领赏，较为明妥。未知卓裁以为然否？昨夕之件，今日自当宣露，亦祈示及。

（《林则徐全集》第七册，信札页二六六至二六七）

［**按**］　函中所言"昨夕之件"，即指正月十八日收到的初五日上谕。其内容是对英宣战和处分琦善、关天培失守二角炮台之责。

［**又按**］　陈胜燊氏以此函有误编误订之处，其根据是函内有"前件祈与厚荃兄密阅之"，而豫厚荃已于年前十二月十二日离粤。（《林则徐与鸦片战争论

· 457 ·

稿》页二五九)但此函中两次提到"爵相",即指琦善,而琦善到粤为道光二十年十一月初六日,则此函必在琦到粤后所写致怡良者,日记中记正月十八日收到清廷正月初五日上谕处分琦善,林则徐希望怡良能公布此谕,所以有"昨夕之件,今日自当宣露"之内容。是此件纵有日期编次之误,但总在琦善抵粤后至道光二十一年正月间所致。

正月二十日,林则徐与邓廷桢同赴猎德、二沙尾,"察看河道形势"。(《林则徐全集》第九册,日记页四三八)

同日,怡良在林则徐、邓廷桢的推动下,密奏英军占据香港并发贴告示事:

（英国告示）指称钦差大臣琦善与之说定让给（香港），实属骇人听闻。该大臣到粤如何办理,虽未经知会到臣,然以事理度之,亦万无让土地、人民,听其主掌,如该逆所称已有文据之理。

前闻民间传说,英夷即在香港地方贴有伪示,逼令该处民人归顺彼国等语,方谓传闻未确,鼓惑人心。兹据水师提臣转据副将赖恩爵禀钞伪示移咨前来,则是该夷竟以香港视为己有,要害之地为其所据。

(《道光朝筹办夷务始末》卷二三,页二至四)

这道密奏实际上是揭露琦善在粤的恶行,果然收到惩办琦善的效果。

正月二十二日,林则徐与邓廷桢"同赴白泥涌一带看河道"(《林则徐全集》第九册,日记页四三九),并将视察结果致函怡良,希望他单衔公布招抚"汉奸"和杀敌赏格告示;同时,又提出加强战备的建议说:

白泥一带今日看过,形势甚好。惟炮墩尚须改筑,且应添多,木排亦须加添,或钉木桩牵塞,杂树亦可。其炮位及守兵,尤宜及早拨往也。……告示若俟大兵全到始行贴出,则一时彼即先发,难以制其死命。且汉奸一层,最为要着,今被勾去,殊为闷闷。尊意拟将另示用单衔缮发,自属可行,或赏格之示亦以单衔改发何如?

(《林则徐全集》第七册,信札页二七一)

[按] 函中所云"汉奸一层",指十九日林函中所称招抚汉奸之事。

正月二十二日,林则徐获悉"奕山为靖逆将军,隆文、杨芳为参赞大臣,来粤剿夷"。(《林则徐全集》第九册,日记页四三八)

正月二十三日,琦善到林则徐处议事,林建议早发赏格告示,琦善推脱等待二十六日折差回来时看朝廷有何意见再办。林则徐于次日致函怡良,如朝旨无转动则应早发告示。

　　昨日爵相（指琦善）见过，其意总看廿六之信，鄙见以为廿六日如无转动，则告示似不可迟发。曾以此意谬献刍荛，未知能承俯纳否？

（《林则徐全集》第七册，信札页二七二）

　　正月二十四日，琦善获知清廷派奕山等来粤主持战局讯息后，即派鲍鹏赴澳门向义律退还草约文本，希望给予十日考虑期。次日，义律复照，胁迫于二十九日前签约。（英国外交部档案 F.O.682/884）

　　正月二十五日，清廷收到琦善请割予香港的奏报，并附上义律的照会。又陈述粤不可战的理由有"地势之无要可扼"、"军械之无利可恃"、"兵力之不固"、"民情之不坚"等，并谎称自己与合城文武会商，"佥称藩篱难恃，交锋实无把握"，因此不如"暂示羁縻"——实行对外妥协投降的政策。（《道光朝筹办夷务始末》卷二二，页一一至一六）

　　清廷处在"和"、"战"两难的骑虎之势，但对内仍须维护天朝体制的"尊严"，道光帝不得不故意作态地以朱批斥责琦善说：

　　朕断不似汝之甘受逆夷欺侮戏弄，迷而不返，胆敢背朕谕旨，仍然接递逆书，代逆恳求，实出情理之外，是何肺腑？无能不堪之至！汝被人恐吓，甘为此遗臭万年之举，今又摘举数端恐吓于朕，朕不惧焉。

（《道光朝筹办夷务始末》卷二二，页一七）

　　同日，清廷以琦善代英人要求，给以"革去大学士、拔去花翎，仍交部严加议处"的处分，并指出他并未与同城文武会商的谎言。（《道光朝筹办夷务始末》卷二二，页一八）

　　清廷为作出抵抗的姿态，一再命令奕山、杨芳进兵。（《道光朝筹办夷务始末》卷二二，页一七至一九）

　　正月二十七日，琦善复照义律，以"日来抱恙甚重，心神恍惚，一俟痊可，即行办理"（英国外交部档案 F.O.682/853），拖延签约。

　　同日，琦善又上奏，为其投降卖国罪行辩解说：

　　前此佯允所请者，非不知该夷狼子野心，本非善类，准予寄居，原难保不贻后患。然患之在将来者，犹可堤防；而患之在目前者，不及准备。盖自被其侵占炮台后，兵心益形涣散，民情亦多惶惑。且彼时夷船绕越，窜入虎门，围住横档炮台五日……是以万不得已，允其代为奏恩天

· 459 ·

恩。……一面备文告以患病，借延时日，一面将其条款，酌加删改发还，饬令另缮，呈请盖用关防，仍详谕以此出自奴才本意，尚未具奏，系大皇帝之所不知。

（《道光朝筹办夷务始末》卷二三，页三四）

正月二十七日，林则徐将英国张贴占领香港告示的内容透露给梁廷枏，希望引起士绅公愤，推动当局抵抗决心。梁廷枏同意进行联络具词请愿。（《夷氛闻记》卷二）

正月二十八日，琦善派鲍鹏与义律联系香港问题，义律态度强横，琦善之议和活动终于失败。

正月二十八日，林则徐收到怡良转来之清廷谕旨，一面表示已派奕山等"赴粤剿办，势难中止"；一面又同意琦善的"设法羁縻"，并同情琦善的处境。（《道光朝筹办夷务始末》卷二一，页一三）林则徐忧郁悲愤而无能为力，遂致函其师沈维鐈（鼎甫），叙述了二角炮台失守后的广东局势。陈述自己在禁烟运动中的处境和目前空怀壮志，难济时艰的苦恼说：

窃念则徐自戌冬被命而来，明知入于坎窞。但既辞不获免，惟有竭其愚悃，冀为中原除此巨患，拔本塞源。其时外夷震慑天威，将趸船所有鸦片尽行禀缴，未尝烦一兵、折一矢也。已来之鸦片既缴，则未来者自当禁其复来，故有饬取夷结之令，载明如夷商再带鸦片，人即正法，船货没官。他国皆遵，嗼夷独抗，其不肯自断后路，固已显然。适有条陈不应取结者，令遂中阻，而奸夷即已窥知内地人心不一，事必鲜终。此后蜃气楼台，随时变幻，造谣者亦如蜂起。犹幸粤疆严备，屡挫夷锋，而杜绝贸易之旨，先从内出。其审往沿海各省，本在意中。则徐奏请敕下筹防，计已五次。并舟山之图占，天津之图控，亦皆先期探知入告。而浙省乌中丞并议有防夷五事复奏。大抵议而未行。若直省则亦因前次复奏水师不必设，炮台不必添。迨夷船驶来，恐蹈浙江覆辙，是以别开生面，意在甘言重币，释憾快心，即可乘机而了目前之事，却未计及犬羊之欲无厌，即目前亦不得了也。

今自沙角挫衄之后，夷性益骄，军情益怯，如防已溃，修复綦难。侧闻简帅诘戎，足扬我武，群情引领，如望云霓。然南仲虽奉简书，而魏绛欲谐金石。文武既因而观望，恐鬼蜮即揿其空虚。自顾手无斧柯，偏使身同羁绁，刍献则疑于触讳，葵忱莫解于濒危。何时得放归田，庶令省过杜门、养疴誓墓，乃为万幸。知蒙慈念，谬述苦衷，要不敢为外人道也。……

并乞阅后付烬是幸。

（《林则徐全集》第七册，信札页二六八）

［按］　原件后有沈维𫞩孙沈曾植（子培）跋称："右林文忠上先司空公书七纸。宣统辛亥从里中常卖人家得之。所称水师不必设，炮台不必添，盖皆琦氏之言，议论谬横至此，而敢以上陈圣听，非有主之者不至此，此辛亥年朱笔罪状穆相，所以言之犹有余痛也。公初受事，已知入坎，既解职，益切葵忱，劳臣苦怀，字字丹赤，百代之下见此者，当无不服公先识；抑先识岂公所乐言哉，悲夫！植识。"

又有张元济跋称："右林文忠信为文忠手迹，其外孙沈瑜庆考证，为道光二十年庚子九月烧烟翻案后所作。信末记雨水节日。"查庚子九月后之雨水节日为道光二十一年正月二十八日。杨国桢《林则徐书简》增订本作道光二十一年正月二十七日，似误。

原件后另有林灏深跋诗二首云：

<table>
<tr><td>尺书忧国尚光芒，</td><td>百载传家发筐藏。</td></tr>
<tr><td>沆瀣师门同骨肉，</td><td>纷纭朝局惜蜩螗。</td></tr>
<tr><td>天山冰雪怜归路，</td><td>粤海风云吊国殇。</td></tr>
<tr><td>白发欧公念坡老，</td><td>开缄想见泪双行。</td></tr>
<tr><td></td><td></td></tr>
<tr><td>神州能塞漏卮无，</td><td>蹇蹇劳臣敢惜躯。</td></tr>
<tr><td>此役环球称义战，</td><td>当时款议误中枢。</td></tr>
<tr><td>百年功罪归青史，</td><td>绝漠刀环感客途。</td></tr>
<tr><td>四世文贞遗笏在，</td><td>沧桑赢得泪痕枯。</td></tr>
</table>

乙酉十月侯官林灏深敬识。

［又按］　林则徐致沈维𫞩函是当时真实思想的表露，除了对局势愤激外，从信尾"阅后付烬"的叮嘱看，林则徐对发表议论是有所顾忌的。

正月二十九日，伯麦令舰队开往虎门。

怡良将琦善追查内容及胁迫他作伪证之事函告林则徐。林则徐复函称：

各国之有无愤恨,与英国之有无公文,难瞒粤东亿万耳目,似不必深辨。若有心置之重罪,即辨亦无益也。

(《林则徐全集》第七册,信札页二七〇)

[**按**] 《书简》,原订写于道光二十一年正月,杨国桢《林则徐传》增订本页三八四注⑧自行改订为"道光二十年十二月中浣于广州",但《全集·信札》亦由杨审定,又作道光二十一年正月,何自相歧异。此暂从杨新解。

二月初一日,东莞士绅邓淳等集会于县学,联名上书将军、督、抚等,指出英占香港,"白叟黄童,群思敌忾;耕氓贩竖,共切同仇",要求他们"为国宣猷,为民除害",热切企望他们"陈师鞠旅,彰天伐之明威,禁暴除强,顺舆情以挞伐"。又直诣琦善请愿,遭到拒绝。怡良虽表示同情,但受制于琦善,也只能等待奕山等来粤再定行止。(《邓淳等联恳严行剿办英夷呈文》,见《三元里人民抗英斗争史料》修订本,页八〇)

二月初一日,湘、黔两省官兵各一千名陆续到粤。初四日,林则徐约同琦善、怡良、邓廷桢等登舟察看内河防堵要隘。初五日,林则徐又至乌涌、白泥涌等处察看军备。(《林则徐全集》第九册,日记四三九)

二月初三日,"嘆夷火轮船二只,带同三板数只,直闯虎门之太平墟,放火烧毁民房数间,盐关一座"。(《林则徐全集》第九册,日记四三九)关天培向琦善告急。

二月初四、五日,定海英军撤往广州集中。(《道光朝筹办夷务始末》卷二五,页一三)

二月初五日,伊里布交部严加议处。(《道光朝筹办夷务始末》卷二二,页三八)

二月初五日,怡良单衔发布奖励官民烧擒英船英军的赏格告示,赏金比较优厚。

二月初五日,英舰十八艘,突入虎门,围困横档、永安两炮台守军,断绝了后援通途。

二月初六日,清廷收到怡良揭露琦善私割香港的奏折。(见《道光朝筹办夷务始末》卷二三,页二至四)即以"辜恩误国,实属丧尽天良"的罪名。将琦善"革职锁拿……押解来京,严行讯问。所有琦善家产即行查抄入官"。(《道光朝筹办夷务始末》卷二三,页五)由祁埙继任两广总督。怡良之所以肯于揭露琦善,系由于林则徐的推动。梁廷枏的《夷氛闻记》卷二曾记其事说:

· 462 ·

先是，正月，义律、伯麦合出新伪示，张于新安赤柱，晓其居民称："尔总督琦善将香港地方让给英国，存有文据，是居香港者为英国子民，事须禀英官治理。"复以此语照会大鹏营副将赖恩爵，恩爵以呈怡良。则徐闻而发指，劝怡良实奏，谓"人民土地皆君职，今未奉旨而私以予叛逆之夷，岂宜缄默受过"。怡良尚徘徊，东莞邓淳集郡绅于学，具词以请，谓伪示横悖已甚，宜加痛剿，并诣制府陈焉。

梁廷枏在这段记事下又注称：

营文并录夷示上，绅士皆未之知。林公见事关重大，揣怡公意必俟绅士呈请而后奏，尚可以对琦相。时晦前二日，林公召予语以故，且问外间公议将如何？予曰："既非绅士请奏不可，惜某年望皆轻，又素居江村，未尝授读省会；否则立集科甲门生，列名具词，顷刻可行。若俟通启，不惟辗转需时，抑事几先露，将有悔之者矣。"林公是之。辞出，即招黄学博培芳商之。黄盖香山人，居省且十世，门下多通显故也。黄出语予谓："我两人方当有差，未便与名，不与则无以告同志。"正踌躇间，而邓征君淳至，知其事，慨然集众绅于学，以朔日具词进。姚司马衡、何文学榛同在抚幕，其日见林公，亦以正言及之。两人归劝但据情转奏，怡公遂首肯。

（《梁廷枏：《夷氛闻记》卷二）

在此期间，林则徐也有数函致怡良，说服他揭发琦善的卖国行径，敦促他单衔发布动员民众"烧擒夷船"的赏格告示，希望他宣露琦善受处分的消息以鼓舞群众。（见本谱正月十九日二十二日记事）由此可见，林则徐在推动怡良揭发琦善卖国罪行上，确曾进行了多方面的工作。当时，除怡良外，裕谦也有力参琦善畏葸偏私的奏报。（裕奏见梁廷枏《夷氛闻记》卷二）所以，清廷不得已方治琦善罪。

［按］　林则徐对裕谦参劾琦善的奏折表示莫大的敬佩。他曾亲笔抄录，并在大部分语句下加以圈点，以示赞叹。

原件为林氏后裔福州林纪焘所藏，杨国桢增订《林则徐传》时录入。现附入以见林则徐的态度：

再去年英夷至天津递呈，仅船五艘……而琦善张皇其事……希图耸听以掩其武备废弛之咎。继又牛酒犒师，遣弁讲款，因而山东、浙江，相继效尤，馈送络绎，致使攻陷城池之逆贼，竟所至如宾。山东抚臣托浑布，又饰称该夷欢呼罗拜……岂有于攻陷城池、大肆猖獗之后，忽向山东犒师弁兵罗拜之理！以大辱国体之事，为欺蒙天听之词，不顾中外之非笑，皆由天津之办理不善所致。此琦善张皇欺饰之罪一也。

该夷回粤之后，桀骜愈甚，求索愈多，情势日形迫切。琦善……乃惟知责副将赔礼，责兵丁认错，毫无激厉堵御之方，将士解体，军心沮丧，以致该夷乘其无备，突开枪炮，攻占炮台，伤折将士。又以未、申二时一事，分有两奏，且称"我兵众寡不敌"。……琦善果能调兵严防后路，何至夷贼千余绕出山后，便称众寡不敌耶？琦善不自知愧惧，尚以粤中武备久弛诿过前任。试思琦善未到任之前，载余以来，即以粤省之兵，剿堵粤洋之夷，连得胜仗，屡烧夷船，贼望风不敢窥伺，并未调兵饷于外省，亦未闻有丧师挫锐之事。此琦善弛备损威之罪二也。

……惟急以复书缓兵为言，危词胁抗入奏，且赶紧札嘱浙省，不必进兵，旋即以给与香港，即日在广州通商会议。不但故违高宗纯皇帝敕谕，并不候缴还定海后恭请皇上准否赏给之谕旨。是该夷先得马头，后还定海，以地换地，既不使威在朝廷，且许其即日通商。给地在前，奏闻在后，又非恩出自上。该逆占据城池，戕害文武，荼毒生民，罪大恶极，竟可置之勿论。倒行逆施，谬妄专擅，此琦善违例擅权之罪三也。

（《林则徐传》增订本，页四二三至四二四）

二月初六日，英军进攻虎门横档炮台。林则徐与邓廷桢闻讯同赴督署敦促赴援，未果。子夜，横档、永安、巩固三炮台失守。次日镇远、靖远、威远炮台失守，水师提督关天培、副将刘大忠、游击麦廷章率部英勇抗击，奋战死难。英舰闯入内河乌涌。（《道光朝筹办夷务始末》卷二三，页八至一一）

林则徐对关天培的死难十分悲痛，曾写联悼念。挽联是：

六载固金汤，问何人忽坏长城，孤注空教躬尽瘁；

双忠同坎壈，闻异类亦钦伟节，归魂相送面如生。

（丁晏：《诰授振威将军广东全省水师提督关忠节公传》，

见《颐志斋文钞》卷一；又见《林则徐全集》第六册，诗词页三二七）

[按] "双忠同坎壈"指同难的游击麦廷章。

[又按] 现关祠悬联作"问何时忽坏长城"，系因"何人"触犯忌讳而改易，说见白坚：《关于林则徐挽关天培联》。（《群众论丛》1981年第2期）又传说

林则徐尚为关祠题"我不如你"匾。(《民族英雄关天培祠》,见《文化与生活》1981年第 4 期)

[又按]　联语中所谓"闻异类亦钦伟节",不是林的凭空谀词。关的行为确使外人惊异,所以在柏纳德的《复仇神号轮舰航行作战记》卷一中即记述英国侵略者也称关为"最杰出的"元帅。

关天培的死难引起了人们的哀悼,诗人们写下了若干诗篇,如朱琦的《关将军挽歌》有句说:"……将军徒手犹搏战,自言力竭孤国恩,可怜裹尸无马革,巨炮一震成烟尘。……"(朱琦:《怡志堂诗集》)孙衣言的《哀虎门》一诗也很哀愤。(孙衣言:《逊学斋诗钞》)

二月初七日,裕谦到镇海军营接任钦差大臣,积极备战。

二月初七日,英军攻占乌涌,守军总兵祥福等死难。(《林则徐全集》第九册,日记页四三九)

二月初九日,省城形势紧张,林则徐送"眷属登舟,赴上游寄寓"。(《林则徐全集》第九册,日记页三八三)

[按]　二月初九日为 1841 年 3 月 1 日,杨国桢《林则徐传》增订本作 1841 年 2 月 29 日,似误,因此年仅有二十八日。

二月初九日至十二日,林则徐自筹用费,陆续募练壮勇达五百六十人。(《林则徐全集》第九册,日记页四四〇)

[又按]　雇募壮勇工作一直未停,林则徐在赴戍途中致姚春木、王冬寿函中曾说:"迨和议不成,沙角虎门,先后失守。不得已仍自雇水勇千人,拟别为一队。"(《鸦片战争》Ⅱ,中国近代史资料丛刊,页五六八)

当时有人曾捐助募勇用费,也被林则徐谢绝。他在《致潘仕成》函中曾记此事说:

> 弟日前托广益行雇募壮勇三百名,业已送去雇资。昨据散宗(名)孝桓兄言及,此项雇资先经尊处给付,仍将原银送还。弟思阁下捐资保卫城垣,诚属善举。窃闻所雇壮勇为数甚多,原不在添此一处。但弟募来福勇,亦系分设数队,均经托雇在先。若广益行所雇之人改由尊处给资,于心不安,理亦不顺,且与别处转不一律,无以对人。兹特将广益退回原银送缴台府,祈为归款。盛意已所深感,幸勿谦让过情,曷胜感祷。

(《林则徐全集》第七册,信札页二七五)

二月初九日,林则徐获知琦善"因擅许逆夷要求,奉旨革去大学士,拔去花翎,仍交部严加议处"。(《林则徐全集》第九册,日记页四四〇)

二月十一日,广州知府余保纯亲至黄埔与义律议和,同意英方提出的《戢兵条款》,即赔偿兵费及商人损失一十二百万元,二日内先缴一半,余数一年内缴清,并割尖沙嘴一带地方。英军允停止进攻三日,等待签定《戢兵条款》。(《佐佐木正哉:《鸦片战争の研究·资料篇》页八六至八七)

二月十三日,英舰驶进省河至二沙尾。林则徐、邓廷桢负责防守广州外城。(《道光朝筹办夷务始末》卷二五,页一七至一八)

二月十三日,参赞大臣、湖南提督杨芳抵达广州主持军事,并与怡良、邓廷桢、林则徐等会见。(《道光朝筹办夷务始末》卷二五,页二六)杨芳除做了点"添造炮位军器木排等事"外,对于面临形势,束手无策,"惟知购买马桶御炮,纸扎草人,建道场,祷鬼神而已"。(《粤东纪事》,见《近代史资料》1956年第2期)

二月十四日,清廷处分伊里布,"革去协办大学士、拔去双眼花翎,暂留两江总督之任,仍带革职留任处分,八年无过,方准开复"。(《道光朝筹办夷务始末》卷二三,页三〇)

二月二十日,清廷以琦善擅割香港,"革职锁拿",由广州都统英隆押解入京,并"抄产入官";他所信用的汉奸鲍鹏也"一并拿解"。次日琦善等被捕押入京。(《林则徐全集》第九册,日记页四四一)

琦善被抄入官的家产为数甚巨,足证他在粤贪污营私的劣迹。当时人记其事说:

> 琦善入官元宝银一千四百三十八个,散碎银四万六千九百二十两。

> 琦善入官地二百五十二顷十七亩,每年可收租银二千两,铺面房间每月收钱九百六十二吊二百零,银五十一两。

> (《李扬华:《公余手存》,见《鸦片战争》III,中国近代史资料丛刊)

[按] 琦善财产数字,他书多有记载,如《入寇志》、《鸦片战争新史料》等,唯所记多异,可互为参证。二者均见《鸦片战争》III(中国近代史资料丛刊)。

二月二十一日,英军陷大黄滘炮台、湖州炮台和沙涌炮台。到处扰掠。如在沙涌渡头村"入民家肆淫掠"(《鸦片战争》IV,中国近代史资料丛刊,页三二八),遭到当地人民的激烈反抗。此后,英兵更入村"捉人运器物上炮台",并到处

"开棺暴骨"。(《宣统《南海县志》卷二,页五八)

二月二十二日,英军火轮、三板乘潮进犯香山县,毁各隘口炮台,炮轰县城,知县吴思树率壮勇防御,奋战彻夜,因戒备严密,于次日退去。(彭翊:《书广东香山县守城事》,见《无近名斋文钞》二编卷下)

二月二十四日,英军乘大兵船二只、火轮船一只、三板船十数只经凤凰冈进犯省河,被击退。(《道光朝筹办夷务始末》卷二五,页二六)

二月二十六日,英大小兵船七只、火轮船三只、三板二十余只闯进省河。二十九日始退出。(《道光朝筹办夷务始末》卷二五,页四二)

[按] 《林则徐全集》第九册,日记页四四二记三十日"英逆兵船陆续退出"。

二月二十六日,林则徐指挥"福勇"严防英军对省城的进攻。

> 已刻,嘆逆兵船、火轮船闯入省河,开放飞炮、火箭各数十,并无一处失火。余点验福省壮勇分布各路,并赴各城上看视,嘱其严防。

(《林则徐全集》第九册,日记页四四一)

当时,林则徐曾在《致怡良》函,继续提出战备建议说:

> 昨晚所查红单船上存炮有六十一位之多,应速搬上岸为是。兹将草单送阅,应否转致参赞(新夏按:指杨芳)分拨要隘,抑由卓裁径拨之处(搬炮夫应饬拨),尚祈定夺。其原派拖船上之壮勇,拟即撤下分布北岸各街道(仍交倪秀仁带)。在彼则舍舟而陆,已觉轻松,而我则于外城之外,多添各段防兵,似亦更为联络也。昨夕参赞差人来言,湖南岳州有炮数百位,意欲奏调,自是正办。梁芷邻来问铸炮之法,并要匠人,此间断不能分给。兄忆去年检阅广西营册,有国初及明代所铸大炮自五千斤至千斤不等。兹函复梁中丞,嘱其奏明运送来东。因思阁下现居督席,此事关要,尤应奏明檄调。所有广西营册,可令督署书吏查明,开单送核,并即驰文或委员往提,似为妥速。
>
> 再,阁下如拟出城面商各事,何不令督署书吏酌分数名到公所,遇事即办。兄与嶰翁亦可稍效指臂,尊意以为何如?

(《林则徐全集》第七册,信札页二七三)

二月二十七日,义律致书杨芳要求恢复通商。杨芳、怡良到林则徐寓所,"竟日议事",决定休战通商。(《林则徐全集》第九册,日记页四四二)次日即通知英方。这对争取时间,做好备战工作是可取的措施。可惜杨芳等没有认真进行战备,以致出现日后的败战。

二月二十八日,英军运输船"佩斯汤基·博斯曼"号船长畏林士得等驾舢板闯进镇海盛岙海面,当地农民严鹤林等智捕进犯者,"浙省士民,无不忿恨不平",裕谦将畏林士得正法,"以作士气而快人心"。(《道光朝筹办夷务始末》卷二五,页三五至三六)

二月二十八日,杨芳接受英方要求恢复广州对外贸易,并向清廷报告。后来,清廷未允准,并加以申斥。(《道光朝筹办夷务始末》卷二五,页四〇、四二;卷二六,页三八)

二月二十八日,清廷增派四川提督齐慎为参赞大臣赴粤。又命广西、两湖调兵四千五百名入粤。(《道光朝筹办夷务始末》卷二四,页一一至一三)

二月二十九日,到粤各地官兵已有一万六千余名,令杨芳不必等候奕山,遇机即可进攻,并催令奕山兼程前进。(《道光朝筹办夷务始末》卷二四,页二五)

二月三十日,贵州、湖南官兵各五百名到粤。(《林则徐全集》第九册,页四四二)

三月初四日,四川官兵二千名到粤。初十日,湖北官兵八百名到粤。(《林则徐全集》第九册,日记页四四二)

三月初六至十五日,裕谦亲赴定海,与总兵王锡朋、郑国鸿、葛云飞等积极备战,设置炮台,围筑土城,扼险扎寨,添兵置炮,并招募水勇、民船,伺机剿敌。(《道光朝筹办夷务始末》卷二六,页二五至二九)

三月初八日,下午,林则徐"赴广协箭道点验前雇之福勇五百余名,拟先遣散"。(《林则徐全集》第九册,日记页四四三)

三月初九日,广州休战后,出现平静局面,义律一面派伯麦赴印度求援,一面借休战通商机会掠取货物牟利。义律后来在致印度总督信中也不讳言其事说:

> 该项政策的直接的具体结果,就是把那需要縻费一笔极大开支散泊在这里的二万吨以上的英国船舶,赶紧装足了货物。它们现在已经装妥本商业年度(到本月[六月]三十日结束)出口货的主要部分,约有将近三千万镑的茶叶,并且可使政府征到约三百万英镑的一笔税款。
>
> (义律致印督奥克兰勋爵函,1841年6月21日于澳门,
>
> 见马士:《中华帝国对外关系史》第一卷附录九)

但是,主持广州战局的杨芳不仅不做军事上的准备与部署,反而荒淫奢靡,沉沦于享乐之中,给广州居民带来祸害。

> (杨芳)终日惟购钟表、洋货为事,夜则买俏童取乐,甚至姚巡捕等将女子剃发,装跟班送进。带来弁兵,漫无约束,日夜在街滋事,强赊硬买,奸淫妇女。二更以后,湘兵住在贡院者,均在外面奸淫,满街湘兵,天明方回,民间切齿。

(《粤东纪事》,见《近代史资料》1956年第2期)

三月十七日,林则徐写《辛丑三月十七日室人生日有感》诗,表达他对妻子家室的眷念,感叹全家的不能团聚,而诗句"莲子房深空见薏,桃花浪急易飘萍",更包含着深厚的寓意:自己爱国救民的苦心不能见到实效,而政治浪潮的变幻莫测,使自己的前途也如浮萍那样飘忽不定。全诗为七律二首,其后一首表述尤为明显云:

偕老刚符百十龄，　　相期白首影随形。

无端骨肉分三地,余留滞羊城,夫人携两儿寓南雄,大儿由吴门返棹来粤,尚

在途次　　遥比河梁隔两星。

莲子房深空见薏，　　桃花浪急易飘萍。

遥知手握牟尼串，　　犹念金刚般若经。

(《林则徐全集》第六册,诗词页一九九至二〇〇)

三月十七日。奕山在广东曲江县行次即上奏说:"设奴才等到省,拒绝通商,夷人必尽力攻城,倘有意外之虞,救援不及,是欲保广州,反速之失陷。"(《道光朝筹办夷务始末》卷二六,页四〇至四六)奕山带着这样一种惧外求和的心态,缓缓地向广州进发,未来战局如何已可预卜!

三月十九日晚,林则徐"接奕将军、隆参赞来书,约赴前途面商事件"。(《林则徐全集》第九册,日记页四四三)这一约请对林则徐无疑是从懊丧烦闷的心境中得到某些解脱,他似乎看到广州战局的新转机,所以当即决定于二十一日前往,并"先作一函复之"。

三月十九日,英外交大臣巴麦尊上书英女王说:

> 义律大佐似乎已经把寄给他的训令完全置之度外,甚至在舰队的行动已经获得完全的胜利,他可以自由规定条款的时候,他好像还是同意了极其不够的条件。鸦片赔款不及被勒缴的鸦片实价,而且此次远征费

用以及倒闭行商所欠英商债款都毫无着落。全权公使所接奉的要为在中国的英侨获得安全保证的明确的命令并没有执行；曾经特别通知他们要保留到全部赔款付清为止的舟山岛已经匆遽退地并且是莫名其妙地撤出了。甚至香港的割让还结合着一项有关缴纳捐税的条款，这样就使那个岛屿变成一个并不是英王的属地，只是像澳门一样，在大清皇帝的国土上经许可才保持着的居留地。

（马士：《中华帝国对外关系史》第一卷，页三〇六至三〇七）

三月二十一日，林则徐、邓廷桢相约同往佛山，准备迎候奕山，时奕山已过广东三水县。（《林则徐全集》第九册，日记页四四四）

三月二十二日，林则徐与邓廷桢赴黄鼎水次迎晤奕山、隆文与新任粤抚的祁𡎴，并同赴佛山验看新铸炮位。（《林则徐全集》第九册，日记页四四四）林则徐又向祁𡎴面交其任内所办夷务有关文件，"开诚以告"。但未引起祁𡎴的重视，而将林则徐的建议"随手置之席下"，并在事后对来访的绅士梁廷枏说："我以小心谨慎，作无事时巡抚尚可，总督则非其才矣，况有事乎？"（梁廷枏：《夷氛闻记》卷三，页六四）祁𡎴颇有自知之明，但以这种因循阘茸之员来承担如此重任，又如何能有所转机？

三月二十三日，奕山、隆文等到广州主持军事。奕山等在粤多恶行。当时的记载说：

> 奕、隆、杨只在粤贪受货贿，弗达兵机，所调各处将弁，必须先献敬礼，方无苦差。因之，将与将不知，兵与兵不睦，奏报至京，屡战皆北。

（《鸦片战争》Ⅲ，中国近代史资料丛刊，页一四八）

> 奕将军到省后，诸事不问，先买洋货；隆参赞到省收字画古董，以致行辕出入无忌，贸易如市。

（《粤东纪事》，见《近代史资料》1965 年第 2 期）

奕山到粤后，即向清政府奏报，广东局势是"患不在外而在内"，"安业之民，惟恐主战，而无赖之徒，又惟恐不战"。于是，确定了"防民甚于防寇"的投降方针，为日后摧残民力和对外投降作好了舆论准备。（《道光朝筹办夷务始末》卷二七，页三二至三四）

英方于奕山等来粤后，又增派陆军少将卧乌古（Hugh Gough）、海军提督巴尔克（William Parker）来援，并将定海英军集中广州，准备发动新的战争。

三月二十五日,清廷命林则徐以四品卿衔赴浙候旨。

三月二十七日,清廷以杨芳、怡良等奏称"以目前局势而论,似宜先准贸易,暂作羁縻,以便从容布置,可期计出万全",而"愤懑之至",加以申斥说:"此时不应理论,朕惟知一'剿'字","若贸易了事,又何必将帅兵卒如此征调,又何必逮问琦善。所见甚差"。因此,就加杨芳、怡良以"有意阻挠,怠慢军心"的罪名,"交部严加议处"。(《道光朝筹办夷务始末》卷二六,页三六、三八)

是月,林则徐仍在粤参与城防工作。(《道光朝筹办夷务始末》卷一八,页二六)并为奕山画"御夷六策",即:

一、水道要口宜堵塞严防也。此时夷船既破虎门,深入堂奥。查省河迤东二十余里,有要隘曰猎德,其附近二沙尾,两处皆有炮台。其河面宽约二百丈,水深二丈有零。又,省河西南十五里,有要隘曰大黄滘,亦有炮台。其河面宽一百七丈,水深三丈余。若前此果于该两处认真堵塞,驻以重兵,则逆夷兵船万难闯进,省垣高枕,何须戒严? 乃既延误于前,追悔无及。今夷船正于此两处要隘横亘堵截,使我转不能自扼其要,几如骨鲠之在咽喉矣。惟有密饬近日往来说事之员,督同洋商,先用好言诱令夷船退离此两处。而在我则密速备运巨石,雇齐人夫,一见其船稍退,即须乘机多集夫兵累千,连夜填塞河道,一面就其两岸厚堆沙袋,每岸各驻精兵千余,先使省河得有外障,然后再图进剿。此事不可缓图,尤不可偏废。若仅驻重兵而不塞水道,则夷船直可闯过,虽有兵如无兵也。仅塞水道而不驻重兵,则逆夷仍可拔开,虽已塞犹不塞也。塞之驻之,而不堆沙袋,则以兵挡炮,立脚不住,相率而逃,仍犹之乎不塞不驻也。此两处办成后,应致力于内洋之长洲冈及蚝墩,最后则筹及虎门。彼处有南沙山巨石可采,如何堵塞,容再酌议。

一、洋面大小船只应查明备用也。查虎门所泊师船,除沙角失事时被焚十只外,闻尚有提中营二号、三号大米艇二只,五号小米艇一只;提右营二号大米艇一只,五号小米艇一只,现停镇口,自应由水师提督配齐弁兵炮械,以备调用。其虎门以外附近之水师营分:东则提左营大鹏协、平海营、碣石镇;西则香山协广海寨。现在各有师船若干,配驾弁兵炮械若干,亦应分饬配足报明候调。至省河有府厂、运厂两处,均系成造师船之所,现在各有造竣师船几只,另购堪以出洋大船几只,应饬据实开报,并将篷索杠棋即日备齐，听候查验。再上年府厂改造巡船，及新造安南三板，现在尚存几只，装配炮械若干，亦即开明听用。其招到快蟹船十九只，现泊何处，此内壮勇若干，炮械若干，亦即禀候核夺。

一、大小炮位，应演验拨用也。查此次虎门内外各炮台既被占夺，所失铜铁炮位，合各师船计之，不下五百余尊。其中近年所买夷炮约居三分之一，尽以借寇资盗，深堪愤恨！今若接仗，非先筹炮不可，而炮之得用与否，非先演放不可。查佛山新铸八千斤火炮十四尊，佥谓无处试放，殊不知演炮并不必极宽之地，只须水上备一坚固之船，安炮对山打去，其山上两头设栅拦截，必不至于伤人。并须堆贮大沙袋，每袋约长四五丈，宽二尺余，堆成横竖各一丈，高七八丈，以为炮靶。对靶演放，既有准头，而炮子之入沙囊深至多少尺寸，果否沙可挡炮，亦即见有确凭矣。此十四尊试过如皆可用，即日运省备防，其余即于佛山如式再铸。倘试后有须酌改铸法之处，亦即就近谕匠遵办，以臻周妥。又番禺县大堂现有五千斤夷炮四位，似可拨至离省十五里之雁塘圩向来演炮处所，亦照前式堆排沙袋演试。又广协箭道有夷炮六位，斤重较小，似可拨在北校场如式堆演。所有来粤客兵，即令该管官带领，轮班演炮。如此，则炮力之远近，炮挡之坚松，与兵技之高下，无不毕见，一举而三善备焉。再，前据广州协赵副将开报，该协箭道并贤良祠，现存该用各炮约五百位，又红单船、拖风船卸下各炮，亦约有一百位，虽俱不大，然未尝不可备防，似应分别查验演放，以便分配各船及岸上营盘应用。至装配船兵，宜将船只驾到将近佛山之五叉口、茉莉沙、瓜埠口等处，分起装就听调，庶免疏虞。

一、火船水勇，宜整理挑用也。查夷船在内河，最宜火攻。前月，经杨参赞饬备柴草、油料、松香，装就火船约百余只，闻系署督标中军副将祺寿、候补知县钱燕诒等经理其事。兹隔多日，恐柴草等物霉湿短少，应饬查明重加整理。其装载之船，原只以备焚烧，固不必坚固新料，但亦不宜过于�旧，且必须有篷，方能驶风，若专借一二人之力，犹恐推送迟缓，不能成功。其船约以数只为一排，驶近夷船，则环而攻之。能于各船头尾，系大铁钉，钉住夷船燃火，使之推不开、拔不去，当更得力。其未用之先，此船宜移上游，近佛山一带装载完妥，寅夜乘风，与有炮各船一同放下，随攻随毁，谅必有效。又，内河东路之茭塘司一带，另有捐办火船百余只，即某所捐办也，分段停泊，如需应用，亦可随时调集，以收夹击之效。至水勇一项，人人以为必须雇用，惟患其有名无实，前此虚糜雇赀，已非一次，除淇澳之二百八十人系鲍鹏为前琦部堂雇用，闻已散去，可毋庸议外，若臬运两司访雇之水勇一百二十名，闻有董事管带，应可得用，第未知其船现泊何处，似应查点试验。又番禺县张令，原由揭阳带来壮勇三百名，皆系以鸟枪擅长，每人各有自带之枪，施放颇准。此一起虽系雇为陆路之用，而上年曾经谕明肯下船者多加雇赀，彼即欣然下船，似宜将此壮勇三百名，作为水战之用。此外再雇，务须考其技艺，查其底里，必使层层保结，不任滥竽。并谕明临阵争先者即予拔官；如敢潜逃，立斩示众。信赏必罚，自足以励士气而壮戎行矣。

一、外海战船，宜分别筹办也。查洋面水战，系英夷长技。如夷船逃出虎门外，自非单薄之船所能追剿。应另制坚厚战船，以资制胜。上年曾经商定式样，旋因局面更改，未及制办。其船样尚存虎门寨。如即取来斟酌，赶紧制造，分路购料，多集匠人，大约四个月之内可成二十船。以后仍陆续造成，总须有船一百只始可敷用。此系海疆长久之计，似宜及早筹办。若此船未成之前，即须在洋接仗，计惟雇觅本省潮州及福建漳、泉之草乌船，亦以百只为率，将其人、船、器械一齐雇到，给予厚赀，听其在洋自与夷船追击，不用营员带领，以免牵掣。仍派员在高远山头瞭望探报，果得胜仗，分别优赏。其最得力者赏拔弁职，充入营伍。缘漳、泉、潮三郡，人性强悍，能出死力，既可兼得名利，自必踊跃争先。较之本地弁兵顾惜身家者，相去远甚。至于能在水里潜伏之人，查本省陆丰县之高良乡、饶平县之井洲及福建澎湖之八罩乡，其人多能久伏水中，似亦可以募用。其火攻器具，如火箭、喷筒、火球、火罐之类，亦宜多为制备，以便临阵抛用。

一、夷情叵测，宜周密探报也。查逆夷兵船进虎门内者，在三月中旬探报有三桅船十四只、两桅船三只、火轮船一只、两桅大三板四只、单桅大三板一只。其各国货船在黄埔者现有四十只。自虎门以外，则香港地方现泊有夷兵船十七只、伙食船三只。此等情形，朝夕变迁，并非一致，似宜分遣妥干弁兵，轮流改装，分路确探，密封飞报，不得捕风捉影，徒乱人意。其澳门地方，华夷杂处，各国夷人所聚，闻见最多，尤须密派精干稳实之人，暗中坐探，则夷情虚实自可先得。又有夷人刊印之新闻纸，每七日一礼拜后即行刷出，系将广东事传至该国，并将该国事传至广东，彼此互相知照，即内地之塘报也。彼本不与华人阅看，而华人不识夷字，亦即不看。近年雇有翻译之人，因而辗转购得新闻纸密为译出。其中所得夷情，实为不少，制驭准备之方多由此出。虽近时间有伪托，然虚实可以印证，不妨兼听并观也。至汉奸随拿随招，自是剪其羽翼之良法。但汉奸中竟有数十等，其能为之画策招人，掉弄文墨，制办船械者，是为大奸。须将大者先除，则小者不过接济食物，即访拿亦易为力矣。

（《魏源：《海国图志》卷八〇，咸丰二年百卷本；亦见梁廷枏《夷氛闻记》卷三；又《林则徐全集》第五册，文录页三二〇至三二三，题《答奕山防御粤省六条》）

这份材列胪述了虎门失陷后的兵力部署，船炮壮勇的具体数字。这是针对琦善"不筹守而专款"的政策而发。林则徐根据自己的抗英经验，全面论述了战与守的关系以及抗英策略。他认为当前形势应从陆守转向海战，加强了解敌情，积极组织民力，增设外海战船等等。当然，这一行之有效、切实可行的"御敌"之策不可能被怯战的奕山等所采纳。

闰三月初三日，杨芳、怡良等受革职处分。

闰三月初十日（4月30日），英政府阁议否决了查理·义律关于缔结《川鼻草约》经过的报告，指摘义律所取得的权益远远不能满足英国侵略者的贪欲，(马士：《中华帝国对外关系史》第一卷附录七，巴麦尊致义律函和训令，页七二九至七三五)决定撤销义律的职务。改派璞鼎查(Sir Henry Pottinger)为全权大臣兼贸易监督，并命在华的卧乌古和巴尔克帮助璞鼎查。(马士：《中华帝国对外关系史》第一卷，页三〇六至三一二)

闰三月十一日，林则徐收到三月二十五日所发以四品卿衔调浙谕旨。十三日，林则徐由粤启程，粤省文武官员及友人张维屏、梁廷枏等送别。行前林则徐还向奕山介绍了造船的经验教训。(《道光朝筹办夷务始末》卷二八，页七)林的介绍对奕山有一定的影响。奕山于道光二十二年曾上《制造出洋战船疏》，主张先造大号战船三十只，再造小号战船三四十只。(《海国图志》卷八四)

闰三月十二日，林则徐在离广州前还向怡良赠送《全唐文》、《广西通志》等书。

今日料理书籍，苦难尽带，兹送上《全唐文》一部，计装两匣，《广西通志》一部,装为一匣,奉尘邺架,幸勿以旧书而责其不恭也。

(《林则徐全集》第七册,信札页二七五至二七六)

闰三月十三日,裕谦接任两江总督。

闰三月十六日,林则徐途经清远县禺峡,游飞来寺观瀑布,为寺僧书联:"孤舟转峡惊前梦,绝磴飞泉鉴此心",抒发了对粤事无所愧怍的心情。二十二日,林则徐与由京南来的长子汝舟在乌石四汛会合。二十八日,与寄居南雄的郑夫人及子拱枢、聪彝会合。四月初一日,全家由南雄启程赴浙。(《林则徐全集》第九册,日记页四四八至四四九)

四月初一日,英军全部驶入虎门,先泊城外十三洋行;而奕山亦定是日分三路进攻英军,希图侥幸一试。广州之役就在奕山这种盲目指挥下进行,结果大败,其具体经过是:

> 爰于三月晦,密集众军官,发令三路分出:一屯西宁炮台外,为中路;一屯东炮台,为左路;一由泥城出,为右路。使及夜运炮出。布置粗定,将突攻夷船于省河,调发毕,已日暮,芳犹未之知。兵出城,奕山始诣芳告以故。芳乍闻,不觉大讶,拔剑奋呼,谓事且败而局难收,顿足至再。奕山亦旋悔,亟思挽回,然令已行,人自为备。兵众地散,已莫及矣。

(梁廷枏:《夷氛闻记》卷三)

> 四月初一日,大将军号令亥刻与夷接仗,始则火光冲天,继则炮声震地。直至寅刻,我兵报捷,湖南官兵因而拆毁公司一连三(一作五)间,匹头洋货各什物,抢夺殆尽,门扇窗槛,破灭罕存。于是逆怒益愤,逆船益增,遂轰击西炮台,伤坏官兵,直抵泥城,打破栏栅。官兵数千,水勇数百,皆四散奔逃。嘅夷发火烧去拖船数十只,木排草船,尽行烧毁,大炮悉被投水,西门闭塞。午刻两边火炮罢攻。

(《广东军务记》,见《鸦片战争》Ⅲ,中国近代史资料丛刊,页三一)

[**按**]　《道光朝筹办夷务始末》卷二八页三二至三四载有奕山谎报战功的奏疏,清廷竟据之大加赏赐。《道光朝筹办夷务始末》卷二九页一至三谎报初三、四日的战况,清廷也加以嘉奖。

四月初二至初六日,英军大举反扑,沿省河一路进攻,攻占炮台,守军溃退,直接威胁省城。奕山惊恐万状,高竖白旗乞降。

四月初四日夜,新安县武举庚体群率领火船三队"自穿鼻湾乘潮攻洋船于虎门,击其后仓……全船俱毁;余船皆启椗窜遁"。(《道光朝筹办夷务始末》卷二九,页二五;又《道光洋艘征抚记》)

四月初七日,江西道御史骆秉章上奏揭露琦善媚外卖国的罪行说:

> 逆夷在粤滋扰,几及一年。乃自前督臣琦善到粤查办,将招集之水勇,防备之守具,全行撤去。迨大角、沙角失事,提镇专弁赴省求援,仅发兵数百名,遣之夜渡,惟恐逆夷知觉。以致提督关天培、总兵李廷钰在炮台遥望而泣。琦善复于正月初四日在莲花冈请逆夷宴会,卒之开门揖盗,逆夷将虎门横档炮台攻陷,旋即进攻南山、镇远两炮台,弁兵伤亡,两炮台亦失,大虎、小虎炮台不攻自破,逆夷兵船直至乌涌及黄埔、猎德,又从旁河由凤凰冈抵白鹅潭,所有炮台,均已拆毁,炮位抛弃河内。当虎门失守之时,省城各官,先将家眷纷纷逃避,以致人心惶恐,城厢内外,居民铺户,十迁八九,内地匪徒肆行劫掠,难民有被抢去财物者,有掳去妇女勒赎者,伤心惨目,不可言状。……
>
> (《道光朝筹办夷务始末》卷二八,页二三)

四月初七日,清廷密谕裕谦,为林则徐到浙后安排相当差使,但须奏明请旨。(《道光朝筹办夷务始末》卷二八,页二八)裕谦即向清廷建议,推荐林则徐负责浙东沿海防务。

> 今林则徐仰蒙皇上天恩,弃其瑕疵,赏给卿衔,饬赴浙江,约计程期,四月内总可到浙。该员向为兵民所悦服,逆夷所畏惮,其一切设施,亦能体用兼备,奴才素所深知,如蒙圣慈饬令林则徐驻扎镇海军营,更替刘韵珂回省,即由该员会同浙江提臣余步云督率镇将,妥为筹办,仍不时往来定海巡查弹压,该员必能激发天良,仰副委任。
>
> (《道光朝筹办夷务始末》卷二九,页七)

四月初七日,英军自初二至初六连续进占各炮台后,即炮轰省城。奕山在英军武力胁迫下乞和,与英方订立辱国的《广州协定》:

> 一、三位钦差大臣和所有外省军队限六日内退出广州城六十里以外。
>
> 二、限一星期内交出六百万元备英方使用;在 5 月 27 日(四月初七)日落以前先交一百万元。

三、在前条款项付清后,英军开回虎门以外;并交还横档及江中所有其他各要塞。但在两国交涉各事获得解决以前,中国方面不得重新予以武装。

四、赔偿商馆及西班牙帆船"比尔拜诺"(Bilbaino)号的损失。

五、广州知府(议和代表)应提出全权证明书,由三位钦差大臣、总督、将军及巡抚盖印。

(马士:《中华帝国对外关系史》第一卷,页三至九)

奕山此次之所以冒然出战,其目的仅为得功赏和报销军费。梁廷枏的《夷氛闻记》卷三曾揭其事说:"利在一战为得功地,且非是则军饷将无以开销也。"

等到广州之役失败后,奕山一方面借"民情不稳"的理由,将战败罪责诿过于人,并捏报事实来掩饰他的辱国罪行说:

总之,形势既难久守,百姓日益惊慌,是以城内居民率众吁求,哀号请命,奴才等再四思维,若不权宜行事,必至十分决裂。

(《奕山等片》,见《史料旬刊》第 25 期)

另一方面,奕山又以不能再战为借口,代英人向清廷要求允许通商、还欠等条款。(《道光朝筹办夷务始末》卷二九,页一一)

奕山的这些设辞,纯为开脱自己卖国媚外的罪行,而清廷竟然表示谅解和同意说:

朕谅汝等不得已之苦衷,准令通商。

(《道光朝筹办夷务始末》卷二九,页一三)

奕山等更制造虚诞的"神话",来掩饰失败,浮夸"战功"。他说:

四月初三至初六等日嘆夷攻城之际,据捉获汉奸声称:贼攻靖海门,扑近城墙,正欲开炮,烟雾中望见白衣神象,立于城上,遂不敢轰击。火药局在观音山下,贮药三万斤,汉奸潜抛火弹,火焰冲起,傥药力发动,全城灰烬。当兵弁抢救之时,居民望见衣白女装,在屋上展袖拂火,登时扑灭。

(《道光朝筹办夷务始末》卷三〇,页三至四)

奕山诡称这是有观音的"神助",所以请求"御书匾额"来酬神。昏庸无知的清廷也竟然颁给了"慈祐清海"的匾额。(《道光朝筹办夷务始末》卷三〇,页四)

当时,闽浙总督颜伯焘曾据探报向朝廷揭发奕山饰败冒功(奕山各奏见《道光朝筹办夷务始末》卷二八、二九)的真相说:

> 节据探报:四月初一日,逆夷火轮船一只抛泊十三行河面,官兵开炮击沉二板夷船,夷人亦有损伤。初二日,该夷驾火轮船一只驶至省西泥城一路开炮,兵勇望风而逃,烧我船只六十余号。初三、四、五等日,逆夷驾船十余只,开炮攻打上岸,防兵四散遁走,被烧民房甚多,并占去四方炮台。初六日,炮子打入老城,直指贡院,经广州府知府余保纯向逆夷面议息兵。该逆始索洋银数千万圆,继定六百万圆,又须将军参赞撤退,方肯退出,其银已由藩、运、海关三库凑给,俱各交讫。

> 又据探报:广东四月十五日一折(新夏按:指奕山奏报)已奉俞允。初八日胜仗并邀恩旨等因。臣接阅之下,不胜骇愕。查四月初八日,广东业经倾财罢战,安得复有胜仗。即初一之仗,亦仅小胜,旋即溃散,是所奏直以痛剿乞抚欺蒙天听。大胆昧良,不料如此之甚,臣实无任忧愤。

> (《道光朝筹办夷务始末》卷三〇,页一九)

四月初七日夜,林则徐挈全家舟抵南昌滕王阁下,获知裕谦授任两江总督。他推测将由自己去"替防定海",遂抱着十足的信心去迎接所关注的工作。当地官员钱宝琛、叶名琛等及名士包世臣皆来晤谈。(《林则徐全集》第九册,日记页四五二)林则徐向包世臣谈及广东水师的腐败说:

> 粤营以水师为最优,其岁入得自粮饷者百之一,得自土规者百之九十九。禁绝烟土则去其得项百之九十九,仍欲其出力拒英夷,此事理之所必不得者。

> (包世臣:《答果勇侯书》,见《安吴四种》卷三五)

夜泊滕王阁下,写《滕王阁怀古》二首。(《林则徐全集》第六册,诗词页二〇〇至二〇一)

四月初八日,奕山颁发布告禁民抗英说:

> 钦命靖逆将军奕、参赞大臣隆、参赞大臣杨为通行晓谕事:照得现在兵息民安,恐尔官兵、乡勇、水勇人等未能周知,合再明白晓谕,为此示仰各省各营官兵、乡勇等,一体知悉,尔等各在营卡安静驻守,勿得妄生事端,捉拿汉奸。如遇各国夷商上岸赴行贸易交涉,亦不得妄行拘拿。倘敢故违军令,妄拿邀功及强买强食,不给银钱者,查出即按军法治罪,各

宜凛遵毋违,特示!

(《奕山告示》,见《史料旬刊》第39期)

在投降派戕民媚外方针的纵容和庇护下,英国侵略军在广州城郊烧杀抢掠,无所不为,甚至挖坟掘墓,劫取财物,暴尸析骸,淫掠妇女,犯下了惨无人道、令人发指的罪行。(《鸦片战争》Ⅲ,中国近代史资料丛刊,页三二至三八)

四月初八日夜,佛山义勇乘夜"分驾扒龙快艇,四面围攻"占据龟冈炮台的侵略军,"歼杀数十,又破其应援之杉板洋舟"。(《道光朝筹办夷务始末》卷三一,页七)

四月初九日,三元里"平英团"抗英斗争爆发。其斗争经过及声势之盛多见各家记载。如《广东军务记》、《平海心筹·三元里打仗日记》等(均收刊于《鸦片战争》Ⅲ、Ⅳ,中国近代史资料丛刊)均有较详记载,而近人也多有专文著述,如陈锡祺所著《广东三元里人民的抗英斗争》等均可参阅。

当时,林则徐的友人、广东爱国诗人张维屏曾有《三元里歌》,颂赞这一次反侵略斗争的业绩。(《鸦片战争》Ⅳ,中国近代史资料丛刊,页七一六)

随着声势浩大的反侵略斗争的爆发,也出现了大量的抗英文告。这些文告指斥了外国侵略者的暴行,谴责了投降派卖国辱国的罪恶,表达了人民群众反侵略斗争的决心,也颂扬了林则徐的功绩,如《尽忠报国义民申谕英夷告示》、《三元里等乡痛骂鬼子词》、《广州乡民于十三行口晓谕英夷示》等。(《粤东人民抗英斗争史料》,见《鸦片战争》Ⅳ,中国近代史资料丛刊,页一一至三五)有些文告还流传到外地,如当时的江苏巡抚梁章钜就见到了《广东义民斥告英夷说帖》,并把它进呈给清廷。梁在奏折中还说:

此次广州省城幸保无虞者,实藉乡民之力。城民熟睹官兵之不可恃,激于义愤,竭力抵御,一呼四起,遂令英夷胆落魂飞,骤解围困。

(《道光朝筹办夷务始末》卷三一,页一六至一七)

出自封疆大吏之口的这种评价正以见人民抗英斗争声势之壮,影响之大。

但是,奕山等投降派却诬指进行反抗斗争的三元里义民是汉奸土匪,图谋镇压。他奏称:

现在汉奸土匪,在南海县属之三元里等村乘势抢劫,尚须分兵前往,就近弹压。

(《道光朝筹办夷务始末》卷二九,页二四)

同时,也出现了抨击封建官僚和军队投降卖国行为的告示,痛斥他们"与嘆夷同心同志","与禽兽何异?"(《入寇志》,见《鸦片战争》Ⅲ,中国近代史资料丛刊,页三二四)可见,中国人民从近代史一开始就勇敢地承担了反帝反封建斗争的历史任务。

四月十一日,英军已从奕山手里掠得六百万元赔偿金,更重要的是连续遭到三元里人民和义勇的反抗和打击,陆续退出虎门。十八日始全部撤尽。

[按] 这六百万元,奕山是以还商欠的名义付英方,而英方则名此款为赎城费(Ransom)——意思是英军未占领广州城,此款是报偿英海陆军的战利品赏金(Prize money)来代替侵略军入城的掠夺。这一点足以见到侵略军入城必需劫夺的真情了。

四月十一日,巴麦尊向正要启程来华的璞鼎查发出第十六号训令,主要内容是:

(一)谈判地点:"你可以在珠山(舟山)附近或在白河口交涉","在白河口进行交涉是有一定好处的,因为它靠近北京,并且也正因为它靠近,所以交涉比较容易设法早日告一结束,无论是怎样结束的"。

(二)赔偿烟价、商业债务、两次兵费合计,总数"似非三百万镑不能抵偿这些要求"。

(三)保证来华"英国臣民的安全"。

(四)"取得英国商民对厦门以北(厦门也包括在内)中国东海岸上各主要城镇贸易的许可,以扩大英国对中国的商务关系"。

(五)对香港,"不要同意放弃该岛"。

(马士:《中华帝国对外关系史》第一卷附录十)

这些要求实际上已具备日后《南京条约》所勒取的内容了。

四月十三日,林则徐在江西广信的河口偕长子与家属分手先行。十八日抵钱塘江南岸,因浙抚刘韵珂已往镇海,遂不入杭州,改由义桥径往镇海。其家属仍由原舟赴杭暂居。(《林则徐全集》第九册,日记页三九六、三九八)

四月十三日,林则徐在江西信口致叶小庚信中,还认为自己将至定海承担防卫重任。他说:

昨于闰月望前仰蒙谕旨,赏给四品卿衔,驰驿赴浙。圣慈再造,感悚滋深。谨即由粤登程,而上水顶风,未能甚速。过南昌时,闻知荸相内召,鲁珊中丞擢授两江,芷翁移节吴下,则弟之赴浙,专以替防定海,更不待言。顷已舟抵河口,只得改就陆程,以期早过玉山,便入浙境。舟儿自闻虎门失守之信,驰来粤省,现亦随行。贱累且令赴杭,过夏再定。

(《林则徐全集》第七册,信札页二七六)

[按]　莘相指伊里布,字莘农;鲁珊,裕谦的字;梁章钜,字芷邻。此件函题,《全集》作《致友人》,而故宫博物院藏手迹作《致叶小庚》。

四月十六日,英全权公使璞鼎查离开伦敦。

四月十八日,奕山、隆文等按照英方的要求撤离广州城,屯驻在广州西北南海县属的小金山。杨芳留驻城中。(《道光朝筹办夷务始末》卷三〇,页三二)

四月二十一日,林则徐抵达宁波,在舟中与浙省重要官吏刘韵珂(巡抚)、余步云(提督)等会面后,即转赴镇海登岸,寓城北蛟川书院。自此到五月下旬,林则徐均在浙东一带活动,积极备战,曾赴沿海一带察形势、观演炮、铸炮、设防等。(《林则徐全集》第九册,日记页四五八至四六三)林则徐的积极行动,在当时一般官吏中有所影响,如台州府郡丞陆模甚至记入自己的手订年谱中说:

时林少穆制府以四品衔来镇,与玉坡中丞相度地势,安置炮位。

(陆模:《朝议公自订年谱》)

[按]　玉坡为浙江巡抚刘韵珂的字。

同时,这些行动也在地方上留有影响,《镇海县志》特采录其事说:

四月,四品衔林则徐来参军务,乡人无智愚,争一识面为快,日乘竹兜渡大浃,登高涉险,指画守御之方。未几,谪戍去,所谋画不尽用。

(《镇海县志》卷三七《杂识记事》)

四月下旬,林则徐在镇海和某些通达时务、明了军事兵器的人士往还讨论,主要的有冯登府(柳东)、汪仲洋(少海)和龚振麟等人:

(一)冯登府:当时任宁波府教授,林则徐和他共同研讨兵书与军器制造问题。据史诠《冯柳东先生年谱》记称:

春官甬东,少穆以书来论造炮之法。后又嘱取范氏天一阁兵书参考。虽身为冷官犹不忘王事也。

(《道光二十一年条》)

所记嘱取天一阁兵书事,即林则徐于四月二十五日致冯函中所言。此函手迹原件存辽宁省博物馆。信中说:

· 481 ·

昨承左顾,稍叙阔悰,而匆匆未及走答为歉。顷披手翰,知《焦氏兵法》一书已承觅有钞本。弟箧中亦有焦氏书,所言铸炮之法颇详,昨已检付此间炮局,以资参考。第未知与尊处觅得之本,果相同否?如许借付一对,希交邓太守(新夏按:宁波知府邓廷彩)署中,专人送镇,自无遗误。弟校阅后,仍由府署缴还,感铭无似。至天一阁所藏兵家数种书,想必别有秘编,可否先以书目寄示?弟未经续奉谕旨,一时尚无责任,拟月内或可到府奉访,即登范氏书阁一观也。

来教欲临戎幄,自是敌忾盛心。惟逆夷已离定洋,目下却无踪迹,即弟亦悬而无簿,只可徐图耳。粤洋于清和朔日大获胜仗,烧毁击坏大小夷船七只,生擒逆夷七人,颇足以振国威而伸公愤,谅闻之亦必为一快也。

(《林则徐全集》第七册,信札页二七七)

[按] 信中所说《焦氏兵法》是明崇祯初年焦勖所写。据杨国桢在《林则徐对西方知识的探求》一文中说,林则徐所藏的焦氏书就是明焦勖据汤若望口述写成的《火炮挈要》。后经与冯氏所得钞本《焦氏兵法》相校,于1841年刊于扬州。书凡三卷,分别介绍筑砌炮台、大炮构造及铸法、炮弹配料、装放方法等技术。

(二)汪仲洋:余姚县令,道光二十年夏英军扰浙时,曾"用奇计诱夷舶陷软沙,俘获甚众"。这时他是镇海炮局局员,负责运送配置各炮台大炮。他和林则徐结识甚早。道光初曾参与林在江苏地区兴修水利,筑石塘堤防,卓有成效。(《赠汪少海诗》自注,见《林则徐全集》第六册,诗词页二〇〇)

[按] 《全集》题是诗写于三月间,为便于叙述系此。

(三)龚振麟:嘉兴县丞,当时在浙东仿制西洋船炮,精于西算。林则徐和他共同商量筹划制造军器事,并把自己在广东外舰上秘密绘制来的战船图八种提供出来,帮助龚振麟制造车轮战船和炮架等。汪仲洋曾对车轮战船作过文字的说明:

车轮船图,前后各舱装车轮二辆,每轮六齿,齿与船底相平,车心六角,车舱长三尺,船内二人齐肩、把条用力,攀转则齿轮激水,其走如飞,或用脚踏转,如车水一般。

(魏源:《海国图志》卷八四)

改造后的车轮战船是中西技术结合的新产物,它的形式是:

这种船造成后的形式据外国人目睹记载,大约是一种用英国火轮船形式,用中国固有的以人力转轮激水、踏轮行船的方法,并安装枪炮。这是当时中西技术结合的新产物。

（参见陈大谊:《鸦片战争到一八六一年的

中国军事工业》,见《鸦片战争史论文专集》）

在炮架的改造方面也把重滞而仅能直击的旧式炮架改造成能"俯仰左右,旋转轰击"的新式炮车。龚振麟在《铸炮铁模图说自序》中述其经过说:

中丞（新夏按:指刘韵珂）……与林少穆制府共相筹画,拟数千斤重器置于上,畀一人之力,使之俯仰左右旋转轰击,授以绳墨,振麟得以师承其意,而如法以成,即图中磨盘四轮车是也。

（魏源:《海国图志》卷八六）

林则徐在这期间非常重视船炮的改进与制造,特别是大炮的铸造与演放。他在日记中连日都以此为记录重点。

（四月）二十三日……与局员议铸炮演炮事。

（四月）二十六日……饭后赴炮厂观铸四千斤铜炮。

（四月）二十七日……与抚军、提军同观演放铜炮,并相度炮台地利。

（四月）二十八日……饭后往拜刘抚军,遂同往炮厂,观刮磨炮膛。

（五月）初一日……往东岳宫前安炮,又过江至金鸡山下观排列沙袋把靶,复至山上观修理炮垛。

（五月）初二日……遂与余提军、李镇军同至北城上观演炮二十余位;又至东岳宫观演夷炮,对岸山上安靶取准。

（五月）初三日……炮厂是日铸八千斤重大铁炮。

（五月）初四日……饭罢余与提军同赴招宝山观演炮,有一兵火绳落在药桶内,火药轰起,烧伤数兵,幸皆未至致命。

（《林则徐全集》第九册,日记页四五八至四六三）

四月二十六日,道光对裕谦四月初推荐林则徐的奏折批复说:

镇海军营事务,著派刘韵珂办理,并著林则徐暂行协同筹办,傥浙江省垣有应办公事,刘韵珂回致省城,即著林则徐与余步云、周开麒会商妥办。如有折奏,林则徐毋庸列衔,总当和衷共济,严密防堵江、浙两省,声势联络,逆夷自不敢妄生觊觎。

(《道光朝筹办夷务始末》卷二九,页八)

这道谕旨似乎预示着林则徐又将东山再起,但从"毋庸列衔"的态度看,清廷仍无意于重新起用;而林则徐则在五月十二日见到这一谕旨后确实又焕发了他备战抗敌的热情,他在十二日至二十五日的日记中记下了频繁活动的足迹所至。他到炮局、东岳宫、金鸡山、镇海北城各处去看制炮、演炮;他和有关的文武官员不断地晤谈筹议,虎门设防、海口抗英等种种景象可能又在思想上重映。可是,他哪里知道,就在他奉到协办镇海军务命令的前二天,即五月初十日,由于朝廷中投降派的媒孽和企图减轻满洲贵族战败的罪责,他已经被革衔遣戍了。

[按] 这道谕旨中的"如有折奏,林则徐毋庸列衔"一语,可能引起林则徐心情的不平静,甚至引起友人的关怀,从现存其友人惠清的一封回信中可以略窥一二。惠清用林则徐来浙的重要性及日后发展远景来加以劝慰:

> 久望公离粤,今果为浙省保障,亦天下之公论,非弟所私也。伏维道体承厘,公勤懋著为庆,粤事已平,毋劳转饷,定海区处一切,鲁翁(新夏按:裕谦字鲁珊)早得大半。但祝阁下为国自爱,数月之后,岂能作闲散人耶?奏事不列衔,此大好事。惊弓者岂尚愿闻矰缴声乎?

> 两江之难,甲于天下。悉索之后,更不堪谓。想年来无暇及此,疴瘠已不可问,今则不能不议及此矣。幸鲁翁勇于从事,人咸畏之,君其有所商榷而益之否?他日鲁公倘赴粤作砥柱,大江南北亦阁下之事也。

(《林则徐信稿》页一六一)

四月二十六日,英政府对璞鼎查发出训令,指示扩大侵略战争的方针。(马士:《中华帝国对外关系史》第一卷,页七五二至七五四)

四月,邓廷桢奉旨遣戍伊犁。(邓邦康:《邓尚书年谱》)

五月初十,林则徐以"办理殊未妥协,深负委任"和"废弛营务"罪名,被"革去四品卿衔,从重发往伊犁效力赎罪"。(《道光朝筹办夷务始末》卷二九,页二二)

[按] 道光帝为此追究历任粤督以掩饰靖逆将军奕山在粤的败绩,其谕内阁称:

484

谕内阁，国家设立兵丁，勤加训练，所以严武备而不虞。总督有统辖之责，必应于平时认真督率将备，加意练习，使之有勇知方，一旦猝遇外侮，何患不破敌摧坚，立功奏凯。道光十二年，两广总督李鸿宾、广东提督刘荣庆，因办理军务，临事不能得力，平素毫无整顿，曾经遣戍。前任两广总督邓廷桢履任多年，懈惰因循，不加整顿，所设排链，空费钱粮，全无实用，以至该省兵丁柔懦无能，诸多畏葸，虎门之役，竟有为夷匪买通者，思之殊堪痛恨。前任两广总督林则徐，经朕特给钦差大臣关防，办理广东事件，继复令其实授总督，全省军务皆其统辖，既知兵丁染习甚深，便应多方训导，勤加练习，其于夷务，亦当德威并用，控驭得宜，乃办理殊未妥协，深负委任。邓廷桢业经革职，林则徐著革去四品卿衔，均从重发往伊犁效力赎罪，即由各该处起解，以为废弛营务者戒。

（《宣宗实录》卷三五二）

时人对于林则徐的遣戍多表示愤慨与同情，有些形之于诗歌，并分析了林被戍的原因在于"未肯和戎"，在于有"搀枪"（彗星，指奸人）。如冯昕华有题为《闻林少穆制军遣戍新疆书感》诗称：

> 极边风雪惨孤臣，　　犹忆烟销粤海滨。
> 未肯和戎乖国体，　　只应长作出疆人。

（《柳堂师友诗录·巢云山房诗钞》）

林则徐的挚友王柏心也有《闻侯官林公谪伊犁》诗云：

> 万里伊吾北，　　孤臣鬓已霜。
> 奏书无耿育，　　持节少冯唐。
> 曲突谋犹在，　　高墉射易伤。
> 鼓鼙思将帅，　　终望埽搀枪。

（《百柱堂全集》卷七）

[按]　林则徐在西戍途经兰州时曾为此诗写寄奉和诗，已收本谱。

五月中旬，闽浙总督颜伯焘推荐裕谦赴粤，并以林则徐为裕副手。颜奏说：

广东事关重大，特简自必有人。傥一时乏人，简用裕谦，似可当广东之任，惟其气太锐，敢乞皇上密敕，暂示羁縻，事备而动，庶几万全无患。四品卿衔臣林则徐前在广东办理海口事宜，以粤民誓词搏之，知其

· 485 ·

能得人心,亦有威望。其王廷兰信函所称民怨之者,自指贩烟莠民而言。如以之为裕谦之副,当能得力。

(《道光朝筹办夷务始末》卷三〇,页二〇)

[按] 此奏清廷六月十二日收到,但奏中尚称林四品卿衔,当在林被革职遣戍命令到浙以前所上,故系于五月中旬。又奏中所说王廷兰信函一事,即广东臬司王廷兰致福建藩司曾望颜一函。此函当时流传甚广,《溃痈流毒》、《平夷录》、《入寇志》、《犀烛留观纪事》、《鸦片战争文件丛钞》、《中西纪事》等书均载。闽督颜伯焘曾将此函入奏(《道光朝筹办夷务始末》卷三〇,页一五),此函痛论琦善、奕山到粤后广东局势的败坏,提出了不可解之事四、可惜之事机三、可为痛哭者三,是一篇较真实反映实际情况的文字。信中谈到林则徐时说:"广东自少穆查办烟案以来,禁兴贩、杜走私,未免操之过急,故兵怨之,民怨之,甚而武弁亦怨之。"颜奏所说即指此段。(王函全文见《鸦片战争》Ⅳ,中国近代史资料丛刊,页一九至二五)

五月二十五日,林则徐与裕谦在镇海晤面长谈。(《林则徐全集》第九册,日记页四六二)"裕谦素重则徐为人,既代来浙,意中将倚为左右手","未几而则徐遣戍,旋改赴河工,谦失谋主,已怀惆怅"。(《梁廷枏:《夷氛闻记》卷三,页九四)

五月二十五日,林则徐接到遣戍新疆,"与前督邓(新夏按:指邓廷桢)俱从重发往伊犁效力赎罪"的上谕。次日即乘船从镇海启程,"大小文武皆送于郊"。沿甬江、经宁波,再沿姚江,经余姚、上虞北上,准备赴戍。(《林则徐全集》第九册,日记页四六三)

五月二十九日,林则徐函告邓廷桢,自己"拟于伏尽后始行启程"赴戍。(林函已佚,参见六月二十四日邓廷桢复函语)

五月间,林则徐在浙江镇海曾有《致苏廷玉》书,慨叹个人的遭遇,陈述自己从粤来浙力图挽救危局的心情说:

> 窃谓难进易退者,吾人之本怀,介如石焉,奚俟终日。向尝志此久矣。讵知竟须有大福分人,始能径脱缰锁,否则忧患余生,幸不为俎上肉,亦不能免于网中鳞,乃叹易退之语难概诸命途乖舛者耳。……此时粤事大不可问。弟当羊城戒严之际,虽身非守土,犹自捐募吾闽义勇,期于奋袂一呼,不肯临难苟免。况浙洋防堵,尚未必遽占剥床之肤,此时如谢不敏,恐为群口所谪。然于事无济,固已自知之明。一俟粤洋得有准

信,暂可息(下缺)

(《林则徐全集》第七册,信札页二七八)

林则徐在镇海时,还为王金会写小楷《文昌帝君阴骘文》。

[**按**]　据《光明日报》1983 年 9 月 18 日报道,镇海一农家发现林则徐手书此文碑刻一块,该碑横 75 厘米,纵 31 厘米,厚 10 厘米,共 560 余字。落款有"林则徐熏沐敬书"、"蛟川王金会敬送"。

六月十一日,清廷在奕山谎报战况的蒙蔽下,认为《广州协定》后,人局已定,即命浙江、广东等地裁撤从各地所调官兵。(《道光朝筹办夷务始末》卷三〇,页一二)

六月十二日,清廷谕奕山等饬谕英人:"仍须出具切实甘结,不得夹带鸦片……不得妄生他念另求马头,至贸易纳税……亦毋庸轻议核减。"(《道光朝筹办夷务始末》卷三〇,页一四)这充分证明清廷完全无知于英方的侵略企图。

六月十四日,伊里布以"迁延观望,畏葸不前"罪被革职,发往军台效力赎罪。(《道光朝筹办夷务始末》卷三〇,页二二)

六月十六日晨,黄河从开封西北的三十一堡决口,坏护城堤,冲向开封,加以霪雨连绵,水势日涨,城墙坍塌十六段一百二十余丈,街市水深数尺或丈许。大溜汇向苏村口,分南北二股入淮,祥符、陈留、通许、杞县、太康、鹿邑、睢州、柘城、淮宁及安徽的太和、凤阳、五河等五府二十三州县直接受灾,而邻近的蒙泽、郑州、中牟、内黄、封丘、孟津等十州县也受波及。大水围城至次年二月初四日合龙止,达八个月之久。这一严重灾害迫使清廷不得不派重臣王鼎去主持治河工作,在王鼎的推荐下,林则徐方能在戍途中折回,获得"效力赎罪"的机会。(胡思庸:《近代开封人民的苦难史篇》,见《中州今古》1983 年第 1 期)

[**按**]　旧时黄河堤工皆分段设堡,以便修治。数十堡辖于一汛,数汛辖于一厅。开封南岸堤工由下南厅统辖,下南厅分上(西)下(东)二汛,上汛自西向东,凡设三十三堡,第三十一堡在开封北十五里的张湾。

六月二十三日,琦善以"守备不设,失陷城寨"罪,处斩监候,秋后处决。

(《道光朝筹办夷务始末》卷三〇,页四一)

六月二十四日,邓廷桢在虔州收到林则徐五月二十九日从山阴的来信,即写复信,表述自己对粤局的看法和对今后的期待:

(1)林则徐离粤后,邓廷桢仍滞留羊城对广东局势忧愤而无言,所谓"珠

· 487 ·

江扰攘,不敢言,亦不欲言,遂疏简牍"。邓廷桢认为:"今日之事虽意外,而细思之,似亦意中。"

(2)邓慨叹命运多舛,而前途难卜:"弟自去冬至初夏,濒于死者数,决于死者亦数。今得全躯而生,幸矣。惟崦嵫景短,关塞路长,此后茫茫,殊难逆计耳!"

(3)邓廷桢约林则徐至陕西会合后,共同赴戍:"适读翰教,知台旆拟于伏尽后始行启程。弟此间遂亦不必呸呸。大率七月初自虔至南昌,初十边自南昌西迈。窃计西泠(杭州)至秦中,与洪都(南昌)至秦中,路途相若。我二人何人先至秦中,即定计在彼守候,以便同行出关。患难弟兄,相依为命,蛮岠之负,久要以之,想阁下亦同此心怀也。"

(4)通报广州战况:"昨日接到新安彭令禀(渠有上阁下一禀,恐邮封太厚,正可面呈矣),知初四飓风,将尖沙嘴装兵夷船二只,货船四只,空趸四只,划艇数十只,汉奸船数十只,全行打坏,溺死无算,所筑马头及盖造之瓦屋、寮篷,扫荡无存。"(《林则徐信稿》页一四三至一四四)

但是,这封复信原拟按林则徐希望寄到河南,因邓廷桢在河南"无甚相识",而陕州知州是邓廷桢同乡,所以寄往陕西等林则徐经过时转交。不料林则徐在中途又发东河,所以当时没有收到。

[按] 《林则徐传》增订本页四三八说:"这封信是遵照林则徐的嘱咐,直接寄到陕西转交的",与邓函相核有误。

六月二十四日(8月10日),璞鼎查率舰到澳门。二十六日,通知在粤英人,他最热切的愿望是满足全体在华英商的要求,促进其繁荣与幸福,确保其所谓安全,集中全力,迅速而满意地结束战争。这就是说,他要尽最大努力来扩展鸦片贸易,以得到绝大多数是烟贩的英商的极大欢迎。接着,他又向广东当局提出议和纲要,声明如无全权代表接受纲要上所列的全部条件,就要开始北上进攻。(马士:《中华帝国对外关系史》第一卷,页三二四至三二六)

六月间,林则徐赴戍抵达武林(杭州),为十年前曾谪戍新疆的张珍臬(同庄)题《伊江萝月听诗图》,以寄托自己被遣戍的悲愤感情。诗中写道:

谪宦东归已十秋,　　玉关怀旧感西州。

从戎大漠追狐尾,　　惜别将军挝马头。

诗梦俄惊梁月坠,　　边心遥逐塞云愁。

谁知卷里濡毫客，　　垂老凭君问戍楼！

（《林则徐全集》第六册，诗词页二〇一）

　[按]　这是林则徐第一首流放诗。

当时在武林的友人纷来饯送，并赠《赠行诗册》。林则徐作诗答谢，感叹政治风云的变幻多端。诗中写道：

唱彻阳关万里秋，

借书还为说三州。同庄以和泰庵尚书在伊犁著《三州辑略》稿本借余出关

几人绝域逢青眼，同庄诗有："不图绝域逢青眼，得放羁臣出一头"之句

前度归程羡黑头。君入关时年四十五

不信玉门成畏道，　　欲倾珠海洗边愁。

临歧极目仍南望，　　蜃气连云正结楼。

惜别群公各感秋，　　酒痕襟上话杭州。

传书犬欲寻黄耳，　　瞻屋乌难换白头。

相送莫贻临贺累，　　有心都寄夜郎愁。

追谈往事还西笑，　　多少羁臣出节楼。

（《林则徐全集》第六册，诗词页二〇二）

　[按]　同庄即张珍桌，曾赠林则徐《三州辑略》稿本，以便随带出关作参考。林则徐写诗答之，并借此感谢"武林诸君《赠行诗册》"。原注"君入关时年四十五"一语亦指张珍桌赦还。《三州辑略》是嘉庆时乌鲁木齐都统和瑛所著。

林则徐在杭州停留期间，陈其元曾以《筹边策》和《屯田议》求教。林提出了"以海运卫海疆及垦荒土以资战士，皆他日所必行者"的见解。陈在所撰《庸闲斋笔记》卷九中记其事说：

道光辛丑，侯官林文忠有新疆之役。暂寓武林外舅闻兰樵先生家。

时余锐意经世之学，以所撰《筹边策》、《屯田议》等作呈教于公，颇叹赏，目为贾生之才。谓以海运卫海疆及垦荒土以资战士，皆他日所必行者。

后公督陕甘，果兴屯政。惟今日以轮船运漕则公不及见矣。

六月十八日，祁寯藻致函林则徐并赠其父所著《西陲总统事略》及《万里行程记》以供戍途参考。

客岁闽粤相望，藉通音问，拳拳关注，缕缕长言。使旋途次，又奉教言，并图卷各件，如晤清光，每怀感佩。祇以海国波涛，军书旁午，未敢以局外谈议，扰渎筹思。……雷霆雨露，尽是恩施；忠荩之怀，祇行素位。惟念长途跋涉，触暑而行，劬劳之极，继以远役，私心轸结，无可慰赠。附上先君子（按：指其父祁韵士）著书二种：一为《西陲总统事略》，即《新疆识略》底本》；一为《万里行程记》。自山西太安驿起，迄于惠远城，其间道里经涉，可备检阅，即求鉴定。

（《林则徐信稿》页一四七）

七月初，林则徐赴戍途中经苏州，顾湘舟为林画像留念。道光末年，林的弟子冯桂芬曾为此小像题辞记事说：

右今云贵总督侯官林公名则徐像。道光壬寅秋七月，公以粤督挂吏议，遣戍过吴门。同里顾君湘舟，博雅士也，家藏先贤像千余轴。陶文毅抚吴，建五百名贤祠于沧浪亭，仿石室法，勒像代木主，出君所藏，罔不完具。湘舟于公有旧，以公为当代伟人，于其过吴也，请留其像以去。公为政所至得民心甚，而吾吴为最久。吾吴之民，安公之教化，响公亦最深。大江南北数十州之远，亿万户之众，虽乡曲妇人孺子绝不知大吏名氏者，独于公名氏甚熟，莫不知其为好官。噫！何以得此哉！公抚吴日，余事总持风雅，宏奖后进，士有小善一艺，莫不邀题品，而桂芬之受知也最早。忆公重莅吴以壬辰六月，桂芬经南城市上，见列肆香烟相属，男妇观者填衢，咸欣欣然，喜色相告曰：林公来矣。越三日课书院，荷公首擢，有一时无两之誉，谆勖甚至。虽以桂芬之谫劣而感激奋发，思所以不辱公知者，夙夜实兢兢焉。今别公且十年，敬瞻公像，犹神往于辖轩莅止时也。虽然，独桂芬之私所好乎？大江南北数十州之远，亿万户之众，实共此心焉。是像之绘，湘舟其可已乎？

（冯桂芬：《林少穆督部师小像题辞》，《显志堂稿》卷一二）

[按] 林则徐赴戍过吴在辛丑夏秋间，据日记载，壬寅七月，林则徐已由西安出发赴戍，不可能过吴，冯文所说壬寅七月过吴当为辛丑七月之误。

七月初三日，道光帝谕称："林则徐著免其遣戍，即发往东河效力赎罪。"（《清宣宗实录》卷三五四，页三）不久，这一消息传到河南开封，群众以林则徐过去在豫政绩卓著而热烈地期待他的到来，表达出极大的热忱，当时人记述说：

490

闻林制军则徐将来,绅民无不喜跃。林公前任河南布政使及河东河道总督,人皆服其干略。后以两广总督严禁吸食鸦片,英夷滋事,被谪发往伊犁。至是复奉旨发往东河效力赎罪,故闻之者共相庆也。

(《汴梁水灾纪略》)

七月初四日,璞鼎查在巩固了香港的防务后,率兵船二十六只、兵士三千五百人北侵。(丁名楠等:《帝国主义侵华史》第一卷,页三五)

七月初七日,林则徐在苏州盘门舟中为苏廷玉新购宋拓欧阳询《九成宫醴泉铭》题跋:

是秋七夕福州林则徐在盘门舟中与退叟同观此拓,因题,时将荷戈出关,并识。

[按]　福建茅林立君,自收藏者家中手录此跋,并注称:"有'少穆曾观'印,但印有损。"

七月初十日,英军攻占厦门,守将金门总兵江继芸等奋勇抗击,战死。颜伯焘逃走。当地人民奋起抵抗,"昼则寻杀无时,夜则乱石向掷"。(《道光朝筹办夷务始末》卷三二,页二七至二九)二十日,由于当地人民的反抗,迫使英军除留小部兵力据守鼓浪屿外,离厦北上。(梁廷枏:《夷氛闻记》卷三)

七月中旬,林则徐在京口(镇江)会见魏源。两人同宿一室,对榻倾谈。林则徐把有关《四洲志》的全部资料交给魏源,希望魏源编撰《海国图志》。魏源在此以前已有志于这方面的著述,曾根据道光二十年在宁波、台湾等地收集的英俘所述英国情况,写成《英吉利小记》一文,后收入《海国图志》。所以,他便接受了林则徐的嘱托,开始纂集《海国图志》。(参吴泽等:《魏源〈海国图志〉研究》,见《历史研究》1963年第4期)魏源有《江口晤林少穆制府》诗二首记此事说:

万感苍茫日,　相逢一语无。

风雷憎蠖屈,　岁月笑龙屠。

方术三年艾,　河山两戒图。

乘槎天上事,　商略到鸥凫。时林公属撰《海国图志》

聚散凭今夕,　欢愁并一身。

与君宵对榻,　三度两翻苹。

去国桃千树,　忧时突再薪。

　　　不辞京口月，　　　肝胆醉轮囷。

（《魏源集》页七八一）

　　魏源的诗表达了他和林则徐之间的真挚感情。他珍重林的委托，恋恋于仓促的聚散，欢愁交集，却又说不出什么可安慰对方的恰当语言，但对国事依然忧心忡忡。诗中的"方术三年艾，河山两戒图"，是林、魏两人反侵略思想的共同信念——要早做反抗侵略的准备，要同时注意西北和东南的两处边界（两戒即两界）。这反映了两个具有爱国思想的士大夫不仅关心当前东南英国侵略的现实，而且还预见到西北沙俄威胁的隐患而主张要先事预防。这说明林、魏两人无愧是中国近代史上的进步思想家。

　　[按]　《四洲志》的沙俄部分有专辑本，即《俄罗斯国纪要》。《清史稿·艺文志》史部地理类外志之属曾著录。《北徼汇编》收刊时题《俄罗斯国总记》。光绪十五年五湖草庐刊本扉页题《俄国疆界风俗志》，此本尚辑入姚莹的《俄罗斯方域》、《记英俄二夷构兵》等二种。书前有光绪八年五月吴大澂序，对林、姚所辑加以评论说："所载战争和好、制度风俗与夫生齿之繁，物产之盛，考核之精实补前人所未逮。读之真足以广见闻，而有志边务者尤宜细究焉。"《俄罗斯国纪要》很可作为林则徐防俄思想的明证。

　　七月十一日，在京友人祁寯藻获悉林则徐转发东河效力，立即专函表示祝贺："顷者，圣恩载沛，眷倚重膺，行见绩著金堤，勋崇王节。詹企旌麾，载欣载颂！"（《林则徐信稿》）

　　七月十五日，林则徐在扬州奉到道光帝初三所发往东河效力的上谕，十八日即由南河总督麟庆代奏《发往东河效力呈》谢恩，表示："现因仪征一带旱路未通，亟由水路前进，总冀早到东河工次，勉力驽骀，庶几稍赎前愆。"（《夷事春》钞本第1册，台中中央图书馆藏，见《林则徐全集》第五册，文录页三二四）

　　[按]　按林则徐的《发往东河效力呈》署道光二十一年七月十八日于仪征，则其奉谕当为七月十七日，但林则徐于七月十六日在扬州舟中写给遂翁的信中又说："昨重被诏，恩改赴东河效力。"则奉谕当为七月十五日，比呈文早二天。似应以手札为据，故系奉谕日期于十五日。

　　林则徐改发东河效力，友人魏源闻讯写《题林少穆制府饲鹤图》诗。（《魏源集》页四四至四五)诗中对时局多所讥评，譬林则徐为元鹤，推崇其禁烟抗英功绩，同情其不公正遭遇，期盼其再起。有句云：

吐雾含烟赤县迷，　　帝降丹书遣元鹤。

朝辞北极暮南溟，　　天飚鼓翼驱威霆。

电扫烟霾见碧落，　　爰居徙族空其腥。

澄清未几风云变，　　群乌移家避岁患。

阊阖纷纷百鸱群，　　共罪仙禽宜首谴。

……

饱嚌恣肠益饕餮，　　可怜精卫空流血。

可怜百鸟无颜色，　　……四海方今乌毕逋。

哀鸿中泽嗷嗷呼，　　安得再起元鹤翔天衢？

但忧四海饥，　　不顾一身癯。……

（手迹影印件见《林公则徐家传饲鹤图暨题咏集》页六五）

[**按**]　题下注称："图为林公尊人所绘。"又《古微堂诗稿》题作《题饲鹤图即送林少穆制府河上之行》，下小注作："图为林太翁所绘。时林公方奉命西戍，中途旋有河工之命。"

七月十六日，林则徐有《致邃翁》札，言其由粤赴浙、西戍及转役河工的情况：

今岁三月，由粤移浙。四月杪至镇海，往来各岛屿，协筹防寇。五月内有伊江之戍，始从甬江转至武林，摒挡行李，为出塞计。是时忽得手札，奖借期许，什佰恒常，惭负之余，无以为答，但耿耿于中耳！……

徐力小任重，致占覆𬹼，出关荷戈，分内事耳。昨重被诏恩，改赴东河效力，益滋兢悚，爱我者何以教之？

七月十六日愚弟林则徐手书，时舟至真州（新夏按：指扬州），拟小停二三日，即往汴中也。

（《林则徐全集》第七册，信札页二七八至二七九）

林则徐在扬州小住时，遇到过去老师陈希祖之子陈延恩在此任官，遂请其刊行所藏钞本《炮书》。

[**按**]　道光二十二年三月，林则徐在致苏鳌石函中曾说："弟有钞本《炮书》，上年带至江浙，经陈登之通守刻于扬州，未知曾入览否？"（《林则徐全集》第七册，信札页二九一）同年八月在致姚椿、王柏心函中又说："前曾觅一炮书，铸法、炼法，皆与外洋相同，精之则不患无以制敌，扬州有刊本，惜鱼亥尚多，未知两君曾

见之否?"(《林则徐全集》第七册,信札页三〇六至三〇七)皆指此次在扬刊印之《炮书》。又陈登之即陈延恩之号。

七月,林则徐写《题吴郡名贤图册》以表达赴戍心情。

> 仆抚吴五年,每至沧浪亭瞻仰石刻五百先贤像,心向往之,谓必有名德伟业,卓烁古今,次亦文章彪炳,庶足动人景慕,否则谬厕其间,亦第滋遗议已耳。今仆去吴又五年,以边事谪戍过此,湘舟出此册属题,盖即沧浪亭刻石蓝本。旧时向往之念,今则但有汗下矣。吴人尚欲绘余像去,不益滋愧耶。道光辛丑七月。

(《林则徐全集》第五册,文录页四一一)

八月初二日,英舰"赖拉"等在浙海沿海火烧草屋,挑起浙海战事的衅端。

八月初二日,广州府考文童罢考,反对卖国知府余保纯。(《英夷入粤纪略》,见《鸦片战争》Ⅲ,中国近代史资料丛刊,页一五)

八月初六至初九日间,英船在浙江象山、定海、镇海三县洋面麇集四十余只,并有进犯企图。(《道光朝筹办夷务始末》卷三三,页一七)

八月十一日至十七日,英船进犯定海,守军英勇抵抗。十七日,英军再陷定海。总兵葛云飞、王锡朋、郑国鸿等血战六昼夜,力竭战死。梁廷枏的《夷氛闻记》卷三有较详的记载。

[按] 倪鸿《桐阴清话》卷七有葛云飞与妹婿朱世禄论鸦片战争时局势函一件,甚得症结所在,信中说:"夷匪一案,未发之前,文武大吏,漠不关心;失事之后,仓皇无措。迁延日久,群议蜂起,或矜意气,或图便私。既无切中窾要之论,亦无公忠体国之心。时事至此,尤堪长叹。余受事后,屡言犬羊之性,非大加惩创无以善后,并将剿办机宜,分晰条陈,而当事诸公,咸以为难。自后局势屡变,忽剿忽抚,总无定见。现虽收复而善后事宜更无把握。余一武人,仰荷圣明起用,惟不避艰危,务尽我心而已。"又,宗稷辰《躬耻斋文存》卷六有为葛云飞书函书后二篇。其一为《书葛壮节家书后》,系为朱世禄所藏葛函三件成册时所题,倪书所载当包括在内;其二为《书壮节答杜稼轩书后》,说明葛"熟于火攻,精于治火器"。并指出:"以壮节之锐使靖节能信任之,何至于遽殉?"均可供研讨鸦片战争局势的参证。

八月十六日,英船进攻台湾基隆炮台,为守军击退。(梁廷枏:《夷氛闻记》卷三;又《道光朝筹办夷务始末》卷三八,页一至四)

八月十六日,林则徐到汴,亲驻祥符六堡河上,即刻投入治河救灾工作,博得了当地群众的赞誉:

> 林公之来也,汴梁百姓无不庆幸,咸知公有经济才。其在河上昼夜勤劳,一切事宜,在在资其赞画。

(《汴梁水灾纪略》)

八月二十二日,邓廷桢致函林则徐,对其赴东河效力有所忧虑:

> 河上既有星槎,又有河帅,阁下在彼,若再如粤中光景,将如何措手耶?

同时亦表示自己将尽早赴戍:

> 承嘱缓行,具征雅爱。然弟以为早迟总须到彼。冰天雪窖,正可忏悔罪愆,故不欲为桑下之恋。

(《林则徐信稿》页一四六)

八月二十六日,英军陷镇海,提督余步云不战而逃,总兵谢朝恩战死,总督裕谦自杀。(《道光朝筹办夷务始末》卷三四,页二二至二四)

八月二十九日,英军不战而陷宁波。(《道光朝筹办夷务始末》卷三五,页一一)

八月,为潘功甫题楚游诗,认为其诗"皆超悟悬解之仙",甚表羡慕。(《林则徐全集》第五册,文录页四一二)

九月初四日,清廷任命奕经为扬威将军,哈哴阿、胡超为参赞大臣,赴浙办理军务。(《道光朝筹办夷务始末》卷三四,页二四)

九月初四、五日,清廷连发上谕调动各地军队赴浙。(《道光朝筹办夷务始末》卷三四,页二五至二八)

九月初五日,闽督颜伯焘降三品顶戴革职留任,怡良为钦差大臣赴闽办理军务。(《道光朝筹办夷务始末》卷三四,页二七)

九月初五日,琦善"加恩释放,发往浙江军营,效力赎罪"。(《道光朝筹办夷务始末》卷三四,页二七)初十日,又改为"发往军台,充当苦差。毋庸前赴浙江军营"。(《道光朝筹办夷务始末》卷三五,页一一)

[按]　琦善在粤之过,同治时四川候选直隶州知州杨廷熙曾在奏折中作过公开的论断说:"自道光年间启衅粤东,其前误于琦善等丧师辱国,失守沿海炮台,任其盘踞香港,因得潜窥内地虚实,熟悉江海水道,故由广东而江浙而天津,构数千年未有之祸,扰乱中国之边疆,凭陵中国之城池,侵据中国之关口,耗

495

散中国之财赋,荼毒中国之人民。屡和屡叛,国家之贫弱因之。"(《同治朝筹办夷务始末》卷四九,页一五)

九月初五日,英船至基隆(鸡笼)赎还英俘,不果。

> 九月初五日,三桅红旗夷船,泊鸡笼口外,忽换白旗,驶近万人堆,放三板二进口,愿以银每名百圆赎还俘夷,无答者。流连数日。
>
> (《梁廷枏:《夷氛闻记》卷三)

九月初七日,授文蔚为参赞大臣赴浙办理军务,胡超回天津办理防堵。(《道光朝筹办夷务始末》卷三五,页一)

九月初八日,牛鉴任两江总督,特伊顺任参赞大臣赴浙办理军务,哈哴阿回山海关办理防堵事务。(《道光朝筹办夷务始末》卷三五,页二)

九月初八日,新任苏抚李星沅在途经河南灵宝时曾寄函林则徐,祝其改发东河效力。

> 东河之命甫下,中外额手,欢声若雷……而我年伯大人公望交属,遗大投艰,所以纾宸廑而全民命者,丰功骏烈正未有艾,初离苦海,又渡恒河,同一万难着手。然人心之害长甚洪水,与其跋前疐后,事在局外,忧在局中,又不知已溺已饥,仔肩巨任,犹足纾一人之轸念,恤万姓之恫疾也。况得镜堂中丞同心共济,相与心诚造福,正同无量;钟泉感激知遇,必效臂指,较岭南冈两匦影,奚止天壤之别耶?
>
> (李星沅:《致少穆文书》,见《李星沅日记》页二八一)

[按] 林则徐收到此信,未能即复,直到次年二月下旬离祥符赴戍时始复。已收本谱道光二十二年二月。

九月十三日,英舰再攻基隆炮台,被击退。(梁廷枏:《夷氛闻记》卷三)

九月,林则徐在河南河工工地缉口查灾。

> 九月……命麟庆委员缉口查灾,谨选派通判娄晋(浙江监生)、守备李本珠(萧县行伍)赴豫随林少穆制府(名则徐,福建进士,前两广总督,时在大工差委)量长三百零三丈。并勘明下游五府二十三州县被灾分数。
>
> (麟庆:《鸿雪因缘图记》)

秋,林则徐在河南工地收到门人戴絧孙的手书和诗作二十四首。这些诗都与时事有关,所以使林则徐感到"切愤悲吟,声情激越,讽诵数四,欲拍铜斗而碎唾壶,不知涕之何从也"。但是,林则徐考虑到当时"时事孔艰,物情回测"的处境，所以，一面在复信中劝告戴要"善为韬藏"，一方面又表示自己对这些诗作"装池爱抚，什袭珍之，非其人则未敢轻示耳!"林则徐在复信中除对琦善等的诬陷加以申辩外，还对局势、战备及军备等发表主张说：

> 仆力小任重，自戊冬奉使度岭，早知身蹈危机，然已矢在弦上矣。逆夷果不愿缴烟，当时奉谕之后，尽可扬帆径去，何必递禀求收。且仆亲驻虎门船上收烟，水宿风餐，不下两月，无日不与夷舶相对，果其深憾于仆，不难以此时所施于镇将者，先使鄙人饱其毒手，岂不直捷了当？乃彼时众夷来看烧烟，回去特作夷书一卷，转为吾张其事。昔之犬羊，今则虎狼，诚非愚鄙所能解也。此时南中夷焰势若燎原，莫敢向迩。彼目中直视中华为无人之境。来春东南风发，大抵必犯津沽，未知所设之备，果可恃否？

> 逆船倏南倏北，来去自如，我则枝枝节节而防之。濒海大小口门不啻累万，防之可胜防乎？果能亟筹船炮，速募水军，得敢死之士而用之，彼北亦北，彼南亦南，其费虽若甚繁，实比陆路分屯，远途征调所省为多。若誓不与之水上交锋，是彼进可战而退并不必守，诚有得无失者矣。譬如两人对弈，让人行两步而我只行一步，其胜负尚待问乎？言之可慨！

（林则徐：《致戴绚孙》，见《林则徐全集》第七册，信札页二八〇至二八一）

[**按**]　李阳培《读林则徐〈答戴绚孙书〉手迹》一文定林则徐此函写于1841 年阴历七、八月间。（《文物》1979 年第 2 期）

秋，林则徐于祥符工次有致达夫函，感谢对自己的关注，并介绍近年在河上的处世经验。

> 春杪由粤赴浙时，适闻简发南河之喜，欣慰逾常，曾与灿如兄言之，共盼联翩树绩，一振令叔未竟之绪也。顷纪纲赍手书来，以弟远戍伊江，殷殷垂问，且为筹及资斧，惠致廉泉。关爱如此之深，弟本不宜自外，第阁下由都至浦，旅费即已非轻，且辰下查视各工，帆樯轮蹄无不取诸己橐，弟若稍能措挃，尚须代作筹维，今因万里荷戈，方愧无能为役，若转而相扰，更何以自安耶？盛仪藉使带完，心领云情，即与拜登无异也。又承寄舟儿信中，将关外一切见闻详加指示，条举件晰，粲若列眉，足征随在关情，感难言馨。……工次之事，总以勤、慎、廉、和四字处之，则上下皆宜。经过一事能留心者，即增一智，将来俱有受用处。但目前切勿轻露

于口,议论以少为贵,而心目中则务求其了然,此两年中先须做到留心二字,功效则得矣。

(《林则徐全集》第七册,信札页二八一至二八二)

[按] 据林氏后裔林纪焘先生言,达夫可能姓陈,又茅林立先生考订,函中所云令叔可能是陈若霖,若霖有子景亮,字弼夫,达夫或为侄辈,与林则徐在函首称达夫为"世大人",辈分正合。

十月二十日,奕经抵苏州,多有恶行。当时的记载说:

奕经调拨京兵数百,带领侍卫等官,由京起程,沿途需索,数旬后方抵江南省,由江南到江苏,闻夷信(?)凶猛,枪炮迅利,即驻兵苏州,探听夷情。在苏数十旬,淫娼酗酒,索财贪贿,每日吴县供给八十余席,用费数百元。稍不如意,侍卫、京兵等即掷击杯盘,辱骂县令,吴县竟被逼勒呕血而死。

(《鸦片战争》Ⅲ,中国近代史资料丛刊,页一五四)

十一月中旬,林则徐函达夫,告知工地弊端已是"目击焦心而不敢言者又凡几矣",由于银价日高,工价也暗增不已,"南河弁兵因□夜工,每一昼夜,弁(效用)一名加至九钱,兵一名加至七钱,此亦历届大工所未有"。(《林则徐全集》第七册,信札页二八二至二八三)

十一月十六日,英军攻陷余姚。(《道光朝筹办夷务始末》卷四〇,页四三)

十一月十九日,英军进扰慈溪。(《道光朝筹办夷务始末》卷四一,页五)

十一、十二月间,湖北崇阳钟人杰起义,聚众二三千人,"设立帅台,占据县城,戕害知县"。(《东华续录》道光四四)

十二月十一日,奕经移驻嘉兴。(《道光朝筹办夷务始末》卷四二,页九)

十二月十五日,有《致沈维鐈》函,诉说在河工工地上苦况:

则徐今岁以来,由粤而浙,继而关陇,继而河埽,梗断蓬飘,身心不能自主,何以告慰慈垂?且时事至于如此,心摧发指,竟难以子墨宣之。音敬之疏,或邀鉴宥。此时汗干效力,亦惟在工言工。蒲城亲驻苇土之中,夜以继日,其余孰敢暇逸?惟则徐冒寒作咳已阅月余,遂至音哑,自揣精力实难撑拄。蒲城相视过优,而病状未允代达,只得力疾从事,恐与草木同腐,上负慈怀,言之但有于邑耳。

(《林则徐全集》第七册,信札页二八四)

是年,余治刻行《担粥说》。

　　刻林文忠公《担粥说》遍吁于人,人咸称善。盖粥店担粥较官为煮赈,事易行而施博。

（吴师澄:《余孝惠先生年谱》道光二十一年条）

是年七月至次年二月,林则徐在东河工次曾写诗多首:

(一)(秋)《张仲甫舍人闻余改役东河,以诗志喜,因叠〈寄谢武林诸君〉韵答之》诗,虽然表达了改役的喜悦,但也只不过"漫笑"而已,而真正使林关心的却是河南和安徽的"六州滔滔"和哀鸿遍野。由于应付战事,财政枯窘,致使救灾乏费,这是林则徐对河工的最大担忧。诗中写道:

一舸浮江木叶秋,　　传闻飞鹊过扬州。太白流夜郎,半途赦回,书怀诗云:"万舸此中来,连帆过扬州。送此万里目,旷然散我愁。"又云:"五色云间鹊,飞鸣天上来。传闻赦书至,却放夜郎回。"与余今日扬州得旨情事正合

自羞东障难为役,　　漫笑西行不到头。

供奉更吟中道放,　　杜陵犹想及关愁。

故人喜意看先到,　　高唱君家八咏楼。

尺书来讯汴堤秋,

叹息滔滔注六州。时豫省之开、归、陈,皖省之凤、颍、泗六州属被淹

鸿雁哀声流野外,　　鱼龙骄舞到城头。

谁输决塞宣房费,　　况值军储仰屋愁。

江海澄清定何日,　　忧时频倚仲宣楼。

（《林则徐全集》第六册,诗词页二〇三至二〇四）

(二)(冬)《喜桂丹盟(超万)擢保定同知,寄贺以诗,并答来书所询近状,即次见示和杨雪茉原韵》诗二首,前一首祝贺桂超万受厄多年又获擢升,但希望他注意"鹰隼出尘前路迥,豺狼当道惜身难"。后一首则抒发自己在政治舞台上的失意情绪,感叹当时没有能为国长城的檀道济,而河工也困难重重,全诗感情比较低沉。其第二首诗中写道:

秦台舞罢笑孤鸾,　　白发飘零廿载官。

半道赦书惭比李,遣戍玉关,蒙恩放回,于役东河,略似太白流夜郎故事

长城威略敢论檀。

石衔精卫填何及,　　浪鼓冯夷挽亦难。

我与波斯同皱面，　　盈盈河渚带愁看。

（《林则徐全集》第六册，诗词页二○四）

（三）（冬）《题邹钟泉观察（鸣鹤）开封守城纪略后》诗。这诗虽是赞扬邹鸣鹤沿河防灾的功绩，但更重要的是他听到了"狂澜横决趋汴城，城中万户皆哭声"。他推重邹鸣鹤也是因为邹能"秝伏秋汛及霜清，寝食于城城可婴。渡民避水舟筏迎，济饥馎饨兼粥饧，全活老稚苏鳏悍。"（《林则徐全集》第六册，诗词页八二）

（四）其他还有《题陈登之罢读图》（页二○二）、《又题暨阳书院辈学斋谭艺图》（七月下旬，页八一）等诗。（《林则徐全集》第六册，诗词）

林则徐在河工期间的这些诗，比较有内容、有感情，能在一定程度上反映他处于逆境尚能忧国忧民的情操。

是年黄钺（1750－1841）、帅承瀛（1767－1841）、郑国鸿（1777－1841）、关天培（1780－1841）、冯登府（1783－1841）、王锡朋（1786－1841）、葛云飞（1789－1841）、龚自珍（1792－1841）、裕谦等（？－1841）卒。

［按］　裕谦原名裕泰，道光六年在湖北任知府时与湖南布政使裕泰重名，经湖广总督嵩孚奏改名裕谦。博罗忒氏，蒙古镶黄旗人。生年不详。官至巡抚、总督。鸦片战争时期代伊里布为钦差大臣，主持浙东战局。镇海陷落后，投水自杀，谥"靖节"。